中國國家圖書館編

國家圖書館藏敦煌遺書

第一百四十二冊　北敦一五二九九號——北敦一五三五三號

北京圖書館出版社

圖書在版編目(CIP)數據

國家圖書館藏敦煌遺書·第一百四十二册/中國國家圖書館編;任繼愈主編.一北京:北京圖書館出版社,2011.5

ISBN 978-7-5013-3704-0

Ⅰ.國…　Ⅱ.①中…②任…　Ⅲ.敦煌學-文獻　Ⅳ.K870.6

中國版本圖書館 CIP 數據核字(2011)第 035908 號

書　　名　國家圖書館藏敦煌遺書·第一百四十二册
著　　者　中國國家圖書館編　任繼愈主編
責任編輯　徐　蜀　孫　彦
封面設計　李　璀

出　　版　北京圖書館出版社　(100034　北京西城區文津街7號)
發　　行　010-66139745　66151313　66175620　66126153
66174391(傳真)　66126156(門市部)
E-mail　btsfxb@nlc.gov.cn(郵購)
Website　www.nlcpress.com→投稿中心
經　　銷　新華書店
印　　刷　北京文津閣印務有限責任公司

開　　本　八開
印　　張　54.5
版　　次　2011年10月第1版第1次印刷
印　　數　1-250册(套)

書　　號　ISBN 978-7-5013-3704-0/K·1667
定　　價　990.00圓

目錄

大般若波羅蜜多經卷第二百卅一

廿四

BD15299 號背　護首　　　　　　（1–1）

大般若波羅蜜多經卷第二百卅一
初分難信解品第卅四之五十
三藏法師玄奘奉　詔譯
復次善現八聖道支清淨故色清淨色清淨
故一切智智清淨何以故若八聖道支清淨
若色清淨若一切智智清淨无二无二分无
別无斷故八聖道支清淨故受想行識清淨
受想行識清淨故一切智智清淨何以故若
八聖道支清淨若受想行識清淨若一切智

BD15299 號　大般若波羅蜜多經卷二三一　　　　　　（20–1）

復次善現八聖道支清淨故色清淨色清淨
故一切智智清淨何以故若八聖道支清淨
若色清淨若一切智智清淨无二无二分无
別无斷故八聖道支清淨故受想行識清淨
受想行識清淨故一切智智清淨何以故若
八聖道支清淨若受想行識清淨若一切智
智清淨无二无二分无別无斷故善現八聖
道支清淨故眼處清淨眼處清淨故一切智
智清淨何以故若八聖道支清淨若眼處清
淨若一切智智清淨无二无二分无別无斷
故八聖道支清淨故耳鼻舌身意處清淨耳
鼻舌身意處清淨故一切智智清淨清何以故
若八聖道支清淨若耳鼻舌身意處清淨若
一切智智清淨无二无二分无別无斷故善
現八聖道支清淨故色處清淨色處清淨故
一切智智清淨何以故若八聖道支清淨若
色處清淨若一切智智清淨无二无二分无
別无斷故八聖道支清淨故聲香味觸法處
清淨聲香味觸法處清淨故一切智智清淨
何以故若八聖道支清淨若聲香味觸法處
清淨若一切智智清淨无二无分无別无
斷故善現八聖道支清淨故眼界清淨眼界
清淨故一切智智清淨何以故若八聖道支
清淨若眼界清淨若一切智智清淨无二无
二分无別无斷故八聖道支清淨故色界眼
識界及眼觸眼觸為緣所生諸受清淨色界
乃至眼觸為緣所生諸受清淨故一切智智

BD15299號　大般若波羅蜜多經卷二三一　（20–2）

清淨若眼界清淨若一切智智清淨无二无
二分无別无斷故八聖道支清淨故色界眼
識界及眼觸眼觸為緣所生諸受清淨色界
乃至眼觸為緣所生諸受清淨故一切智智
清淨何以故若八聖道支清淨若色界乃至
眼觸為緣所生諸受清淨若一切智智清淨
无二无二分无別无斷故善現八聖道支清
淨故耳界清淨耳界清淨故一切智智清淨
何以故若八聖道支清淨若耳界清淨若一
切智智清淨无二无二分无別无斷故八聖
道支清淨故聲界耳識界及耳觸耳觸為緣
所生諸受清淨聲界乃至耳觸為緣所生諸
受清淨故一切智智清淨何以故若八聖道
支清淨若聲界乃至耳觸為緣所生諸受清
淨若一切智智清淨无二无二分无別无斷
故善現八聖道支清淨故鼻界清淨鼻界清
淨故一切智智清淨何以故若八聖道支清
淨若鼻界清淨若一切智智清淨无二无二
分无別无斷故八聖道支清淨故香界鼻識
界及鼻觸鼻觸為緣所生諸受清淨香界乃
至鼻觸為緣所生諸受清淨故一切智智清
淨何以故若八聖道支清淨若香界乃至鼻
觸為緣所生諸受清淨若一切智智清淨无
二无二分无別无斷故善現八聖道支清淨
故舌界清淨舌界清淨故一切智智清淨何
以故若八聖道支清淨若舌界清淨若一切
智智清淨无二无二分无別无斷故八聖道

BD15299號　大般若波羅蜜多經卷二三一　（20–3）

故舌界清淨舌界清淨故一切智智清淨何
以故若八聖道支清淨若舌界清淨若一切
智智清淨无二无二分无別无斷故八聖道
支清淨故味界舌識界及舌觸舌觸為緣所
生諸受清淨味界乃至舌觸為緣所生諸受
清淨故一切智智清淨何以故若八聖道支
清淨若味界乃至舌觸為緣所生諸受清淨
若一切智智清淨无二无二分无別无斷故
善現八聖道支清淨故身界清淨身界清淨
故一切智智清淨何以故若八聖道支清淨
若身界清淨若一切智智清淨无二无二分
无別无斷故八聖道支清淨故觸界身識界
乃身觸身觸為緣所生諸受清淨觸界乃至
身觸為緣所生諸受清淨故一切智智清淨
何以故若八聖道支清淨若觸界乃至身觸
為緣所生諸受清淨若一切智智清淨无二
无二分无別无斷故善現八聖道支清淨故
意界清淨意界清淨故一切智智清淨何以
故若八聖道支清淨若意界清淨若一切智
智清淨无二无二分无別无斷故八聖道支
清淨故法界意識界及意觸意觸為緣所生
諸受清淨法界乃至意觸為緣所生諸受清
淨故一切智智清淨何以故若八聖道支清
淨若法界乃至意觸為緣所生諸受清淨若
一切智智清淨无二无二分无別无斷故 善
現八聖道支清淨故地界清淨地界清淨故
一切智智清淨何以故若八聖道支清淨若

BD15299號　大般若波羅蜜多經卷二三一　（20–4）

淨故一切智智清淨何以故若八聖道支清
淨若法界乃至意觸為緣所生諸受清淨若
一切智智清淨无二无二分无別无斷故 善
現八聖道支清淨故地界清淨地界清淨故
一切智智清淨何以故若八聖道支清淨若
地界清淨若一切智智清淨无二无二分无
別无斷故八聖道支清淨故水火風空識界
清淨水火風空識界清淨故一切智智清淨
何以故若八聖道支清淨若水火風空識界
清淨若一切智智清淨无二无二分无別无
斷故善現八聖道支清淨故无明清淨无明
清淨故一切智智清淨何以故若八聖道支
清淨若无明清淨若一切智智清淨无二无
二分无別无斷故八聖道支清淨故行識名
色六處觸受愛取有生老死愁歎苦憂惱清
淨行乃至老死愁歎苦憂惱清淨故一切智
智清淨何以故若八聖道支清淨若行乃至
老死愁歎苦憂惱清淨若一切智智清淨无
无无二分无別无斷故
善現八聖道支清淨故布施波羅蜜多清淨
布施波羅蜜多清淨故一切智智清淨何以
故若八聖道支清淨若布施波羅蜜多清淨
若一切智智清淨无二无二分无別无斷 故
八聖道支清淨故淨戒安忍精進靜慮般若
波羅蜜多清淨淨戒乃至般若波羅蜜多清
淨故一切智智清淨何以故若八聖道支清
淨若淨戒乃至般若波羅蜜多清淨若一切

BD15299號　大般若波羅蜜多經卷二三一　（20–5）

波羅蜜多清淨戒乃至般若波羅蜜多清
淨故一切智智清淨何以故若八聖道支清
淨若淨戒乃至般若波羅蜜多清淨若一切
智智清淨无二无二分无別无斷故善現八
聖道支清淨故內空清淨內空清淨故一切
智智清淨何以故若八聖道支清淨若內空
清淨若一切智智清淨无二无二分无別无
斷故八聖道支清淨故外空內外空空空大
空勝義空有爲空无爲空畢竟空无際空散
空无變異空本性空自相空共相空一切法
空不可得空无性空自性空无性自性空清
淨外空乃至无性自性空清淨故一切智智
清淨何以故若八聖道支清淨若外空乃至
无性自性空清淨若一切智智清淨无二无
二分无別无斷故善現八聖道支清淨故真
如清淨真如清淨故一切智智清淨何以故
若八聖道支清淨若真如清淨若一切智智
清淨无二无二分无別无斷故八聖道支清
淨故法界法性不虛妄性不變異性平等性
離生性法定法住實際虛空界不思議界清
淨法界乃至不思議界清淨故一切智智清
淨何以故若八聖道支清淨若法界乃至不
思議界清淨若一切智智清淨无二无二分
无別无斷故善現八聖道支清淨故苦聖諦
清淨苦聖諦清淨故一切智智清淨何以故
若八聖道支清淨若苦聖諦清淨若一切智
智清淨无二无二分无別无斷故八聖道支

BD15299號　大般若波羅蜜多經卷二三一　（20–6）

无別无斷故善現八聖道支清淨故苦聖諦
清淨苦聖諦清淨故一切智智清淨何以故
若八聖道支清淨若苦聖諦清淨若一切智
智清淨无二无二分无別无斷故八聖道支
清淨故集滅道聖諦清淨集滅道聖諦清淨
故一切智智清淨何以故若八聖道支清淨若
集滅道聖諦清淨若一切智智清淨无二
无二分无別无斷故善現八聖道支清淨
故四靜慮清淨四靜慮清淨故一切智智清
淨何以故若八聖道支清淨若四靜慮清淨
若一切智智清淨无二无二分无別无斷故
八聖道支清淨故四无量四无色定清淨四无
量四无色定清淨故一切智智清淨何以故
若八聖道支清淨若四无量四无色定清淨
若一切智智清淨无二无二分无別无斷故
善現八聖道支清淨故八解脫清淨八解脫
清淨故一切智智清淨何以故若八聖道支
清淨若八解脫清淨若一切智智清淨无二无
二分无別无斷故八聖道支清淨故八勝處
九次第定十遍處清淨八勝處九次第定十
遍處清淨故一切智智清淨何以故若八聖
道支清淨若八勝處九次第定十遍處清
淨若一切智智清淨无二无二分无別无斷
故善現八聖道支清淨故四念住清淨四念
住清淨故一切智智清淨何以故若八聖道
支清淨若四念住清淨若一切智智清淨无
二无二分无別无斷故八聖道支清淨故四

BD15299號　大般若波羅蜜多經卷二三一　（20–7）

故善現八聖道支清淨故四念住清淨四念
住清淨故一切智智清淨何以故若八聖道
支清淨若四念住清淨若一切智智清淨无
二无二分无別无斷故八聖道支清淨故四
正斷四神足五根五力七等覺支清淨四正
斷乃至七等覺支清淨故一切智智清淨何
以故若八聖道支清淨若四正斷乃至七等
覺支清淨若一切智智清淨无二无二分无
別无斷故善現八聖道支清淨故空解脫門
清淨空解脫門清淨故一切智智清淨何以
故若八聖道支清淨若空解脫門清淨若一
切智智清淨无二无二分无別无斷故八聖
道支清淨故无相无願解脫門清淨无相无
願解脫門清淨故一切智智清淨何以故若
八聖道支清淨若无相无願解脫門清淨若
一切智智清淨无二无二分无別无斷故 善現
八聖道支清淨故菩薩十地清淨菩薩十
地清淨故一切智智清淨何以故若八聖道
支清淨若菩薩十地清淨若一切智智清淨
无二无二分无別无斷故
善現八聖道支清淨故五眼清淨五眼清淨
故一切智智清淨何以故若八聖道支清淨
若五眼清淨若一切智智清淨无二无二分
无別无斷故八聖道支清淨故六神通清淨
六神通清淨故一切智智清淨何以故若八
聖道支清淨若六神通清淨若一切智智清
淨无二无二分无別无斷故善現八聖道支

BD15299號　大般若波羅蜜多經卷二三一　（20–8）

六神通清淨故一切智智清淨何以故若八
聖道支清淨若六神通清淨若一切智智清
淨无二无二分无別无斷故善現八聖道支
清淨故佛十力清淨佛十力清淨故一切智
智清淨何以故若八聖道支清淨若佛十力
清淨若一切智智清淨无二无二分无別无
斷故八聖道支清淨故四无所畏四无礙解
大慈大悲大喜大捨十八佛不共法清淨四
无所畏乃至十八佛不共法清淨故一切智
智清淨何以故若八聖道支清淨若四无所
畏乃至十八佛不共法清淨若一切智智清
淨无二无二分无別无斷故善現八聖道支
清淨故无忘失法清淨无忘失法清淨故一
切智智清淨何以故若八聖道支清淨若无
忘失法清淨若一切智智清淨无二无二分
无別无斷故八聖道支清淨故恒住捨性清
淨恒住捨性清淨故一切智智清淨何以故
若八聖道支清淨若恒住捨性清淨若一切
智智清淨无二无二分无別无斷故善現八
聖道支清淨故一切智清淨一切智清淨故
一切智智清淨何以故若八聖道支清淨若
一切智清淨若一切智智清淨无二无二分
无別无斷故八聖道支清淨故道相智一切
相智清淨道相智一切相智清淨故一切智
智清淨何以故若八聖道支清淨若道相智
一切相智清淨若一切智智清淨无二无二

BD15299號　大般若波羅蜜多經卷二三一　（20–9）

智清淨何以故若八聖道支清淨若道相智
一切相智清淨若一切智智清淨无二无二
分无別无斷故善現八聖道支清淨故一切
陁羅尼門清淨一切陁羅尼門清淨故一切
智清淨何以故若八聖道支清淨若一切
陁羅尼門清淨若一切智智清淨无二无二
分无別无斷故八聖道支清淨故一切三摩
地門清淨一切三摩地門清淨故一切智智
清淨何以故若八聖道支清淨若一切三摩
地門清淨若一切智智清淨无二无二分无
別无斷故善現八聖道支清淨故預流果清
淨預流果清淨故一切智智清淨何以故若
八聖道支清淨若預流果清淨若一切智智
清淨无二无二分无別无斷故八聖道支清
淨故一來不還阿羅漢果清淨一來不還阿
羅漢果清淨故一切智智清淨何以故若八
聖道支清淨若一來不還阿羅漢果清淨若
一切智智清淨无二无二分无別无斷故善
現八聖道支清淨故獨覺菩提清淨獨覺
菩提清淨故一切智智清淨何以故若八聖道
支清淨若獨覺菩提清淨若一切智智清淨
无二无二分无別无斷故善現八聖道支清
淨故一切菩薩摩訶薩行清淨一切菩薩摩
訶薩行清淨故一切智智清淨何以故若八
聖道支清淨若一切菩薩摩訶薩行清淨若
一切智智清淨无二无二分无別无斷故善
現八聖道支清淨故諸佛无上正等菩提清

聖道支清淨若一切菩薩摩訶薩行清淨若
一切智智清淨无二无二分无別无斷故善
現八聖道支清淨故諸佛无上正等菩提清
淨諸佛无上正等菩提清淨故一切智智清
淨何以故若八聖道支清淨若諸佛无上正
等菩提清淨若一切智智清淨无二无二分
无別无斷故
復次善現空解脫門清淨故色清淨色清淨
故一切智智清淨何以故若空解脫門清淨若
色清淨若一切智智清淨无二无二分无別
无斷故空解脫門清淨故受想行識清淨
受想行識清淨故一切智智清淨何以故若
空解脫門清淨若受想行識清淨若一切智
智清淨无二无二分无別无斷故善現空解
脫門清淨故眼處清淨眼處清淨故一切智
智清淨何以故若空解脫門清淨若眼處清
淨若一切智智清淨无二无二分无別无斷
故空解脫門清淨故耳鼻舌身意處清淨耳
鼻舌身意處清淨故一切智智清淨何以故
若空解脫門清淨若耳鼻舌身意處清淨若
一切智智清淨无二无二分无別无斷故善
現空解脫門清淨故色處清淨色處清淨故
一切智智清淨何以故若空解脫門清淨若色
處清淨若一切智智清淨无二无二分无
別无斷故空解脫門清淨故聲香味觸法處
清淨聲香味觸法處清淨故一切智智清淨
何以故若空解脫門清淨若聲香味觸法處

清淨聲香味觸法處清淨故一切智智清淨
何以故若空解脫門清淨若聲香味觸法處
清淨若一切智智清淨无二无二分无別无
斷故善現空解脫門清淨故眼界清淨眼界
清淨故一切智智清淨何以故若空解脫門
清淨若眼界清淨若一切智智清淨无二无
二分无別无斷故空解脫門清淨故色界眼
識界及眼觸眼觸為緣所生諸受清淨色界
乃至眼觸為緣所生諸受清淨故一切智智
清淨何以故若空解脫門清淨若色界乃至眼
觸為緣所生諸受清淨若一切智智清淨无
二无二分无別无斷故善現空解脫門清
淨故耳界清淨耳界清淨故一切智智清淨
何以故若空解脫門清淨若耳界清淨若一
切智智清淨无二无二分无別无斷故空解
脫門清淨故聲界耳識界及耳觸耳觸為緣
所生諸受清淨聲界乃至耳觸為緣所生諸
受清淨故一切智智清淨何以故若空解脫
門清淨若聲界乃至耳觸為緣所生諸受清
淨若一切智智清淨无二无二分无別无斷
故善現空解脫門清淨故鼻界清淨鼻界清
淨故一切智智清淨何以故若空解脫門清
淨若鼻界清淨若一切智智清淨无二无二
分无別无斷故空解脫門清淨故香界鼻識
界及鼻觸鼻觸為緣所生諸受清淨香界乃
至鼻觸為緣所生諸受清淨故一切智智清
淨何以故若空解脫門清淨若香界乃至鼻

BD15299 號　大般若波羅蜜多經卷二三一　（20–12）

分无別无斷故空解脫門清淨故香界鼻識
界及鼻觸鼻觸為緣所生諸受清淨香界乃
至鼻觸為緣所生諸受清淨故一切智智清
淨何以故若空解脫門清淨若香界乃至鼻
觸為緣所生諸受清淨若一切智智清淨无
二无二分无別无斷故善現空解脫門清淨
故舌界清淨舌界清淨故一切智智清淨何
以故若空解脫門清淨若舌界清淨若一切
智智清淨无二无二分无別无斷故空解脫
門清淨故味界舌識界及舌觸舌觸為緣所
生諸受清淨味界乃至舌觸為緣所生諸受
清淨故一切智智清淨何以故若空解脫門
清淨若味界乃至舌觸為緣所生諸受清淨
若一切智智清淨无二无二分无別无斷故
善現空解脫門清淨故身界清淨身界清淨
故一切智智清淨何以故若空解脫門清淨
若身界清淨若一切智智清淨无二无二分
无別无斷故空解脫門清淨故觸界身識界
及身觸身觸為緣所生諸受清淨觸界乃至
身觸為緣所生諸受清淨故一切智智清淨
何以故若空解脫門清淨若觸界乃至身觸
為緣所生諸受清淨若一切智智清淨无二
无二分无別无斷故善現空解脫門清淨故
意界清淨意界清淨故一切智智清淨何以
故若空解脫門清淨若意界清淨若一切智
智清淨无二无二分无別无斷故空解脫門
清淨故法界意識界及意觸意觸為緣所生

BD15299 號　大般若波羅蜜多經卷二三一　（20–13）

故若空解脫門清淨若意界清淨若一切智
智清淨无二无二分无別无斷故空解脫門
清淨故法界意識界及意觸意觸為緣所生
諸受清淨法界乃至意觸為緣所生諸受清
淨故一切智智清淨何以故若空解脫門清
淨若法界乃至意觸為緣所生諸受清淨若
一切智智清淨无二无二分无別无斷故善現
空解脫門清淨故地界清淨地界清淨故一切
智智清淨何以故若空解脫門清淨若地界
清淨若一切智智清淨无二无二分无別无斷
故空解脫門清淨故水火風空識界清淨水
火風空識界清淨故一切智智清淨何以故
若空解脫門清淨若水火風空識界清淨若
一切智智清淨无二无二分无別无斷故善
現空解脫門清淨故无明清淨无明清淨故
一切智智清淨何以故若空解脫門清淨若
无明清淨若一切智智清淨无二无二分无
別无斷故空解脫門清淨故行識名色六處
觸受愛取有生老死愁歎苦憂惱清淨行乃
至老死愁歎苦憂惱清淨故一切智智清淨
何以故若空解脫門清淨若行乃至老死愁
歎苦憂惱清淨若一切智智清淨无二无二
分无別无斷故
善現空解脫門清淨故布施波羅蜜多清淨
布施波羅蜜多清淨故一切智智清淨何以
故若空解脫門清淨若布施波羅蜜多清淨

BD15299 號　大般若波羅蜜多經卷二三一

（20–14）

布施波羅蜜多清淨故一切智智清淨何以
故若空解脫門清淨若布施波羅蜜多清淨
若一切智智清淨无二无二分无別无斷故
空解脫門清淨故淨戒安忍精進靜慮般若
波羅蜜多清淨淨戒乃至般若波羅蜜多清
淨故一切智智清淨何以故若空解脫門清
淨若淨戒乃至般若波羅蜜多清淨若一切
智智清淨无二无二分无別无斷故善現空
解脫門清淨故內空清淨內空清淨故一切
智智清淨何以故若空解脫門清淨若內空
清淨若一切智智清淨无二无二分无別无
斷故空解脫門清淨故外空內外空空空大
空勝義空有為空无為空畢竟空无際空
散空无變異空本性空自相空共相空一切法
空不可得空无性空自性空无性自性空清
淨外空乃至无性自性空清淨故一切智智清
淨何以故若空解脫門清淨若外空乃至无
性自性空清淨若一切智智清淨无二无二
分无別无斷故善現空解脫門清淨故真如
清淨真如清淨故一切智智清淨何以故若
空解脫門清淨若真如清淨若一切智智清
淨无二无二分无別无斷故空解脫門清淨
故法界法性不虛妄性不變異性平等性離
生性法定法住實際虛空界不思議界清淨
法界乃至不思議界清淨故一切智智清淨
何以故若空解脫門清淨若法界乃至不
思議界清淨若一切智智清淨无二无二分

BD15299 號　大般若波羅蜜多經卷二三一

（20–15）

法界乃至不思議界清淨故一切智智清淨
何以故若空解脫門清淨若法界乃至不
思議界清淨若一切智智清淨无二无二分
无別无斷故善現空解脫門清淨故苦聖諦
清淨苦聖諦清淨故一切智智清淨何以故
若空解脫門清淨若苦聖諦清淨若一切智
智清淨无二无二分无別无斷故空解脫門
清淨故集滅道聖諦清淨集滅道聖諦清淨
故一切智智清淨何以故若空解脫門清淨
若集滅道聖諦清淨若一切智智清淨无二
无二分无別无斷故善現空解脫門清淨故
四靜慮清淨四靜慮清淨故一切智智清淨
何以故若空解脫門清淨若四靜慮清淨若
一切智智清淨无二无二分无別无斷故空
解脫門清淨故四无量四无色定清淨四无
量四无色定清淨故一切智智清淨何以故
若空解脫門清淨若四无量四无色定清淨
若一切智智清淨无二无二分无別无斷故
善現空解脫門清淨故八解脫清淨八解脫
清淨故一切智智清淨何以故若空解脫門
清淨若八解脫清淨若一切智智清淨无二
无二分无別无斷故空解脫門清淨故八勝
處九次第定十遍處清淨八勝處九次第定
十遍處清淨故一切智智清淨何以故若空
解脫門清淨若八勝處九次第定十遍處清
淨若一切智智清淨无二无二分无別无斷
故善現空解脫門清淨故四念住清淨四念

BD15299號　大般若波羅蜜多經卷二三一　（20–16）

解脫門清淨若八勝處九次第定十遍處清
淨若一切智智清淨无二无二分无別无斷
故善現空解脫門清淨故四念住清淨四念
住清淨故一切智智清淨何以故若空解脫
門清淨若四念住清淨若一切智智清淨无
二无二分无別无斷故空解脫門清淨故四正
斷四神足五根五力七等覺支八聖道支
清淨四正斷乃至八聖道支清淨故一切智
智清淨何以故若空解脫門清淨若四正斷
乃至八聖道支清淨若一切智智清淨无二
无二分无別无斷故善現空解脫門清淨故
无相解脫門清淨无相解脫門清淨故一切
智智清淨何以故若空解脫門清淨若无相
解脫門清淨若一切智智清淨无二无二分
无別无斷故空解脫門清淨故无願解脫門
清淨无願解脫門清淨故一切智智清淨何
以故若空解脫門清淨若无願解脫門清淨
若一切智智清淨无二无二分无別无斷故
善現空解脫門清淨故菩薩十地清淨菩薩
十地清淨故一切智智清淨何以故若空解
脫門清淨若菩薩十地清淨若一切智智清
淨无二无二分无別无斷故
善現空解脫門清淨故五眼清淨五眼清淨
故一切智智清淨何以故若空解脫門清淨
若五眼清淨若一切智智清淨无二无二分
无別无斷故空解脫門清淨故六神通清淨

BD15299號　大般若波羅蜜多經卷二三一　（20–17）

若五眼清淨若一切智智清淨无二无二分
无別无斷故空解脫門清淨故六神通清淨
六神通清淨故一切智智清淨何以故若空
解脫門清淨若六神通清淨若一切智智清
淨无二无二分无別无斷故善現空解脫門
清淨故佛十力清淨佛十力清淨故一切智
智清淨何以故若空解脫門清淨若佛十力
清淨若一切智智清淨无二无二分无別无
斷故空解脫門清淨故四无所畏四无礙解
大慈大悲大喜大捨十八佛不共法清淨四
无所畏乃至十八佛不共法清淨故一切智
智清淨何以故若空解脫門清淨若四无所
畏乃至十八佛不共法清淨若一切智智清
淨无二无二分无別无斷故善現空解脫門
清淨故无忘失法清淨无忘失法清淨故一
切智智清淨何以故若空解脫門清淨若无
忘失法清淨若一切智智清淨无二无二分
无別无斷故空解脫門清淨故恒住捨性清
淨恒住捨性清淨故一切智智清淨何以故若
空解脫門清淨若恒住捨性清淨若一切智
智清淨无二无二分无別无斷故善現空解
脫門清淨故一切智清淨一切智清淨故
一切智智清淨何以故若空解脫門清淨若一
切智清淨若一切智智清淨无二无二分无
別无斷故空解脫門清淨故道相智一切
相智清淨道相智一切相智清淨故一切智
智清淨何以故若空解脫門清淨若道相智

BD15299號　大般若波羅蜜多經卷二三一　（20–18）

一切智智清淨何以故若空解脫門清淨若一
切智清淨若一切智智清淨无二无二分无
別无斷故空解脫門清淨故道相智一切
相智清淨道相智一切相智清淨故一切智
智清淨何以故若空解脫門清淨若道相智
一切相智清淨若一切智智清淨无二无二
分无別无斷故善現空解脫門清淨故一切
陁羅尼門清淨一切陁羅尼門清淨故一切
智智清淨何以故若空解脫門清淨若一切
陁羅尼門清淨若一切智智清淨无二无二
分无別无斷故空解脫門清淨故一切三摩
地門清淨一切三摩地門清淨故一切智智清
淨何以故若空解脫門清淨若一切三摩地
門清淨若一切智智清淨无二无二分无別
无斷故
善現空解脫門清淨故預流果清淨預流果
清淨故一切智智清淨何以故若空解脫門
清淨若預流果清淨若一切智智清淨无二
无二分无別无斷故空解脫門清淨故一來
不還阿羅漢果清淨一來不還阿羅漢果清
淨故一切智智清淨何以故若空解脫門清
淨若一來不還阿羅漢果清淨若一切智智
清淨无二无二分无別无斷故善現空解脫
門清淨故獨覺菩提清淨獨覺菩提清淨
故一切智智清淨何以故若空解脫門清淨若
獨覺菩提清淨若一切智智清淨无二无二
分无別无斷故善現空解脫門清淨故一切

BD15299號　大般若波羅蜜多經卷二三一　（20–19）

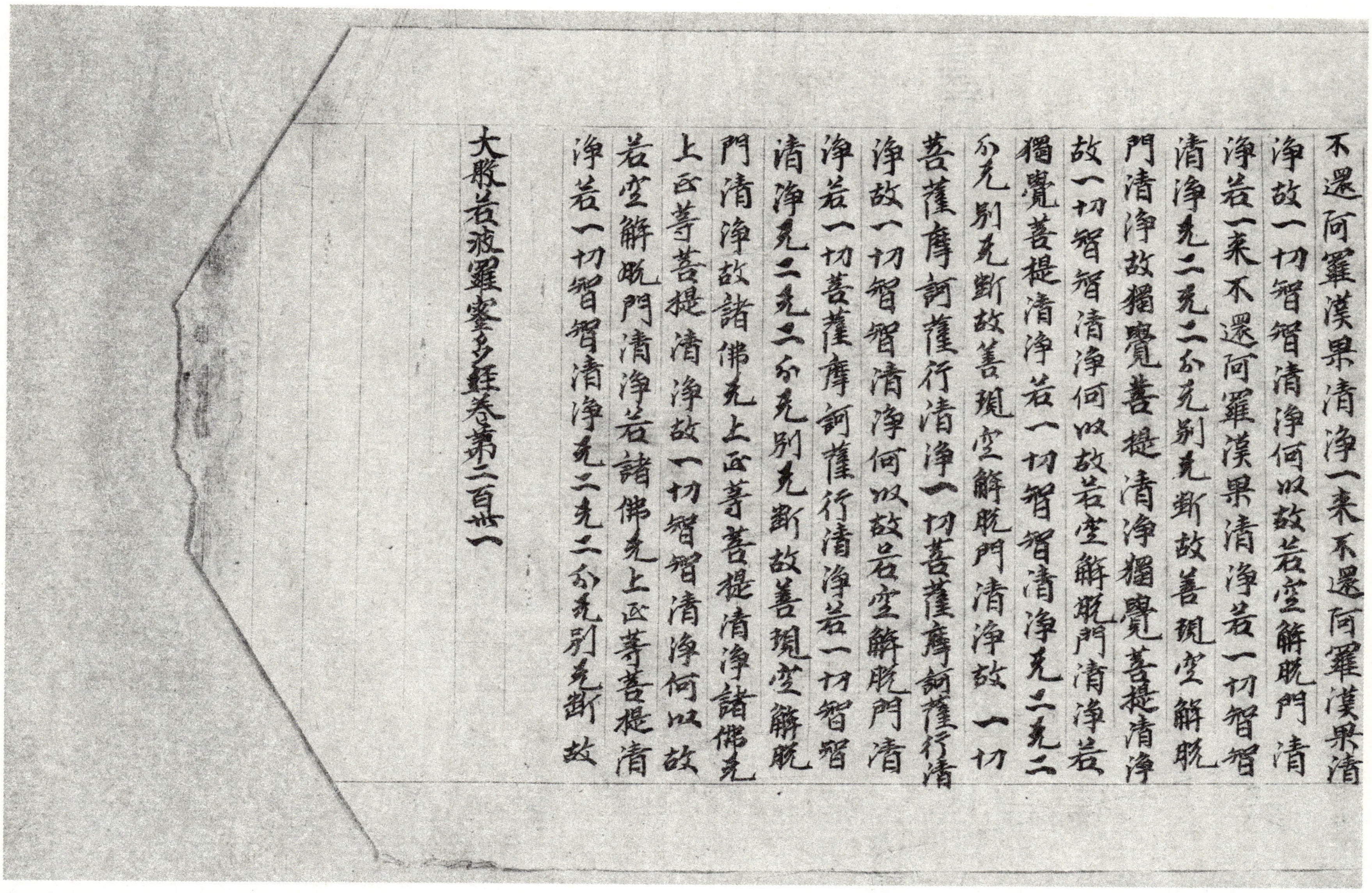
不還阿羅漢果清淨一來不還阿羅漢果清
淨故一切智智清淨何以故若空解脫門清
淨若一來不還阿羅漢果清淨若一切智智
清淨无二无二分无別无斷故善現空解脫
門清淨故獨覺菩提清淨獨覺菩提清淨
故一切智智清淨何以故若空解脫門清淨若
獨覺菩提清淨若一切智智清淨无二无二
分无別无斷故善現空解脫門清淨故一切
菩薩摩訶薩行清淨一切菩薩摩訶薩行清
淨故一切智智清淨何以故若空解脫門清
淨若一切菩薩摩訶薩行清淨若一切智智
清淨无二无二分无別无斷故善現空解脫
門清淨故諸佛无上正等菩提清淨諸佛无
上正等菩提清淨故一切智智清淨何以故
若空解脫門清淨若諸佛无上正等菩提清
淨若一切智智清淨无二无二分无別无斷故

大般若波羅蜜多經卷第二百卅一

BD15299 號　大般若波羅蜜多經卷二三一　　（20–20）

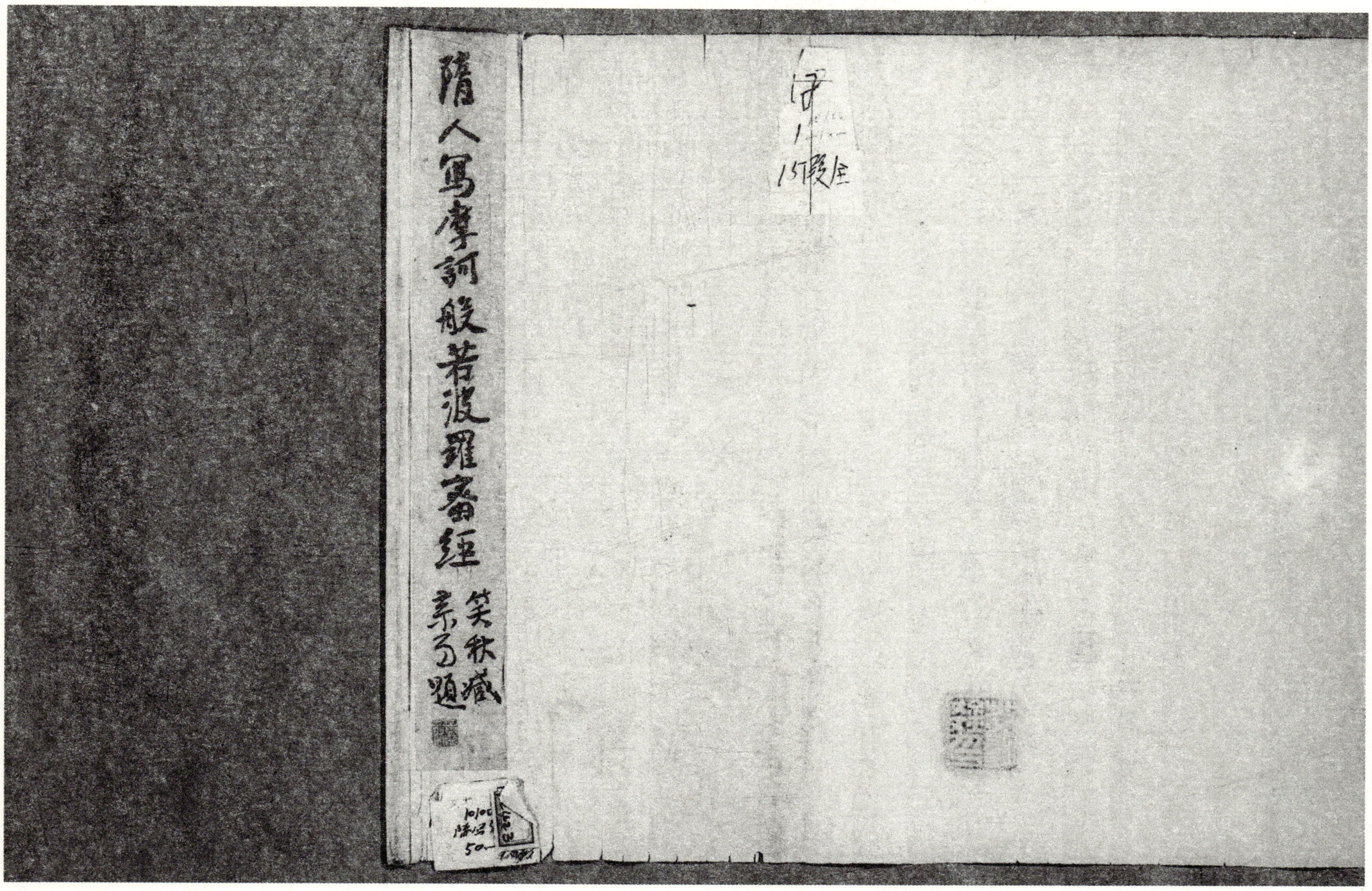

BD15300 號背　護首　　（1–1）

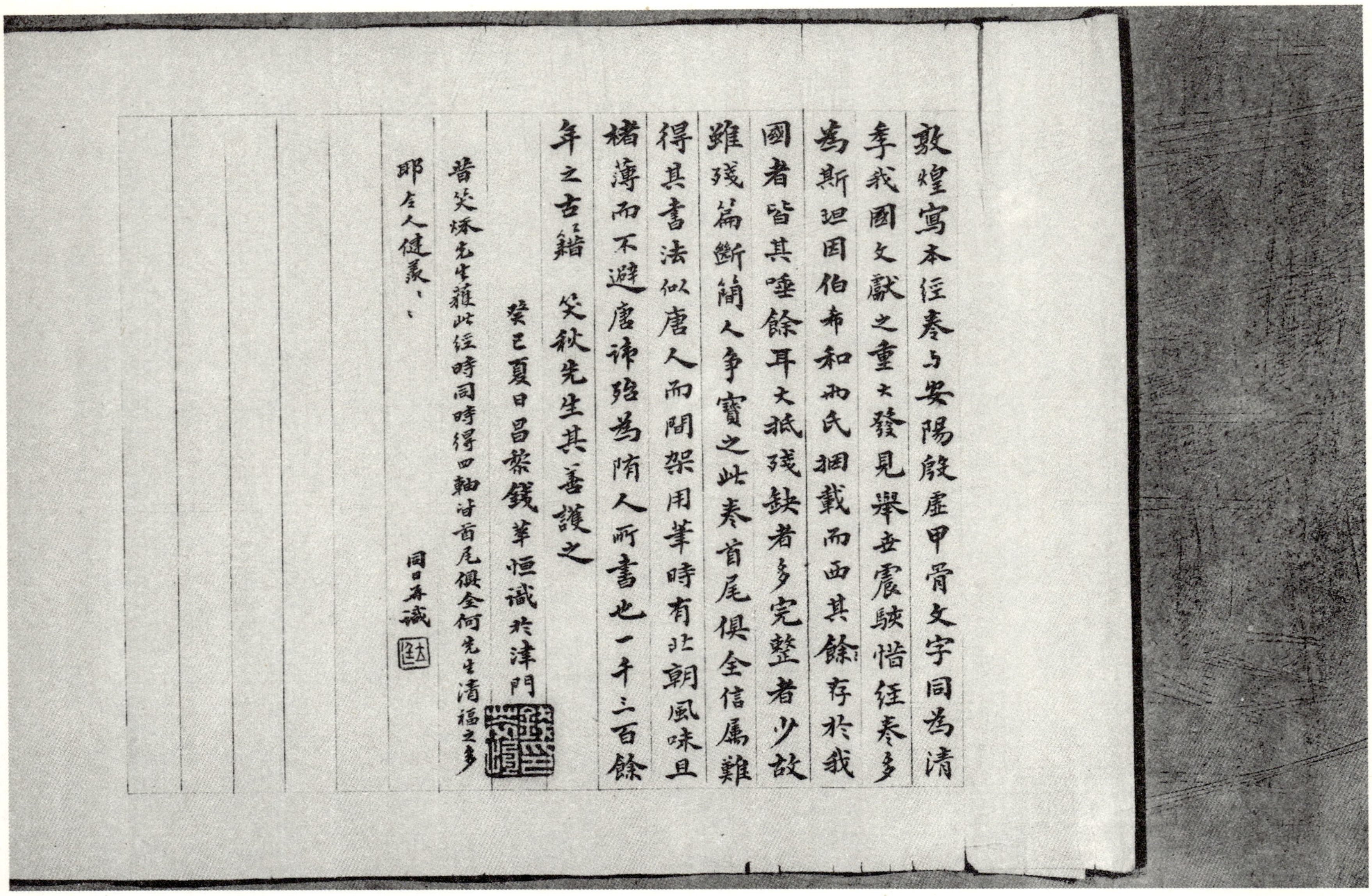

敦煌寫本经卷与安陽殷虚甲骨文字同為清
季我國文獻之重大發見舉世震駭惜经卷多
為斯坦因伯希和兩氏捆載而西其餘存於我
國者皆其唾餘耳大抵殘缺者多完整者少故
雖殘篇斷簡人争寶之此卷首尾俱全信屬難
得其書法似唐人而間架用筆時有北朝風味且
楮薄而不避唐讳殆為隋人所書也一千三百餘
年之古籍　笑秋先生其善護之
癸巳夏日昌黎錢革恒識於津門
昔笑秋先生獲此经時同時得四軸皆首尾俱全何先生清福之多
耶令人健羨、、　同日再識

BD15300 號　摩訶般若波羅蜜經（四十卷本）卷三九　（20–1）

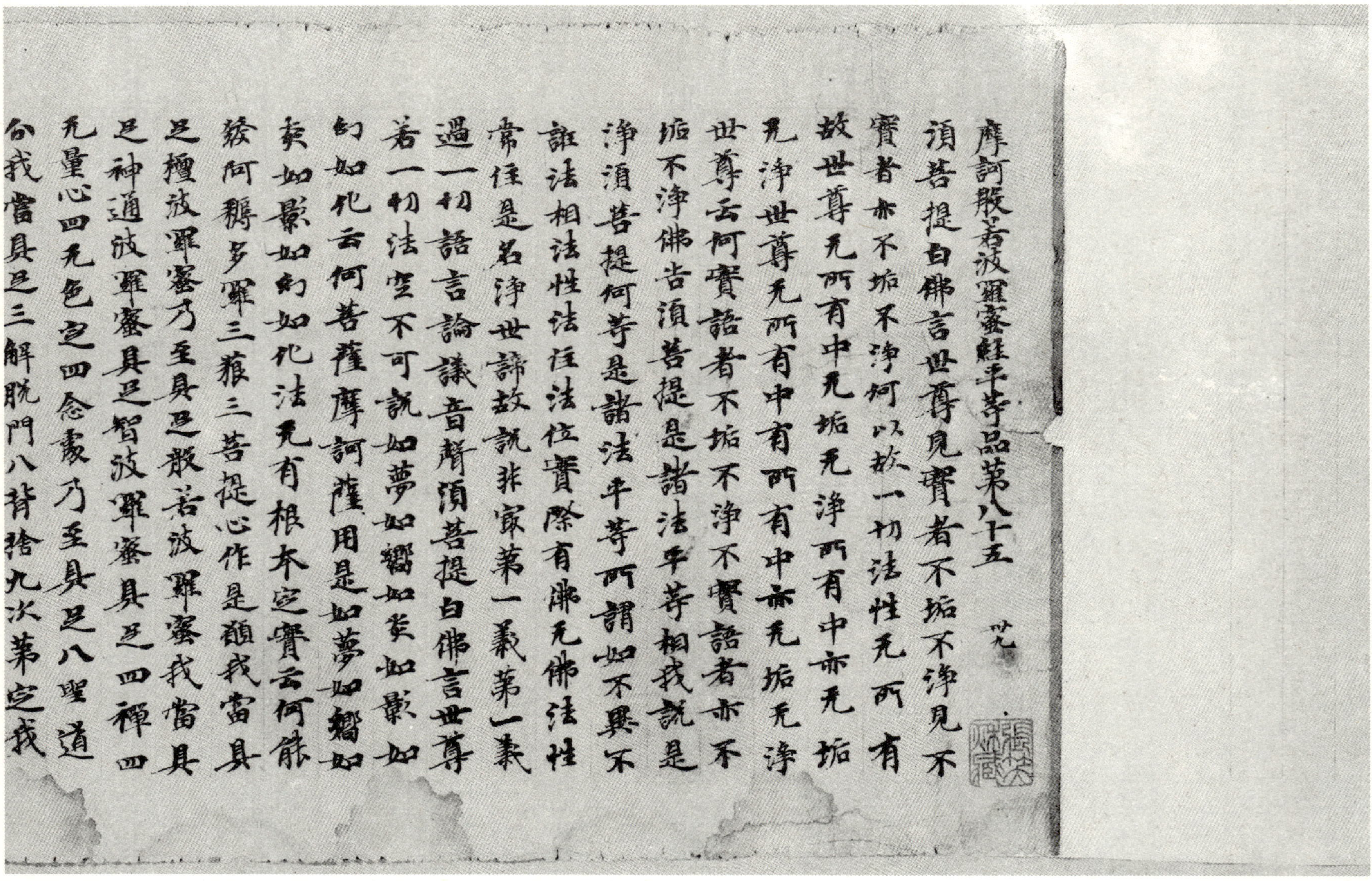

摩訶般若波羅蜜經平等品第八十五
須菩提白佛言世尊見實者不垢不淨見不
實者亦不垢不淨何以故一切法性无所有
故世尊无所有中无垢无淨所有中亦无垢
无淨世尊无所有中有所有中亦无垢无淨
世尊云何實語者不垢不淨不實語者亦不
垢不淨佛告須菩提是諸法平等相我説是
淨須菩提何等是諸法平等所謂如不異不
誑法相法性法住法位實際有佛无佛法性
常住是名淨世諦故説非實第一義第一義
過一切語言論議音聲須菩提白佛言世尊
若一切法空不可説如夢如響如炎如影如
幻如化云何菩薩摩訶薩用是如夢如響如
炎如影如幻如化法无有根本定實云何能
發阿耨多羅三藐三菩提心作是願我當具
足檀波羅蜜乃至具足般若波羅蜜我當具
足神通波羅蜜具足智波羅蜜具足四禪四
无量心四无色定四念處乃至具足八聖道
分我當具足三解脫門八背捨九次第定我

BD15300 號　摩訶般若波羅蜜經（四十卷本）卷三九　（20–2）

无量心四无色定四念處乃至具足八聖道
分我當具足三解脫門八背捨九次第定我
當具足佛十力乃至具足十八不共法我當
具足卅二相八十隨形好具足諸陀羅尼門
諸三昧門我當放大光明遍照十方知諸衆
生心如應說法佛告須菩提於汝意云何汝
所說諸法如夢如響如影如幻如化不
須菩提言尒世尊世尊若一切法如夢乃至
如化菩薩摩訶薩云何行般若波羅蜜世尊
是夢乃至化虛妄不實世尊不應用不實虛
妄法能具足檀波羅蜜乃至十八不共法佛
告須菩提如是如是不實虛妄法不能具足
檀波羅蜜乃至十八不共法行是不實虛妄
法不能得阿耨多羅三藐三菩提須菩提是
一切法皆是憶想思惟作法用是思惟憶想
作法不能得一切種智須菩提是一切法能
助道法不能盡果所謂是諸法无生无出无
相菩薩從初發心來所作善業若檀波羅蜜
乃至一切種智何以故知諸法皆如夢乃至如
化如是等法不具足檀波羅蜜乃至一切種
智不能得成就衆生淨佛國土得阿耨多羅
三藐三菩提是菩薩摩訶薩所作善業檀波
羅蜜乃至一切種智知如夢乃至如化亦知一
切衆生如夢中行乃至知如化中行是菩薩
摩訶薩不取般若波羅蜜是有法用是取故

BD15300號　摩訶般若波羅蜜經（四十卷本）卷三九　　（20–3）

切衆生如夢中行乃至知如化中行是菩薩
摩訶薩不取般若波羅蜜是有法用是取故
得一切種智如是法如夢无所取乃至諸法
如化无所取何以故般若波羅蜜是不可取
相禪波羅蜜乃至十八不共法是不可取相
是菩薩摩訶薩知一切法是不可取相已發
心求阿耨多羅三藐三菩提何以故一切法
不可取相无相本定實如夢乃至如化用不
可取相法不能得不可取相法但以衆生不
知不見如是諸法相是菩薩摩訶薩為是衆
生故求阿耨多羅三藐三菩提是菩薩從初
發意已來所有布施為一切衆生故乃至有
所脩智慧皆為一切衆生不為己身菩薩摩
訶薩不為餘事故求阿耨多羅三藐三菩提
但為一切衆生故是菩薩行般若波羅蜜時見
衆生无衆生但衆生相中住乃至无知者无
見者知見相中住令衆生遠離顛倒遠離已
置甘露性中住是中无有妄相所謂衆生相
乃至知者見者相是時菩薩動心念心戲論
心皆捨常行不動心不念心不戲論心須菩
提以是方便力故菩薩摩訶薩行般若波羅
蜜時自无所著亦教一切衆生令得无所著
世諦故非第一義須菩提白佛言世尊世尊
得阿耨多羅三藐三菩提時得諸佛法以世
諦故得以第一義中得佛言以世諦故說佛
得是法是法中无有法可得是人得是法何

BD15300號　摩訶般若波羅蜜經（四十卷本）卷三九　　（20–4）

諦故得以第一義中得佛言以世諦故說佛
得是法是法中无有法可得是人得是法何
以故是人得是法是為大有所得用二法无
道无果須菩提白佛言世尊若行二法无道
无果行不二法有道有果不佛言行二法无
道无果行不二法亦无道无果若无二法无
不二法即是道即是果何以故用如是法得
道得果用是法不得道不得果是為戲論諸
平等法中无有戲論无戲論相是諸法平等
須菩提白佛言世尊諸法无所有性是中何
等是平等佛言若无有法无有无法亦不說
諸法平等相除平等更无餘法離一切法平
等相平等者若凡夫若聖人不能行不能到
須菩提白佛言世尊乃至佛亦不能行亦不
能到佛言是諸法平等一切聖人皆不能行
不能到所謂諸須陁洹斯陁含阿那含阿羅
漢辟支佛諸菩薩摩訶薩及諸佛須菩提白
佛言世尊佛者一切諸法中行力自在云何
說佛亦不能行亦不能到佛告須菩提若諸
法平等與佛有異應當如是問須菩提今諸
凡夫人平等諸須陁洹斯陁含阿那含阿羅
漢辟支佛諸菩薩摩訶薩諸佛及聖法皆平
等是一平等无二所謂是凡夫人是須陁洹
乃至佛是一切法等中皆不可得須菩提白
佛言世尊若諸法等中皆不可得是凡夫人

BD15300號　摩訶般若波羅蜜經（四十卷本）卷三九　（20–5）

乃至佛是一切法等中皆不可得須菩提白
佛言世尊若諸法等中皆不可得是凡夫人
乃至是佛世尊凡夫人須陁洹乃至佛為无
有分別佛告須菩提如是如是諸法平等中
无有分別是凡夫人是須陁洹乃至是佛世
尊若无分別諸凡夫人須陁洹乃至佛云何
分別有三寶現於世佛寶法寶僧寶佛言於
意云何佛寶法寶僧寶與諸法等異不須菩
提白佛言如我從佛所聞義佛寶法寶僧寶
與諸法等无異世尊是佛寶法寶僧寶即是
平等是法皆不合不散无色无形无對一相
所謂无相佛有是力能分別无相諸法處所
是凡夫人是須陁洹是斯陁含是阿那含是
阿羅漢是辟支佛是菩薩摩訶薩是諸佛佛
告須菩提如是如是諸佛得阿耨多羅三藐
三菩提分別諸法是地獄是餓鬼是畜生是
人是天是四天王乃至是他化自在天是梵
天乃至是非有想非无想天處是四念處乃
至八聖道分是內空乃至是无法有法空是
佛十力乃至是十八不共法不須菩提言不
知世尊以是故須菩提當知佛有大恩力
於諸法等中不動而分別諸法須菩提白佛
言世尊如佛於諸法等中不動凡夫人亦於
諸法平等中亦不動須陁洹乃至辟支佛亦
於諸法平等中亦不動世尊若諸法等相即

BD15300號　摩訶般若波羅蜜經（四十卷本）卷三九　（20–6）

諸法平等中亦不動須陀洹乃至辟支佛亦
於諸法平等中亦不動世尊若諸法等相即
是凡夫人相即是須陀洹相乃至諸佛即是
平等相世尊今諸法相各各相所謂色相異
受想行識相異眼相異耳鼻舌身意相異地
相異水火風空識相異欲相異瞋癡相異邪
見相異禪相異无量心相異无色定相異四
念處相異乃至八聖道分相異檀波羅蜜相
異乃至般若波羅蜜相異三解脫門相異十
八空相異佛十力相異四无所畏相異四无
㝵智相異十八不共法相異有為法性異无
為法性異凡夫人相異乃至佛相異諸法各
各相云何菩薩摩訶薩行般若波羅蜜時諸
法異相中不作分別若不作不分別不能行
般若波羅蜜若不行般若波羅蜜不能從一
地至一地若不從一地至一地不能入菩薩
位不能入菩薩位故不能過聲聞辟支佛地
不能過聲聞辟支佛地故不能具足神通波
羅蜜不具足神通波羅蜜故不能具足檀波
羅蜜乃至不能具足般若波羅蜜從一佛國至
一佛國供養諸佛於諸佛所種善根用是善
根能成就眾生淨佛國土佛告須菩提如汝
所問是諸法相亦是凡夫人亦是須陀洹乃
至佛世尊是諸法各各相所謂色相異乃至
有為无為法相異云何菩薩摩訶薩觀一切相

BD15300 號　摩訶般若波羅蜜經（四十卷本）卷三九　（20–7）

所問是諸法相亦是凡夫人亦是須陀洹乃
至佛世尊是諸法各各相所謂色相異乃至
有為无為法相異云何菩薩摩訶薩觀一切相
不作分別須菩提於汝意云何是色相空不
乃至諸佛相空不世尊實空須菩提空中各
各相法可得不所謂色相乃至諸佛相須菩
提言不可得佛言以是因緣故當知諸法平
等中非凡夫人亦不離凡夫人乃至非佛亦
不離佛須菩提白佛言世尊是平等為是有
為法為是无為法佛言非有為法非无為法
何以故離有為法无為法不可得離无為法
有為法不可得須菩提是有為性无為性是二
法不合不散无色无形无對一相所謂无相佛
亦以世諦故說非以第一義何以故第一義
中无身行无口行无意行亦不離身口意行
得第一義是諸有為法无為法平等相即是
第一義菩薩摩訶薩行般若波羅蜜時第一
義中不動而行菩薩事饒益眾生

摩訶般若波羅蜜經化品第八十六

須菩提白佛言世尊若諸法平等无所為作
云何菩薩摩訶薩行般若波羅蜜於平等法
中不動而行菩薩事以布施愛語利益同事
佛告須菩提如是如是如汝所言是諸法平
等无所作若是眾生自知諸法平等佛不用
神力於諸法平等中不動而拔出眾生吾我
想以空處六道生死乃至知者見者相處色

BD15300 號　摩訶般若波羅蜜經（四十卷本）卷三九　（20–8）

神力於諸法平等中不動而拔出衆生吾我
想以空度六道生死乃至知者見者相陰色
相乃至識相眼相乃至意相地種相乃至識
種相遠離有為性相令得无為性相无為性
相即是空須菩提言世尊用何等空故一切
法空佛言菩薩遠離一切法相用是空故一
切法空須菩提於汝意云何若有化人作化
人是化頗有實事不空者不須菩提言不也
世尊是化人无有實事而不空是空及化人
二事不合不散以空空故空不應分別是空
是化何以故是二事等空中不可得所謂是
空是化所以者何須菩提色即是化受想行
識即是化乃至一切種智即是化須菩提白
佛言世尊若世間法是化出世間法所謂四
念處四正懃四如意足五根五力七覺分八
聖道分三解脫門佛十力四无所畏四无㝵
智十八不共法并諸法果及賢聖人所謂須
陁洹斯陁含阿那含阿羅漢辟支佛菩薩摩
訶薩諸佛世尊是法亦是化不佛告須菩提
一切法皆是化於是法中有聲聞法變化有
辟支佛法變化有菩薩摩訶薩法變化有諸
佛法變化有煩惱法變化有業因緣法變化
以是因緣故須菩提一切法皆是變化須菩
提白佛言世尊是諸煩惱斷所謂須陁洹果
斯陁含果阿那含果阿羅漢果辟支佛道諸

提白佛言世尊是諸煩惱斷所謂須陁洹果
斯陁含果阿那含果阿羅漢果辟支佛道諸
煩惱習斷皆是變化不佛告須菩提若有法
生滅相者皆是變化須菩提言世尊何等法
非變化佛言若法无生无滅是非變化須菩
提言何等是不生不滅非變化佛言无誑相
涅槃是法非變化世尊如佛自說諸法平等
非聲聞作非辟支佛作非諸菩薩摩訶薩作
非諸佛作有佛无佛諸法性常空性空即是
涅槃云何言涅槃一法非如化佛告須菩提
如是如是諸法平等非聲聞所作乃至性空
即是涅槃若新發意菩薩聞是一切法皆畢
竟性空乃至涅槃亦皆如化心則驚怖為是
新發意菩薩故分別生滅者如化不生滅者
不如化須菩提白佛言世尊云何教新發意
菩薩令知是性空佛告須菩提法本有今无
邪

摩訶般若波羅蜜經薩陁波崙品第八十七

佛告須菩提菩薩摩訶薩求般若波羅蜜當
應如薩陁波崙菩薩摩訶薩是菩薩今在大
雷音佛所行菩薩道須菩提白佛言世尊薩
陁波崙菩薩摩訶薩云何求般若波羅蜜佛
言薩陁波崙菩薩摩訶薩本求般若波羅蜜
時不惜身命不求名利於空閑林中聞空中
聲言汝善男子從是東行莫念疲極莫念睡

時不惜身命不求名利於空閑林中聞空中
聲言汝善男子從是東行莫念疲極莫念睡
眠莫念飲食莫念晝夜莫念寒熱莫念内外
善男子行時莫觀左右汝行時莫壞身相莫
壞色相莫壞受想行識相何以故若壞是諸
相則於佛法有㝵若於佛法有㝵便往來六
道生死中亦不能得般若波羅蜜尒時薩陀
波崘菩薩報空中言我當從教何以故我欲
為一切衆生作大明欲集一切諸佛法欲得阿
耨多羅三藐三菩提故薩陀波崘菩薩復聞
空中聲言善哉善哉善男子汝於空无相无
作之法應生信心以離相心求般若波羅蜜
離我相乃至離知者見者相當遠離惡知識
當親近供養善知識何等是善知識能說空
无相无作无生无滅法及一切種智令人心入
歡喜信樂是為善知識善男子汝若如是行
不久當聞般若波羅蜜若從經卷中聞若從
菩薩所說聞善男子汝所從聞是般若波羅
蜜處應生心如佛想善男子汝當知恩應作
是念所從聞是般若波羅蜜者即是我善知
識我用聞是法故疾得不退轉於阿耨多羅
三藐三菩提親近諸佛常生有佛國中遠離
衆難得具足无難處善男子當思惟籌量是
功德於所從聞法處生心如佛想汝善男子
莫以世利心故隨逐法師但為愛法恭敬法
故隨逐說法菩薩尒時當覺知魔事若惡魔

BD15300號　摩訶般若波羅蜜經（四十卷本）卷三九　（20–11）

莫以世利心故隨逐法師但為愛法恭敬法
故隨逐說法菩薩尒時當覺知魔事若惡魔
與說法菩薩作五欲因緣假為法故令受若
說法菩薩入實法門以德力受而无所染又
以三事故受是五欲以方便力故欲令衆生
種善根故欲與衆生同其事故受汝於是中
莫生汙心當起淨想自念我未知漚和拘舍
羅大師以方便法為度衆生令得福德故受
是諸欲於智慧无著无㝵不為欲染善男子
即當觀諸法實相諸法實相者所謂一切法
不垢不淨何以故一切法自性空无衆生无
人无我一切法如幻如夢如響如影如炎如
化善男子觀是諸法實相已當隨法師汝不
久當成就般若波羅蜜復次善男子汝當復
覺知魔事若說法菩薩見汝愛般若波羅蜜
人意不存念汝不應起心怨恨汝但當以法
故恭敬莫起厭懈意常應隨逐法師尒時薩
陀波崘菩薩受是空中教已從是東行不久
復作是念我云何不問空中聲我當何處去
去當遠近當從誰聞般若波羅蜜是時即住
啼哭憂愁作是念我住是中過一日一夜若二
三四五六七日七夜不念疲極乃至不念飢
渴寒熱不聞聽受般若波羅蜜因緣終不起
世須菩提譬如人有一子卒死憂愁苦毒唯
懷懊惱不生餘念如是須菩提薩陀波崘菩

BD15300號　摩訶般若波羅蜜經（四十卷本）卷三九　（20–12）

世須菩提辟如人有一子卒死憂慈苦毒唯
懷懊惱不生餘念如是須菩提薩陀波崙菩
薩尒時无有異心但念我何時當得聞般若
波羅蜜我云何不問空中聲我應何處去去
當遠近當從誰聞般若波羅蜜須菩提薩陀
波崙菩薩如是悲念時空中有佛語薩陀波
崙菩薩言善哉善哉善男子過去諸佛行菩
薩道時求般若波羅蜜亦如汝今日善男子
汝以是懃精進愛樂法故從是東行去此五
百由旬有城名衆香其城七重七寶莊嚴臺
觀欄楯皆以七寶挍餝七寶之塹七寶行樹
周匝七重其城縱廣十二由旬豐樂安靜人
民熾盛五百巿里街巷相當端嚴如畫橋津
如地寬博清淨七重城上皆有七寶樓櫓寶
樹行列以黃金白銀車𤦲馬瑙珊瑚琉璃頗
梨紅色真珠以為枝葉寶繩連綿金為鈴網
以覆城上風吹鈴聲其音和雅娛樂衆生譬
如巧作五樂甚可憙樂其城四邊流池清淨
冷暖調適中有諸舩七寶嚴餝是諸衆生宿
業所致乘此寶舩娛樂遊戲諸池水中種種
蓮華青黃赤白衆雜好華遍覆水上是三千
大千世界所有衆華皆在其中其城四邊有
五百園觀七寶莊嚴甚可愛樂一一園中各
有五百池池各縱廣十里皆以七寶挍成雜
色莊嚴諸池水中亦有青黃赤白蓮華弥覆

BD15300號　摩訶般若波羅蜜經（四十卷本）卷三九　（20–13）

有五百池池各縱廣十里皆以七寶挍成雜
色莊嚴諸池水中亦有青黃赤白蓮華弥覆
水上其諸蓮華大如車輪青色青光黃色黃
光赤色赤光白色白光諸池水中鳧鴈鴛鴦
異類衆鳥音聲相和是諸園觀適无所屬是
諸衆生宿業所致長夜信樂深法行般若波
羅蜜因緣故受是果報善男子是衆香城中
有大高臺曇无竭菩薩摩訶薩宮舍在上其
宮縱廣一由旬皆以七寶挍成雜色莊嚴甚
可憙樂垣墻七重皆亦七寶七寶欄楯七寶
樓閣寶塹七重皆亦七寶周匝深塹七寶果
城七重行樹七寶枝葉七重圍遶其宮舍中
有四種娛樂園一名常喜二名離憂三名華
餝四名香餝一一園中各有八池一名賢二
名賢上三名歡喜四名喜上五名安隱六名
名安隱七名遠離八名阿毗跋致諸池四邊
面各一寶黃金白銀琉璃頗梨玫瑰為池底
其上布金沙一一池側有八梯陛種種妙寶
以為嚴餝諸梯桄閒有閻浮檀金芭蕉行樹
一切池中種種蓮華青黃赤白弥覆水上諸
池四邊生好華樹風吹諸華墮池水中其池
成就八種功德香若栴檀色味具足曇无竭
菩薩與六万八千婇女五欲具足共相娛樂
及城中男女俱入常喜等園賢等池中五欲
具足共相娛樂善男子曇无竭菩薩與諸婇
女遊戲娛樂已日三時說般若波羅蜜衆皆

BD15300號　摩訶般若波羅蜜經（四十卷本）卷三九　（20–14）

菩薩與六万八千婇女五欲具足共相娛樂
及城中男女俱入常喜等園賢等池中五欲
具足共相娛樂善男子曇无竭菩薩與諸婇
女遊戲娛樂已日三時說般若波羅蜜衆香
城內男女大小於其城中多聚人處敷大法
坐其坐四足或以黃金或以白銀或以琉璃
或以頗梨敷以綩綖雜色茵蓐垂諸幃帶以
妙白氎而覆其上散以種種雜妙華香坐高
五里張白珠帳其地四邊散五色華燒衆名
香澤香塗地供養恭敬般若波羅蜜故曇无
竭菩薩於此坐上說般若波羅蜜彼諸人衆
如是恭敬供養曇无竭為聞般若波羅蜜故於
是大會百千万衆諸天世人一處和集中有聽
者中有受者中有持者中有誦者中有書者
中有正觀者中有如說行者是時衆生以是
因緣故皆不墮惡道不退轉於阿耨多羅三
藐三菩提汝善男子往趣曇无竭菩薩所當聞
般若波羅蜜善男子曇无竭菩薩世世是汝
善知識能教汝阿耨多羅三藐三菩提示教
利喜曇无竭菩薩本求般若波羅蜜時亦如
汝今汝去莫計晝夜莫生鄣閡心汝不久當
得聞般若波羅蜜尒時薩陀波崙菩薩摩訶
薩歡喜心悅作是念我當何時得見是善男
子得聞般若波羅蜜須菩提譬如有人為毒
箭所中更无餘念唯念何時當得良醫拔出
毒箭除我此苦如是須菩提薩陀波崙菩薩

BD15300號　摩訶般若波羅蜜經（四十卷本）卷三九　（20–15）

子得聞般若波羅蜜須菩提譬如有人為毒
箭所中更无餘念唯念何時當得良醫拔出
毒箭除我此苦如是須菩提薩陀波崙菩薩
摩訶薩更无餘念但作是願我何時當得見
曇无竭菩薩令我得聞般若波羅蜜我聞是
般若波羅蜜斷諸有心是時薩陀波崙菩薩
於是處住念曇无竭菩薩一切法中得无㝵知
見即得无量三昧門現在前所謂諸法性觀三
昧諸法性不可得三昧破諸法无明三昧諸
法不異三昧諸法不壞自在三昧諸法能照
明三昧諸法離闇三昧諸法无異相續三昧
諸法不可得三昧散華三昧諸法无我三昧
如幻威勢三昧得如鏡像三昧得一切衆生
語言三昧一切衆生歡喜三昧入分別音聲
三昧得種種語言字句莊嚴三昧无畏三昧
性常嘿然三昧得无㝵解脫三昧離塵垢三
昧名字語句莊嚴三昧見諸法三昧諸法无
㝵頂三昧如虛空三昧如金剛三昧不畏著
色三昧得勝三昧轉眼三昧畢法性三昧能
與安隱三昧師子吼三昧勝一切衆生三昧
華莊嚴三昧斷疑三昧隨一切堅固三昧出
諸法得神通力无畏三昧能達諸法三昧諸
法財印三昧諸法无分別見三昧離諸見三
昧離一切闇三昧離一切相三昧解脫一切
著三昧除一切懈怠三昧得深法明三昧不

BD15300號　摩訶般若波羅蜜經（四十卷本）卷三九　（20–16）

昧離一切闇三昧離一切相三昧解脫一切
著三昧除一切懈怠三昧得深法明三昧不
可奪三昧破魔三昧不著三界三昧起光明
三昧見諸佛三昧薩陀波崙菩薩住是諸三
昧中即見十方无量阿僧祇諸佛為諸菩薩
摩訶薩說般若波羅蜜是時十方諸佛安慰
薩陀波崙菩薩言善哉善哉善男子我等本
行菩薩道時求般若波羅蜜得是諸三昧亦
如汝今所得我等得是諸三昧善入般若波
羅蜜成就方便力住阿惟越致地我等觀是
諸三昧性不見有法出三昧入三昧者亦不
見行佛道者亦不見得阿耨多羅三藐三菩
提者善男子是名般若波羅蜜所謂不念有
是諸法善男子我等於无所念法中住得是
金色身丈光明卅二相八十隨形好不可思
議智慧无上戒无上三昧佛无上智慧一切
功德皆悉具足一切功德具足故佛尚不能
取相說盡何況聲聞辟支佛及諸餘人以是
故善男子於是佛法中倍應恭敬愛念生清
淨心於善知識中應生如佛想何以故為善
知識守護故菩薩疾得阿耨多羅三藐三菩
提是時薩陀波崙菩薩白十方諸佛言何等
是我善知識所應親近供養者十方諸佛告
薩陀波崙菩薩言汝善男子曇无竭菩薩世
世教化成就汝阿耨多羅三藐三菩提曇无
竭菩薩守護汝教汝般若波羅蜜方便力是

BD15300 號　摩訶般若波羅蜜經（四十卷本）卷三九　（20–17）

世教化成就汝阿耨多羅三藐三菩提曇无
竭菩薩守護汝教汝般若波羅蜜方便力是
汝善知識汝供養曇无竭菩薩若一劫若二
若三乃至過百劫頂戴恭敬以一切樂具三
千世界中所有妙色聲香味觸盡以供養未
能報須臾之恩何以故曇无竭菩薩摩訶薩
因緣故令汝得如是等諸三昧得般若波羅
蜜方便力諸佛如是教化安慰薩陀波崙菩
薩令歡喜已忽然不現是時薩陀波崙菩薩
從三昧起不復見佛作是念是諸佛從何所來
去至何所不見諸佛故復大惆悵不樂誰
斷我疑復作是念曇无竭菩薩久遠已來常
行般若波羅蜜得方便力及諸陀羅尼於菩
薩法中得自在多供養過去諸佛世尊為我
師常利益我我當問曇无竭菩薩諸佛從何
所來去至何處尒時薩陀波崙菩薩於曇无
竭菩薩生恭敬愛樂尊重心作是念我當以
何供養曇无竭菩薩今我貧窮華香瓔珞燒
香澤香衣服幡蓋金銀真珠琉璃頗梨珊瑚
虎魄无有如是等物可以供養般若波羅蜜
及說法師曇无竭菩薩我法不應空往曇无
竭菩薩所我若空往喜悅心不生我當賣身
得財為般若波羅蜜故供養法師曇无竭菩
薩何以故我世世喪身无數无始生死中或
死或賣或為欲因緣故世世在地獄中受无

BD15300 號　摩訶般若波羅蜜經（四十卷本）卷三九　（20–18）

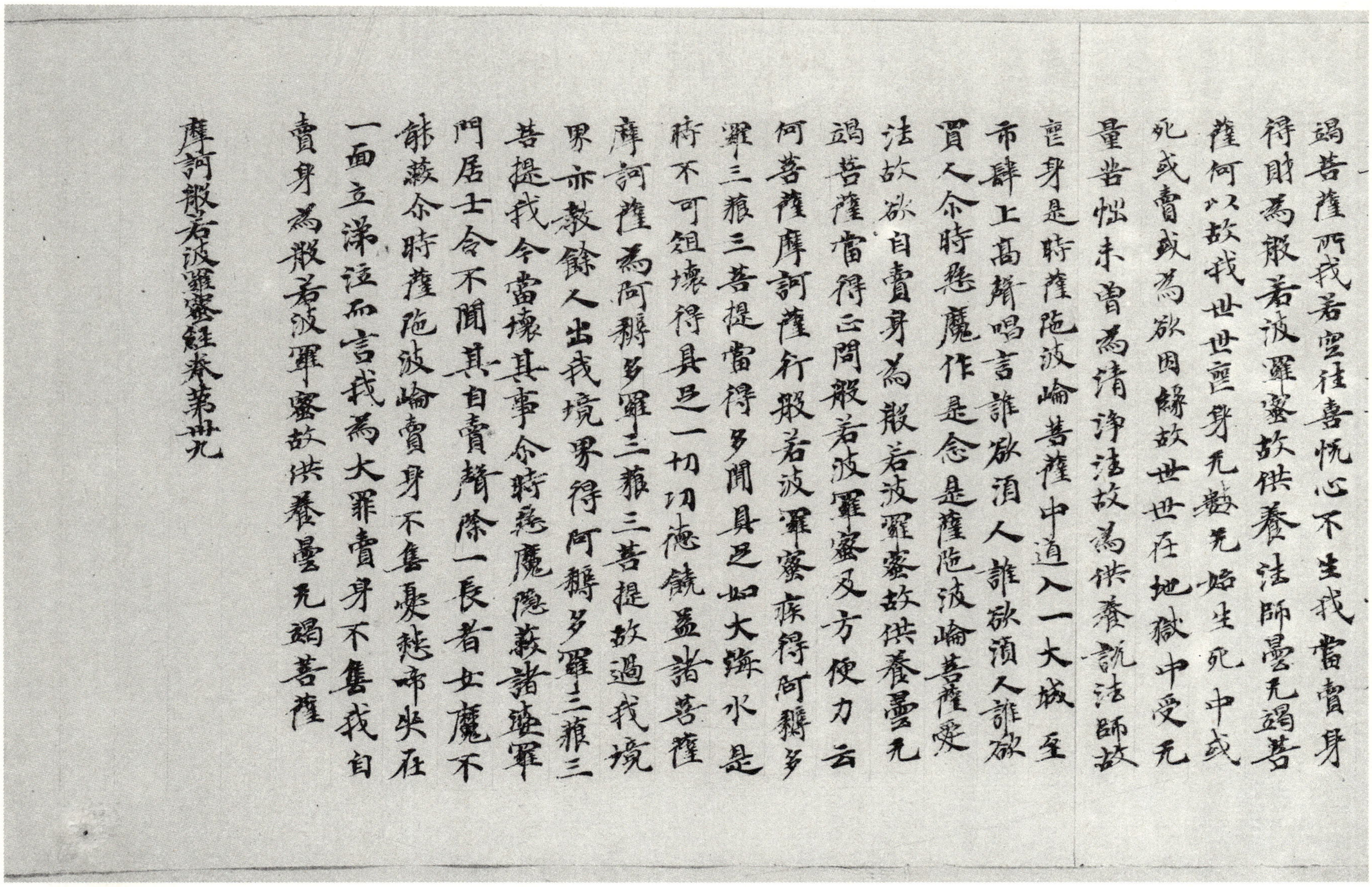

竭菩薩所我若空往喜悅心不生我當賣身
得財為般若波羅蜜故供養法師曇无竭菩
薩何以故我世世喪身无數无始生死中或
死或賣或為欲因緣故世世在地獄中受无
量苦惱未曾為清淨法故為供養說法師故
喪身是時薩陁波崙菩薩中道入一大城至
市肆上高聲唱言誰欲須人誰欲須人誰欲
買人尒時惡魔作是念是薩陁波崙菩薩愛
法故欲自賣身為般若波羅蜜故供養曇无
竭菩薩當得正問般若波羅蜜及方便力云
何菩薩摩訶薩行般若波羅蜜疾得阿耨多
羅三藐三菩提當得多聞具足如大海水是
時不可沮壞得具足一切功德饒益諸菩薩
摩訶薩為阿耨多羅三藐三菩提故過我境
界亦教餘人出我境界得阿耨多羅三藐三
菩提我今當壞其事尒時惡魔隱蔽諸婆羅
門居士令不聞其自賣聲除一長者女魔不
能蔽尒時薩陁波崙賣身不售憂愁啼哭在
一面立涕泣而言我為大罪賣身不售我自
賣身為般若波羅蜜故供養曇无竭菩薩

摩訶般若波羅蜜經卷第卅九

BD15300號　摩訶般若波羅蜜經（四十卷本）卷三九　（20–19）

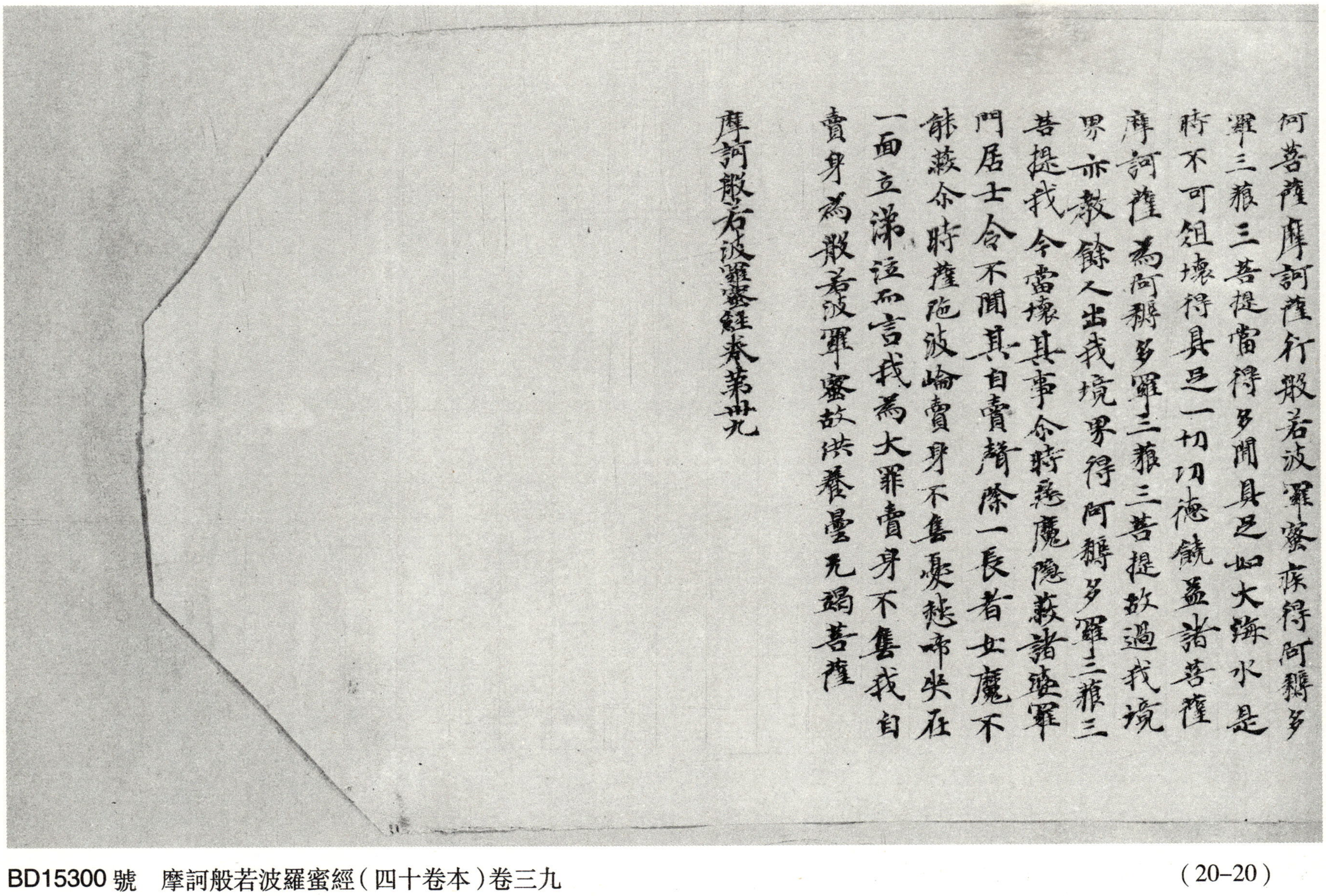

何菩薩摩訶薩行般若波羅蜜疾得阿耨多
羅三藐三菩提當得多聞具足如大海水是
時不可沮壞得具足一切功德饒益諸菩薩
摩訶薩為阿耨多羅三藐三菩提故過我境
界亦教餘人出我境界得阿耨多羅三藐三
菩提我今當壞其事尒時惡魔隱蔽諸婆羅
門居士令不聞其自賣聲除一長者女魔不
能蔽尒時薩陁波崙賣身不售憂愁啼哭在
一面立涕泣而言我為大罪賣身不售我自
賣身為般若波羅蜜故供養曇无竭菩薩

摩訶般若波羅蜜經卷第卅九

BD15300號　摩訶般若波羅蜜經（四十卷本）卷三九　（20–20）

BD15301 號背　護首　　（1–1）

BD15301 號　大般若波羅蜜多經卷六七　　（25–1）

大般若波羅蜜多經卷第六十七
初分無所得品第十八之七　三藏法師玄奘奉　詔譯
舍利子如空解脫門名唯客所攝於十方三
世无所[illegible]亦无所住空解脫門
中无名[illegible]解脫門非合非離但假施
設何以故以空解脫門與名俱自性空故自
性空中若空解脫門若名俱无所有不可得
故如无相无願解脫門名唯客所攝於十方
三世无所從來无所至去亦无所住无相无
願解脫[illegible]无无相无願解脫門
非合非離[illegible]設何以故以无相无願解
脫門與名俱自性空故自性空中若无相无
願解脫門若名俱无所有不可得故菩薩摩
訶薩名亦復如是唯客所攝於十方三世无
所從來无所至去亦无所住菩薩摩訶薩中
无名名中无菩薩摩訶薩非合非離但假施
設何以故以菩薩摩訶薩與名俱自性空故
自性空中若菩薩摩訶薩若名俱无所有不
可得故舍利子由此緣故我作是說菩薩摩
訶薩但有假名
舍利子如五眼名唯客所攝於十方三世无

BD15301 號　大般若波羅蜜多經卷六七　（25–2）

可得故舍利子由此緣故我作是說菩薩摩
訶薩但有假名
舍利子如五眼名唯客所攝於十方三世无
所從來无所至去亦无所住五眼中无名名
中无五眼非合非離但假施設何以故以五
眼與名俱自性空故自性空中若五眼若名
俱无所有不可得故如六通名唯客所攝於
十方三世无所從來无所至去亦无所住六
通中无名名中无六通非合非離但假施設
何以故以六通與名俱自性空故自性空中
若六通若名俱无所有不可得故菩薩摩訶
薩名亦復如是唯客所攝於十方三世无所
從來无所至去亦无所住菩薩摩訶薩中无
名名中无菩薩摩訶薩非合非離但假施設
何以故以菩薩摩訶薩與名俱自性空故自
性空中若菩薩摩訶薩若名俱无所有不可
得故舍利子由此緣故我作是說菩薩摩訶
薩但有假名
舍利子如佛十力名唯客所攝於十方三世
无所從來无所至去亦无所住佛十力中无
名名中无佛十力非合非離但假施設何以
故以佛十力與名俱自性空故自性空中若
佛十力若名俱无所有不可得故如四无所

BD15301 號　大般若波羅蜜多經卷六七　（25–3）

名名中无佛十力非合非離但假施設何以
故以佛十力與名俱自性空故自性空中若
佛十力若名俱无所有不可得故如四无所
畏四无礙解大慈大悲大喜大捨十八佛不
共法名唯客所攝於十方三世无所從來无
所至去亦无所住四无所畏四无礙解大慈
大悲大喜大捨十八佛不共法中无名名中
无四无所畏四无礙解大慈大悲大喜大捨
十八佛不共法非合非離但假施設何以故
以四无所畏四无礙解大慈大悲大喜大捨
十八佛不共法與名俱自性空故自性空中
若四无所畏四无礙解大慈大悲大喜大捨
十八佛不共法若名俱无所有不可得故善
薩摩訶薩名亦復如是唯客所攝於十方三
世无所從來无所至去亦无所住菩薩摩訶
薩中无名名中无菩薩摩訶薩非合非離但
假施設何以故以菩薩摩訶薩與名俱自性
空故自性空中若菩薩摩訶薩若名俱无所
有不可得故舍利子由此緣故我作是說菩
薩摩訶薩但有假名
舍利子如一切智名唯客所攝於十方三世
无所從來无所至去亦无所住一切智中无
名名中无一切智非合非離但假施設何以

BD15301號　大般若波羅蜜多經卷六七　（25–4）

无所從來无所至去亦无所住一切智中无
名名中无一切智非合非離但假施設何以
故以一切智與名俱自性空故自性空中若
一切智若名俱无所有不可得故如道相智
一切相智名唯客所攝於十方三世无所從
來无所至去亦无所住道相智一切相智中
无名名中无道相智一切相智非合非離但
假施設何以故以道相智一切相智與名俱
自性空故自性空中若道相智一切相智若
名俱无所有不可得故菩薩摩訶薩名亦復
如是唯客所攝於十方三世无所從來无所
至去亦无所住菩薩摩訶薩中无名名中无
菩薩摩訶薩非合非離但假施設何以故以
菩薩摩訶薩與名俱自性空故自性空中若
菩薩摩訶薩若名俱无所有不可得故舍利
子由此緣故我作是說菩薩摩訶薩但有假
名
舍利子如无忘失法名唯客所攝於十方三
世无所從來无所至去亦无所住无忘失法
中无名名中无无忘失法非合非離但假施
設何以故以无忘失法與名俱自性空故自
性空中若无忘失法若名俱无所有不可得
故如恒住捨性名唯客所攝於十方三世无

BD15301號　大般若波羅蜜多經卷六七　（25–5）

性空中若无忘失法若名俱无所有不可得
故如恒住捨性名唯客所攝於十方三世无
所從来无所至去亦无所住恒住捨性中无
名名中无恒住捨性非合非離但假施設何
以故以恒住捨性與名俱自性空故自性空
中若恒住捨性若名俱无所有不可得故菩
薩摩訶薩名亦復如是唯客所攝於十方三
世无所從来无所至去亦无所住菩薩摩訶
薩中无名名中无菩薩摩訶薩非合非離但
假施設何以故以菩薩摩訶薩與名俱自性
空故自性空中若菩薩摩訶薩若名俱无所
有不可得故舍利子由此緣故我作是說菩
薩摩訶薩但有假名
舍利子如一切陀羅尼門名唯客所攝於十
方三世无所從来无所至去亦无所住一切
陀羅尼門中无名名中无一切陀羅尼門非
合非離但假施設何以故以一切陀羅尼門
與名俱自性空故自性空中若一切陀羅尼
門若名俱无所有不可得故如一切三摩地
門名唯客所攝於十方三世无所從来无所
至去亦无所住一切三摩地門中无名名中
无一切三摩地門非合非離但假施設何以
故以一切三摩地門與名俱自性空故自性

BD15301 號　大般若波羅蜜多經卷六七　（25–6）

无一切三摩地門非合非離但假施設何以
故以一切三摩地門與名俱自性空故自性
空中若一切三摩地門若名俱无所有不可
得故菩薩摩訶薩名亦復如是唯客所攝於
十方三世无所從来无所至去亦无所住菩
薩摩訶薩中无名名中无菩薩摩訶薩非合
非離但假施設何以故以菩薩摩訶薩與名
俱自性空故自性空中若菩薩摩訶薩若名
俱无所有不可得故舍利子由此緣故我作
是說菩薩摩訶薩但有假名
舍利子如内空名唯客所攝於十方三世无
所從来无所至去亦无所住内空中无名名
中无内空非合非離但假施設何以故以内
空與名俱自性空故自性空中若内空若名
俱无所有不可得故如外空内外空空空大
空勝義空有為空无為空畢竟空无際空
散空无變異空本性空自相空共相空一切法
空不可得空无性空自性空无性自性空名
唯客所攝於十方三世无所從来无所至去
亦无所住外空乃至无性自性空中无名名
中无外空乃至无性自性空非合非離但
假施設何以故以外空乃至无性自性空與
名俱自性空故自性空中若外空乃至无性自

BD15301 號　大般若波羅蜜多經卷六七　（25–7）

假施設何以故以外空乃至元性自性空與
名俱自性空故自性空中若外空乃至元性自
性空若名俱元所有不可得故菩薩摩訶
薩名亦復如是雖客所攝於十方三世元所
從來元所至去亦元所住菩薩摩訶薩中元
名名中元菩薩摩訶薩非合非離但假施設
何以故以菩薩摩訶薩與名俱自性空故自
性空中若菩薩摩訶薩若名俱元所有不可
得故舍利子由此緣故我作是說菩薩摩訶
薩但有假名
舍利子如真如名雖客所攝於十方三世元
所從來元所至去亦元所住真如中元名名
中元真如非合非離但假施設何以故以真
如與名俱自性空故自性空中若真如若名
俱元所有不可得故如法界法性不虛妄性
不變異性不思議界虛空界斷界離界滅界
平等性離生性法定法住元性界元相界元
作界元為界安隱界寂靜界本元實際究竟
涅槃名雖客所攝於十方三世元所從來元
所至去亦元所住法界乃至究竟涅槃中元
名名中元法界乃至究竟涅槃非合非離但
假施設何以故以法界乃至究竟涅槃與名
俱自性空故自性空中若法界乃至究竟涅

假施設何以故以法界乃至究竟涅槃與名
俱自性空故自性空中若法界乃至究竟涅
槃若名俱元所有不可得故菩薩摩訶薩名
亦復如是雖客所攝於十方三世元所從來
元所至去亦元所住菩薩摩訶薩中元名名
中元菩薩摩訶薩非合非離但假施設何以
故以菩薩摩訶薩與名俱自性空故自性空
中若菩薩摩訶薩若名俱元所有不可得故
舍利子由此緣故我作是說菩薩摩訶薩但
有假名
舍利子如極喜地名雖客所攝於十方三世
元所從來元所至去亦元所住極喜地中元
名名中元極喜地非合非離但假施設何以
故以極喜地與名俱自性空故自性空中若
極喜地若名俱元所有不可得故如離垢地
發光地焰慧地極難勝地現前地遠行地不
動地善慧地法雲地名雖客所攝於十方三
世元所從來元所至去亦元所住離垢地乃
至法雲地中元名名中元離垢地乃至法雲
地非合非離但假施設何以故以離垢地乃至
法雲地與名俱自性空故自性空中若離
垢地乃至法雲地若名俱元所有不可得故
菩薩摩訶薩名亦復如是雖客所攝於十方

垢地乃至法雲地若名俱元所有不可得故
菩薩摩訶薩名亦復如是唯客所攝於十方
三世元所從来元所至去亦元所住菩薩摩
訶薩中元名名中元菩薩摩訶薩非合非離
但假施設何以故以菩薩摩訶薩與名俱自
性空故自性空中若菩薩摩訶薩若名俱
元所有不可得故舍利子由此緣故我作是說
菩薩摩訶薩但有假名
舍利子如異生地名唯客所攝於十方三世
元所從来元所至去亦元所住異生地中元
名名中元異生地非合非離但假施設何以
故以異生地與名俱自性空故自性空中若
異生地若名俱元所有不可得故如種姓地第
八地具見地薄地離欲地已辦地獨覺地
菩薩地如来地名唯客所攝於十方三世元
所從来元所至去亦元所住種姓地乃至如
来地中元名名中元種姓地乃至如来地非
合非離但假施設何以故以種姓地乃至如
来地與名俱自性空故自性空中若種姓地
乃至如来地若名俱元所有不可得故菩薩
摩訶薩名亦復如是唯客所攝於十方三世
元所從来元所至去亦元所住菩薩摩訶薩
中元名名中元菩薩摩訶薩非合非離但假

BD15301 號　大般若波羅蜜多經卷六七　　（25–10）

元所從来元所至去亦元所住菩薩摩訶薩
中元名名中元菩薩摩訶薩非合非離但假
施設何以故以菩薩摩訶薩與名俱自性空
故自性空中若菩薩摩訶薩若名俱元所有
不可得故舍利子由此緣故我作是說菩薩
摩訶薩但有假名
舍利子如聲聞乗名唯客所攝於十方三世
元所從来元所至去亦元所住聲聞乗中元
名名中元聲聞乗非合非離但假施設何以
故以聲聞乗與名俱自性空故自性空中若
聲聞乗若名俱元所有不可得故如獨覺乗
大乗名唯客所攝於十方三世元所從来元
所至去亦元所住獨覺乗大乗中元名名中
元獨覺乗大乗非合非離但假施設何以故
以獨覺乗大乗與名俱自性空故自性空中
若獨覺乗大乗若名俱元所有不可得故菩
薩摩訶薩名亦復如是唯客所攝於十方三
世元所從来元所至去亦元所住菩薩摩訶
薩中元名名中元菩薩摩訶薩非合非離但
假施設何以故以菩薩摩訶薩與名俱自性
空故自性空中若菩薩摩訶薩若名俱元所
有不可得故舍利子由此緣故我作是說菩
薩摩訶薩但有假名

BD15301 號　大般若波羅蜜多經卷六七　　（25–11）

有不可得故舍利子由此緣故我作是說菩
薩摩訶薩但有假名
尒時具壽善現復荅舍利子言如尊者所云
何緣故說如說我等畢竟不生者舍利子我
畢竟都无所有既不可得云何有生有情命
者生者養者士夫補特伽羅意生儒童作者
使作者起者使起者受者使受者知者見者
畢竟都无所有既不可得云何有生舍利子
色畢竟都无所有既不可得云何有生受想
行識畢竟都无所有既不可得云何有生舍
利子眼處畢竟都无所有既不可得云何有
生耳鼻舌身意處畢竟都无所有既不可得
云何有生舍利子色處畢竟都无所有既不
可得云何有生聲香味觸法處畢竟都无所
有既不可得云何有生舍利子眼界畢竟都
无所有既不可得云何有生色界眼識界及
眼觸眼觸為緣所生諸受畢竟都无所有既
不可得云何有生舍利子耳界畢竟都无所
有既不可得云何有生聲界耳識界及耳觸
耳觸為緣所生諸受畢竟都无所有既不可
得云何有生舍利子鼻界畢竟都无所有既
不可得云何有生香界鼻識界及鼻觸鼻觸
為緣所生諸受畢竟都无所有既不可得云

BD15301號　大般若波羅蜜多經卷六七　（25–12）

耳觸為緣所生諸受畢竟都无所有既不可
得云何有生舍利子鼻界畢竟都无所有既
不可得云何有生香界鼻識界及鼻觸鼻觸
為緣所生諸受畢竟都无所有既不可得云
何有生舍利子舌界畢竟都无所有既不
可得云何有生味界舌識界及舌觸舌觸為
緣所生諸受畢竟都无所有不可得云何
有生舍利子身界畢竟都无所有既不可得
云何有生觸界身識界及身觸身觸為緣所
生諸受畢竟都无所有既不可得云何有生
舍利子意界畢竟都无所有既不可得云何
有生法界意識界及意觸意觸為緣所生諸
受畢竟都无所有既不可得云何有生舍利
子地界畢竟都无所有既不可得云何有生
水火風空識界畢竟都无所有既不可得云
何有生舍利子无明畢竟都无所有既不可
得云何有生行識名色六處觸受愛取有生
老死愁歎苦憂惱畢竟都无所有既不可得
云何有生舍利子內空畢竟都无所有既不
可得云何有生外空內外空空空大空勝義
空有為空无為空畢竟空无際空散空无變
異空本性空自相空共相空一切法空不可
得空无性空自性空无性自性空畢竟都无

BD15301號　大般若波羅蜜多經卷六七　（25–13）

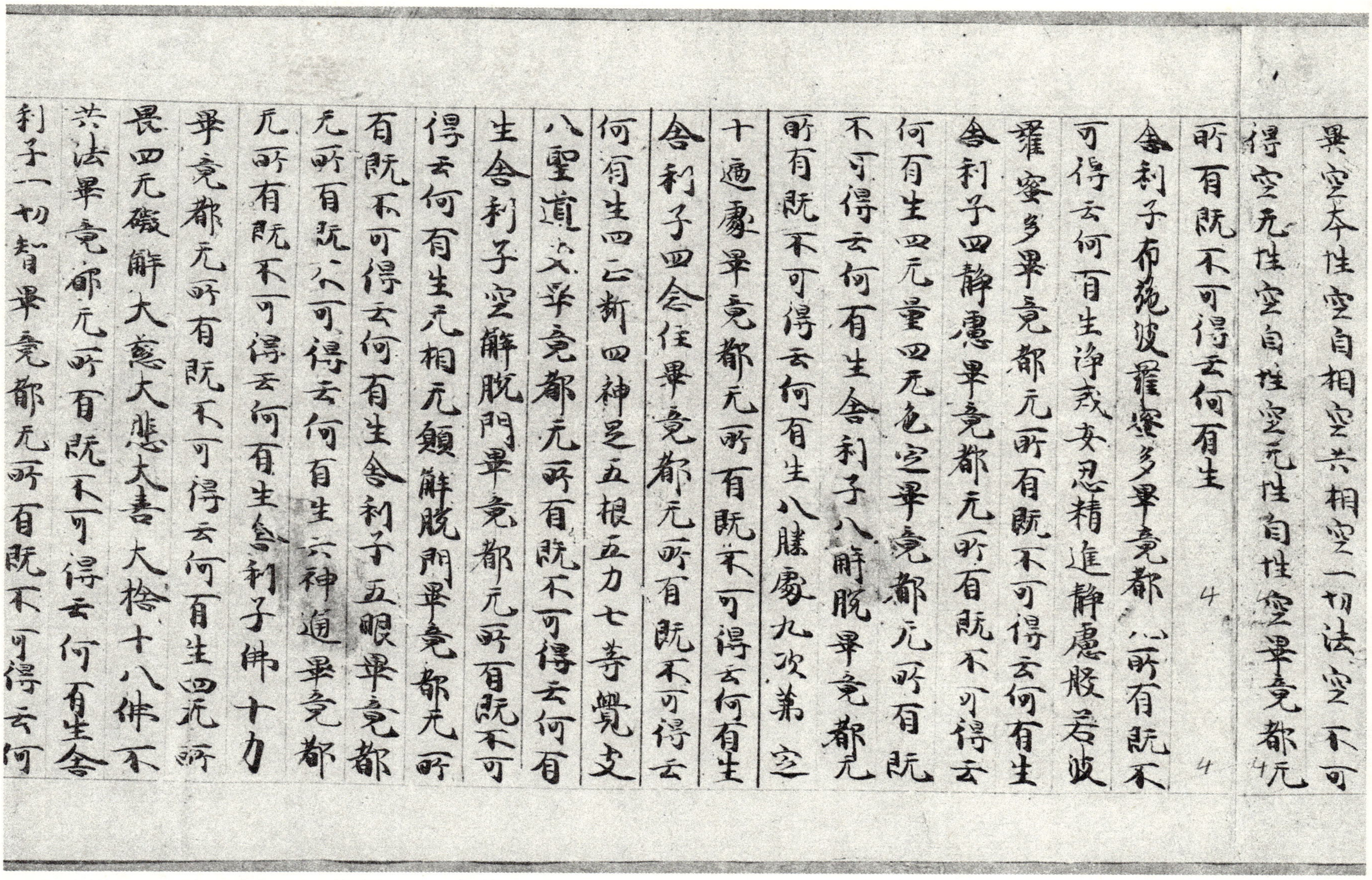

異空本性空自相空共相空一切法空不可
得空無性空自性空無性自性空畢竟都無
所有既不可得云何有生
舍利子布施波羅蜜多畢竟都無所有既不
可得云何有生淨戒安忍精進靜慮般若波
羅蜜多畢竟都無所有既不可得云何有生
舍利子四靜慮畢竟都無所有既不可得云
何有生四無量四無色定畢竟都無所有既
不可得云何有生舍利子八解脫畢竟都無
所有既不可得云何有生八勝處九次第定
十遍處畢竟都無所有既不可得云何有生
舍利子四念住畢竟都無所有既不可得云
何有生四正斷四神足五根五力七等覺支
八聖道支畢竟都無所有既不可得云何有
生舍利子空解脫門畢竟都無所有既不可
得云何有生無相無願解脫門畢竟都無所
有既不可得云何有生舍利子五眼畢竟都
無所有既不可得云何有生六神通畢竟都
無所有既不可得云何有生舍利子佛十力
畢竟都無所有既不可得云何有生四無所
畏四無礙解大慈大悲大喜大捨十八佛不
共法畢竟都無所有既不可得云何有生舍
利子一切智畢竟都無所有既不可得云何

BD15301 號　大般若波羅蜜多經卷六七　（25–14）

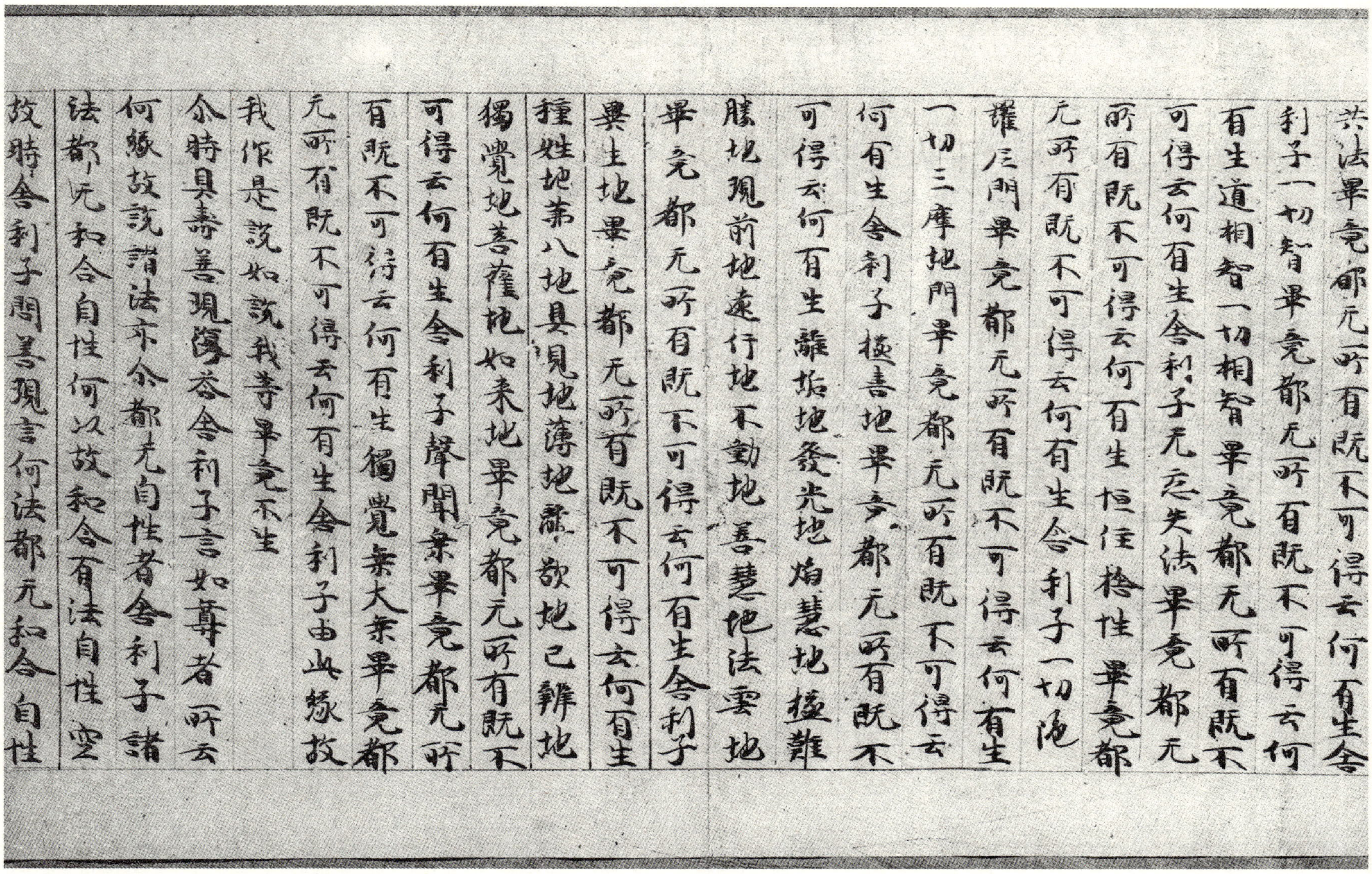

共法畢竟都無所有既不可得云何有生舍
利子一切智畢竟都無所有既不可得云何
有生道相智一切相智畢竟都無所有既不
可得云何有生舍利子無忘失法畢竟都無
所有既不可得云何有生恒住捨性畢竟都
無所有既不可得云何有生舍利子一切陀
羅尼門畢竟都無所有既不可得云何有生
一切三摩地門畢竟都無所有既不可得云
何有生舍利子極喜地畢竟都無所有既不
可得云何有生離垢地發光地焰慧地極難
勝地現前地遠行地不動地善慧地法雲地
畢竟都無所有既不可得云何有生舍利子
異生地畢竟都無所有既不可得云何有生
種姓地第八地具見地薄地離欲地已辦地
獨覺地菩薩地如來地畢竟都無所有既不
可得云何有生舍利子聲聞乘畢竟都無所
有既不可得云何有生獨覺乘大乘畢竟都
無所有既不可得云何有生舍利子由此緣故
我作是說如說我等畢竟不生
爾時具壽善現復荅舍利子言如尊者所云
何緣故說諸法亦爾都無自性者舍利子諸
法都無和合自性何以故和合有法自性空
故時舍利子問善現言何法都無和合自性

BD15301 號　大般若波羅蜜多經卷六七　（25–15）

法都无和合自性何以故和合有法自性空
故時舍利子問善現言何法都无和合自性
善現答言舍利子色都无和合自性受想行
識都无和合自性舍利子眼處都无和合自
性耳鼻舌身意處都无和合自性舍利子色
處都无和合自性聲香味觸法處都无和合
自性舍利子眼界都无和合自性色界眼識
界及眼觸眼觸為緣所生諸受都无和合自
性舍利子耳界都无和合自性聲界耳識界
及耳觸耳觸為緣所生諸受都无和合自性
舍利子鼻界都无和合自性香界鼻識界及
鼻觸鼻觸為緣所生諸受都无和合自性舍
利子舌界都无和合自性味界舌識界及舌
觸舌觸為緣所生諸受都无和合自性舍利
子身界都无和合自性觸界身識界及身觸
身觸為緣所生諸受都无和合自性舍利子
意界都无和合自性法界意識界及意觸意
觸為緣所生諸受都无和合自性舍利子地
界都无和合自性水火風空識界都无和合
自性舍利子无明都无和合自性行識名色
六處觸受愛取有生老死愁歎苦憂惱都
无和合自性舍利子内空都无和合自性外空

BD15301 號　大般若波羅蜜多經卷六七　　(25–16)

六處觸受愛取有生老死愁歎苦憂惱都
无和合自性舍利子内空都无和合自性外空
内外空空空大空勝義空有為空无為空畢
竟空无際空散空无變異空本性空自相空
共相空一切法空不可得空无性空自性空无
性自性空都无和合自性
舍利子布施波羅蜜多都无和合自性淨戒
安忍精進靜慮般若波羅蜜多都无和合自
性舍利子四靜慮都无和合自性四无量四无
色定都无和合自性舍利子八解脫都无和
合自性八勝處九次第定十遍處都无和合
自性舍利子四念住都无和合自性四正
斷四神足五根五力七等覺支八聖道支都
无和合自性舍利子空解脫門都无和合自
性无相无願解脫門都无和合自性舍利子
五眼都无和合自性六神通都无和合自性
舍利子佛十力都无和合自性四无所畏四
无礙解大慈大悲大喜大捨十八佛不共法
都无和合自性舍利子一切智都无和合自
性道相智一切相智都无和合自性舍利子
无忘失法都无和合自性恒住捨性都无和
合自性舍利子一切陀羅尼門都无和合自性
一切三摩地門都无和合自性舍利子極喜

BD15301 號　大般若波羅蜜多經卷六七　　(25–17)

合自性舍利子一切陀羅尼門都无和合自性
一切三摩地門都无和合自性舍利子極喜
地都无和合自性離垢地發光地焰慧地極
難勝地現前地遠行地不動地善慧地法雲
地都无和合自性舍利子異生地都无和合
自性種姓地第八地具見地薄地離欲地已
辦地獨覺地菩薩地如來地都无和合自
性舍利子聲聞乘都无和合自性獨覺乘大
乘都无和合自性舍利子由此緣故我作是
說諸法亦尒都无自性
復次舍利子諸法非常亦无散失何以故若法
非常无盡性故時舍利子問善現言何法非
常亦无散失善現答言舍利子色非常亦
无散失受想行識非常亦无散失舍利子眼
處非常亦无散失耳鼻舌身意處非常亦无
散失舍利子色處非常亦无散失聲香味觸
法處非常亦无散失舍利子眼界非常亦无
散失色界眼識界及眼觸眼觸為緣所生諸
受非常亦无散失舍利子耳界非常亦无散
失聲界耳識界及耳觸耳觸為緣所生諸受
非常亦无散失舍利子鼻界非常亦无散失
香界鼻識界及鼻觸鼻觸為緣所生諸受非
常亦无散失舍利子舌界非常亦无散失味界

BD15301號　大般若波羅蜜多經卷六七　（25–18）

香界鼻識界及鼻觸鼻觸為緣所生諸受非
常亦无散失舍利子舌界非常亦无散失味界
界舌識界及舌觸舌觸為緣所生諸受非常
亦无散失舍利子身界非常亦无散失觸界
身識界及身觸身觸為緣所生諸受非常亦
无散失舍利子意界非常亦无散失法界意
識界及意觸意觸為緣所生諸受非常亦无
散失舍利子地界非常亦无散失水火風空
識界非常亦无散失舍利子苦聖諦非常亦
无散失集滅道聖諦非常亦无散失舍利子
无明非常亦无散失行識名色六處觸受愛
取有生老死愁歎苦憂惱非常亦无散失舍
利子内空非常亦无散失外空内外空空空
大空勝義空有為空无為空畢竟空无際空
散空无變異空本性空自相空共相空一切
法空不可得空无性空自性空无性自性空
非常亦无散失
舍利子布施波羅蜜多非常亦无散失淨戒
安忍精進靜慮般若波羅蜜多非常亦无散
失舍利子四靜慮非常亦无散失四无量四
无色定非常亦无散失舍利子八解脫非常
亦无散失八勝處九次第定十遍處非常亦
无散失舍利子四念住非常亦无散失四正

BD15301號　大般若波羅蜜多經卷六七　（25–19）

亦无散失八勝處九次第定十遍處非常亦
无散失舍利子四念住非常亦无散失四正
斷四神足五根五力七等覺支八聖道支非
常亦无散失舍利子空解脫門非常亦无散
失无相无願解脫門非常亦无散失舍利子
五眼非常亦无散失六神通非常亦无散失
舍利子佛十力非常亦无散失四无所畏四
无礙解大慈大悲大喜大捨十八佛不共法
非常亦无散失舍利子一切智非常亦无散
失道相智一切相智非常亦无散失舍利子
无忘失法非常亦无散失恒住捨性非常亦
无散失舍利子一切陀羅尼門非常亦无散失
一切三摩地門非常亦无散失舍利子極
喜地非常亦无散失離垢地發光地焰慧地極
難勝地現前地遠行地不動地善慧地法雲
地非常亦无散失舍利子異生地非常亦
无散失種姓地第八地具見地薄地離欲地
已辦地獨覺地菩薩地如來地非常亦无散
失舍利子聲聞乘非常亦无散失獨覺乘
大乘非常亦无散失舍利子由此緣故我作是
說諸法亦尒都无自性
復次舍利子諸法非樂亦无散失何以故若
法非樂无盡性故時舍利子問善現言何法

BD15301 號　大般若波羅蜜多經卷六七　（25–20）

大乘非常亦无散失舍利子由此緣故我作是
說諸法亦尒都无自性
復次舍利子諸法非樂亦无散失何以故若
法非樂无盡性故時舍利子問善現言何法
非樂亦无散失舍利子色非樂亦
无散失受想行識非樂亦无散失舍利子眼
處非樂亦无散失耳鼻舌身意處非樂亦无
散失舍利子色處非樂亦无散失聲香味觸
法處非樂亦无散失舍利子眼界非樂亦无
散失色界眼識界及眼觸眼觸為緣所生諸
受非樂亦无散失舍利子耳界非樂亦无散
失聲界耳識界及耳觸耳觸為緣所生諸受
非樂亦无散失舍利子鼻界非樂亦无散失
香界鼻識界及鼻觸鼻觸為緣所生諸受非
樂亦无散失舍利子舌界非樂亦无散失味
界舌識界及舌觸舌觸為緣所生諸受非樂
亦无散失舍利子身界非樂亦无散失觸界
身識界及身觸身觸為緣所生諸受非樂亦
无散失舍利子意界非樂亦无散失法界意
識界及意觸意觸為緣所生諸受非樂亦无
散失舍利子地界非樂亦无散失水火風空
識界非樂亦无散失舍利子苦聖諦非樂亦
无散失集滅道聖諦非樂亦无散失舍利子

BD15301 號　大般若波羅蜜多經卷六七　（25–21）

識界非樂亦无散失舍利子苦聖諦非樂亦
无散失集滅道聖諦非樂亦无散失舍利子
无明非樂亦无散失行識名色六處觸受愛
取有生老死愁歎苦憂惱非樂亦无散失舍
利子内空非樂亦无散失外空内外空空空
大空勝義空有為空无為空畢竟空无際空
散空无變異空本性空自相空共相空一切法
空不可得空无性空自性空无性自性空非
樂亦无散失
舍利子布施波羅蜜多非樂亦无散失淨戒
安忍精進靜慮般若波羅蜜多非樂亦无散
失舍利子四靜慮非樂亦无散失四无量四无
色定非樂亦无散失舍利子八解脫非樂
亦无散失八勝處九次第定十遍處非樂亦
无散失舍利子四念住非樂亦无散失四正
斷四神足五根五力七等覺支八聖道支非
樂亦无散失舍利子空解脫門非樂亦无散
失无相无願解脫門非樂亦无散失舍利子
五眼非樂亦无散失六神通非樂亦无散失
舍利子佛十力非樂亦无散失四无所畏四无
礙解大慈大悲大喜大捨十八佛不共法
非樂亦无散失舍利子一切智非樂亦无散
失道相智一切相智非樂亦无散失舍利子

BD15301 號　大般若波羅蜜多經卷六七　（25–22）

舍利子佛十力非樂亦无散失四无所畏四无
礙解大慈大悲大喜大捨十八佛不共法
非樂亦无散失舍利子一切智非樂亦无散
失道相智一切相智非樂亦无散失舍利子
无忘失法非樂亦无散失恒住捨性非樂亦
无散失舍利子一切陁羅尼門非樂亦无散
失一切三摩地門非樂亦无散失舍利子極
喜地非樂亦无散失離垢地發光地焰慧地
極難勝地現前地遠行地不動地善慧地法
雲地非樂亦无散失舍利子異生地非樂亦
无散失種姓地第八地具見地薄地離欲地已
已辦地獨覺地菩薩地如來地非樂亦无散
失舍利子聲聞乘非樂亦无散失獨覺乘大
乘非樂亦无散失舍利子由此緣故我作是
說諸法亦尒都无自性
復次舍利子諸法非我亦无散失何以故若
法非我无盡性故時舍利子問善現言何法
非我亦无散失善現荅言舍利子色非我亦
无散失受想行識非我亦无散失舍利子眼
處非我亦无散失耳鼻舌身意處非我亦无
散失舍利子色處非我亦无散失聲香味觸
法處非我亦无散失舍利子眼界非我亦无
散失色界眼識界及眼觸眼觸為緣所生諸

BD15301 號　大般若波羅蜜多經卷六七　（25–23）

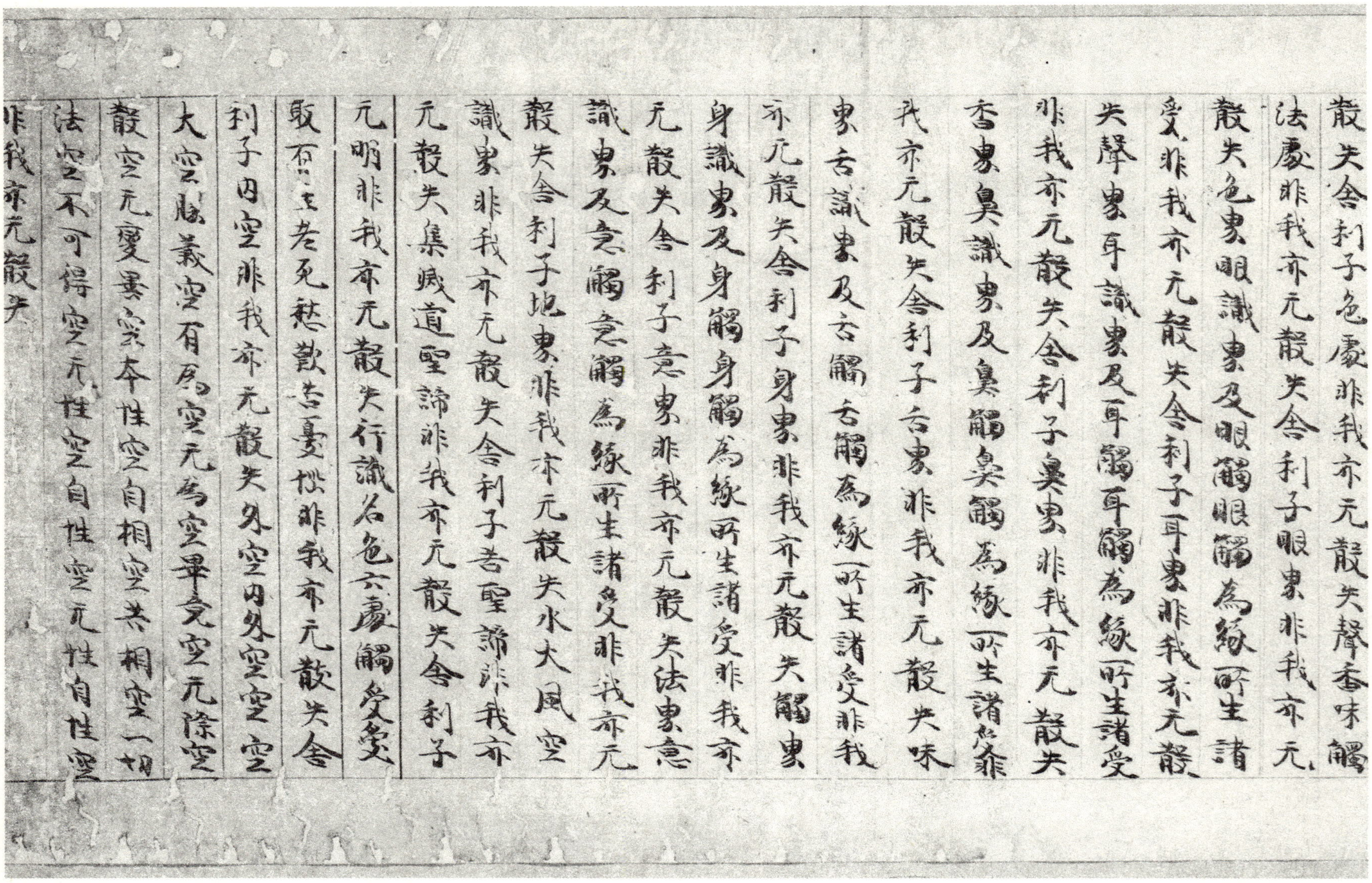
散失舍利子色處非我亦无散失聲香味觸
法處非我亦无散失舍利子眼界非我亦无
散失色界眼識界及眼觸眼觸為緣所生諸
受非我亦无散失舍利子耳界非我亦无散
失聲界耳識界及耳觸耳觸為緣所生諸受
非我亦无散失舍利子鼻界非我亦无散失
香界鼻識界及鼻觸鼻觸為緣所生諸受非
我亦无散失舍利子舌界非我亦无散失味
界舌識界及舌觸舌觸為緣所生諸受非我
亦无散失舍利子身界非我亦无散失觸界
身識界及身觸身觸為緣所生諸受非我亦
无散失舍利子意界非我亦无散失法界意
識界及意觸意觸為緣所生諸受非我亦无
散失舍利子地界非我亦无散失水火風空
識界非我亦无散失舍利子苦聖諦非我亦
无散失集滅道聖諦非我亦无散失舍利子
无明非我亦无散失行識名色六處觸受愛
取有生老死愁歎苦憂惱非我亦无散失舍
利子内空非我亦无散失外空内外空空空
大空勝義空有為空无為空畢竟空无際空
散空无變異空本性空自相空共相空一切
法空不可得空无性空自性空无性自性空
非我亦无散失

BD15301 號　大般若波羅蜜多經卷六七　　(25–24)

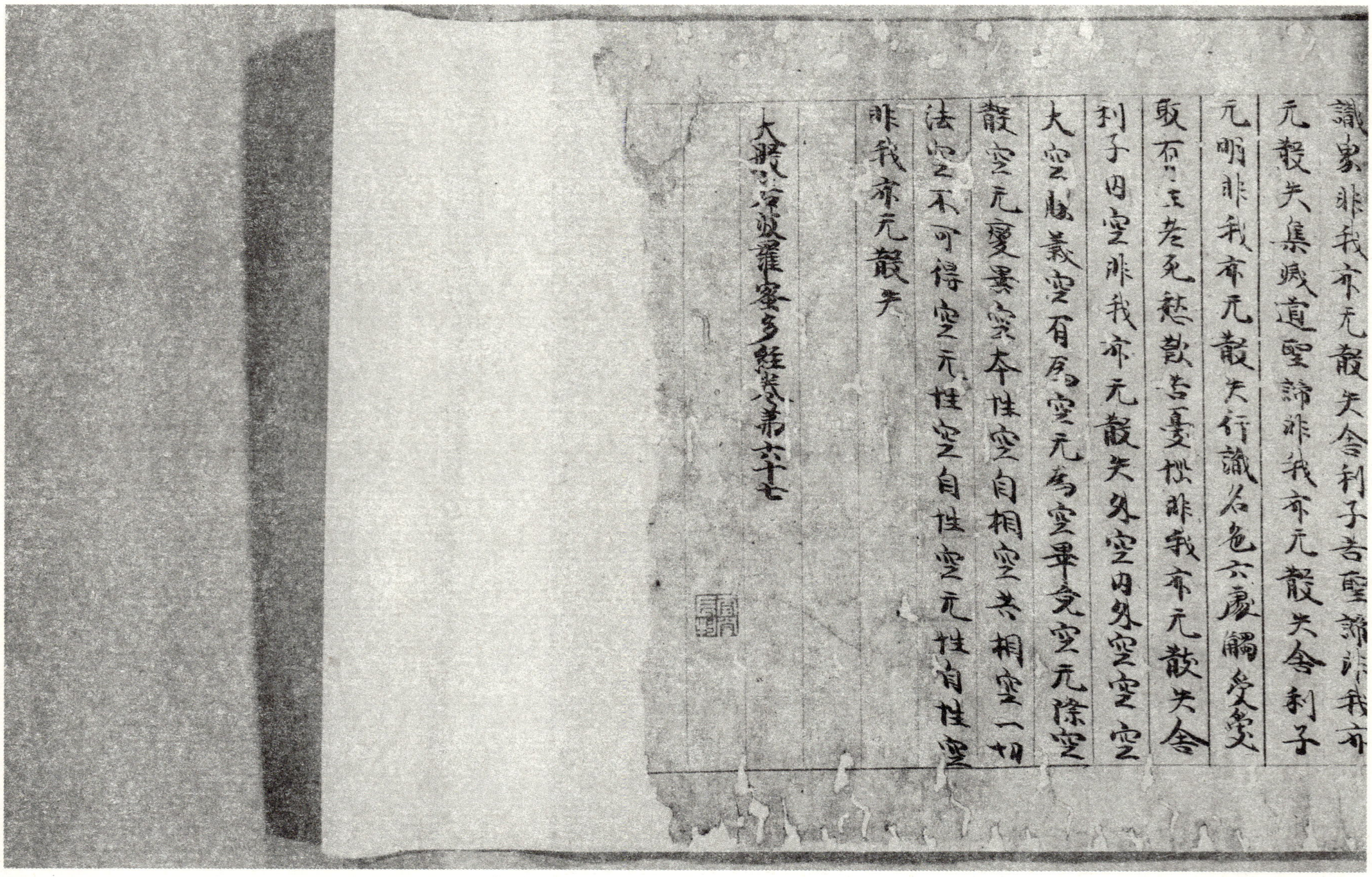
識界非我亦无散失舍利子苦聖諦非我亦
无散失集滅道聖諦非我亦无散失舍利子
无明非我亦无散失行識名色六處觸受愛
取有生老死愁歎苦憂惱非我亦无散失舍
利子内空非我亦无散失外空内外空空空
大空勝義空有為空无為空畢竟空无際空
散空无變異空本性空自相空共相空一切
法空不可得空无性空自性空无性自性空
非我亦无散失

大般若波羅蜜多經卷第六十七

BD15301 號　大般若波羅蜜多經卷六七　　(25–25)

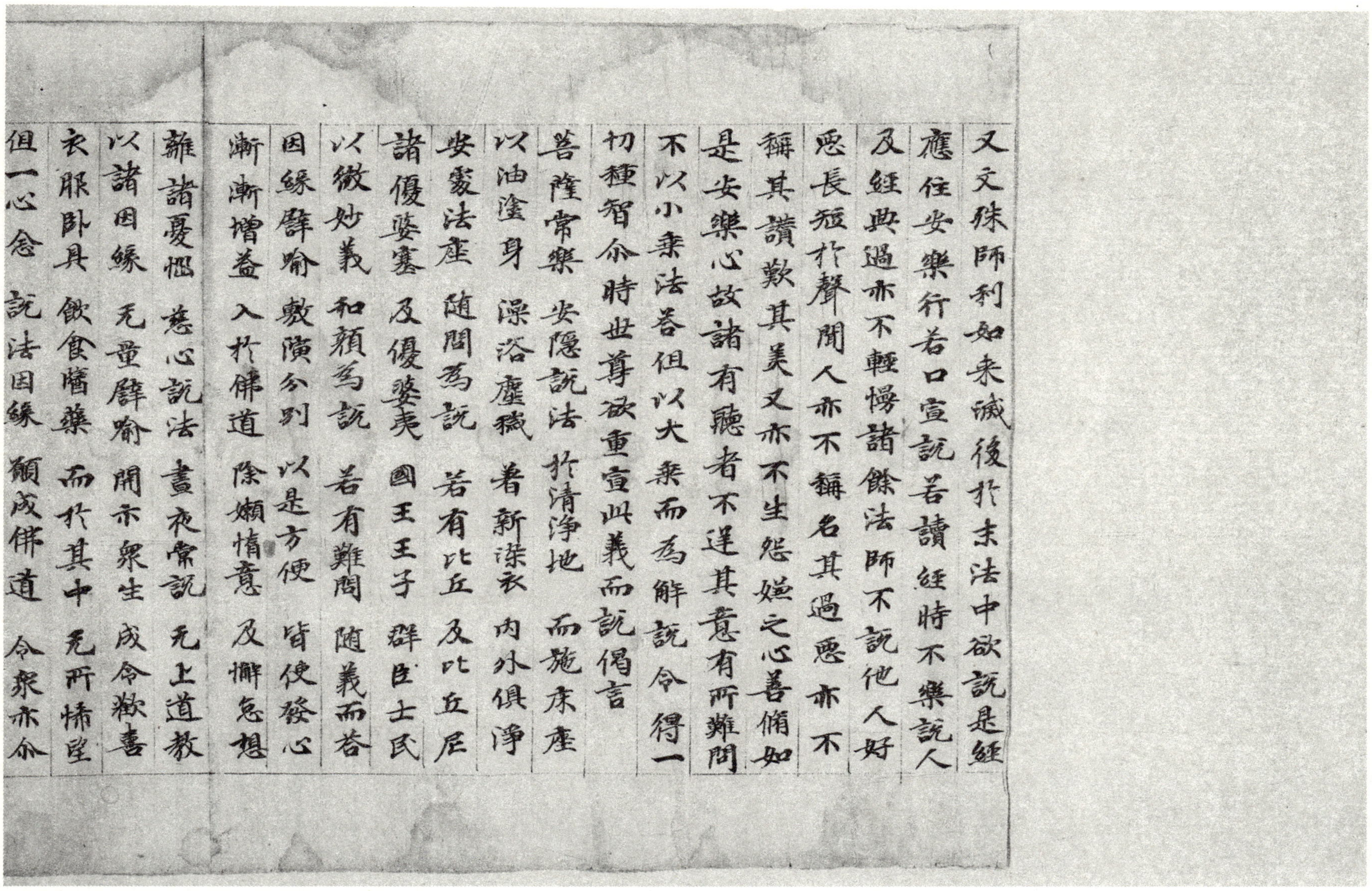
又文殊師利如來滅後於末法中欲說是經
應住安樂行若口宣說若讀經時不樂說人
及經典過亦不輕慢諸餘法師不說他人好
惡長短於聲聞人亦不稱名其過惡亦不
稱其讚歎其美又亦不生怨嫌之心善脩如
是安樂心故諸有聽者不逆其意有所難問
不以小乘法荅但以大乘而為解說令得一
切種智尒時世尊欲重宣此義而說偈言
菩薩常樂 安隱說法 於清淨地 而施床座
以油塗身 澡浴塵穢 著新淨衣 內外俱淨
安處法座 隨問為說 若有比丘 及比丘尼
諸優婆塞 及優婆夷 國王王子 群臣士民
以微妙義 和顏為說 若有難問 隨義而荅
因緣譬喻 敷演分別 以是方便 皆使發心
漸漸增益 入於佛道 除嬾惰意 及懈怠想
離諸憂惱 慈心說法 晝夜常說 无上道教
以諸因緣 无量譬喻 開示衆生 咸令歡喜
衣服臥具 飲食醫藥 而於其中 无所悕望
但一心念 說法因緣 願成佛道 令衆亦尒

BD15302號　妙法蓮華經卷五　（6–1）

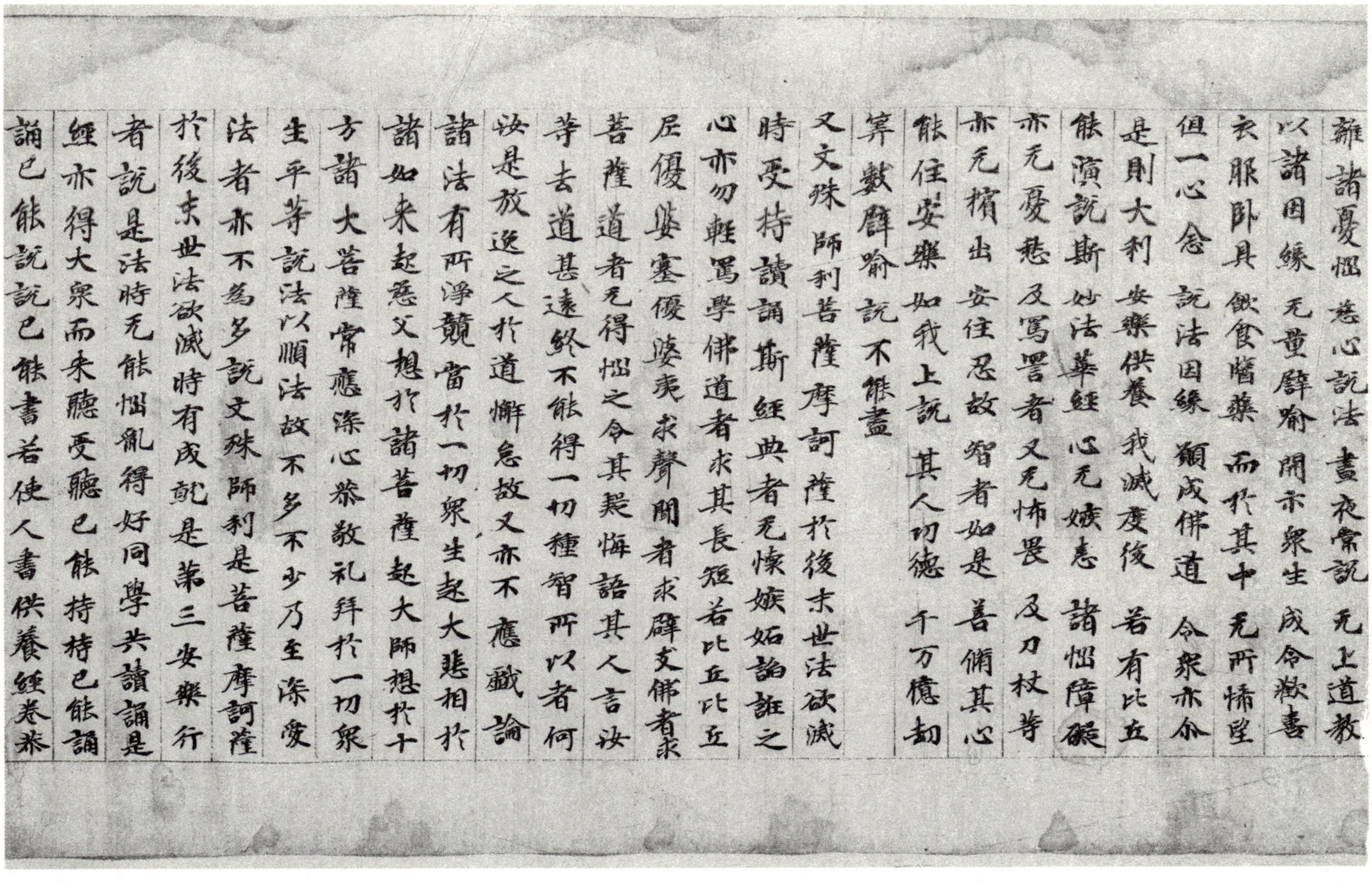
離諸憂惱 慈心說法 晝夜常說 无上道教
以諸因緣 无量譬喻 開示衆生 咸令歡喜
衣服臥具 飲食醫藥 而於其中 无所悕望
但一心念 說法因緣 願成佛道 令衆亦尒
是則大利 安樂供養 我滅度後 若有比丘
能演說斯 妙法華經 心无嫉恚 諸惱障礙
亦无憂愁 及罵詈者 又无怖畏 及刀杖等
亦无擯出 安住忍故 智者如是 善脩其心
能住安樂 如我上說 其人功德 千万億劫
筭數譬喻 說不能盡
又文殊師利菩薩摩訶薩於後末世法欲滅
時受持讀誦斯經典者无懷嫉妬諂誑之
心亦勿輕罵學佛道者求其長短若比丘比丘
尼優婆塞優婆夷求聲聞者求辟支佛者求
菩薩道者无得惱之令其疑悔語其人言汝
等去道甚遠終不能得一切種智所以者何
汝是放逸之人於道懈怠故又亦不應戲論
諸法有所諍競當於一切衆生起大悲想於
諸如來起慈父想於諸菩薩起大師想於十
方諸大菩薩常應深心恭敬禮拜於一切衆
生平等說法以順法故不多不少乃至深愛
法者亦不為多說文殊師利是菩薩摩訶薩
於後末世法欲滅時有成就是第三安樂行
者說是法時无能惱亂得好同學共讀誦是
經亦得大衆而來聽受聽已能持持已能誦
誦已能說說已能書若使人書供養經卷恭

BD15302號　妙法蓮華經卷五　（6–2）

者說是法時无能惱亂得好同學共讀誦是
經亦得大衆而來聽受聽已能持持已能誦
誦已能說說已能書若使人書供養經卷恭
敬尊重讚歎尒時世尊欲重宣此義而說
偈言
若欲說是經　當捨嫉恚慢　諂誑邪僞心　常脩質直行
不輕蔑於人　亦不戲論法　不令他疑悔　云汝不得佛
是佛子說法　常柔和能忍　慈悲於一切　不生懈怠心
十方大菩薩　愍衆故行道　應生恭敬心　是則我大師
於諸佛世尊　生无上父想　破於憍慢心　說法无障礙
第三法如是　智者應守護　一心安樂行　无量衆所敬
又文殊師利菩薩摩訶薩於後末世法欲滅時
有持法華經者於在家出家人中生大慈
心於非菩薩人中生大悲心應作是念如是
之人則爲大失如來方便隨宜說法不聞不
知不覺不問不信不解其人雖不問不信不
解是經我得阿耨多羅三藐三菩提時隨在
地何以神通力智慧力引之令得住是法中
文殊師利是菩薩摩訶薩於如來滅後有成
就此第四法者說是法時无有過失常爲比
丘比丘尼優婆塞優婆夷國王王子大臣人
民婆羅門居士等供養恭敬尊重讚歎虛空
諸天爲聽法故亦常隨侍若在聚落城邑空
閑林中有人來欲難問者諸天晝夜常爲法
故而衛護之能令聽者皆得歡喜所以者何
此經是一切過去未來現在諸佛神力所護故

BD15302號　妙法蓮華經卷五　（6–3）

閑林中有人來欲難問者諸天晝夜常爲法
故而衛護之能令聽者皆得歡喜所以者何
此經是一切過去未來現在諸佛神力所護故
文殊師利是法華經於无量國中乃至名字
不可得聞何況得見受持讀誦文殊師利譬
如強力轉輪聖王欲以威勢降伏諸國而諸
小王不順其命時轉輪王起種種兵而往
討伐王見兵衆戰有功者即大歡喜隨功賞
賜或與田宅聚落城邑或與衣服嚴身之具
或與種種珍寶金銀琉璃車璖馬瑙珊瑚虎
珀象馬車乘奴婢人民唯髻中明珠不以與
之所以者何獨王頂上有此一珠若以與之
王諸眷屬必大驚怪文殊師利如來亦復如
是以禪定智慧力得法國土王於三界而諸
魔王不肯順伏如來賢聖諸將與之共戰其
有功者心亦歡喜於四衆中爲說諸經令其
心悅賜以禪定解脫无漏根力諸法之財又
復賜與涅槃之城言得滅度引導其心令皆
歡喜而不爲說是法華經文殊師利如轉輪
王見諸兵衆有大功者心甚歡喜以此難信
之珠久在髻中不妄與人而今與之如來亦復
如是於三界中爲大法王以法教化一切衆
生見賢聖軍與五陰魔煩惱魔死魔共戰
有大功勳滅三毒出三界破魔網尒時如來
亦大歡喜此法華經能令衆生至一切智一
切世間多怨難信先所未說而今說之文殊

BD15302號　妙法蓮華經卷五　（6–4）

有大功勳滅三毒出三界破魔網尒時如來
亦大歡喜此法華經能令衆生至一切智一
切世間多怨難信先所未說而今說之文殊
師利此法華經是諸如來第一之說於諸說
中最為甚深末後賜與如彼強力之王久護
明珠今乃與之文殊師利此法華經諸佛如
來秘密之藏於諸經中最在其上長夜守護
不妄宣說始於今日乃與汝等而敷演之尒
時世尊欲重宣此義而說偈言
常行忍辱 哀愍一切 乃能演說 佛所讚經
後末世時 持此經者 於家出家 及非菩薩
應生慈悲 斯等不聞 不信是經 則為大失
我得佛道 以諸方便 為說此法 令住其中
譬如強力 轉輪之王 兵戰有功 賞賜諸物
象馬車乘 嚴身之具 及諸田宅 聚落城邑
或與衣服 種種珍寶 奴婢財物 歡喜賜與
如有勇健 能為難事 王解髻中 明珠賜之
如來亦尒 為諸法王 忍辱大力 智慧寶藏
以大慈悲 如法化世 見一切人 受諸苦惱
欲求解脫 與諸魔戰 為是衆生 說種種法
以大方便 說此諸經 既知衆生 得其力已
末後乃為 說是法華 如王解髻 明珠與之
此經為尊 衆經中上 我常守護 不妄開示
今正是時 為汝等說 我滅度後 求佛道者
欲得安隱 演說斯經 應當親近 如是四法
讀是經者 常无憂惱 又无病痛 顏色鮮白

BD15302號　妙法蓮華經卷五　（6–5）

此經為尊 衆經中上 我常守護 不妄開示
今正是時 為汝等說 我滅度後 求佛道者
欲得安隱 演說斯經 應當親近 如是四法
讀是經者 常无憂惱 又无病痛 顏色鮮白
不生貧窮 卑賤醜陋 衆生樂見 如慕賢聖
天諸童子 以為給使 刀杖不加 毒不能害
若人惡罵 口則閉塞 遊行无畏 如師子王
智慧光明 如日之照 若於夢中 但見妙事
見諸如來 坐師子座 諸比丘衆 圍繞說法
又見龍神 阿脩羅等 數如恒沙 恭敬合掌
自見其身 而為說法 又見諸佛 身相金色
放无量光 照於一切 以梵音聲 演說諸法
佛為四衆 說无上法 見身處中 合掌讚佛
聞法歡喜 而為供養 得陁羅尼 證不退智
佛知其心 深入佛道 即為授記 成最正覺
汝善男子 當於來世 得无量智 佛之大道
國土嚴淨 廣大无比 亦有四衆 合掌聽法
又見自身 在山林中 脩習善法 證諸實相
深入禪定 見十方佛
諸佛身金色 百福相莊嚴 聞法為人說 常有是好夢
又夢作國王 捨宮殿眷屬 及上妙五欲 行詣於道場
在菩提樹下 而處師子座 求道過七日 得諸佛之智
成无上道已 起而轉法輪 為四衆說法 經千万億劫
說无漏妙法 度无量衆生 後當入涅槃 如烟盡燈滅
若後惡世中 說是第一法 是人得大利 如上諸功德

BD15302號　妙法蓮華經卷五　（6–6）

憍陳如比丘　當見无量佛　過阿僧祇劫　乃成等正覺
常放大光明　具足諸神通　名聞遍十方　一切之所敬
常說无上道　故号為普明　其國土清淨　菩薩皆勇猛
咸昇妙樓閣　遊諸十方國　以无上供具　奉獻於諸佛
作是供養已　心懷大歡喜　須臾還本國　有如是神力
佛壽六万劫　正法住倍壽　像法復倍是　法滅天人憂
其五百比丘　次第當作佛　同号曰普明　轉次而授記
我滅度之後　某甲當作佛　其所化世間　亦如我今日
國土之嚴淨　及諸神通力　菩薩聲聞衆　正法及像法
壽命劫多少　皆如上所說　迦葉汝已知　五百自在者
餘諸聲聞衆　亦當復如是　其不在此會　汝當為宣說
尒時五百阿羅漢於佛前得受記已歡喜踊
躍即從座起到於佛前頭面礼足悔過自責
世尊我等常作是念自謂已得究竟滅度今
乃知之如无智者所以者何我等應得如来
智慧而便自以小智為足世尊譬如有人至
親友家醉酒而卧是時親友官事當行以无
價寶珠繫其衣裏與之而去其人醉卧都不
覺知起已遊行到於他國為衣食故勤力求
索甚大艱難若少有所得便以為足於後親

BD15303號　妙法蓮華經卷四　（19–1）

乃知之如无智者所以者何我等應得如来
智慧而便自以小智為足世尊譬如有人至
親友家醉酒而卧是時親友官事當行以无
價寶珠繫其衣裏與之而去其人醉卧都不
覺知起已遊行到於他國為衣食故勤力求
索甚大艱難若少有所得便以為足於後親
友會遇見之而作是言咄哉丈夫何為衣食
乃至如是我昔欲令汝得安樂五欲自恣於
某年日月以无價寶珠繫汝衣裏今故現在
而汝不知勤苦憂惱以求自活甚為癡也汝
今可以此寶貿易所須常可如意无所乏短
佛亦如是為菩薩時教化我等令發一切智
心而尋廢忘不知不覺既得阿羅漢道自謂
滅度資生艱難得少為足一切智願猶在不
失今者世尊覺悟我等作如是言諸比丘汝
等所得非究竟滅我久令汝等種佛善根以
方便故示涅槃相而汝謂為實得滅度世尊
我今乃知實是菩薩得受阿耨多羅三藐三
菩提記以是因緣甚大歡喜得未曾有尒時
阿若憍陳如等欲重宣此義而說偈言
我等聞无上　安隱授記聲　歡喜未曾有　礼无量智佛
今於世尊前　自悔諸過咎　於无量佛寶　得少涅槃分
如无智愚人　便自以為足　譬如貧窮人　往至親友家
其家甚大富　具設諸餚饍　以无價寶珠　繫著內衣裏
默與而捨去　時卧不覺知　是人既已起　遊行詣他國
求衣食自濟　資生甚艱難　得少便為足　更不願好者
不覺內衣裏　有无價寶珠　與珠之親友　後見此貧人

BD15303號　妙法蓮華經卷四　（19–2）

罷興而捨去 時卧不覺知 是人既已起 遊行詣他國
求衣食自濟 資生甚艱難 得少便為足 更不願好者
不覺内衣裏 有无價寶珠 與珠之親友 後見此貧人
苦切責之已 示以所繫珠 貧人見此珠 其心大歡喜
冨有諸財物 五欲而自恣 我等亦如是 世尊於長夜
常愍見教化 令種无上願 我等无智故 不覺亦不知
得少涅槃分 自足不求餘 今佛覺悟我 言非實滅度
得佛无上慧 尒乃為真滅 我今從佛聞 受記莊嚴事
及轉次受決 身心遍歡喜

妙法蓮華經授學无學人記品第九

尒時阿難羅睺羅而作是念我等每自思惟設得受記不亦快乎即從座起到於佛前頭面礼足俱白佛言世尊我等於此亦應有分唯有如來我等所歸又我等為一切世間天人阿脩羅所見知識阿難常為侍者護持法藏羅睺羅是佛之子若佛見授阿耨多羅三藐三菩提記者我願既滿衆望亦足尒時學无學聲聞弟子二千人皆從座起偏袒右肩到於佛前一心合掌瞻仰世尊如阿難羅睺羅所願住立一面尒時佛告阿難汝於來世當得作佛号山海慧自在通王如來應供正遍知明行足善逝世間解无上士調御丈夫天人師佛世尊當供養六十二億諸佛護持法藏然後得阿耨多羅三藐三菩提教化二十千万億恒河沙諸菩薩等令成阿耨多羅三藐三菩提國名常立勝幡其土清淨琉璃

天人師佛世尊當供養六十二億諸佛護持法藏然後得阿耨多羅三藐三菩提教化二十千万億恒河沙諸菩薩等令成阿耨多羅三藐三菩提國名常立勝幡其土清淨琉璃為地劫名妙音遍滿其佛壽命无量千万億阿僧祇劫若人於千万億无量阿僧祇劫中筭數校計不能得知正法住世倍於壽命像法住世復倍正法阿難是山海慧自在通王佛為十方无量千万億恒河沙等諸佛如來所共讃嘆稱其功德尒時世尊欲重宣此義而說偈言

我今僧中說 阿難持法者 當供養諸佛 然後成正覺
号曰山海慧 自在通王佛 其國土清淨 名常立勝幡
教化諸菩薩 其數如恒沙 佛有大威德 名聞滿十方
壽命无有量 以愍衆生故 正法倍壽命 像法復倍是
如恒河沙等 无數諸衆生 於此佛法中 種佛道因緣

尒時會中新發意菩薩八千人咸作是念我等尚不聞諸大菩薩得如是記有何因緣而諸聲聞得如是決尒時世尊知諸菩薩心之所念而告之曰諸善男子我與阿難等於空王佛所同時發阿耨多羅三藐三菩提心阿難常樂多聞我常勤精進是故我已得成阿耨多羅三藐三菩提而阿難護持我法亦護將來諸佛法藏教化成就諸菩薩衆其本願如是故獲斯記阿難面於佛前自聞受記及國土莊嚴所願具足心大歡喜得未曾有即

難常樂多聞我常勤精進是故我已得成阿
耨多羅三藐三菩提而阿難護持我法亦護
将來諸佛法藏教化成就諸菩薩衆其本願
如是故獲斯記阿難面於佛前自聞受記及
國土莊嚴所願具足心大歡喜得未曾有即
時憶念過去无量千万億諸佛法藏通達无
閡如今所聞亦識本願尒時阿難而說偈言
世尊甚希有 令我念過去 无量諸佛法 如今日所聞
我今无復疑 安住於佛道 方便為侍者 護持諸佛法
尒時佛告羅睺羅汝於來世當得作佛号蹈
七寶華如來應供正遍知明行足善逝世間
解无上士調御丈夫天人師佛世尊當供養
十世界微塵等數諸佛如來常為諸佛而作
長子猶如今也是蹈七寶華佛國土莊嚴壽
命劫數所化弟子正法像法亦如山海慧自
在通王如來无異亦為此佛而作長子過是
已後當得阿耨多羅三藐三菩提尒時世尊
欲重宣此義而說偈言
我為太子時 羅睺為長子 我今成佛道 受法為法子
於未來世中 見无量億佛 皆為其長子 一心求佛道
羅睺羅密行 唯我能知之 現為我長子 以示諸衆生
无量億千万 功德不可數 安住於佛法 以求无上道
尒時世尊見學无學二千人其意柔軟寂然
清淨一心觀佛佛告阿難汝見是學无學二
千人不唯然已見阿難是諸人等當供養五
十世界微塵數諸佛如來恭敬尊重護持法
藏末後同時於十方國各得成佛皆同一号

BD15303 號　妙法蓮華經卷四　（19–5）

千人不唯然已見阿難是諸人等當供養五
十世界微塵數諸佛如來恭敬尊重護持法
藏末後同時於十方國各得成佛皆同一号
名曰寶相如來應供正遍知明行足善逝世間
解无上士調御丈夫天人師佛世尊壽命
一劫國土莊嚴聲聞菩薩正法像法皆悉同
等尒時世尊欲重宣此義而說偈言
是二千聲聞 今於我前住 悉皆與授記 未來當成佛
所供養諸佛 如上說塵數 護持其法藏 後當成正覺
各於十方國 悉同一名号 俱時坐道場 以證无上慧
皆名為寶相 國土及弟子 正法與像法 悉等无有異
咸以諸神通 度十方衆生 名聞普周遍 漸入於涅槃
尒時學无學二千人聞佛授記歡喜踊躍而
說偈言
世尊慧燈明 我聞授記音 心歡喜充滿 如甘露見灌
妙法蓮華經法師品第十
尒時世尊因藥王菩薩告八万大士藥王汝
見是大衆中无量諸天龍王夜叉乾闥婆阿
脩羅迦樓羅緊那羅摩睺羅伽人與非人及
比丘比丘尼優婆塞優婆夷求聲聞者求辟
支佛者求佛道者如是等類咸於佛前聞妙
法華經一偈一句乃至一念隨喜者我皆與
授記當得阿耨多羅三藐三菩提佛告藥王
又如來滅度之後若有人聞妙法華經乃至
一偈一句一念隨喜者我亦與授阿耨多羅
三藐三菩提記若復有人受持讀誦解說書

BD15303 號　妙法蓮華經卷四　（19–6）

法華經一偈一句乃至一念隨喜者我皆與
授記當得阿耨多羅三藐三菩提佛告藥王
又如來滅度之後若有人聞妙法華經乃至
一偈一句一念隨喜者我亦與授阿耨多羅
三藐三菩提記若復有人受持讀誦解說書
寫妙法華經乃至一偈於此經卷敬視如佛
種種供養華香瓔珞末香塗香燒香繒蓋幢
幡衣服伎樂乃至合掌恭敬藥王當知是諸
人等已曾供養十万億佛於諸佛所成就大
願愍衆生故生此人間藥王若有人問何等
衆生於未來世當得作佛應示是諸人等於
未來世必得作佛何以故若善男子善女人
於法華經乃至一句受持讀誦解說書寫種
種供養經卷華香瓔珞末香塗香燒香繒蓋
幢幡衣服伎樂合掌恭敬是人一切世間所
應瞻奉應以如來供養而供養之當知此人
是大菩薩成就阿耨多羅三藐三菩提哀愍
衆生願生此間廣演分別妙法華經何況盡
能受持種種供養者藥王當知是人自捨清
淨業報於我滅度後愍衆生故生於惡世廣
演此經若是善男子善女人我滅度後能竊
為一人說法華經乃至一四句當知是人則如
來使如來所遣行如來事何況於大衆中廣
為人說藥王若有惡人以不善心於一劫中
現於佛前常毀罵佛其罪尚輕若以一惡言
毀呰在家出家讀誦法華經者其罪甚重

BD15303號　妙法蓮華經卷四　(19–7)

為一人說法華經乃至一四句當知是人則如
來使如來所遣行如來事何況於大衆中廣
為人說藥王若有惡人以不善心於一劫中
現於佛前常毀罵佛其罪尚輕若以一惡言
毀呰在家出家讀誦法華經者其罪甚重
藥王其有讀誦法華經者當知是人以佛莊
嚴而自莊嚴則為如來肩所荷擔其所至方
應隨向礼一心合掌恭敬供養尊重讚歎華
香瓔珞末香塗香燒香繒蓋幢幡衣服餚饌
作諸伎樂人中上供而供養之應持天寶而
以散之天上寶聚應以奉獻所以者何是人
歡喜說法須臾聞之即得究竟阿耨多羅三
藐三菩提故尒時世尊欲重宣此義而說偈
言
若欲住佛道　成就自然智　常當勤供養　受持法華者
其有欲疾得　一切種智慧　當受持是經　并供養持者
若有能受持　妙法華經者　當知佛所使　愍念諸衆生
諸有能受持　妙法華經者　捨於清淨土　愍衆故生此
當知如是人　自在所欲生　能於此惡世　廣說无上法
應以天華香　及天寶衣服　天上妙寶聚　供養說法者
吾滅後惡世　能持是經者　當合掌礼敬　如供養世尊
上饌衆甘美　及種種衣服　供養是佛子　冀得須臾聞
若能於後世　受持是經者　我遣在人中　行於如來事
若於一劫中　常懷不善心　作色而罵佛　獲无量重罪
其有讀誦持　是法華經者　須臾加惡言　其罪復過彼
有人求佛道　而於一劫中　合掌在我前　以无數偈讚
由是讚佛故　得无量功德　歎美持經者　其福復過彼

BD15303號　妙法蓮華經卷四　(19–8)

若能於後世　受持是經者　我遣在人中　行於如來事
若於一劫中　常懷不善心　作色而罵佛　獲无量重罪
其有讀誦持　是法華經者　須臾加惡言　其罪復過彼
有人求佛道　而於一劫中　合掌在我前　以无數偈讚
由是讚佛故　得无量功德　嘆美持經者　其福復過彼
於八十億劫　以最妙色聲　及與香味觸　供養持經者
如是供養已　若得須臾聞　則應自欣慶　我今獲大利
藥王今告汝　我所說諸經　而於此經中　法華最第一
尒時佛復告藥王菩薩摩訶薩我所說經典
无量千万億已說今說當說而於其中此法
華經最為難信難解藥王此經是諸佛秘要
之藏不可分布妄授與人諸佛世尊之所守
護從昔已來未曾顯說而此經者如來現在
猶多怨嫉況滅度後藥王當知如來滅後其
能書持讀誦供養為他人說者如來則為以
衣覆之又為他方現在諸佛之所護念是人
有大信力及志願力諸善根力當知是人與
如來共宿則為如來手摩其頭藥王在在處
處若說若讀若誦若書若經卷所住處皆應
起七寶塔極令高廣嚴飾不須復安舍利所
以者何此中已有如來全身此塔應以一切
華香瓔珞繒蓋幢幡伎樂歌頌供養恭敬尊
重讚嘆若有人得見此塔礼拜供養當知是
等皆近阿耨多羅三藐三菩提藥王多有人
在家出家行菩薩道若不能得見聞讀誦書
持供養是法華經者當知是人未善行菩薩
道若有得聞是經典者乃能善行菩薩之道

BD15303 號　妙法蓮華經卷四　（19-9）

重讚嘆若有人得見此塔礼拜供養當知是
等皆近阿耨多羅三藐三菩提藥王多有人
在家出家行菩薩道若不能得見聞讀誦書
持供養是法華經者當知是人未善行菩薩
道若有得聞是經典者乃能善行菩薩之道
其有眾生求佛道者若見若聞是法華經聞
已信解受持者當知是人得近阿耨多羅三
藐三菩提藥王譬如有人渴乏須水於彼高
原穿鑿求之猶見乾土知水尚遠施功不已
轉見濕土遂漸至泥其心決定知水必近菩
薩亦復如是若未聞未解未能修習是法華
經當知是人去阿耨多羅三藐三菩提尚遠若
得聞解思惟修習必知得近阿耨多羅三藐
三菩提所以者何一切菩薩阿耨多羅三
藐三菩提皆屬此經此經開方便門示真實
相是法華經藏深固幽遠无人能到今佛教
化成就菩薩而為開示藥王若有菩薩聞是
法華經驚疑怖畏當知是為新發意菩薩若
聲聞人聞是經驚疑怖畏當知是為增上慢
者藥王若有善男子善女人如來滅後欲為
四眾說是法華經者云何應說是善男子善
女人入如來室著如來衣坐如來座尒乃應
為四眾廣說斯經如來室者一切眾生中大
慈悲心是如來衣者柔和忍辱心是如來座
者一切法空是安住是中然後以不懈怠心
為諸菩薩及四眾廣說是法華經藥王我於
餘國遣化人為其集聽法眾亦遣化比丘比

BD15303 號　妙法蓮華經卷四　（19-10）

為四衆廣說斯經如來室者一切衆生中大
慈悲心是如來衣者柔和忍辱心是如來座
者一切法空是安住是中然後以不懈怠心
為諸菩薩及四衆廣說是法華經藥王我於
餘國遣化人為其集聽法衆亦遣化比丘比
丘尼優婆塞優婆夷聽其說法是諸化人聞
法信受隨順不逆若說法者在空閑處我時
廣遣天龍鬼神乾闥婆阿脩羅等聽其說法
我雖在異國時時令說法者得見我身若於
此經忘失句逗我還為說令得具足尒時世
尊欲重宣此義而說偈言
欲捨諸懈怠　應當聽此經　是經難得聞　信受者亦難
如人渴須水　穿鑿於高原　猶見乾燥土　知去水尚遠
漸見濕土泥　決定知近水　藥王汝當知　如是諸人等
不聞法華經　去佛智甚遠　若聞是深經　決了聲聞法
是諸經之王　聞已諦思惟　當知此人等　近於佛智慧
若人說此經　應入如來室　著於如來衣　而坐如來座
處衆无所畏　廣為分別說　大慈悲為室　柔和忍辱衣
諸法空為座　處此為說法　若說此經時　有人惡口罵
加刀杖瓦石　念佛故應忍　我千万億土　現淨堅固身
於无量億劫　為衆生說法　若我滅度後　能說此經者
我遣化四衆　比丘比丘尼　及清信士女　供養於法師
引導諸衆生　集之令聽法　若人欲加惡　刀杖及瓦石
則遣變化人　為之作衛護　若說法之人　獨在空閑處
寂寞无人聲　讀誦此經典　我尒時為現　清淨光明身
若忘失章句　為說令通利　若人具是德　或為四衆說
空處讀誦經　皆得見我身　若人在空閑　我遣天龍王

我遣化四衆　比丘比丘尼　及清信士女　供養於法師
引導諸衆生　集之令聽法　若人欲加惡　刀杖及瓦石
則遣變化人　為之作衛護　若說法之人　獨在空閑處
寂寞无人聲　讀誦此經典　我尒時為現　清淨光明身
若忘失章句　為說令通利　若人具是德　或為四衆說
空處讀誦經　皆得見我身　若人在空閑　我遣天龍王
夜叉鬼神等　為作聽法衆　是人樂說法　分別无罣閡
諸佛護念故　能令大衆喜　若親近法師　速得菩薩道
隨順是師學　得見恒沙佛

妙法蓮華經見寶塔品第十一

尒時佛前有七寶塔高五百由旬縱廣二百
五十由旬從地涌出住在空中種種寶物而
莊校之五千欄楯龕室千万无數幢幡以為
嚴飾垂寶瓔珞寶鈴万億而懸其上四面皆
出多摩羅跋栴檀之香充遍世界其諸幡蓋以
金銀琉璃車𤦲馬瑙真珠玫瑰七寶合成高
至四天王宮三十三天雨天曼陁羅華供
養寶塔餘諸天龍夜叉乾闥婆阿脩羅迦樓
羅緊那羅摩睺羅伽人非人等千万億衆以一
切華香瓔珞幡蓋伎樂供養寶塔恭敬尊
重讚嘆尒時寶塔中出大音聲嘆言善哉善
哉釋迦牟尼世尊能以平等大慧教菩薩法
佛所護念妙法華經為大衆說如是如是釋
迦牟尼世尊如所說者皆是真實尒時四衆
見大寶塔住在空中又聞塔中所出音聲皆
得法喜怪未曾有從座而起恭敬合掌却住
一面尒時有菩薩摩訶薩名大樂說知一切

迦牟尼世尊如所說者皆是真實尒時四衆
見大寶塔住在空中又聞塔中所出音聲皆
得法喜怪未曾有從座而起恭敬合掌却住
一面尒時有菩薩摩訶薩名大樂說知一切
世間天人阿脩羅等心之所疑而白佛言世
尊以何因緣有此寶塔從地涌出又於其中
發是音聲尒時佛告大樂說菩薩此寶塔中
有如來全身乃往過去東方无量千万億阿
僧祇世界國名寶淨彼中有佛号曰多寶其
佛行菩薩道時作大誓願若我成佛滅度之
後於十方國土有說法華經處我之塔廟為
聽是經故涌現其前為作證明讚言善哉彼
佛成道已臨滅度時於天人大衆中告諸比丘
我滅度後欲供養我全身者應起一大塔
其佛以神通願力十方世界在在處處若有
說法華經者彼之寶塔皆涌出其前全身在
於塔中讚言善哉善哉大樂說今多寶如來
塔聞說法華經故從地涌出讚言善哉善哉
是時大樂說菩薩以如來神力故白佛言世
尊我等願欲見此佛身佛告大樂說菩薩摩
訶薩是多寶佛有深重願若我寶塔為聽法
華經故出於諸佛前時其有欲以我身示四
衆者彼佛分身諸佛在於十方世界說法盡
還集一處然後我身乃出現耳大樂說我分身
諸佛在於十方世界說法者今應當集大
樂說白佛言世尊我等亦願欲見世尊分身

BD15303號　妙法蓮華經卷四　（19–13）

衆者彼佛分身諸佛在於十方世界說法盡
還集一處然後我身乃出現耳大樂說我分身
諸佛在於十方世界說法者今應當集大
樂說白佛言世尊我等亦願欲見世尊分身
諸佛禮拜供養尒時佛放白毫一光即見東
方五百万億那由他恒河沙等國土諸佛彼
諸國土皆以頗梨為地寶樹寶衣以為莊嚴
无數千万億菩薩充滿其中遍張寶幔寶網
羅上彼國諸佛以大妙音而說諸法及見无
量千万億菩薩遍滿諸國為衆說法南西北
方四維上下白毫相光所照之處亦復如是
尒時十方諸佛各告衆菩薩言善男子我今
應往娑婆世界釋迦牟尼佛所并供養多寶
如來寶塔時娑婆世界即變清淨瑠璃為地
寶樹莊嚴黃金為繩以界八道无諸聚落村
營城邑大海江河山川林藪燒大寶香曼陁
羅華遍布其地以寶網幔羅覆其上懸諸寶
鈴唯留此會衆移諸天人置於他土是時諸
佛各將一大菩薩以為侍者至娑婆世界各
到寶樹下一一寶樹高五百由旬枝葉華菓次
第莊嚴諸寶樹下皆有師子之座高五由
旬亦以大寶而校飾之尒時諸佛各於此座
結跏趺坐如是展轉遍滿三千大千世界而於
釋迦牟尼佛一方所分之身猶故未盡時
釋迦牟尼佛欲容受所分身諸佛故八方各
更變二百万億那由他國皆令清淨无有地

BD15303號　妙法蓮華經卷四　（19–14）

釋迦牟尼佛一方所分之身猶故未盡時
更變二百万億那由他國皆令清淨无有地
獄餓鬼畜生及阿脩羅又移諸天人置於他
土所化之國亦以琉璃為地寶樹莊嚴樹高
五百由旬枝葉華菓次第嚴飾樹下皆有寶
師子座高五由旬種種諸寶以為莊挍亦无
大海江河及目真隣陁山摩訶目真隣陁山
鐵圍山大鐵圍山須弥山等諸山王通為一
佛國土寶地平正寶交露幔遍覆其上懸諸
幡蓋燒大寶香諸天寶華遍布其地釋迦牟
尼佛為諸佛當來坐故復於八方各變二百
万億那由他國皆令清淨无有地獄餓鬼畜
生及阿脩羅又移諸天人置於他土所化之
國亦以琉璃為地寶樹莊嚴樹高五百由旬
枝葉華菓次第莊嚴樹下皆有寶師子座高
五由旬亦以大寶而挍飾之亦无大海江河及
目真隣陁山摩訶目真隣陁山鐵圍山大鐵
圍山須弥山等諸山王通為一佛國土寶地平
正寶交露幔遍覆其上懸諸幡蓋燒大寶香
諸天寶華遍布其地尒時東方釋迦牟尼所
分之身百千万億那由他恒河沙等國土中
諸佛各各說法來集於此如是次第十方諸
佛皆悉來集坐於八方尒時一一方四百万
億那由他國土諸佛如來遍滿其中是時諸
佛各在寶樹下坐師子座皆遣侍者問訊釋

BD15303號　妙法蓮華經卷四　（19–15）

諸佛各各說法來集於此如是次第十方諸
佛皆悉來集坐於八方尒時一一方四百万
億那由他國土諸佛如來遍滿其中是時諸
佛各在寶樹下坐師子座皆遣侍者問訊釋
迦牟尼佛各賚寶華滿掬而告之言善男子
汝往詣耆闍崛山釋迦牟尼佛所如我辭曰
少病少惱氣力安樂及菩薩聲聞衆悉安隱
不以此寶華散佛供養而作是言彼某甲佛
與欲開此寶塔諸佛遣使亦復如是尒時釋
迦牟尼佛見所分身佛悉已來集各各坐於
師子之座皆聞諸佛與欲同開寶塔即從座
起住虛空中一切四衆起立合掌一心觀佛
於是釋迦牟尼佛以右指開七寶塔戶出大
音聲如却關鑰開大城門即時一切衆會皆
見多寶如來於寶塔中坐師子座全身不散
如入禪定又聞其言善哉善哉釋迦牟尼佛
快說是法華經我為聽是經故而來至此尒
時四衆等見過去无量千万億劫滅度佛說
如是言嘆未曾有以天寶華聚散多寶佛及
釋迦牟尼佛上尒時多寶佛於寶塔中分半
座與釋迦牟尼佛而作是言釋迦牟尼佛可
就此座即時釋迦牟尼佛入其塔中坐其半
座結跏趺坐尒時大衆見二如來在七寶塔
中師子座上結跏趺坐各作是念佛坐高遠
唯願如來以神通力令我等輩俱處虛空即
時釋迦牟尼佛以神通力接諸大衆皆在虛

BD15303號　妙法蓮華經卷四　（19–16）

座結跏趺坐尒時大衆見二如来在七寶塔
中師子座上結跏趺坐各作是念佛坐高遠
唯願如来以神通力令我等輩俱處虛空即
時釋迦牟尼佛以神通力接諸大衆皆在虛
空以大音聲普告四衆誰能於此娑婆國土
廣說妙法華經今正是時如来不久當入涅
槃佛欲以此妙法華經付囑有在尒時世尊
欲重宣此義而說偈言
聖主世尊　雖久滅度　在寶塔中　尚為法来
諸人云何　不動為法　此佛滅度　无央數劫
處處聽法　以難遇故　彼佛本願　我滅度後
在在所往　常為聽法　又我分身　无量諸佛
如恒沙等　来欲聽法　及見滅度　多寶如来
各捨妙土　及弟子衆　天人龍神　諸供養事
令法久住　故来至此　為坐諸佛　以神通力
移无量衆　令國清淨　諸佛各各　詣寶樹下
如清淨池　蓮華莊嚴　其寶樹下　諸師子座
佛坐其上　光明嚴飾　如夜暗中　然大炬火
身出妙香　遍十方國　衆生蒙薰　喜不自勝
譬如大風　吹小樹枝　以是方便　令法久住
告諸大衆　我滅度後　誰能護持　讀說斯經
今於佛前　自說誓言　其多寶佛　雖久滅度
以大誓願　而師子吼　多寶如来　及與我身
所集化佛　當知此意　諸佛子等　誰能護法
當發大願　令得久住　其有能護　此經法者
則為供養　我及多寶　此多寶佛　處於寶塔

BD15303號　妙法蓮華經卷四　（19–17）

以大誓願　而師子吼　多寶如来　及與我身
所集化佛　當知此意　諸佛子等　誰能護法
當發大願　令得久住　其有能護　此經法者
則為供養　我及多寶　此多寶佛　處於寶塔
常遊十方　為是經故　亦復供養　諸来化佛
莊嚴光飾　諸世界者　若說此經　則為見我
多寶如来　及諸化佛　諸善男子　各諦思惟
此為難事　宜發大願　諸餘經典　數如恒沙
雖說此等　未足為難　若接須弥　擲置他方
无數佛土　亦未為難　若以足指　動大千界
遠擲他國　亦未為難　若立有頂　為衆演說
无量餘經　亦未為難　若佛滅後　於惡世中
能說此經　是則為難　假使有人　手把虛空
而以遊行　亦未為難　於我滅後　若自書持
若使人書　是則為難　若以大地　置足甲上
昇於梵天　亦未為難　佛滅度後　於惡世中
暫讀此經　是則為難　假使劫燒　擔負乾草
入中不燒　亦未為難　我滅度後　若持此經
為一人說　是則為難　若持八万　四千法藏
十二部經　為人演說　令諸聽者　得六神通
雖能如是　亦未為難　於我滅後　聽受此經
問其義趣　是則為難　若人說法　令千万億
无量无數　恒沙衆生　得阿羅漢　具六神通
雖有是益　亦未為難　於我滅後　若能奉持
如斯經典　是則為難　我為佛道　於无量土
從始至今　廣說諸經　而於其中　此經第一

BD15303號　妙法蓮華經卷四　（19–18）

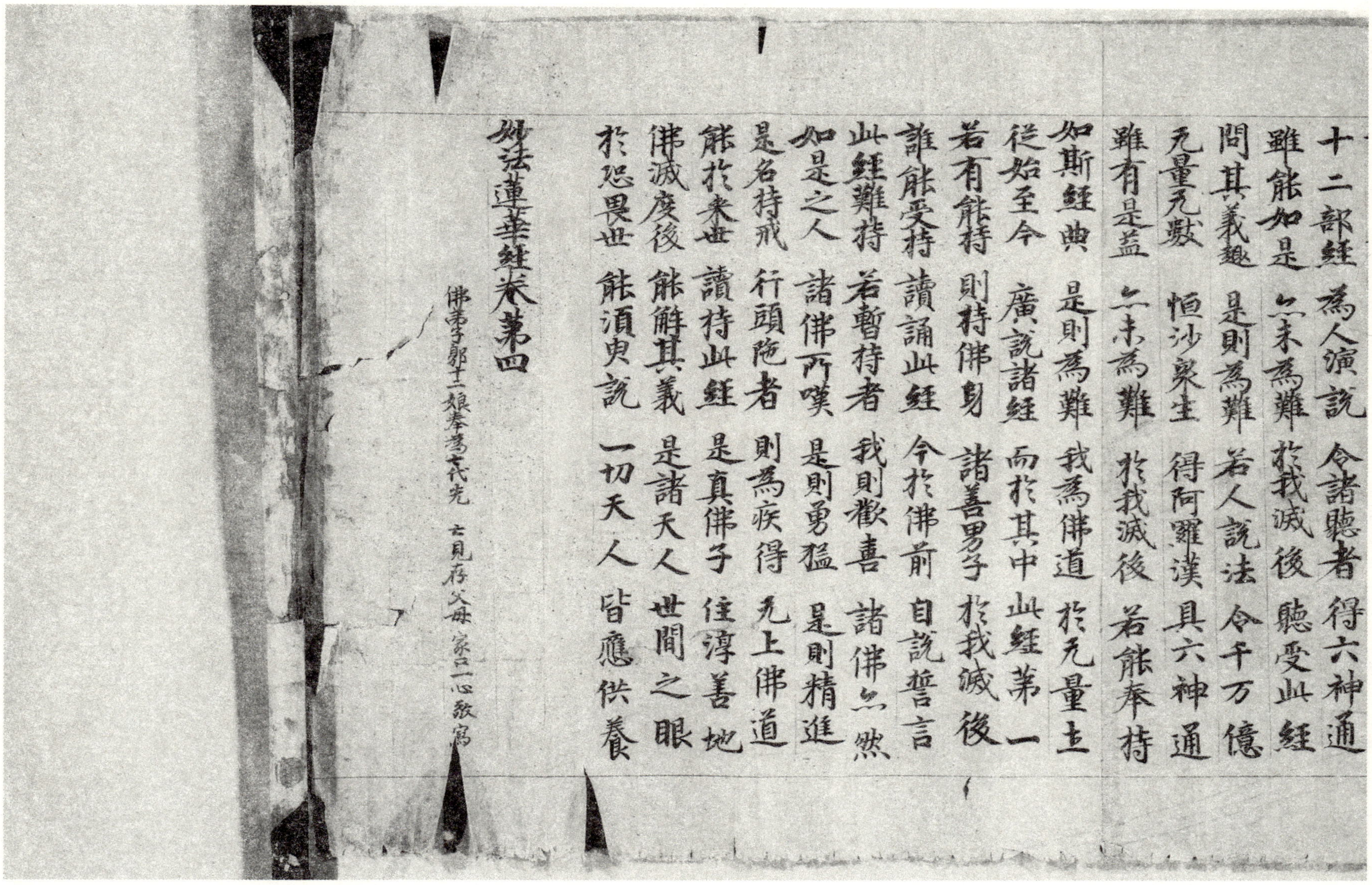

十二部經　為人演說　令諸聽者　得六神通
雖能如是　亦未為難　於我滅後　聽受此經
問其義趣　是則為難　若人說法　令千万億
无量无數　恒沙衆生　得阿羅漢　具六神通
雖有是益　亦未為難　於我滅後　若能奉持
如斯經典　是則為難　我為佛道　於无量土
從始至今　廣說諸經　而於其中　此經第一
若有能持　則持佛身　諸善男子　於我滅後
誰能受持　讀誦此經　今於佛前　自說誓言
此經難持　若暫持者　我則歡喜　諸佛亦然
如是之人　諸佛所歎　是則勇猛　是則精進
是名持戒　行頭陁者　則為疾得　无上佛道
能於來世　讀持此經　是真佛子　住淳善地
佛滅度後　能解其義　是諸天人　世間之眼
於恐畏世　能須臾說　一切天人　皆應供養

妙法蓮華經卷第四

佛弟子鄧十二娘奉為七代先亡見存父母家口一心敬寫

BD15303 號　妙法蓮華經卷四　（19–19）

BD15303 號背　藏文文獻（擬）　（2–1）

BD15303號背　藏文文獻（擬）　（2–2）

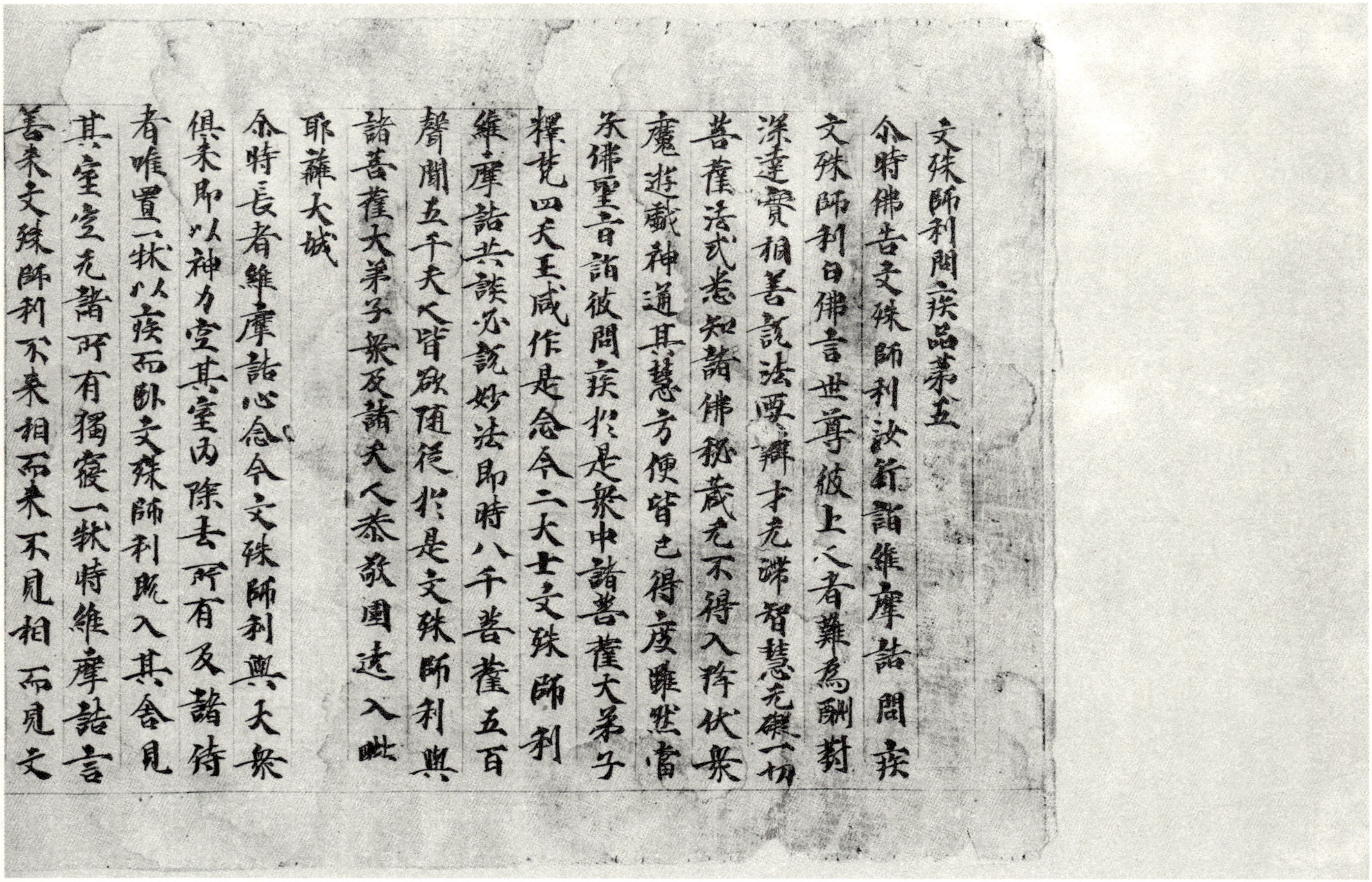

文殊師利問疾品第五
尒時佛告文殊師利汝行詣維摩詰問疾
文殊師利白佛言世尊彼上人者難爲酬對
深達實相善說法要辯才无滞智慧无㝵一切
菩薩法式悉知諸佛秘藏无不得入降伏衆
魔遊戲神通其慧方便皆已得度雖然當
承佛聖旨詣彼問疾於是衆中諸菩薩大弟子
釋梵四天王咸作是念今二大士文殊師利
維摩詰共談必說妙法即時八千菩薩五百
聲聞五千天人皆欲隨從於是文殊師利與
諸菩薩大弟子衆及諸天人恭敬圍遶入毗
耶離大城
尒時長者維摩詰心念今文殊師利與大衆
俱來即以神力空其室内除去所有及諸侍
者唯置一牀以疾而臥文殊師利既入其舍見
其室空无諸所有獨寢一牀時維摩詰言
善來文殊師利不來相而來不見相而見文

BD15304號　維摩詰所說經卷中　（28–1）

者唯置一牀以疾而卧文殊師利既入其舍見
其室空无諸所有獨寢一牀時維摩詰言
善來文殊師利不來相而來不見相而見文
殊師利言如是居士若來已更不來若去已
更不去所以者何來者无所從來去者无所至
所可見者更不可見且置是事居士是疾
寧可忍不療治有損不至增乎世尊慇懃致
問无量居士是疾何所因起其生久如當云
何滅維摩詰言從癡有愛則我病生以一切
衆生病是故我病若一切衆生得離病者則
我疾滅所以者何菩薩為衆生故入生死有
生死則有病若衆生得離病者則菩薩无復
病辟如長者唯有一子其子得病父母亦病
若子病愈父母亦愈菩薩如是於諸衆生愛
之若子衆生病則菩薩病衆生病愈菩薩亦
愈又言是疾何所因起菩薩疾者以大悲起
文殊師利言居士此室何以空无侍者維摩
詰言諸佛國土亦復皆空又問以何為空答
曰以空空又問空何用空答曰以无分別空
故空又問空可分別耶答曰分別亦空又問
空當於何求答曰當於六十二見中求又問
六十二見當於何求答曰當於諸佛解脫中
求又問諸佛解脫當於何求答曰當於一切
衆生心行中求又仁所問何无侍者一切衆

BD15304 號　維摩詰所說經卷中　（28–2）

六十二見當於何求答曰當於諸佛解脫中
求又問諸佛解脫當於何求答曰當於一切
衆生心行中求又仁所問何无侍者一切衆
魔及諸外道皆吾侍也所以者何衆魔者樂
生死菩薩於生死而不捨外道者樂諸見菩
薩於諸見而不動文殊師利言居士所疾為
何等相維摩詰言我病无形不可見又問此
病身合耶心合耶答曰非身合身相離故亦
非心合心如幻故又問地大水大火大風大於
此四大何大之病答曰是病非地大亦不
離地大水火風大亦復如是而衆生病從四
大起以其有病是故我病
尒時文殊師利問維摩詰言菩薩應云何慰
喻有疾菩薩維摩詰言說身无常不說猒離
於身說身有苦不說樂於涅槃說身无我而
說教導衆生說身空寂不說畢竟寂滅說悔
先罪而不說入於過去以已之疾愍於彼疾當
識宿世无數劫苦當念饒益一切衆生憶
所脩福念於淨命勿生憂惱常起精進當作
醫王療治衆病菩薩應如是慰喻有疾菩
薩令其歡喜
文殊師利言居士有病菩薩云何調伏其心
維摩詰言有疾菩薩應作是念今我此病皆
從前世妄想顛倒諸煩惱生无有實法誰受

BD15304 號　維摩詰所說經卷中　（28–3）

維摩詰言有疾菩薩應作是念今我此病皆
從前世妄想顛倒諸煩惱生无有實法誰受
病者所以者何四大合故假名為身四大无
主身亦无我又此病起皆由著我是故於我
不應生著既知病本即除我想及眾生想當
起法想應作是念但以眾法合成此身起唯法
起滅唯法滅又此法者各不相知起時不言
我起滅時不言我滅彼有疾菩薩為滅法
想當作是念此法想者亦是顛倒顛倒者是
即大患我應離之云何為離離我我所云何離
我我所謂離二法云何離二法謂不念內外
外諸法行於平等云何平等謂我等涅槃等
所以者何我及涅槃此二皆空以何為空但以
名字故空如此二法无決定性得是平等
无有餘病唯有空病空病亦空是有疾菩薩
以无所受而受諸受未具佛法亦不滅受而
取證也設身有苦念惡趣眾生起大悲心我
既調伏亦當調伏一切眾生但除其病而不
除法為斷病本而教導之何謂病本謂有攀
緣從有攀緣則有病本何所攀緣謂之三界
云何斷攀緣以无所得若无所得則无攀緣
何謂无所得謂二見何謂二見謂內見外見是
无所得文殊師利是為有疾菩薩調伏其
心為斷老病死苦是菩薩菩提若不如是已

BD15304 號　維摩詰所說經卷中　（28–4）

无所得文殊師利是為有疾菩薩調伏其
心為斷老病死苦是菩薩菩提若不如是已
所脩治為无惠利譬如勝怨乃可為勇如是
兼除老病死者菩薩之謂也彼有疾菩薩復
應作是念如我此病非真非有眾生病亦非
真非有作是觀時於諸眾生若起愛見大悲
即應捨離所以者何菩薩斷除客塵煩惱而
起大悲愛見悲者則於生死有疲厭心若能
離此无有疲厭在在所生不為愛見之所覆
也所生无縛能為眾生說法解縛如佛所說
若自有縛能解彼縛无有是處若自无縛能
解彼縛斯有是處是故菩薩不應起縛何謂
縛何謂解貪著禪味是菩薩縛以方便生是
菩薩解又无方便慧縛有方便慧解无慧方
便縛有慧方便解何謂无方便慧縛謂菩薩
以愛見心莊嚴佛土成就眾生於空无相无
作法中而自調伏是名无方便慧縛何謂有
方便慧解謂不以愛見心莊嚴佛土成就眾
生於空无相无作法中以自調伏而不疲厭
是名有方便慧解何謂无慧方便縛謂菩薩
住貪欲瞋恚邪見等諸煩惱而殖眾德本是
名无慧方便縛何謂有慧方便解謂離諸貪
欲瞋恚邪見等諸煩惱而殖眾德本迴向阿
耨多羅三藐三菩提是名有慧方便解

BD15304 號　維摩詰所說經卷中　（28–5）

欲瞋恚邪見等諸煩惱而殖衆德本迴向阿
耨多羅三藐三菩提是名有慧方便解
文殊師利彼有疾菩薩應如是觀諸法又復
觀身无常苦空非我是名爲慧雖身有疾常
在生死饒益一切而不猒惓是名方便又復
觀身身不離病病不離身是病是身非新非
故是名爲慧設身有疾而不永滅是名方便
文殊師利有疾菩薩應如是調伏其心不住
其中亦復不住不調伏心所以者何若住不調
伏心是愚人法若住調伏心是聲聞法是故
菩薩不當住於調伏不調伏心離此二法
是菩薩行在於生死不爲汙行住於涅槃不
永滅度是菩薩行非凡夫行非賢聖行是菩
薩行非垢行非淨行是菩薩行雖過魔行而
現降衆魔是菩薩行求一切智无非時求是
菩薩行雖觀諸法不生而不入正位是菩薩
行雖觀十二緣起而入諸邪見是菩薩行雖攝
一切衆生而不愛著是菩薩行雖樂遠離而
不依身心盡是菩薩行雖行三界而不壞
法性是菩薩行雖行於空而殖衆德本是菩
薩行雖行无相而度衆生是菩薩行雖行无
作而現受身是菩薩行雖行无起而起一切善
行是菩薩行雖行六波羅蜜而遍知衆生
心心數法是菩薩行雖行六通而不盡漏是

BD15304號　維摩詰所說經卷中　（28–6）

行是菩薩行雖行六波羅蜜而遍知衆生
心心數法是菩薩行雖行六通而不盡漏是
菩薩行雖行四无量心而不貪著生於梵世
是菩薩行雖行禪定解脫三昧而不隨禪生
是菩薩行雖行四念處而不永離身受心法是
菩薩行雖行四正勤而不捨身心精進是菩
薩行雖行四如意足而得自在神通是菩薩
行雖行五根而分別衆生諸根利鈍是菩薩
行雖行五力而樂求佛十力是菩薩行雖行
七覺分而分別佛之智慧是菩薩行雖行八
正道而樂行无量佛法是菩薩行雖行止
觀助道之法而不畢竟墮於寂滅是菩薩行
雖行諸法不生不滅而以相好莊嚴其身是
菩薩行雖現聲聞辟支佛威儀而不捨佛法
是菩薩行雖隨諸法究竟淨相而隨所應爲
現其身是菩薩行雖觀諸佛國土永寂如空而
現種種清淨佛土是菩薩行雖得佛道轉于
法輪入於涅槃而不捨於菩薩之道是菩薩
行說是語時文殊師利所將大衆其中八千
天子皆發阿耨多羅三藐三菩提心
不思議品第六
尒時舍利弗見此室中无有牀座作是念斯
諸菩薩大弟子衆當於何坐長者維摩詰知
其意語舍利弗言云何仁者爲法來耶求牀

BD15304號　維摩詰所說經卷中　（28–7）

尒時舍利弗見此室中无有牀座作是念斯
諸菩薩大弟子衆當於何坐長者維摩詰知
其意語舍利弗言云何仁者為法來耶求牀
座耶舍利弗言我為法來非為牀座維摩詰
言唯舍利弗夫求法者不貪軀命何況牀座
夫求法者非有色受想行識之求非有界入
之求非有欲色无色之求唯舍利弗夫求法
者不著佛求不著法求不著衆求夫求法者
无見苦求无斷集求无造盡證脩道之求所
以者何法无戲論若言我當見苦斷集證滅脩
道是則戲論非求法也唯舍利弗法名寂滅
若行生滅是求生滅非求法也法名无染
若染於法乃至涅槃是則染著非求法也法
无行處若行於法是則行處非求法也法无
取捨若取捨法是則取捨非求法也法无處
所若著處所是則著處非求法也法名无相
若隨相識是則求相非求法也法不可住若住
於法是則住法非求法也法不可見聞覺
知若行見聞覺知是則見聞覺知非求法也
法名无為若行有為是求有為非求法也是
故舍利弗若求法者於一切法應无所求說
是語時五百天子於諸法中得法眼淨
尒時長者維摩詰問文殊師利仁者遊於无
量千万億阿僧祇國何等佛土有好上妙功德

BD15304 號　維摩詰所說經卷中　（28–8）

尒時長者維摩詰問文殊師利仁者遊於无
量千万億阿僧祇國何等佛土有好上妙功德
成就師子之座文殊師利言居士東方度
卅六恒河沙國有世界名須弥相其佛号須
弥燈王今現在彼佛身長八万四千由旬其
師子座高八万四千由旬嚴餝第一於是長
者維摩詰現神通力即時彼佛遣三万二千
師子座高廣嚴好來入維摩詰室諸菩薩大
弟子釋梵四天王等昔所未見其室廣博悉
苞容受三万二千師子座无所妨礙於毗耶離
城及閻浮提四天下亦不迫迮悉見如故尒時
維摩詰語文殊師利就師子座與諸菩薩
上人俱坐當自立身如彼坐像其得神通菩
薩即自變身為四万二千由旬坐師子座諸新
發意菩薩及大弟子皆不能昇尒時維摩
詰語舍利弗就師子座舍利弗言居士此座
高廣吾不能昇維摩詰言唯舍利弗為須
弥燈王如來作礼乃可得坐於是新發意菩薩
及大弟子即為須弥燈王如來作礼便得坐
師子座舍利弗言居士未曾有也如是小室
乃容受此高廣之座於毗耶離城无所妨礙
又於閻浮提聚落城邑及四天下諸天龍王
鬼神宮殿亦不迫迮維摩詰言唯舍利弗諸
佛菩薩有解脫名不可思議若菩薩住是解

BD15304 號　維摩詰所說經卷中　（28–9）

鬼神宮殿亦不迫迮維摩詰言唯舍利弗諸
佛菩薩有解脫名不可思議若菩薩住是解
脫者以須弥之高廣內芥子中无所增減須
弥山王本相如故而四天王忉利諸天不覺不
知已之所入唯應度者乃見須弥入芥子中
是名不可思議解脫法門又以四大海水入
一毛孔不嬈魚鼈黿鼉水性之屬而彼大海
本相如故諸龍鬼神阿脩羅等不覺不知
已之所入於此衆生亦无所嬈又舍利弗住
不可思議解脫菩薩斷取三千大千世界如
陶家輪著右掌中擲過恒河沙世界之外其
中衆生不覺不知已之所往又復還置本處
都不使人有往來想而此世界本相如故又
舍利弗或有衆生樂久住世而可度者菩薩
即演七日以為一劫令彼衆生謂之一劫或有
衆生不樂久住而可度者菩薩即促一劫
以為七日令彼衆生謂之七日又舍利弗住
不可思議解脫菩薩以一切佛土嚴飾之事
集在一國示於衆生又菩薩以一佛土衆生
置之右掌飛到十方遍示一切而不動本處
又舍利弗十方衆生供養諸佛之具菩薩於
一毛孔皆令得見又十方國土所有日月星宿
於一毛孔普使見之又舍利弗十方世界
所有諸風菩薩悉能吸著口中而身无損外

BD15304 號　維摩詰所說經卷中　（28–10）

於一毛孔普使見之又舍利弗十方世界
所有諸風菩薩悉能吸著口中而身无損外
諸樹木亦不摧折又十方世界劫盡燒時以
一切火內於腹中火事如故而不為害又以
下方過恒河沙等諸佛世界取一佛土舉著
上方過恒河沙无數世界如持針鋒舉一棗
葉而无所嬈又舍利弗住不可思議解脫菩
薩能以神通現作佛身或現辟支佛身或現
聲聞身或現帝釋身或現梵王身或現世
主身或現轉輪王身又十方世界所有衆聲上
中下音皆能變之令作佛聲演出无常苦空
无我之音及十方諸佛所說種種之法皆於其
中普令得聞舍利弗我今略說菩薩不可
思議解脫之力若廣說者窮劫不盡是時迦
葉聞說菩薩不可思議解脫法門歎未曾有
謂舍利弗譬如有人於盲者前現衆色像非
彼所見一切聲聞聞是不可思議解脫法門
不能解了為若此也智者聞是其誰不發阿
耨多羅三藐三菩提心我等何為永絕其根
於此大乘已如敗種一切聲聞聞是不可思議
解脫法門皆應號泣聲震三千大千世界
一切菩薩應大欣慶頂受此法若有菩薩
信解不可思議解脫門者一切魔衆无如之何
大迦葉說是語時三万二千天子皆發阿耨多

BD15304 號　維摩詰所說經卷中　（28–11）

信解不可思議解脫門者一切魔衆无如之何
大迦葉說是語時三万二千天子皆發阿耨多
羅三藐三菩提心
尒時維摩詰語大迦葉仁者十方无量阿僧
祇世界中作魔王者多是住不可思議解脫
菩薩以方便力教化衆生現作魔王又迦葉
十方无量菩薩或有人從乞手足耳鼻頭目
髓腦血肉皮骨聚落城邑妻子奴婢象馬
車乘金銀瑠璃車𤦲馬碯珊瑚虎珀真珠
珂貝衣服飲食如此乞者多是住不可思議
解脫菩薩以方便力而往試之令其堅固所以者
何住不可思議解脫菩薩有威德力故行逼
迫示諸衆生如是難事凡夫下劣无有力勢
不能如是逼迫菩薩譬如龍象蹴蹋非驢所堪
是名住不可思議解脫菩薩智慧方便之門
觀衆生品第七
尒時文殊師利問維摩詰言菩薩云何觀於
衆生維摩詰言譬如幻師見所幻人菩薩觀
衆生為若此如智者見水中月如鏡中見其面
像如熱時焰如呼聲響如空中雲如水聚沫如
水上泡如芭蕉堅如電久住如第五大如第
六陰如第七情如十三入如十九界菩薩觀
衆生為若此如无色界色如燋穀牙如須
陁洹身見如阿那含入胎如阿羅漢三毒

BD15304 號　維摩詰所說經卷中　（28–12）

衆生為若此如无色界色如燋穀牙如須
陁洹身見如阿那含入胎如阿羅漢三毒
如得忍菩薩貪恚毀禁如佛煩惱習如盲者
見色如入滅盡定出入息如空中鳥跡如石女
兒如化人煩惱如夢所見已悟如滅度者受身
如无烟之火菩薩觀衆生為若此
文殊師利言若菩薩作是觀者云何行慈維
摩詰言菩薩作是觀已自念我當為衆生說
如斯法是即真實慈也行寂滅慈无所生故
行不熱慈无煩惱故行等之慈等三世故行
不壞慈畢竟盡故行堅固慈心无毀故行清淨
慈諸法性淨故行无邊慈如虛空故行阿
羅漢慈破結賊故行菩薩慈安衆生故行如
來慈得如相故行佛之慈覺衆生故行自然
慈无因得故行菩提慈等一味故行无等慈
斷諸愛故行大悲慈導以大乘故行无厭慈
觀空无我故行法施慈无遺惜故行持戒慈
化毀禁故行忍辱慈護彼我故行精進慈荷
負衆生故行禪定慈不受味故行智慧慈无
不知時故行方便慈一切示現故行无隱慈
直心清淨故行深心慈无雜行故行无誑慈
不虛假故行安樂慈令得佛樂故菩薩之慈
為若此也
文殊師利又問何謂為悲答曰菩薩所作功

BD15304 號　維摩詰所說經卷中　（28–13）

為若此也
文殊師利又問何謂為悲答曰菩薩所作功
德皆與一切衆生共之何謂為喜答曰有所
饒益歡喜无悔何謂為捨答曰所作福祐无
所希望文殊師利又問生死有畏菩薩當何
所依維摩詰言菩薩於生死畏中當依如來
功德之力文殊師利又問菩薩欲依如來功
德之力當於何住答曰菩薩欲依如來功德
力者當住度脫一切衆生又問欲度衆生當
何所除答曰欲度衆生除其煩惱又問欲除
煩惱當何所行答曰當行正念又問云何行
於正念答曰當行不生不滅又問何法不生
何法不滅答曰不善不生善法不滅又問善不
善孰為本答曰身為本又問身孰為本答
曰欲貪為本又問欲貪孰為本答曰虛妄分
別為本又問虛妄分別孰為本答曰顛倒想為
本又問顛倒想孰為本答曰无住為本又
問无住孰為本答曰无住則无本文殊師利
從无住本立一切法
時維摩詰室有一天女見諸大人聞所說法
便現其身即以天華散諸菩薩大弟子上華
至諸菩薩即皆墮落至大弟子便著不墮一
切弟子神力去華不能令去尒時天問舍利
弗何故去華答曰此華不如法是以去之天

切弟子神力去華不能令去尒時天問舍利
弗何故去華答曰此華不如法是以去之天
曰勿謂此華為不如法所以者何是華无所
分別仁者自生分別想耳若於佛法出家有
所分別為不如法若无分別是則如法觀諸
菩薩華不著者以斷一切分別想故譬如人
畏時非人得其便如是弟子畏生死故色聲
香味觸得其便已離畏者一切五欲无能為
也結習未盡華著身耳結習盡者華不著
也舍利弗言天止此室其已久如答曰我止此
室如耆年解脫舍利弗言止此久耶天曰耆
年解脫亦何如久舍利弗默然不答天曰如
何耆舊大智而默答曰解脫者无所言說故
吾於是不知所云天曰言說文字皆解脫相
所以者何解脫者不內不外不在兩間文字
亦不內不外不在兩間是故舍利弗无離文
字說解脫也所以者何一切諸法皆是解脫
相舍利弗言不復以離婬怒癡為解脫乎天
曰佛為增上慢人說離婬怒癡為解脫耳若
无增上慢者佛說婬怒癡性即是解脫舍利
弗言善哉善哉天女汝何所得以何為證辯
乃如是天曰无得无證故辯如是所以者何
若有得有證者則於佛法為增上慢
舍利弗問天汝於三乘為何志求天曰以聲聞

乃如是天日无得无證故辯如是所以者何
若有得有證者則於佛法為增上慢
舍利弗問天汝於三乘為何志求天日以聲聞
法化衆生故我為聲聞以因緣法化衆生
故我為辟支佛以大悲化衆生故我為大乘
舍利弗如人入瞻蔔林唯嗅瞻蔔不嗅餘香
如是若入此室但聞佛法功德之香不樂聲
聞辟支佛功德香也舍利弗其有釋梵四天
王諸天龍鬼神等入此室者聞斯上人講說
正法皆樂佛功德之香發心而出舍利弗吾
止此室十有二年初不聞說聲聞辟支佛法
但聞菩薩大慈大悲不可思議諸佛之法舍
利弗此室常現八未曾有難得之法何等為
八此室常以金色光照晝夜无異不以日月
所照為明是為一未曾有難得之法此室入
者不為諸垢之所惱也是為二未曾有難得
之法此室常有釋梵四天王他方菩薩來會
不絕是為三未曾有難得之法此室常說六
波羅蜜不退轉法是為四未曾有難得之法
此室常作天人第一之樂絃出无量法化之聲
是為五未曾有難得之法此室有四大藏
衆寶積滿周窮濟乏求得无盡是為六未
曾有難得之法此室釋迦牟尼佛阿弥陀佛阿
閦佛寶德寶炎寶月寶嚴難勝師子響一切

BD15304 號　維摩詰所說經卷中　（28–16）

衆寶積滿周窮濟乏求得无盡是為六未
曾有難得之法此室釋迦牟尼佛阿弥陀佛阿
閦佛寶德寶炎寶月寶嚴難勝師子響一切
利成如是等十方无量諸佛是上人念時即皆
為來廣說諸佛秘要法藏說已還去是為
七未曾有難得之法此室一切諸天嚴飾宮
殿諸佛淨土皆於中現是為八未曾有難得
之法舍利弗此室常現八未曾有難得之法
誰有見斯不思議事而復樂於聲聞法乎
舍利弗言汝何以不轉女身天日我從十二年
來求女人相了不可得當何所轉譬如幻師
化作幻女若有人問何以不轉女身是人為
正問不舍利弗言不也幻无定相當何所轉
天日一切諸法亦復如是无有定相云何
乃問不轉女身即時天女以神通變舍利
弗令如天女天自化身如舍利弗而問言何以
不轉女身舍利弗以天女像而答言我今不
知何轉而變為女身天日舍利弗若能轉
此女身則一切女人亦當能轉如舍利弗非
女而現女身一切女人亦復如是雖現女身而
非女也是故佛說一切諸法非男非女即
時天女還攝神力舍利弗身還復如故天問
舍利弗女身色相今何所在舍利弗言女身
色相无在无不在天日一切諸法亦復如是

BD15304 號　維摩詰所說經卷中　（28–17）

舍利弗女身色相今何所在舍利弗言女身
色相无在无不在天曰一切諸法亦復如是
无在无不在夫无在无不在者佛所說也舍
利弗問天汝於此没當生何所天曰佛化所
生吾如彼生曰佛化所生非没生也天曰衆
生猶然无没生也舍利弗問天汝久如當得
阿耨多羅三藐三菩提天曰如舍利弗還為
凡夫我乃當成阿耨多羅三藐三菩提舍利
弗言我作凡夫无有是處天曰我得阿耨多
羅三藐三菩提亦无是處所以者何菩提无
住處是故无有得者舍利弗言今諸佛得
阿耨多羅三藐三菩提已得當得如恒河沙
皆何謂乎天曰皆以世俗文字數故說有三世
非謂菩提有去來今天曰舍利弗汝得阿羅
漢道耶曰无所得故而得天曰諸佛菩薩亦
復如是无所得故而得尒時維摩詰語舍利
弗是天女曾已供養九十二億佛已能遊戲
菩薩神通所願具足得无生忍住不退轉
以本願故隨意能現教化衆生

佛道品第八

尒時文殊師利問維摩詰言菩薩云何通達
佛道維摩詰言若菩薩行於非道是為通
達佛道又問云何菩薩行於非道答曰若菩
薩行五无間而无惱恚至于地獄无諸罪垢至

BD15304號　維摩詰所說經卷中　（28–18）

達佛道又問云何菩薩行於非道答曰若菩
薩行五无間而无惱恚至于地獄无諸罪垢至
于畜生无有无明憍慢等過至于餓鬼而
具足功德行色无色界不以為勝示行貪欲離
諸染著示行瞋恚於諸衆生无有恚礙示行
愚癡而以智慧調伏其心示行慳貪而捨内
外所有不惜身命示行毁禁而安住淨戒乃
至小罪猶懷大懼示行瞋恚而常慈忍示行
懈怠而勤脩功德示行亂意而常念定示行
愚癡而通達世間出世間慧示行諂偽而善
方便隨諸經義示行憍慢而於衆生猶如橋
梁示行諸煩惱而心常清淨示入於魔而順
佛智慧不隨他教示入聲聞而為衆生說未
聞法示入辟支佛而成就大悲教化衆生示
入貧窮而有寶手功德无盡示入形殘而具
諸相好以自莊嚴示入下賤而生佛種姓中
具諸功德示入羸劣醜陋而得那羅延身一
切衆生之所樂見示入老病而永斷病根超
越死畏示有資生而恒觀无常實无所貪示
有妻妾婇女而常遠離五欲淤泥現於訥鈍
而成就辯才摠持无失示入邪濟而以正濟
度諸衆生現遍入諸道而斷其因緣現於涅
槃而不斷生死文殊師利菩薩能如是行於
非道是為通達佛道

BD15304號　維摩詰所說經卷中　（28–19）

槃而不斷生死文殊師利菩薩能如是行於
非道是為通達佛道
於是維摩詰問文殊師利何等為如來種文
殊師利言有身為種无明有愛為種貪恚癡
為種四顛倒為種五蓋為種六入為種七識
處為種八邪法為種九惱處為種十不善道
為種以要言之六十二見及一切煩惱皆是
佛種曰何謂也荅曰若見无為入正位者不
能復發阿耨多羅三藐三菩提心譬如高原
陸地不生蓮華卑濕淤泥乃生此華如是見
无為法入正位者終不復能生於佛法煩惱
泥中乃有衆生起佛法耳又如殖種於空終
不得生糞壤之地乃能滋茂如是入无為正
位者不生佛法起於我見如須弥山猶能發
于阿耨多羅三藐三菩提心生佛法矣是故
當知一切煩惱為如來種譬如不入巨海不
能得无價寶珠如是不入煩惱大海則不能
生一切智寶之心
尒時大迦葉歎言善哉善哉文殊師利快說此
語誠如所言塵勞之疇為如來種我等今
者不復堪任發阿耨多羅三藐三菩提心乃
至五无間罪猶能發意生於佛法而今我等
永不能發譬如根敗之士其於五欲不能復
利如是聲聞諸結斷者於佛法中无所復益

BD15304 號　維摩詰所説經卷中　（28–20）

永不能發譬如根敗之士其於五欲不能復
利如是聲聞諸結斷者於佛法中无所復益
永不志願是故文殊師利凡夫於佛法有反
復而聲聞无也所以者何凡夫聞佛法能起
无上道心不斷三寶正使聲聞終身聞佛法
力无畏等永不能發无上道意尒時會中有
菩薩名普現色身問維摩詰言居士父母妻
子親戚眷屬吏民知識悉為是誰奴婢僮僕
象馬車乘皆何所在於是維摩詰以偈荅曰
智度菩薩母　方便以為父　一切衆導師　无不由是生
法喜以為妻　慈悲心為女　善心誠實男　畢竟空寂舍
弟子衆塵勞　隨意之所轉　道品善知識　由是成正覺
諸度法等侶　四攝為妓女　歌詠誦法言　以此為音樂
惣持之園苑　无漏法林樹　覺意淨妙華　解脫智慧果
八解之浴池　定水湛然滿　布以七淨華　浴此无垢人
象馬五通馳　大乘以為車　調御以一心　遊於八正路
相具以嚴容　衆好飾其姿　慙愧之上服　深心為華鬘
富有七財寶　教授以滋息　如所說修行　迴向為大利
四禪為牀座　從於淨命生　多聞增智慧　以為自覺音
甘露法之食　解脫味為漿　淨心以澡浴　戒品為塗香
摧滅煩惱賊　勇健无能踰　降伏四種魔　勝幡建道場
雖知无起滅　示彼故有生　悉現諸國土　如日无不現
供養於十方　无量億如來　諸佛及己身　无有分別想
雖知諸佛國　及與衆生空　而常脩淨土　教化於羣生

BD15304 號　維摩詰所説經卷中　（28–21）

供養於十方　无量億如來　諸佛及己身　无有分別想
雖知諸佛國　及與衆生空　而常脩淨土　教化於羣生
諸有衆生類　形聲及威儀　无畏力菩薩　一時能盡現
覺知衆魔事　而示隨其行　以善方便智　隨意皆能現
或示老病死　成就諸群生　了知如幻化　通達无有礙
或現劫盡燒　天地皆洞然　衆人有常想　照令知无常
无數億衆生　俱來請菩薩　一時到其舍　化令向佛道
經書禁呪術　工巧諸伎藝　盡現行此事　饒益諸群生
世間衆道法　悉於中出家　因以解人惑　而不墮邪見
或作日月天　梵王世界主　或時作地水　或復作風火
劫中有疾疫　現作諸藥草　若有服之者　除病消衆毒
劫中有飢饉　現身作飲食　先救彼飢渴　却以法語人
劫中有刀兵　為之起慈悲　化彼諸衆生　令住无諍地
若有大戰陣　立之以等力　菩薩現威勢　降伏使和安
一切國土中　諸有地獄處　輙往到于彼　勉濟諸苦惱
一切國土中　畜生相噉食　皆現生於彼　為之作利益
示受於五欲　亦復現行禪　令魔心憒亂　不能得其便
火中生蓮華　是可謂希有　在欲而行禪　希有亦如是
或現作婬女　引諸好色者　先以欲鉤牽　後令入佛智
或為邑中主　或作商人導　國師及大臣　以祐利衆生
諸有貧窮者　現作无盡藏　因以勸導之　令發菩提心
我心憍慢者　為現大力士　消伏諸貢高　令住无上道
其心恐懼者　居前而慰安　先施以无畏　後令發道心
或現離婬欲　為五通仙人　開導諸群生　令住戒忍慈

BD15304 號　維摩詰所說經卷中　（28–22）

其心恐懼者　居前而慰安　先施以无畏　後令發道心
或現離婬欲　為五通仙人　開導諸群生　令住戒忍慈
見須供事者　現為作僮僕　既悅可其意　乃發以道心
隨彼之所須　得入於佛道　以善方便力　皆能給足之
如是道无量　所行无有崖　智慧无邊際　度脫无數衆
假令一切佛　於无數億劫　讚歎其功德　猶尚不能盡
誰聞如是法　不發菩提心　除彼不肖人　癡冥无智者

入不二法門品第九

爾時維摩詰謂衆菩薩言諸仁者何等菩薩
入不二法門各隨所樂說之會中有菩薩名
法自在說言諸仁者生滅為二法本不生今
則无滅得此无生法忍是為入不二法門
德首菩薩曰我我所為二因有我故便有我
所若无有我則无我所是為入不二法門
不眴菩薩曰受不受為二若法不受則不可
得以不可得故无取无捨无作无行是為入
不二法門
德頂菩薩曰垢淨為二見垢實性則无淨相
順於滅相是為入不二法門
善宿菩薩曰是動是念為二不動則无念无
念則无分別通達此者是為入不二法門
善眼菩薩曰一相无相為二若知一相即是无
相亦不取无相入於平等是為入不二法門
妙臂菩薩曰菩薩心聲聞心為二觀心相空

BD15304 號　維摩詰所說經卷中　（28–23）

善眼菩薩曰一相无相為二若知一相即是无
相亦不取无相入於平等是為入不二法門
妙臂菩薩曰菩薩心聲聞心為二觀心相空
如幻化者无菩薩心无聲聞心是為入不二
法門
弗沙菩薩曰善不善為二若不起善不善入
无相際而通達者是為入不二法門
師子菩薩曰罪福為二若達罪性則與福无
異以金剛慧決了此相无縛无解者是為入
不二法門
師子意菩薩曰有漏无漏為二若得諸法等
則不起漏不漏想不著於相亦不住无相是
為入不二法門
淨解菩薩曰有為无為為二若離一切數則
心如虛空以清淨慧无所礙者是為入不二法門
那羅延菩薩曰世間出世間為二世間性空
即是出世間於其中不入不出不溢不散是
為入不二法門
善意菩薩曰生死涅槃為二若見生死性則
无生死无縛无解不然不滅如是解者是為
入不二法門
現見菩薩曰盡不盡為二法若究竟盡若
不盡皆是无盡相无盡相即是空空則无有盡
不盡相如是入者是為入不二法門

BD15304 號　維摩詰所說經卷中　（28–24）

不盡皆是无盡相无盡相即是空空則无有盡
不盡相如是入者是為入不二法門
普首菩薩曰我无我為二我尚不可得非我
何可得見我實性者不復起二是為入不二
法門
電天菩薩曰明无明為二无明實性即是明
明亦不可取離一切數於其中平等无二者
是為入不二法門
喜見菩薩曰色色空為二色即是空非色滅
空色性自空如是受想行識識空為二識即
是空非識滅空識性自空於其中而通達者
是為入不二法門
明相菩薩曰四種異空種異為二四種性即是
空種性如前際後際空故中際亦空若能
如是知諸種性者是為入不二法門
妙意菩薩曰眼色為二若知眼性於色不貪
不恚不癡是名寂滅如是耳聲鼻香舌味身
觸意法為二若知意性於法不貪不恚不癡
是名寂滅安住其中是為入不二法門
无盡意菩薩曰布施迴向一切智為二布施
性即是迴向一切智性如是持戒忍辱精進
禪定智慧迴向一切智為二智慧性即是迴
向一切智性於其中入一相者是為入不二法
門

BD15304 號　維摩詰所說經卷中　（28–25）

禪定智慧迴向一切智為二智慧性即是迴
向一切智性於其中入一相者是為入不二法
門
深慧菩薩曰是空是无相是无作為二空
即是无相无相即是无作若空无相无作則无
心意識於一解脫門即是三解脫門者是為入
不二法門
寂根菩薩曰佛法衆為二佛即是法法即是
衆是三寶皆无為相與虛空等一切法亦尒
能隨此行者是為入不二法門
心无礙菩薩曰身身滅為二身即是身滅所
以者何見身實相者不起見身及見滅身身
與滅身无二无分別於其中不驚不懼者是
為入不二法門
上善菩薩曰身口意善為二是三業皆无作
相身无作相即口无作相口无作相即意无
作相是三業无作相即一切法无作相能如
是隨无作慧者即為入不二法門
福田菩薩曰福行罪行不動行為二三行實
性即是空空則无福行无罪行无不動行於
此三行而不起者是為入不二法門
華嚴菩薩曰從我起二為二見我實相者不
起二法若不住二法則无有識无所識者是
為入不二法門

BD15304號　維摩詰所說經卷中　（28–26）

起二法若不住二法則无有識无所識者是
為入不二法門
德藏菩薩曰有所得相為二若无所得則无
取捨无取捨者是為入不二法門
月上菩薩曰闇與明為二无闇无明則无有二
所以者何如滅受想定无闇无明一切法亦
復如是於其中平等入者是為入不二法門
寶印手菩薩曰樂涅槃不樂世間為二若不
樂涅槃不猒世間則无有二所以者何若有縛
則有解若本无縛其誰求解无縛无解則
无樂猒是為入不二法門
珠頂王菩薩曰正道邪道為二住正道者則不
分別是邪是正離此二法是為入不二法門
樂實菩薩曰實不實為二實見者尚不見實
何況非實所以者何非肉眼所見慧眼乃能
見而此慧眼无見无不見是為入不二法門
如是諸菩薩各各說已問文殊師利何等是
菩薩入不二法門文殊師利曰如我意者於
一切法无言无說无示无識離諸問答是為
入不二法門於是文殊師利問維摩詰言我
等各自說已仁者當說何等是菩薩入不
二法門
時維摩詰默然无言文殊師利歎言善哉善
哉乃至无有文字語言是真入不二法門

BD15304號　維摩詰所說經卷中　（28–27）

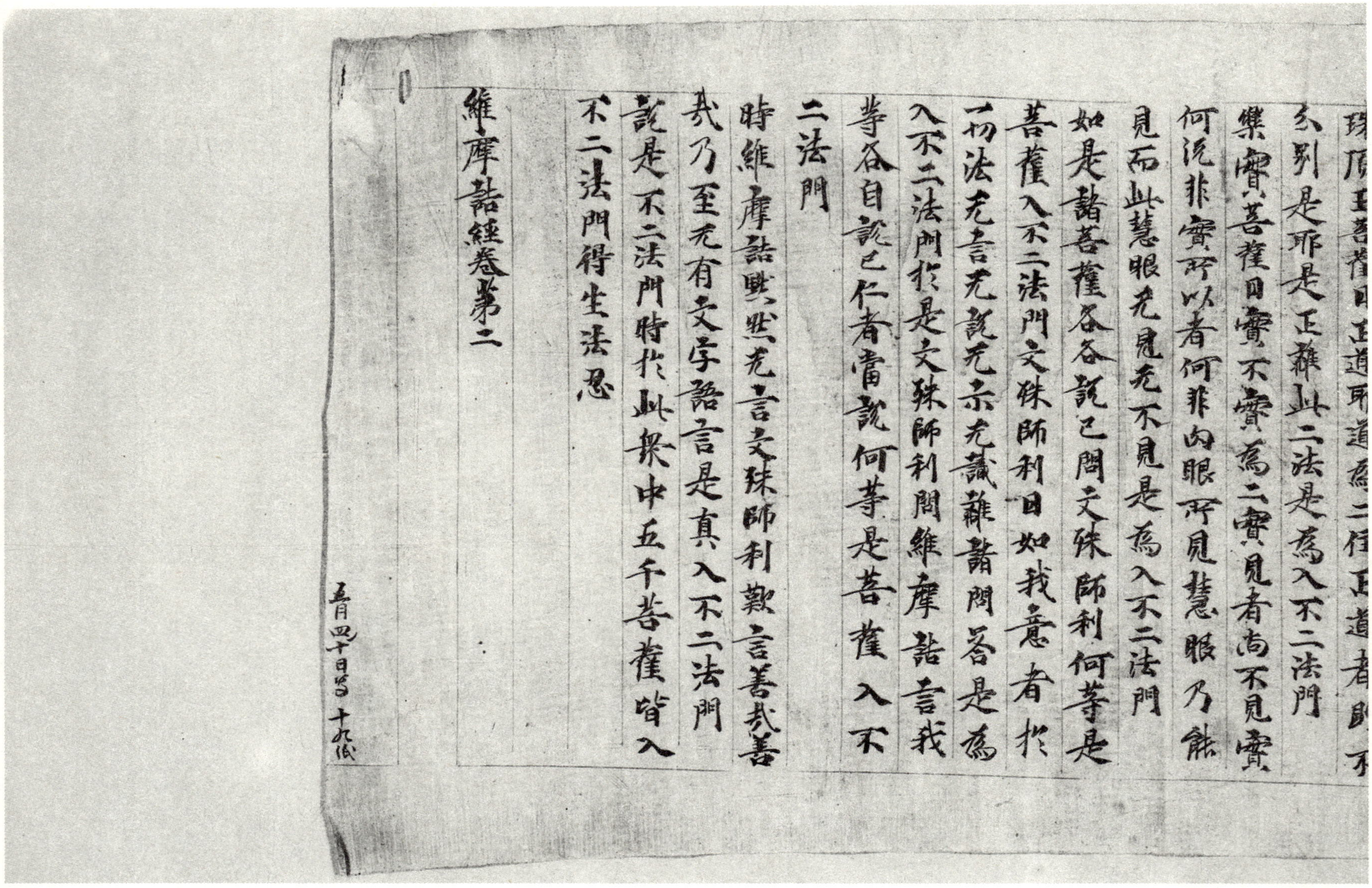
珠頂王菩薩曰正道邪道為二住正道者則不
分別是邪是正離此二法是為入不二法門
樂實菩薩曰實不實為二實見者尚不見實
何況非實所以者何非肉眼所見慧眼乃能
見而此慧眼无見无不見是為入不二法門
如是諸菩薩各各說已問文殊師利何等是
菩薩入不二法門文殊師利曰如我意者於
一切法无言无說无示无識離諸問答是為
入不二法門於是文殊師利問維摩詰言我
等各自說已仁者當說何等是菩薩入不
二法門
時維摩詰默然无言文殊師利歎言善哉善
哉乃至无有文字語言是真入不二法門
說是不二法門時於此衆中五千菩薩皆入
不二法門得生法忍
維摩詰經卷第二
五月四十日寫　十九紙

BD15304號　維摩詰所說經卷中　　（28–28）

等大集經卷第八

BD15305號背　護首　　（1–1）

大方等大集經无盡意菩薩品之六　卷第八　八卷成部者
復次舍利弗菩薩摩訶薩四正勤亦不可盡
何等為四若未生惡不善法不生故生欲勤
進精心正除已生惡不善法為斷故生欲勤
進精心正除未生善法為生故生欲勤進精

BD15305號　無盡意菩薩經（八卷本）卷八　（20–1）

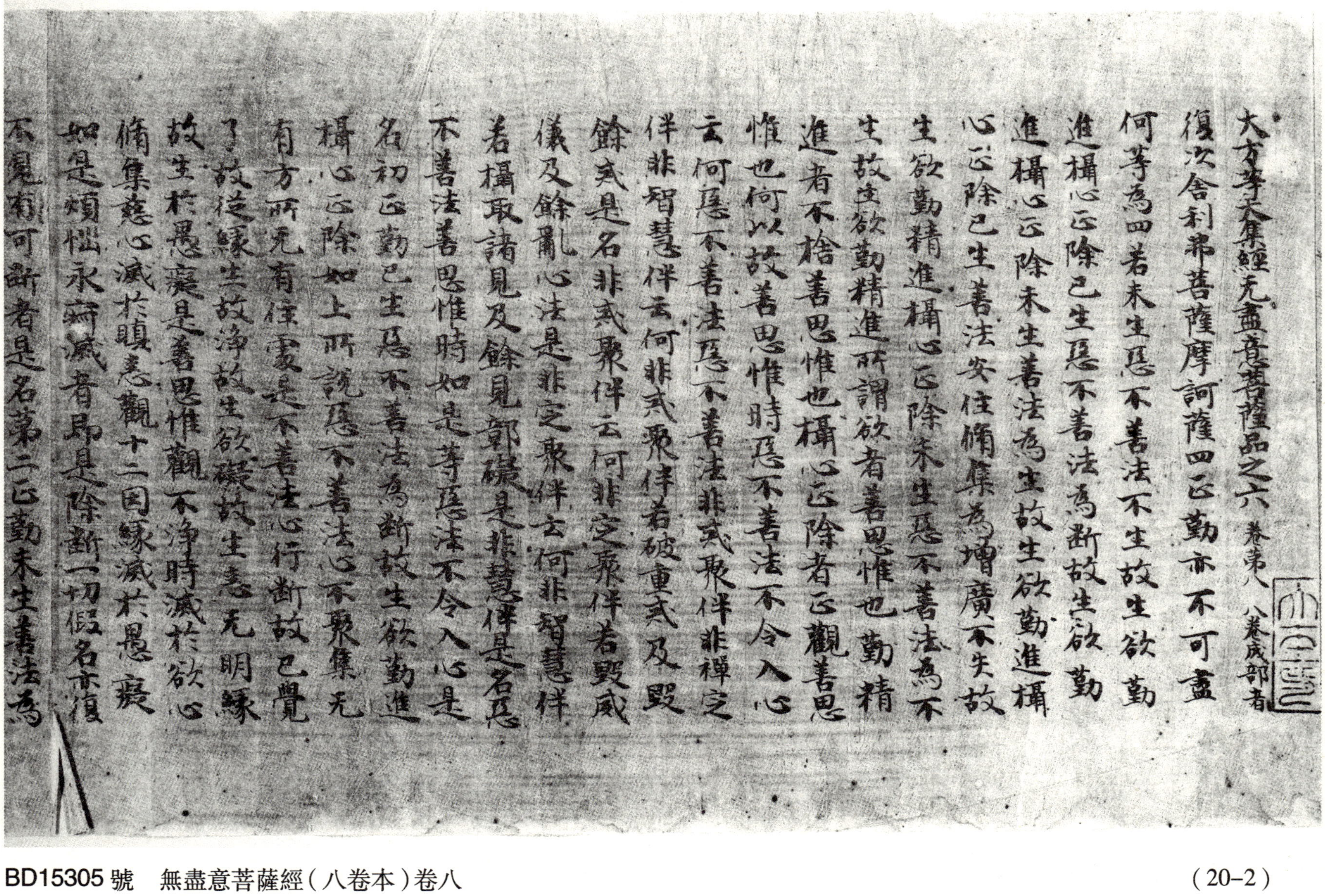

大方等大集經无盡意菩薩品之六　卷第八　八卷成部者
復次舍利弗菩薩摩訶薩四正勤亦不可盡
何等為四若未生惡不善法不生故生欲勤
進精心正除已生惡不善法為斷故生欲勤
進精心正除未生善法為生故生欲勤進精
心正除已生善法安住脩集為增廣不失故
生欲勤精進精心正除未生惡不善法為不
生故生欲勤精進所謂欲者善思惟也勤精
進者不捨善思惟也精心正除者正觀善思
惟也何以故善思惟時惡不善法不令入心
云何惡不善法惡不善法非戒衆伴非禪定
伴非智慧伴云何非戒衆伴若破重戒及毀
餘戒是名非戒衆伴云何非定衆伴若毀威
儀及餘亂心法是非定衆伴云何非智慧伴
若攝取諸見及餘見部礙是非慧伴是名惡
不善法善思惟時如是等惡法不令入心是
名初正勤已生惡不善法為斷故生欲勤進
精心正除如上所說惡不善法心不聚集无
有方所无有住處是不善法心行斷故已覺
了故從緣生故淨故生欲礙故生恚无明緣
故生於愚癡是善思惟觀不淨時滅於欲心
脩集慈心滅於瞋恚觀十二因緣滅於愚癡
如是煩惱永寂滅者即是除斷一切假名亦復
不見有可斷者是名第二正勤未生善法為

BD15305號　無盡意菩薩經（八卷本）卷八　（20–2）

故生於愚癡是善思惟觀不淨時滅於欲心
脩集慈心滅於瞋恚觀十二因緣滅於愚癡
如是煩惱永寂滅者即是除斷一切假名亦復
不見有可斷者是名第二正勤未生善法為
生故生欲勤進攝心正除是諸善法說有无
量何以故无量善法菩薩脩集於是法中欲
為根本勤進脩集攝心者出過善法正除者
在在處處常在善法是名第三正勤已生善
法安住脩集為增廣不失故攝心正住是諸
善根悉已迴向阿耨多羅三藐三菩提何以
故善根迴向无上菩提者則不可盡所以者
何如是善根不依三界若依三界是則損耗
是故迴向一切種智諸善根等不可得盡是
名第四正勤舍利弗是名菩薩脩四正勤不
可窮盡
復次舍利弗菩薩摩訶薩四如意分亦不可
盡何等為四欲進心思惟如是四法以慈悲
喜捨而為根本是四无量心常親近常親近
故心得調柔心調柔故得入初禪第二禪第
三禪第四禪入諸禪故身得輕耎成就如是
身輕心柔入如意分善入如意分已即生神
通若欲若進若心若思惟欲者專向彼法精
進者成就彼法心者觀察彼法思惟者彼法
方便是如意分已具足故能得神通欲者莊
嚴進者成就心者正住思惟者能善分別是

BD15305 號　無盡意菩薩經（八卷本）卷八　（20–3）

進者成就彼法心者觀察彼法思惟者彼法
方便是如意分已具足故能得神通欲者莊
嚴進者成就心者正住思惟者能善分別是
菩薩得如意分隨其所解如其所作心得自
在隨意所住善作諸業畢竟成就一切本行
如風行空无所罣礙舍利弗是名菩薩四如
意分不可窮盡
復次舍利弗菩薩摩訶薩五根亦不可盡何
等為五信根進根念根定根慧根云何信根
信於四法何等為四於生死中行世正見信
於業報乃至失命終不作惡信菩薩行不隨
諸見專求菩提不求餘乘信解諸法同空无
相无願之法同第一義同於了義甚深因緣
无我眾生无有分別信一切佛十力四无所
畏十八不共法如是信已消除疑網脩集佛
法是名信根何等進根若法信根所攝是法
即為進根所脩是名進根云何念根若法進
根所脩是法終不忘失是名念根云何定根
若法念根所攝是法不忘不失一心不亂是
名定根云何慧根若法定根所攝是慧所觀
是慧體性內自照了不從他知自住正行是
名慧根是五根者共相續生具一切法得受
記莂譬如外道五神通仙不能定知胎中差
別男女相現然後乃知多有菩薩无信等根

BD15305 號　無盡意菩薩經（八卷本）卷八　（20–4）

是慧體性內自照了不從他知自住正行是
名慧根是五根者共相續生具一切法得受
記莂辟如外道五神通仙不能定知胎中差
別男女相現然後乃知多有菩薩无信等根
諸佛世尊不為授記若成就者便與授記舍
利弗是名菩薩五根无盡
復次舍利弗菩薩五力亦不可盡何等為五
信力進力念力定力慧力云何信力是信一
向不可沮壞乃至天魔變為佛身示現出入
禪定解脫不能傾動菩薩信力是名信力云
何進力菩薩精進於諸善法得堅固力如所
得力脩諸禪定諸天及人所不能壞如本所
願皆悉成就是名進力云何念力菩薩住諸
善法不為煩惱之所破壞何以故是菩薩正
念之力能摧伏故如是念力无能壞者是名
念力云何定力遠離憒鬧常樂獨行是菩薩
雖有所說言語音聲不礙初禪善住覺觀
不礙二禪心生歡喜不礙三禪是菩薩雖樂
化衆生不捨佛法而亦不礙於第四禪是菩
薩善行四禪時諸妨定法无能為也菩薩尒
時不捨於定亦不隨定而能自在處處往生
是名定力云何慧力是菩薩知世間法出世間
法无有一法能壞是智菩薩在在所生之處一
切技藝不從師受悉自然知世間外道書行
難行是菩薩為教化故亦悉現受同其所行

BD15305 號　無盡意菩薩經（八卷本）卷八　（20–5）

法无有一法能壞是智菩薩在在所生之處一
切技藝不從師受悉自然知世間外道書行
難行是菩薩為教化故亦悉現受同其所行
是出世法能過世者慧力成就故諸天及人所
不能伏是名慧力舍利弗是名菩薩五力无
盡復次舍利弗菩薩摩訶薩七覺分亦不可盡
何等為七念覺分擇法覺分精進覺分喜覺
分除覺分定覺分捨覺分云何念覺分若念
覺分能觀於法能分別法攝集思智亦能觀
察諸法自相何等為自相觀一切法自性皆
空念如是等令其覺了是名念覺分云何
擇法覺分若能分別曉了八万四千法聚如
所了法了義是了義不了義是不了義世諦
是世諦第一義諦是第一義諦假名是假名
正了无疑是正了无疑如是等法分別選擇
是名擇法覺分云何進覺分若念法擇法喜
法除法定法捨法以智攝取精進勇猛欲不
退轉勤脩力厲不捨本意行於正道是名進
覺分云何喜覺分所脩法喜於无量法心生
悅豫无有懈怠清淨樂法是喜踊躍能除身
心捨諸煩惱是名喜覺分云何除覺分若除
身心及諸煩惱離於覆蓋入定境界令心正住
是名除覺分云何定覺分如所入定悉能覺
了非不入定是覺了法又了諸見煩惱結縛

BD15305 號　無盡意菩薩經（八卷本）卷八　（20–6）

心捨諸煩惱是名喜覺分云何除覺分若除
身心及諸煩惱離於覆蓋入定境界令心正住
是名除覺分云何定覺分如所入定悉能覺
了非不入定是覺了法又了諸見煩惱結縛
无始无終其心平等一切諸法无別異相能覺
如是諸法等者是名定覺分云何捨覺分若
法憂喜其心不沒亦復不為世法所歸无高
无下正住不動无有諸漏无喜无著无諸鄣
礙正直隨順真諦正道是名捨覺分舍利
弗是名菩薩七覺分亦不可盡
復次舍利弗菩薩摩訶薩八聖道分亦不可
盡何等為八正見正思惟正語正業正命正
精進正念正定云何正見若見出世不起我
見衆生壽命養育士夫斷見常見有見无
見亦復不起善以不善无記等見乃至不起生
死涅槃二相之見是名正見云何正思惟若
思能起貪欲瞋癡諸煩惱等是不名正是正
思惟不思不起如是等事唯思戒定智慧解
脫解脫知見是正思惟能思如是住戒等聚
如是思惟名正思惟云何正語凡所演說不
令其身而有煩惱亦不損他成就如是善妙
好語起於正道是名正語云何正業若業黑
有黑報白有白報黑白有黑白報終不敢作
若業非黑非白有非黑非白報若業能盡業
是業必作是菩薩所依正業勤脩如是諸正

BD15305號　無盡意菩薩經（八卷本）卷八　（20–7）

有黑報白有白報黑白有黑白報終不敢作
若業非黑非白有非黑非白報若業能盡業
是業必作是菩薩所依正業勤脩如是諸正
業等是名正業云何正命若不捨聖種頭陁
威儀不動不轉无諸奸諂不為世間利養所
牽易養易滿常自堅持威儀礼節見他得
利心不生熱於己利養常知足如是正行聖
人所讚是名正命云何正進若進向耶非聖
所讚所謂貪欲瞋恚愚癡煩惱是正精進終
不為之若法能入正諦聖道寂滅涅槃攀緣
正路是正精進脩集勤行是名正進云何正
念若念不失不動於法正直不曲見生死過
進向涅槃繫心不忘不失正道是名正念云
何正定若定不亂於一切法是菩薩如是住
時成正決定是名正定菩薩住是三昧為一
切衆生得解脫故成正決定是名正定是八
聖道悉是過去未來現在諸佛之道是菩薩
覺了已演說開示分別顯現成就佛道舍利
弗是名菩薩八聖道分亦不可盡
復次舍利弗菩薩摩訶薩脩行定慧亦不可
盡云何為定若心寂靜至於寂靜寂滅不然
心常不亂守護諸根不動不轉无有卒暴安
詳靜嘿堅持不失善調柔耎獨處閑靜其身
遠離心不迴轉思樂空寂阿練若處无有惡

BD15305號　無盡意菩薩經（八卷本）卷八　（20–8）

心常不亂守護諸根不動不轉无有卒暴安
詳静嘿堅持不失善調柔耎獨處閑静其身
遠離心不迴轉思樂空寂阿練若處无有忘
求亦无所求非有多求正命正行威儀堅固
知時隨時常知止足易養易滿堪忍力故心
无高下能忍惡罵發心專向善法思惟樂思
惟處及諸禪枝發起慈心入於悲心安住喜
心善脩捨心正入初禪二禪三禪四禪空處
識處无所有處非有想非无想處善能思惟
九次第定是名為定舉要言之菩薩助定无
量无邊勤行脩集是名菩薩定不可盡云何
為慧是慧脩道入於諸法无我无人衆生壽
命如是智慧分别諸陰如幻如化諸果平等
入如空聚分别諸諦皆悉明了隨順觀知十
二因緣分别諸見因果果證所謂分别者於一
切法能得正見如實而見真見空見无相願
見又分别者无分别故分别所謂見者亦无
所見无所别知如是見者為真實見見真實
者即得方便是菩薩如是慧見不隨无為脩
行諸善心无所住是名為慧舍利弗是名菩
薩脩行定慧而不可盡
復次舍利弗菩薩摩訶薩摠持辯才亦不可
盡云何摠持所脩善根正念積集所有八万
四千法聚能正受持不忘不失是名摠持又
復摠持若一切佛所說妙法一切菩薩緣覺

BD15305號　無盡意菩薩經（八卷本）卷八　（20–9）

盡云何摠持所脩善根正念積集所有八万
四千法聚能正受持不忘不失是名摠持又
復摠持若一切佛所說妙法一切菩薩緣覺
聲聞凡夫衆生音聲善語悉能受持是名
摠持設劫災起捨命餘生菩薩尒時正念摠
持不忘不失如觀掌中阿摩勒果菩薩觀見
一切諸法亦復如是是名摠持云何辯才菩
薩所說无有滞礙所說无住所說无斷所說
通利所說喜豫所說捷疾如是所說皆是先
業清淨果報諸佛護念諸天攝受說无錯謬
切不唐捐進向涅槃菩薩成就如是辯才所
有色像及衆生類辯才應機不豫思惟不豫
分别善能讚說契經偈誦若至大衆刹利衆
婆羅門衆長者衆居士衆沙門衆四天王衆
卅三天衆魔衆梵衆在在處處自然能知衆
生根量以无礙辯而為說法是菩薩如本喜
樂講宣法要終身不斷是名辯才舍利弗是
名菩薩摠持辯才亦不可盡
復次舍利弗菩薩摩訶薩攝集四法亦不可
盡何等為四是菩薩知一切行无常一切行
皆苦一切法无我一切法寂滅涅槃云何无
常義无所有是无常義无所破壞是无常
義是无常義者即无我義若法无我无能壞
者性寂滅故是名无常義云何苦義无所求故

BD15305號　無盡意菩薩經（八卷本）卷八　（20–10）

義是无常義者即无我義若法无我无能壞
者性寂滅故是名无常義云何苦義无所求故
是苦義愛染盡故是苦義无所願故是苦
義空无有故是苦義是名苦義云何无我義
畢竟无我是无我義如无我義即是空義无所
有義實誑不實義是名无我義云何寂滅涅
槃義是寂滅義非念念滅如非念念滅即是
寂滅菩薩得是无盡智慧知一切法相同於
寂滅寂滅者即是涅槃是名寂滅涅槃義舍
利弗是名菩薩攝集四法而不可盡
復次舍利弗菩薩摩訶薩一道亦不可盡云
何一道菩薩所得真實智慧不從他聞又一
道者菩薩獨一无有伴侶已於阿耨多羅三
藐三菩提能大莊嚴以自力勢精進攝取畢
竟自脩不假他作自以因緣勇猛之力建立
如是堅固莊嚴如諸眾生所作善業我亦
如是悉當作之及諸聖人從初發心所作諸行
我亦當行施非我伴我是施伴戒忍精進禪
定智慧非是我伴我是彼伴諸波羅蜜不能
便我而我能便諸波羅蜜一切善根皆亦如
是如是等法雖非我伴我要當行不恃於他
勇猛自力獨行无伴坐於道場金剛坐處壞
諸魔眾以一念慧成阿耨多羅三藐三菩提
我當如是覺了分別舍利弗是名菩薩一道

BD15305號　無盡意菩薩經（八卷本）卷八　（20–11）

便我而我能便諸波羅蜜一切善根皆亦如
是如是等法雖非我伴我要當行不恃於他
勇猛自力獨行无伴坐於道場金剛坐處壞
諸魔眾以一念慧成阿耨多羅三藐三菩提
我當如是覺了分別舍利弗是名菩薩一道
无盡
復次舍利弗菩薩摩訶薩所脩方便亦不可
盡云何方便是方便見一切法是方便發起
諸法是方便為菩薩使是方便畢竟分別是
方便无有齊限是方便志意常求出世之法是
方便於布施時即能具足諸波羅蜜是方便
持禁戒時在在處處自在往生是方便行忍
辱時莊嚴自身及菩提道是方便行精進時
心无所住是方便脩禪定時无有退失是方
便脩行慧時不證无為是方便脩慈心時慈
无力勢是方便脩悲心時不猒生死是方便
脩喜心時无樂處樂是方便脩捨心時發心
脩集一切善根是方便能脩天眼為欲成就
諸佛眼故是方便脩集天耳為欲成就諸佛
耳故是方便脩他心智為得佛智知諸眾生
根量深淺故是方便脩宿命智為得佛智知
於三世无罣礙故是方便脩集神通為得諸
佛神通力是方便隨眾生心是方便既自曉了
復了眾生是方便能自度已示現未度而方
勤脩求於度世是方便已離煩惱示有煩惱是

BD15305號　無盡意菩薩經（八卷本）卷八　（20–12）

復了衆生是方便能自度已示現未度而方
勤脩求於度世是方便已離煩惱示有煩惱是
方便已捨重擔示有重擔是方便能知根量
随量說法是方便善能誘進鈍根衆生是方
便知時非時是方便知可行道随耶衆生安
置正道是方便能令量作无量无量作量是
方便令損壞者還復如本是方便示現勝他
是方便示說涅槃有五欲樂是方便已得解
脫示有繫縛是方便處在生死不随生死
是方便於諸威儀无所專當亦不退失是方便
唯觀衆生不觀持戒及以毀戒是方便稱諸
見緣不生諍競是方便悉是音聲假名无實
是方便常行三界是方便得解脫相行是方
便親近凡夫如親近聖人是方便不證涅槃
常處生死是方便於魔行處顯大光明无有
煩惱是方便一切是一切非是方便舍利弗
是名菩薩脩行方便亦不可盡舍利弗是名
菩薩摩訶薩八十无盡是八十无盡悉能含
受一切佛法无盡意菩薩摩訶薩說是法門
品時六十七百千衆生未發心者即發阿耨
多羅三藐三菩提心五百二千菩薩摩訶
薩得无生法忍
尒時大衆以種種華香種種華鬘種種華蓋
供養如來及无盡意并是經曲於上空中有

BD15305號　無盡意菩薩經（八卷本）卷八　（20–13）

多羅三藐三菩提心五百二千菩薩摩訶
薩得无生法忍
尒時大衆以種種華香種種華鬘種種華蓋
供養如來及无盡意并是經曲於上空中有
无量天樂自然出聲作如是言諸佛世尊於
无量劫所集阿耨多羅三藐三菩提无盡意
菩薩今於是大集經中已說其義若有聞是
无盡法門信解受持讀誦解說當知是人則
爲具是是无盡法門
尒時世尊以覆肩衣與无盡意讃言善哉善
哉大士快說是義非但我許十方諸佛亦復
如是
尒時无盡意菩薩摩訶薩兩手奉衣置自頂
上而白佛言世尊諸天世人當視是衣過於
塔想以是如來所受用故尒時多有種種寶
衣種種寶蓋種種寶幡種種寶樹種種寶鬘
從十方世界自然而來覆无盡意而爲供養
是時寶衣幡蓋樹鬘自然演出如是之言善
哉善哉善男子善能說是无盡法門如汝所
說我等所許尒時舍利弗白佛言世尊如是
寶衣供養之具從何處來乃出是言佛告舍
利弗是无盡意菩薩初發阿耨多羅三藐三
菩提心時所化衆生皆於十方已成阿耨多
羅三藐三菩提是彼諸佛正遍知等知恩報

BD15305號　無盡意菩薩經（八卷本）卷八　（20–14）

利弗是无盡意菩薩初發阿耨多羅三藐三
菩提心時所化衆生皆於十方已成阿耨多
羅三藐三菩提是彼諸佛正遍知等知恩報
恩故遣是來稱揚讚嘆是无盡意真實功德
并復供養所說經典尒時大衆於无盡意菩
薩摩訶薩倍生恭敬尊重讚嘆作如是言我
等今者快得大利得見无盡意菩薩摩訶薩
恭敬供養尊重讚嘆并得聞是无盡法門若
有直得聞无盡意菩薩名字亦得善利何況
眼見兼聞是典
尒時世尊於大衆中聞是語已告舍利弗若
有善男子善女人學菩薩道於一劫中供養
諸佛學戒威儀以堪忍力盡諸衆生生死苦
際精勤脩集如救頭然於諸禪定一心成就
智慧方便若離此經我說是人未能具足六
波羅蜜舍利弗若有善男子善女人聞是經
典信解受持讚誦解義如說脩行我說是人
已為具足諸波羅蜜速得成就阿耨多羅三
藐三菩提何以故舍利弗若有菩薩受持此
經為他演說即為具足檀那波羅蜜何以故
於諸施中法施為勝初不忘失菩薩之心若
持此經即是持戒故能具足尸羅波羅蜜何
以故一切菩薩所學禁戒是經所攝若於此
經能堪忍樂一切衆生所不能壞能於是中
進脩忍辱即為具足羼提波羅蜜若是經典

BD15305 號　無盡意菩薩經（八卷本）卷八　（20–15）

以故一切菩薩所學禁戒是經所攝若於此
經能堪忍樂一切衆生所不能壞能於是中
進脩忍辱即為具足羼提波羅蜜若是經典
勤行轉說身口意業精勤脩集即為具足毗
梨耶波羅蜜若於是經其心寂滅无有散亂
一心定意分別法相即為具足禪那波羅蜜
若於此經自得現智不從他聞得正行智即
為具足般若波羅蜜舍利弗若有菩薩勤
學是經若欲具足諸波羅蜜則為不難舍利弗
若有菩薩學習此經受持讀誦如說脩行
書寫經卷當知是人一切佛法已為在手四
大之性可變令異是菩薩心於阿耨多羅三
藐三菩提不可復轉舍利弗此經典者即是
菩薩不退轉印是故菩薩當求是印若有善
男子善女人親近是印者則為親近一切佛法
尒時四天王及其眷屬即從坐起合掌向佛
白佛言世尊我等四王是佛弟子已得道迹
若有善男子善女人受持是經我等堪任為
作衛護供給侍使當於是人起如來想何以
故是經典中出諸乘故
尒時釋提桓因即從坐起合掌向佛白佛言
世尊我所從佛聞无量无邊百千經典未曾
得聞如是經典分別深義世尊在在處處國
土郡縣城邑村落有說此經者我身當與三

BD15305 號　無盡意菩薩經（八卷本）卷八　（20–16）

得聞如是經典分別深義世尊在在處處國
土郡縣城邑村落有說此經者我曹當與三
十三天故往聽受并護法師益其氣力勇猛
精進正念辯才令是法師於諸大衆得无所
畏廣能宣說如是經典佛言善哉善哉憍尸
迦汝欲擁護是說法者令得勇進正念辯才
憍尸迦若欲擁護是說法人即為擁護諸佛
正法護正法者則為擁護一切衆生
尒時梵自在天王合掌長跪前白佛言世尊
若是經典流布之處我曹當與其餘梵衆并
諸眷屬捨禪喜樂往詣彼所聽受諮請我往
彼時當現四瑞令其覺知云何為四一者令
見微妙光明二者得聞殊異之香三者令說
法者得无礙辯及正憶念所說吉祥不失章
句四者令其大衆發善欲心喜樂聽法无有
猒足以是四瑞應知梵天王與其眷屬聚來
聽法
尒時第六魔王波旬合掌白佛言世尊如是
經典令我勢力一切羸劣何以故若有菩薩
聞是經典受持讀誦為他說者當知其人即
為受記世尊如是菩薩所住之處至諸佛果
當知如佛世尊我今所有憍慢嫉妒貢高之
心以无盡意威德力故皆已摧伏我今當護
如是經典及說法者是經所在流布之處乃

BD15305號　無盡意菩薩經（八卷本）卷八　（20–17）

心以无盡意威德力故皆已摧伏我今當護
如是經典及說法者是經所在流布之處乃
至不起一念之心而作留難何况身往故作
因緣
尒時佛告尊者阿難汝從今日當為正法久
住世故受是經典受持讀誦解說
尒時阿難正服而起偏露右肩右膝著地前
白佛言世尊我今敬奉佛教受持是經但恨
不能廣宣流布如諸菩薩佛告阿難汝且自
安今此會中有諸菩薩摩訶薩等自能護持
令此經典廣宣流布尒時會中有六十億諸
菩薩摩訶薩應護法者即從坐起合掌白佛
言世尊我等要當宣傳此經令至十方娑婆
世界彌勒大士自當於中護持是典及說法
者世尊若佛滅後五百歲中若有菩薩聞是
經典受持讀誦當知皆是彌勒神力之所建
立尒時佛讚護法菩薩摩訶薩衆善哉善
哉諸善男子汝等不但今於我前護持正法
亦曾護持過去恒沙諸佛正法
尒時无盡意菩薩摩訶薩白佛言世尊我今
自以以智慧分說是經典文字句義必不具
足今於佛前及无盡法所可成就諸菩薩等
懺悔過失佛告无盡意菩薩善男子若有菩
薩得四无礙智凡所講說无有錯謬如是菩

BD15305號　無盡意菩薩經（八卷本）卷八　（20–18）

亦曾護持過去恒沙諸佛正法
尒時无盡意菩薩摩訶薩白佛言世尊我今
自以少智慧分說是經典文字句義必不具
足今於佛前及无盡法所可成就諸菩薩等
懺悔過失佛告无盡意菩薩善男子若有菩
薩得四无礙智凡所講說无有錯謬如是菩
薩得真空義分別法門乃能宣說如是經典
善男子汝今已到第一之處成就四辯自在
无礙是大乘經不從他聞而能分別善男子
汝今成就如是住位身口意業无有錯謬何
以故菩薩所脩三業成就常以智慧爲根本
故善男子已有无量百千万億諸佛世尊皆
共稱楊聽汝所說无盡意汝本已於我所及
諸佛所畢竟懺悔无有漏失
尒時尊者阿難白佛言世尊此經何名云何
奉持佛告阿難此經名无盡意所說不可盡
義章句之門又名大集當如是奉持阿難汝
應信受如是經典何以故汝愛是已所得持
念倍前千數若爲他說則立佛事佛說是已
无盡意菩薩摩訶薩尊者阿難舍利弗諸
天龍神乹闥婆阿脩羅等一切大衆莫不歡
喜作礼而去
大方等大集經卷第八 張良
八卷成部者

BD15305 號　無盡意菩薩經（八卷本）卷八　（20–19）

諸佛所畢竟懺悔无有漏失
尒時尊者阿難白佛言世尊此經何名云何
奉持佛告阿難此經名无盡意所說不可盡
義章句之門又名大集當如是奉持阿難汝
應信受如是經典何以故汝愛是已所得持
念倍前千數若爲他說則立佛事佛說是已
无盡意菩薩摩訶薩尊者阿難舍利弗諸
天龍神乹闥婆阿脩羅等一切大衆莫不歡
喜作礼而去
大方等大集經卷第八 張良
八卷成部者

BD15305 號　無盡意菩薩經（八卷本）卷八　（20–20）

BD15306 號背　護首　　（1–1）

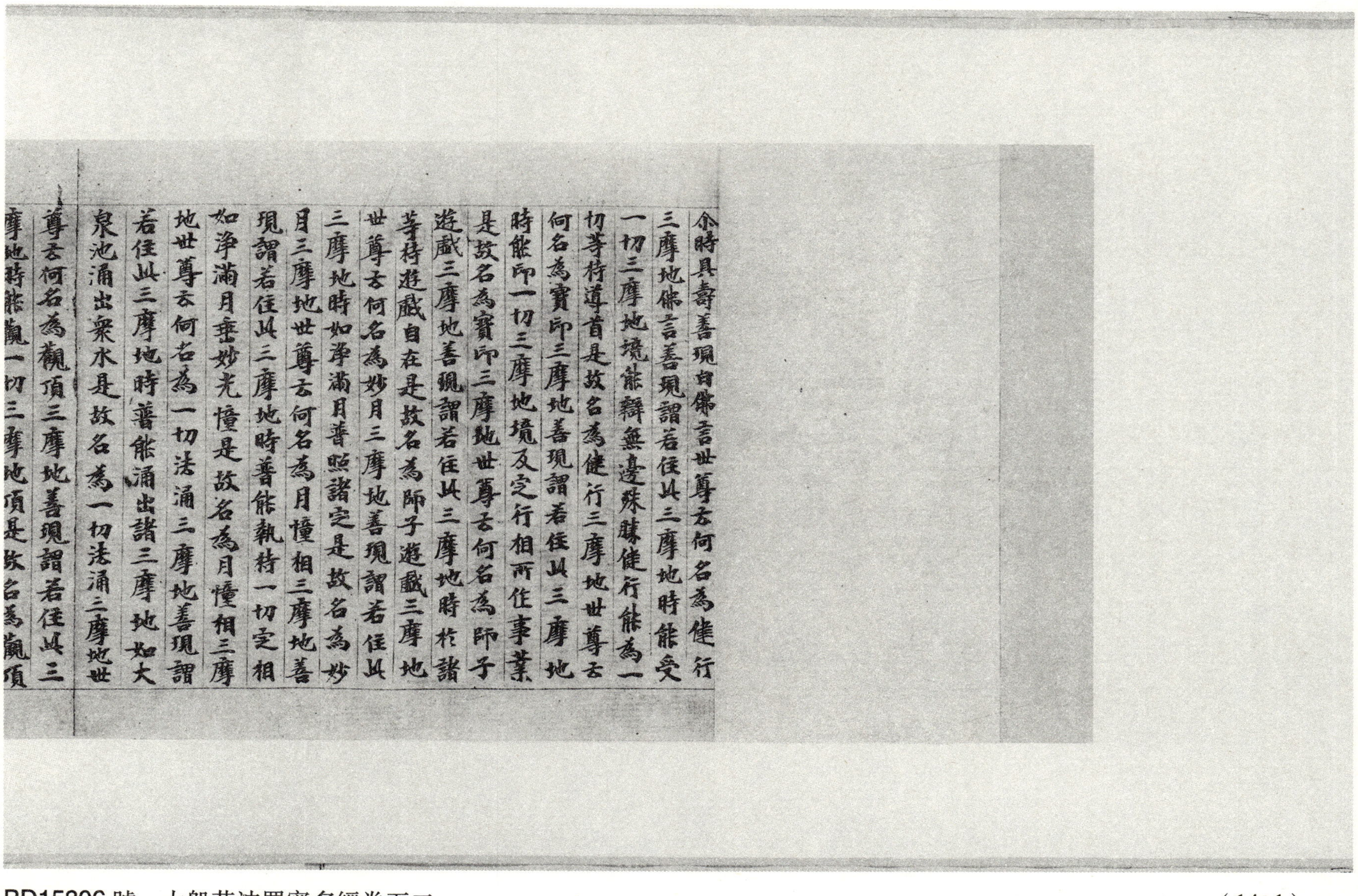

佘時具壽善現白佛言世尊云何名為健行
三摩地佛言善現謂若住此三摩地時能受
一切三摩地境能辯無邊殊勝健行能為一
切等持導首是故名為健行三摩地世尊云
何名為寶印三摩地善現謂若住此三摩地
時能印一切三摩地境及定行相所作事業
是故名為寶印三摩地世尊云何名為師子
遊戲三摩地善現謂若住此三摩地時於諸
等持遊戲自在是故名為師子遊戲三摩地
世尊云何名為妙月三摩地善現謂若住此
三摩地時如淨滿月普照諸定是故名為妙
月三摩地世尊云何名為月幢相三摩地善
現謂若住此三摩地時普能執持一切定相
如淨滿月埀妙光幢是故名為月幢相三摩
地世尊云何名為一切法涌三摩地善現謂
若住此三摩地時普能涌出諸三摩地如大
泉池涌出衆水是故名為一切法涌三摩地世
尊云何名為觀頂三摩地善現謂若住此三
摩地時能觀一切三摩地頂是故名為觀頂

BD15306 號　大般若波羅蜜多經卷五二　　（14–1）

如淨滿月垂妙光幢是故名為月幢相三摩
地世尊云何名為一切法涌三摩地善現謂
若住此三摩地時普能涌出諸三摩地如大
泉池涌出衆水是故名為一切法涌三摩地世
尊云何名為觀頂三摩地善現謂若住此三
摩地時能觀一切三摩地頂是故名為觀頂
三摩地世尊云何名為法界決定三摩地善
現謂若住此三摩地時決定照了一切法界
是故名為法界決定三摩地世尊云何名為
決定幢相三摩地善現謂若住此三摩地時
能決定持諸定幢相是故名為決定幢相三
摩地世尊云何名為金剛喻三摩地善現謂
若住此三摩地時能摧諸定非彼所伏是故
名為金剛喻三摩地世尊云何名為入法印
三摩地善現謂若住此三摩地時普能證入
一切法印是故名為入法印三摩地世尊云何
名為三摩地王三摩地善現謂若住此三
摩地時統攝諸定如王自在是故名為三摩
地王三摩地世尊云何名為善安住三摩地善
現謂若住此三摩地時持諸功德令不傾動
是故名為善安住三摩地世尊云何名為
善立定王三摩地善現謂若住此三摩地時
於諸定王善能建立是故名為善立定王三
摩地世尊云何名為放光三摩地善現謂若
住此三摩地時於諸定光普能開發是故名
為放光三摩地世尊云何名為無忘失三摩
地善現謂若住此三摩地時於諸等持境界
行相皆能記憶令無所遺是故名為無忘失
三摩地世尊云何名為放光無忘失三摩地
善現謂若住此三摩地時放勝定光照有情
類令彼憶持曾所更事是故名為放光無忘
失三摩地世尊云何名為精進力三摩地善
現謂若住此三摩地時能發諸定精進勢力
是故名為精進力三摩地世尊云何名為莊
嚴力三摩地善現謂若住此三摩地時能引
諸定莊嚴勢力是故名為莊嚴力三摩地世

BD15306 號　大般若波羅蜜多經卷五二　（14–2）

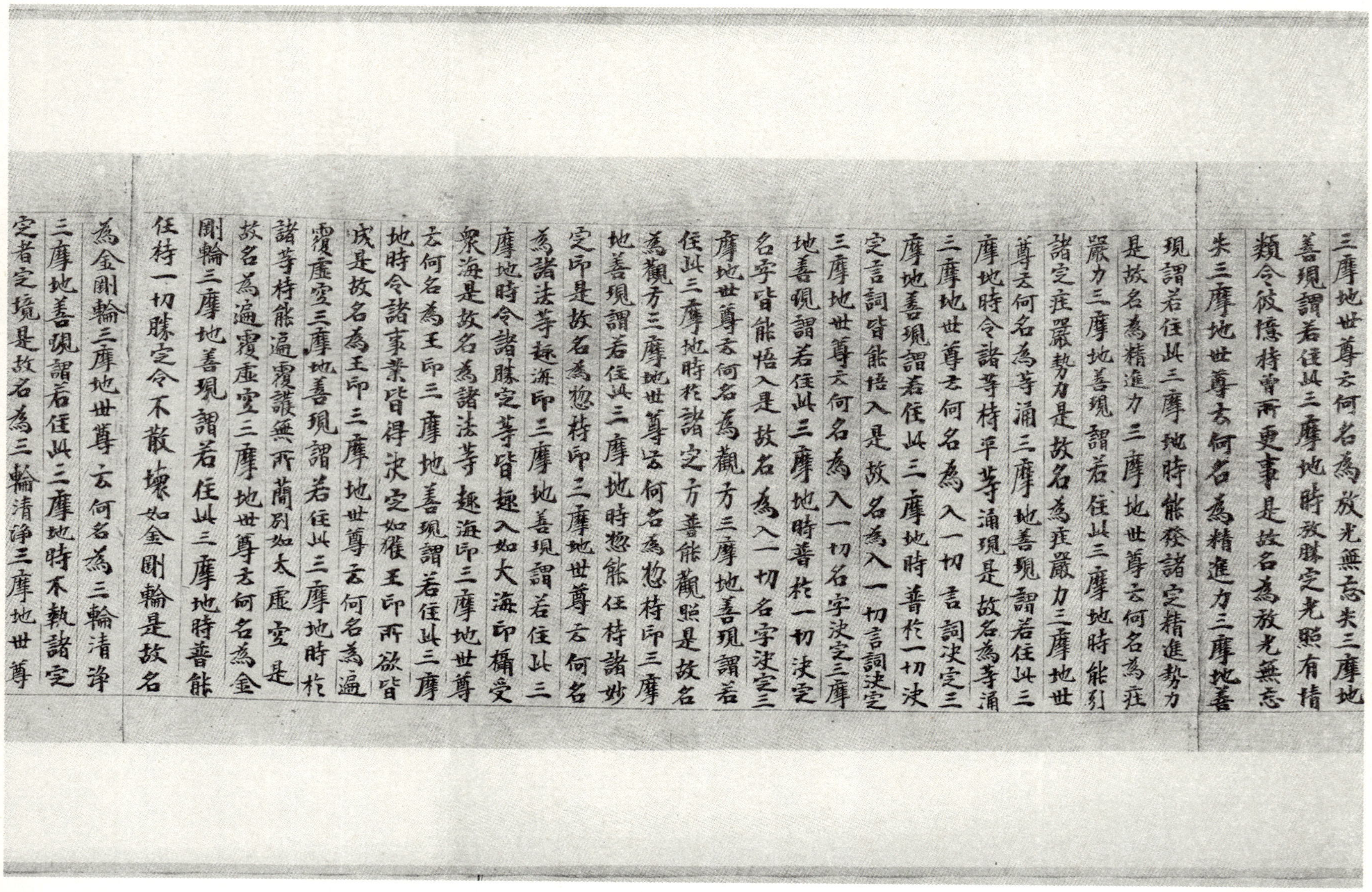
三摩地世尊云何名為放光無忘失三摩地
善現謂若住此三摩地時放勝定光照有情
類令彼憶持曾所更事是故名為放光無忘
失三摩地世尊云何名為精進力三摩地善
現謂若住此三摩地時能發諸定精進勢力
是故名為精進力三摩地世尊云何名為莊
嚴力三摩地善現謂若住此三摩地時能引
諸定莊嚴勢力是故名為莊嚴力三摩地世
尊云何名為等涌三摩地善現謂若住此三
摩地時令諸等持平等涌現是故名為等涌
三摩地世尊云何名為入一切言詞決定三
摩地善現謂若住此三摩地時普於一切決
定言詞皆能悟入是故名為入一切言詞決定
三摩地世尊云何名為入一切名字決定三摩
地善現謂若住此三摩地時普於一切決定
名字皆能悟入是故名為入一切名字決定三
摩地世尊云何名為觀方三摩地善現謂若
住此三摩地時於諸定方普能觀照是故名
為觀方三摩地世尊云何名為總持印三摩
地善現謂若住此三摩地時總能任持諸妙
定印是故名為總持印三摩地世尊云何名
為諸法等趣海印三摩地善現謂若住此三
摩地時令諸勝定等皆趣入如大海印攝受
衆海是故名為諸法等趣海印三摩地世尊
云何名為王印三摩地善現謂若住此三摩
地時令諸事業皆得決定如獲王印所欲皆
成是故名為王印三摩地世尊云何名為遍
覆虛空三摩地善現謂若住此三摩地時於
諸等持能遍覆護無所簡別如太虛空是
故名為遍覆虛空三摩地世尊云何名為金
剛輪三摩地善現謂若住此三摩地時普能
任持一切勝定令不散壞如金剛輪是故名
為金剛輪三摩地世尊云何名為三輪清淨
三摩地善現謂若住此三摩地時不執諸定
定者定境是故名為三輪清淨三摩地世尊

BD15306 號　大般若波羅蜜多經卷五二　（14–3）

住持一切勝定令不散壞如金剛輪是故名
為金剛輪三摩地世尊云何名為三輪清淨
三摩地善現謂若住此三摩地時不執諸定
定者定境是故名為三輪清淨三摩地世尊
云何名為無量光三摩地善現謂若住此三
摩地時放種種光過諸數量是故名為無量
光三摩地世尊云何名為無著無障三摩地
善現謂若住此三摩地時於一切法無執無
礙是故名為無著無障三摩地世尊云何名
為斷諸法輪三摩地善現謂若住此三摩地
時能截一切流轉之法是故名為斷諸法轉
三摩地世尊云何名為棄捨珍寶三摩地善
現謂若住此三摩地時於諸定相尚皆棄捨
況不棄捨諸煩惱相是故名為棄捨珍寶三
摩地世尊云何名為遍照三摩地善現謂若住
此三摩地時遍照諸定令彼光顯是故名為
遍照三摩地世尊云何名為不眴三摩地善
現謂若住此三摩地時於此等持其心專
一餘定餘法無求無求是故名為不眴三摩
地世尊云何名為無相住三摩地善現謂若
住此三摩地時不見諸定法有少相可住是
故名為無相住三摩地世尊云何名為不思
惟三摩地善現謂若住此三摩地時不起一
切心及心所是故名為不思惟三摩地世尊
云何名為降伏四魔三摩地善現謂若住此
三摩地時於四魔惡皆能降伏是故名為降
伏四魔三摩地世尊云何名為無垢燈三摩
地善現謂若住此三摩地時如持淨燈照了
諸定是故名為無垢燈三摩地世尊云何名
為無邊光三摩地善現謂若住此三摩地時
能發大光照無邊際是故名為無邊光三摩
地世尊云何名為發光三摩地善現謂若住
此三摩地時照諸等持令其無間引發種種
殊勝光明是故名為發光三摩地世尊云何
名為普照三摩地善現謂若住此三摩地時
於諸定門皆能普照是故名為普照三摩地

BD15306號　大般若波羅蜜多經卷五二　（14–4）

地世尊云何名為發光三摩地善現謂若住
此三摩地時照諸等持令其無間引發種種
殊勝光明是故名為發光三摩地世尊云何
名為普照三摩地善現謂若住此三摩地時
於諸定門皆能普照是故名為普照三摩地
世尊云何名為淨堅定三摩地善現謂若住
此三摩地時得諸等持淨平等性是故名為
淨堅定三摩地世尊云何名為師子奮迅三
摩地善現謂若住此三摩地時於諸垢穢縱
任棄捨師子王自在奮迅是故名為師子
奮迅三摩地世尊云何名為師子頻申三摩
地善現謂若住此三摩地時起勝神通自在
無畏降伏一切暴惡魔軍是故名為師子頻
申三摩地世尊云何名為師子欠呿三摩地
善現謂若住此三摩地時引妙辯才震衆無
畏摧滅一切外道邪宗是故名為師子吹呿
三摩地世尊云何名為無垢光三摩地善現
謂若住此三摩地時普能顯除一切定垢亦
能遍照諸勝等持是故名為無垢光三摩地
世尊云何名為妙樂三摩地善現謂若住此
三摩地時領受一切等持妙樂是故名為妙
樂三摩地世尊云何名為電燈三摩地善現
謂若住此三摩地時照諸等持如電燈焰是
故名為電燈三摩地世尊云何名為無盡三
摩地善現謂若住此三摩地時引諸等持功
德無盡而不見彼盡不盡相是故名為無盡
三摩地世尊云何名為最勝幢相三摩地善
現謂若住此三摩地如最勝幢起衆定相是
故名為最勝幢相三摩地世尊云何名為帝
相三摩地善現謂若住此三摩地時於諸等
持得自在相是故名為帝相三摩地世尊
云何名為順明正流三摩地善現謂若住此
三摩地時於明正流善皆隨順是故名為順
明正流三摩地世尊云何名為具威光三摩地
善現謂若住此三摩地時於諸等持威光獨
威是故名為具威光三摩地世尊云何名為
離盡三摩地善現謂若住此三摩地時見諸

BD15306號　大般若波羅蜜多經卷五二　（14–5）

善現謂若住此三摩地時於諸等持威光獨
盛是故名為具威光三摩地世尊云何名為
離盡三摩地善現謂若住此三摩地時見諸
等持一切無盡而不見少法有盡不盡相是
故名為離盡三摩地世尊云何名為不可動
轉三摩地善現謂若住此三摩地時令諸等
持無動無著無退轉無戲論是故名為不可
動轉三摩地世尊云何名為寂靜三摩地善
現謂若住此三摩地時於諸等持皆見寂靜
是故名為寂靜三摩地世尊云何名為無瑕
隙三摩地善現謂若住此三摩地時令諸等
持照無瑕隙是故名為無瑕隙三摩地世尊
云何名為日燈三摩地善現謂若住此三摩地
時於諸定門發光普照是故名為日燈三摩
地世尊云何名為淨月三摩地善現謂若
住此三摩地時於諸等持除暗如月是故名
為淨月三摩地世尊云何名為淨眼三摩地
善現謂若住此三摩地時能令五眼咸得清
淨是故名為淨眼三摩地世尊云何名為淨
光三摩地善現謂若住此三摩地時於諸等
持得四無礙亦令彼定皆能發起是故名為
淨光三摩地世尊云何名為月燈三摩地善
現謂若住此三摩地時除諸有情愚闇如月
是故名為月燈三摩地世尊云何名為發明
三摩地善現謂若住此三摩地時令諸定門
發明普照是故名為發明三摩地世尊云何
名為應作不應作三摩地善現謂若住此三
摩地時知一切等持應作不應作亦令諸定
如此事成是故名為應作不應作三摩地世
尊云何名為智相三摩地善現謂若住此三
摩地時見諸等持所有智相是故名為智相
三摩地世尊云何名為金剛鬘三摩地善現
謂若住此三摩地時通達一切等持及法於
定及法都無所見是故名為金剛鬘三摩地
世尊云何名為住心三摩地善現謂若住此
三摩地時心不動搖不轉不照亦不虧積不

定及法都無所見是故名為金剛鬘三摩地
世尊云何名為住心三摩地善現謂若住此
三摩地時心不動搖不轉不照亦不虧積不
念有心是故名為住心三摩地世尊云何名
為普明三摩地善現謂若住此三摩地時於
諸定明普能照了是故名為普明三摩地世
尊云何名為妙安立三摩地善現謂若住此
三摩地時於諸等持妙能安立是故名為妙
安立三摩地世尊云何名為寶積三摩地善
現謂若住此三摩地時見諸等持皆如寶聚
是故名為寶積三摩地世尊云何名為妙法
印三摩地善現謂若住此三摩地時能印諸
等持以無印印故是故名為妙法印三摩地
世尊云何名為一切法平等性三摩地善現
謂若住此三摩地時不見有法離平等性是
故名為一切法平等性三摩地世尊云何名
為棄捨塵愛三摩地善現謂若住此三摩地
時於諸定法棄捨塵愛是故名為棄捨塵愛
三摩地世尊云何名為法涌圓滿三摩地善現
謂若住此三摩地時令諸佛法涌現圓滿是
故名為法涌圓滿三摩地世尊云何名為
入法頂三摩地善現謂若住此三摩地時能
永滅除一切法暗亦超諸定而為上首是故名
為入法頂三摩地世尊云何名為寶性三摩地
善現謂若住此三摩地時能出無邊大功德
寶是故名為寶性三摩地世尊云何名為捨
喧諍三摩地善現謂若住此三摩地時捨諸
世間種種喧諍是故名為捨喧諍三摩地世
尊云何名為飄散三摩地善現謂若住此三
摩地時飄散一切等持法執是故名為飄散三
摩地世尊云何名為分別法句三摩地善現
謂若住此三摩地時善能分別諸定法句是故
名為分別法句三摩地世尊云何名為決定三
摩地善現謂若住此三摩地時於法等持皆
得決定是故名為決定三摩地世尊云何名為
無垢行三摩地善現謂若住此三摩地時

名為分別法句三摩地世尊云何名為決定三
摩地善現謂若住此三摩地時於法等持皆
得決定是故名為決定三摩地世尊云何名為
無垢行三摩地善現謂若住此三摩地時
能發無邊清淨勝行是故名為無垢行三
摩地世尊云何名為字平等相三摩地善現
謂若住此三摩地時得諸等持字平等相
是故名為字平等相三摩地世尊云何名
為離文字相三摩地善現謂若住此三摩地
時於諸等持不得一字是故名為離文字相
三摩地世尊云何名為斷所緣三摩地善現
謂若住此三摩地時絕諸等持所緣境相
是故名為斷所緣三摩地世尊云何名為
無變異三摩地善現謂若住此三摩地時
不得諸法變異之相是故名為無變異三
摩地世尊云何名為無品類三摩地善現
謂若住此三摩地時不見諸法品類異相
是故名為無品類三摩地世尊云何名為
入名相三摩地善現謂若住此三摩地時
悟入諸法名相實際是故名為入名相三摩
地世尊云何名為無所作三摩地善現謂
若住此三摩地時一切所為無不皆息是
故名為無所作三摩地世尊云何名為入
決定名三摩地善現謂若住此三摩地時
悟入諸法決定名字都無所有但假施設是
故名為入決定名三摩地世尊云何名為無
相行三摩地善現謂若住此三摩地時於諸
定相都無所得是故名為無相行三摩地世
尊云何名為離翳暗三摩地善現謂若住此
三摩地時諸定翳暗無不除遣是故名為離
翳暗三摩地世尊云何名為具行三摩地善
現謂若住此三摩地時於諸定行中雖見而
不見是故名為具行三摩地世尊云何名為
不變動三摩地善現謂若住此三摩地時於
諸等持不見變動是故名為不變動三摩地
世尊云何名為度境界三摩地善現謂若住

BD15306 號　大般若波羅蜜多經卷五二　（14–8）

諸等持不見變動是故名為不變動三摩地
世尊云何名為度境界三摩地善現謂若住
此三摩地時超諸等持所緣境界是故名為
度境界三摩地世尊云何名為集一切功德
三摩地善現謂若住此摩地時能集諸定
所有功德於一切法而無集想是故名為集
一切功德三摩地世尊云何名為無心住三
摩地善現謂若住此三摩地時心於諸定無
轉無退是故名為無心住三摩地世尊云何
名為決定住三摩地善現謂若住此三摩地
時於諸定心雖決定住而知其相了不可得
是故名為決定住三摩地世尊云何名為淨
妙華三摩地善現謂若住此三摩地時令諸
等持皆得清淨嚴飾光顯猶如妙華是故名
為淨妙華三摩地世尊云何名為具覺支三
摩地善現謂若住此三摩地時令一切定於
七覺支速得圓滿是故名為具覺支三摩地
世尊云何名為無邊辯三摩地善現謂若住
此三摩地時於諸法中得無邊辯是故名為
無邊辯三摩地世尊云何名為無邊燈三摩
地善現謂若住此三摩地時於一切法皆能
照了猶若明燈是故名為無邊燈三摩地世
尊云何名為無等等三摩地善現謂若住此
三摩地時令諸等持得無等等是故名為無
等等三摩地世尊云何名為超一切法三摩
地善現謂若住此三摩地時於三界法皆能
超度是故名為超一切法三摩地世尊云何
名為決判諸法三摩地善現謂若住此三摩
地時見諸勝定及一切法為諸有情分別無
亂是故名為決判諸法三摩地世尊云何名
為散疑三摩地善現謂若住此三摩地時於
諸等持及一切法所有疑綱皆能除散是故
名為散疑三摩地世尊云何名為無所住三
摩地善現謂若住此三摩地時不見諸法有
所住處是故名為無所住三摩地世尊云何
名為一相莊嚴三摩地善現謂若住此三摩

BD15306 號　大般若波羅蜜多經卷五二　（14–9）

摩地善現謂若住此三摩地時不見諸法有
所住處是故名為無所住三摩地世尊云何
名為一相莊嚴三摩地善現謂若住此三摩
地時不見諸法而有二相是故名為一相莊
嚴三摩地世尊云何名為引發行相三摩地
善現謂若住此三摩地時於諸等持及一切
法雖能引發種種行相而都不見能引發者
是故名為引發行相三摩地世尊云何名為
一行相三摩地善現謂若住此三摩地時見
諸等持無二行相是故名為一行相三摩地世
尊云何名為離諸行相三摩地善現謂若住
此三摩地時見諸等持都無行相是故名為
離諸行相三摩地世尊云何名為妙行三摩
地善現謂若住此三摩地時令諸等持雖起
種種微妙勝行而無所執是故名為妙行三
摩地世尊云何名為達諸有底遠離三摩地
善現謂若住此三摩地時於諸等持及一切
法得通達智得此智已於諸有法通達遠離
是故名為達諸有底遠離三摩地世尊云何
名為入一切施設語言三摩地善現謂若住
此三摩地時悟入一切三摩地法施設語言
而無所持是故名為入一切施設語言三摩
地世尊云何名為堅固寶三摩地善現謂若
住此三摩地時能引無邊無退無壞微妙
殊勝功德珍寶是故名為堅固寶三摩地世
尊云何名為於一切法無所取著三摩地善
現謂若住此三摩地時於諸法中無所取著
以一切法離性相故是故名為於一切法無
所取著三摩地世尊云何名為電焰莊嚴三
摩地善現謂若住此三摩地時發種種光照
諸冥闇復以無量功德莊嚴是故名為電焰
莊嚴三摩地世尊云何名為除遣三摩地善
現謂若住此三摩地時除遣無邊煩惱習氣
是故名為除遣三摩地世尊云何名為法炬
三摩地善現謂若住此三摩地時照了諸法
自相共相是故名為法炬三摩地世尊云何

BD15306 號　大般若波羅蜜多經卷五二　（14–10）

所取著三摩地世尊云何名為電焰莊嚴三
摩地善現謂若住此三摩地時發種種光照
諸冥闇復以無量功德莊嚴是故名為電焰
莊嚴三摩地世尊云何名為除遣三摩地善
現謂若住此三摩地時除遣無邊煩惱習氣
是故名為除遣三摩地世尊云何名為法炬
三摩地善現謂若住此三摩地時照了諸法
自相共相是故名為法炬三摩地世尊云何
名為慧燈三摩地善現謂若住此三摩地時
照了諸法空無我理是故名為慧燈三摩地
世尊云何名為趣向不退轉神通三摩地善
現謂若住此三摩地時能引無量不退難伏
殊勝神通是故名為趣向不退轉神通三摩
地世尊云何名為解脫音聲文字三摩地善
現謂若住此三摩地時見諸等持解脫一切
音聲文字衆相寂滅是故名為解脫音聲文
字三摩地世尊云何名為炬熾然三摩地善
現謂若住此三摩地時於諸等持威德熾盛
照了諸定猶如熾炬是故名為炬熾然三摩
地世尊云何名為嚴淨相三摩地善現謂若
住此三摩地時於諸等持嚴淨其相是故名
為嚴淨相三摩地世尊云何名為無相三摩
地善現謂若住此三摩地時於諸等持不見
其相是故名為無相三摩地世尊云何名為
無濁忍相三摩地善現謂若住此三摩地時
於一切法得無濁忍是故名為無濁忍相三
摩地世尊云何名為具一切妙相三摩地善
現謂若住此三摩地時諸定妙相無不具足
是故名為具一切妙相三摩地世尊云何名為
具總持三摩地善現謂若住此三摩地時能
總任持諸定勝事是故名為具總持三摩地
世尊云何名為不喜一切苦樂三摩地善現
謂若住此三摩地時於諸等持苦樂之相不
樂觀察是故名為不喜一切苦樂三摩地世
尊云何名為無盡行相三摩地善現謂若住
此三摩地時不見諸定行相有盡是故名為
無盡行相三摩地世尊云何名為攝伏一切

BD15306 號　大般若波羅蜜多經卷五二　（14–11）

尊云何名為無盡行相三摩地善現謂若住
此三摩地時不見諸定行相有盡是故名為
無盡行相三摩地世尊云何名為攝伏一切
正邪性三摩地善現謂若住此三摩地時於
諸等持正性邪性攝伏諸見皆令不起是
故名為攝伏一切正邪性三摩地世尊云何
名為斷憎愛三摩地善現謂若住此三摩
地時不見諸定法有憎有愛相是故名為斷
憎愛三摩地世尊云何名為離違順三摩地善
現謂若住此三摩地時不見諸定法有違有
順相是故名為離違順三摩地世尊云何名為
無垢明三摩地善現謂若住此三摩地時於
諸等持若明若垢咸悉不見是故名為無垢
明三摩地世尊云何名為極堅固三摩地善
現謂若住此三摩地時令諸等持無不堅固
是故名為極堅固三摩地世尊云何名為滿
月淨光三摩地善現謂若住此三摩地時令
諸等持功德具足如淨滿月增諸海水是故
名為滿月淨光三摩地世尊云何名為大莊
嚴三摩地善現謂若住此三摩地時令諸等
持成就種種微妙希有大莊嚴事是故名為
大莊嚴三摩地世尊云何名為熱電光三摩
地善現謂若住此三摩地時放清淨光照
有情類令息一切黑暗毒熱是故名為無
熱電光三摩地世尊云何名為能照一切世間
三摩地善現謂若住此三摩地時照諸等持
及一切法令有情類咸得開曉是故名為能
照一切世間三摩地世尊云何名為救一切世
間三摩地善現謂若住此三摩地時能救
世間種種憂苦是故名為救一切世間三摩地
世尊云何名為定平等性三摩地善現謂若
住此三摩地時不見等持定散差別是故名
為定平等性三摩地世尊云何名為無塵有
塵平等理趣三摩地善現謂若住此三摩地
時了達諸定及一切法有塵無塵平等理趣
是故名為無塵有塵平等理趣三摩地世尊

BD15306號　大般若波羅蜜多經卷五二　（14–12）

時了達諸定及一切法有塵無塵平等理趣
是故名為無塵有塵平等理趣三摩地世尊
云何名為無諍有諍平等理趣三摩地善現
謂若住此三摩地時不見諸法及一切定有
諍無諍性相差別是故名為無諍有諍平等
理趣三摩地世尊云何名為無巢穴無標幟
無愛樂三摩地善現謂若住此三摩地時破
諸巢穴捨諸標幟斷諸愛樂而無所執是故
名為無巢穴無標幟無愛樂三摩地世尊云
何名為決定安住真如三摩地善現謂若住
此三摩地時於諸等持及一切法常不棄捨
真如實相是故名為決定安住真如三摩地
世尊云何名為器中涌出三摩地善現謂若
住此三摩地時令諸等持出生功德如天福
力食涌器中是故名為器中涌出三摩地世
尊云何名為燒諸煩惱三摩地善現謂若住此
三摩地時燒諸煩惱令無遺燼是故名為燒
諸煩惱三摩地世尊云何名為大智慧炬三
摩地善現謂若住此三摩地時發智慧光照
了一切是故名為大智慧炬三摩地世尊云
何名為出生十力三摩地善現謂若住此三
摩地時令佛十力速得圓滿是故名為出生十
力三摩地世尊云何名為開闡三摩地善現
謂若住此三摩地時能為有情開闡法要令
速解脫生死大苦是故名為開闡三摩地世
尊云何名為壞身惡行三摩地善現謂若住
此三摩地時雖不見有身而息身惡行是故
名為壞身惡行三摩地世尊云何名為壞語
惡行三摩地善現謂若住此三摩地時雖不
見有聲而息語惡行是故名為壞語惡行三
摩地世尊云何名為壞意惡行三摩地善現
謂若住此三摩地時雖不見有心而息意惡
行是故名為壞意惡行三摩地世尊云何名
為善觀察三摩地善現謂若住此三摩地時
於諸有情能善觀察根性勝解而度脫之是
故名為善觀察三摩地世尊云何名為如虛
空三摩地善現謂若住此三摩地時於諸有

BD15306號　大般若波羅蜜多經卷五二　（14–13）

謂若住此三摩地時能為有情開闡法要令
速解脫生死大苦是故名為開闡三摩地世
尊云何名為壞身惡行三摩地善現謂若住
此三摩地時雖不見有身而息身惡行是故
名為壞身惡行三摩地世尊云何名為壞語
惡行三摩地善現謂若住此三摩地時雖不
見有聲而息語惡行是故名為壞語惡行三
摩地世尊云何名為壞意惡行三摩地善現
謂若住此三摩地時雖不見有心而息意惡
行是故名為壞意惡行三摩地世尊云何名
為善觀察三摩地善現謂若住此三摩地時
於諸有情能善觀察根性勝解而度脫之是
故名為善觀察三摩地世尊云何名為如虛
空三摩地善現謂若住此三摩地時於諸有
情普能饒益其心平等如太虛空是故名為
如虛空三摩地世尊云何名為無染著如虛
空三摩地善現謂若住此三摩地時觀一切
法都無所有猶如虛空無染無著是故名為
無染著如虛空三摩地善現如是等有無量
百千三摩地當知是為菩薩摩訶薩大乘
相

BD15306號　大般若波羅蜜多經卷五二　（14–14）

諸惡律儀如是人等或時來者則為說法无
所悕望又不親近求聲聞比丘比丘尼優婆
塞優婆夷亦不問訊若於房中若經行處若
在講堂中不共住止或時來者隨宜說法无
所悕求文殊師利又菩薩摩訶薩不應於女
人身取能生欲想相而為說法亦不樂見若
入他家不與小女處女寡女等共語亦復不
近五種不男之人以為親厚不獨入他家若
有因緣須獨入時但一心念佛若為女人說
法不露齒咲不現胷臆乃至為法猶不親厚
況復餘事不樂畜年少弟子沙彌小兒亦不
樂與同師常好坐禪在於閑處脩攝其心文
殊師利是名初親近處復次菩薩摩訶薩觀
一切法空如實相不顛倒不動不退不轉如
虛空无所有性一切語言道斷不生不出不
起无名无相實无所有无量无邊无礙无障
但以因緣有從顛倒生故說常樂觀如是法
相是名菩薩摩訶薩第二親近處尒時世尊

BD15307號　妙法蓮華經卷五　（29–1）

但以因緣有從顛倒生故說常樂觀如是法
相是名菩薩摩訶薩第二親近處尒時世尊
欲重宣此義而說偈言
若有菩薩 於後惡世 无怖畏心 欲說是經
應入行處 及親近處 常離國王 及國王子
大臣官長 凶險戲者 及旃陀羅 外道梵志
亦不親近 增上慢人 貪著小乘 三藏學者
破戒比丘 名字羅漢 及比丘尼 好戲咲者
深著五欲 求現滅度 諸優婆夷 皆勿親近
若是人等 以好心來 到菩薩所 為聞佛道
菩薩則以 无所畏心 不懷悕望 而為說法
寡女處女 及諸不男 皆勿親近 以為親厚
亦莫親近 屠兒魁膾 畋獵漁捕 為利煞害
販肉自活 衒賣女色 如是之人 皆勿親近
凶險相撲 種種嬉戲 諸婬女等 盡勿親近
莫獨屏處 為女說法 若說法時 无得戲咲
入里乞食 將一比丘 若无比丘 一心念佛
是則名為 行處近處 以此二處 能安樂說
又復不行 上中下法 有為无為 實不實法
亦不分別 是男是女 不得諸法 不知不見
是則名為 菩薩行處 一切諸法 空无所有
无有常住 亦无起滅 是名智者 所親近處
顛倒分別 諸法有无 是實非實 是生非生
在於閑處 脩攝其心 安住不動 如須弥山

BD15307號　妙法蓮華經卷五　(29–2)

顛倒分別 諸法有无 是實非實 是生非生
在於閑處 脩攝其心 安住不動 如須弥山
觀一切法 皆无所有 猶如虛空 无有堅固
不生不出 不動不退 常住一相 是名近處
若有比丘 於我滅後 入是行處 及親近處
說斯經時 无有怯弱 菩薩有時 入於靜室
以正憶念 隨義觀法 從禪定起 為諸國王
王子臣民 婆羅門等 開化演暢 說斯經典
其心安隱 无有怯弱 文殊師利 是名菩薩
安住初法 能於後世 說法華經
又文殊師利如來滅後於末法中欲說是經
應住安樂行若口宣說若讀經時不樂說人
及經典過亦不輕慢諸餘法師不說他人好
惡長短於聲聞人亦不稱名說其過惡亦不
稱名讚歎其美又亦不生怨嫌之心善脩如
是安樂心故諸有聽者不逆其意有所難問
不以小乘法荅但以大乘而為解說令得一
切種智尒時世尊欲重宣此義而說偈言
菩薩常樂 安隱說法 於清淨地 而施床座
以油塗身 澡浴塵穢 著新淨衣 內外俱淨
安處法座 隨問為說 若有比丘 及比丘尼
諸優婆塞 及優婆夷 國王王子 群臣士民
以微妙義 和顏為說 若有難問 隨義而荅
因緣譬喻 敷演分別 以是方便 皆使發心

BD15307號　妙法蓮華經卷五　(29–3)

以微妙義　和顏為說　若有難問　隨義而答
因緣譬喻　敷演分別　以是方便　皆使發心
漸漸增益　入於佛道　除嬾墯意　及懈怠想
離諸憂惱　慈心說法　晝夜常說　无上道教
以諸因緣　无量譬喻　開示眾生　咸令歡喜
衣服臥具　飲食醫藥　而於其中　无所悕望
但一心念　說法因緣　願成佛道　令眾亦尒
是則大利　安樂供養　我滅度後　若有比丘
能演說斯　妙法華經　心无嫉恚　諸惱障礙
亦无憂愁　及罵詈者　又无怖畏　加刀杖等
亦无擯出　安住忍故　智者如是　善修其心
能住安樂　如我上說　其人功德　千万億劫
筭數譬喻　說不能盡
又文殊師利菩薩摩訶薩於後末世法欲滅
時受持讀誦斯經典者无懷嫉妬諂誑之心
亦勿輕罵學佛道者求其長短若比丘比丘
尼優婆塞優婆夷求聲聞者求辟支佛者求
菩薩道者无得惱之令其疑悔語其人言汝
等去道甚遠終不能得一切種智所以者何
汝是放逸之人於道懈怠故又亦不應戲論
諸法有所諍競當於一切眾生起大悲想於
諸如來起慈父想於諸菩薩起大師想於十
方諸大菩薩常應深心恭敬礼拜於一切眾
生平等說法以順法故不多不少乃至深愛

方諸大菩薩常應深心恭敬礼拜於一切眾
生平等說法以順法故不多不少乃至深愛
法者亦不為多說文殊師利是菩薩摩訶薩
於後末世法欲滅時有成就是第三安樂行
者說是法時无能惱亂得好同學共讀誦是
經亦得大眾而來聽受聽已能持持已能誦
誦已能說說已能書若使人書供養經卷恭
敬尊重讚歎尒時世尊欲重宣此義而說偈
言
若欲說是經　當捨嫉恚慢　諂誑邪偽心　常修質直行
不輕蔑於人　亦不戲論法　不令他疑悔　云汝不得佛
是佛子說法　常柔和能忍　慈悲於一切　不生懈怠心
十方大菩薩　愍眾故行道　應生恭敬心　是則我大師
於諸佛世尊　生无上父想　破於憍慢心　說法无障礙
第三法如是　智者應守護　一心安樂行　无量眾所敬
又文殊師利菩薩摩訶薩於後末世法欲滅
時有持法華經者於在家出家人中生大慈
心於非菩薩人中生大悲心應作是念如是
之人則為大失如來方便隨宜說法不聞不
知不覺不問不信不解其人雖不問不信不
解是經我得阿耨多羅三藐三菩提時隨在
何地以神通力智慧力引之令得住是法中
文殊師利是菩薩摩訶薩於如來滅後有成
就此第四法者說是法時无有過失常為比

何地以神通力智慧力引之令得住是法中
文殊師利是菩薩摩訶薩於如來滅後有成
就此第四法者說是法時无有過失常為比
丘比丘尼優婆塞優婆夷國王王子大臣人
民婆羅門居士等供養恭敬尊重讚歎虛空
諸天為聽法故亦常隨侍若在聚落城邑空
閑林中有人來欲難問者諸天晝夜常為法
故而衛護之能令聽者皆得歡喜所以者何
此經是一切過去未來現在諸佛神力所護
故文殊師利是法華經於无量國中乃至名
字不可得聞何況得見受持讀誦文殊師利
譬如强力轉輪聖王欲以威勢降伏諸國而
諸小王不順其命時轉輪王起種種兵而往
討伐王見兵衆戰有功者即大歡喜隨功賞
賜或與田宅聚落城邑或與衣服嚴身之具
或與種種珍寶金銀瑠璃車磲馬瑙珊瑚虎
珀象馬車乘奴婢人民唯髻中明珠不以與
之所以者何獨王頂上有此一珠若以與之
王諸眷屬必大驚怪文殊師利如來亦復如
是以禪定智慧力得法國土王於三界而諸
魔王不肯順伏如來賢聖諸將與之共戰其
有功者心亦歡喜於四衆中為說諸經令其
心悅賜以禪定解脫无漏根力諸法之財又
復賜與涅槃之城言得滅度引導其心令皆

BD15307號　妙法蓮華經卷五　（29–6）

心悅賜以禪定解脫无漏根力諸法之財又
復賜與涅槃之城言得滅度引導其心令皆
歡喜而不為說是法華經文殊師利如轉輪
王見諸兵衆有大功者心甚歡喜以此難信
之珠久在髻中不妄與人而今與之如來亦
復如是於三界中為大法王以法教化一切
衆生見賢聖軍與五陰魔煩惱魔死魔共戰
有大功勳滅三毒出三界破魔網尒時如來
亦大歡喜此法華經能令衆生至一切智一
切世間多怨難信先所未說而今說之文殊
師利此法華經是諸如來第一之說於諸說
中最為甚深末後賜與如彼强力之王久護
明珠今乃與之文殊師利此法華經諸佛如
來祕密之藏於諸經中最在其上長夜守護
不妄宣說始於今日乃與汝等而敷演之尒
時世尊欲重宣此義而說偈言
常行忍辱　哀愍一切　乃能演說　佛所讚經
後末世時　持此經者　於家出家　及非菩薩
應生慈悲　斯等不聞　不信是經　則為大失
我得佛道　以諸方便　為說此法　令住其中
譬如强力　轉輪之王　兵戰有功　賞賜諸物
象馬車乘　嚴身之具　及諸田宅　聚落城邑
或與衣服　種種珍寶　奴婢財物　歡喜賜與
如有勇健　能為難事　王解髻中　明珠賜之

BD15307號　妙法蓮華經卷五　（29–7）

或興衣服 種種珍寶 奴婢財物 歡喜賜與
如有勇健 能為難事 王解髻中 明珠賜之
如來亦尒 為諸法王 忍辱大力 智慧寶藏
以大慈悲 如法化世 見一切人 受諸苦惱
欲求解脫 與諸魔戰 為是衆生 說種種法
以大方便 說此諸經 既知衆生 得其力已
末後乃為 說是法華 如王解髻 明珠與之
此經為尊 衆經中上 我常守護 不妄開示
今正是時 為汝等說 我滅度後 求佛道者
欲得安隱 演說斯經 應當親近 如是四法
讀是經者 常无憂惱 又无病痛 顏色鮮白
不生貧窮 卑賤醜陋 衆生樂見 如慕賢聖
天諸童子 以為給使 刀杖不加 毒不能害
若人惡罵 口則閉塞 遊行无畏 如師子王
智慧光明 如日之照 若於夢中 但見妙事
見諸如來 坐師子座 諸比丘衆 圍繞說法
又見龍神 阿脩羅等 數如恒沙 恭敬合掌
自見其身 而為說法 又見諸佛 身相金色
放无量光 照於一切 以梵音聲 演說諸法
佛為四衆 說无上法 見身處中 合掌讚佛
聞法歡喜 而為供養 得陁羅尼 證不退智
佛知其心 深入佛道 即為授記 成最正覺
汝善男子 當於來世 得无量智 佛之大道
國土嚴淨 廣大无比 亦有四衆 合掌聽法

BD15307號　妙法蓮華經卷五　(29–8)

汝善男子 當於來世 得无量智 佛之大道
國土嚴淨 廣大无比 亦有四衆 合掌聽法
又見自身 在山林中 脩習善法 證諸實相
深入禪定 見十方佛
諸佛身金色 百福相莊嚴 聞法為人說 常有是好夢
又夢作國王 捨宮殿眷屬 及上妙五欲 行詣於道場
在菩提樹下 而處師子座 求道過七日 得諸佛之智
成无上道已 起而轉法輪 為四衆說法 經千万億劫
說无漏妙法 度无量衆生 後當入涅槃 如烟盡燈滅
若後惡世中 說是第一法 是人得大利 如上諸功德

妙法蓮華經從地踊出品第十五

尒時他方國土諸來菩薩摩訶薩過八恒河沙數於大衆中起合掌作禮而白佛言世尊若聽我等於佛滅後在此娑婆世界勤加精進護持讀誦書寫供養是經典者當於此土而廣說之尒時佛告諸菩薩摩訶薩衆止善男子不須汝等護持此經所以者何我娑婆世界自有六万恒河沙等菩薩摩訶薩一一菩薩各有六万恒河沙眷屬是諸人等能於我滅後護持讀誦廣說此經佛說是時娑婆世界三千大千國土地皆震裂而於其中有无量千万億菩薩摩訶薩同時踊出是諸菩薩身皆金色三十二相无量光明先盡在此娑婆世界之下此界虛空中住是諸菩薩聞

BD15307號　妙法蓮華經卷五　(29–9)

无量千万億菩薩摩訶薩同時踊出是諸菩
薩身皆金色三十二相无量光明先盡在此
娑婆世界之下此界虛空中住是諸菩薩聞
釋迦牟尼佛所說音聲從下發來一一菩薩
皆是大衆唱導之首各将六万恒河沙眷屬
况将五万四万三万二万一万恒河沙等眷
屬者况復乃至一恒河沙半恒河沙四分之
一乃至千万億那由他分之一况復千万億
那由他眷屬况復億万眷屬况復千万百万
乃至一万况復一千一百乃至一十况復将
五四三二一弟子者况復單己樂遠離行如
是等比无量无邊筭數譬喻所不能知是諸
菩薩從地出已各詣虛空七寶妙塔多寶如
來釋迦牟尼佛所到已向二世尊頭面礼足
及至諸寶樹下師子座上佛所亦皆作礼右
繞三帀合掌恭敬以諸菩薩種種讚法而以
讚歎住在一面欣樂瞻仰於二世尊是諸菩
薩摩訶薩從初踊出以諸菩薩種種讚法而
讚於佛如是時間經五十小劫是時釋迦牟
尼佛嘿然而坐及諸四衆亦皆嘿然五十小
劫佛神力故令諸大衆謂如半日尒時四衆
亦以佛神力故見諸菩薩遍滿无量百千万
億國土虛空是菩薩衆中有四導師一名上
行二名无邊行三名淨行四名安立行是四

BD15307號　妙法蓮華經卷五　(29–10)

億國土虛空是菩薩衆中有四導師一名上
行二名无邊行三名淨行四名安立行是四
菩薩於其衆中最為上首唱導之師在大衆
前各共合掌觀釋迦牟尼佛而問訊言世尊
少病少惱安樂行不所應度者受教易不不
令世尊生疲勞耶尒時四大菩薩而說偈言
世尊安樂　少病少惱　教化衆生　得无疲惓
又諸衆生　受化易不　不令世尊　生疲勞耶
尒時世尊於菩薩大衆中而作是言如是如
是諸善男子如來安樂少病少惱諸衆生等
易可化度无有疲勞所以者何是諸衆生世
世已來常受我化亦於過去諸佛供養尊重
種諸善根此諸衆生始見我身聞我所說即
皆信受入如來慧除先脩習學小乘者如是
之人我今亦令得聞是經入於佛慧尒時諸
大菩薩而說偈言
善哉善哉　大雄世尊　諸衆生等　易可化度
能問諸佛　甚深智慧　聞已信行　我等隨喜
於時世尊讚歎上首諸大菩薩善哉善哉善
男子汝等能於如來發隨喜心尒時弥勒菩
薩及八千恒河沙諸菩薩衆皆作是念我等
從昔已來不見不聞如是大菩薩摩訶薩衆
從地踊出住世尊前合掌供養問訊如來時
弥勒菩薩摩訶薩知八千恒河沙諸菩薩等

BD15307號　妙法蓮華經卷五　(29–11)

從地踊出住世尊前合掌供養問訊如來時
彌勒菩薩摩訶薩知八千恒河沙諸菩薩等
心之所念并欲自決所疑合掌向佛以偈問曰
无量千万億　大衆諸菩薩　昔所未曾見　願兩足尊說
是從何所來　以何因緣集　巨身大神通　智慧叵思議
其志念堅固　有大忍辱力　衆生所樂見　為從何所來
一一諸菩薩　所將諸眷屬　其數无有量　如恒河沙等
或有大菩薩　將六万恒沙　如是諸大衆　一心求佛道
是諸大師等　六万恒河沙　俱來供養佛　及護持此經
將五万恒沙　其數過於是　四万及三万　二万至一万
一千一百等　乃至一恒沙　半及三四分　億万分之一
千万那由他　万億諸弟子　乃至於半億　其數復過上
百万至一万　一千及一百　五十與一十　乃至三二一
單己无眷屬　樂於獨處者　俱來至佛所　其數轉過上
如是諸大衆　若人行籌數　過於恒沙劫　猶不能盡知
是諸大威德　精進菩薩衆　誰為其說法　教化而成就
從誰初發心　稱揚何佛法　受持行誰經　修習何佛道
如是諸菩薩　神通大智力　四方地震裂　皆從中踊出
世尊我昔來　未曾見是事　願說其所從　國土之名號
我常遊諸國　未曾見是衆　我於此衆中　乃不識一人
忽然從地出　願說其因緣　今此之大會　无量百千億
是諸菩薩等　皆欲知此事　是諸菩薩衆　本末之因緣
无量德世尊　唯願決衆疑
尒時釋迦牟尼佛分身諸佛從无量千万億
他方國土來者在於八方諸寶樹下師子座

BD15307號　妙法蓮華經卷五　（29–12）

无量德世尊　唯願決衆疑
尒時釋迦牟尼佛分身諸佛從无量千万億
他方國土來者在於八方諸寶樹下師子座
上結加趺坐其佛侍者各各見是菩薩大衆
於三千大千世界四方從地踊出住於虛空
各白其佛言世尊此諸无量无邊阿僧祇菩
薩大衆從何所來尒時諸佛各告侍者諸善
男子且待須臾有菩薩摩訶薩名彌勒釋迦
牟尼佛之所授記次後作佛已問斯事佛今
荅之汝等自當因是得聞尒時釋迦牟尼佛
告彌勒菩薩善哉善哉阿逸多乃能問佛如
是大事汝等當共一心被精進鎧發堅固意
如來今欲顯發宣示諸佛智慧諸佛自在神
通之力諸佛師子奮迅之力諸佛威猛大勢
之力尒時世尊欲重宣此義而說偈言
當精進一心　我欲說此事　勿得有疑悔　佛智叵思議
汝今出信力　住於忍善中　昔所未聞法　今皆當得聞
我今安慰汝　勿得懷疑懼　佛无不實語　智慧不可量
所得第一法　甚深叵分別　如是今當說　汝等一心聽
尒時世尊說此偈已告彌勒菩薩我今於此
大衆宣告汝等阿逸多是諸大菩薩摩訶薩
无量无數阿僧祇從地踊出汝等昔所未見
者我於是娑婆世界得阿耨多羅三藐三菩
提已教化示導是諸菩薩調伏其心令發道

BD15307號　妙法蓮華經卷五　（29–13）

者我於是娑婆世界得阿耨多羅三藐三菩
提已教化示導是諸菩薩調伏其心令發道
意此諸菩薩皆於是娑婆世界之下此界虛
空中住於諸經典讀誦通利思惟分別正憶
念阿逸多是諸善男子等不樂在衆多有所
說常樂靜處勤行精進未曾休息亦不依止
人天而住常樂深智无有障礙亦常樂於諸
佛之法一心精進求无上慧尒時世尊欲重
宣此義而說偈言
阿逸汝當知　是諸大菩薩　從无數劫來　脩習佛智慧
悉是我所化　令發大道心　此等是我子　依止是世界
常行頭陁事　志樂於靜處　捨大衆憒閙　不樂多所說
如是諸子等　學習我道法　晝夜常精進　為求佛道故
在娑婆世界　下方空中住　志念力堅固　常勤求智慧
說種種妙法　其心无所畏　我於伽耶城　菩提樹下坐
得成最正覺　轉无上法輪　尒乃教化之　令初發道心
今皆住不退　悉當得成佛　我今說實語　汝等一心信
我從久遠來　教化是等衆
尒時弥勒菩薩摩訶薩及无數諸菩薩等心
生疑惑恠未曾有而作是念云何世尊於少
時間教化如是无量无邊阿僧祇諸大菩薩
令住阿耨多羅三藐三菩提即白佛言世尊
如來為太子時出於釋宮去伽耶城不遠坐
於道場得成阿耨多羅三藐三菩提從是已

令住阿耨多羅三藐三菩提即白佛言世尊
如來為太子時出於釋宮去伽耶城不遠坐
於道場得成阿耨多羅三藐三菩提從是已
來始過四十餘年世尊云何於此少時大作
佛事以佛勢力以佛功德教化如是无量大
菩薩衆當成阿耨多羅三藐三菩提世尊此
大菩薩衆假使有人於千万億劫數不能盡
不得其邊斯等久遠已來於无量无邊諸佛
所殖諸善根成就菩薩道常脩梵行世尊如
此之事世所難信譬如有人色美髮黑年二
十五指百歲人言是我子其百歲人亦指年
少言是我父生育我等是事難信佛亦如是
得道已來其實未久而此大衆諸菩薩等已
於无量千万億劫為佛道故勤行精進善入
出住无量百千万億三昧得大神通久脩梵
行善能次第習諸善法巧於問答人中之寶
一切世間甚為希有今日世尊方云得佛道
時初令發心教化示導令向阿耨多羅三藐
三菩提世尊得佛未久乃能作此大功德事
我等雖復信佛隨宜所說佛所出言未曾虛
妄佛所知者皆悉通達然諸新發意菩薩於
佛滅後若聞是語或不信受而起破法罪業
因緣唯然世尊願為解說除我等疑及未來
世諸善男子聞此事已亦不生疑尒時弥勒

因緣唯然世尊願為解説除我等疑及未來
世諸善男子聞此事已亦不生疑尒時弥勒
菩薩欲重宣此義而説偈言
佛昔從釋種 出家近伽耶 坐於菩提樹 尒來尚未久
此諸佛子等 其數不可量 久已行佛道 住神通智力
善學菩薩道 不染世間法 如蓮華在水 從地而踊出
皆起恭敬心 住於世尊前 是事難思議 云何而可信
佛得道甚近 所成就甚多 願為除衆疑 如實分別説
譬如少壯人 年始二十五 示人百歳子 髮白而面皺
是等我所生 子亦説是父 父少而子老 舉世所不信
世尊亦如是 得道來甚近 是諸菩薩等 志固无怯弱
從无量劫來 而行菩薩道 巧於難問荅 其心无所畏
忍辱心决定 端正有威德 十方佛所讚 善能分別説
不樂在人衆 常好在禪定 為求佛道故 於下空中住
我等從佛聞 於此事无疑 願佛為未來 演説令開解
若有於此經 生疑不信者 即當墮惡道 願今為解説
是无量菩薩 云何於少時 教化令發心 而住不退地

妙法蓮華經如來壽量品第十六

尒時佛告諸菩薩及一切大衆諸善男子汝
等當信解如來誠諦之語復告大衆汝等當
信解如來誠諦之語又復告諸大衆汝等當
信解如來誠諦之語是時菩薩大衆弥勒為
首合掌白佛言世尊唯願説之我等當信受
佛語如是三白已復言唯願説之我等當信

BD15307 號　妙法蓮華經卷五　（29–16）

首合掌白佛言世尊唯願説之我等當信受
佛語如是三白已復言唯願説之我等當信
受佛語尒時世尊知諸菩薩三請不止而告
之言汝等諦聽如來秘密神通之力一切世
間天人及阿脩羅皆謂今釋迦牟尼佛出釋
氏宮去伽耶城不遠坐於道場得阿耨多羅
三藐三菩提然善男子我實成佛已來无量
无邊百千万億那由他劫譬如五百千万億
那由他阿僧祇三千大千世界假使有人末
為微塵過於東方五百千万億那由他阿僧
祇國乃下一塵如是東行盡是微塵諸善男
子於意云何是諸世界可得思惟挍計知其
數不弥勒菩薩等俱白佛言世尊是諸世界
无量无邊非筭數所知亦非心力所及一切
聲聞辟支佛以无漏智不能思惟知其限數
我等住阿惟越致地於是事中亦所不達世
尊如是諸世界无量无邊尒時佛告大菩薩
衆諸善男子今當分明宣語汝等是諸世界
若著微塵及不著者盡以為塵一塵一劫我
成佛已來復過於此百千万億那由他阿僧
祇劫自從是來我常在此娑婆世界説法教
化亦於餘處百千万億那由他阿僧祇國導
利衆生諸善男子於是中間我説燃燈佛等
又復言其入於涅槃如是皆以方便分別諸

BD15307 號　妙法蓮華經卷五　（29–17）

化亦於餘處百千万億那由他阿僧祇國導
利衆生諸善男子於是中間我說燃燈佛等
又復言其入於涅槃如是皆以方便分別諸
善男子若有衆生來至我所我以佛眼觀其
信等諸根利鈍隨所應度處處自說名字不
同年紀大小亦復現言當入涅槃又以種種
方便說微妙法能令衆生發歡喜心諸善男
子如來見諸衆生樂於小法德薄垢重者爲
是人說我少出家得阿耨多羅三藐三菩提
然我實成佛已來久遠若斯但以方便教化
衆生令入佛道作如是說諸善男子如來所
演經典皆爲度脫衆生或說己身或說他身
或示己身或示他身或示己事或示他事諸
所言說皆實不虛所以者何如來如實知見
三界之相无有生死若退若出亦无在世及
滅度者非實非虛非如非異不如三界見於
三界如斯之事如來明見无有錯謬以諸衆
生有種種性種種欲種種行種種憶想分別
故欲令生諸善根以若干因緣譬喻言辭種
種說法所作佛事未曾暫廢如是我成佛已
來甚大久遠壽命无量阿僧祇劫常住不滅
諸善男子我本行菩薩道所成壽命今猶未
盡復倍上數然今非實滅度而便唱言當取
滅度如來以是方便教化衆生所以者何若

BD15307 號　妙法蓮華經卷五　（29–18）

來甚大久遠壽命无量阿僧祇劫常住不滅
諸善男子我本行菩薩道所成壽命今猶未
盡復倍上數然今非實滅度而便唱言當取
滅度如來以是方便教化衆生所以者何若
佛久住於世薄德之人不種善根貧窮下賤
貪著五欲入於憶想妄見網中若見如來常
在不滅便起憍恣而懷猒怠不能生難遭之
想恭敬之心是故如來以方便說比丘當知
諸佛出世難可值遇所以者何諸薄德人過
无量百千万億劫或有見佛或不見者以此
事故我作是言諸比丘如來難可得見斯衆
生等聞如是語必當生於難遭之想心懷戀
慕渴仰於佛便種善根是故如來雖不實滅
而言滅度又善男子諸佛如來法皆如是爲
度衆生皆實不虛譬如良醫智慧聰達明練
方藥善治衆病其人多諸子息若十二十乃
至百數以有事緣遠至餘國諸子於後飲他
毒藥藥發悶亂宛轉于地是時其父還來歸
家諸子飲毒或失本心或不失者遙見其父
皆大歡喜拜跪問訊善安隱歸我等愚癡誤
服毒藥願見救療更賜壽命父見子等苦惱
如是依諸經方求好藥草色香美味皆悉具
足擣篩和合與子令服而作是言此大良藥
色香美味皆悉具足汝等可服速除苦惱无

BD15307 號　妙法蓮華經卷五　（29–19）

是擣篩和合與子令服而作是言此大良藥
色香美味皆悉具足汝等可服速除苦惱无
復衆患其諸子中不失心者見此良藥色香
俱好即便服之病盡除愈餘失心者見其父
來雖亦歡喜問訊求索治病然與其藥而不
肯服所以者何毒氣深入失本心故於此好
色香藥而謂不美父作是念此子可愍爲毒
所中心皆顛倒雖見我喜求索救療如是好
藥而不肯服我今當設方便令服此藥即作
是言汝等當知我今衰老死時已至是好良
藥今留在此汝可取服勿憂不差作是教已
復至他國遣使還告汝父已死是時諸子聞
父背喪心大憂惱而作是念若父在者慈愍
我等能見救護今者捨我遠喪他國自惟孤
露无復恃怙常懷悲感心遂醒悟乃知此藥
色味香美即取服之毒病皆愈其父聞子悉
已得差尋便來歸咸使見之諸善男子於意
云何頗有人能說此良醫虛妄罪不不也世
尊佛言我亦如是成佛已來无量无邊百千
万億那由他阿僧祇劫爲衆生故以方便力
言當滅度亦无有能如法說我虛妄過者尒
時世尊欲重宣此義而說偈言
自我得佛來　所經諸劫數　无量百千万　億載阿僧祇
常說法教化　无數億衆生　令入於佛道　尒來无量劫

BD15307號　妙法蓮華經卷五　（29-20）

自我得佛來　所經諸劫數　无量百千万　億載阿僧祇
常說法教化　无數億衆生　令入於佛道　尒來无量劫
爲度衆生故　方便現涅槃　而實不滅度　常住此說法
我常住於此　以諸神通力　令顛倒衆生　雖近而不見
衆見我滅度　廣供養舍利　咸皆懷戀慕　而生渴仰心
衆生既信伏　質直意柔軟　一心欲見佛　不自惜身命
時我及衆僧　俱出靈鷲山　我時語衆生　常在此不滅
以方便力故　現有滅不滅　餘國有衆生　恭敬信樂者
我復於彼中　爲說无上法　汝等不聞此　但謂我滅度
我見諸衆生　沒在於苦惱　故不爲現身　令其生渴仰
因其心戀慕　乃出爲說法　神通力如是　於阿僧祇劫
常在靈鷲山　及餘諸住處　衆生見劫盡　大火所燒時
我此土安隱　天人常充滿　園林諸堂閣　種種寶莊嚴
寶樹多華菓　衆生所遊樂　諸天擊天鼓　常作衆伎樂
雨曼陁羅華　散佛及大衆　我淨土不毀　而衆見燒盡
憂怖諸苦惱　如是悉充滿　是諸罪衆生　以惡業因緣
過阿僧祇劫　不聞三寶名　諸有脩功德　柔和質直者
則皆見我身　在此而說法　或時爲此衆　說佛壽无量
久乃見佛者　爲說佛難值　我智力如是　慧光照无量
壽命无數劫　久脩業所得　汝等有智者　勿於此生疑
當斷令永盡　佛語實不虛　如醫善方便　爲治狂子故
實在而言死　无能說虛妄　我亦爲世父　救諸苦患者
爲凡夫顛倒　實在而言滅　以常見我故　而生憍恣心
放逸著五欲　墮於惡道中　我常知衆生　行道不行道

BD15307號　妙法蓮華經卷五　（29-21）

為凡夫顛倒　實在而言滅　以常見我故　而生憍恣心
放逸著五欲　墮於惡道中　我常知衆生　行道不行道
隨應所可度　為說種種法　每自作是意　以何令衆生
得入无上道　速成就佛身

妙法蓮華經分別功德品第十七

尒時大會聞佛說壽命劫數長遠如是无量
无邊阿僧祇衆生得大饒益於時世尊告弥
勒菩薩摩訶薩阿逸多我說是如來壽命長
遠時六百八十万億那由他恒河沙衆生得
无生法忍復千倍菩薩摩訶薩得聞持陁羅
尼門復有一世界微塵數菩薩摩訶薩得樂
說无礙辯才復有一世界微塵數菩薩摩訶
薩得百万億无量旋陁羅尼復有三千大千
世界微塵數菩薩摩訶薩能轉不退法輪復
有二千中國土微塵數菩薩摩訶薩能轉清
淨法輪復有小千國土微塵數菩薩摩訶薩
八生當得阿耨多羅三藐三菩提復有四四
天下微塵數菩薩摩訶薩四生當得阿耨多
羅三藐三菩提復有三四天下微塵數菩薩
摩訶薩三生當得阿耨多羅三藐三菩提復
有二四天下微塵數菩薩摩訶薩二生當得
阿耨多羅三藐三菩提復有一四天下微塵
數菩薩摩訶薩一生當得阿耨多羅三藐三
菩提復有八世界微塵數衆生皆發阿耨多

數菩薩摩訶薩一生當得阿耨多羅三藐三
菩提復有八世界微塵數衆生皆發阿耨多
羅三藐三菩提心佛說是諸菩薩摩訶薩得
大法利時於虛空中雨曼陁羅華摩訶曼陁
羅華以散无量百千万億寶樹下師子座上
諸佛并散七寶塔中師子座上釋迦牟尼佛
及久滅度多寶如來亦散一切諸大菩薩及
四部衆又雨細末栴檀沈水香等於虛空中
天鼓自鳴妙聲深遠又雨千種天衣垂諸瓔
珞真珠瓔珞摩尼珠瓔珞如意珠瓔珞遍於
九方衆寶香爐燒无價香自然周至供養大
會一一佛上有諸菩薩執持幡蓋次第而上
至于梵天是諸菩薩以妙音聲歌无量頌讚
歎諸佛尒時弥勒菩薩從座而起偏袒右肩
合掌向佛而說偈言

佛說希有法　昔所未曾聞　世尊有大力　壽命不可量
无數諸佛子　聞世尊分別　說得法利者　歡喜充遍身
或住不退地　或得陁羅尼　或无礙樂說　万億旋總持
或有大千界　微塵數菩薩　各各皆能轉　不退之法輪
或有中千界　微塵數菩薩　各各皆能轉　清淨之法輪
復有小千界　微塵數菩薩　餘各八生在　當得成佛道
復有四三二　如是四天下　微塵諸菩薩　隨數生成佛
或一四天下　微塵數菩薩　餘有一生在　當成一切智
如是等衆生　聞佛壽長遠　得无量无漏　清淨之果報

復有四三二 如是四天下 微塵諸菩薩 隨數生成佛
或一四天下 微塵數菩薩 餘有一生在 當成一切智
如是等眾生 聞佛壽長遠 得无量无漏 清淨之果報
復有八世界 微塵數眾生 聞佛說壽命 皆發无上心
世尊說无量 不可思議法 多有所饒益 如虛空无邊
雨天曼陀羅 摩訶曼陀羅 釋梵如恒沙 无數佛土來
雨栴檀沉水 繽紛而亂墜 如鳥飛空下 供散於諸佛
天鼓虛空中 自然出妙聲 天衣千万種 旋轉而來下
眾寶妙香爐 燒无價之香 自然悉周遍 供養諸世尊
其大菩薩眾 執七寶幡蓋 高妙万億種 次第至梵天
一一諸佛前 寶幢懸勝幡 亦以千万偈 歌詠諸如來
如是種種事 昔所未曾有 聞佛壽无量 一切皆歡喜
佛名聞十方 廣饒益眾生 一切具善根 以助无上心
尒時佛告彌勒菩薩摩訶薩阿逸多其有眾
生聞佛壽命長遠如是乃至能生一念信解
所得功德无有限量若有善男子善女人為
阿耨多羅三藐三菩提於八十万億那由他
劫行五波羅蜜檀波羅蜜尸羅波羅蜜羼提
波羅蜜毗梨耶波羅蜜禪波羅蜜除般若波
羅蜜以是功德比前功德百分千分百千万
億分不及其一乃至筭數譬喻所不能知若
善男子有如是功德於阿耨多羅三藐三菩
提退者无有是處尒時世尊欲重宣此義而
說偈言

BD15307 號　妙法蓮華經卷五　（29–24）

提退者无有是處尒時世尊欲重宣此義而
說偈言
若人求佛慧 於八十万億 那由他劫數 行五波羅蜜
於是諸劫中 布施供養佛 及緣覺弟子 并諸菩薩眾
珎異之飲食 上服與臥具 栴檀立精舍 以園林莊嚴
如是等布施 種種皆微妙 盡此諸劫數 以迴向佛道
若復持禁戒 清淨无缺漏 求於无上道 諸佛之所歎
若復行忍辱 住於調柔地 設眾惡來加 其心不傾動
諸有得法者 懷於增上慢 為此所輕惱 如是亦能忍
若復勤精進 志念常堅固 於无量億劫 一心不懈息
又於无數劫 住於空閑處 若坐若經行 除睡常攝心
以是因緣故 能生諸禪定 八十億万劫 安住心不亂
持此一心福 願求无上道 我得一切智 盡諸禪定際
是人於百千 万億劫數中 行此諸功德 如上之所說
有善男女等 聞我說壽命 乃至一念信 其福過於彼
若人悉无有 一切諸疑悔 深心須臾信 其福為如此
其有諸菩薩 无量劫行道 聞我說壽命 是則能信受
如是諸人等 頂受此經典 願我於未來 長壽度眾生
如今日世尊 諸釋中之王 道場師子吼 說法无所畏
我等未來世 一切所尊敬 坐於道場時 說壽亦如是
若有深心者 清淨而質直 多聞能總持 隨義解佛語
如是諸人等 於此无有疑
又阿逸多若有聞佛壽命長遠解其言趣是
人所得功德无有限量能起如來无上之慧

BD15307 號　妙法蓮華經卷五　（29–25）

如是諸人等　於此无有疑
又阿逸多若有聞佛壽命長遠解其言趣是
人所得功德无有限量能起如來无上之慧
何況廣聞是經若教人聞若自持若教人持
若自書若教人書若以華香瓔珞幢幡繒蓋
香油蘇燈供養經卷是人功德无量无邊能
生一切種智阿逸多若善男子善女人聞我
說壽命長遠深心信解則為見佛常在耆闍
崛山共大菩薩諸聲聞衆圍繞說法又見此
娑婆世界其地瑠璃坦然平正閻浮檀金以
界八道寶樹行列諸臺樓觀皆悉寶成其菩
薩衆咸處其中若有能如是觀者當知是為
深信解相又復如來滅後若聞是經而不毀
呰起隨喜心當知已為深信解相何況讀誦
受持之者斯人則為頂戴如來阿逸多是善
男子善女人不須為我復起塔寺及作僧坊
以四事供養衆僧所以者何是善男子善女
人受持讀誦是經典者為已起塔造立僧坊
供養衆僧則為以佛舍利起七寶塔高廣漸
小至于梵天懸諸幡蓋及衆寶鈴華香瓔珞
末香塗香燒香衆鼓伎樂簫笛箜篌種種儛
戲以妙音聲歌唄讚頌則為於无量千万億
劫作是供養已阿逸多若我滅後聞是經典
有能受持若自書若教人書則為起立僧坊

BD15307號　妙法蓮華經卷五　（29–26）

劫作是供養已阿逸多若我滅後聞是經典
有能受持若自書若教人書則為起立僧坊
以赤栴檀作諸殿堂三十有二高八多羅樹
高廣嚴好百千比丘於其中止園林浴池經
行禪窟衣服飲食床褥湯藥一切樂具充滿
其中如是僧坊堂閣若干百千万億其數无
量以此現前供養於我及比丘僧是故我說
如來滅後若有受持讀誦為他人說若自書
若教人書供養經卷不須復起塔寺及造僧
坊供養衆僧況復有人能持是經兼行布施
持戒忍辱精進一心智慧其德最勝无量无
邊譬如虛空東西南北四維上下无量无邊
是人功德亦復如是无量无邊疾至一切種
智若人讀誦受持是經為他人說若自書若
教人書復能起塔及造僧坊供養讚歎聲聞
衆僧亦以百千万億讚歎之法讚歎菩薩功
德又為他人種種因緣隨義解說此法華經
復能清淨持戒與柔和者而共同止忍辱无
瞋志念堅固常貴坐禪得諸深定精進勇猛
攝諸善法利根智慧善荅問難阿逸多若我
滅後諸善男子善女人受持讀誦是經典者
復有如是諸善功德當知是人已趣道場近
阿耨多羅三藐三菩提坐道樹下阿逸多是
善男子若坐若立若行處此中便應起塔一

BD15307號　妙法蓮華經卷五　（29–27）

復有如是諸善功德 當知是人已趣道場近
阿耨多羅三藐三菩提坐道樹下 阿逸多 是
善男子若坐若立若行處 此中便應起塔 一
切天人皆應供養如佛之塔 尒時世尊欲重
宣此義而說偈言

若我滅度後 能奉持此經 斯人福无量 如上之所說
是則為具足 一切諸供養 以舍利起塔 七寶而莊嚴
表刹甚高廣 漸小至梵天 寶鈴千万億 風動出妙音
又於无量劫 而供養此塔 華香諸瓔珞 天衣衆伎樂
燃香油穌燈 周帀常照明 惡世法末時 能持是經者
則為已如上 具足諸供養 若能持此經 則如佛現在
以牛頭栴檀 起僧坊供養 堂有三十二 高八多羅樹
上饌妙衣服 床臥皆具足 百千衆住處 園林諸流池
經行及禪窟 種種皆嚴好 若有信解心 受持讀誦書
若復教人書 及供養經卷 散華香末香 以須曼瞻蔔
阿提目多伽 薰油常燃之 如是供養者 得无量功德
如虛空无邊 其福亦如是 況復持此經 兼布施持戒
忍辱樂禪定 不瞋不惡口 恭敬於塔廟 謙下諸比丘
遠離自高心 常思惟智慧 有問難不瞋 隨順為解說
若能行是行 功德不可量 若見此法師 成就如是德
應以天華散 天衣覆其身 頭面接足禮 生心如佛想
又應作是念 不久詣道樹 得无漏无為 廣利諸人天
其所住止處 經行若坐臥 乃至說一偈 是中應起塔
莊嚴令妙好 種種以供養 佛子住此地 則是佛受用

BD15307號　妙法蓮華經卷五　（29–28）

阿提目多伽 薰油常燃之 如是供養者 得无量功德
如虛空无邊 其福亦如是 況復持此經 兼布施持戒
忍辱樂禪定 不瞋不惡口 恭敬於塔廟 謙下諸比丘
遠離自高心 常思惟智慧 有問難不瞋 隨順為解說
若能行是行 功德不可量 若見此法師 成就如是德
應以天華散 天衣覆其身 頭面接足禮 生心如佛想
又應作是念 不久詣道樹 得无漏无為 廣利諸人天
其所住止處 經行若坐臥 乃至說一偈 是中應起塔
莊嚴令妙好 種種以供養 佛子住此地 則是佛受用
常在於其中 經行及坐臥

妙法蓮華經卷第五

BD15307號　妙法蓮華經卷五　（29–29）

快樂无極人從生死恐畏生老病死痛地獄
之苦而得歸還本无休神泥洹寧不喜耶佛
言如是如是衆生從苦得樂從痛愈從飢得
飽從寒得溫從熱得涼從死得生從貧得富
其人乃更諸苦各若干反然後脱此諸苦事
快樂其人寧喜不文殊師利白佛言其人前
苦今樂甚大歡喜不可言佛言人從大生死
得度至泥洹无爲快樂无極所願已得心開
從計所作已辦離諸熱惱无復生死神存自
在長得解脱尒時大衆在坐者諸天人民聞
文殊師利說本无時千比丘意解漏盡皆得
應真八千菩薩皆得无所從生法忍八万天
人皆得不起法忍五千天人發无上正真道
意八百清信士皆得歡喜忍五百比丘發无
上正真道意六十比丘尼漏盡意解百万天
人得諸法眼淨二百清信女皆得道[illegible]

人皆得不起法忍五千天人發无上正真道
意八百清信士皆得歡喜忍五百比丘發无
上正真道意六十比丘尼漏盡意解百万天
人得諸法眼淨二百清信女皆得道迹說是
法時大人八種聲上至梵天下聞三塗地獄
餓鬼苦痛休息聞法寶音盡發无上正真道
意畜生飛鳥走狩聞法之意心發善念畢此
一身得人道者我當作沙門行佛道地獄王
監官官屬皆發无上正真道意天龍鬼神盡
發慈心國中人民其得病者即皆歸命二發
无上正真道意文殊師利白佛言諸天人民
群萌之類皆更三塗之苦今皆發慈心回其
善心盡可度脫佛言天人雜類心意識淨者
便可盡度也佛即放身相光五色韡韡光光
晃晃盡恒邊沙佛剎其見光者諸法法眼淨
尋光得六法證盡入律行地獄餓鬼走狩飛
鳥尋光發意類畢形壽得為沙門奉行清化
當求佛道諸天人民皆得淨戒凡人二万二
千皆得道迹求受五戒為請信士女佛即許
五識地獄王閻羅起正衣服攝心正意頭面
著佛足叉手長跪白佛言我所典治百三十
四獄其一大泥犁中有數千億百万罪人男
女不可計數大泥犁有八中泥犁有三十小

著佛足叉手長跪白佛言我所典治百三十
四獄其一大泥犁中有數千億百万罪人男
女不可計數大泥犁有八中泥犁有三十小
泥犁有九十六小泥犁有千里二千里四千
里八千里万六千里者數千万里者罪人滿
中復有監官小王令長都督五官使者盡屬
我天中天世尊大赦大千蒙度我壽未盡當
何所繞攝耶佛告泥犁王盡赦百三十四獄
囚并餓鬼鬼神龍阿須輪飛鳥走狩盡衣之
如是不久王獄城隨滿不過一日王莫愁也
王當發慈心愍傷衆生不可求名與天王魔
王阿須輪王共諍求名不以主兵多爲尊欲
求異劫尊貴約從誡行六度四恩四等四禪
四諦忍辱柔和布施調意寬仁慈愍衆生救
濟苦人卑下捐棄彊梁憍慢之心滅除貪婬
斷絶婬鬼之種立清潔之行王當觀察泥犁
中罪人何等而見考治泥犁中不治善人但
治惡逆无行无義无仁无慈无礼无信慳貪
不信三尊无反復唯治貪婬嫉妬愚癡人耳
不聞蒙尊卑賤罪同一統不問男女少壯好
醜有識之屬作罪得罪作福得福爲罪福所
錄无有地方所海水山石間脫心不受死王
言唯唯受教輙奉行之不失尊教當宣正法
教化罪人令發善心使得解脫憂苦法自在

教化罪人令發善心使得解脫憂苦法自在
菩薩白佛言佛界衆生豈得自在欲至无上
正真大道以成阿耨多羅三藐三菩提者斷
滅三塗生死之熱惱欲除永无之殃拔地獄
之罪名消棄五官之赤籍濟脫三界往來之
難拔生死之根滅除五處名籍還神本无蕩
滌三界之想垢淨六神宅平治泥洹之徑略
爲衆生開泥洹門閉塞三流之川斷絕生死
之徑難易云何佛告法自在菩薩汝慈心多
愍能爲一切衆生重任憂念天人難顡乃作
是問欲度人民故冐佛告法自在菩薩及衆
坐大士皆明聽善思念之內著心中佛言愚
夫樂生死如豬居溷中恣情放心意自種生
死根輪轉更五道困立五處籍鬘綴在五道
溷行不休息皆由心所種貪婬爲死徑愚癡
爲泥塗沒溺不得出嫉妒爲罪本貪利爲自
裹者不心婬夙夜不學有財不施不受佛言
有此八者爲自侵欺放逸入三塗百罪從心
生心爲泥洹君道在身中自心致之不從他
人求何有難乎從他人得者尒乃爲難心之
出入出來无間周流旋祥住正无處心无端
疧二无端緒无形无像无遠无近无彼无此
无大无小无老无少无好无醜无男无女心
之自然生死自然罪福自然道法自然泥洹

寂二无端緒无形无像无遠无近无彼无此
无大无小无老无少无好无醜无男无女心
之自然生死自然罪福自然道法自然泥洹
自然自然者自尒也自然從心生故謂自然
高士制御心意法自然泥洹順敘聖諦入八
正道行却八耶業除九恩求十慧致十神力
四无所畏十八不共功積致泥洹寂然无爲
不動不遥无生不生无死不死獨扶持出三
界苦除五處籍獨步无畏得无比行入大摠
持門得无邊寂三昧則得成阿耨多羅三藐
三菩提法自在菩薩白佛言心得自在何因
有若千種類爲五道王所見錄籍生死名不
除佛言心者不見心有心不知心心之自然
心尊心使中念善即言即行中心念惡即言
即行心无點計心迷行藏心癡意愚計身有
常親愛是身謂是我許沐浴莭跣好衣美食
先欲與之東西走作勤苦惡處求索財寶官
爵奉錄香華瓔珞莊飾是身以求榮名名字
定空无所有三界不了空愚求空名爲名色
六入更樂痛痒思想生死識五陰六衰所誤
種生死或生没迴旋往來不絶繫名五道皆
由貪欲恩愛爲生死本是法无常人二不住
如水常流猶如幻化忽生忽死而无常形又
无常名放心在欲行者欲增其或貪色日長

由貪欲恩愛爲生死本是法无常人二不住
如水常流猶如幻化忽生忽死而无常形又
无常名放心在欲行者欲增其惑貪色日長
福離愛則无愚貪欲意爲田无癡行爲種斷
貪除利業離愛无憂愚從是拔苦根棄苦非
紫堂永離生死惱終始不復更長存得自在
五處爲都藏神穡不復用制命爲人尊宗仰
如帝王尊獨无過是是故稽首礼佛説是時
坐中万菩薩皆阿惟顔八百比丘皆得无所
從生法忍七万天人皆得法樂忍三十万天
人發无上正真道意三十万清信士皆得柔
順忍十万清信女皆得歡喜忍五千比丘尼
皆發无上正真道意六十万鬼神龍王皆逮
揔持門司録司命三十二鎮臣持進兵王輔
天將軍太子使者皆得淨光三昧翼從盡得
不還道五道大王與眷屬俱足得往来道地
獄大小王凡有百三十七人平等悉得阿惟
越致官屬臣下凡十億盡得信忍凡士女合
十億皆得道迹莫不過度疾病除愈盲者得
視聾者得聽瘖者能語枸躄者得手足女人
懷任母子俱安飛鳥走狩其聞法者盡其壽
命皆生天上諸天帝釋皆持七寶蓮華名香
雜香擇香雜香雜綵繒蓋天幡綩綖以爲供

命皆生天上諸天帝釋皆持七寶蓮華名香
烏香澤香雜香雜綵繒蓋天幡繞綖以為供
養天人天子玉女各各華香幡繒琊琦雜寶
皆散佛上及諸菩薩大比丘者天尊威變化
成大殿莫不歡喜發无上正真道意皆礼佛
足
介時國王屏沙俱與大臣長者三百人離坐
叉手長跪白佛言吾等久在大生死没溺穢
海五毒苦樂諸道皆更為老病死怨所伺愁
苦叵言佛言一切衆生其在大生死中者有
十習苦何謂為十習一者生苦二者老苦三
者病苦四者所愛別苦五者一切不可意為
苦六者怨憎共居苦七者憂愁苦八者飢渴
苦九者寒貧苦十者死苦復有三苦一者地
獄苦二者餓鬼苦三者畜生苦復有二苦一
者鬼神龍苦二者不得自在苦皆由習致苦
習諸盡者則苦滅是十習行事屬五官五官
屬閻羅閻羅屬佛屏沙王白佛言我有併又
昆弟流沙无識不知屬何官府有何罪章得
病三年于今不差世尊難遭願聞其意若令
罪大得病當即死罪小者不應久病天地間
盡有禁許臺閣官府監司禁部人犯禁過為
罪何者為小罪犯何過為大罪人死不同有
老而死者有疰死者有少死者有病死者卒

罪何者為小罪犯何過為大罪人死不同有
差而死者有疰死者有少死者有病死者平
死者為官所煞者賊煞者燒死者水死者餓
死者溕死者暍死者牛馬所煞者若干種死
䰟神所歸云何願佛垂哀開示盲冥令知禁
防有可避者不佛告王凡人死識復无七事
行者死屬地獄為五官所司錄命屬地獄天
子天子各閻羅典主佛界諸天人民鬼神龍
飛鳥走狩皆屬天子天子有八大王八大王
復有扶容王有三十國扶容王各復有小統
九十六國各各所主不同復有小監五官都
督司察司錄八王使者司鉾等與伏夜大將
軍都督茤騎承天帝符與五道大王共於八
王曰風行覆伺案行諸天人民夾伏雜類鳥
狩以知善惡分別種類若千億万里覈分部
壃界所屬伺撳君王臣民跡善記惡以奏上
扶容王扶容王轉奏小王復轉奏大王大王
奏天子人民所犯凡二十事罪重亡夫人身
死不復生墮墮三塗永已不還億千万不可
計劫乃出為畜狩二十惡行引人著三十八
大苦處大泥犁中三十八大苦處泥犁各有
城郭有八大王有小王三十第一平湖王典
主阿鼻摩訶泥犁中有大釜濩廣縱四十里
㨾二尒罪人湍中但坐煞生婬盗不孝不忠

城郷有八大王有小王三十第一平湖王典
主阿鼻摩訶泥犁中有大釜濩廣縱四十里
深二尒罪人端中但坐煞生婬盜不孝不忠
第二晉平王典治黒繩獄獄中有鐵繩繩有
三刃者四狐者八狐者以挺直人身鋸觧之
或斧斫人身或四方或八角但坐犯五逆煞
生矛杖刀斧害人及畜狩婬盜嫉妬恚癡第
三奏都王典治鐵臼獄治苲人身如苲麻油
但坐賊害衆生煞盜婬欺犯五逆罪第四輔
天王典治合會獄獄中有大鐵釘釘人身百
節痛徹遍人身空中自然雨大石碎破人身
碎如麵但坐誹謗聖道毒心向佛真人菩薩
反逆不孝斷法斷功德輕慢父母師友及所
尊煞生无道以致斯殃第五聖都王典治太
山獄人這入山山自然合破碎人身骨皮共
溺合碎如苲蒲陶汁坐犯五逆罪嫉妬愚癡
瞋恚尊已賤人不順父母師友君父正教朋
黨賊盜欺煞生所致第六玄都王典主大城
獄火燒人身燋燃盡但坐欺中无信衣食他
人衣食貪利不肯布施涷倮人使身貪好服
所致第七廣武王主治劍樹獄獄中刀劍託
風吹斫破人身无完皮爲大鷲所食噉坐屠
煞射獵心口爲惡故致此殃第八武陽王典
主喉吼獄獄中有狗斷人頭飲血噉皮坐心

風吹斫破人身无完皮為大鷲所食啖坐屠
煞射獵心口為惡故致此殃第八武陽王典
主嚾吼獄獄中有狗斷人頭飲血啖皮坐心
口身行煞人及煞畜狩類倩人煞教人煞故
致此殃第九平陽王主治八路獄獄中有利
刀遍地間无空者人走其上截足趺但坐喜
行无慈心癡日相使致其壓破壞法憍損衆
生强教犯禁故入八路獄第十都陽王典治
刾樹獄長三尺人適上樹刾下逆人這下樹
刾上逆貫刾人身皆破傷无識受信施服餙
珎玩常予刀所刾人分綱鉆鈴人愛身賤人
他陰嫉害衆生使獲此極殃第十一消陽王
主治沸灰獄獄中有熱沸灰河人入其中身
爛壞但坐潯豬羊雞害生可口飲酒迷乱臥
沙門被枕中口出惡語无慈心故獲此殃第
十二逆尉王典治大敫獄鐵城覆蓋閉其門
大火四起燒罪人坐輕慢三尊及良善人焚
燒山澤害衆生剝脫人衣讒害人不孝三尊
及二親憍慢自恣无誠信故致此殃第極十
三廣進王典主大阿鼻獄五毒治人破解人
身被掟人身如悵牛皮大釘釘之心手足支
節皆遍及眼舌耳鼻皆通徹但坐犯五逆十
惡弃五戒以致斯殃第十四高都王主治鐵
車獄坐虛欺无信輕善人設人三力謂應然

薛皆遍及眼舌耳鼻皆通徹但坐犯五逆十
惡并五戒以致斯殃第十四高都王主治鐵
車獄坐虛欺无信輕善人沒人三力謂應然
第十五公陽王主治鐵火獄炭大然至膝坐
捨正入耶不信善人沙門師父正教數行盜
煞虫蟻不持齋戒心持腳行以致此殃第十
六平斛王主治沸屎獄廣長極深罪人入中
身軆爛虫鑽人身徹髓蓊坐皂飛藏布施强迫
人煞生養身致其然第十七柱陽王主治地
燒獄人足到地即燋燃坐入律誡不能忍坐
數行來白衣舍齋日腳行來害衆生所致第
十八平岳王典主泥犁獄獄中有虫喙如鐵
鑚喙人飢骨皆令盡但坐飲糯衆生肌計煞
生養身致其殃第十九鍾石王主治山石獄
獄中有石利如刀刃與人脛等或高五寸足
蹈之上或下截足斷趺剥腳斷蓊石利如刀
坐八王日不行道心惟念善足行遊逸令六
神飛揚天宮所察以致斯殃第二十良耶王
主治多洹獄獄中有熱風與人相逢吹人辟
地鳴蝹之極求死不能得死求生不能得生
坐惱人所致第二十一都官王主治犁洹獄獄
中有大噉人鬼身中出十六刺貫人身身中
出火燒人食之第二十二玄陽王主治飛虫
獄虫飛來食人不置四面來无數坐射鵄致

出火燒人食之第二十二玄陽王主治飛虫
獄虫飛来食人不置四面来无數坐射獨致
蛋之對第二十三太臺王主治陽河獄流河
水熱過於世間沸麻油坐煞生羅罔捕魚昜
卵飲酒亂共十五行受此殃第二十四合石
王主治大磨獄廣縱二千里磨磨人如麵但
坐煞生可意研煞衆生垣石相填牙齒煞致
颯之所致第二十五涼生垣无王主治寒雪
獄坐諫煞衆生剥脫他人衣禁國衆生著寒
中不施温和之所致第二十六无療王主治
鐵杵獄燒杵正赤判人咽中脣舌腸胃皆燋
爛坐悪口求味身行悪心念悪之所致第二
十七正始王主治鐵柱獄燒柱正赤令人抱
之或卧燒鐵牀上為婬鬼所食坐心口身婬
所致第二十八高遠王主治膿血獄坐血食
食生不淨施人貪婬所致第二十九都進王
主治燒石獄燒石正赤令人吞之爛腹腸坐
无識食信施食不持齋識斷絶人福以為己
有之所致第三十療都王主治鐵輪獄燒輪
正赤自然在人頭上坐騎度父母師長君王
夫主及所尊持頭拄觸人卞沙門頭形故奪
叱叏人蹈師父影火燒人頭致此殃是三十
大苦癡泥犂犯是二十大過者皆更遍是三
十泥犂積不可計劫大泥犂形竟次入百四

大苦處泥犁犯是二十大過者皆更遍是三
十泥犁積不可計劫大泥犁形竟次入百四
小泥犁終劫竟從地獄出當更餓鬼畜生奴
婢下賤積億億万劫万恒沙數一沙為一劫
盡万恒沙數乃復為人雖得為人口中恒臰
口舌妄來多病不利為人短命犯是二十事
者今現世不利當為諸天地獄所伺神明駈
察疏記罪福不問尊卑一月六奏一歲四覆
四覆之日皆八王日八王日者天王案比日
比諸天人民雜類之屬考校功徳有福增壽
有罪減壽犇革天地浩浩梨庶无數諸天地
獄五道大王司命都錄五官都督四鎮使者
承天大將軍等春秋冬夏承　統攝禁察非
法揔持衆生名籍制命長短毛分不差人民
盲冥了不知為天地五官所記不能自知生
所從來死至何許不能自知命之長短不知
為五官所収錄不知豫作善求安不曉豫作
功福救罪之不曉依附三尊求後世救不曉
求守試明經道士從求度世道如牛敗不中
用若考大大家言此牛差敗不中用煩勞牧
養久已无益我家但當早煞可得肉食之之
可除煩勞人二如是不奉持試禁二不作功
德如牛煩勞大家甚多不益大家又不能自
活人依道生道氣養之不肯奉道二不能自

德如牛煩勞大家甚多不益大家又不能自
活人依道生道氣養之不肯奉道二不能自
度為五官所收死付地獄盡屬三十王所治
如是屏沙王白佛言何謂為八王日者當何
知之以佛告王八王日者諸天帝釋祭佐填
臣三十二人四填大王伺命伺錄五羅大王
八王使者盡出四布覆行持四王十五日三
十日所奏文書案校地方人民八夷鬼神飛
鳥走獸立行善惡知與文書同不地獄王二
遣輔臣小王都錄監伺廷尉鄆公伏夜將軍
五帝使者同日同時俱出承天竹使符統攝
衆生禁撿非法補惡賞善有罪即劾重犯者
即收神錄命福多者移書開下天上地獄增
壽益筭除死定生一歲八出故謂八王欲知
日者立春春分立夏夏至立秋秋分立冬冬
至此日最急歲終事畢考課結定罪福决死
定生為急終到立冬屬春立冬冬至是為八
王日前一日夜半竟後一日夜半是其時也
重犯者謂從前齋八王日犯過福彊有救安
隱无他天帝將軍填王使者伺命主者用福
故療貰過之到後齋王日復犯是為重犯者
王白佛言何等為五官者佛告王五官者二
大分治黎庶天上五官主賞善地獄中二有
五官與主五道大鬼神王收捕罪人六事罪

大分治梨庶天上五官主賞善地獄中亦有
五官與主五道大鬼神王收捕罪人六事罪
屬五官一者行五逆罪二者行十惡三者不
行五誡四者不敬三尊五者不畏天禁何謂
五官一曰仙官主禁煞二曰水官主禁盜三
者鐵官主禁婬四者土官主禁兩舌五者天
官主禁飲酒犯罪屬地獄五官呼召各自有
時好煞无慈心口行惡爲仙官所錄命在春
好盜貪求无厭劫人爲水官所錄命在冬好
婬欲爲鐵官所錄婬鬼食其不淨并飲心血
病在心肝腎頭目命在秋好飲酒亂仁義不
行祀教釁爲天官所錄命在夏喜妄言兩舌
惡口傳舌讒人誹謗聖道爲土官所錄命在
季月五官主人根人根從五事生故有五官
乃自然之王也五官及輔臣小王都錄監伺
廷尉鄭公夜將軍五帝使者收捕罪人錄命
收神死者不同皆依本罪故令不同屏沙王
白佛言流俗本所不曉皮眼濁翳不見天神
鬼王監伺來時云何避之佛言王欲避天神
鬼王以救大難者則爲欲求无量安无極福
諦聽思念內著心中莫忘莫失王及大衆皆
言受教一心奉持佛言未得道者持五誡上
至具誡名曰誡眼貪著吾我不見聖諦貪求
益得走作思慮東西南北四出治生更相欺

至具試名曰試眼貪著吾我不見聖諦貪求
益得走作恩慮東西南北四出治生更相欺
中媱蕩无度煞生可口酒亂无礼不奉聖化
不畏化不畏禁忌行來進趣放心恣意從其
所欲可足諸情心亂如經不覺行入三苦自
許以道死後受殃悔无所及令得自在欲求
何道隨心得之求大得大求小得小三乘之
寶藏如海水取者便得三塗之灾亡復如是
六藏俱然三善三惡俱无吏將守也求者便
得作罪得罪作福求道得道自作自得以
心為本身為行首審諦求道不欲與三惡道
從事不欲為地獄惡鬼所錄欲削除地獄名
籍者當追明師從受試具足奉行九齋八王
日之守持十事立志令堅何謂十一者齋日
當詣佛祠燒香散華繞塔礼拜三尊種道根
栽二者當從師受齋如法持之隨師教令三
者堅持五試四者專心念道五者閑諸情欲
六者念佛念慧念師恩重七者不得念妻子
家居財寶一不得念持心如真人八者不得
妄行來九者深自責本罪十者不得念一切
人惡當施立功德本消滅殃罪是為十事九
齋日先前一日當自嚴設斷絶日緣男女別
坐飲食香潔至其齋日令得清淨齋試完具
八王日當先前一日男女異處守持十王齋

坐飲食香潔至其齋日令得清淨齋誠完具
八王日當先前一日男女異處守持十法齋
竟後一日夜半所以介者諸天帝釋四填輔
臣伺命使者當下覆伺竃君人在左右肩上
有左右契左神男右神女男神疏善女神記
惡先前一日夜半盡共上天按定罪福各白
未功諍了罪福毛分不錯諸天二自有歲盡
禱書分明竃君左右契重復持九齋所記校
四王所結知為同不校事三日決死定生罸
謫了定生謫罸了定事諸聽還罪數多者減
壽奪筭滌占剋死歲月日時關下地獄地獄
承書即遣獄鬼持名錄召獄鬼无慈心死日
未到鬼隨不置推排强使作惡欲速其命或
五年三年一年半歲百日一月十日三日一
日罪惡之人為鬼所使妄作非法稍近死地
命日從盡其福多者增壽益筭天遣善神營
護其身滌名開移地獄拔除罪名除死定生
後得上天為諸天所尊生天地獄各有迎人
人病欲死時眼自見來迎者應生天上者天
人持衣伎樂來迎之應生他方者眼見尊人
為說妙言應墮地獄者眼見兵士持刀楯矛
戟鐵橐圍繞之所見不同口不能言各隨所
作得其果報罪輕微者謫之謫者錄神受罸
其人即病各有日數輕重不同所繫官亡不

為説妙言應墮地獄者眼見兵士持刀楯矛
戟鐵索圍繞之所見不同口不能言各随所
作得其果報罪輕微者謫之謫者録神受罰
其人即病各有日數輕重不同所繫官亦不
同随行所屬天无枉濫平直无二随其所作
天罔治之屛沙王白佛言流沙受何徒謫形
竟何時繫在阿官願告所在罪過輕重竟不
竟佛告王流沙王所犯過无華寶唯有根莖
節罪從心生音悪嫉妬毒心施人音悪懐毒
天上所屬星被對下人即病星者天之光人
之精精神被閉繫在土官受謫千七百九十
日罪乃竟屛沙王白佛言我見人日日犯悪
彊健无他者何天神豈不知耶犯大過亦无
死者犯小過亦无受謫病者復有守善死亡
不利病疾縱横更相注續善悪不分唉見无
過復有病者死者何因復尒願釋所疑令知
本罪佛告王所問大善善哉爲一切
解釋愚癡令得開解

佛説淨度三昧經卷上

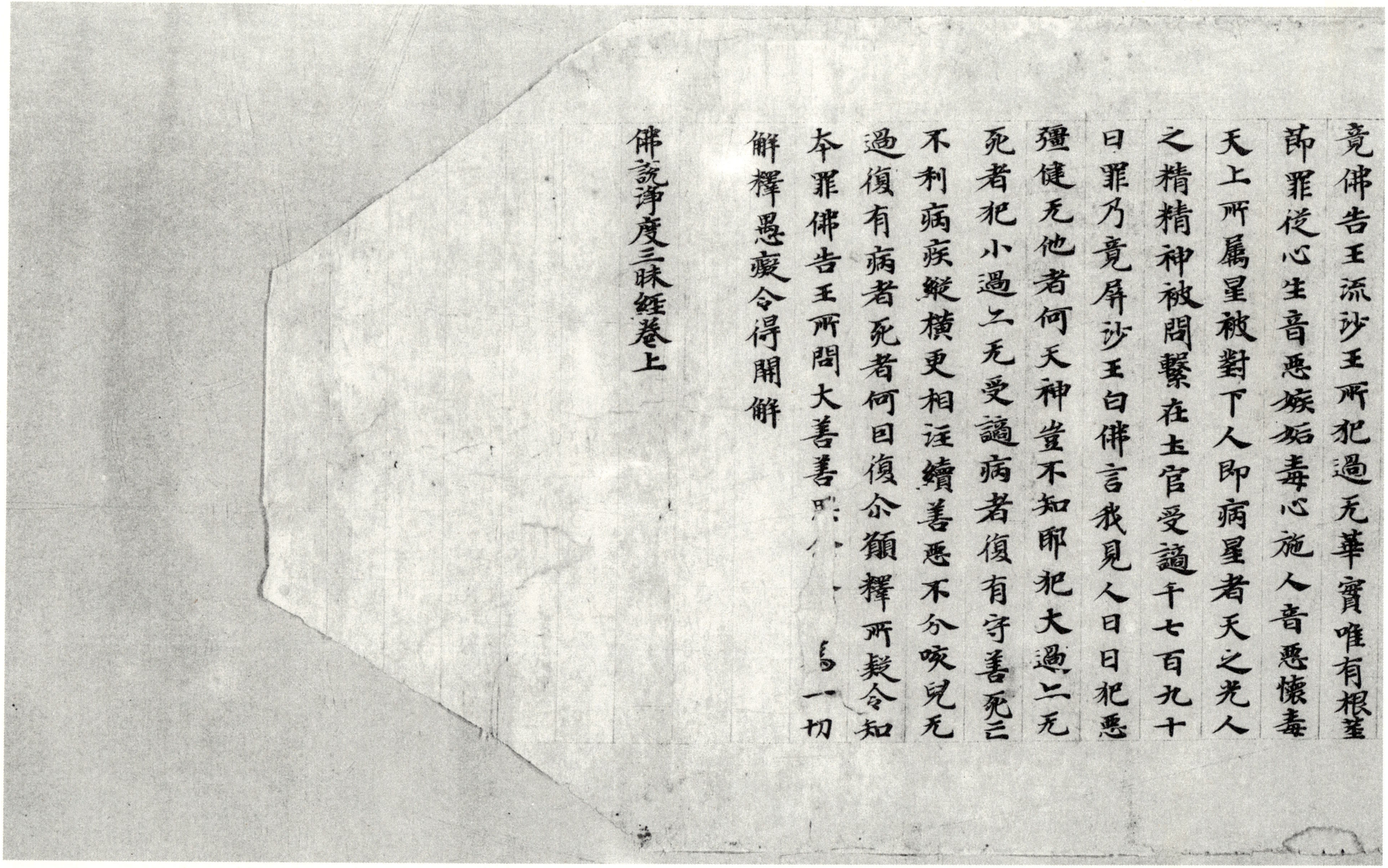

竟佛告王流沙王所犯過无華實唯有根莖
節罪從心生音惡嫉妬毒心施人音惡懷毒
天上所屬星被對下人即病星者天之光人
之精精神被問繫在五官受謫千七百九十
日罪乃竟屏沙王白佛言我見人日日犯惡
彊健无他者何天神豈不知耶犯大過二无
死者犯小過二无受謫病者復有守善死亡
不利病疾縱橫更相注續善惡不分咳兒无
過復有病者死者何因復尒願釋所疑令知
本罪佛告王所問大善善哉[illegible]一切
解釋愚癡令得開解

佛說淨度三昧經卷上

BD15308號　淨度三昧經（異卷）卷上　　（19–19）

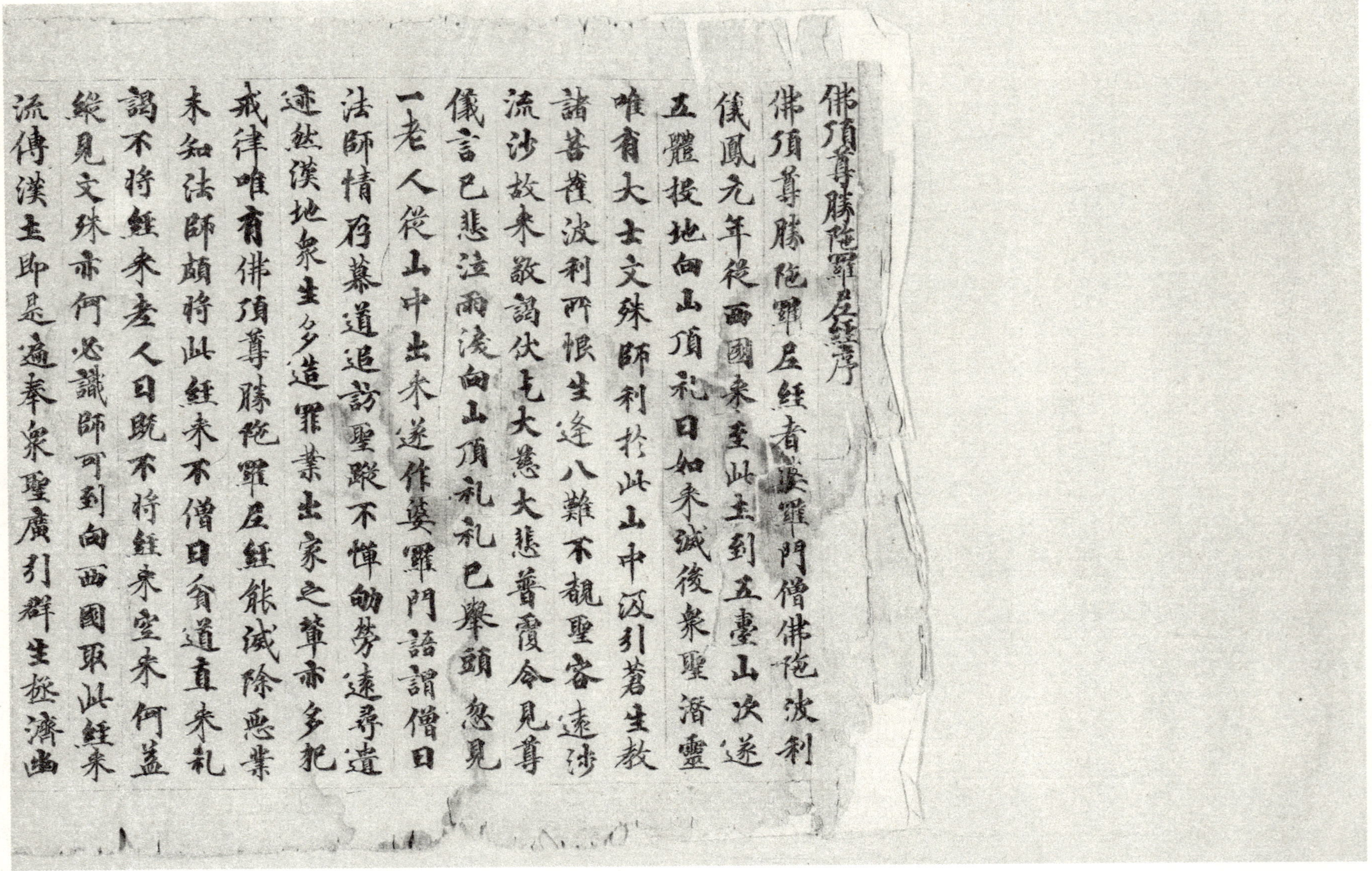

佛頂尊勝陁羅尼經序
佛頂尊勝陁羅尼經者婆羅門僧佛陁波利
儀鳳元年從西國來至此土到五臺山次遂
五體投地向山頂礼曰如來滅後衆聖潛靈
唯有大士文殊師利於此山中汲引蒼生教
諸菩薩波利所恨生逢八難不覩聖容遠涉
流沙故來敬謁伏乞大慈大悲普霞令見尊
儀言已悲泣雨淚向山頂礼礼已舉頭忽見
一老人從山中出來遂作婆羅門語謂僧曰
法師情存慕道追訪聖蹤不憚劬勞遠尋遺
迹然漢地衆生多造罪業出家之輩亦多犯
戒律唯有佛頂尊勝陁羅尼經能滅除惡業
未知法師頗將此經來不僧曰貧道直來礼
謁不將經來老人曰既不將經來空來何益
縱見文殊亦何必識師可到向西國取此經來
流傳漢土即是遍奉衆聖廣引群生拯濟幽

BD15309 號 1　佛頂尊勝陀羅尼經（佛陀波利本）序　（12–1）

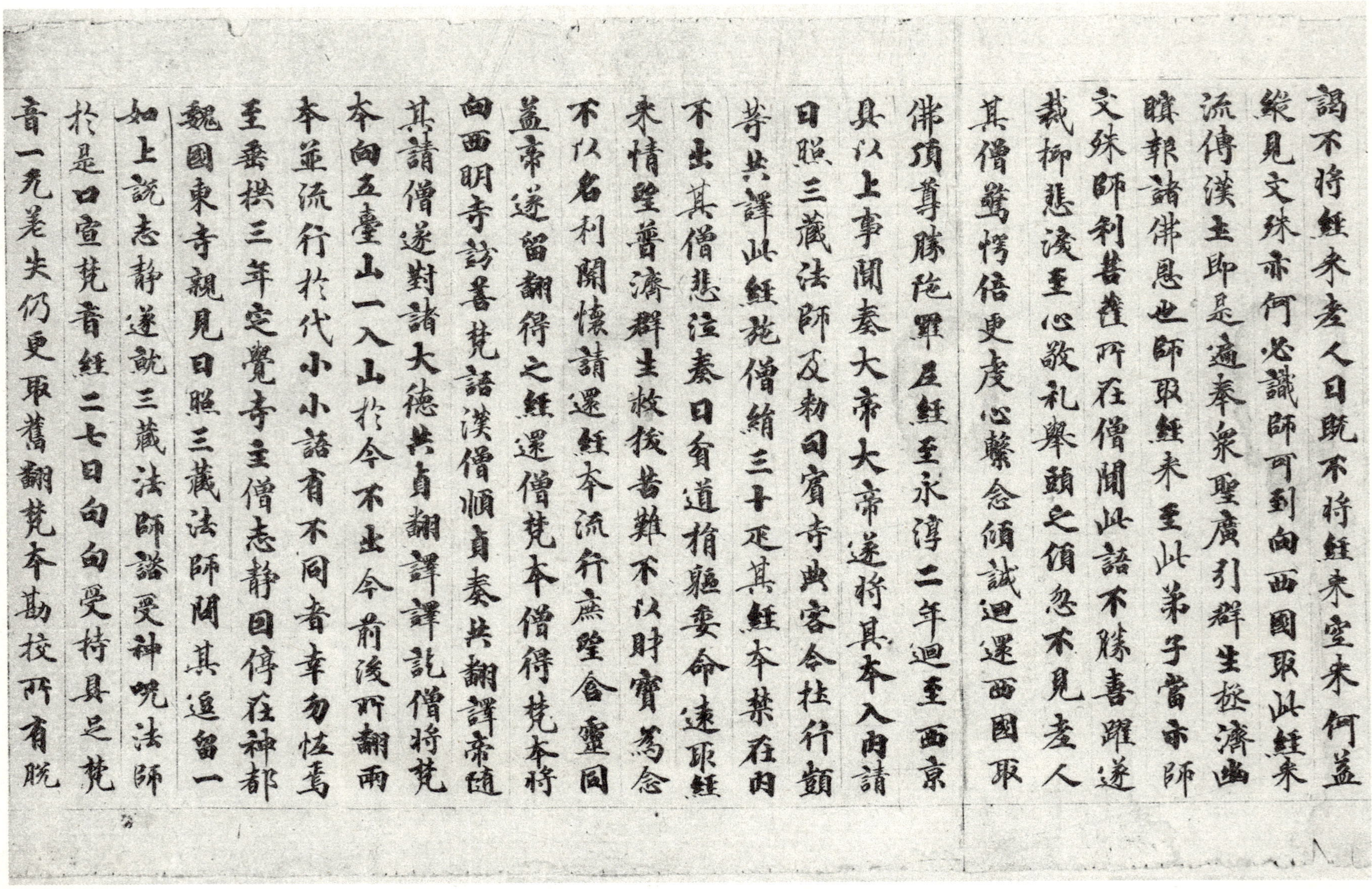

謁不將經來老人曰既不將經來空來何益
縱見文殊亦何必識師可到向西國取此經來
流傳漢土即是遍奉衆聖廣引群生拯濟幽
瞑報諸佛恩也師取經來至此弟子當示師
文殊師利菩薩所在僧聞此語不勝喜躍遂
裁抑悲淚至心敬礼舉頭之頃忽不見老人
其僧驚愕倍更虔心繫念傾誠迴還西國取
佛頂尊勝陁羅尼經至永淳二年迴至西京
具以上事聞奏大帝大帝遂將其本入內請
日照三藏法師及勅司賓寺典客令杜行顗
等共譯此經施僧絹三十疋其經本禁在內
不出其僧悲泣奏曰貧道捐軀委命遠取經
來情望普濟群生救拔苦難不以財寶爲念
不以名利關懷請還經本流行庶望含靈同
益帝遂留翻得之經還僧梵本僧得梵本將
向西明寺訪善梵語漢僧順貞奏共翻譯帝隨
其請僧遂對諸大德共貞翻譯譯訖僧將梵
本向五臺山一入山於今不出今前後所翻兩
本並流行於代小小語有不同者幸勿怪焉
至垂拱三年定覺寺主僧志靜因停在神都
魏國東寺親見日照三藏法師問其逗留一
如上說志靜遂就三藏法師諮受神呪法師
於是口宣梵音經二七日句句受持具足梵
音一无差失仍更取舊翻梵本勘校所有脫

BD15309 號 1　佛頂尊勝陀羅尼經（佛陀波利本）序　（12–2）

如上說志靜遂就三藏法師諮受神呪法師
於是口宣梵音經二七日句句受持具足梵
音一无差失仍更取舊翻梵本勘校所有脫
錯悉皆改定其呪初注云最後别翻者是也
其呪句稍異於杜令翻者其新呪改定不錯
并注其音訖後有學者幸詳此焉至永昌
元年八月於大敬愛寺見西明寺上座澄
法師問其逗留亦如前說其翻經僧順貞在
西明寺此經救拔幽顯冣不可思議恐有學
者不知故具錄委曲以傳未悟

佛頂尊勝陁羅尼經

如是我聞一時薄伽梵在室羅筏住逝多林
給孤獨園與大苾芻衆千二百五十人俱 又
與諸大菩薩僧万二千人俱
尒時三十三天於善法堂會有一天子名曰
善住與諸大天遊於園觀又與大天受勝尊貴
與諸天女前後圍繞歡喜遊戲種種音樂共相
娛樂受諸快樂尒時善住天子即於夜分聞
有聲言善住天子却後七日命將欲盡命終
之後生瞻部洲受七返傍生身即受那落迦
苦從地獄出希得人身生於貧賤處於母胎
即无兩目尒時善住天子聞此聲已即大驚
怖身毛皆竪愁憂不樂速疾往詣天帝釋
所悲啼號哭惶怖无計頂礼帝釋二足尊已
白帝釋言聽我所說我與諸天女共相圍繞

BD15309 號 1　佛頂尊勝陀羅尼經（佛陀波利本）序　（12–3）
BD15309 號 2　佛頂尊勝陀羅尼經（佛陀波利本）

即无兩目尒時善住天子聞此聲已即大驚
怖身毛皆竪愁憂不樂速疾往詣天帝釋
所悲啼號哭惶怖无計頂礼帝釋二足尊已
白帝釋言聽我所說我與諸天女共相圍繞
受諸快樂聞有聲言善住天子却後七日命
將欲盡命終之後生瞻部洲七返傍生身受
七身已即生諸那落迦從地獄出希得人身
生貧賤家无其兩目天帝云何令我得免斯
苦
尒時帝釋聞善住天子語已甚大驚愕即自
思惟此善住天子受何七返惡道之身尒時
返惡道之身所謂猪狗野干獼猴蟒蛇烏鵰
等身食諸穢惡不淨之物尒時帝釋觀見善
住天子當墮七返惡道之身極助苦惱痛割
於心諦思无計何所歸依唯有如來應正等
覺令其善住得免斯苦
尒時帝釋即於此日初夜分時以種種花鬘
塗香末香以妙天衣莊嚴執持往詣逝多林
園於世尊所到已頂礼佛足右遶七帀即於佛
前廣大供養於前䠒跪而白佛言世尊善住
天子云何當受七返傍生惡道之身具述前說
尒時如來頂上放種種光遍滿十方一切世界
已其光還來遶佛三帀從佛口入佛便微咲
告帝釋言天帝有陁羅尼名爲如來佛頂尊勝
頂能淨一切惡道能淨除一切生死苦惱又

BD15309 號 2　佛頂尊勝陀羅尼經（佛陀波利本）　（12–4）

已其光還来遶佛三帀從佛口入佛便微咲
告帝釋言天帝有陁羅尼名為如来佛頂尊勝
頂能淨一切悪道能淨除一切生死苦惱又
能淨除諸那落迦閻摩路迦傍生之苦又破
一切地獄能迴向善道
天帝此佛頂尊勝陁羅尼若有人聞一經於
耳先世所造一切地獄悪業悉皆消滅當得
清淨之身隨所生處憶持不忘從一佛剎至
一佛剎從一天界至一天界遍歷三十三天
所生之處憶持不忘
天帝若人命欲將終須臾憶念此陁羅尼還
得增壽得身口意淨身无苦痛隨其福利隨
處安隱一切如来之所觀視一切天神恒常
侍衛為人所敬悪鄣消滅一切菩薩同心覆
護天帝若人能須臾讀誦此陁羅尼者此人所
有一切地獄傍生閻摩路迦餓鬼之苦破壞消
滅无有遺餘諸佛剎土及諸天宮一切菩薩
所住之門无有鄣碍隨意遊入
尒時帝釋白佛言世尊唯願如来為有情說
增益壽命之法
尒時世尊知帝釋意心之所念樂聞佛說具
足陁羅尼即說呪曰
那謨薄伽伐帝一啼𠺕路迦(稽哪反)𡀔囉底毗失
瑟吒(長聲)耶二勃陁(長聲)耶薄伽伐帝三怛姪他
四唵(長聲)五毗輸馱耶娑摩三漫多𡀔(縛佉反)婆(長聲)婆 五

BD15309 號 2　佛頂尊勝陀羅尼經（佛陀波利本）　（12–5）

尒時世尊知帝釋意心之所念樂聞佛說具
足陁羅尼即說呪曰
那謨薄伽伐帝一啼𠺕路迦(稽哪反)𡀔囉底毗失
瑟吒(長聲)耶二勃陁(長聲)耶薄伽伐帝三怛姪他
四唵(長聲)五毗輸馱耶娑摩三漫多𡀔(縛佉反)婆(長聲)婆 五
娑破囉拏揭底揭訶那娑婆(長聲)𡀔(縛佉反)輸苐
七阿鼻詵(去聲)者蘇揭多伐折那阿嚧喇多瑟
曬雞九阿訶囉(長聲)阿訶囉十(長聲)阿瑜散
陁(長聲)囉尼十一輸馱耶輸馱耶十二揭揭那鞞輸
提十三烏失尼沙毗逝耶輸提十四娑訶娑囉喝
囉失泯那珠地帝十五薩婆多地揭多地瑟吒
(長聲)那地瑟恥多慕姪𠺕十六拔折囉迦(長聲)耶僧訶
多耶輸提十七薩婆伐囉拏毗輸提十八𡀔囉
底祢伐怛耶阿(長聲)瑜輸提十九薩末耶地瑟恥
帝廿摩尼摩尼廿一怛闥多部多俱胝鉢唎輸
提廿二毗薩普吒勃地輸提廿三逝耶逝耶(余迦反)廿四
毗逝耶毗耶(余迦反)廿五薩末囉薩末囉勃陁地瑟
恥耶輸提廿六拔折嚟拔折囉喝鞞廿七拔折
濫婆伐都廿八摩麼(某甲受持者自稱己名)薩婆薩埵死
耶迦(長聲)耶毗輸提廿九薩婆揭底鉢唎輸提
卅薩婆多他揭多三摩尼𡀔(縛佉反)婆地瑟恥帝
卅一勃陁(地耶反)勃(同上)毗蒲陁耶三漫多鉢唎輸提
卅二薩婆多他揭多地瑟吒(長聲)那地瑟恥帝卅三
莎婆(長聲)訶
佛告帝釋言此名淨除一切悪道佛頂尊勝

BD15309 號 2　佛頂尊勝陀羅尼經（佛陀波利本）　（12–6）

卅薩婆多他揭多地瑟吒長聲耶地瑟耻帝三卅
莎婆長聲訶
佛告帝釋言此名淨除一切惡道佛頂尊勝
陁羅尼能除一切罪業等鄣能破一切穢惡
道苦天帝此陁羅尼八十八殑伽沙俱胝百
千諸佛同共宣說隨喜受持大如來智印印
之為破一切有情穢惡道義故為一切那落
迦傍生閻摩路迦有情得解脫故臨急苦難
墮生死海中有情得解脫故短命薄福无救
護有情樂造雜染惡業有情故說又此陁羅
尼於贍部洲住持力故能令地獄惡道有情種
種流轉生死薄福有情不信善惡業失正道
有情等得解脫義故
佛告天帝我說此陁羅尼付囑於汝汝當授
與善住天子復當受持讀誦思惟愛樂憶念
供養於贍部洲一切有情廣為宣說此陁羅
尼亦為一切諸天子故說此陁羅尼印付囑
於汝天帝汝當善持守護勿令忘失
天帝若人須臾得聞此陁羅尼千劫已來積
造惡業重鄣應受種種流轉生死地獄餓鬼
傍生閻摩路迦阿素洛身藥叉羅剎鬼神布
單那羯吒布單那阿波娑摩囉蚊蝱龜狗
蟒蛇一切諸鳥及諸猛獸一切蠢動含靈乃
至蟻子之身更不重受即得轉生諸佛如來
一生補處菩薩同會處生或得大姓婆羅門家

BD15309 號 2　佛頂尊勝陀羅尼經（佛陀波利本）　（12–7）

蟒蛇一切諸鳥及諸猛獸一切蠢動含靈乃
至蟻子之身更不重受即得轉生諸佛如來
一生補處菩薩同會處生或得大姓婆羅門家
生或得大剎利種家生或得豪貴最勝家生
天帝此人得如上貴處生者皆由聞此陁羅尼
故轉所生處皆得清淨天帝乃至得到菩提
道場最勝之處皆由讚美此陁羅尼功德如
是
天帝此陁羅尼名吉祥能淨一切惡道此佛
頂尊勝陁羅尼猶如日藏摩尼之寶淨无瑕
穢淨等虛空光焰照徹无不周遍若諸有情
持此陁羅尼亦復如是亦如閻浮檀金明淨
柔軟令人喜見不為穢惡之所染著天帝若
諸有情持此陁羅尼亦復如是乘斯善淨得
生善道天帝此陁羅尼所在之處若能書寫
流通受持讀誦聽聞供養能如是者一切惡
道皆得清淨一切那落迦苦皆悉消滅
佛告天帝若人能書寫此陁羅尼安高幢上
或安高山或安樓上乃至安置窣堵波中天
帝若有苾芻苾芻尼鄔波索迦鄔波斯迦族
姓男族姓女於幢等上或見或與相近其影映
身或風吹陁羅尼上幢等上塵落在身上天
帝彼諸有情所有罪業應墮惡道那落迦傍
生閻摩路迦餓鬼阿素洛身惡道之苦皆悉
不受亦不為罪垢染汙天帝此等有情為一

BD15309 號 2　佛頂尊勝陀羅尼經（佛陀波利本）　（12–8）

身或風吹陁羅尼上幢等上塵落在身上天
帝彼諸有情所有罪業應墮惡道那落迦傍
生閻摩路迦餓鬼阿素洛身惡道之苦皆悉
不受亦不為罪垢染汙天帝此等有情為一
切諸佛之所授記皆得不退轉於阿耨多羅
三藐三菩提
天帝何况更以多諸供具花鬘塗香末香幢
幡蓋等衣服瓔珞作諸莊嚴於四衢道造窣
堵波安陁羅尼合掌恭敬旋遶行道歸命礼
拜天帝彼人能如是供養者名摩訶薩埵真
是佛子持法棟梁又是如來全身舍利窣堵
波塔
尒時閻摩羅法王於時夜分來詣佛所到已
以種種天衣妙花塗香莊嚴供養已遶佛七
帀頂礼佛足而作是言我聞如來演說讚持
大力陁羅尼者我常隨逐守護不令持者墮
那落迦以彼隨順如來言教而護念之
尒時護世四天大王遶佛三帀白佛言世尊唯
願如來為我廣說持陁羅尼法尒時佛告四
天王汝今諦聽我當為汝宣說此陁羅尼方
法亦為短命諸有情說當先洗浴著新淨衣
白月圓滿十五日時持齋誦此陁羅尼滿其
千遍令短命有情還得增壽永離病苦一
切業鄣悉皆消滅一切那落迦苦亦得解脫
諸飛鳥傍生含靈之類聞此陁羅尼一經於

BD15309 號 2　佛頂尊勝陀羅尼經（佛陀波利本）　（12–9）

千遍令短命有情還得增壽永離病苦一
切業鄣悉皆消滅一切那落迦苦亦得解脫
諸飛鳥傍生含靈之類聞此陁羅尼一經於
耳盡此一身更不復受
佛言若人遇大惡病聞陁羅尼即得永離一
切諸病亦得消滅應墮惡道亦得除斷即得
往生寂靜世界從此身已後更不受胞胎之
身所生之處蓮花化生一切生處憶持不忘
常識宿命
佛言若人先造一切極重罪業遂即命終乘
餓鬼乃至墮大阿鼻地獄或生水中或生禽
獸異類之身取其亡者隨身分骨以土一把
誦此陁羅尼廿一遍散亡者骨上即得生天
佛言若人能日日誦此陁羅尼廿一遍應消一
切世間廣大供養捨身往生極樂世界若常
誦念得大涅槃復增壽命受勝快樂捨此身
已即得往生種種微妙諸佛剎土常與諸佛
俱會一處一切如來恒為演說微妙之義一切
世尊即與授記身光照曜一切佛剎
佛言若人誦此陁羅尼法於其佛前先取淨
土作壇隨其大小方四角作以種種草花散
於壇上燒衆名香右膝著地胡跪心常念佛
作慕陁羅印屈其頭指以大母指押合掌當
其心上誦此陁羅尼一百八遍訖於其壇中
如雲王雨花能遍供養八十八俱胝殑伽沙那

BD15309 號 2　佛頂尊勝陀羅尼經（佛陀波利本）　（12–10）

於壇上燒衆名香右膝著地蹦跪心常念佛
作慕陀羅印屈其頭指以大母指押合掌當
其心上誦此陀羅尼一百八遍訖於其壇中
如雲王雨花能遍供養八十八俱胝殑伽沙那
庾多百千諸佛彼佛世尊咸共讚言善哉希
有真是佛子即得无鄣礙智三昧得大菩提
心莊嚴三昧持此陀羅尼法應如是
佛言天帝我以此方便一切有情應墮那落
迦道令得解脫一切惡道亦得清淨復令持
者增益壽命天帝汝去將我此陀羅尼授與
善住天子滿其七日汝與善住俱来見我
尒時天帝於世尊所受此陀羅尼法奉持還
於本天授與善住天子尒時善住天子受此
陀羅尼已滿六日六夜依法受持一切願滿
應受一切惡道等苦即得解脫住菩提道
增壽无量甚大歡喜高聲歎言希有如來
希有妙法希有明驗甚爲難得令我解脫
尒時帝釋至第七日與善住天子將諸天衆
嚴持花鬘塗香末香寶幢幡蓋天衣瓔珞微
妙莊嚴往詣佛所設大供養以妙天衣及諸瓔
珞供養世尊遶百千帀於佛前立踊躍歡喜
而坐聽法
尒時世尊舒金色臂摩善住天子頂而爲說
法授菩提記佛言此經名淨一切惡道佛頂
尊勝陀羅尼汝當受持尒時大衆聞法歡

BD15309 號 2　佛頂尊勝陀羅尼經（佛陀波利本）　（12–11）

陀羅尼已滿六日六夜依法受持一切願滿
應受一切惡道等苦即得解脫住菩提道
增壽无量甚大歡喜高聲歎言希有如來
希有妙法希有明驗甚爲難得令我解脫
尒時帝釋至第七日與善住天子將諸天衆
嚴持花鬘塗香末香寶幢幡蓋天衣瓔珞微
妙莊嚴往詣佛所設大供養以妙天衣及諸瓔
珞供養世尊遶百千帀於佛前立踊躍歡喜
而坐聽法
尒時世尊舒金色臂摩善住天子頂而爲說
法授菩提記佛言此經名淨一切惡道佛頂
尊勝陀羅尼汝當受持尒時大衆聞法歡
喜信受奉行

佛頂尊勝陀羅尼經

BD15309 號 2　佛頂尊勝陀羅尼經（佛陀波利本）　（12–12）

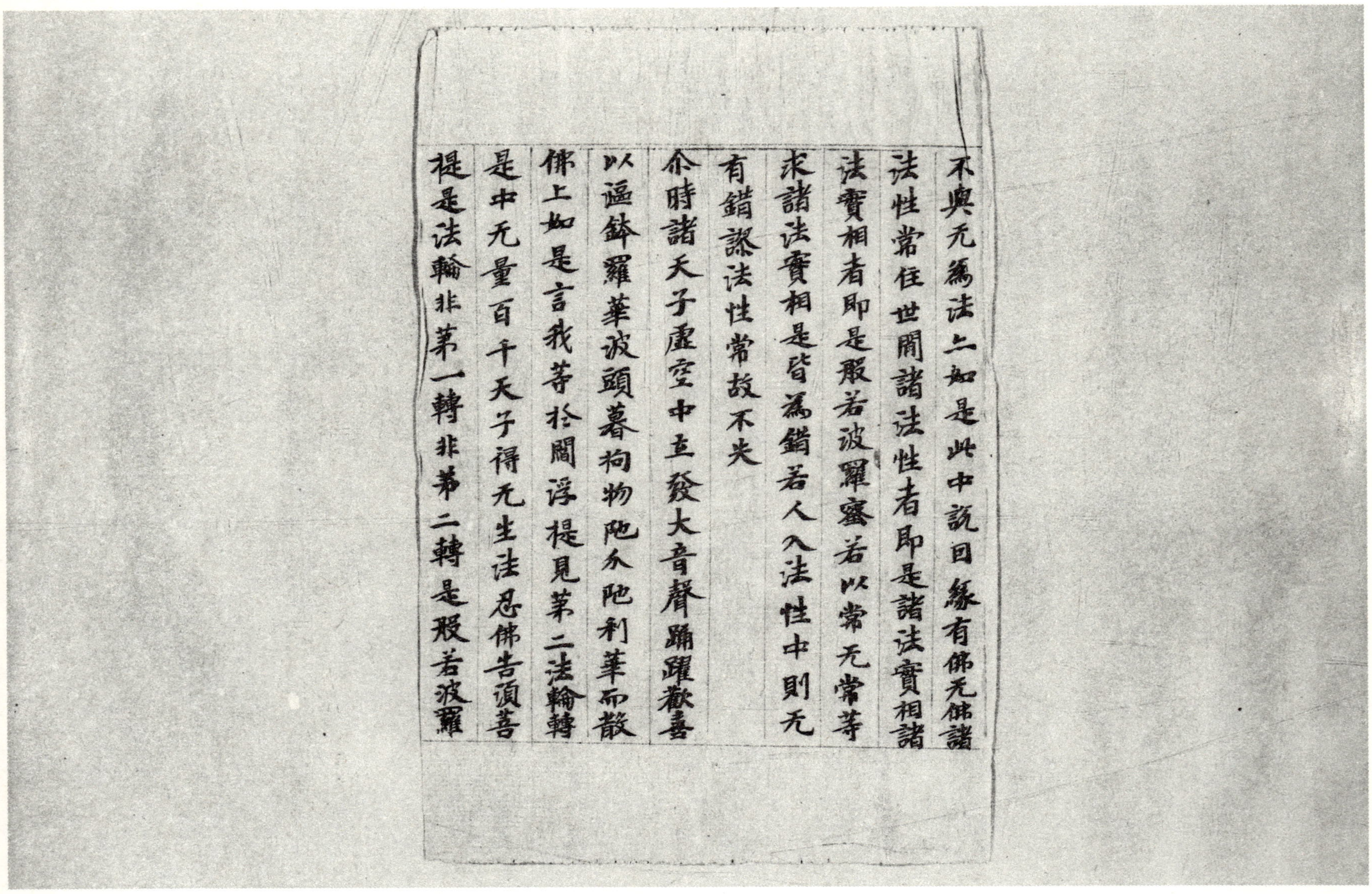
不與无爲法二如是此中說因緣有佛无佛諸
法性常住世間諸法性者即是諸法實相諸
法實相者即是般若波羅蜜若以常无常等
求諸法實相是皆爲錯若人入法性中則无
有錯謬法性常故不失
尒時諸天子虛空中立發大音聲踊躍歡喜
以漚鉢羅華波頭摩拘物陁分陁利華而散
佛上如是言我等於閻浮提見第二法輪轉
是中无量百千天子得无生法忍佛告須菩
提是法輪非第一轉非第二轉是般若波羅

BD15310號　大智度論卷六五　（1–1）

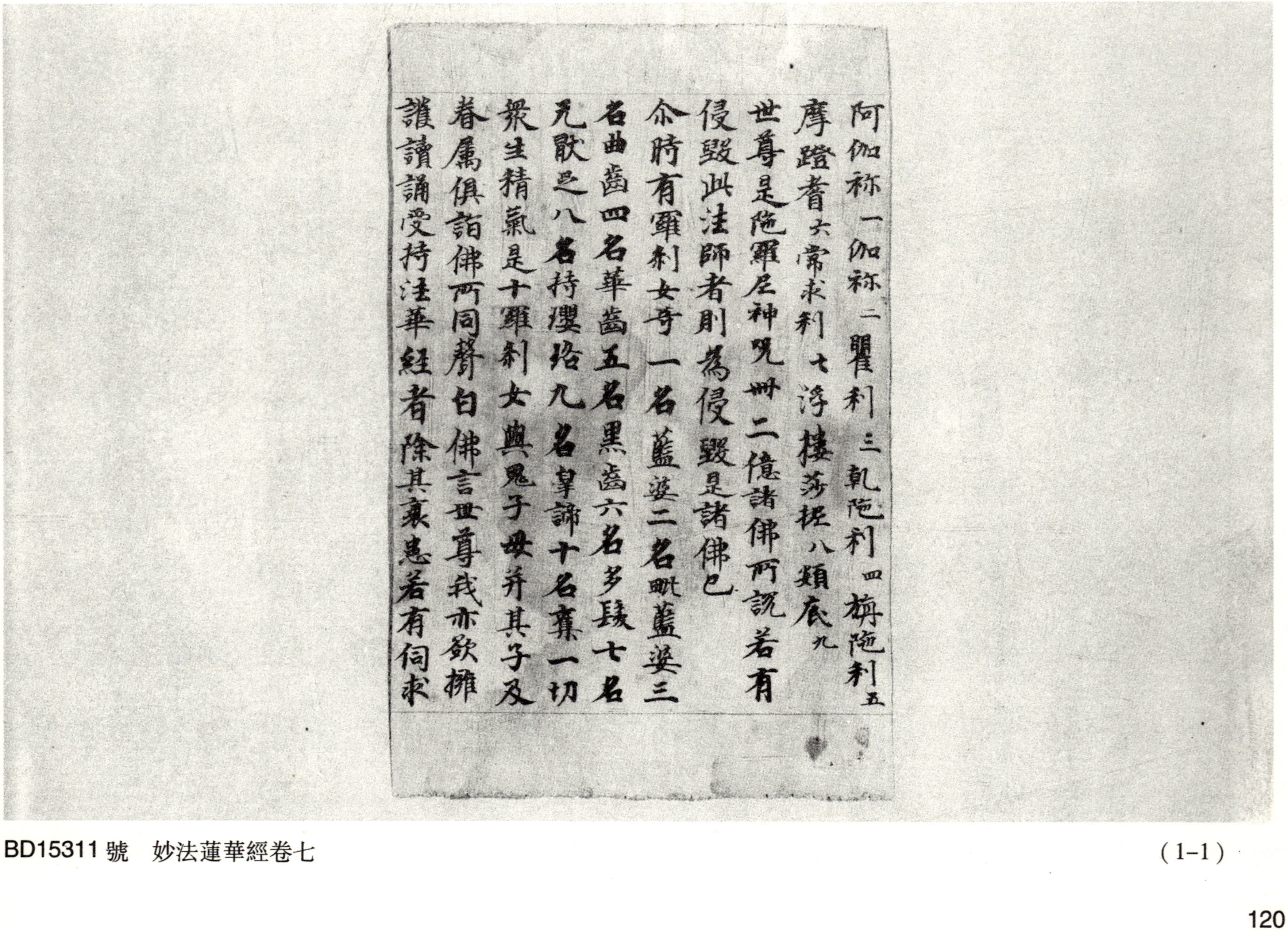
阿伽祢一伽祢二瞿利三乾陁利四旃陁利五
摩蹬耆六常求利七浮樓莎柅八頞底九
世尊是陁羅尼神呪卌二億諸佛所說若有
侵毀此法師者則爲侵毀是諸佛已
尒時有羅刹女等一名藍婆二名毗藍婆三
名曲齒四名華齒五名黑齒六名多髮七名
无猒足八名持瓔珞九名睪諦十名奪一切
衆生精氣是十羅刹女與鬼子母并其子及
眷屬俱詣佛所同聲白佛言世尊我亦欲擁
護讀誦受持法華經者除其衰患若有伺求

BD15311號　妙法蓮華經卷七　（1–1）

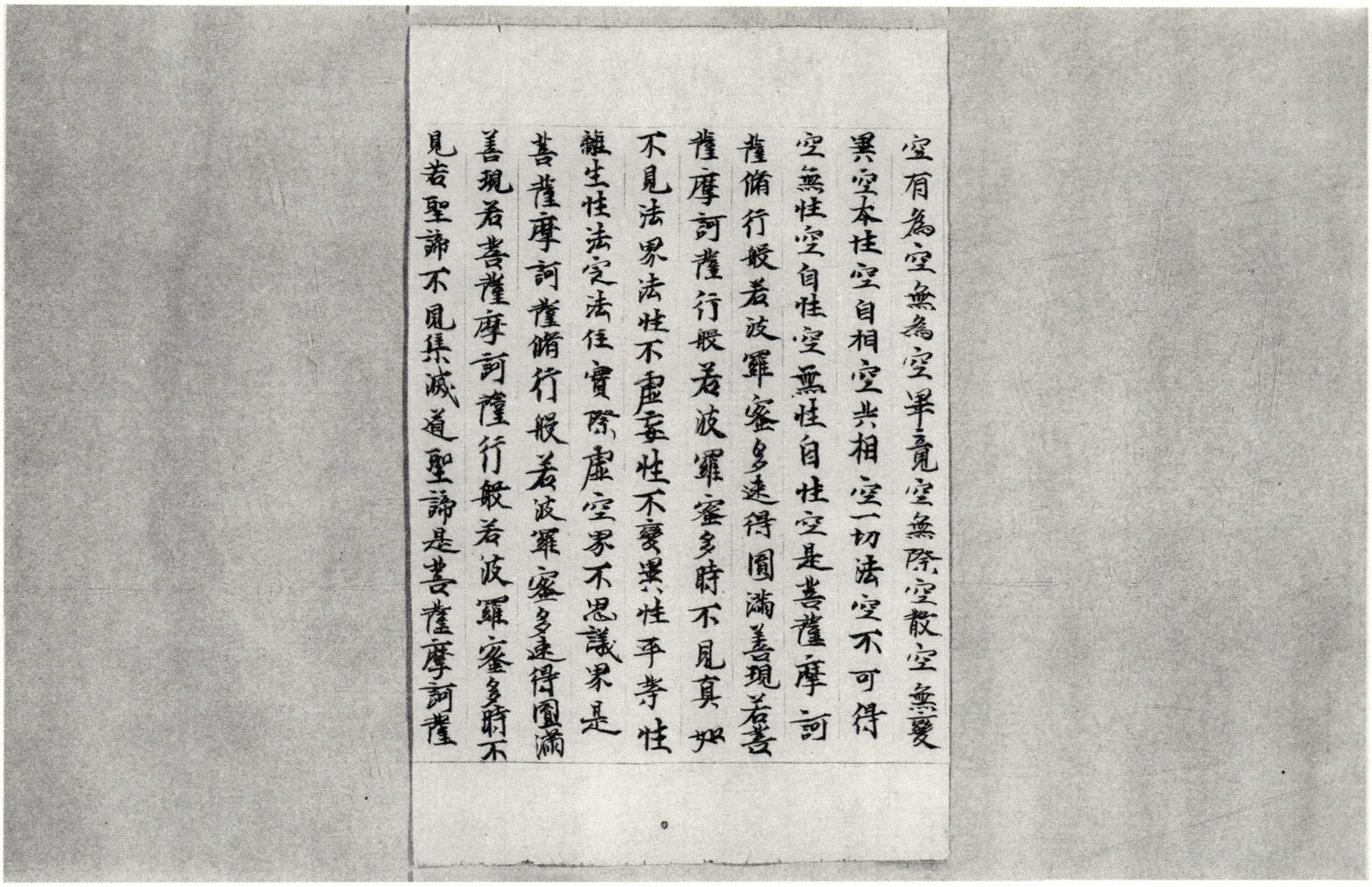
空有為空無為空畢竟空無際空散空無變
異空本性空自相空共相空一切法空不可得
空無性空自性空無性自性空是菩薩摩訶
薩脩行般若波羅蜜多速得圓滿善現若菩
薩摩訶薩行般若波羅蜜多時不見真如
不見法界法性不虛妄性不變異性平等性
離生性法定法住實際虛空界不思議界是
菩薩摩訶薩脩行般若波羅蜜多速得圓滿
善現若菩薩摩訶薩行般若波羅蜜多時不
見苦聖諦不見集滅道聖諦是菩薩摩訶薩

BD15312號　大般若波羅蜜多經卷三〇〇　（1–1）

BD15313號背　護首　（1–1）

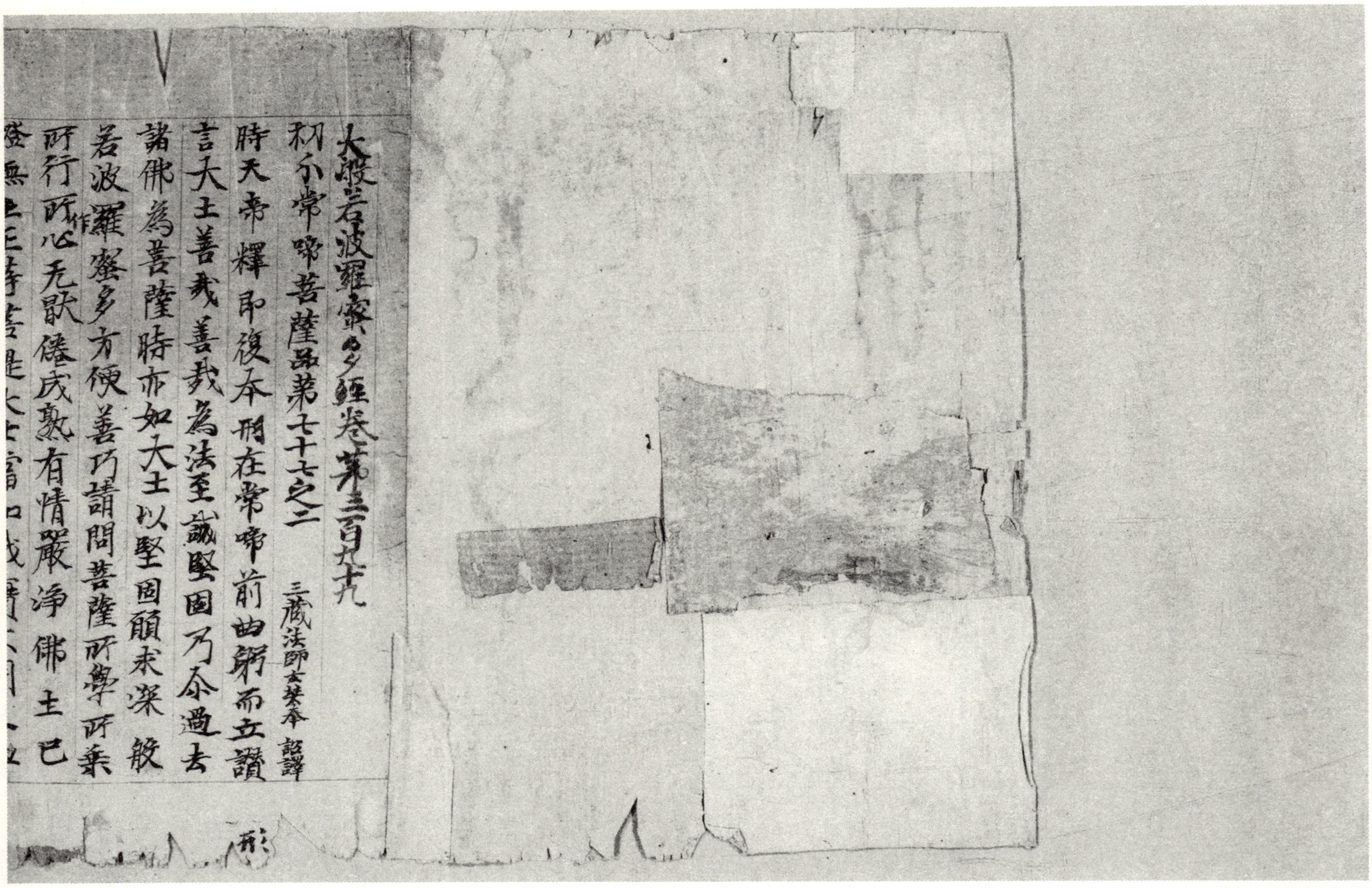

大般若波羅蜜多經卷第三百九十九

初分常啼菩薩品第七十七之二　三藏法師玄奘奉　詔譯

時天帝釋即復本形在常啼前曲躬而立讚

言大士善哉善哉為法至誠堅固乃今過去

諸佛為菩薩時亦如大士以堅固願求深般

若波羅蜜多方便善巧請問菩薩所學所乘

所行所作心无猒倦成熟有情嚴淨佛土已

證無上正等菩提大士當知我實不用人血

BD15313 號　大般若波羅蜜多經卷三九九　（19–1）

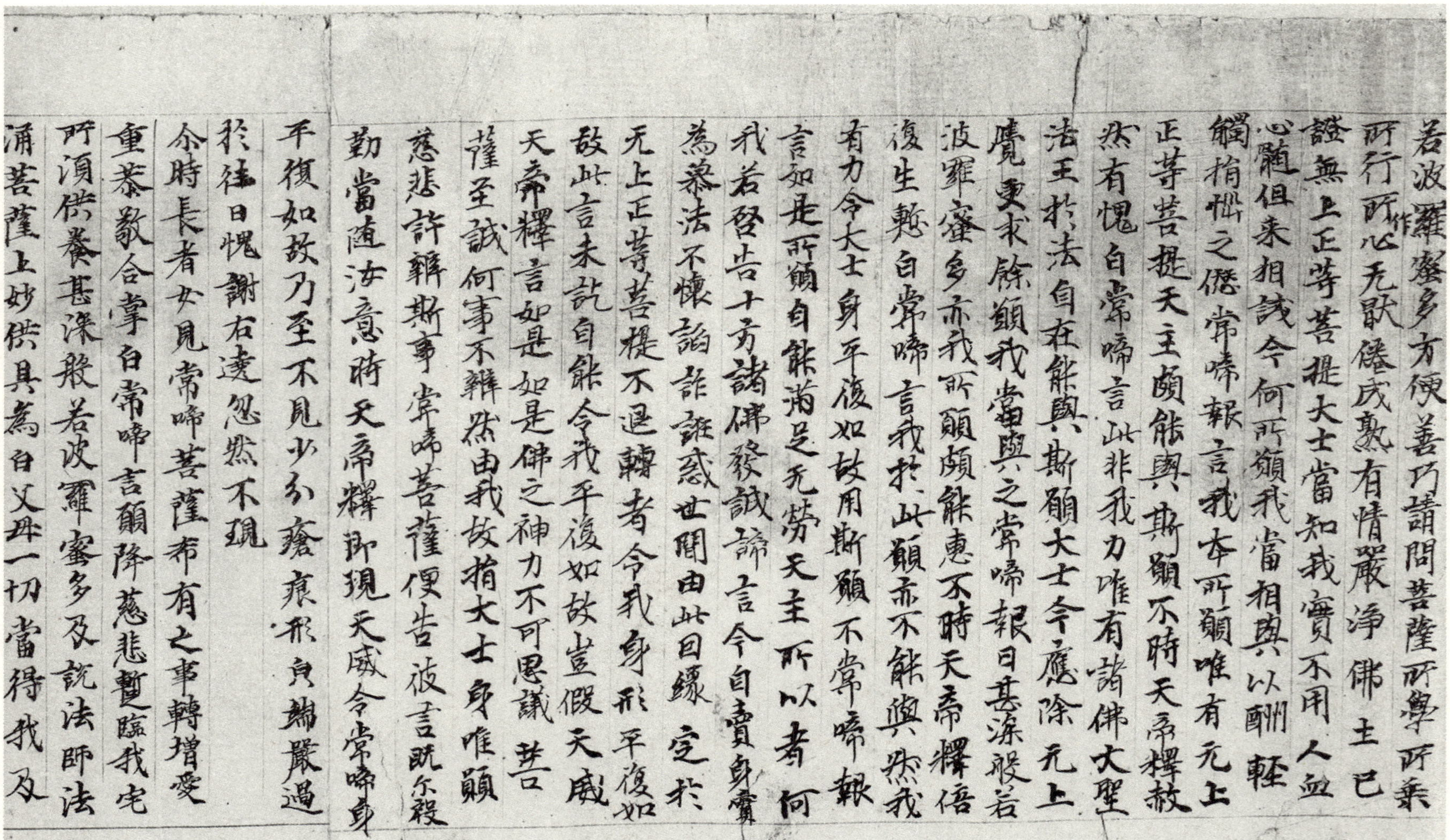

若波羅蜜多方便善巧請問菩薩所學所乘

所行所作心无猒倦成熟有情嚴淨佛土已

證無上正等菩提大士當知我實不用人血

心髓但來相試今何所願我當相與以酬輕

觸損惱之僁常啼報言我本所願唯有无上

正等菩提天主頗能與斯願不時天帝釋赧

然有愧白常啼言此非我力唯有諸佛大聖

法王於法自在能與斯願大士今應除无上

覺更求餘願我當與之常啼報曰甚深般若

波羅蜜多亦我所願頗能惠不時天帝釋倍

復生慙白常啼言我於此願亦不能與然我

有力令大士身平復如故用斯願不常啼報

言如是所願自能滿足无勞天主所以者何

我若啓告十方諸佛發誠諦言令自賣身實

為慕法不懷諂詐誑惑世間由此因緣定於

无上正等菩提不退轉者令我身形平復如

故此言未訖自能令我平復如故豈假天威

天帝釋言如是如是佛之神力不可思議菩

薩至誠何事不辦然由我故損大士身唯願

慈悲許辦斯事常啼菩薩便告彼言既尒殷

勤當隨汝意時天帝釋即現天威令常啼身

平復如故乃至不見少分瘡痕形貌端嚴過

於往日愧謝右遶忽然不現

尒時長者女見常啼菩薩希有之事轉增愛

重恭敬合掌白常啼言願降慈悲暫臨我宅

所須供養甚深般若波羅蜜多及說法師法

涌菩薩上妙供具為白父母一切當得我及

BD15313 號　大般若波羅蜜多經卷三九九　（19–2）

尒時長者女見常啼菩薩希有之事轉增愛
重恭敬合掌白常啼言願降慈悲暫臨我宅
所須供養甚深般若波羅蜜多及說法師法
涌菩薩上妙供具為白父母一切當得我及
侍從亦辭父母隨大士往具妙香城為欲供
養甚深般若波羅蜜多及說法師法涌菩薩
摩訶薩故是時常啼隨彼所願俱到其舍在
門外止時長者女即入其舍白父母言願多
與我家中所有上妙花鬘塗散等香衣服瓔
絡寶幢幡蓋伎樂燈油末尼真珠吠瑠璃寶
頗胝迦寶珊瑚虎珀螺貝璧玉杵藏石藏帝
青大青并金銀等種種供具亦聽我身及先
事我五百侍女持諸供具皆當隨從常啼菩
薩往妙香城為欲供養甚深般若波羅蜜多
及說法師法涌菩薩彼當為我宣說法要我
得聞已如說脩行定獲无邊微妙佛法時彼
父母聞已驚駭即問女言常啼菩薩今在何
處是何等人女即白言今在門外彼是大士
為欲度脫一切有情生死苦故勤求无上正
等菩提又彼大士愛重正法不惜身命為欲
供養菩薩所學甚深般若波羅蜜多及說法
師法涌菩薩摩訶薩故入此城中處々巡環
高聲唱曰我今自賣誰欲買人我衒自賣誰
欲買人經於久時賣身不售愁憂苦惱在一
處立涕淚而言我有何罪為欲供養甚深般
若波羅蜜多及說法師法涌菩薩摩訶薩
故雖自賣身而无買者時天帝釋為欲試驗即

BD15313 號　大般若波羅蜜多經卷三九九　（19–3）

小

處立涕淚而言我有何罪為欲供養甚深般
若波羅蜜多及說法師法涌菩薩摩訶薩
故雖自賣身而无買者時天帝釋為欲試驗即
自化作少婆羅門來至其前問言男子汝何
住此憂悲不樂時彼大士荅言儒童我為供
養甚深般若波羅蜜多及說法師法涌菩薩
然我貧乏无諸財寶愛重法故欲自賣身遍
此城中无相問者自惟薄福住此憂悲時婆
羅門語大士曰我於今者正欲祠天不用人
身但須人血人髓人心頗能賣不大士聞已
歡喜踊躍以柔濡語報婆羅門仁所買者我
悉能賣婆羅門言須幾價直大士報曰隨意
相酬大士尒時作是語已即申右手執取利
刀刺己左臂令出其血復割右髀皮肉置地
破骨出髓與婆羅門復趣墻邊欲割心出我
在高閣遙見是事作是念言此善男子何因緣
故困苦其身我當問之念已下閣到大士所作是
問言汝何因緣先唱自賣今出血髓復欲割
心彼荅我曰姊不知耶我為供養甚深般若
波羅蜜多及說法師法涌菩薩然我貧乏无
諸財寶愛重法故先自賣身无相買者今賣
三事與婆羅門我時問言汝今自賣身血心
髓欲持價直供養般若波羅蜜多及說法師
法涌菩薩當獲何等功德勝利彼荅我言法
涌菩薩於甚深法已得自在當為我說甚深
般若波羅蜜多方便善巧菩薩所學菩薩所

BD15313 號　大般若波羅蜜多經卷三九九　（19–4）

法涌菩薩當獲何等功德勝利彼荅我言法
涌菩薩於甚深法已得自在當為我說甚深
般若波羅蜜多方便善巧菩薩所學菩薩所
乘菩薩所行菩薩所作我得聞已如說脩行
成熟有情嚴淨佛土速證无上正等菩提得
金色身具三十二大丈夫相八十隨好圓滿
莊嚴常光一尋餘光无量具佛十力四无所
畏四无礙解大慈大悲大喜大捨十八佛不
共法无忘失法恒住捨性五淨眼六神通不
可思議清淨戒蘊定蘊慧蘊解脫蘊解脫智
見蘊无障智見无上智見得一切智道相智
一切相智具足一切无上法寶分布施與
一切有情與諸有情作所依止我捨身命
為供養彼當獲此等功德勝利我時聞說如
是殊勝不可思議微妙佛法歡喜踴躍身毛
皆竪恭敬合掌而白彼言大士所說第一廣
大最勝微妙甚為希有為獲如是一一佛法
尚應棄捨如殑伽沙所重身命況唯捨一所
以者何若得如是微妙功德則能利樂一切
有情大士家貧尚為如是微妙功德不惜身
命況我家富多有珎財為是功德而不棄捨
大士今應勿復自害所須供具盡當相與所
謂金銀吠瑠璃寶頗胝迦寶末尼真珠杵藏
石藏螺貝璧玉帝青大青珊瑚虎珀及餘无
量異類珎財花香瓔珞寶幢幡蓋伎樂燈明
車乘衣服并餘種種上妙供具可持供養甚
深般若波羅蜜多及說法師法涌菩薩唯願

BD15313號　大般若波羅蜜多經卷三九九　（19–5）

車乘衣服并餘種種上妙供具可持供養甚
深般若波羅蜜多及說法師法涌菩薩唯願
大士勿復自害我身亦願隨大士往法涌菩
薩摩訶薩所俱時瞻仰共植善根為得所說
諸佛法故時天帝釋即復本形在彼前住曲
躬合掌讚言大士善哉善哉為法至誠堅固
乃尒過去諸佛為菩薩時亦如大士以堅固
願求深般若波羅蜜多方便善巧請問菩薩
所學所乘所行所作心无猒倦成熟有情嚴
淨佛土已證无上正等菩提大士當知我實
不用人血心髓但來相試今何所願我當相
與以酬輕觸憤惱之愆彼即報言我本所願
唯有无上正等菩提天主頗能與斯願不時
天帝釋赧然有愧而白彼言此非我力唯有
諸佛大聖法王於法自在能與斯願大士今
應除无上覺更求餘願我當與之彼便報曰
甚深般若波羅蜜多亦我所願頗能惠不時
天帝釋倍復生慙而白彼言我於此願亦不
能與然我有力令大士身平復如故用斯願
不彼復報言如是所願自能滿足无勞天主
所以者何我若啓告十方諸佛發誠諦言今
自責身實為慕法不懷諂詐誑惑世間由此
因緣定於无上正等菩提不退轉者令我身
形平復如故此言未訖自能令我平復如故
豈假天威天帝釋言如是如是佛之神力不
可思議菩薩至誠何事不辦然由我故積大
士身唯願慈悲許辦斯事時彼大士告帝釋

BD15313號　大般若波羅蜜多經卷三九九　（19–6）

形平復如故此言未訖自能令我平復如故
豈假天威天帝釋言如是如是佛之神力不
可思議菩薩至誠何事不辦然由我故損大
士身唯願慈悲許辦斯事時彼大士告帝釋
言既尒殷勤當隨汝意時天帝釋即現天威
令彼身形平復如故乃至不見少分瘡痕形
貌端嚴過於往日慚謝右遶忽然不現我既
見彼希有之事轉增愛敬合掌白言願降慈
悲暫臨我宅所須供養甚深般若波羅蜜多
及說法師法涌菩薩供養之具為白父母一
切當得我及侍從亦辭父母隨大士往具妙
香城為欲供養甚深般若波羅蜜多及說法
師法涌菩薩摩訶薩故今彼大士以我至誠
不遺所願來至門首唯願父母多與珎財及
許我身并先事我五百侍女持諸供具咸當
隨從常啼菩薩往妙香城礼敬供養甚深般
若波羅蜜多及說法師涌菩薩為得所說
諸佛法故
尒時父母聞女所說歡喜踊躍歎未曾有便
告女言如汝所說常啼菩薩甚為希有能採
如是大功德鎧勇猛精進求諸佛法所求佛
法微妙最勝廣大清淨不可思議能引世間
諸有情類令獲殊勝利益安樂汝於是法既
深愛重欲隨善友持諸供具往妙香城供養
般若波羅蜜多及說法師法涌菩薩為欲證
得諸佛法故我等云何不生隨喜今聽汝去
我等亦欲與汝相隨汝歡喜不女即白言甚

BD15313號　大般若波羅蜜多經卷三九九　（19–7）

得諸佛法故我等云何不生隨喜今聽汝去
我等亦欲與汝相隨汝歡喜不女即白言甚
大歡喜我尚不礙餘人善法況父母耶父母
報言汝應嚴辦供具侍從速當共往時長者
女即便營辦五百乘車七寶嚴飾亦令五百
常隨侍女恣意各取衆寶嚴身復取金銀吠
瑠璃寶頗胝迦寶末尼真珠帝青大青螺貝
璧玉珊瑚虎魄杵藏石藏及餘无量異類珎
財種種花香衣服纓絡寶幢幡蓋伎樂蘇油
上妙珎財各无量種并餘種種上妙供具其
女既辦如是事已恭敬啓請常啼菩薩前乘
一車身及父母侍女五百各乘一車圍遶　侍
從常啼菩薩漸漸東去至妙香城見城高廣
七寶成就於其城外周帀皆有七寶所成七
重垣墻七重樓觀七重欄楯七重寶塹七重
行列寶多羅樹是垣墻等平相間飾發種種
光其可愛樂此大寶城面各十二踰繕那量
清淨寬廣人物熾盛安隱豐樂中有五百街
巷市厘度量相當端嚴如畫於諸衢陌各有
清流亘以寶舫往來无雜一一街巷清淨嚴
飾灑以香水布以名花城及垣墻皆有却敵
雉堞樓閣紫金所成鎣以衆珎光明輝煥於
雉堞間廁以寶樹是二樹根莖枝葉及以
花果皆別寶成城垣樓閣及諸寶樹覆以金
網連以寶繩懸以金鈴綴以寶鐸微風吹動
發和雅音譬如善奏五支諸樂城外周帀七
重寶塹八功德水弥滿其中泠煖調和清澄

BD15313號　大般若波羅蜜多經卷三九九　（19–8）

網連以寶繩懸以金鈴綴以寶鐸微風吹動
發和雅音譬如善奏五支諸樂城外周帀七
重寶塹八功德水弥滿其中泠煖調和清澄
皎鏡水中處處有七寶舡間飾莊嚴衆所
樂見諸塹水內具衆妙花色香鮮郁遍覆水上
有五百苑周帀大城種種莊嚴甚可喜樂一
一苑內有五百池其池縱廣一俱盧舍七寶
莊飾悅可衆心於諸池內有四色花量如車
輪映蔽于水其花皆以七寶所成諸池苑中
多有衆鳥音聲相和聚散遨遊漸復前行即
便遙見法涌菩薩摩訶薩主處七寶臺坐師
子座无量无數百千俱胝那庾多衆前後圍
遶而為說法
尒時常啼菩薩摩訶薩最初遙見法涌菩薩
摩訶薩故身心悅樂譬如苾芻繫念一境忽
然得入第三靜慮既遙見已作是念言我等
不應乘車而趣法涌菩薩摩訶薩所作是念
已即便下車整理衣服時長者女及彼父母
侍女五百亦皆下車各以上妙衆寶衣服嚴
飾其身持諸供具恭敬圍遶常啼菩薩徐行
而趣法涌菩薩摩訶薩所其路邊有法涌菩
薩所營七寶大般若臺以赤栴檀而為塗飾
懸寶鈴鐸出微妙音周帀皆垂真珠羅網於
臺四角懸四寶珠以為燈明晝夜常照寶臺
四面有四香爐白銀所成衆寶嚴飾恒時燒
以黑沉水香散衆妙花而為供養臺中有座

摩

四面有四香爐白銀所成衆寶嚴飾恒時燒
以黑沉水香散衆妙花而為供養臺中有座
七寶所成其上重敷茵蓐綺帊於斯座上復
有一函四寶合成莊嚴綺麗一金二銀三吠瑠
璃四帝青寶真金葉上銷瑠璃汁書以般
若波羅蜜多置此函中恒時封印臺中處處
懸寶幡花間飾莊嚴甚可愛樂常啼菩薩長
者女等見此寶臺莊嚴殊妙合掌恭敬歎未
曾有復見帝釋與其无量百千天衆在寶臺
邊持天種種上妙香末及衆寶屑微妙香花
金銀花等散寶臺上於虛空中奏天伎樂常
啼菩薩見是事已問帝釋言何緣天主與諸
天衆供養此臺天帝釋曰大士今者豈不知
耶於此臺中有无上法名深般若波羅蜜多
是諸如來應正等覺及諸菩薩摩訶薩母能
生能攝一切如來應正等覺及諸菩薩摩訶
薩衆若菩薩摩訶薩能於此中精勤脩學
速到一切功德彼岸速能成辦一切佛法速能
證得一切智智由是因緣我等於此與諸眷
屬恭敬供養常啼菩薩聞已歡喜尋復問
天帝釋言如是所說甚深般若波羅蜜多今
在何處我欲供養唯願示之天帝釋言大士
知不甚深般若波羅蜜多在此臺中七寶座
上四寶函內真金為葉吠瑠璃寶以為其字
法涌菩薩以七寶印自封印之我等不能輒
開相示
尒時常啼菩薩摩訶薩及長者女并其父母

法涌菩薩以七寶印自封印之我等不能輙
開相示
尒時常啼菩薩摩訶薩及長者女并其父母
侍女五百聞是語已即取所持花香珎寶衣
服瓔珞寶幢幡蓋伎樂燈明及餘種種供養
之具分作二分先持一分詣寶臺所供養般
若波羅蜜多復持一分俱共往詣法涌菩薩
摩訶薩所到已皆見法涌菩薩坐師子座大
衆圍遶即以花香寶幢幡蓋衣服瓔珞伎樂
燈明諸珎寶等散列供養以說法師及所說
法法涌菩薩威神力故即令所散種種妙花
於虛空中當其頂上欻然合作一妙花臺衆
寶莊嚴甚可愛樂復令所散種種妙香於虛
空中當花臺上欻然合成一妙香蓋種種珎
寶而爲嚴飾復令所散諸妙寶衣於虛空中
當香蓋上欻然合成一妙寶帳亦以衆寶間
飾莊嚴餘所散列寶幢幡蓋伎樂燈明諸瓔
珞等自然涌在臺帳蓋邊周帀莊嚴如巧安
布常啼菩薩長者女等見是事已歡喜踊躍
異口同音皆共稱歎法涌菩薩摩訶薩言今
我大師甚爲希有能現如是大威神力爲菩
薩時尚能如是況得无上正等菩提是時常啼
及長者女并諸眷屬深心愛重法涌菩薩摩
訶薩故皆發无上正等覺心作是願言我等
由此殊勝善根願當來世必成如來應正等覺
我等由此殊勝善根願當來世精勤脩學菩
薩道時於深法門通達无礙如今大師法

BD15313號　大般若波羅蜜多經卷三九九　（19–11）

我等由此殊勝善根願當來世精勤脩學菩
薩道時於深法門通達无礙如今大師法
涌菩薩我等由此殊勝善根願當來世精勤
脩學菩薩道時能以上妙七寶臺閣及餘供
具供養般若波羅蜜多如今大師法涌菩薩
我等由此殊勝善根願當來世精勤脩學菩
薩道時處大衆中坐師子座宣說般若波羅
蜜多其深義理都无所畏如今大師法涌菩
薩我等由此殊勝善根願當來世精勤脩學
菩薩道時成就般若波羅蜜多巧方便力速
能成辦所求无上正等菩提如今大師法涌
菩薩我等由此殊勝善根願當來世精勤脩
學菩薩道時得勝神通變化自在利益安樂
无量有情如今大師法涌菩薩常啼菩薩及
長者女并諸眷屬持諸供具供養般若波羅
蜜多及說法師法涌菩薩摩訶薩已頂礼雙
足合掌恭敬右遶三帀却住一面
尒時常啼菩薩摩訶薩曲躬合掌白法涌菩
薩摩訶薩言我常樂居阿練若處求深般
若波羅蜜多曾於一時歘然聞有空中聲曰
善男子汝可東行決定得聞甚深般若波羅
蜜多我聞空中如是教已歡喜踊躍即便東
行未久之間作如是念我寧不問彼空中聲
遣我東行去當遠近至何城邑復從誰聞甚
深般若波羅蜜多作是念已即住其處起留
悲歎愁憂啼泣經七晝夜不辭疲倦不念睡

BD15313號　大般若波羅蜜多經卷三九九　（19–12）

邉我東行去當遠近至何城邑復從誰聞甚
深般若波羅蜜多作是念已即住其處號咷
悲歎愁憂啼泣經七晝夜不辭疲倦不念睡
眠不思飲食不想晝夜不怖寒熱於內外法
心不散亂唯作是念我於何時當聞般若波
羅蜜多我先何故不問空聲勸我東行去當
遠近至何處所復從誰聞甚深般若波羅蜜
多我於如是愁憂啼泣自歎恨時欻於我前
有佛像現告我言善男子汝以如是勇猛精
進愛樂恭敬求法之心從此東行過於五百
踰繕那量有大王城名具妙香中有菩薩名
為法涌常為无量百千有情宣說般若波羅
蜜多汝當從彼得聞般若波羅蜜多又善男
子法涌菩薩是汝長夜清淨善友示現教導
讚勵慶喜令汝速證所求无上正等菩提法
涌菩薩於過去世以勤苦行求深般若波羅
蜜多亦如汝今求之方便汝宜速往法涌菩
薩摩訶薩所勿生疑難莫計晝夜不久當聞
甚深般若波羅蜜多我時聞如是語已心
生適悅踊躍歡喜作是思惟何時當見法涌
菩薩從彼得聞甚深般若波羅蜜多聞已便
能永斷種種虛妄分別有所得見疾證无上
正等菩提作是念時於一切法即能現起无
障智見由斯智見即得現入无量殊勝三摩
地門我住如是三摩地中現見十方无量无
數无邊世界諸佛如來為諸菩薩摩訶薩眾
宣說般若波羅蜜多時諸如來應正等覺咸

BD15313 號　大般若波羅蜜多經卷三九九　（19–13）

地門我住如是三摩地中現見十方无量无
數无邊世界諸佛如來為諸菩薩摩訶薩眾
宣說般若波羅蜜多時諸如來應正等覺咸
共讚慰殷勤教誡教授我言善哉善哉善
男子我本行菩薩道時亦如汝今以勤苦行
求深般若波羅蜜多於勤苦時亦如汝今現
得如是諸三摩地我等尒時得是无量勝三
摩地究竟脩已則能成辦甚深般若波羅蜜
多方便善巧由斯能辦一切佛法便得住於
不退轉地時十方佛廣教慰我令歡喜已忽
然不現我從所證三摩地起不見諸佛心懷
惆悵作是思惟我向所見十方諸佛先從何
來今往何所誰能為我斷如是疑復作是念法
涌菩薩久已脩學甚深般若波羅蜜多方便
善巧已得无量陁羅尼門及三摩地於諸菩
薩自在神通已到究竟已曾供養无量如來
應正等覺於諸佛所發弘誓願種諸善根於
長夜中為我善友常攝受我令獲利樂我當
疾詣法涌菩薩摩訶薩所問向所見十方諸
佛先從何來今往何所彼能為我斷如是疑
我於尒時作是念已勇猛精進漸復東行在
苒多時入此城邑漸復前進遙見大師處七
寶臺坐師子座大眾圍遶而為說法我於是
處初見大師身心悅樂譬如苾芻忽然得入
第三靜慮故我今者請問大師我先所見十　慮　請
方諸佛先從何來今往何所唯願為我說彼
諸佛所從至處令我了知知已生生常見諸

BD15313 號　大般若波羅蜜多經卷三九九　（19–14）

方諸佛先從何来今往何所唯願爲我說彼
諸佛所從至處令我了知知已生生常見諸
佛
初分法涌菩薩品第七十八
尒時法涌菩薩摩訶薩告常啼菩薩摩訶薩
言善男子一切如来應正等覺明行圓滿善
逝世間解无上丈夫調御士天人師佛薄伽
梵所有法身无所從来亦无所去何以故善
男子諸法實性皆不動故善男子諸法真如
无来无去不可施設如是真如即是如来應
正等覺廣說乃至佛薄伽梵善男子諸法法
界无来无去不可施設如是法界即是如来
應正等覺廣說乃至佛薄伽梵善男子諸法
法性无来无去不可施設如是法性即是如
来應正等覺廣說乃至佛薄伽梵善男子不
虛妄性无来无去不可施設不虛妄性即是
如来應正等覺廣說乃至佛薄伽梵善男子
不變異性无来无去不可施設不變異性即
是如来應正等覺廣說乃至佛薄伽梵善男
子法平等性无来无去不可施設法平等性
即是如来應正等覺廣說乃至佛薄伽梵善
男子法離生性无来无去不可施設法離生
性即是如来應正等覺廣說乃至佛薄伽梵
善男子諸法定性无来无去不可施設諸法
定性即是如来應正等覺廣說乃至佛薄伽
梵善男子諸法住性无来无去不可施設諸

BD15313號　大般若波羅蜜多經卷三九九　（19–15）

善男子諸法定性无来无去不可施設諸法
定性即是如来應正等覺廣說乃至佛薄伽
梵善男子諸法住性无来无去不可施設諸
法住性即是如来應正等覺廣說乃至佛薄
伽梵善男子諸法實際无来无去不可施設
諸法實際即是如来應正等覺廣說乃至佛
薄伽梵善男子法虛空界无来无去不可施
設法虛空界即是如来應正等覺廣說乃至
佛薄伽梵善男子不思議界无来无去不可
施設不思議界即是如来應正等覺廣說乃
至佛薄伽梵善男子法无生性无来无去不
可施設法无生性即是如来應正等覺廣說
乃至佛薄伽梵善男子法无滅性无来无去
不可施設法无滅性即是如来應正等覺廣
說乃至佛薄伽梵善男子法如實性无来无
去不可施設法如實性即是如来應正等覺
廣說乃至佛伽梵善男子法遠離性无来
无去不可施設法遠離性即是如来應正等
覺廣說乃至佛薄伽梵善男子法寂靜性无
来无去不可施設法寂靜性即是如来應正
等覺廣說乃至佛薄伽梵善男子无染淨界
无来无去不可施設无染淨界即是如来應
正等覺廣說乃至佛薄伽梵善男子諸法空
性无来无去不可施設諸法空性即是如来
應正等覺廣說乃至佛薄伽梵善男子一切
如来應正等覺廣說乃至佛薄伽梵非即諸
法非離諸法善男子諸法真如如来真如一

BD15313號　大般若波羅蜜多經卷三九九　（19–16）

應正等覺廣說乃至佛薄伽梵善男子一切
如來應正等覺廣說乃至佛薄伽梵非即諸
法非離諸法善男子諸法真如如來真如一
而非二善男子諸法真如非合非散唯有一
相所謂无相善男子諸法真如非一非二非
三非四廣說乃至非百千等何以故善男子
諸法真如離數量故非有性故
復次善男子譬如有人熱際後分遊於曠野
日中渴乏見陽焰動作是念言我於今時定
當得水作是念已遂便往趣所見陽焰漸去
其遠即奔逐之轉復見遠種種方便求水不得
善男子於意云何是焰中水從何山谷泉池
中來今何所去為入東海為入西海南北海
邪常啼答言陽焰中水尚不可得況當可說
有所從來及有所至法涌菩薩語常啼言如
是如是如汝所說如彼渴人愚癡无知為熱
所逼見動陽焰於无水中妄生水想若謂如
來應正等覺有來有去亦復如是當知是人
愚癡无智何以故善男子一切如來應正等
覺不可以色身見夫如來者即是法身善男
子如來法身即是諸法真如法界真如法界
既不可說有來有去如來法身亦復如是无
來无去復次善男子譬如幻師或彼弟子幻
作種種象軍馬軍車軍步軍及牛羊等經須
臾頃忽然不現善男子於意云何是幻所作
從何而來去何所至常啼答言幻事非實如
何可說有來去處法涌菩薩語常啼言如是

BD15313號　大般若波羅蜜多經卷三九九　（19–17）

從何而來去何所至常啼答言幻事非實如
何可說有來去處法涌菩薩語常啼言如是
如是如汝所說若執幻事有來去者當知彼
人愚癡无智若謂如來應正等覺有來有去
亦復如是當知是人愚癡无智何以故善男
子一切如來應正等覺不可以色身見夫如
來者即是法身善男子如來法身即是諸法
真如法界真如法界既不可說有來有去如
來法身亦復如是无來无去復次善男子如
鏡等中有諸像現如是諸像暫有還无善男
子於意云何是鏡等像為從何來去何所至
常啼答言諸像非實如何說有來去處法
涌菩薩語常啼言如是如是如汝所說若執
諸像有來去者當知彼人愚癡无智若謂如
來應正等覺有來有去亦復如是當知是人
愚癡无智何以故善男子一切如來應正等
覺不可以色身見夫如來者即是法身善男
子如來法身即是諸法真如法界如法界
即不可說有來有去如來法身亦復如是无
來无去復次善男子如谷等中有諸響現如
是諸響暫有還无善男子於意云何是谷等
響為從何來去何所至常啼答言諸響非實
如何可說有來去處法涌菩薩語常啼言如
是如是如汝所說若執諸響有來去者當知
彼人愚癡无智若謂如來應正等覺有來有
去亦復如是當知是人愚癡无智何以故善
男子一切如來應正等覺不可以色身見夫

BD15313號　大般若波羅蜜多經卷三九九　（19–18）

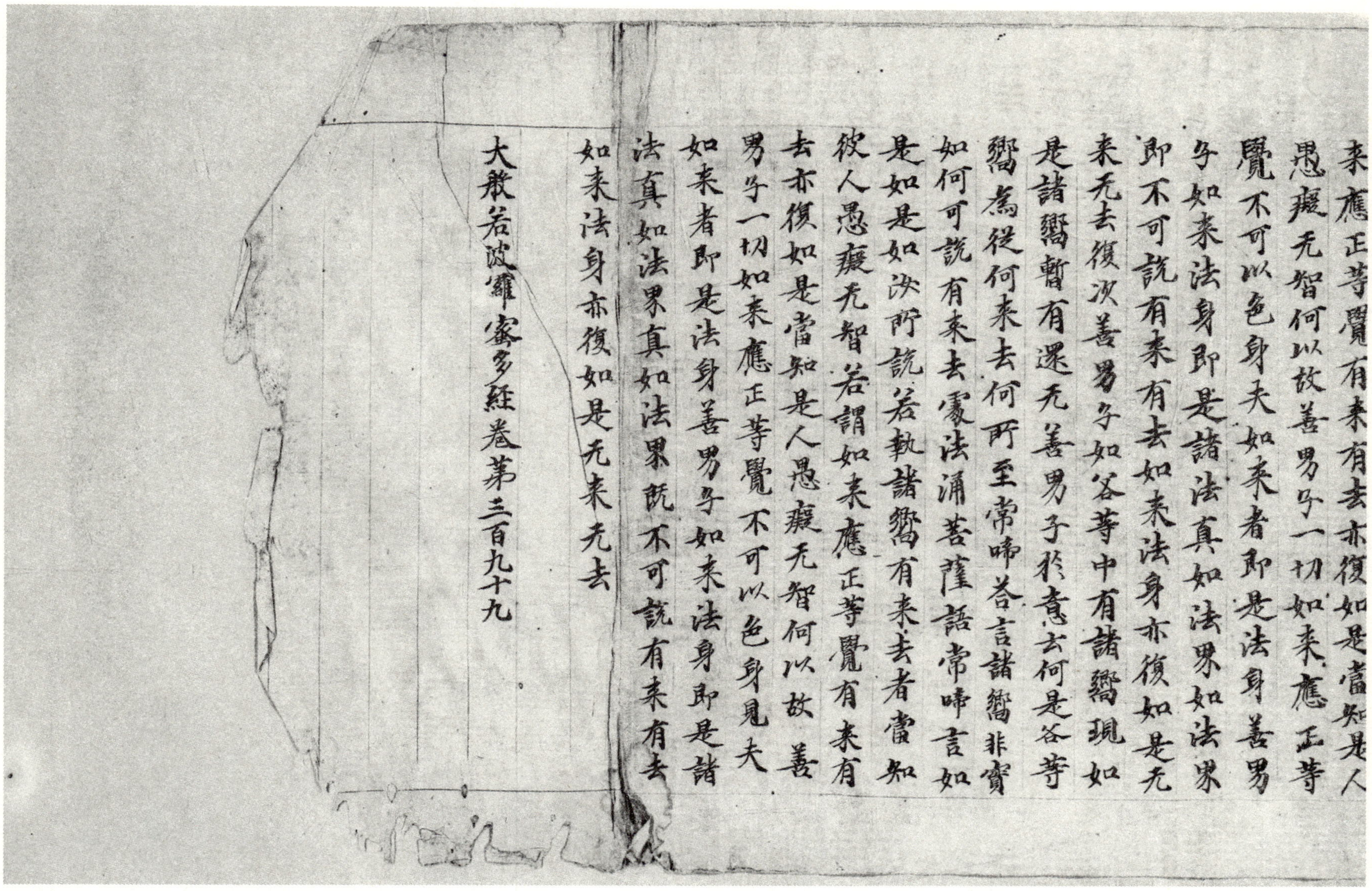
來應正等覺有來有去亦復如是當知是人
愚癡无智何以故善男子一切如來應正等
覺不可以色身夫如來者即是法身善男
子如來法身即是諸法真如法界如法界
即不可說有來有去如來法身亦復如是无
來无去復次善男子如谷等中有諸響現如
是諸響暫有還无善男子於意云何是谷等
響為從何來去何所至常啼荅言諸響非實
如何可說有來去處法涌菩薩語常啼言如
是如是如汝所說若執諸響有來去者當知
彼人愚癡无智若謂如來應正等覺有來有
去亦復如是當知是人愚癡无智何以故善
男子一切如來應正等覺不可以色身見夫
如來者即是法身善男子如來法身即是諸
法真如法界真如法界既不可說有來有去
如來法身亦復如是无來无去

大般若波羅蜜多經卷第三百九十九

BD15313 號　大般若波羅蜜多經卷三九九　（19–19）

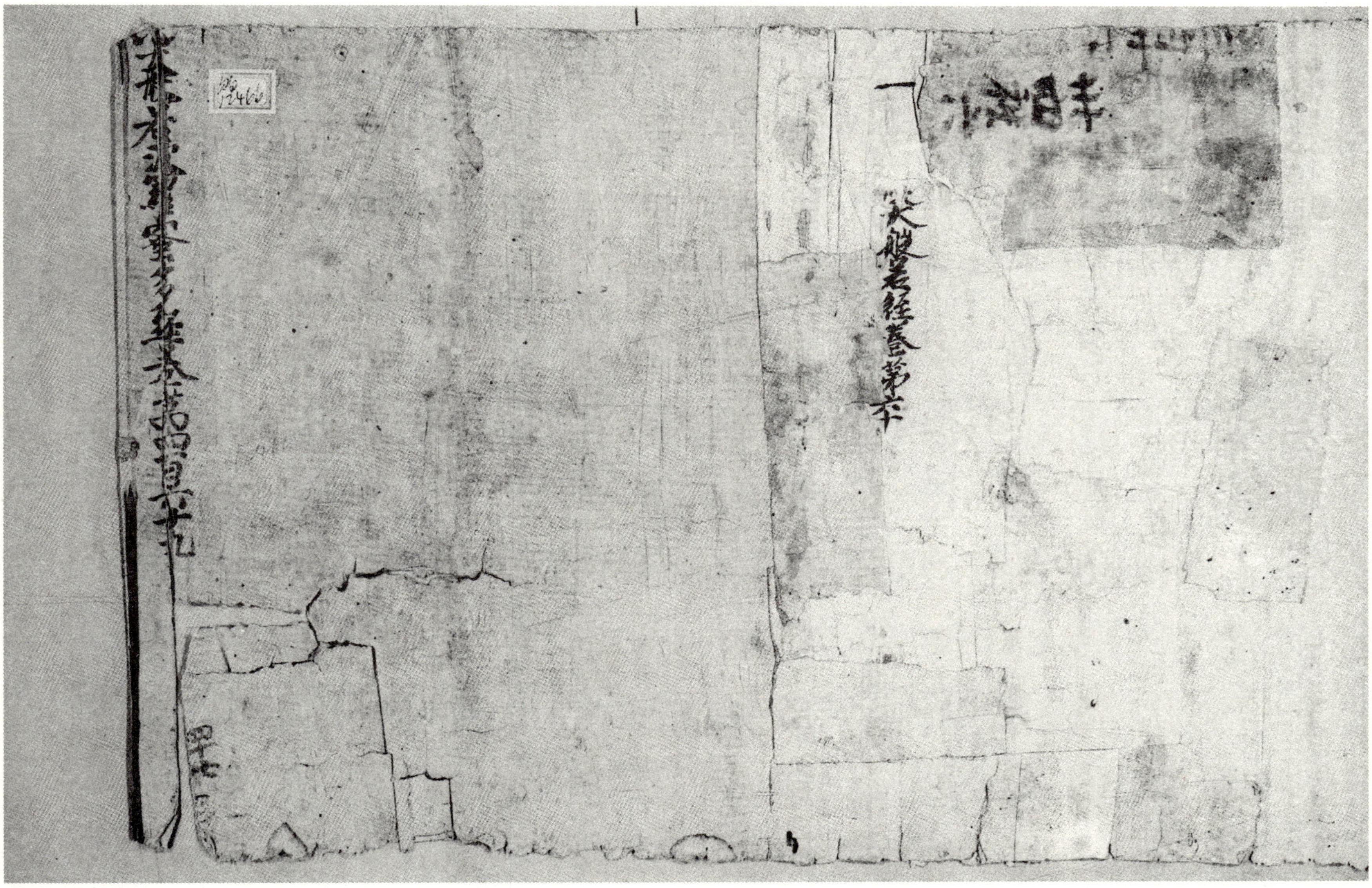

BD15314 號背　護首　（1–1）

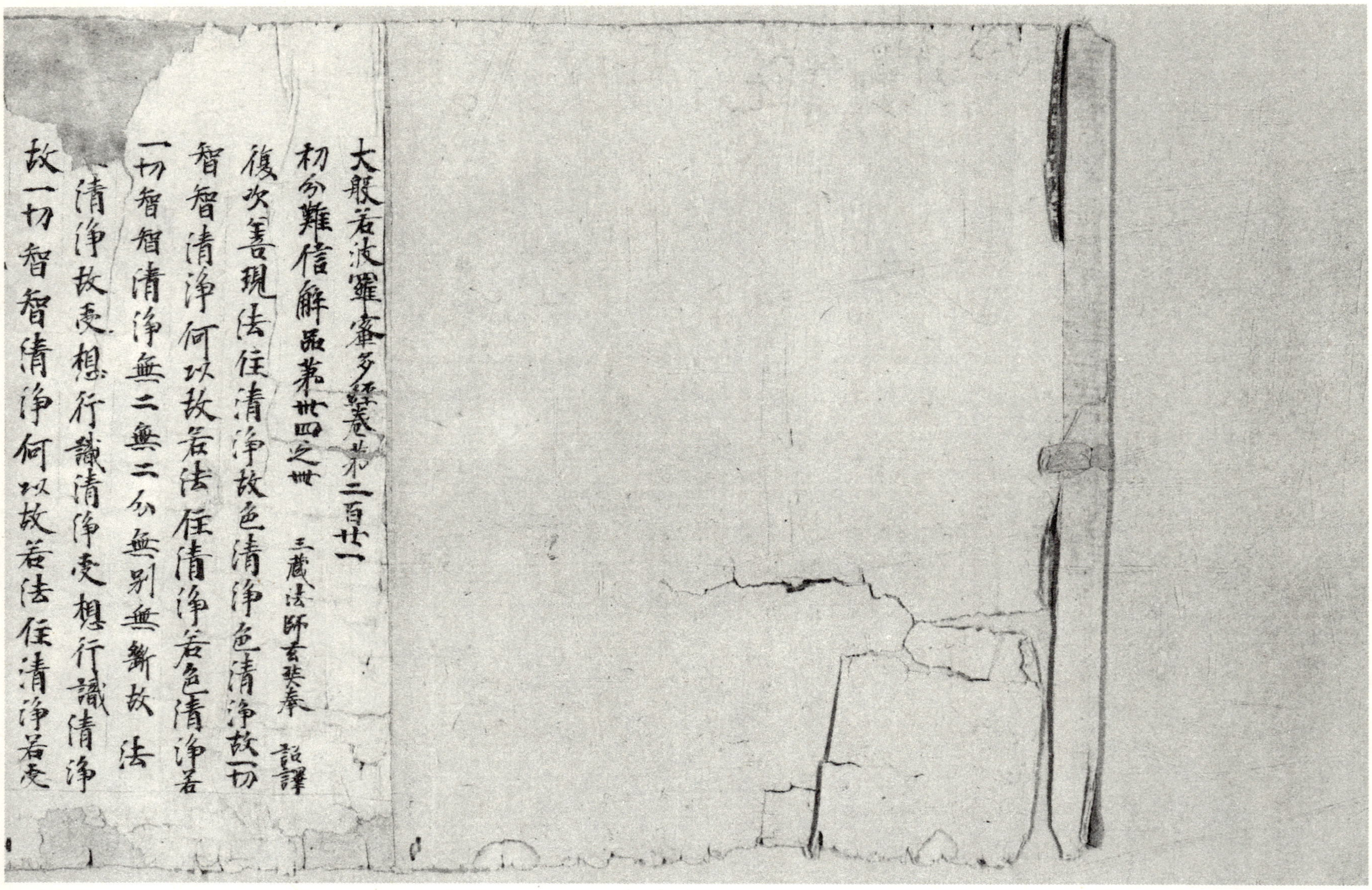

大般若波羅蜜多經卷第二百廿一
初分難信解品第卅四之卌　三藏法師玄奘奉　詔譯
復次善現法性清淨故色清淨色清淨故一切
智智清淨何以故若法性清淨若色清淨若
一切智智清淨無二無二分無別無斷故法
清淨故受想行識清淨受想行識清淨
故一切智智清淨何以故若法性清淨若受

BD15314 號　大般若波羅蜜多經卷二二一　（20–1）

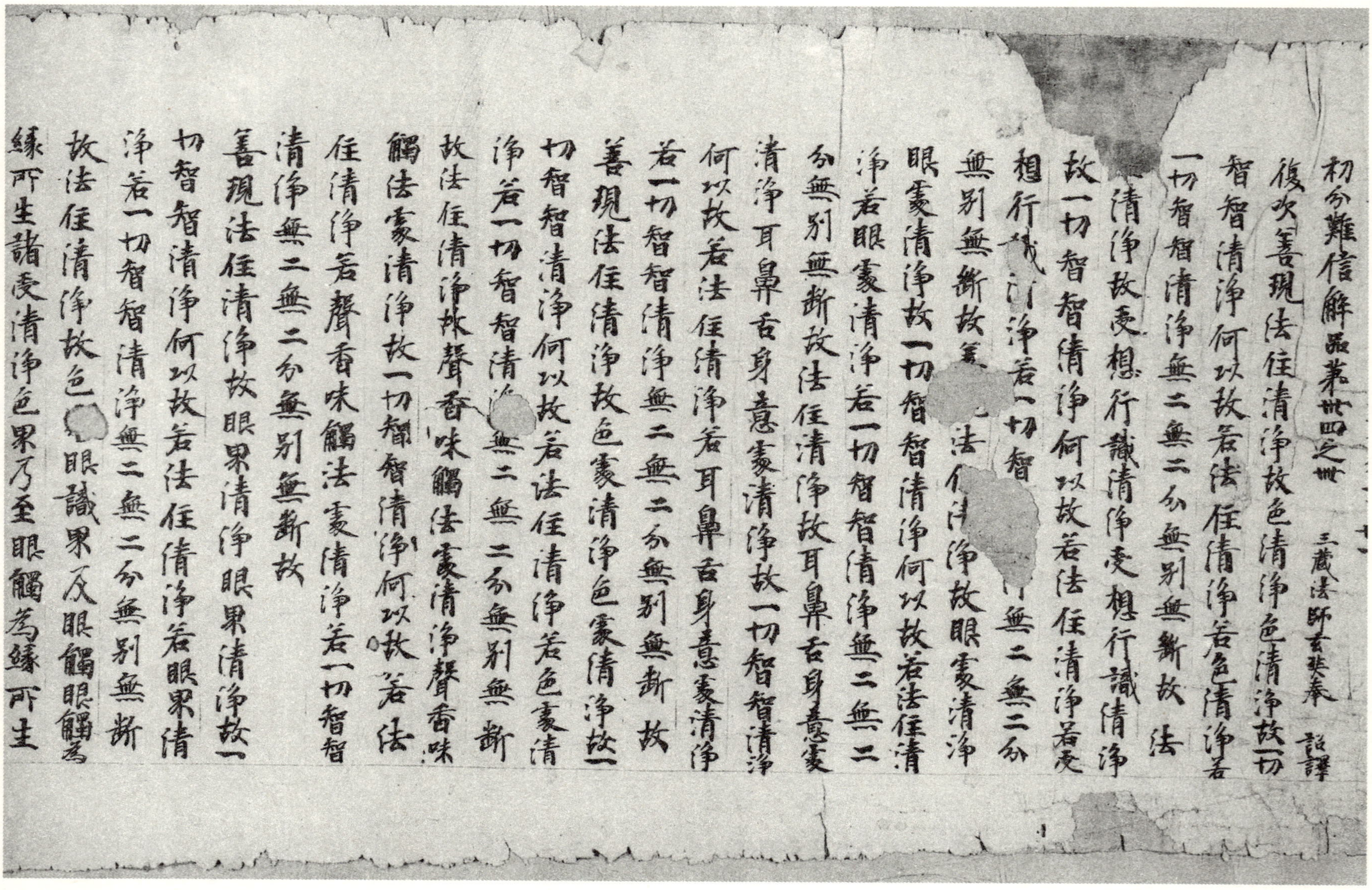

初分難信解品第卅四之卌　三藏法師玄奘奉　詔譯
復次善現法性清淨故色清淨色清淨故一切
智智清淨何以故若法性清淨若色清淨若
一切智智清淨無二無二分無別無斷故法
清淨故受想行識清淨受想行識清淨
故一切智智清淨何以故若法性清淨若受
想行識清淨若一切智智清淨無二無二分
無別無斷故法性清淨故眼處清淨
眼處清淨故一切智智清淨何以故若法性清
淨若眼處清淨若一切智智清淨無二無二
分無別無斷故法性清淨故耳鼻舌身意處
清淨耳鼻舌身意處清淨故一切智智清淨
何以故若法性清淨若耳鼻舌身意處清淨
若一切智智清淨無二無二分無別無斷故
善現法性清淨故色處清淨色處清淨故一
切智智清淨何以故若法性清淨若色處清
淨若一切智智清淨無二無二分無別無斷
故法性清淨故聲香味觸法處清淨聲香味
觸法處清淨故一切智智清淨何以故若法
性清淨若聲香味觸法處清淨若一切智智
清淨無二無二分無別無斷故
善現法性清淨故眼界清淨眼界清淨故一
切智智清淨何以故若法性清淨若眼界清
淨若一切智智清淨無二無二分無別無斷
故法性清淨故色界眼識界及眼觸眼觸為
緣所生諸受清淨色界乃至眼觸為緣所生

BD15314 號　大般若波羅蜜多經卷二二一　（20–2）

善現法住清淨故眼界清淨眼界清淨故一
切智智清淨何以故若法住清淨若眼界清
淨若一切智智清淨無二無二分無別無斷
故法住清淨故色界眼識界及眼觸眼觸為
緣所生諸受清淨色界乃至眼觸為緣所生
諸受清淨故一切智智清淨何以故若法住
清淨若色界乃至眼觸為緣所生諸受清淨
若一切智智清淨無二無二分無別無斷故
善現法住清淨故耳界清淨耳界清淨故一
切智智清淨何以故若法住清淨若耳界清
淨若一切智智清淨無二無二分無別無斷
故法住清淨故聲界耳識界及耳觸耳觸
為緣所生諸受清淨聲界乃至耳觸為緣所
生諸受清淨故一切智智清淨何以故若法住
清淨若聲界乃至耳觸為緣所生諸受清淨
若一切智智清淨無二無二分無別無斷故善
現法住清淨故鼻界清淨鼻界清淨故一
切智智清淨何以故若法住清淨若鼻界清
淨若一切智智清淨無二無二分無別無斷
故法住清淨故香界鼻識界及鼻觸鼻觸
為緣所生諸受清淨香界乃至鼻觸為緣所
生諸受清淨故一切智智清淨何以故若法住
清淨若香界乃至鼻觸為緣所生諸受清
淨若一切智智清淨無二無二分無別無斷故
善現法住清淨故舌界清淨舌界清淨故一
切智智清淨何以故若法住清淨若舌界清

BD15314 號　大般若波羅蜜多經卷二二一　（20–3）

清淨若香界乃至鼻觸為緣所生諸受清
淨若一切智智清淨無二無二分無別無斷故
善現法住清淨故舌界清淨舌界清淨故一
切智智清淨何以故若法住清淨若舌界清
淨若一切智智清淨無二無二分無別無斷
故法住清淨故味界舌識界及舌觸舌觸為
緣所生諸受清淨味界乃至舌觸為緣所生
諸受清淨故一切智智清淨何以故若法住清
淨若味界乃至舌觸為緣所生諸受清淨
若一切智智清淨無二無二分無別無斷故
善現法住清淨故身界清淨身界清淨故
一切智智清淨何以故若法住清淨若身界清
淨若一切智智清淨無二無二分無別無斷故
法住清淨故觸界身識界及身觸身觸為
緣所生諸受清淨觸界乃至身觸為緣所生
諸受清淨故一切智智清淨何以故若法住
清淨若觸界乃至身觸為緣所生諸受清淨
若一切智智清淨無二無二分無別無斷故
善現法住清淨故意界清淨意界清淨故一
切智智清淨何以故若法住清淨若意界清
淨若一切智智清淨無二無二分無別無斷
故法住清淨故法界意識界及意觸意觸
為緣所生諸受清淨法界乃至意觸為緣所生
諸受清淨故一切智智清淨何以故若法住
清淨若法界乃至意觸為緣所生諸受清淨
若一切智智清淨無二無二分無別無斷故善

BD15314 號　大般若波羅蜜多經卷二二一　（20–4）

為縁所生諸受清淨法界乃至意觸為縁所生
諸受清淨故一切智智清淨何以故若法性
清淨若法界乃至意觸為縁所生諸受清淨
若一切智智清淨無二無二分無別無斷故善
現法性清淨故地界清淨地界清淨故一
切智智清淨何以故若法性清淨若地界清
淨若一切智智清淨無二無二分無別無斷
故法性清淨故水火風空識界清淨水火風空
識界清淨故一切智智清淨何以故若法性
清淨若水火風空識界清淨若一切智智清
淨無二無二分無別無斷故善現法性清淨
故無明清淨無明清淨故一切智智清淨
何以故若法性清淨若無明清淨若一切智
智清淨無二無二分無別無斷故法性清淨
故行識名色六處觸受愛取有生老死愁歎
苦憂惱清淨行乃至老死愁歎苦憂惱清淨
故一切智智清淨何以故若法性清淨若行乃
至老死愁歎苦憂惱清淨若一切智智清淨
無二無二分無別無斷故
善現法性清淨故布施波羅蜜多清淨布
施波羅蜜多清淨故一切智智清淨何以故若
法性清淨若布施波羅蜜多清淨若一切智
智清淨無二無二分無別無斷故法性清淨
故淨戒安忍精進靜慮般若波羅蜜多清
淨淨戒乃至般若波羅蜜多清淨故一切智
智清淨何以故若法性清淨若淨戒乃至般若

BD15314號　大般若波羅蜜多經卷二二一　(20-5)

智清淨無二無二分無別無斷故法性清淨
故淨戒安忍精進靜慮般若波羅蜜多清
淨淨戒乃至般若波羅蜜多清淨故一切智
智清淨何以故若法性清淨若淨戒乃至般若
波羅蜜多清淨若一切智智清淨無二無二
分無別無斷故善現法性清淨故內空清淨
內空清淨故一切智智清淨何以故若法性清
淨若內空清淨若一切智智清淨無二無二
分無別無斷故法性清淨故外空內外空空
空大空勝義空有為空無為空畢竟空
無際空散空無變異空本性空自相空共相空
一切法空不可得空無性空自性空無性自性空
清淨外空乃至無性自性空清淨故一切智
智清淨何以故若法性清淨若外空乃至
無性自性空清淨若一切智智清淨無二
無二分無別無斷故善現法性清淨故真如
清淨真如清淨故一切智智清淨何以故若法
性清淨若真如清淨若一切智智清淨無
二無二分無別無斷故法性清淨故法界法
性不虛妄性不變異性平等性離生性法定
實際虛空界不思議界清淨法界乃至不思
議界清淨故一切智智清淨何以故若法性清淨
若法界乃至不思議界清淨若一切智智
清淨無二無二分無別無斷故善現法性
清淨故苦聖諦清淨苦聖諦清淨故一切
智智清淨何以故若法性清淨若苦聖諦清淨

BD15314號　大般若波羅蜜多經卷二二一　(20-6)

若法界乃至不思議界清淨若一切智智
清淨無二無二分無別無斷故善現法住
清淨故苦聖諦清淨苦聖諦清淨故一切
智智清淨何以故若法住清淨若苦聖諦清淨
若一切智智清淨無二無二分無別無斷故
法住清淨故集滅道聖諦清淨集滅道聖諦
清淨故一切智智清淨何以故若法住清淨
若集滅道聖諦清淨若一切智智清淨無二
無二分無別無斷故善現法住清淨故四靜
慮清淨四靜慮清淨故一切智智清淨何以
故若法住清淨若四靜慮清淨若一切智智
清淨無二無二分無別無斷故法住清淨故四
無量四無色定清淨四無量四無色定清淨
故一切智智清淨何以故若法住清淨若四無
量四無色定清淨若一切智智清淨無二
無二分無別無斷故善現法住清淨故八解
脫清淨八解脫清淨故一切智智清淨何
以故若法住清淨若八解脫清淨若一切智
智清淨無二無二分無別無斷故法住清淨
故八勝處九次第定十遍處清淨八勝處九
次第定十遍處清淨故一切智智清淨何以
故若法住清淨若八勝處九次第定十遍處
清淨若一切智智清淨無二無二分無別無斷
故善現法住清淨故四念住清淨四念住清
淨故一切智智清淨何以故若法住清淨若四
念住清淨若一切智智清淨無二無二分無

BD15314號　大般若波羅蜜多經卷二二一　（20–7）

故若法住清淨若八勝處九次第定十遍處
清淨若一切智智清淨無二無二分無別無斷
故善現法住清淨故四念住清淨四念住清
淨故一切智智清淨何以故若法住清淨若四
念住清淨若一切智智清淨無二無二分無
別無斷故法住清淨故四正斷四神足五
根五力七等覺支八聖道支清淨四正斷
乃至八聖道支清淨故一切智智清淨何以
故若法住清淨若四正斷乃至八聖道支清
淨若一切智智清淨無二無二分無別無斷
故善現法住清淨故空解脫門清淨空解脫
門清淨故一切智智清淨何以故若法住清
淨若空解脫門清淨若一切智智清淨無二
無二分無別無斷故法住清淨無相無願
解脫門清淨無相無願解脫門清淨故一切
智智清淨何以故若法住清淨若無相無願
解脫門清淨若一切智智清淨無二無二分
無別無斷故善現法住清淨故菩薩十地清
淨菩薩十地清淨故一切智智清淨何以故
若法住清淨若菩薩十地清淨若一切智智
清淨無二無二分無別無斷故
善現法住清淨故五眼清淨五眼清淨故一
切智智清淨何以故若法住清淨若五眼清
淨若一切智智清淨無二無二分無別無斷
故法住清淨故六神通清淨六神通清淨故
一切智智清淨何以故若法住清淨若六神通

BD15314號　大般若波羅蜜多經卷二二一　（20–8）

切智智清淨何以故若法住清淨若五眼清
淨若一切智智清淨無二無二分無別無斷
故法住清淨故六神通清淨六神通清淨故
一切智智清淨何以故若法住清淨若六神通
清淨若一切智智清淨無二無二分無別無
斷故善現法住清淨故佛十力清淨佛十
力清淨故一切智智清淨何以故若法住清
淨若佛十力清淨若一切智智清淨無二無
二分無別無斷故法住清淨故四無所畏四無
礙解大慈大悲大喜大捨十八佛不共法
清淨四無所畏乃至十八佛不共法清淨故
一切智智清淨何以故若法住清淨若四無
所畏乃至十八佛不共法清淨若一切智智
清淨無二無二分無別無斷故善現法住清
淨故無忘失法清淨無忘失法清淨故一切
智智清淨何以故若法住清淨若無忘失法
清淨若一切智智清淨無二無二分無別無
斷故法住清淨故恒住捨性清淨恒住捨性
清淨故一切智智清淨何以故若法住清淨
若恒住捨性清淨若一切智智清淨無二無
二分無別無斷故善現法住清淨故一切智
清淨一切智清淨故一切智智清淨何以故
若法住清淨若一切智清淨若一切智智清
淨無二無二分無別無斷故法住清淨故道
相智一切相智清淨道相智一切相智清淨
故一切智智清淨何以故若法住清淨若道

BD15314 號　大般若波羅蜜多經卷二二一　（20–9）

若法住清淨若一切智智清
淨無二無二分無別無斷故法住清淨故道
相智一切相智清淨道相智一切相智清淨
故一切智智清淨何以故若法住清淨若道
相智一切相智清淨若一切智智清淨無二
無二分無別無斷故善現法住清淨故一切
陀羅尼門清淨一切陀羅尼門清淨故一切
智智清淨何以故若法住清淨若一切陀羅
尼門清淨若一切智智清淨無二無二分無
別無斷故法住清淨故一切三摩地門清淨
一切三摩地門清淨故一切智智清淨何以故
若法住清淨若一切三摩地門清淨若一切
智智清淨無二無二分無別無斷故
善現法住清淨故預流果清淨預流果清淨
故一切智智清淨何以故若法住清淨若預
流果清淨若一切智智清淨無二無二分無
別無斷故法住清淨故一來不還阿羅漢果
清淨一來不還阿羅漢果清淨故一切智智
清淨何以故若法住清淨若一來不還阿羅
漢果清淨若一切智智清淨無二無二分無
別無斷故善現法住清淨故獨覺菩提清淨
獨覺菩提清淨故一切智智清淨何以故若
法住清淨若獨覺菩提清淨若一切智智清
淨無二無二分無別無斷故善現法住清淨
故一切菩薩摩訶薩行清淨一切菩薩摩訶
薩行清淨故一切智智清淨何以故若法住

BD15314 號　大般若波羅蜜多經卷二二一　（20–10）

淨無二無二分無別無斷故善現法住清淨
故一切菩薩摩訶薩行清淨一切菩薩摩訶
薩行清淨故一切智智清淨何以故若法住
清淨若一切菩薩摩訶薩行清淨若一切智
智清淨無二無二分無別無斷故善現法住
清淨故諸佛無上正等菩提清淨諸佛無上
正等菩提清淨故一切智智清淨何以故若法
住清淨若諸佛無上正等菩提清淨若一
切智智清淨無二無二分無別無斷故
復次善現實際清淨故色清淨色清淨故
一切智智清淨何以故若實際清淨若色清淨
若一切智智清淨無二無二分無別無斷故實
際清淨故受想行識清淨受想行識清淨
故一切智智清淨何以故若實際清淨若受
想行識清淨若一切智智清淨無二無二分
無別無斷故善現實際清淨故眼處清淨
眼處清淨故一切智智清淨何以故若實際清
淨若眼處清淨若一切智智清淨無二無二
分無別無斷故實際清淨故耳鼻舌身意
處清淨耳鼻舌身意處清淨故一切智智清淨
何以故若實際清淨若耳鼻舌身意處清
淨若一切智智清淨無二無二分無別無斷故
善現實際清淨故色處清淨色處清淨故一
切智智清淨何以故若實際清淨若色處清
淨若一切智智清淨無二無二分無別無斷故
實際清淨故聲香味觸法處清淨聲香味

BD15314 號　大般若波羅蜜多經卷二二一　（20–11）

切智智清淨何以故若實際清淨若色處清
淨若一切智智清淨無二無二分無別無斷故
實際清淨故聲香味觸法處清淨聲香味
觸法處清淨故一切智智清淨何以故若實
際清淨若聲香味觸法處清淨若一切智智
清淨無二無二分無別無斷故善現實際清
淨故眼界清淨眼界清淨故一切智智清淨
何以故若實際清淨若眼界清淨若一切智
智清淨無二無二分無別無斷故實際清淨
故色界眼識界及眼觸眼觸為緣所生諸受
清淨色界乃至眼觸為緣所生諸受清淨故
一切智智清淨何以故若實際清淨若色界
乃至眼觸為緣所生諸受清淨若一切智智
清淨無二無二分無別無斷故善現實際清
淨故耳界清淨耳界清淨故一切智智清淨
何以故若實際清淨若耳界清淨若一切智智
清淨無二無二分無別無斷故實際清淨
故聲界耳識界及耳觸耳觸為緣所生諸
受清淨聲界乃至耳觸為緣所生諸受清
淨故一切智智清淨何以故若實際清淨若聲
界乃至耳觸為緣所生諸受清淨若一切智智
清淨無二無二分無別無斷故善現實際清
淨故鼻界清淨鼻界清淨故一切智智清淨
何以故若實際清淨若鼻界清淨若一切智智
清淨無二無二分無別無斷故實際清淨故
香界鼻識界及鼻觸鼻觸為緣所生諸受

BD15314 號　大般若波羅蜜多經卷二二一　（20–12）

清淨無二無二分無別無斷故善現實際清
淨故鼻界清淨鼻界清淨故一切智智清淨
何以故若實際清淨若鼻界清淨若一切智智
清淨無二無二分無別無斷故實際清淨故
香界鼻識界及鼻觸鼻觸為緣所生諸受
清淨香界乃至鼻觸為緣所生諸受清淨故
一切智智清淨何以故若實際清淨若香界
乃至鼻觸為緣所生諸受清淨若一切智智
清淨無二無二分無別無斷故善現實際清
淨故舌界清淨舌界清淨故一切智智清淨
何以故若實際清淨若舌界清淨若一切智
智清淨無二無二分無別無斷故實際清淨
故味界舌識界及舌觸舌觸為緣所生諸受
清淨味界乃至舌觸為緣所生諸受清淨故
一切智智清淨何以故若實際清淨若味界
乃至舌觸為緣所生諸受清淨若一切智智
清淨無二無二分無別無斷故善現實際清
淨故身界清淨身界清淨故一切智智清淨
何以故若實際清淨若身界清淨若一切智智
清淨無二無二分無別無斷故實際清淨故
觸界身識界及身觸身觸為緣所生諸受
清淨觸界乃至身觸為緣所生諸受清淨故
一切智智清淨何以故若實際清淨若觸界乃
至身觸為緣所生諸受清淨若一切智智
清淨無二無二分無別無斷故善現實際清
淨故意界清淨意界清淨故一切智智清淨

BD15314 號　大般若波羅蜜多經卷二二一　（20–13）

一切智智清淨何以故若實際清淨若觸界乃
至身觸為緣所生諸受清淨若一切智智
清淨無二無二分無別無斷故善現實際清
淨故意界清淨意界清淨故一切智智清淨
何以故若實際清淨若意界清淨若一切智
智清淨無二無二分無別無斷故實際清淨
故法界意識界及意觸意觸為緣所生諸受
清淨法界乃至意觸為緣所生諸受清淨故
一切智智清淨何以故若實際清淨若法界
乃至意觸為緣所生諸受清淨若一切智智
清淨無二無二分無別無斷故善現實際清
淨故地界清淨地界清淨故一切智智清淨何
以故若實際清淨若地界清淨若一切智智
清淨無二無二分無別無斷故實際清淨故
水火風空識界清淨水火風空識界清淨
故一切智智清淨何以故若實際清淨若水
火風空識界清淨若一切智智清淨無二無
二分無別無斷故善現實際清淨無明清
淨無明清淨故一切智智清淨何以故若實
際清淨若無明清淨若一切智智清淨無二
無二分無別無斷實際清淨故行識名
色六處觸受愛取有生老死愁歎苦憂惱清
淨行乃至老死愁歎苦憂惱清淨故一切智智
清淨何以故若實際清淨若行乃至老死愁
歎苦憂惱清淨若一切智智清淨無二無
二分無別無斷故

BD15314 號　大般若波羅蜜多經卷二二一　（20–14）

淨行乃至老死愁歎苦憂惱清淨故一切智智
清淨何以故若實際清淨若行乃至老死愁
歎苦憂惱清淨若一切智智清淨無二無
二分無別無斷故
善現實際清淨故布施波羅蜜多清淨布施
波羅蜜多清淨故一切智智清淨何以故若實
際清淨若布施波羅蜜多清淨若一切智智
清淨無二無二分無別無斷故實際清淨故
淨戒安忍精進靜慮般若波羅蜜多清淨
淨戒乃至般若波羅蜜多清淨故一切智智
清淨何以故若實際清淨若淨戒乃至般若
波羅蜜多清淨若一切智智清淨無二無二
分無別無斷故善現實際清淨故內空清淨
內空清淨故一切智智清淨何以故若實際
清淨若內空清淨若一切智智清淨無二無
二分無別無斷故實際清淨故外空內外空
空空大空勝義空有為空無為空畢竟
空無際空散空無變異空本性空自相空共相
空一切法空不可得空無性空自性空無性自
性空清淨外空乃至無性自性空清淨故一切
智智清淨何以故若實際清淨若外空乃
至無性自性空清淨若一切智智清淨無二
無二分無別無斷故善現實際清淨故真
如清淨真如清淨故一切智智清淨何以故若
實際清淨若真如清淨若一切智智清淨無
二無二分無別無斷故實際清淨故法界法

BD15314 號　大般若波羅蜜多經卷二二一　（20–15）

無二分無別無斷故善現實際清淨故真
如清淨真如清淨故一切智智清淨何以故若
實際清淨若真如清淨若一切智智清淨無
二無二分無別無斷故實際清淨故法界法
性不虛妄性不變異性平等性離生性法定
法住虛空界不思議界清淨法界乃至不思
議界清淨故一切智智清淨何以故若實際
清淨若法界乃至不思議界清淨若一切智
智清淨無二無二分無別無斷故善現實際
清淨故苦聖諦清淨苦聖諦清淨故一切智
智清淨何以故若實際清淨若苦聖諦清淨
若一切智智清淨無二無二分無別無斷故
實際清淨故集滅道聖諦清淨集滅道聖
諦清淨故一切智智清淨何以故若實際清淨
若集滅道聖諦清淨若一切智智清淨無二
無二分無別無斷故善現實際清淨故四靜
慮清淨四靜慮清淨故一切智智清淨何以
故若實際清淨若四靜慮清淨若一切智智
清淨無二無二分無別無斷故實際清淨故
四無量四無色定清淨四無量四無色定清淨
故一切智智清淨何以故若實際清淨若
四無量四無色定清淨若一切智智清淨無
二無二分無別無斷故善現實際清淨故八
解脫清淨八解脫清淨故一切智智清淨何
以故若實際清淨若八解脫清淨若一切智
智清淨無二無二分無別無斷故實際清淨

BD15314 號　大般若波羅蜜多經卷二二一　（20–16）

二無二分無別無斷故善現實際清淨故八
解脫清淨八解脫清淨故一切智智清淨何
以故若實際清淨若八解脫清淨若一切智
智清淨無二無二分無別無斷故實際清淨
故八勝處九次第定十遍處清淨八勝處九
次第定十遍處清淨故一切智智清淨何以
故若實際清淨若八勝處九次第定十遍
處清淨若一切智智清淨無二無二分無別無
斷故善現實際清淨故四念住清淨四念住
清淨故一切智智清淨何以故若實際清淨若
四念住清淨若一切智智清淨無二無二分
無別無斷故善現實際清淨故四正斷四神
足五根五力七等覺支八聖道支清淨四正
斷乃至八聖道支清淨故一切智智清淨何以
故若實際清淨若四正斷乃至八聖道支清
淨若一切智智清淨無二無二分無別無斷故
善現實際清淨故空解脫門清淨空解脫
門清淨故一切智智清淨何以故若實際清
淨若實解脫門清淨若一切智智清淨無二
無二分無別無斷故實際清淨故無相無願
解脫門清淨無相無願解脫門清淨故一切智
智清淨何以故若實際清淨若無相無願解
脫門清淨若一切智智清淨無二無二分
無別無斷故善現實際清淨故菩薩十地清
淨菩薩十地清淨故一切智智清淨何以故若
實際清淨若菩薩十地清淨若一切智智清

BD15314號　大般若波羅蜜多經卷二二一　(20–17)

無別無斷故善現實際清淨故菩薩十地清
淨菩薩十地清淨故一切智智清淨何以故若
實際清淨若菩薩十地清淨若一切智智清
淨無二無二分無別無斷故
善現實際清淨故五眼清淨五眼清淨故一
切智智清淨何以故若實際清淨若五眼清
淨若一切智智清淨無二無二分無別無斷
故實際清淨故六神通清淨六神通清淨故
一切智智清淨何以故若實際清淨若六神
通清淨若一切智智清淨無二無二分無別
無斷故善現實際清淨故佛十力清淨佛十
力清淨故一切智智清淨何以故若實際清淨
若佛十力清淨若一切智智清淨無二無
二分無別無斷故實際清淨故四無所畏四
無礙解大慈大悲大喜大捨十八佛不共
法清淨四無所畏乃至十八佛不法共清淨故
一切智智清淨何以故若實際清淨若四無
所畏乃至十八佛不共法清淨若一切智智
清淨無二無二分無別無斷故善現實際
清淨故無忘失法清淨無忘失法清淨故一
切智智清淨何以故若實際清淨若無忘失法
清淨若一切智智清淨無二無二分無別無斷
故實際清淨故恒住捨性清淨恒住捨性清
淨故一切智智清淨何以故若實際清淨若
恒住捨性清淨若一切智智清淨無二無
二分無別無斷故善現實際清淨故一切智

BD15314號　大般若波羅蜜多經卷二二一　(20–18)

故實際清淨故恒住捨性清淨恒住捨性清
淨故一切智智清淨何以故若實際清淨若
恒住捨性清淨若一切智智清淨無二無
二分無別無斷故善現實際清淨故一切智
清淨一切智清淨故一切智智清淨何以故
若實際清淨若一切智清淨若一切智智清
淨無二無二分無別無斷故實際清淨故道
相智一切相智清淨道相智一切相智清淨
故一切智智清淨何以故若實際清淨若
道相智一切相智清淨若一切智智清淨無二
無二分無別無斷故善現實際清淨故一切
陁羅尼門清淨一切陁羅尼門清淨故一切
智智清淨何以故若實際清淨若一切陁羅
尼門清淨若一切智智清淨無二無二分無
別無斷故實際清淨故一切三摩地門清淨
一切三摩地門清淨故一切智智清淨何以故
若實際清淨若一切三摩地門清淨若一切
智智清淨無二無二分無別無斷故
善現實際清淨故預流果清淨預流果清
淨故一切智智清淨何以故若實際清淨若
預流果清淨若一切智智清淨無二無二分
無別無斷故實際清淨故一來不還阿羅
漢果清淨一來不還阿羅漢果清淨故一切智
智清淨何以故若實際清淨若一來不還阿
羅漢果清淨若一切智智清淨無二無二分無
別無斷故善現實際清淨故獨覺菩提清

BD15314 號　大般若波羅蜜多經卷二二一　（20–19）

無別無斷故實際清淨故一來不還阿羅
漢果清淨一來不還阿羅漢果清淨故一切智
智清淨何以故若實際清淨若一來不還阿
羅漢果清淨若一切智智清淨無二無二分無
別無斷故善現實際清淨故獨覺菩提清
淨獨覺菩提清淨故一切智智清淨何以故若
實際清淨若獨覺菩提清淨若一切智智清
淨無二無二分無別無斷故善現實際清淨故
一切菩薩摩訶薩行清淨一切菩薩摩訶薩
行清淨故一切智智清淨何以故若實際清
淨若一切菩薩摩訶薩行清淨若一切智智
清淨無二無二分無別無斷故善現實際
清淨故諸佛無上正等菩提清淨諸佛無上
正等菩提清淨故一切智智清淨何以故若
實際清淨若諸佛無上正等菩提清淨若
一切智智清淨無二無二分無別無斷故

大般若波羅蜜多經卷第二百廿一

戒廿

BD15314 號　大般若波羅蜜多經卷二二一　（20–20）

大般若波羅蜜多經卷第三百六十三

初分多問不二品第六十一之十三　三藏法師玄奘奉詔譯

具壽善現復白佛言世尊為住勝義證得無
上正等菩提邪不也善現世尊為住顛倒證
得無上正等菩提邪不也善現世尊若不住
勝義證得無上正等菩提亦不住顛倒證得
無上正等菩提者將無世尊不證得無上正
等菩提邪不也善現我雖證得無上正等菩
提然不住有為界亦不住無為界善現如諸
如來所變化者雖不住有為界亦不住無為
界然有去來坐立等事善現是所化者若行
布施波羅蜜多亦行淨戒安忍精進靜慮般
若波羅蜜多是所化者若住內空亦住外空
內外空空空大空勝義空有為空無為空畢
竟空無際空散空無變異空本性空自相空
共相空一切法空不可得空無性空自性空

BD15315 號　大般若波羅蜜多經卷三六三　（21–1）

若波羅蜜多是所化者若住內空亦住外空
內外空空空大空勝義空有為空無為空畢
竟空無際空散空無變異空本性空自相空
共相空一切法空不可得空無性空自性空
無性自性空是所化者若住真如亦住法界法
性不虛妄性不變異性平等性離生性法定
法住實際虛空界不思議界是所化者若修
四念住亦修四正斷四神足五根五力七等
覺支八聖道支是所化者若住苦聖諦亦住
集滅道聖諦是所化者若修四靜慮亦修四
無量四無色定是所化者若修八解脫亦修
八勝處九次第定十遍處是所化者若修一
切三摩地門亦修一切陁羅尼門是所化者
若修空解脫門亦修無相無願解脫門是所
化者若修五眼亦修六神通是所化者若修
佛十力亦修四無所畏四無礙解大慈大悲
大喜大捨十八佛不共法是所化者若修無
忘失法亦修恒住捨性是所化者若修一切
智亦修道相智一切相智是所化者若證無
上正等菩提轉妙法輪作諸佛事是所化者
復轉化作無量有情於中建立正性定等三
聚　善現於汝意云何是諸如來所變化
者為實有去來乃至行住修證無上正等菩
提轉妙法輪作諸佛事安立三聚有情別不
善現白言不也世尊　佛言善現如
來亦不知一切法皆如變化說一切法皆如
變化雖有所作而無真實雖度有情而無所

BD15315 號　大般若波羅蜜多經卷三六三　（21–2）

提轉妙法輪作諸佛事安立三乘有情別不
善現白言不也世尊不也善逝佛言善現如
來亦示知一切法皆如變化說一切法皆如
變化雖有所作而無真實雖度有情而無所
度如所化者度化有情如是善現菩薩摩訶
薩脩行般若波羅蜜多應如諸佛所變化者
雖有所為而無執着
具壽善現白佛言世尊若一切法皆如變化
如來亦介佛與化人有何差別佛言善現佛
与化人及一切法等無差別何以故善現佛
所作業佛所化人亦能作故善現白言設無
有佛佛所化人能作業不佛言能作善現白
言其事云何佛言善現如過去世有一如來
應正等覺名善寂慧自應度者皆已度訖時
無菩薩堪受佛記遂化作一佛令住世間自
入無餘依大涅槃界時彼化佛於半劫中作
諸佛事過半劫已授一菩薩摩訶薩記現入
涅槃介時天人阿素洛等皆謂彼佛令入涅
槃然化佛身實無起滅如是善現菩薩摩
訶薩脩行般若波羅蜜多應信諸法皆如變化
具壽善現白佛言世尊若如來身與化無異
云何能作真淨福田若諸有情為解脫故於
如來所恭敬供養其福無盡乃至究竟後入無
餘依般涅槃界如是若有為解脫故供養化
佛所獲福聚亦應無盡乃至究竟後入無餘依
般涅槃界佛言善現如如來身由法性故能
與天人阿素洛等作淨福田化佛亦介由法

BD15315號　大般若波羅蜜多經卷三六三　（21–3）

如來所恭敬供養其福無盡乃至究竟後入無
餘依般涅槃界如是若有為解脫故供養化
佛所獲福聚亦應無盡乃至究竟後入無餘依
般涅槃界佛言善現如如來身由法性故能
與天人阿素洛等作淨福田化佛亦介由法
性故能與天人阿素洛等作淨福田如如來
身受他供養令彼施主窮生死際其福無盡
如是化佛受他供養亦令施主窮生死際其
福無盡善現且置供養如來及與化佛所獲
福聚若善男子善女人等於如來所起慈敬
心思惟憶念是善男子善女人等善根無盡
乃至究竟後作苦邊際善現復置以慈敬心憶
念如來所獲福聚若善男子善女人等為供
養佛下至一花用散虛空是善男子善女人
等善根無盡乃至究竟後作苦邊際善現復
置為供養佛下至一花用散虛空所獲福聚若
善男子善女人等下至一稱南謨佛陀是善
男子善女人等善根無盡乃至究竟後作苦邊
際如是善現於如來所恭敬供養獲如是等
大功德利其量難測是故善現當知如來與
化佛身等無差別諸法法性為定量故
如是善現菩薩摩訶薩應以諸法法性而為
定量脩行般若波羅蜜多善巧方便入諸法法
性已而於諸法不壞法性謂不分別此是般
若波羅蜜多此是般若波羅蜜多法性此是
靜慮精進安忍淨戒布施波羅蜜多此是靜
慮乃至布施波羅蜜多法性此是內空此是

BD15315號　大般若波羅蜜多經卷三六三　（21–4）

性已而於諸法不壞法性謂不分別此是般
若波羅蜜多此是般若波羅蜜多法性此是
靜慮精進安忍淨戒布施波羅蜜多此是靜
慮乃至布施波羅蜜多法性此是內空此是
內空法性此是外空內外空空空大空勝義
空有為空無為空畢竟空無際空散空無變
異空本性空自相空共相空一切法空不可
得空無性空自性空無性自性空此是外
空乃至無性自性空法性此是真如此是真
如法性此是法界法性不虛妄性不變異性
平等性離生性法定法住實際虛空界不思
議界此是法界乃至不思議界法性此是四
念住此是四念住法性此是四正斷四神足
五根五力七等覺支八聖道支此是四正斷
乃至八聖道支法性此是苦聖諦此是苦聖
諦法性此是集滅道聖諦此是集滅道聖諦
法性此是四靜慮此是四靜慮法性此是四
無量四無色定此是四無量四無色定法性
此是八解脫此是八解脫法性此是八勝處
九次第定十遍處此是八勝處九次第定十
遍處法性此是一切三摩地門此是一切三
摩地門法性此是一切陁羅尼門此是一切
陁羅尼門法性此是空解脫門此是空解脫
門法性此是無相無願解脫門此是無相無
願解脫門法門法性此是五眼此[是]五眼法性此
是六神通此是六神通法性此是佛十力此
是佛十力法性此是四無所畏四無礙解大

BD15315號　大般若波羅蜜多經卷三六三　（21-5）

願解脫門法門法性此是五眼此[是]五眼法性此
是六神通此是六神通法性此是佛十力此
是佛十力法性此是四無所畏四無礙解大
慈大悲大喜大捨十八佛不共法此是四無
所畏乃至十八佛不共法法性此是無忘失
法此是無忘失法法性此是恒住捨性此是
恒住捨性法性此是一切智此是一切智法
性此是道相智一切相智此是道相智一切
相智法性此是預流果此是預流果法性此
是一來不還阿羅漢果此是一來不還阿羅
漢果法性此是獨覺菩提此是獨覺菩提法
性此是一切菩薩摩訶薩行此是一切菩薩
摩訶薩行法性此是諸佛無上正等菩提此
是諸佛無上正等菩提法性善現菩薩摩訶
薩脩行般若波羅蜜多不應如是分別諸法
法性差別而壞法性具壽善現白佛言世尊
若菩薩摩訶薩不應壞諸法性云何如來
自壞諸法法性謂佛嘗說此是色此是受想
行識此是眼處此是耳鼻舌身意處此是色
處此是聲香味觸法處此是眼界此是耳鼻
舌身意界此是色界此是聲香味觸法界此
是眼識界此是耳鼻舌身意識界此是眼觸
此是耳鼻舌身意觸此是眼觸為緣所生諸
受此是耳鼻舌身意觸為緣所生諸受此是
地界此是水火風空識界此是無明此是行
識名色六處觸受愛取有生老死愁歎苦憂
惱此是內法此是外法此是善法此是非善

BD15315號　大般若波羅蜜多經卷三六三　（21-6）

受此是耳鼻舌身意觸爲緣所生諸受此是
地界此是水火風空識界此是無明此是行
識名色六處觸受愛取有生老死愁歎苦憂
惱此是内法此是外法此是善法此是非善
法此是有漏法此是無漏法此是世間法此
是出世間法此是共法此是不共法此是有
諍法此是無諍法此是有爲法此是無爲法
佛既曾說如是等法將無自壞諸法法性佛
言善現我不自壞諸法法性但以名相方便
假說諸法法性令諸有情而得悟入諸法法
性無差別理是故善現我曾不壞諸法法性
具壽善現白佛言世尊若佛但以名相宣說
諸法法性令諸有情而得悟入云何佛於無
名無相法以名相說令他悟入邪佛言善現
我隨世俗假立名相方便宣說諸法法性而
無執著善現如諸愚夫聞說苦等執著名相
不知假說非諸如來及佛弟子聞說苦等執
著名相然如實知隨世俗說無有真實諸法
名相善現若諸聖者於名著名於相著相如
是亦應於空著空於無相著無相於無願著
無願於真如著真如於實際著實際於法界
著法界於無爲著無爲善現是一切法但有
假名但有假相而無真實聖者於中亦不住
着但假名相如是善現菩薩摩訶薩住一切
法但假名相應行般若波羅蜜多而於其中
不應住著
具壽善現白佛言世尊若一切法但有名 相

BD15315 號　大般若波羅蜜多經卷三六三　（21–7）

着但假名相如是善現菩薩摩訶薩住一切
法但假名相應行般若波羅蜜多而於其中
不應住著
具壽善現白佛言世尊若一切法但有名 相
菩薩摩訶薩爲何事故發菩提心既發心已
受諸勤苦行菩薩行脩行布施波羅蜜多脩
行淨戒安忍精進靜慮般若波羅蜜多安住
内空安住外空内外空空空大空勝義空有
爲空無爲空畢竟空無際空散空無變異空
本性空自相空共相空一切法空不可得空
無性空自性空無性自性空安住真如安住
法界法性不虛妄性不變異性平等性離生
性法定法住實際虛空界不思議界脩行四
念住脩行四正斷四神足五根五力七等覺
支八聖道支安住苦聖諦安住集滅道聖諦
脩行四靜慮脩行四無量四無色定脩行八
解脫脩行八勝處九次第定十遍處脩行
一切三摩地門脩行一切陁羅尼門脩行空解
脫門脩行無相無願解脫門脩 行五眼脩行
六神通脩行佛十力脩行四無所畏四無礙
解大慈大悲大喜大捨十八佛不共法脩 行
無忘失法脩行恒住捨性脩行一切智 脩行
道相智一切相智皆令圓滿佛言善現如汝
所說若一切法但有名相菩薩摩訶薩爲何
事故發菩提心行菩薩行者善現以一切法
但有名相如是名相但假施設名相性空 諸
有情類顛倒執著流轉生死不得解脫是故

BD15315 號　大般若波羅蜜多經卷三六三　（21–8）

所說若一切法但有名相菩薩摩訶薩爲何
事故發菩提心行菩薩行者善現以一切法
但有名相如是名相但假施設名相性空諸
有情類顛倒執着流轉生死不得解脫是故
菩薩摩訶薩發菩提心行菩薩行次證得
一切相智轉正法轉以三乘法度脫有情令
出生死入無餘依般涅槃界而諸名相無生
無滅亦無住異施設可得
尒時具壽善現白佛言世尊佛說一切相智
爲一切相智耶佛言善現我說一切相智爲
一切相智具壽善現復白佛言世尊如來嘗
說一切智道相智一切相智如是三智其相
云何有何差別佛言善現一切智者是共聲
聞及獨覺智道相智者是共菩薩摩訶薩智
一切相智者是諸如來應正等覺不共妙智
具壽善現復白佛言世尊何緣一切智是共
聲聞及獨覺智佛言善現一切者謂五蘊十
二處十八界等聲聞獨覺亦能了知而不能
智一切道相及一切法一切種相具壽善現
復白佛言世尊何緣道相智是共菩薩摩訶
薩智佛言善現諸菩薩摩訶薩應學遍知一
切道相謂聲聞道相獨覺道相菩薩道相如
來道相諸菩薩摩訶薩於此諸道常應脩學
令速圓滿雖令此道作所應作而不令其證
於實際具壽善現復白佛言世尊菩薩摩訶
薩脩如來道得圓滿已豈於實際不作證耶
佛言善現諸菩薩摩訶薩若未圓滿嚴淨佛

BD15315 號　大般若波羅蜜多經卷三六三　（21–9）

令速圓滿雖令此道作所應作而不令其證
於實際具壽善現復白佛言世尊菩薩摩訶
薩脩如來道得圓滿已豈於實際不作證耶
佛言善現諸菩薩摩訶薩若未圓滿嚴淨佛
土成熟有情脩諸大願猶於實際未應作證
若已圓滿嚴淨佛土成熟有情脩諸大願於
其實際乃應作證世尊菩薩摩訶薩爲住於
道證實際耶不也善現世尊菩薩摩訶薩爲
住非道證實際耶不也善現世尊菩薩摩訶
薩爲住道非道證實際耶不也善現世尊菩
薩摩訶薩爲住非道非非道證實際耶不也
善現具壽善現白佛言世尊若尒菩薩摩訶
薩爲何所住而證實際佛告善現於意云何
汝爲住道得盡諸漏心解脫耶不也世尊善
現汝爲住非道得盡諸漏心解脫耶不也世
尊善現汝爲住道非道得盡諸漏心解脫耶
不也世尊善現汝爲住非道非非道得盡諸
漏心解脫耶不也世尊非我有住得盡諸漏
心永解脫然我盡漏心得解脫都無所住佛
言善現菩薩摩訶薩亦復如是脩行般若波
羅蜜多都無所住而證實際具壽善現復白
佛言世尊何緣一切相智名一切相智耶佛
言善現知一切法皆同一相謂寂滅相是故
名爲一切相智復次善現諸行狀相能表諸
法如來如實能遍覺知是故說名一切相智
具壽善現白佛言世尊若一切智若道相智
若一切相智如是三智諸煩惱斷有差別不

BD15315 號　大般若波羅蜜多經卷三六三　（21–10）

名爲一切相智復次善現諸行狀相能表諸
法如来如實能遍覺知是故說名一切相智
具壽善現白佛言世尊若一切智若道相智
若一切相智如是三智諸煩惱斷有差別不
有有餘斷無餘斷不佛言善現非諸煩惱斷
有差別然諸如来應正等覺一切煩惱習氣
相續皆已永斷聲聞獨覺習氣相續猶未永
斷世尊諸煩惱斷得無爲不如是善現世尊
聲聞獨覺不得無爲煩惱斷不不也善現世
尊無爲法中有差別不不也善現世尊若無
爲法無差別者佛何故說一切如来應正等
覺習氣相續皆已永斷聲聞獨覺習氣相續
猶未永斷善現習氣相續實非煩惱然諸聲
聞及諸獨覺煩惱已斷猶有少分似貪瞋癡
身語意轉即說此爲習氣相續此在愚夫異
生相續能引無義非在聲聞獨覺相續能引
無義如是一切習氣相續諸佛永無
尒時具壽善現白佛言世尊道與涅槃俱無
自性佛何故說此是預流此是一来此是不
還此是阿羅漢此是獨覺此是菩薩摩訶薩
此是如来應正等覺佛言善現若預流若一
来若不還若阿羅漢若獨覺若菩薩摩訶薩
若諸如来應正等覺如是一切無爲所顯世
尊無爲法中實有預流乃至如来應正等覺
差別義不不也善現世尊若尒何故佛說預
流乃至如来應正等覺一切皆是無爲所顯
善現我依世俗言說顯示不依勝義非勝義

BD15315 號　大般若波羅蜜多經卷三六三　（21–11）

尊無爲法中實有預流乃至如来應正等覺
差別義不不也善現世尊若尒何故佛說預
流乃至如来應正等覺一切皆是無爲所顯
善現我依世俗言說顯示不依勝義非勝義
中可有顯示何以故善現非勝義中有語言
路或分別慧或復二種然彼彼邊斷立彼彼
後際具壽善現白佛言世尊既一切法自相
皆空前際尚無況有後際如何可立有後際
耶佛言善現如是如是如汝所說諸所有法
自相皆空前際尚無況有後際立後際有定
無是處然諸有情不能解了諸所有法自相
皆空爲饒益彼方便爲說此是前際此是後
際然一切法自相空中前際後際俱不可得如
是善現菩薩摩訶薩達一切法自相空已
應行般若波羅蜜多善現若菩薩摩訶薩達
一切法自相皆空脩行般若波羅蜜多於諸
法中無所執著謂不執著内法外法善法非
善法世間法出世間法有漏法無漏法有爲
法無爲法若聲聞法若獨覺法若菩薩法若
如来法如是一切皆不執著
具壽善現白佛言世尊如来常說般若波羅
蜜多般若波羅蜜多以何義故名爲般若波
羅蜜多佛言善現如是般若波羅蜜多到一
切法究竟彼岸故名般若波羅蜜多復次善
現由此般若波羅蜜多一切聲聞獨覺菩薩
及諸如来應正等覺能到彼岸故名般若波
羅蜜多復次善現一切如来應正等覺及諸

BD15315 號　大般若波羅蜜多經卷三六三　（21–12）

羅蜜多佛言善現如是般若波羅蜜多到一
切法究竟彼岸故名般若波羅蜜多復次善
現由此般若波羅蜜多一切聲聞獨覺菩薩
及諸如來應正等覺能到彼岸故名般若波
羅蜜多復次善現一切如來應正等覺及諸
菩薩摩訶薩衆用是般若波羅蜜多依勝義
理分析諸法如析諸色至極微量猶不見有
少實可得故名般若波羅蜜多復次善現於
此般若波羅蜜多苞含真如真際法界故名
般若波羅蜜多復次善現非此般若波羅蜜
多有少分法若合若散若有色若無色若有
見若無見若有對若無對若有漏若無漏若
有為若無為所以者何善現如是般若波羅
蜜多無色無見無對一相所謂無相故名般
若波羅蜜多復次善現如是般若波羅蜜多
能生一切殊勝善法能發一切智慧辯才能
引一切世出世樂故名般若波羅蜜多復次
善現如是般若波羅蜜多甚深堅實不可動
壞若菩薩摩訶薩行是般若波羅蜜多一切
惡魔及彼眷屬聲聞獨覺外道梵志惡友怨
讎皆不能壞何以故善現由此般若波羅蜜
多辯一切法自相皆空諸惡魔等皆不可得
故名般若波羅蜜多善現諸菩薩摩訶薩應
如實行如是般若波羅蜜多甚深義趣
復次善現若菩薩摩訶薩欲行般若波羅蜜
多甚深義趣應行無常義苦義空義無我義
應行苦智義集智義滅智義道智義應行法

BD15315號　大般若波羅蜜多經卷三六三　（21-13）

如實行如是般若波羅蜜多甚深義趣
復次善現若菩薩摩訶薩欲行般若波羅蜜
多甚深義趣應行無常義苦義空義無我義
應行苦智義集智義滅智義道智義應行法
智義類智義世俗智義他心智義應行盡智
義無生智義如說智義善現諸菩薩摩訶薩
為行般若波羅蜜多甚深義趣應行般若波
羅蜜多具壽善現白佛言世尊此甚深般若
波羅蜜多中義與非義俱不可得云何菩薩
摩訶薩為行般若波羅蜜多甚深義趣應行
般若波羅蜜多佛言善現菩薩摩訶薩為行
般若波羅蜜多甚深義趣應作是念我不應
行貪欲義非義我不應行瞋恚義非義我不
應行愚癡義非義我不應行邪見義非義我
不應行邪定義非義我不應行諸惡見趣義
非義所以者何善現貪欲瞋恚愚癡邪見邪
定見趣真如實際不與諸法為義非義復次
善現菩薩摩訶薩為行般若波羅蜜多甚深
義趣應作是念我不應行色義非義我不應
行受相行識義非義我不應行眼處義非義
我不應行耳鼻舌身意處義非義我不應行
色處義非義我不應行聲香味觸法處義非
義我不應行眼界義非義我不應行耳鼻舌
身意界義非義我不應行色界義非義我不
應行聲香味觸法界義非義我不應行眼識
界義非義我不應行耳鼻舌身意識界義非
義我不應行眼觸義非義我不應行耳鼻舌

BD15315號　大般若波羅蜜多經卷三六三　（21-14）

身意界義非義我不應行色界義非義我不
應行聲香味觸法界義非義我不應行眼識
界義非義我不應行耳鼻舌身意識界義非
義我不應行眼觸義非義我不應行耳鼻舌
身意觸義非義我不應行眼觸爲緣所生諸
受義非義我不應行耳鼻舌身意觸爲緣所
生諸受義非義我不應行地界義非義我不
應行水火風空識界義非義我不應行無明
義非義我不應行行識名色六處觸受愛取
有生老死愁歎苦憂惱義非義我不應行布
施波羅蜜多義非義我不應行淨戒安忍精進
靜慮般若波羅蜜多義非義我不應行內空
義非義我不應行外空內外空空空大空勝
義空有爲空無爲空畢竟空無際空散空無
變異空本性空自相空共相空一切法空不可
得空無性空自性空無性自性空義非義我
不應行真如義非義我不應行法界法性不
虛妄性不變異性平等性離生性法定法住
實際虛空界不思議界義非義我不應行四
念住義非義我不應行四正斷四神足五根
五力七等覺支八聖道支義非義我不應行
苦聖諦義非義我不應行集滅道聖諦義非
義我不應行四靜慮義非義我不應行四無
量四無色定義非義我不應行八解脫義非
義我不應行八勝處九次第定十遍處義非
義我不應行一切三摩地門義非義我不應
行一切陁羅尼門義非義我不應行空解脫

BD15315號　大般若波羅蜜多經卷三六三　（21–15）

義我不應行四靜慮義非義我不應行四無
量四無色定義非義我不應行八解脫義非
義我不應行八勝處九次第定十遍處義非
義我不應行一切三摩地門義非義我不應
行一切陁羅尼門義非義我不應行空解脫
門義非義我不應行無相無願解脫門義非
義我不應行五眼義非義我不應行六神通
義非義我不應行佛十力義非義我不應行
四無所畏四無礙解大慈大悲大喜大捨十
八佛不共法義非義我不應行無忘失法義
非義我不應行恒住捨性義非義我不應行
一切智義非義我不應行道相智一切相智
義非義我不應行預流果義非義我不應行
一來不還阿羅漢果義非義我不應行獨覺
菩提義非義我不應行一切菩薩摩訶薩行
義非義我不應行諸佛無上正等菩提義非
義所以者何善現如來得無上正等菩提時
不見有法能與少法爲義非義義善現如來
出世若不出世諸法法性法住法定法尒常住
無法於法爲義非義如是善現菩薩摩訶薩
應離義非義常行般若波羅蜜多甚深義趣
具壽善現白佛言世尊何故般若波羅蜜多
不與諸法爲義非義佛言善現甚深般若波
羅蜜多於有爲法及無爲法俱無所作非恩
非怨無益無損是故般若波羅蜜多不與諸
法爲義非義具壽善現復白佛言世尊豈不
諸佛及佛弟子一切賢聖皆以無爲爲第一
義佛言善現如是如是如汝所說佛及弟子

BD15315號　大般若波羅蜜多經卷三六三　（21–16）

非怨無益無損是故般若波羅蜜多不與諸
法為義非義具壽善現復白佛言世尊豈不
諸佛及佛弟子一切賢聖皆以無為為第一
義佛言善現如是如是如汝所說佛及弟子
一切賢聖皆以無為為第一義然無為法不
與諸法為益為損善現譬如虛空真如不與
諸法為益為損菩薩摩訶薩甚深般若波羅
蜜多亦復如是不與諸法為益為損是故般若
波羅蜜多不與諸法為義非義具壽善現白
佛言世尊菩薩摩訶薩豈不要學甚深無
為般若波羅蜜多乃能證得一切智智佛言
善現如是如是如汝所說菩薩摩訶薩要學
甚深無為般若波羅蜜多乃能證得一切智
智不以二法而為方便世尊為以不二法得
不二法耶不也善現世尊為以二法得不二
法耶不也善現世尊若無二法不以二法不
二法得菩薩摩訶薩云何當得一切智智善
現二不二法俱不可得是故所得一切 智 智
非有所得故得亦非無所得故得有所得法
無所得法不可得故若如是知乃能證得一
切智智

初分實說品第六十二

尒時具壽善現白佛言世尊如是般若波羅
蜜多極為甚深世尊諸菩薩摩訶薩不得有
情亦復不得有情施設而為有情求趣無上
正等菩提甚為難事世尊譬如有人欲於無
色無見無對無所依止空中種樹彼極為難
諸菩薩摩訶薩亦復如是不得有情亦復不

BD15315 號　大般若波羅蜜多經卷三六三　（21–17）

蜜多極為甚深世尊諸菩薩摩訶薩不得有
情亦復不得有情施設而為有情求趣無上
正等菩提甚為難事世尊譬如有人欲於無
色無見無對無所依止空中種樹彼極為難
諸菩薩摩訶薩亦復如是不得有情亦復不
得有情施設而為有情求趣無上正等菩提
其為難事佛言善現如是如是如汝所說如
是般若波羅蜜多極為甚深諸菩薩摩訶
薩不得有情亦復不得有情施設而為有情求
趣無上正等菩提甚為難事善現諸菩薩摩
訶薩雖不見有真實有情及彼施設而諸有
情愚癡顛倒執為實有輪迴生死受苦無窮
為度彼故求趣無上正等菩提得菩提已斷
彼我執及令解脫生死衆苦善現譬如有人
良田種樹是人雖復不見此樹根莖枝葉花
菓受者而種樹已隨時溉灌勤守護之此樹
後時漸得生長枝葉花菓皆悉茂盛衆生受
用愈患疾獲安善現諸菩薩摩訶薩亦復如是
雖不見有有情佛果而為有情求趣無上正
等菩提漸次脩行布施淨戒安忍精進靜慮
般若波羅蜜多既圓滿已證得無上正等菩
提令諸有情受用佛樹謂葉花菓各得饒益
善現當知葉饒益者謂諸有情因此佛樹脫
惡趣苦花饒益者謂諸有情因此佛樹或生
剎帝利大族或生婆羅門大族或生長者大
族或生居士大族或生四大王衆天或生三
十三天或生夜摩天或生覩史多天或生樂
變化天或生他化自在天或生梵衆天或生

BD15315 號　大般若波羅蜜多經卷三六三　（21–18）

惡趣若花餝盖者謂諸有情因此佛樹或生
刹帝利大族或生婆羅門大族或生長者大
族或生居士大族或生四大王衆天或生三
十三天或生夜摩天或生覩史多天或生樂
變化天或生他化自在天或生梵衆天或生
梵輔天或生梵會天或生大梵天或生光天
或生少光天或生無量光天或生極光淨天
或生淨天或生少淨天或生無量淨天或生
遍淨天或生廣天或生少廣天或生無量廣
天或生廣果天或生無煩天或生無熱天或
生善現天或生善見天或生色究竟天或生
空無邊處天或生識無邊處天或生無所有
處天或生非想非非想處天菓餝盖者謂諸
有情因此佛樹或住預流果或住一來果或
住不還果或住阿羅漢果或住獨覺菩提或
住無上正等菩提是諸有情得成佛已復用
佛樹諸葉花菓餝盖有情令諸有情脱惡趣
苦得人天樂漸次安立令入三乘般涅槃界
謂聲聞乘般涅槃界或獨覺乘般涅槃界或
無上乘般涅槃界善現是菩薩摩訶薩雖作
如是大饒益事而都不見真實有情得涅槃
者唯見妄想衆苦寂滅如是善現諸菩薩摩
訶薩脩行般若波羅蜜多不得有情及彼施
設然為除彼我執顛倒求趣無上正等菩提
由此因緣甚為難事
尒時具壽善現白佛言世尊當知菩薩摩訶
薩即是如來應正等覺何以故世尊因諸菩

BD15315號　大般若波羅蜜多經卷三六三　（21–19）

由此因緣甚為難事
尒時具壽善現白佛言世尊當知菩薩摩訶
薩即是如來應正等覺何以故世尊因諸菩
薩摩訶薩方便能永斷一切地獄亦能永斷
一切傍生亦能永斷一切鬼界亦能永斷一
切無暇亦能永斷一切貧窮亦能永斷一切
劣趣亦能永斷一切欲界色無色界佛言善
現如是如是如汝所說應知菩薩摩訶薩即
是如來應正等覺善現若無菩薩摩訶薩發
趣無上正等菩提世間則無過去未來現在
諸佛證得無上等菩提亦無獨覺出現於
世亦無阿羅漢出現於世亦無不還出現於
世亦無一來出現於世亦無預流出現於世
亦無有能永斷地獄亦無有能永斷傍生亦
無有能永斷鬼界亦無有能永斷無暇亦無
有能永斷貧窮亦無有能永斷劣趣亦無有
能永斷欲界色無色界是故善現如汝所說
當知菩薩摩訶薩即是如來應正等覺者如
是如是應知菩薩摩訶薩即是如來應正等
覺何以故善現若由此真如施設如來即由
此真如施設獨覺若由此真如施設獨覺即
由此真如施設聲聞若由此真如施設聲聞
即由此真如施設一切賢聖若由此真如施
設一切賢聖即由此真如施設色若由此真
如施設色即由此真如施設受想行識若由
此真如施設受想行識即由此真如施設眼
處若由此真如施設眼處即由此真如施設
耳鼻舌身意處若由此真如施設耳鼻舌身

BD15315號　大般若波羅蜜多經卷三六三　（21–20）

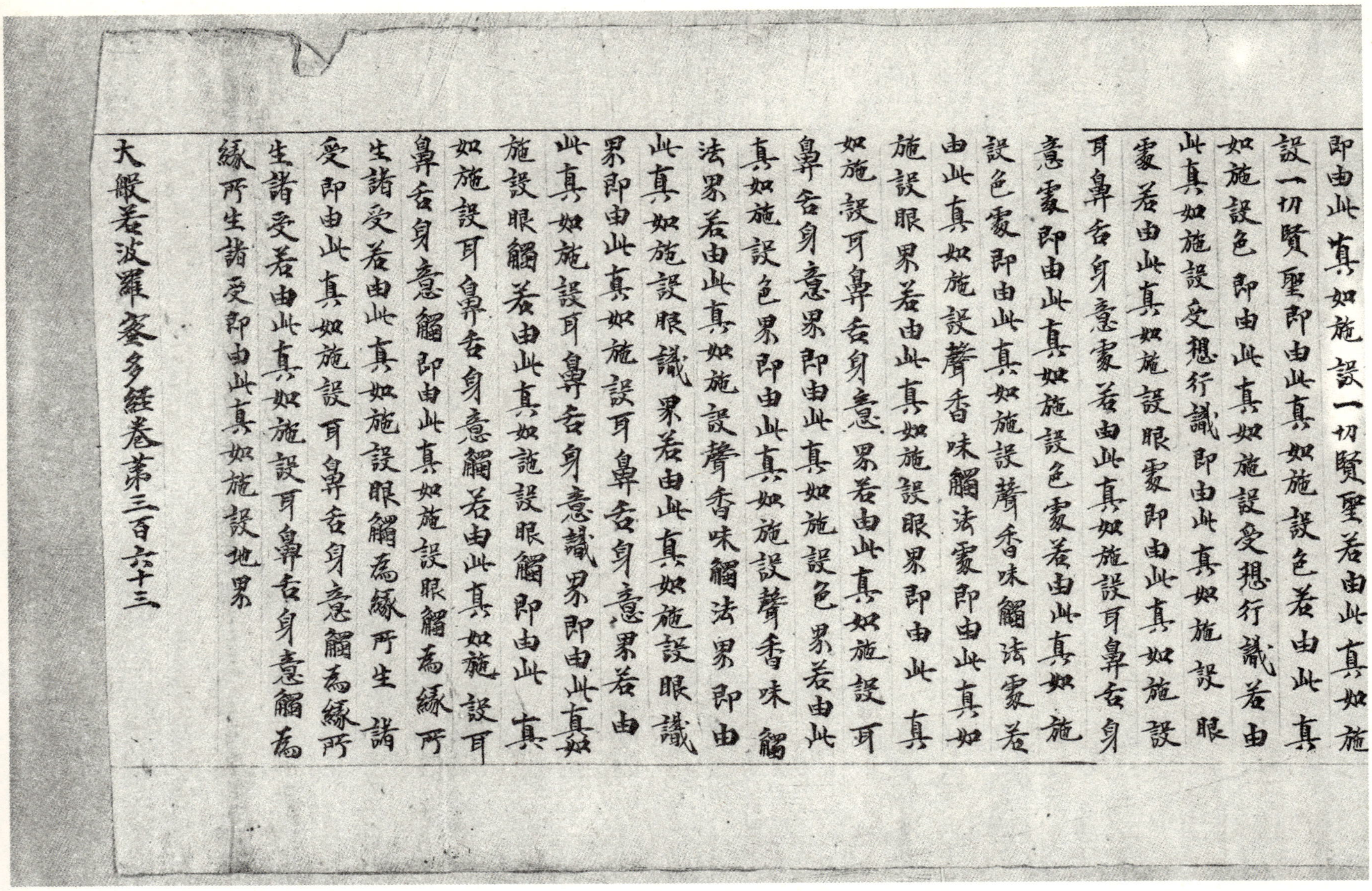

即由此真如施設一切賢聖若由此真如施
設一切賢聖即由此真如施設色若由此真
如施設色即由此真如施設受想行識若由
此真如施設受想行識即由此真如施設眼
處若由此真如施設眼處即由此真如施設
耳鼻舌身意處若由此真如施設耳鼻舌身
意處即由此真如施設色處若由此真如施
設色處即由此真如施設聲香味觸法處若
由此真如施設聲香味觸法處即由此真如
施設眼界若由此真如施設眼界即由此真
如施設耳鼻舌身意界若由此真如施設耳
鼻舌身意界即由此真如施設色界若由此
真如施設色界即由此真如施設聲香味觸
法界若由此真如施設聲香味觸法界即由
此真如施設眼識界若由此真如施設眼識
界即由此真如施設耳鼻舌身意界若由
此真如施設耳鼻舌身意識界即由此真如
施設眼觸若由此真如施設眼觸即由此真
如施設耳鼻舌身意觸若由此真如施設耳
鼻舌身意觸即由此真如施設眼觸為緣所
生諸受若由此真如施設眼觸為緣所生諸
受即由此真如施設耳鼻舌身意觸為緣所
生諸受若由此真如施設耳鼻舌身意觸為
緣所生諸受即由此真如施設地界

大般若波羅蜜多經卷第三百六十三

BD15315 號　大般若波羅蜜多經卷三六三　　（21–21）

BD15315 號背　勘記　　（1–1）

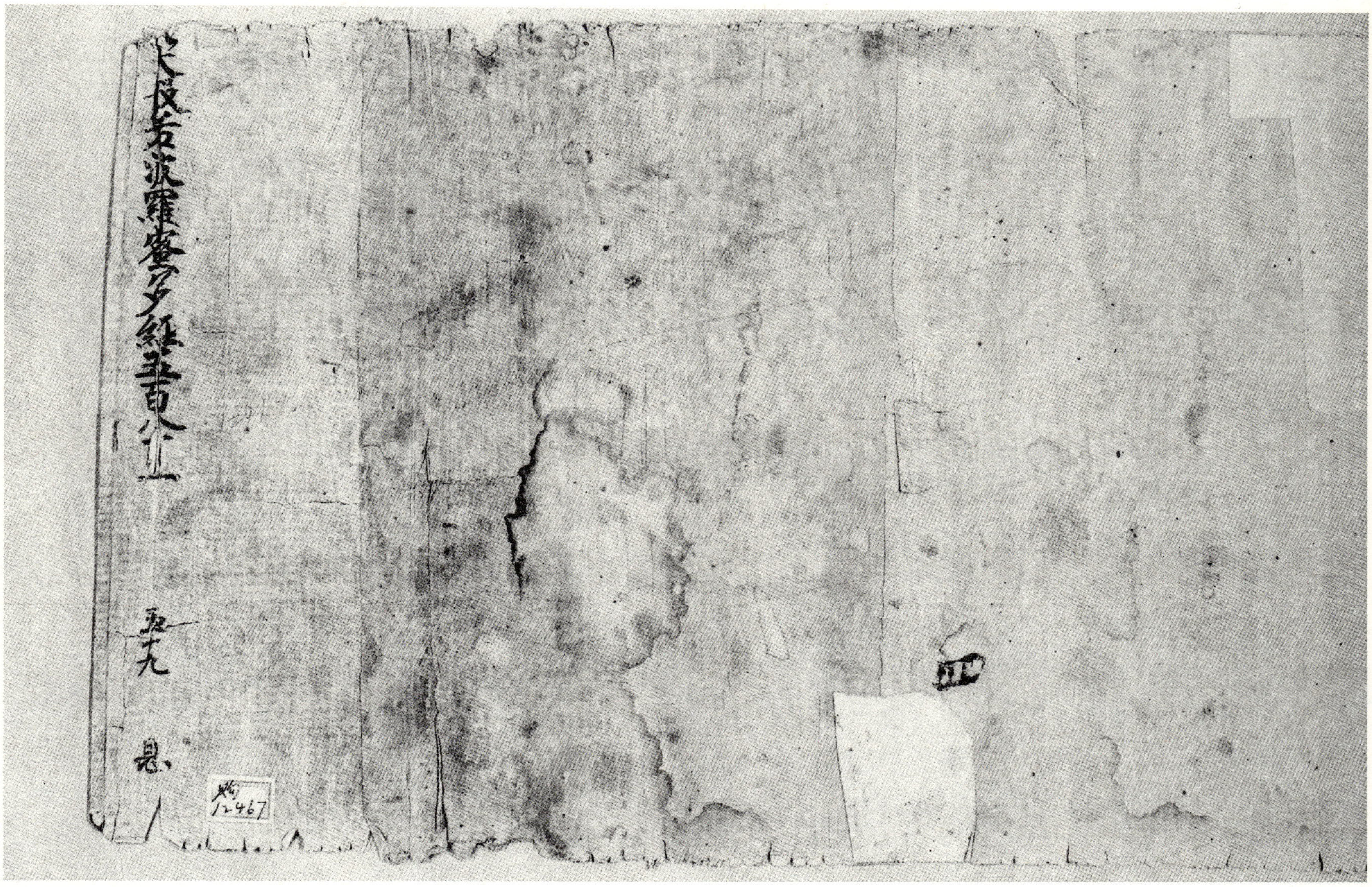

BD15316 號背　護首　　（1–1）

大般若波羅蜜多經卷第三百二
初分難聞功德品第卅九之六　三藏法師玄奘奉　詔譯
具壽善現復白佛言世尊如是般若波羅蜜
多是清淨聚佛言如是善現色清淨故般若
波羅蜜多清淨受想行識清淨故般若波羅
蜜多清淨善現眼處清淨故般若波羅蜜多

BD15316 號　大般若波羅蜜多經卷三〇二　　（22–1）

波羅蜜多清淨受想行識清淨故般若波羅
蜜多清淨善現眼處清淨故般若波羅蜜多
清淨耳鼻舌身意處清淨故般若波羅蜜多
清淨善現色處清淨故般若波羅蜜多清淨
聲香味觸法處清淨故般若波羅蜜多清淨
善現眼界清淨故般若波羅蜜多清淨色界
眼識界及眼觸眼觸為緣所生諸受清淨故
般若波羅蜜多清淨善現耳界清淨故般若
波羅蜜多清淨聲界耳識界及耳觸耳觸為
緣所生諸受清淨故般若波羅蜜多清淨善
現鼻界清淨故般若波羅蜜多清淨香界鼻
識界及鼻觸鼻觸為緣所生諸受清淨故般
若波羅蜜多清淨善現舌界清淨故般若波
羅蜜多清淨味界舌識界及舌觸舌觸為緣
所生諸受清淨故般若波羅蜜多清淨善現
身界清淨故般若波羅蜜多清淨觸界身識
界及身觸身觸為緣所生諸受清淨故般若
波羅蜜多清淨善現意界清淨故般若波羅
蜜多清淨法界意識界及意觸意觸為緣所
生諸受清淨故般若波羅蜜多清淨善現地
界清淨故般若波羅蜜多清淨水火風空識
界清淨故般若波羅蜜多清淨善現無明清
淨故般若波羅蜜多清淨行識名色六處觸
受愛取有生老死愁歎苦憂惱清淨故般若
波羅蜜多清淨善現布施波羅蜜多清淨故

BD15316號　大般若波羅蜜多經卷三〇二　（22–2）

淨故般若波羅蜜多清淨行識名色六處觸
受愛取有生老死愁歎苦憂惱清淨故般若
波羅蜜多清淨善現布施波羅蜜多清淨故
般若波羅蜜多清淨淨戒安忍精進靜慮波
羅蜜多清淨故般若波羅蜜多清淨善現內
空清淨故般若波羅蜜多清淨外空內外空
空空大空勝義空有為空無為空畢竟空無
際空散空無變異空本性空自相空共相空
一切法空不可得空無性空自性空無性自
性空清淨故般若波羅蜜多清淨善現真如
清淨故般若波羅蜜多清淨法界法性不虛
妄性不變異性平等性離生性法定法住實
際虛空界不思議界清淨故般若波羅蜜多
清淨善現苦聖諦清淨故般若波羅蜜多清
淨集滅道聖諦清淨故般若波羅蜜多清淨
善現四靜慮清淨故般若波羅蜜多清淨四
無量四無色定清淨故般若波羅蜜多清淨
善現八解脫清淨故般若波羅蜜多清淨八
勝處九次第定十遍處清淨故般若波羅蜜
多清淨善現四念住清淨故般若波羅蜜多
清淨四正斷四神足五根五力七等覺支八
聖道支清淨故般若波羅蜜多清淨善現空
解脫門清淨故般若波羅蜜多清淨無相無
願解脫門清淨故般若波羅蜜多清淨善現
菩薩十地清淨故般若波羅蜜多清淨

BD15316號　大般若波羅蜜多經卷三〇二　（22–3）

願解脫門清淨故般若波羅蜜多清淨善現
菩薩十地清淨故般若波羅蜜多清淨
善現五眼清淨故般若波羅蜜多清淨六神
通清淨故般若波羅蜜多清淨善現佛十力
清淨故般若波羅蜜多清淨四無所畏四無
礙解大慈大悲大喜大捨十八佛不共法清
淨故般若波羅蜜多清淨善現無忘失法清
淨故般若波羅蜜多清淨恒住捨性清淨故
般若波羅蜜多清淨善現一切智清淨故般
若波羅蜜多清淨道相智一切相智清淨故
般若波羅蜜多清淨善現一切陁羅尼門清
淨故般若波羅蜜多清淨一切三摩地門清
淨故般若波羅蜜多清淨
善現預流果清淨故般若波羅蜜多清淨一
來不還阿羅漢果清淨故般若波羅蜜多清
淨善現獨覺菩提清淨故般若波羅蜜多清
淨善現一切菩薩摩訶薩行清淨故般若波
羅蜜多清淨善現諸佛無上正等菩提清淨
故般若波羅蜜多清淨是故般若波羅蜜多
名清淨聚
具壽善現復白佛言甚奇世尊希有善逝如
是般若波羅蜜多以極甚深多諸留難而今
廣說留難不生佛言善現如是如是甚深般
若波羅蜜多諸留難佛神力故令雖廣說

BD15316號　大般若波羅蜜多經卷三〇二　（22–4）

是般若波羅蜜多以極甚深多諸留難而令
廣說留難不生佛言善現如是如是甚深般
若波羅蜜多多諸留難佛神力故令雖廣說
留難不生是故大乘諸善男子善女人等於
此般若波羅蜜多若欲書寫應疾書寫若欲
讀誦應疾讀誦若欲受持應疾受持若欲脩
習應疾脩習若欲思惟應疾思惟若欲宣說
應疾宣說何以故善現甚深般若波羅蜜多
多諸留難勿令書寫讀誦受持脩習思惟為
他說者留難事起不究竟故善現是善男子
善女人等若欲一月或二或三或四或五或
六或七乃至一歲書寫如是甚深般若波羅
蜜多能究竟者應勤精進繫念書寫經尒所
時令得究竟善現是善男子善女人等若欲
一月或二或三或四或五或六或七乃至一
歲於此般若波羅蜜多受持讀誦脩習思惟
為他宣說能究竟者應勤精進繫念受持乃
至宣說經尒所時令得究竟何以故善現甚
深般若波羅蜜多無價寶珠多留難故
尒時善現復白佛言甚奇世尊希有善逝甚
深般若波羅蜜多無價寶珠多諸留難而有
書寫受持讀誦脩習思惟為他說者惡魔於
彼不作留難令不書寫乃至演說佛言善現
惡魔於此甚深般若波羅蜜多雖欲留難令
不書寫受持讀誦脩習思惟為他演說而彼

BD15316號　大般若波羅蜜多經卷三〇二　（22–5）

惡魔於此甚深般若波羅蜜多雖欲留難令
不書寫受持讀誦脩習思惟為他演說而彼
無力可能留難是菩薩摩訶薩書寫受持般
若等事
尒時舍利子白佛言世尊是誰神力令彼惡
魔不能留難諸菩薩摩訶薩書寫受持讀誦
脩習思惟廣說甚深般若波羅蜜多佛言舍
利子是佛神力令彼惡魔不能留難諸菩薩
摩訶薩書寫受持讀誦脩習思惟廣說甚深
般若波羅蜜多又舍利子亦是十方一切世
界諸佛神力令彼惡魔不能留難諸菩薩摩
訶薩書寫受持讀誦脩習思惟廣說甚深般
若波羅蜜多又舍利子諸佛世尊皆共護念
脩行般若波羅蜜多諸菩薩故令彼惡魔不
能留難一切菩薩摩訶薩衆令不書寫受持
讀誦脩習思惟廣為他說甚深般若波羅蜜
多何以故舍利子諸佛世尊皆共護念脩行
般若波羅蜜多諸菩薩衆所作善業令彼惡
魔不能留難舍利子若菩薩摩訶薩能於如
是甚深般若波羅蜜多書寫受持讀誦脩習
思惟廣說法尒應為十方世界無量無數無
邊如來應正等覺現說法者之所護念若蒙
諸佛所護念者法尒惡魔不能留難舍利子
若善男子善女人等能於如是甚深般若波

BD15316 號　大般若波羅蜜多經卷三〇二　（22–6）

諸佛所護念者法尒惡魔不能留難舍利子
若善男子善女人等能於如是甚深般若波
羅蜜多書寫受持讀誦脩習思惟廣說應作
是念我今書寫受持讀誦脩習思惟廣為他
說甚深般若波羅蜜多皆是十方無量無數
無邊如來應正等覺現說法者神力護念
時舍利子復白佛言世尊若善男子善女人
等能於如是甚深般若波羅蜜多書寫受持
讀誦脩習思惟廣說一切皆是十方世界諸
佛如來神力護念令彼所作殊勝善業一切
惡魔不能留難佛言舍利子如是如是如汝
所說舍利子若善男子善女人等能於如是
甚深般若波羅蜜多書寫受持讀誦脩習思
惟廣說當知皆是一切如來應正等覺神力
護念時舍利子復白佛言世尊若善男子善
女人等能於如是甚深般若波羅蜜多書寫
受持讀誦脩習思惟廣說十方世界無量無
數無邊如來應正等覺現說法者皆共識知
是善男子善女人等書寫受持讀誦脩習思
惟廣說甚深般若波羅蜜多由此因緣歡喜
護念世尊若善男子善女人等能於如是甚
深般若波羅蜜多書寫受持讀誦脩習思惟
廣說是善男子善女人等恒為十方無量無
數無邊世界一切如來應正等覺現說法者

BD15316 號　大般若波羅蜜多經卷三〇二　（22–7）

廣說是善男子善女人等恒為十方無量無
數無邊世界一切如來應正等覺現說法者
佛眼觀見由此因緣慈悲護念佛言舍利子
如是如是如汝所說舍利子若善男子善女
人等書寫受持讀誦脩習思惟廣說甚深般
若波羅蜜多是善男子善女人等恒為十方
無量無數無邊世界一切如來應正等覺現
說法者佛眼觀見識知護念令諸惡魔不能
嬈惱所脩善業速得成辦舍利子住菩薩乘
諸善男子善女人等若能於此甚深般若波
羅蜜多書寫受持讀誦脩習思惟廣說當知
是善男子善女人等已近無上正等菩提諸
惡魔怨不能留難
復次舍利子住菩薩乘諸善男子善女人等
若能書寫甚深般若波羅蜜多種種莊嚴受
持讀誦當知是善男子善女人等於此般若
波羅蜜多深生信解若復於此甚深般若波
羅蜜多以諸華香寶幢幡蓋衣服纓絡伎樂
燈明供養恭敬尊重讚歎當知是善男子善
女人等常為如來應正等覺佛眼觀見識知
護念由是因緣定當獲得大財大勝利大果
大異熟舍利子是善男子善女人等以能書
寫受持讀誦供養恭敬尊重讚歎甚深般若
波羅蜜多由此善根乃至獲得不退轉地於
其中間常不離佛恒聞正法不墮惡趣舍利

BD15316號　大般若波羅蜜多經卷三〇二　（22–8）

波羅蜜多由此善根乃至獲得不退轉地於
其中間常不離佛恒聞正法不墮惡趣舍利
子是善男子善女人等由此善根乃至無上
正等菩提常不遠離布施波羅蜜多常不遠
離淨戒安忍精進靜慮般若波羅蜜多舍利
子是善男子善女人等由此善根乃至無上
正等菩提常不遠離內空常不遠離外空內
外空空空大空勝義空有為空無為空畢竟
空無際空散空無變異空本性空自相空共
相空一切法空不可得空無性空自性空無
性自性空舍利子是善男子善女人等由此
善根乃至無上正等菩提常不遠離真如常
不遠離法界法性不虛妄性不變異性平等
性離生性法定法住實際虛空界不思議界
舍利子是善男子善女人等由此善根乃至
無上正等菩提常不遠離苦聖諦常不遠離
集滅道聖諦舍利子是善男子善女人等由
此善根乃至無上正等菩提常不遠離四靜
慮常不遠離四無量四無色定舍利子是善
男子善女人等由此善根乃至無上正等菩
提常不遠離八解脫常不遠離八勝處九次
第定十遍處舍利子是善男子善女人等由
此善根乃至無上正等菩提常不遠離四念
住常不遠離四正斷四神足五根五力七等

BD15316號　大般若波羅蜜多經卷三〇二　（22–9）

此善根乃至無上正等菩提常不遠離四念
住常不遠離四正斷四神足五根五力七等
覺支八聖道支舍利子是善男子善女人等
由此善根乃至無上正等菩提常不遠離空
解脫門常不遠離無相無願解脫門舍利子
是善男子善女人等由此善根乃至無上正
等菩提常不遠離修五眼常不遠離修六神
通舍利子是善男子善女人等由此善根乃
至無上正等菩提常不遠離修佛十力常不
遠離修四無所畏四無礙解大慈大悲大喜
大捨十八佛不共法舍利子是善男子善女
人等由此善根乃至無上正等菩提常不遠
離修無忘失法常不遠離修恒住捨性舍利
子是善男子善女人等由此善根乃至無上
正等菩提常不遠離修一切智常不遠離修
道相智一切相智舍利子是善男子善女人
等由此善根乃至無上正等菩提常不遠離
修一切陁羅尼門常不遠離修一切三摩地
門舍利子是善男子善女人等由此善根乃
至無上正等菩提常不遠離方便善巧教諸
有情得預流果而自不證常不遠離方便善
巧教諸有情得一來不還阿羅漢果而自不
證舍利子是善男子善女人等由此善根乃
至無上正等菩提常不遠離方便善巧教諸

BD15316 號　大般若波羅蜜多經卷三〇二　（22–10）

巧教諸有情得一來不還阿羅漢果而自不
證舍利子是善男子善女人等由此善根乃
至無上正等菩提常不遠離方便善巧教諸
有情得獨覺菩提而自不證舍利子是善男
子善女人等由此善根乃至無上正等菩提
常不遠離遊戲菩薩自在神通從一佛國至
一佛國供養恭敬尊重讚歎諸佛世尊及諸
菩薩摩訶薩衆舍利子是善男子善女人等
由此善根乃至無上正等菩提常不遠離嚴
淨佛土成熟有情舍利子是善男子善女人
等由此善根乃至無上正等菩提常不遠離
自在神通遊諸佛土勸請諸佛轉妙法輪度
無量衆舍利子是善男子善女人等由此善
根乃至無上正等菩提常不遠離一切菩薩
摩訶薩行舍利子由此因緣住菩薩乘諸善
男子善女人等於此般若波羅蜜多應勤書
寫受持讀誦修習思惟為他廣說
尒時舍利子白佛言世尊甚深般若波羅蜜
多佛滅度後何方興盛佛言舍利子甚深般
若波羅蜜多我滅度後至東南方當漸興盛
彼方當有住菩薩乘苾芻苾芻尼鄔波索迦
鄔波斯迦國王大臣長者居士能於如是甚
深般若波羅蜜多深生信解書寫受持讀誦
修習思惟廣說復以種種上妙華鬘塗散等
香衣服瓔珞寶幢幡蓋伎樂燈明供養恭敬

BD15316 號　大般若波羅蜜多經卷三〇二　（22–11）

深般若波羅蜜多深生信解書寫受持讀誦
脩習思惟廣説復以種種上妙華鬘塗散等
香衣服瓔珞寶幢幡蓋伎樂燈明供養恭敬
尊重讚歎如是般若波羅蜜多彼由如是勝
善根故畢竟不墮諸嶮惡趣常生天人中受
冨貴妙樂由斯勢力增益六種波羅蜜多令
速圓滿因此復能供養恭敬尊重讚嘆諸佛
世尊後隨所應依三乘法漸次脩習而趣出
離舍利子甚深般若波羅蜜多我滅度後從
東南方轉至南方漸當興盛彼方當有住菩
薩乘苾芻苾芻尼鄔波索迦鄔波斯迦國王
大臣長者居士能於如是甚深般若波羅蜜
多深生信解書寫受持讀誦脩習思惟廣説
復以種種上妙華鬘塗散等香衣服瓔珞寶
幢幡蓋伎樂燈明供養恭敬尊重讚歎如是
般若波羅蜜多彼由如是勝善根故畢竟不
墮諸嶮惡趣常生天人中受冨貴妙樂由斯
勢力增益六種波羅蜜多令速圓滿因此復
能供養恭敬尊重讚歎諸佛世尊後隨所應
依三乘法漸次脩習而趣出離舍利子甚深
般若波羅蜜多我滅度後復從南方至西南
方當漸興盛彼方當有住菩薩乘苾芻苾芻
尼鄔波索迦鄔波斯迦國王大臣長者居士
能於如是甚深般若波羅蜜多深生信解書
寫受持讀誦脩習思惟廣説復以種種上妙

BD15316號　大般若波羅蜜多經卷三〇二　（22–12）

能於如是甚深般若波羅蜜多深生信解書
寫受持讀誦脩習思惟廣説復以種種上妙
華鬘塗散等香衣服瓔珞寶幢幡蓋伎樂
燈明供養恭敬尊重讚歎如是般若波羅蜜多
彼由如是勝善根故畢竟不墮諸嶮惡趣常
生天人中受冨貴妙樂由斯勢力增益六種
波羅蜜多令速圓滿因此復能供養恭敬尊
重讚歎諸佛世尊後隨所應依三乘法漸次
脩習而趣出離舍利子甚深般若波羅蜜多
我滅度後從西南方至西北方當漸興盛彼
方當有住菩薩乘苾芻苾芻尼鄔波索迦鄔
波斯迦國王大臣長者居士能於如是甚深
般若波羅蜜多深生信解書寫受持讀誦脩
習思惟廣説復以種種上妙華鬘塗散等香
衣服瓔珞寶幢幡蓋伎樂燈明供養恭敬尊
重讚歎如是般若波羅蜜多彼由如是勝善
根故畢竟不墮諸嶮惡趣常生天人中受冨
貴妙樂由斯勢力增益六種波羅蜜多令速
圓滿因此復能供養恭敬尊重讚歎諸佛世
尊後隨所應依三乘法漸次脩習而趣出離
舍利子甚深般若波羅蜜多我滅度後從西
北方轉至北方當漸興盛彼方當有住菩薩
乘苾芻苾芻尼鄔波索迦鄔波斯迦國王大
臣長者居士能於如是甚深般若波羅蜜多

BD15316號　大般若波羅蜜多經卷三〇二　（22–13）

乘苾芻苾芻尼鄔波索迦鄔波斯迦國王大
臣長者居士能於如是甚深般若波羅蜜多
深生信解書寫受持讀誦修習思惟廣說復
以種種上妙華鬘塗散等香衣服瓔珞寶幢
幡蓋伎樂燈明供養恭敬尊重讚歎如是般
若波羅蜜多彼由如是勝善根故畢竟不墮
諸險惡趣常生天人中受富貴妙樂由斯勢
力增益六種波羅蜜多令速圓滿因此復能
供養恭敬尊重讚歎諸佛世尊後隨所應依
三乘法漸次修習而趣出離舍利子甚深般
若波羅蜜多我滅度後復從北方至東北方
當漸興盛彼方當有住菩薩乘苾芻苾芻尼
鄔波索迦鄔波斯迦國王大臣長者居士能
於如是甚深般若波羅蜜多深生信解書寫
受持讀誦修習思惟廣說復以種種上妙華
鬘塗散等香衣服瓔珞寶幢幡蓋伎樂燈明
供養恭敬尊重讚歎如是般若波羅蜜多彼
由如是勝善根故畢竟不隨諸險惡趣常生
天人中受富貴妙樂由斯勢力增益六種波
羅蜜多令速圓滿因此復能供養恭敬尊重
讚歎諸佛世尊後隨所應依三乘法漸次修
習而趣出離
舍利子我滅度已後時後分後五百歲甚深
般若波羅蜜多於東北方大作佛事何以故

BD15316號　大般若波羅蜜多經卷三〇二　(22-14)

舍利子我滅度已後時後分後五百歲甚深
般若波羅蜜多於東北方大作佛事何以故
舍利子一切如來應正等覺所尊重法即是
般若波羅蜜多如是般若波羅蜜多一切如
來應正等覺共所護念舍利子非佛所得法
毗柰耶無上正法有滅沒相諸佛所得法毗
柰耶無上正法即是般若波羅蜜多舍利子
彼東北方諸善男子善女人等若能於此甚
深般若波羅蜜多信解受持讀誦修習思惟
廣說我常護念是善男子善女人等令無惱
害舍利子彼東北方諸善男子善女人等若
能書寫甚深般若波羅蜜多復以種種上妙
華鬘塗散等香衣服瓔珞寶幢幡蓋伎樂燈
明供養恭敬尊重讚歎甚深般若波羅蜜多
我定說彼諸善男子善女人等由此善根畢
竟不隨諸險惡趣生天人中常受妙樂由斯
勢力增益六種波羅蜜多因此復能供養恭
敬尊重讚歎諸佛世尊後隨所應依三乘法
漸次修習而般涅槃何以故舍利子我以佛
眼觀見證知稱譽讚歎是善男子善女人等
所獲功德東西南北四維上下無量無數無
邊世界一切如來應正等覺安隱住持現說
法者亦以佛眼觀見證知稱譽讚歎是善男
子善女人等所獲功德

BD15316號　大般若波羅蜜多經卷三〇二　(22-15)

法者亦以佛眼觀見證知稱譽讚歎是善男
子善女人等所獲功德
尒時舍利子白佛言世尊甚深般若波羅蜜
多佛滅度已後時後分後五百歲於東北方
廣流布耶佛言舍利子如是如是甚深般若
波羅蜜多我滅度已後時後分後五百歲於
東北方當廣流布舍利子我滅度已後時後
分後五百歲彼東北方諸善男子善女人等
若得聞此甚深般若波羅蜜多深生信解書
寫受持讀誦脩習思惟廣說當知彼善男子
善女人等久發無上正等覺心久脩菩薩摩
訶薩行多供養諸佛多事諸善友所種善根
皆已成熟由斯福力得聞如是甚深般若波
羅蜜多深生信解復能書寫受持讀誦脩習
思惟為他廣說
時舍利子復白佛言世尊佛滅度已後時後
分後五百歲於東北方當有幾許住菩薩乘
諸善男子善女人等得聞如是甚深般若波
羅蜜多深生信解復能書寫受持讀誦脩習
思惟為他廣說佛言舍利子我滅度已後時
後分後五百歲於東北方雖有無量住菩薩
乘諸善男子善女人等而少得聞甚深般若
波羅蜜多深生信解其心不驚不恐不怖亦
無憂悔復能書寫受持讀誦脩習思惟為他

BD15316 號　大般若波羅蜜多經卷三〇二　（22–16）

波羅蜜多深生信解其心不驚不恐不怖亦
無憂悔復能書寫受持讀誦脩習思惟為他
廣說舍利子彼善男子善女人等聞此般若
波羅蜜多其心不驚不恐不怖亦無憂悔深
生信解書寫受持讀誦脩習思惟廣說甚為
希有何以故舍利子是善男子善女人等已
曾親近供養恭敬尊重讚歎無量如來應正
等覺及諸菩薩摩訶薩衆請問如是甚深般
若波羅蜜多相應義趣舍利子是善男子善
女人等不久定當圓滿布施波羅蜜多不久
定當圓滿淨戒安忍精進靜慮般若波羅蜜
多舍利子是善男子善女人等不久定當圓
滿內空不久定當圓滿外空內外空空空大
空勝義空有為空無為空畢竟空無際空散
空無變異空本性空自相空共相空一切法
空不可得空無性空自性空無性自性空舍
利子是善男子善女人等不久定當圓滿真
如不久定當圓滿法界法性不虛妄性不變
異性平等性離生性法定法住實際虛空界
不思議界舍利子是善男子善女人等不久
定當圓滿苦聖諦不久定當圓滿集滅道聖
諦舍利子是善男子善女人等不久定當圓
滿四靜慮不久定當圓滿四無量四無色定
舍利子是善男子善女人等不久定當圓滿
八解脫不久定當圓滿八勝處九次第定十

BD15316 號　大般若波羅蜜多經卷三〇二　（22–17）

舍利子是善男子善女人等不久定當圓滿
八解脫不久定當圓滿八勝處九次第定十
遍處舍利子是善男子善女人等不久定
當圓滿四念住不久定當圓滿四正斷四神足
五根五力七等覺支八聖道支舍利子是善
男子善女人等不久定當圓滿空解脫門不
久定當圓滿無相無願解脫門舍利子是
善男子善女人等不久定當圓滿菩薩十地舍
利子是善男子善女人等不久定當圓滿五
眼不久定當圓滿六神通舍利子是善男子
善女人等不久定當圓滿佛十力不久定當
圓滿四無所畏四無礙解大慈大悲大喜大
捨十八佛不共法舍利子是善男子善女人
等不久定當圓滿無忘失法不久定當圓滿
恒住捨性舍利子是善男子善女人等不久
定當圓滿一切智不久定當圓滿道相智一
切相智舍利子是善男子善女人等不久定
當圓滿一切陁羅尼門不久定當圓滿一切
三摩地門舍利子是善男子善女人等不久
定當圓滿一切菩薩摩訶薩行舍利子是善
男子善女人等不久定當圓滿阿耨多羅三
藐三菩提
復次舍利子彼善男子善女人等一切如來
所護念故無量善友所攝受故殊勝善根所
住持故為欲饒益多衆生故求趣無上正等

BD15316號　大般若波羅蜜多經卷三〇二　（22–18）

所護念故無量善友所攝受故殊勝善根所
住持故為欲饒益多衆生故求趣無上正等
菩提何以故舍利子我常為彼諸善男子善
女人等說一切智智相應之法過去如來應
正等覺亦常為彼諸善男子善女人等說一
切智智相應之法由此因緣彼善男子善女
人等後生復能求趣無上正等菩提亦能為
他如應說法令趣無上正等菩提舍利子彼
善男子善女人等身心安定諸惡魔王及彼
眷屬尚不能壞求趣無上正等覺心何況其
餘樂行惡者毀謗般若波羅蜜多能阻其心
不令求趣無上正覺舍利子如是大乘諸善
男子善女人等聞我說此甚深般若波羅蜜
多心得廣大妙法喜樂亦能安立無量衆生
於勝善法令趣無上正等菩提舍利子是善
男子善女人等今於我前發弘誓願我當安
立無量百千俱胝那庾多諸有情類令發無
上正等覺心脩諸菩薩摩訶薩行亦現勸導
讚勵慶喜令於無上正等菩提乃至得受不
退轉記舍利子我於彼願深生隨喜何以故
舍利子我觀如是住菩薩乘諸善男子善女
人等所發弘願心語相應彼善男子善女人
等於當來世定能安立無量百千俱胝那庾
多諸有情類令發無上正等覺心脩諸菩薩

BD15316號　大般若波羅蜜多經卷三〇二　（22–19）

等於當來世定能安立無量百千俱胝那庾
多諸有情類令發無上正等覺心脩諸菩薩
摩訶薩行亦現勸導讚勵慶喜令於無上
正等菩提乃至得受不退轉記舍利子是善男
子善女人等亦於過去無量佛前發弘誓願
我當安立無量百千俱胝那庾多諸有情類
令發無上正等覺心脩諸菩薩摩訶薩行亦
現勸導讚勵慶喜令於無上正等菩提乃至
得受不退轉記舍利子過去諸佛亦於彼願
深生隨喜何以故舍利子過去諸佛亦觀如
是住菩薩乘諸善男子善女人等所發弘願
心語相應彼善男子善女人等於當來世定
能安立無量百千俱胝那庾多諸有情類令
發無上正等覺心脩諸菩薩摩訶薩行亦現
勸導讚勵慶喜令於無上正等菩提乃至得
受不退轉記舍利子是善男子善女人等信
解廣大能依妙色聲香味觸法脩廣大施脩
此施已復能種殖廣大善根因此善根復能
攝受廣大果報攝受如是廣大果報專為利
樂一切有情於諸有情能捨內外一切所有
彼迴如是所種善根願生他方諸佛國土現
有如來應正等覺宣說如是甚深般若波羅
蜜多無上法處彼聞如是甚深般若波羅蜜
多無上法已復能安立彼佛土中無量百千

BD15316 號　大般若波羅蜜多經卷三〇二　（22–20）

蜜多無上法處彼聞如是甚深般若波羅蜜
多無上法已復能安立彼佛土中無量百千
俱胝那庾多諸有情類令發無上正等覺心
脩諸菩薩摩訶薩行亦現勸導讚勵慶喜
令於無上正等菩提得不退轉
時舍利子復白佛言甚奇世尊希有善逝佛
於過去未來現在諸所有法無不證知於一
切法真如法界及法性等無不證知於諸法
教無不證知於諸有情心行差別無不證知
於過去佛菩薩聲聞及佛土等無不證知於
未來佛菩薩聲聞及佛土等無不證知於現
在佛菩薩聲聞及佛土等無不證知於十方
界一切如來應正等覺及所說法菩薩聲聞
佛土等事無不證知世尊若菩薩摩訶薩於
六波羅蜜多勇猛精進恒求不息彼於此六
波羅蜜多為有得時不得時不佛言舍利子
彼善男子善女人等恒於此六波羅蜜多勇
猛精進欣求不息一切時得無不得時何以
故舍利子彼善男子善女人等恒於此六波
羅蜜多勇猛精進欣求不息諸佛菩薩常
護念故舍利子言世尊彼善男子善女人等若
不得六波羅蜜多相應經時如何可說彼得
此六波羅蜜多佛言舍利子彼善男子善女
人等恒於此六波羅蜜多勇猛信求不顧身

BD15316 號　大般若波羅蜜多經卷三〇二　（22–21）

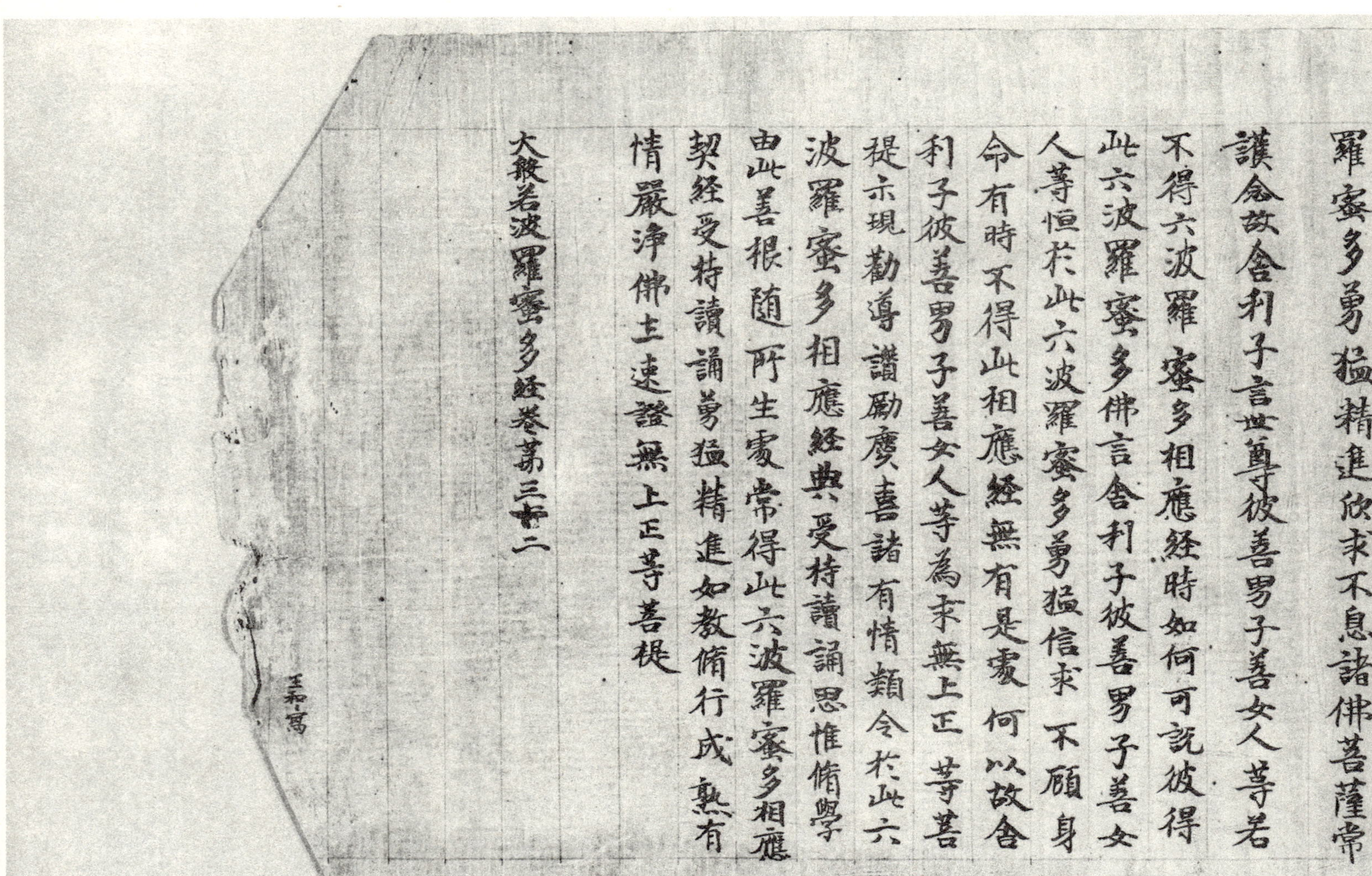
猛精進欣求不息一切時得無不得時何以
故舍利子彼善男子善女人等恒於此六波
羅蜜多勇猛精進欣求不息諸佛菩薩常
讃念故舍利子言世尊彼善男子善女人等若
不得六波羅蜜多相應経時如何可説彼得
此六波羅蜜多佛言舍利子彼善男子善女
人等恒於此六波羅蜜多勇猛信求不顧身
命有時不得此相應経無有是處何以故舍
利子彼善男子善女人等為求無上正等菩
提示現勸導讃勵慶喜諸有情類令於此六
波羅蜜多相應經典受持讀誦思惟脩學
由此善根隨所生處常得此六波羅蜜多相應
契経受持讀誦勇猛精進如教脩行成熟有
情嚴淨佛土速證無上正等菩提

大般若波羅蜜多經卷第三百二

王和寫

BD15316 號　大般若波羅蜜多經卷三〇二　（22–22）

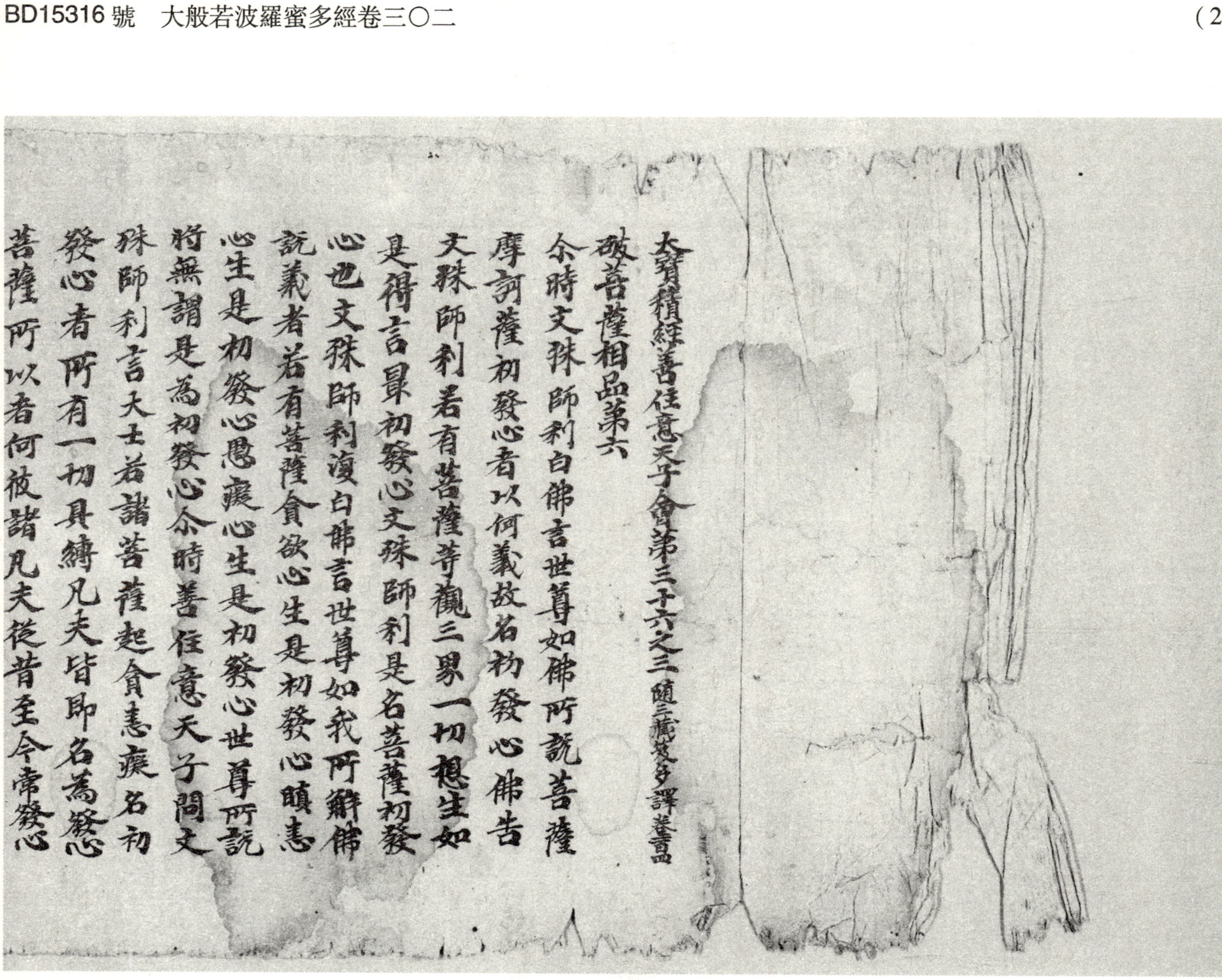
大寶積經善住意天子會第三十六之三　隨三藏笈多譯　卷百四
發菩薩相品第六
尒時文殊師利白佛言世尊如佛所説菩薩
摩訶薩初發心者以何義故名初發心佛告
文殊師利若有菩薩等觀三界一切衆生如
是得言畢初發心文殊師利是名菩薩初發
心也文殊師利復白佛言世尊如我所解佛
説義者若有菩薩貪欲心生是初發心瞋恚
心生是初發心愚癡心生是初發心世尊所説
將無謂是為初發心尒時善住意天子問文
殊師利言大士若諸菩薩起貪恚癡名初
發心者所有一切具縛凡夫皆即名為發心
菩薩所以者何彼諸凡夫從昔至今常發心

BD15317 號　大寶積經卷一〇四　（21–1）

發心者所有一切具縛凡夫皆即名為發心
菩薩所以者何彼諸凡夫從昔至今常發心
如是貪恚癡等三毒心故文殊師利語善住意
言天子汝言一切凡夫從昔已來常能發是
三毒心者是義不然何以故一切凡夫心力羸
劣不能發起是貪恚癡唯有諸佛世尊及
一切阿羅漢辟支佛不退轉地諸菩薩等乃
能發是貪恚癡耳是故凡夫不能得發善住
意言大士仁今何故作如斯說令此會衆不
識不知陷諸疑網深可怖畏
爾時文殊師利語善住意言天子於意云何
如彼飛鳥往來空中彼鳥足跡在虛空中有發
行乎無發行也善住意言非無發行文殊
師利言如是如是天子以是義故我作此說
若有能發貪欲恚癡唯彼諸佛聲聞緣覺
不退菩薩乃能發耳天子當知無有依處是
名為發無有取著是名為發既無依處又無取
著是即無句斯謂為發是無分別句斯謂
為發是不可生句斯謂為發是不實句斯謂為
發是非物句斯謂為發是不來句斯謂為發
是不去句斯謂為發是無生句斯謂為發是
無攀緣句斯謂為發是無證句斯謂為發是
不諍句斯謂為發是不思句斯謂為發是不
壞句斯謂為發是無言句斯謂為發是不破
句斯謂為發是無字句斯謂為發是無執句

無攀緣句斯謂為發是無證句斯謂為發是
不諍句斯謂為發是不思句斯謂為發是不
壞句斯謂為發是無言句斯謂為發是不破
句斯謂為發是無字句斯謂為發是無執句
斯謂為發是無住句斯謂為發是不取句斯
謂為發是不捨句斯謂為發是不執句斯謂
為發天子當知是為菩薩初發心也天子發
心菩薩若於如是一切諸法不受著不思想
不見不知不聞不識不取不捨不生不滅是
則名為真發心也天子是菩薩摩訶薩若
能依上如是法界如是平等如是實際如是
方便則彼貪欲瞋恚愚癡等發又若決能如
是依上則彼眼耳及意等發則彼色聲乃至
識取等發如是則一切諸見發無明有愛發
乃至十二因緣有分發五欲衆事發愛着
三界發我見發我所見發我見為根本六十
二見發佛想發法想發僧想發自想發他想發
地想發水想發火想發風想發空想發識想
發四顛倒發四識住發五蓋發八邪發九惱
發十惡業道發天子當知我今舉要言之一切
分別一切分別處一切諸言一切諸相一切進
趣一切希求一切取著一切思想一切意念
一切障礙菩薩皆當發汝應如實知天子以
是義故汝今若能於此諸法不受著不思想
者是則名為真實發也爾時世尊讚文殊

一切障礙菩薩皆當發汝應如實知天子以
是義故汝今若能於此諸法不受著不思想
者是則名為真實發世尒時世尊讚文殊
師利言善哉善哉文殊師利汝今乃能為諸
菩薩具宣如是初發心義文殊師利汝於往
昔已曾供養無量無邊過恒沙數諸佛世尊
能說斯耳
尒時尊者舍利弗白佛言世尊今此文殊師
利所說菩薩畢初發心及獲無生法忍先後
二事平等無差耶佛告舍利弗如是如是如
汝所說舍利弗昔然燈世尊授我記言摩那
婆汝於未來過阿僧祇劫當得成佛號釋迦
牟尼如來應供正遍覺舍利弗我於彼時亦
不離此心得無生法忍如是舍利弗汝當知彼
一切菩薩初發心義如文殊師利所言無有
異也尒時文殊師利白佛言世尊如我解佛
所說義者皆是初發何以故如世尊說一切
初發皆是不發其不發者即是菩薩畢初發
心說是法時二万三千菩薩證無生忍五千
比丘於諸法中漏盡解脫六十億諸天子遠
塵離垢得法眼淨
尒時尊者大迦葉白佛言世尊今此文殊師
利乃更為斯能作難作宣說如是甚深法
門令諸眾生多所利益文殊師利謂迦葉
言大德迦葉我實不為難作之事所以者何

利乃更為斯能作難作宣說如是甚深法
門令諸眾生多所利益文殊師利謂迦葉
言大德迦葉我實不為難作之事所以者何
一切諸法皆無所作亦復無有已作今作當
作唯大迦葉我於諸法非作不作其義亦
尒又大迦葉我於眾生無有度脫亦無
繫縛所以者何一切諸法無所有故迦葉云
何於世尊前發如是言能作難作又大迦葉
我無所作積功言我能作難作又大迦葉我
實不作非獨我不作如來亦不作辟支佛亦不作阿
羅漢亦不作又大迦葉有何等人能作難作若欲
正言能作難作但彼一切嬰兒凡夫如斯說
者是名善說所以者何如諸如來皆悉無有
已得今得當得乃至一切聲聞辟支佛亦無
所得唯彼凡夫一切皆得時大迦葉復白文殊
師利言大士一切諸佛不得何等文殊師利
言一切諸佛不得我不得福伽羅不得眾生
不得壽命不得士夫不得斷不得常不得諸
陰不得諸入不得諸界不得名色不得欲
界不得色界不得無色界不得分別不得思
惟不得念處不得因生不得顛倒不得貪恚
癡不得此世不得彼世不得我不得我所乃
至不得一切諸法大德迦葉如是一切諸法
次第不得亦復不失不縛不解不取不捨不

癡不得此世不得彼世不得我不得我所乃
至不得一切諸法大德迦葉如是一切諸法
次第不得亦復不失不縛不解不取不捨不
近不遠是故迦葉應當覺了如是法門若諸
佛世尊皆不得者則彼等非法無聞凡夫一
切斯得是故凡夫能作難作非諸佛作非辟支
佛作非阿羅漢作是乃名為凡夫作也迦葉復
問作何等也文殊師利言作斷作常作染着
作依止憶念作取捨乃至作彼一切戲論分別
隨順高下等事是故大德迦葉如是諸法諸佛
世尊皆無所作無有已作今作當作唯彼凡夫
能作難作
尒時文殊師利復白佛言世尊所言無生忍
者云何名為無生忍也世尊復以何義而更
名為法無生忍菩薩云何得斯忍法佛告文
殊師利言實無有人於生法中得無生忍所
言得者但有語言名字何以故以無生法不
可得故離攀緣故不得法忍得無所得無得
無失是故言得無生法忍復次文殊師利彼
無生法忍者所謂一切法無生如是忍故一
切法無來如是忍故一切法無去如是忍故
一切法無我如是忍故一切法無主如是忍
故一切法無取如是忍故一切法無捨如是
忍故一切法無所有如是忍故一切法無實
如是忍故一切法無等如是忍故一切法無等

BD15317號　大寶積經卷一〇四　（21-6）

故一切法無取如是忍故一切法無捨如是
忍故一切法無所有如是忍故一切法無實
如是忍故一切法無等如是忍故一切法無等
如是忍故一切法無比如是忍故一切法無
染如虛空如是忍故一切法無破壞如是
忍故一切法無斷如是忍故一切法無垢
如是忍故一切法無淨如是忍故一切法空
如是忍故一切法無相如是忍故一切法無
願如是忍故一切法離貪恚癡如是忍故一
切法如如如是忍故一切法法性如是忍故
一切法實際如是忍故如是一切法無分別
無相應無憶念無戲論無思惟無住無力
羸劣虛誑如幻如夢如響如影如鏡像如
芭蕉如聚沫如水泡如是忍故所可忍者亦
無可忍非法非非法但以名字說斯法耳
然彼名字亦不可得本性自離如是言忍信
解樂入無惑無疑無驚無怖無動無沒遍
苦身已正受而行不得其身亦無住處文殊
師利是為菩薩摩訶薩於諸法中得無生
忍乃至不行一切想故
尒時文殊師利復白佛言世尊所謂忍者
云何為忍乃至不為境界所壞故名為忍時彼
善住意天子問文殊師利言大士何等不為
境界所壞文殊師利言天子所謂眼何法壞

BD15317號　大寶積經卷一〇四　（21-7）

善住意天子問文殊師利言大士何等不為
境界所壞文殊師利言天子所謂眼何法壞
眼謂彼善色惡色是能壞眼如色壞眼彼聲
壞耳乃至法壞意亦如是天子若菩薩眼見
色不取相不貌好不分別不思惟不愛不猒
知本性空無有念想不為衆色之所傷敗乃
至意法亦如是天子若其六情無著無縛無
壞無傷如是菩薩住於法忍住法忍故於一
切法無所分別無生不生無漏不漏無善不
善無為不為不念世法及出世法不分別不
思惟是則名為無生法忍說此法時有六万
三千衆生發阿耨多羅三藐三菩提心一万
二千菩薩得無生法忍
尒時善住意天子復白文殊師利言大士云
何菩薩摩訶薩發起勝行超越轉增入諸地
也文殊師利言天子誰於其間能發勝行而
言諸地有超轉者善住意言大士仁豈不知
諸菩薩等所行殊勝彼彼轉增乃至超越能
滿十地乎文殊師利語善住意言不然天子
我聞佛說一切諸法猶如幻化汝不信耶善
住意言大士世尊誠言誰敢不信文殊師利
言天子如彼幻人及幻豈有勝行超越轉入
乃至具足十地耶善住意言不也大士文殊
師利言如是天子若使幻人及幻能有超行
轉入者則吾等亦當如是超越轉入何以故

乃至具足十地耶善住意言不也大士文殊
師利言如是天子若使幻人及幻能有超行
轉入者則吾等亦當如是超越轉入何以故
如世尊說一切諸法皆如幻化故無轉入天
子是故若說諸地有轉入者即非轉入我亦
不言地有轉入所以者何一切諸法無轉入
故是故法於法中不得轉入所謂色於受中
不得轉入受於色中不得轉入想於行中不
得轉入行於想中不得轉入識於色中不得
轉入色於識中不得轉入天子如是乃至於
一切法皆應如是作四句說
又眼不於耳中轉入耳不於眼中轉入鼻不
於舌中轉入舌不於鼻中轉入身不於意中
轉入意不於身中轉入所以者何一切諸法
其性各異行自境界頑癡無知無有覺識亦
如草木墻壁凡石如鏡中象如幻如化不可
證觸一相無相以是義故一切諸法無有超
轉不出不入無去無來天子當知若諸菩薩
如是解知彼一切法無超轉者不復更有諸
地分別亦無入道無有捨地亦無退轉於彼
菩提超轉之中無有失滅何以故若人見彼陰
界諸入是真實者彼無超轉所以者何以一
切法住本淨故天子是名菩薩超越道地
天子譬如幻師化作千重臺與宮閤即令
化人居處其內天子於意云何彼人宮閤有

切法性本淨故天子是名菩薩超越道地
天子辟如幻師化作千重葦與官閣即令
化人居處其內天子於意云何彼人官閣有
定所不善住意言無也大士文殊師利言如
是如是天子見菩薩地有轉超者其事亦

破二乘相品第七之一

尒時善住意天子復問文殊師利言大士
或時有人至大士所求出家者大士尒時
當云何答云何為說出家受法云何授戒及
教持戒文殊師利言天子若其有人來至我
所求出家者我當教彼如是言曰諸善男子
汝今不應發出家心汝若不發出家心者我當
教汝真出家法所以者何天子若求出家則求
欲界亦求色界求無色界復求世間五欲之
樂及求未來果報諸事若善男子有所求者
彼不證法不證法故彼則見心是故天子若
無所取彼為證法以證法故則不見心不見
心故則不出家不出家故則無出家心無出
家心故彼則不發以不發故則無有生以無生
故彼則盡苦以盡苦故則畢竟盡畢竟盡
故彼則無盡以無盡故則不可盡不可盡者
則是虛空天子我時於彼善男子所作如是
教復次天子若復有人來詣我所求出家者
我復教彼如是言曰諸善男子汝今莫發出
家之心所以者何彼心無生不可得發汝莫

教復次天子若復有人來詣我所求出家者
我復教彼如是言曰諸善男子汝今莫發出
家之心所以者何彼心無生不可得發汝莫
為興而保此心復次天子若更有人來詣我
所求出家者我復教彼如是言曰諸善男子
汝今若不斷除鬚髮如是汝則真實出家
尒時善住意天子復白文殊師利言大士以何
義故作如斯說文殊師利言天子世尊說法
無所斷除善住意復問言何等不斷亦復
不除文殊師利言天子色法不斷亦不除受
想行識不斷亦不除天子若復有人作如是
念我除鬚髮乃為出家當知彼人則住我相
住我相故則不見平等又見我故則見衆生
見衆生故則見鬚髮見鬚髮故生歸除想天
子彼若不見有我相者則不見他相無他想
故則無我慢無我慢故則無吾我無吾我故
則無分別無分別故則無動搖無動搖故則
無戲論無戲論故則無取捨無取捨故無作
不作無斷不斷無離無合無減無增無集無
散無思無念無說無言如是則名安住真實
善住意言大士實義云何文殊師利言天子
所言實者即是虛空如是虛空得名為實無
起無盡無減無增以是故言虛空為實性空
為實如如為實法界為實實際為實如是實
者則亦不實何以故以彼實中不可得故名為

為實如如為實法界為實實際為實如是實
者則亦不實何以故以彼實中不可得故名為
不實
尒時文殊師利語善住意言天子若復有
人來詣我所求出家者我當教彼如是言曰
諸善子汝今若能不取着袈裟衣者吾
則以汝為真出家善住意言大士以何義故
復如斯說文殊師利言天子諸佛世尊無有
取法凡所宣說不為取著善住意言不取
何等文殊師利言天子謂不取色若常無常
乃至不取識若常無常不取眼若常無常乃
至不取意若常無常不取色乃至不取法不
取貪欲不取瞋恚不取愚癡不取顛倒天子如
是乃至一切諸法皆悉不取而亦不捨不合不
離天子若取袈裟當知彼取大有見相天子
是故我說不以取着袈裟而得清淨及得解
脫所以者何天子諸佛世尊大菩提處無有袈
裟善住意言大士何法是袈裟文殊師利言
天子汝問何法為袈裟者貪欲是袈裟瞋恚
是袈裟愚癡是袈裟因是袈裟諸見是袈裟
名色是袈裟妄想是袈裟執着是袈裟取相
是袈裟語言是袈裟如是乃至戲論一切諸
法皆是袈裟若知諸法無善不善無思無念
是名無袈裟若無袈裟則無所有若無所有
則無垢濁若無垢濁則無障礙無障礙故亦

BD15317號　大寶積經卷一〇四　　（21–12）

法皆是袈裟若知諸法無善不善無思無念
是名無袈裟若無袈裟則無所有若無所有
則無垢濁若無垢濁則無障礙無障礙故亦
無有作是謂思量善住意言大士所言思量
思量者以何義故名曰思量文殊師利言天
子彼思量者於法平等無有增減無作不作
故言思量天子若能於法不作增減如世尊
說不應復起想念分別故言思量善住意
言何等名為不作增減文殊師利言天子過
於平等過平等已法不可得所謂過去不可
得未來不可得現在不可得彼法非如無增
減作無我作無有人作無衆生作無壽命
作無有斷作無有常作無有分別陰入界作
無有分別佛法僧作亦無有念是持戒作是
破戒作是煩惱作是清淨作是得果作是須
陁洹作是斯陁含作是阿那含作是阿羅漢
作是辟支佛作乃至此是空作是無相作是
無願作是明解脫作是離欲作如是天子此
皆為彼無聞凡夫思量分別說斯法耳汝應
當知此是畢下癡人求欲得法妄想取着是
故如來為斷彼着而演說是思量分別作不
作事
於是善住意天子讚文殊師利言善哉大士
快說如是甚深法門尒時世尊亦復讚可文
殊師利言善哉善哉文殊師利汝今乃能作

BD15317號　大寶積經卷一〇四　　（21–13）

於是善住意天子讚文殊師利言善哉大士快說如是甚深法門尒時世尊亦復讚可文殊師利言善哉善哉文殊師利汝今乃能住如是說尒時文殊師利復語善住意言天子若復有人來詣我所求出家者我當教彼住如是言諸善男子汝今若能不受具戒如是則名真出家也善住意言大士以何義故住如是說文殊師利言天子如世尊說唯有二種受具戒法何等為二一受正平等戒二受邪不等戒是中何者邪不等戒謂隨我見隨人見隨眾生見隨壽命見隨士夫見隨斷見隨常見隨邪見隨憍慢隨貪欲隨瞋恚隨愚癡隨欲界隨色界隨無色界隨取著分別天子是為略說隨於一切不善法隨逐惡知識者取一切法隨不知出要解脫之處天子當知是名受邪不等戒也天子是處何者是受正平等戒謂空是平等無相是平等無願是平等天子若能如是入三解脫門如實覺知不分別不思念於一切法無有退轉天子是名受正平等戒也復次天子若貪欲發者瞋恚發若愚癡發若愛無明發我見發我見為根本六十二見發三邪行發四顛倒發乃至八邪九惱十不善業道等發故名受邪戒也天子譬如一切種子草木樹林皆依大地而得生長其地平等無心念住如是天子若

BD15317號　大寶積經卷一〇四　(21–14)

也天子譬如一切種子草木樹林皆依大地而得生長其地平等無心念住如是天子若佛法中正受戒故具足成就天子譬如一切草木種子依大地住而得增長天子當應如是具受正戒所以者何住於戒故道法增長如彼種子戒亦復然又如種子增長得名成就如是住於戒故所有一切助菩提分法出生增長得名成就天子是為過去未來現在諸佛世尊一切聲聞受正戒也所謂入彼三解脫門一切戲論語言滅處天子當知若能如是受具戒者是名受正非不正也尒時文殊師利復語善住意天子言天子我今更於如是出家如是受具如是教曰諸善男子汝今若能不持禁戒如是則為真實持也善住意言大士以何義故作如斯說文殊師利言天子一切諸法悉無所取故無可持云何與戒而獨有持天子戒若可持則持三界天子於汝意者以何為戒善住意言大士若能具足波羅提木叉者是名為戒文殊師利言天子云何名為波羅提木叉善住意言大士所謂持身及以口意三業具足是則名為波羅提木叉也文殊師利言天子於意云何今是現前何處有是身業可住如是過去未來亦無有住彼皆無住無有像貌可得言有或青或黃或赤或白及頗梨色邪善住

BD15317號　大寶積經卷一〇四　(21–15)

來亦無有住彼皆無住無有像貌可得言
有或青或黃或赤或白及頗梨色耶善住
意言不也大士文殊師利言天子彼名何等云
何而說善住意言彼名無為實不可說如是
乃至意住亦然文殊師利言天子於意云何
彼無為者可住有為乎善住意言不也大士
文殊師利言天子以是義故我如斯說彼若
不持名真持戒天子若言增上戒學增上
心學增上慧學者為學實際當如是知無
所持故言增上戒學無所知故言增上心學
無所見故言增上慧學如是心不分別故不
憶念故不生殊異故名畢上心學如心學戒
慧亦尒天子若不得心則不念戒若不念戒
則不思慧若不思慧則無復起一切疑惑既
無疑惑則不持戒若不持戒是則名為真
持戒也天子當知彼持戒者則無所欲無
所欲故則無退還無退還故彼則清淨彼
清淨故則得解脫彼解脫故則得精進彼精進
故則無有漏彼無漏故則住正行住正行故則無
像貌無像貌故即是虛空何以故以彼虛空
無形相故是故天子若有人能如是學者則為
不學彼無學故則為真學於何處學謂無處
學云何無處謂空平等天子若能正住空平
等者是則名為真住戒學
尒時文殊師利復語善住意天子言天子若

BD15317號　大寶積經卷一〇四　（21–16）

學云何無處謂空平等天子若能正住空平
等者是則名為真住戒學
尒時文殊師利復語善住意天子言天子若
人能住如是出家如是受具我復教彼如是
言曰諸善男子汝今若能受彼一切三千大
千世界萬信檀越供養眾具而能於中不起
分別不念報恩是乃名為清淨持戒善住意
言大士以何義故住如斯說文殊師利言天子
所謂若人取彼施者受者財物三事故是為
報恩又若見彼是為報恩若思惟彼是為報
恩若分別彼是為報恩天子若不見彼不取
彼不思惟彼不分別彼者有何可報何以故
以從本來畢竟清淨如是報故天子彼若取
若見若思惟若分別及念報者是謂凡夫
非阿羅漢所以者何是諸凡夫於一切時常
行取著思量分別此受彼與彼垢此淨以是
分別故有報恩云何報恩謂諸凡夫於生死
有取後生身是故於彼欲行報恩天子諸阿
羅漢不受後有畢竟不見不思量不分別無
有此彼更不受身當於何處而報恩也天
子若受彼施當行三淨然後乃受何謂三淨
一不見己身即無施者二不見他人即無受
者三不見財物即無施事天子如是三淨則
畢竟淨如斯淨已復何用報天子以是義故
我如是說若受三千大千世界萬信檀越一切

BD15317號　大寶積經卷一〇四　（21–17）

者三不見財物即無施事天子如是三淨則
畢竟淨如斯淨已復何用報天子以是義故
我如是説若受三千大千世界薦信擅越一切
衆具不分別不念報者是名世間真勝福田
是真出家是淨持戒
尒時文殊師利復語善住意天子言天子我
與彼人如是出家如是戒已當復教言諸善
男子汝今若能不行阿蘭若不在聚落不處
逈不住遠不獨坐不衆居不多言不杜默不
食不少欲不多求不知足不樹下不露地不
乞食不受請不事糞掃衣不受他衣鉢不多
服腐爛藥不受肉與蘇善男子汝若能於一
切頭陀不起分別如是行者則名具足行頭
陀也何以故若以憶念分別行者即是我慢
心見諸相天子若如是行則如是念我受糞
掃衣我行乞食我住樹下我坐露地我行阿
蘭若我服腐爛藥我少欲我知足我行頭陀
天子若正行者不生如是念所以者何爲彼
無有一切分別故彼於尒時尚不見我況當
計有頭陀功德若見有者無有是處天子
是故若有如是行頭陀不憶念不分別我則説
爲真頭陀也何以故天子若斯人者拂去貪
欲拂去瞋恚拂去愚癡拂去三界拂去五
陰拂去十二入拂去十八界如是我説爲真頭
陀何以故以彼頭陀不取不捨不思不念不

BD15317號　大寶積經卷一〇四　（21-18）

欲拂去瞋恚拂去愚癡拂去三界拂去五
陰拂去十二入拂去十八界如是我説爲真頭
陀何以故以彼頭陀不取不捨不思不念不
修不行非法非非法是故我説真頭陀也
尒時文殊師利復語善住意天子言天子
我與彼人如是出家如是行已當復教言諸善
男子汝今若能不觀四聖諦不修四念處不
修四正勤不修四如是足不修五根不修五力
不修七覺分不修八聖道不修卅七助菩提
法莫證三解脱門何以故天子彼聖諦者入
無生相不可念知不可修證所以者何彼無
生中云何言證天子是故我言夫念處者
非念非思一切諸法故言念處天子若比丘
不住欲界不住色界不住無色界故言比丘
不住四念處思修四念處云何思修如彼不
思不修故言思修如是次第乃至卅七種助
菩提法應如是知天子若彼禪行比丘於一
切法志無所得無所得故不思念不分別不
修不證何以故天子彼諸法但有名如卅七
助菩提法彼雖有名而不可得唯以分別因
緣故生一相無相以如是名故如是説其説
亦無故彼雖復名字證知終不可得是則名
爲如實覺知卅七種助菩提法時彼善住意
天子復白文殊師利言大士所言禪行比丘
何等名爲禪行比丘耶文殊師利言天子若

BD15317號　大寶積經卷一〇四　（21-19）

爲如實覺知卅七種助菩提法時彼善住意
天子復白文殊師利言大士所言禪行比丘
何等名爲禪行比丘耶文殊師利言天子若
彼比丘於一切法但取一行擭隨順者所謂
無生是爲禪行又復無有少法可取是爲
禪行又不取何法所謂不取此世彼世不取三
界乃至不取一切諸法如是平等是爲禪行
天子如禪行者乃至無有一法相應無合無
散是爲禪行
尒時彼會大衆多有無量百千衆生咸有
疑心今此文殊師利所說如是云何得與聖說
相應所以者何世尊恒說若人能入三解脫
門名爲涅槃又如佛說若有修行卅七種助
菩提法便證涅槃然而今者文殊師利更如
是說不應修是助菩提行亦莫入彼三解脫
門將非文殊師利虛妄說耶於是文殊師
利知諸比丘及以衆會咸皆有疑即語尊者
舍利弗言大德汝於今者最可證信世尊記
汝智慧第一大德汝於何時證離欲法且當
證法時豈不見四諦耶舍利弗言不也豈
不修卅七助菩提分法耶曰不也豈不入三
解脫門耶曰不也大士我於尒時乃至無有
一法可見可除可修可證可選擇者所以
者何一切諸法無爲無生無言是空若是空者，
有何可證說此法時衆中有三万比丘於法漏

BD15317號　大寶積經卷一〇四　（21-20）

利知諸比丘及以衆會咸皆有疑即語尊者
舍利弗言大德汝於今者最可證信世尊記
汝智慧第一大德汝於何時證離欲法且當
證法時豈不見四諦耶舍利弗言不也豈
不修卅七助菩提分法耶曰不也豈不入三
解脫門耶曰不也大士我於尒時乃至無有
一法可見可除可修可證可選擇者所以
者何一切諸法無爲無生無言是空若是空者，
有何可證說此法時衆中有三万比丘於法漏
盡心得解脫

大寶經卷第一百四

BD15317號　大寶積經卷一〇四　（21-21）

BD15318號背　護首　　（1–1）

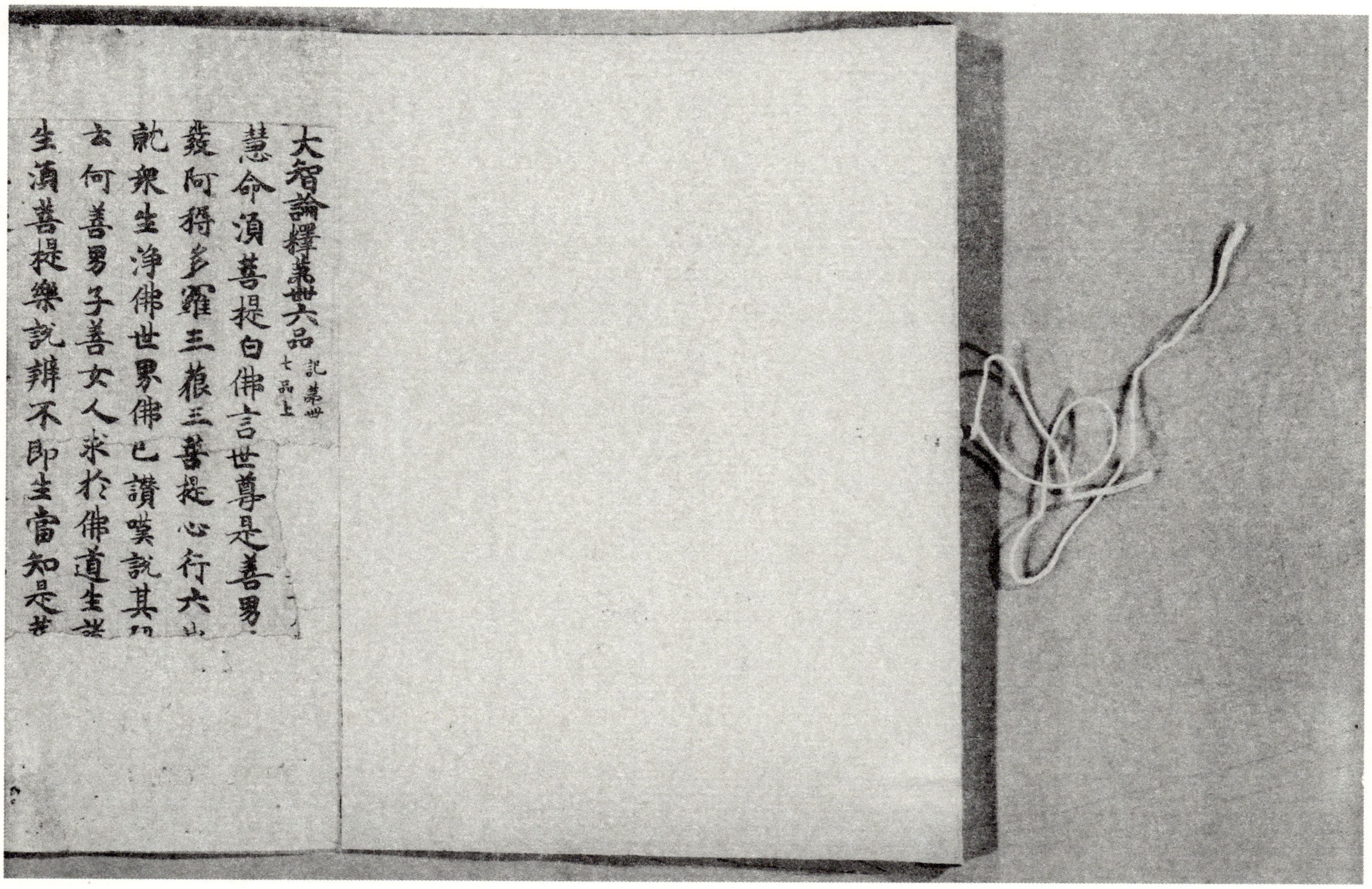

BD15318號　大智度論卷六八　　（21–1）

大智論釋苐卌六品 記苐卌七品上
慧命須菩提白佛言世尊是善男
發阿耨多羅三藐三菩提心行六
就衆生淨佛世界佛已讚歎說其
云何善男子善女人求於佛道生
生須菩提樂說辯不即生當知是
須菩提言世尊何因緣故樂說辯不
菩薩魔事佛言有菩薩摩訶薩行般
蜜時難具足六波羅蜜以是因緣故
不即生是菩薩魔事復次須菩提樂說
起當知亦是菩薩魔事世尊何因緣故樂
辯本起復是魔事佛言菩薩摩訶薩行檀
羅蜜乃至般若波羅蜜著樂說法以是因緣
故樂說辯本起當知是菩薩魔事復次須菩
提書是般若波羅蜜經時偃僂傲慢當知是
菩薩魔事復次須菩提書是經時戲咲亂心
當知是菩薩魔事復次須菩提若書是經時
輕咲不敬當知是菩薩魔事復次須菩提若
書是經時各各不和合當知是菩薩魔事復
次須菩提善男子善女人作是念我不得是
經中滋味便棄捨去當知是菩薩魔事復次
須菩提受持般若波羅蜜讀誦說若正憶念
時偃僂傲慢當知是菩薩魔事復次須菩提
若受持般若波羅蜜經親近正意念時轉目

經中滋味便棄捨去當知是菩薩魔事復次
須菩提受持般若波羅蜜讀誦說若正憶念
時偃僂傲慢當知是菩薩魔事復次須菩提
若受持般若波羅蜜經親近正憶念時轉相
形咲當知是菩薩魔事復次須菩提若受持
般若波羅蜜經讀誦正憶念脩行時共相輕
蔑當知是菩薩魔事若受持般若波羅蜜讀
誦乃至正憶念時散亂心當知是菩薩魔事
若受持般若波羅蜜讀誦乃至正憶念時心
不和合當知是菩薩魔事須菩提白佛言世
尊世尊說善男子善女人作是念我不得經
中滋味便棄捨去當知是菩薩魔事世尊何
因緣故菩薩不得經中滋味便棄捨去佛言
是菩薩摩訶薩前世不久行般若波羅蜜禪
波羅蜜毗梨耶波羅蜜羼提波羅蜜尸羅波
羅蜜檀波羅蜜是人聞說是般若波羅蜜便
從坐起作是念言我於般若波羅蜜中无記
心不清淨便從坐起去當知是菩薩魔事須
菩提白佛言世尊何因緣故不與受記聞說是
般若波羅蜜時便從坐起去佛告須菩提若
菩薩未入法位中諸佛不與受阿耨多羅三
藐三菩提記復次須菩提聞說般若波羅蜜
時菩薩作是念我是中无名字心不清淨當
知是菩薩魔事須菩提言何因緣故是深般
若波羅蜜中不說是菩薩名字佛言未受記

時菩薩作是念我是中无名字心不清淨當
知是菩薩魔事須菩提言何因緣故是深般
若波羅蜜中不說是菩薩名字佛言未受記
菩薩諸佛不說名字復次須菩提是菩薩摩
訶薩作是念是般若波羅蜜中无我生處名
字若聚落城邑是人不欲聽聞般若波羅蜜
便從會中起去是人如所起時念念却一劫
甫當更懃精進求阿耨多羅三藐三菩提
釋曰一切有為法各有增上增上者共相違
相違即是怨賊如水得增上力滅火火得增
上力則消水乃至草木各有相害何況衆生
菩薩摩訶薩有大悲心雖不與衆生作怨菩
薩身為法故能信留難佛上說菩薩功德
所謂諸佛菩薩諸天所護而未說怨賊相以
佛憐愍故先雖略說今須菩提諸佛廣說留
難事佛雖於一切衆生一切法心平等以是
菩薩能大利益世間故說好醜相及利害是
道非道留難事佛不令行人毀害留難者但
令覺知不隨其事何者是怨賊略說若衆生
法非衆生法能沮壞菩薩无上道心非衆生
者若疾病飢渴寒熱推押墜落等衆生者魔
及魔民惡鬼邪疑不信者斷善根者定有所
得者實定分別諸法者深著世間樂者怨賊
官事師子虎狼惡獸毒虫等衆生賊有二種
若內若外內者自從心生憂愁不得法味生
邪見疑悔不信等外者如上說如是諸難事

BD15318號　大智度論卷六八　（21-4）

若內若外內者自從心生憂愁不得法味生
邪見疑悔不信等外者如上說如是諸難事
佛總名為魔魔有四種煩惱魔五衆魔死魔
天子魔煩惱魔者所謂百八煩惱等分別八
万四千諸煩惱五衆魔者是煩惱業和合因
緣得是身四大及四大造色眼根等色是名
色衆百八煩惱等諸受和合名為受衆小大
无量无所有相分別和合名為想衆因好醜
心發能起貪欲瞋恚等心相應不相應法名
為行衆六情六塵和合故生六識是六識分
別和合无量无邊心是名識衆死魔者无常
因緣故破相續五衆壽命盡離三法識煖壽
故名為死魔天子魔者欲界生深著世間樂
用有所得故生邪見憎嫉一切賢聖涅槃道
法是名天子魔魔秦言能奪命者雖死魔實
能奪命餘者亦能作奪命因緣亦奪智慧命
是故名殺者問曰一五衆魔攝三種魔何以
故別說四答曰實是一魔分別其義故有四煩
惱魔者人因貪欲瞋恚故死亦能作奪命因
緣是近奪命因緣故別說天子魔雖福德業
因緣故力勢大邪見力故能奪慧命亦能作
死因緣是故別說无常死力大一切无能勉者
甚可畏故別說問曰是魔何以惱亂行道
者答曰先已魔說是品中皆有四種魔義但
隨處說復次三魔不相遠離若有五衆則有
煩惱則天魔得其便五衆煩惱和合故有天

BD15318號　大智度論卷六八　（21-5）

者荅曰先已魔説是品中皆有四種魔義但
随處説復次三魔不相遠離若有五衆則有
煩惱則天魔得其便五衆煩惱和合故有天
魔是故須菩提問佛上已讚嘆説菩薩功德
今云何是菩薩魔事起佛荅樂説辯不即生
是為魔事者若菩薩摩訶薩憐愍衆生故高
坐説法而樂説辯不生聽者憂愁我等故来
而法師不説或作是念法師怖畏故不能説
或言不知故不説或自惟過咎深重故不説
或謂不得供養故不肯説或謂輕賤我等故
不説或串樂故不説如是等種種因緣聽者
心壞故以不樂説名為魔事復次是菩薩憐
愍衆生故來欲説法聽者欲聞而法師心生
欲説而口不能言現見是魔事如魔入阿難
心佛三問而三不荅久乃説者此中須菩提
問世尊何因緣故辯不即生佛荅菩薩行六
波羅蜜時難具足六波羅蜜所以者何是人
先世因緣故鈍根懈怠魔得其便不一心行
六波羅蜜故樂説辯不即生問曰如樂説辯
不即生是魔事今樂説辯本起何以復是魔
事荅曰是法師愛法著法求名聲故自恣樂
説无有義理如逸馬難制又如大水暴長衆
穢渾雜是故此中能自説菩薩行六波羅蜜
著樂説法是為魔事復次是般若波羅蜜為
破憍慢故出而書是經者生我心憍慢憍慢
故身亦高所謂傴僂傲慢書是般若波羅蜜

BD15318號　大智度論卷六八　（21–6）

破憍慢故出而書是經者生我心憍慢憍慢
故身亦高所謂傴僂傲慢書是般若波羅蜜
時用輕心瞋心戲咲不敬復次是般若波羅
蜜若一心攝心猶尚難得何況散亂心書書
時從人口受或寫經弓若一心和合則得若
授者不與如是等種種因緣是不和合復次
觀者是般若經時品品皆空无可樂處作是
念我於是經不得滋味便棄捨去般若波羅
蜜是一切諸樂根本此人不得其味是為魔
事復次受持讀誦説正憶念時傴僂邪咲散亂
心不和合如上説共相輕蔑者從人受讀誦
正憶念時師徒斗相輕賤書寫經時但有捨
去无相輕賤以是故无問曰上事中何以但
問不得經中滋味不問餘者荅曰般若波羅
蜜聖人所説與凡人説異是故凡夫人不得
滋味須菩提意謂般若波羅蜜是清淨珎寶
最能利益衆生无有過惡是人云何不得滋
味佛荅是人先世不久行六波羅蜜故菩薩
信等五根薄薄故不能信空无相无作无依
止法娆亂心起作是言佛一切智何以不與
我受記便捨去餘者易解故不問須菩提問
若尒者何以故不與受記佛是大悲應當愍
念防護其心不令墮惡佛言未入法位人諸
佛不與受記所以者何諸佛雖悉知衆生久
遠事為五通仙人及諸天見人未有善行業
因緣可受記者為受記輕佛不信死有因緣

BD15318號　大智度論卷六八　（21–7）

念防護其心不令墮惡佛言未入法位人諸
佛不與受記所以者何諸佛雖悉知衆生久
遠事為五通仙人及諸天見人未有善行業
因緣可受記者為受記輕佛不信死有因緣
云何與受記是故入法位者與受記是人名
字及聚落處亦如是是人從坐起去隨其起
念多少念念却一劫償罪畢還得人身補當
復介所劫行
復次須菩提菩薩學餘經棄捨般若波羅蜜
終不能至薩婆若善男子善女人為捨其根
而攀枝葉當知亦是菩薩魔事須菩提白佛
言世尊何等是餘經善男子善女人取學不
能至薩婆若佛言是聲聞所應行經所謂四
念處四正懃四如意足五根五力七覺分八
聖道分空无相无作解脫門善男子善女人
住是中得須陁洹果斯陁含果阿那含果阿
羅漢果是名聲聞所行不能至薩婆若如是
善男子善女人捨般若波羅蜜親近是餘經
何以故須菩提般若波羅蜜中出生諸菩薩
摩訶薩成就世間出世間法 須菩提菩薩摩
訶薩學般若波羅蜜時亦學世間出世間法
須菩提譬如狗不從大家求食反從作務者
索如是須菩提當來世有善男子善女人棄
深般若波羅蜜而攀枝葉聲聞辟支佛所應
行經當知是為菩薩魔事須菩提譬如有人
欲得見寫見已反觀其跡須菩提於汝意云

BD15318號　大智度論卷六八　(21–8)

深般若波羅蜜而攀枝葉聲聞辟支佛所應
行經當知是為菩薩魔事須菩提譬如有人
欲得見寫見已反觀其跡須菩提於汝意云
何是人為黠不須菩提言為不黠佛言諸求
佛道善男子善女人亦復如是得深般若波
羅蜜棄捨去取聲聞辟支佛所應行經須菩
提當知是為菩薩魔事須菩提譬如人欲見
大海反求牛跡水作是念大海水能與此等
不須菩提於汝意云何是人為黠不須菩提
言為不黠佛言當來世有求佛道善男子善
女人亦如是得深般若波羅蜜棄捨去取聲
聞辟支佛所應行經當知是亦菩薩摩訶薩
應事須菩提譬如工匠若工匠弟子欲擬
作釋提桓因勝殿而揆則日月宮殿須菩提於
汝意云何是人為黠不須菩提言為不黠如
是須菩提當來世有薄福德善男子善女人
求佛道者得是深般若波羅蜜棄捨去於聲
聞辟支佛所應行經中求薩婆若須菩提於
汝意云何是人為黠不須菩提言為不黠佛
言當知亦是菩薩魔事須菩提譬如有人欲見
轉輪聖王見而不識後見諸小國 王取其
相根如是言轉輪聖王與此何異須菩提於
汝意云何是人為黠不須菩提言為不黠須
菩提當來世有薄福德善男子善女人求佛
道者得是深般若波羅蜜棄捨去取聲聞辟
支佛所應行經持求薩婆若須菩提於汝意

BD15318號　大智度論卷六八　(21–9)

菩提當来世有薄福德善男子善女人求佛
道者得是深般若波羅蜜棄捨去取聲聞辟
支佛所應行經持求薩婆若須菩提於汝意
云何是人為黠不須菩提言為不黠當知是
為菩薩魔事須菩提辟如飢人得百味食棄
捨去反食六十日穀飯須菩提於汝意云何是
人為黠不須菩提言為不黠佛言當来世有
求佛道善男子善女人得聞深般若波羅蜜
棄捨去取聲聞辟支佛所應行經持求薩婆
若於汝意云何是人為黠不須菩提言為不
黠當知是亦菩薩魔事須菩提辟如人得无
價摩尼珠反持比水精珠須菩提於汝意云
何是人為黠不須菩提言為不黠佛言當来
世有求佛道善男子善女人得聞深般若波
羅蜜棄捨去取聲聞辟支佛所應行經持求薩
婆若是人為黠不須菩提言為不黠當知是
亦菩薩魔事復次須菩提求佛道善男子善
女人書是深般若波羅蜜時樂說不如法事
不得書成般若波羅蜜所謂樂說色聲香
味觸法樂說持戒禪定无色定樂說檀波羅
蜜乃至般若波羅蜜樂說四念處乃至阿耨
多羅三藐三菩提何以故須菩提是般若波
羅蜜中无樂說相須菩提般若波羅蜜不可
思議相般若波羅蜜不生不滅相般若波羅
蜜不垢不淨相般若波羅蜜不亂不散相般
若波羅蜜无說相般若波羅蜜无言无義相

BD15318號　大智度論卷六八　（21–10）

思議相般若波羅蜜不生不滅相般若波羅
蜜不垢不淨相般若波羅蜜不亂不散相般
若波羅蜜无說相般若波羅蜜无言无義相
般若波羅蜜无所得相何以故須菩提般若
波羅蜜中无是說法須菩提若有善男子善
女人求菩薩道者書是般若波羅蜜經時以
是諸法散亂心當知是亦菩薩魔事須菩提
白佛言世尊是般若波羅蜜可書般佛言不
可書何以故般若波羅蜜自性无故禪波羅
蜜毗梨耶波羅蜜羼提波羅蜜尸羅波羅蜜
檀波羅蜜乃至一切種智自性无法若自性
无是不名為性无法不能書无法須菩提若
求菩薩道善男子善女人作是念无法是深
般若波羅蜜當知即是菩薩魔事世尊是求
菩薩道善男子善女人用字書般若波羅蜜
自念我書是般若波羅蜜以字著般若波羅
蜜當知亦是菩薩魔事何以故世尊是般若
波羅蜜无文字禪波羅蜜毗梨耶波羅蜜羼
提波羅蜜尸羅波羅蜜檀波羅蜜无有文字
世尊色无文字受想行識无文字乃至一切
種智无文字世尊若求菩薩道善男子善女
人著无文字般若波羅蜜乃至著无文字一
切種智當知亦是菩薩魔事讀誦說正憶念
如說脩行亦如是復次須菩提求佛道善男
子善女人書般若波羅蜜時國土念起聚落
念起城邑念起方念起若聞謗毀其師念起

BD15318號　大智度論卷六八　（21–11）

如說脩行亦如是復次須菩提求佛道善男
子善女人書般若波羅蜜時國土念起聚落
念起城邑念起方念起若聞謗毀其師念起
若念父母及兄弟姉妹諸餘親理若念賊若
念栴陁羅若念衆女若念淫女如是等種種
諸餘異念留難惡魔復益其念破壊書般若
波羅蜜破壊讀誦說正憶念如說脩行須菩
提當知是亦魔事復次須菩提求佛道善男
子善女人得名譽恭敬布施供養所謂衣服
飲食臥牀疾藥種種樂具善男子善女人書是
般若波羅蜜經受讀乃至正憶念時受着
是事不得書成般若波羅蜜乃至正憶念當
知是亦菩薩魔事復次須菩提求佛道善男子
善女人書般若波羅蜜乃至如說脩行時惡
魔方便持諸餘深經與是菩薩摩訶薩有方
便者不應貪着應魔所與諸餘深經何以故
是經不能令人至薩婆若故是中无方便菩
薩摩訶薩聞是諸餘深經便捨深般若波羅
蜜須菩提我是般若波羅蜜中廣說諸菩薩
摩訶薩方便道諸菩薩摩訶薩應當從是中
求須菩提今善男子善女人求菩薩道捨是
深般若波羅蜜於魔所與聲聞辟支佛深經
中求方便道當知亦是菩薩魔事

釋曰學餘經捨般若波羅蜜等有人於聲聞
師僧中受戒學法初不聞般若波羅蜜戒時
餘處聞深著先所學法捨般若波羅蜜於先

釋曰學餘經捨般若波羅蜜等有人於聲聞
師僧中受戒學法初不聞般若波羅蜜戒時
餘處聞深著先所學法捨般若波羅蜜於先
所學法中求薩婆若有聲聞弟子先得般若
波羅蜜不知義趣不得滋味以聲聞經行菩薩
道有人是聲聞弟子得般若波羅蜜經欲信
受餘聲聞人沮壊其心語言是經初後不相
應无有定相汝宜捨之聲聞法中何所不有
六足阿毗曇及其論議分別諸法相即是般
若波羅蜜八十部律即是尸羅波羅蜜阿毗
曇中分別諸禪解脫諸三昧等是禪波羅蜜
三藏本生中讚嘆解脫布施忍辱精進即是
三波羅蜜如是等種種因緣捨般若波羅蜜
於聲聞經中求薩婆若如人欲得堅實好木
捨其根莖而取枝葉雖是木名而不中用復
次般若波羅蜜是三藏根本得般若波羅蜜
已為度衆生故說餘事是故名枝葉復次聲
聞經中雖說諸法實相而不了了般若波羅
蜜經中分明顯現易見易得如人攀緣枝葉
則墜落若捉莖幹則堅固若執聲聞經則墮
小乘中若持般若波羅蜜易得无上道是故
說捨根本莖取枝葉問曰卅七品三解脫門般
若經中亦有今何以故但名聲聞辟支佛經
荅曰摩訶行中雖有是法與畢竟空合心无
所著以不捨薩婆若大悲心為一切衆生故
說聲聞經則不尒為小乘證故復次菩薩行

荅曰摩訶行中雖有是法與畢竟空合心无
所著以不捨薩婆若大悲心為一切衆生故
説聲聞經則不尒為小乘證故復次菩薩行
般若波羅蜜故能成就世間出世間法是故
菩薩若求佛應當學般若波羅蜜譬如狗為
主守備應從主索食而反於奴容求菩薩亦
如是狗喻行者般若波羅蜜喻主人般若中
有種種利益而捨求餘經佛欲令分明易見
故説譬喻鳥大海帝釋殿轉輪聖王无貫寶
亦如是問曰五欲生五蓋以五蓋覆智慧故
不應樂説何以故樂説餘六波羅蜜乃至无
上道而言不如法荅曰不如法者不如般若
波羅蜜實相般若波羅蜜實相中无定相法
云何可樂説若有定相則心著樂説諸佛及
菩薩以大悲心故為衆生説法不著語言用
无所得法亦衆生畢竟空相般若波羅蜜是
人書讀誦等以染著心取六塵相乃至无上
道故言不如法問曰若般若波羅蜜畢竟空
无所有法不可書讀誦等如是則不應有魔
事荅曰畢竟空无所有亦非般若波羅蜜相
何以故是魔事此中説若是人知无所有是
般若波羅蜜相即是魔事若用文字書般若
波羅蜜自知我書般若波羅蜜有此著心即
是魔事若人知般若波羅蜜相不以著心書
讀誦等若有來破者為破般若波羅蜜復次
内有煩惱魔外有天子魔是二事因緣故書

是魔事若人知般若波羅蜜相不以著心書
讀誦等若有來破者為破般若波羅蜜復次
内有煩惱魔外有天子魔是二事因緣故書
般若波羅蜜乃至脩行時壞般若波羅蜜念
起者所謂念此國土不安隱彼國土豐樂聚
落城邑方亦如是聞或謗毁其師捨般若波
羅蜜欲助師除滅惡名或聞父母疾病官事
或念賊恐怖欲發心詣餘震旃陁羅亦如是
與賊栴陁羅共住則發瞋恚與衆女婬女共
住故婬欲心發如是等種種因緣破壞般若
波羅蜜菩薩覺知當莫念莫説或書般若波
羅蜜時鈍根者於多恭敬供養事中受著自
念我能書能隨行故有是著是利養即是魔
事或有利根者魔或思惟是菩薩不著世間
樂一心受般若波羅蜜此人不可沮壞我今
當以聲聞深經轉其心使成阿羅漢佛言聲聞
經雖深不應貪著譬如燒熱金丸色雖妙不
可捉若菩薩无方便不大利根得是經歡喜
是空无相无作盡苦本何復過是便捨般若
波羅蜜亦是魔事何以故此中佛説因緣於
般若波羅蜜中廣説諸菩薩摩訶薩方便道
所謂觀聲聞辟支佛道而不證以大悲心行
三解脱門故譬如人以藥和毒毒熱則歇不
能害人般若亦如是菩薩於般若中求无上
道易得於餘經則難如但服毒是故不應從
聲聞經中求菩薩道

三解脫門故譬如人以藥和毒毒熱則歇不
能害人般若亦如是菩薩於般若中求无上
道易得於餘経則難如但服毒是故不應從
聲聞経中求菩薩道
大智論釋第卌七品上
復次須菩提聽法人欲書持般若波羅蜜讀
誦問義正憶念說法人懈惰不欲為說當知
是菩薩摩訶薩魔事須菩提說法之人心不
懈惰欲令書持般若波羅蜜聽法者不欲受
之二心不和當知是為魔事復次須菩提聽
法人若欲書持般若波羅蜜讀誦乃至正憶
念說法者欲至他方當知是為魔事須菩提
說法人欲令書般若波羅蜜聽法者欲至他
方二心不和當知是為魔事復次須菩提說
法人貴重布施衣服飲食臥具醫藥資生之物
聽法人少欲知足行遠離行攝念精進一
心知慧兩不和合不得書般若波羅蜜受持
讀誦問義正憶念當知是為魔事須菩提說
法人少欲知足行遠離行攝念精進一心智
慧聽法者貴重布施衣服飲食臥具醫藥資
生之物兩不和合不得書持般若波羅蜜讀
誦問義正憶念當知是為魔事復次須菩提說
法者受十二頭陁一作阿蘭若二常乞食三
納衣四一坐食五節量食六中後不飲漿七
塚間住八樹下住九露地住十常不臥十一
次第乞食十二但三衣聽法人不受十二頭

BD15318號　大智度論卷六八　（21–16）

納衣四一坐食五節量食六中後不飲漿七
塚間住八樹下住九露地住十常不臥十一
次第乞食十二但三衣聽法人不受十二頭
陁不作阿蘭若乃至不受但三衣兩不和合
不得書持般若波羅蜜讀誦問義正憶念當
知是為魔事須菩提聽法者受十二頭陁作
阿蘭若乃至受但三衣說法人不受十二頭
陁不作阿蘭若乃至不受但三衣兩不和合
不得書持般若波羅蜜讀誦問義正憶念當
知是為魔事
釋曰一切有為法因緣和合故生衆緣離則
无譬如攢燧求火有鑽有母二事因緣得火
書寫般若乃至正憶念亦如是內外因緣和
合故生所謂師弟子同心同事故乃得書成
是故佛告須菩提聽法人信等五善根發故
欲書持般若乃至正憶念說法者五蓋覆心
故不欲說問曰若五蓋覆心故不欲說何以
作師答曰是人著世間樂不觀空无常雖能
心知口說不能自行弟子雖必欲行而不能
知故更无餘處必詣此人或時師悲心發故
欲令書持般若弟子信等五善根鈍不發故
著世間樂故不欲受書持乃至正憶念問曰
若不欲受持何以名聽法者答曰少多聽受
讀誦不能究竟成就故但名聽法若二人善
心共同能得般若波羅蜜若不同則不能得
是名魔事內煩惱發外天子魔作因緣雖是

BD15318號　大智度論卷六八　（21–17）

讀誦不能究竟成就故但名聽法若二人善
心共同能得般若波羅蜜若不同則不能得
是名魔事內煩惱外天子魔作因緣離是
般若菩薩應覺是魔事防令不起若自失當
具足若弟子失當教令得復次師或慈悲心
薄捨弟子至他方或不宜水土四大不和或
善法无所增益或水旱不適或土地荒亂如
是等種種因緣故至他方弟子亦種種因緣
不能追隨貴重利養者如上五蓋覆心等復
次是二人皆有信有戒而一人以十二頭陀
莊嚴戒一人不能問曰一人何以故不能答
曰佛所結戒弟子受持十二頭陀不名為戒
能行則戒莊嚴不能行不犯戒譬如布施能
行則得福不能行者无罪頭陀亦如是是故
兩不和合則是魔事十二頭陀者行者以居
家多惱亂故捨父母妻子眷屬出家行道而
師徒同學還相結著心復嬈亂是故受阿蘭
若法令身遠離憒閙住於空閑遠離者最近
三里能遠益善得是身遠離已亦當令心遠
離五欲五蓋若受請食若衆僧食起諸漏因
緣所以者何受請食者若得作是念我是福
德好人故得若不得則嫌恨請者彼為无所別
識不應請者請應請者不請或自鄙薄懊
惱自憤而生憂苦是貪憂法則能遮道僧食
者入衆中當隨衆法斷事僧人料理僧事處
分作使心則散亂妨廢行道有如是等惱亂

BD15318號　大智度論卷六八　（21–18）

惱自憤而生憂苦是貪憂法則能遮道僧食
者入衆中當隨衆法斷事僧人料理僧事處
分作使心則散亂妨廢行道有如是等惱亂
事故受常乞食法好衣因緣故四方追逐墮
邪命中若受人好衣則生親著若不親著檀
越則恨若僧中得衣如上說衆中之過又好
衣是未得道者生貪著處好衣因緣招致賊
難或至奪命有如是等患故受弊納衣法行
者作是念求一食尚多有所妨何況小食中
食後食若不自損則失半日之功不能一心
行道佛法為行道故不為益身如養馬養豬
是故斷數數食受一食法有人雖一食而貪
心極噉腹脹氣塞妨廢行道是故受節量食
法節量者略說隨所能食三分留一分則身
輕安隱易消无患於身无損則行道无廢如
經中舍利弗說我若食五口六口是以水則
是支身於秦人食可十口許有人雖節量食
過中飲漿則心生樂著求種種漿果漿蜜漿
等求欲无猒不能一心脩習善法如馬不著
勒左右噉草不肯進路若著轡勒則噉草意
斷隨人意去是故受中後不飲漿无常空
觀是入佛法門能猒離三界冢間常有悲啼
哭聲死尸狼藉眼見无常後或大燒鳥獸所
食不久滅盡因是尸觀一切法中易得无常
相空相又冢間住若見尸尸死臭爛不淨易
得九相觀是離欲初門是故受冢間住法不

BD15318號　大智度論卷六八　（21–19）

食不久滅盡因是尸觀一切法中易得无常
相空相又冢間住若見尸尸死㲉爛不淨易
得九相觀是離欲初門是故受冢間住法不
淨无常等觀已得道事辦捨至樹下或未得
道者心則不大猒取是相樹下思惟如佛生
時成道時轉法輪時般涅槃時皆在樹下行
者隨諸佛法常處樹下如半舍无異蔭覆涼
樂又生愛著我所住者好彼樹不如如是等
生漏故至露地住作是思惟樹下有二種過
一者雨漏濕冷二者鳥屎汙身毒虫所住有
如是等過空地則无此患露地住則著衣脫
衣隨意快樂月光遍照空中明淨心易入空
三昧身四儀中坐為第一食易消化氣息調
和求道者大事未辦諸煩惱賊常伺其便不
宜安臥若行若立則心動難攝亦不可久故受
常坐法若欲睡時脇不著席行者不著於
味不輕衆生等心憐愍故次第乞食不擇貧
富故受次第乞食法行者少欲知足衣趣盖
形不多不少故受三衣白衣求樂故多畜種
種衣或有外道苦行故裸形无恥是故佛弟
子捨二邊處中道行住處食處常有故事多
衣不須日日求故略說是十二頭陀佛意欲
令弟子隨道行捨世樂故讚十二頭陀是佛
意常以頭陀為本有因緣不得已而聽餘事
如轉法輪時五比丘初得道白佛言我等著
何等衣佛言應著納衣又受戒法盡壽著納

BD15318號　大智度論卷六八　　（21–20）

味不輕衆生等心憐愍故次第乞食不擇貧
富故受次第乞食法行者少欲知足衣趣盖
形不多不少故受三衣白衣求樂故多畜種
種衣或有外道苦行故裸形无恥是故佛弟
子捨二邊處中道行住處食處常有故事多
衣不須日日求故略說是十二頭陀佛意欲
令弟子隨道行捨世樂故讚十二頭陀是佛
意常以頭陀為本有因緣不得已而聽餘事
如轉法輪時五比丘初得道白佛言我等著
何等衣佛言應著納衣又受戒法盡壽著納
衣乞食樹下住弊棄藥於古四聖種中頭陀
即是三事佛法唯以智慧為本不以苦為先
是法皆助道隨道故諸佛常讚嘆

大智論卷第六十八　釋第卌五品訖第卌六品二

BD15318號　大智度論卷六八　　（21–21）

第五分魔事品第十一
尒時具壽善現便白佛言世尊所說住菩薩
乘善男子等脩善法時有諸魔事云何名為
菩薩魔事佛告善現若諸菩薩欲說法要辯
久乃生菩薩當知是為魔事或說法要辯乃
卒生菩薩當知是為魔事或說法要辯過量
生菩薩當知是為魔事或所說法未盡便止
菩薩當知是為魔事或說法要言詞亂雜菩
薩當知是為魔事或說法要言詞間斷菩薩
當知是為魔事或說法時諸橫事起令所欲說
不遂本心菩薩當知是為魔事復次善現
若諸菩薩於深般若波羅蜜多相應經典書
寫等時或頻申欠呿或更相嗤笑或互相輕
凌或身心躁擾或失念散亂或文句顛倒或
迷義理或不得滋味心生厭捨或橫事卒
起或互相乖諍由斯等事所作不成菩薩當
知是為魔事復次善現若諸菩薩聞說般若
波羅蜜多相應經時或作是念我於此中不

BD15319號　大般若波羅蜜多經卷五六〇　（16–1）

起或互相乖諍由斯等事所作不成菩薩當
知是為魔事復次善現若諸菩薩聞說般若
波羅蜜多相應經時或作是念我於此中不
得受記何用聽為或作是念此中不說我等
名字何用聽為或作是念此中不說我等生
處城邑聚落何用聽為由此等緣心不清淨
即從座起厭捨而去無顧戀心菩薩當知是
為魔事善現當知若諸菩薩聞說般若波羅
蜜多相應經時心不清淨厭捨去者隨彼所
起不清淨心厭捨此經舉步多少便減尒所
劫數功德獲尒所劫障菩提罪受彼罪已更
尒所時發勤精進脩菩薩行方可復本是故
名為菩薩魔事復次善現若諸菩薩棄捨能
引一切智智甚深般若波羅蜜多相應經典
學不能引一切智智隨順二乘諸餘經典棄
捨根本而攀枝葉菩薩當知是為魔事何以
故甚深般若波羅蜜多相應經典能生菩薩
世出世間殊勝功德由斯能引一切智智若學
般若波羅蜜多相應經典即學菩薩世出
世間殊勝功德速能引發一切智智善現當
知如癡狗棄主食反從僕使而求覓之
如是當來有諸菩薩棄深般若波羅蜜多求
學二乘相應經典是還癡狗棄本求末終不
能得一切智智復次善現譬如有人欲觀香
象身量大小形類勝劣得而不觀反尋其跡當

BD15319號　大般若波羅蜜多經卷五六〇　（16–2）

學二乘相應經典是愚癡類弃本求末終不
能得一切智智復次善現譬如有人欲覩香
象身量大小形類勝劣得而不覩反尋其跡當
當知彼類甚爲愚癡如是當來有諸菩薩弃
深般若波羅蜜多求學二乘相應經典是愚
癡類弃本尋末終不能得一切智智復次善現
譬如有人爲珎寶故求趣大海既至海岸不
入大海反覩牛跡作是念言大海中水其量
量深廣豈及此邪此中亦應有諸珎寶當知彼
類甚爲愚癡如是當來有諸菩薩弃深般
若波羅蜜多求學二乘相應經典是愚癡類
弃本求末終不能得一切智智復次善現如有
工近或彼弟子欲造大殿如天帝釋殊勝
殿量見彼殿已而反規摸日月宮殿當知彼類
甚爲愚癡如是當來有諸菩薩弃深般若波
波羅蜜多求學二乘相應經典是愚癡類弃
大求小終不能得一切智智復次善現如有欲
見轉輪聖王見已不識捨至餘處見小國
王覩其形相作如是念轉輪聖王形相威德
豈勝於此當知彼類甚爲愚癡如是當來有
諸菩薩弃深般若波羅蜜多求學二乘相應
經典是愚癡類弃勝求劣終不能得一切智
智復次善現如有飢人得百味美食弃而求
噉六十日穀飯當知彼類甚爲愚癡如是當
來有諸菩薩弃深般若波羅蜜多求學二乘

BD15319號　大般若波羅蜜多經卷五六〇　（16-3）

智復次善現如有飢人得百味美食弃而求
噉六十日穀飯當知彼類甚爲愚癡如是當
來有諸菩薩弃深般若波羅蜜多求學二乘
相應經典是愚癡類弃勝求劣終不能得一
切智智復次善現如有貧人得無價寶弃而
翻取迦遮末尼當知彼類甚爲愚癡如是當
來有諸菩薩弃深般若波羅蜜多求學二乘
相應經典是愚癡類捨勝取劣終不能得一
切智智復次善現有諸菩薩若正書寫受持
讀誦思惟脩習甚深般若波羅蜜多相應經
時衆辯卒起樂說種種差別法門令書寫等
不得究竟菩薩當知是爲魔事尒時善現便
白佛言甚深般若波羅蜜多可書寫不世尊
告曰不也善現若菩薩乘善男子等書寫般若
波羅蜜多相應經時作如是念我以文字書
寫般若波羅蜜多如是文字即是般若波
羅蜜多或依文字執有般若波羅蜜多菩薩
當知是爲魔事尒時應試彼菩薩言汝今不
應執有文字能書般若波羅蜜多若作是執
是爲魔事若捨此執便捨魔事復次善現若
諸菩薩書寫受持讀誦脩習思惟演說甚深
般若波羅蜜多相應經時或念國土城邑王
都方處師友或念父母妻子眷屬伴侶王恩
或念盜賊諸惡禽獸惡人惡鬼或念衆集遊
樂遊戲報恩報怨或念飲食衣服卧具及餘

BD15319號　大般若波羅蜜多經卷五六〇　（16-4）

或念盜賊諸惡禽獸惡人惡鬼或念眾集伎
樂遊戲報恩報怨或念飲食衣服卧具及餘
資財或念製造文頌書論或念時節寒熱
豐儉或念象馬水火等事或念諸餘所作事業
菩薩當知皆是魔事復次善現若諸菩薩書
寫受持讀誦脩習思惟演說甚深般若波羅
蜜多相應經時得大名利恭敬供養彼由此緣
廢所作業菩薩當知是為魔事復次善現若
諸菩薩書寫受持讀誦脩習思惟演說甚
深般若波羅蜜多相應經時惡魔方便執持
種種世俗書論或復二乘相應經典詭與菩
薩作如是言如是書典義味深奧應勤脩學
捨所習經若此菩薩方便善巧不應受著彼
不能引一切智智若此菩薩受著惡魔所稱
書典捨所習經菩薩當知是為魔事復次
次善現能聽法者樂聞般若波羅蜜多能
說法者著樂懈怠不欲為說或上相違而不
和合不獲說受菩薩當知是為魔事復次善
現能聽法者具念慧力樂聞般若波羅蜜多
能說法者欲往他方不獲為說或上相違而
不和合不獲說受菩薩當知是為魔事復次
善現能說法者愛重名利能聽法者不欲惠
施或上相違而不和合不獲說受菩薩當知
是為魔事復次善現能聽法者有信樂心欲
聞般若波羅蜜多能說法者習誦不利不能

BD15319 號　大般若波羅蜜多經卷五六〇　（16–5）

施或上相違而不和合不獲說受菩薩當知
是為魔事復次善現能聽法者有信樂心欲
聞般若波羅蜜多能說法者習誦不利不能
為說或能說者習誦通利樂為他說能聽法
者疑不通利不欲聽受而不和合不獲說聽
菩薩當知是為魔事復次善現能說法者樂
為他說甚深般若波羅蜜多能聽法者不欲
聽受或上相違而不和合不獲說聽菩薩當
知是為魔事復次善現能聽法者樂聞般若
波羅蜜多能說法者身重疲熱睡眠所覆不
能為說或上相違而不和合不獲說聽菩薩
當知是為魔事復次善現若諸菩薩書寫受
持讀誦脩習思惟演說甚深般若波羅蜜多
相應經時或有人來說三惡趣種種苦事勸
捨菩提或有人來說人天趣種種樂事皆是
無常苦空非我勸入圓寂彼由此言書寫等
事不得究竟心懷愁惱菩薩當知是為魔事
復次善現能說法者好領徒眾樂營他事不
憂自業能聽法者一身無累專脩己事不憂
他業或上相違而不和合不獲說聽菩薩當
知是為魔事復次善現能說法者樂處喧雜
能聽法者不樂喧雜或上相違而不和合不
獲說聽菩薩當知是為魔事復次善現能說
法者欲往他方危身命處能聽法者恐失身
命不欲共往或上相違而不和合不獲說聽

BD15319 號　大般若波羅蜜多經卷五六〇　（16–6）

法者欲往他方危身命處能聽法者恐失身
命不欲共往或上相違而不和合不獲說聽
菩薩當知是為魔事復次善現能說法者欲
往他方多賊疾疫飢渴國土能聽法者慮彼
艱辛不肯共往或上相違而不和合不獲說
聽菩薩當知是為魔事復次善現能說法者
欲往他方所經道路曠野險阻多諸賊難及
栴荼羅惡獸獵師毒虵等怖能聽法者欲隨
其去能說法者方便試言汝今何故無事隨
我欲往如是諸險難處宜善審思勿後憂悔
能聽法者聞已念言師應不欲令我隨往設
固隨往何必聞法由此因緣不隨其去而不和
合不獲說聽菩薩當知是為魔事復次善現
能說法者多有施主數相追隨聽法者來
請說般若波羅蜜多或請書寫受持讀誦如
說修行彼多緣礙無暇教授能聽法者起嫌
恨心後雖教授而不聽受兩不和合不獲教
授聽受書持讀誦修習甚深般若波羅蜜多
菩薩當知是為魔事復次善現有諸惡魔
作種種形至菩薩所方便破壞令於般若波羅
蜜多相應經典不得書寫受持讀誦修習思
惟為他演說是故善現住菩薩乘善男子等
於深般若波羅蜜多書寫等時所有障礙善
薩當知皆是魔事具壽善現便白佛言何緣
惡魔作諸形像至菩薩所方便破壞令於般

BD15319 號　大般若波羅蜜多經卷五六〇　（16–7）

於深般若波羅蜜多書寫等時所有障礙善
薩當知皆是魔事具壽善現便白佛言何緣
惡魔作諸形像至菩薩所方便破壞令於般
若波羅蜜多相應經典不得書寫乃至演說
佛告善現甚深般若波羅蜜多能生如來一
切智智如來所有一切智智能生佛教佛教
能生有情妙慧有情妙慧能證無邊諸煩惱
斷煩惱斷者一切惡魔不得其便彼諸惡魔
不得便故多生憂苦如箭入心勿我由斯甚
深般若波羅蜜多境界空缺是故惡魔作諸
形像至菩薩所方便破壞令於般若波羅蜜
多相應經典不得書寫乃至演說具壽善現
復白佛言云何惡魔作諸形像至菩薩所方
便破壞佛告善現有諸惡魔作種種形至菩
薩所方便破壞令其厭散甚深般若波羅蜜
多謂作是言汝所習誦無相經典非真般若
波羅蜜多我所習誦有相經典是真般若波
羅蜜多作是語時有諸菩薩未得受記便於般
若波羅蜜多甚深經典心生疑惑由疑惑故
便於般若波羅蜜多而生厭散由厭散故遂
不書寫乃至演說菩薩當知是為魔事復次
善現有諸惡魔作種種形至菩薩所謂菩薩
日諸菩薩衆行深般若波羅蜜多唯證實際
得聲聞果或能證得獨覺菩提決定不能證得
佛果何緣於此唐設劬勞菩薩當知是為魔事

BD15319 號　大般若波羅蜜多經卷五六〇　（16–8）

善現有諸惡魔作種種形至菩薩所謂菩薩
曰諸菩薩衆行深般若波羅蜜多唯證實際
得聲聞果或能證得獨覺菩提決定不能證得
佛果何緣於此唐設劬勞菩薩當知是爲魔事
第五分真如品第十二
復次善現甚深般若波羅蜜多書寫等時多
諸魔事爲作留難菩薩魔覺已精勤正念正
知方便遠離尒時善現便白佛言如是世尊
如是善逝甚深般若波羅蜜多書寫等時多
諸留難譬如無價大寶神珠難得具能多諸
惡賊如是般若波羅蜜多理趣甚深具勝功德
諸菩薩衆書寫等時多有惡魔爲作留難雖
有樂欲而不能成所以者何有愚癡者爲魔
所魅新學大乘善男子等於深般若波羅蜜
多書寫等時爲作留難佛告善現如是如是有
愚癡者福慧薄劣於廣大法心不信樂新學
大乘善男子等於深般若波羅蜜多書寫等
時爲作留難於當來世有愚癡者福慧薄劣
自於般若波羅蜜多不能信樂見他於彼書
寫等時爲魔威力爲作障礙當知彼類獲罪
無邊多劫輪迴受諸劇苦復次善現若諸菩
薩於深般若波羅蜜多書寫等時無魔事者
當知皆是佛威神力所以者何惡魔眷屬雖
勤方便欲障般若波羅蜜多而諸如來應正
等覺亦勤方便護念攝受令書寫等無諸留

BD15319號　大般若波羅蜜多經卷五六〇　(16–9)

當知皆是佛威神力所以者何惡魔眷屬雖
勤方便欲障般若波羅蜜多而諸如來應正
等覺亦勤方便護念攝受令書寫等無諸留
難復次善現譬如女人多有諸子或五或十乃至
百千其母得病諸子各別勤求醫藥咸
作是念云何令我母病除愈命無障難身名
不滅久住安樂苦受不生諸妙樂具咸歸我母
所以者何生育我等示世間事甚大艱辛
作是念已競設方便求安隱事覆護母身勿
爲蚊虻虵蝎風雨人非人等非愛所觸勤加
脩飾令離衆病六根清淨無諸憂苦復以種
種上妙樂具供養恭敬而作是言我母慈悲
生育我等誨示一切世間事業我等豈得不
報母恩如是如來應正等覺常以種種善巧方
便護念般若波羅蜜多若有受持讀誦脩
習思惟演說或書寫者如來亦以種種方便
勤加護念令無損惱十方現在餘世界中一
切如來應正等覺哀愍利樂諸有情者亦以
種種善巧方便護念般若波羅蜜多令諸惡
魔不能毀滅久住利樂一切世間所以者何
甚深般若波羅蜜多能生如來應正等覺能
正顯了一切智智能示世間諸法實相一切
智智亦從彼生善現當知三世諸佛皆依如
是甚深般若波羅蜜多精勤脩學證得無上
正等菩提是故般若波羅蜜多能生如來應

BD15319號　大般若波羅蜜多經卷五六〇　(16–10)

智智亦從彼生善現當知三世諸佛皆依如
是甚深般若波羅蜜多精勤脩學證得無上
正等菩提是故般若波羅蜜多能生如來應
正等覺能正顯了一切智智能示世間諸法
實相尒時善現便白佛言云何般若波羅蜜
多能示世間諸法實相佛說何法名為世間
佛告善現佛說五蘊名為世間甚深般若波
羅蜜多能示世間色等五蘊無變壞相故說
般若波羅蜜多能示世間諸法實相所以者何
色等五蘊無自性故說名為空無相無願即
真法界非空等法可有變壞故說般若波
羅蜜多能示世間諸法實相復次善現一切如
如來應正等覺皆依般若波羅蜜多普能證
知無量無數無邊有情心行種種差別
故說般若波羅蜜多能示世間諸法實相復
次善現一切如來應正等覺皆依般若波羅
蜜多如實證知無量無數無邊有情所有散心
由法性故無散心性所有略心盡故離故無略
心性諸有貪心由如實性非有貪心諸有瞋
心由如實性非有瞋心諸有癡心由如實性非
有癡心諸離貪心離中非有諸離瞋心離中
非有諸離癡心離中非有所有廣心無增無
減亦非遠離已遠離故無廣心性所有大心
無來無去亦無所住無大心性諸無量心無
生無滅無住無異無所依心如太虛空非無

BD15319號　大般若波羅蜜多經卷五六〇　（16–11）

非有諸離癡心離中非有所有廣心無增無
減亦非遠離已遠離故無廣心性所有大心
無來無去亦無所住無大心性諸無量心無
生無滅無住無異無所依心如太虛空非無
量心諸無見心無相可得故離種種境故非無
見心不可見心非三眼境故無心性故非不
可見心由此等義故說般若波羅蜜多能示
世間諸法實相復次善現一切如來應正等覺
覺皆依般若波羅蜜多如實證知無量無數
無邊有情若出若沒謂如實知彼有情類心心
所法若出若沒皆依色受想行識生謂諸有
情心心所法或有依色受想行識執如來死後
或有或非有或亦有亦非有或非有非非
有此是諦實餘皆愚妄或有依色受想行識
執我及世間或常或無常或亦常亦無常或
非常非無常此是諦實餘皆愚妄或有依色
受想行識執我及世間或有邊或無邊或亦
有邊亦無邊或非有邊非無邊此是諦實餘
皆愚妄或有依色受想行識執命者即身或
復異身此是諦實餘皆愚妄如是善現一切
如來應正等覺皆依般若波羅蜜多如實證
知無量無數無邊有情若出若沒復次善現一
切如來應正等覺皆依般若波羅蜜多如實
實證知無量無數無邊有情若出若沒謂如
實知諸所有色受想行識皆如真如無二無別

BD15319號　大般若波羅蜜多經卷五六〇　（16–12）

實證知無量無數無邊有情若出若沒謂如
實知諸所有色受想行識皆如真如無二無別
善現當知如來真如即五蘊真如五蘊真
如即世間真如世間真如即一切法真如一
切法真如即預流果真如預流果真如即一
來果真如一來果真如即不還果真如不還
果真如即阿羅漢果真如阿羅漢果真如
即獨覺菩提真如獨覺菩提真如即一切菩薩
摩訶薩行真如一切菩薩摩訶薩行真如即
諸佛無上正等菩提真如諸佛無上正等菩
提真如即一切如來應正等覺真如一切如來
應正等覺真如即一切有情真如善現當
知如是真如皆不相離非一非異無盡無二
亦無二分不可分別善現當知一切如來應正
等覺皆依般若波羅蜜多證一切法真如究
竟方得無上正等菩提由斯故說甚深般
若波羅蜜多能生如來應正等覺是如來母
能示如來應正等覺世間實相善現當知一
切如來應正等覺皆依般若波羅蜜多能如
實覺諸法真如不虛妄性不變異性由如實覺
真如相故說名如來應正等覺具壽善現便
白佛言甚深般若波羅蜜多所證真如不虛
妄性不變異性極為甚深難見難覺一切如
來應正等覺皆用如是諸法真如不虛妄性
不變異性宣說開示分別顯了一切菩薩摩

BD15319號　大般若波羅蜜多經卷五六〇　（16–13）

妄性不變異性極為甚深難見難覺一切如
來應正等覺皆用如是諸法真如不虛妄性
不變異性宣說開示分別顯了一切菩薩摩
訶薩行諸佛無上正等菩提如是真如不虛
妄性不變異性誰能信解唯有不退轉菩薩
摩訶薩及諸願滿大阿羅漢并具正見善男
子等聞佛說此甚深真如不虛妄性不變異
性能生信解如來為彼依自所證真如之相
顯示分別佛告善現如是如是所以者何真
如無盡是故甚深唯有如來現等正覺無盡
真如甚深之相為諸菩薩摩訶薩眾宣說開
示令生信解善現當知色無盡故真如無盡
色甚深故真如甚深色與真如無差別故受想
行識無盡故真如無盡受想行識甚深故
真如甚深受想行識與真如無差別故善現
當知眼處無盡故真如無盡眼處甚深故真
如甚深眼處與真如無差別故耳鼻舌身意
處無盡故真如無盡耳鼻舌身意處甚深故
真如甚深耳鼻舌身意處與真如無差別故
善現當知色處無盡故真如無盡色處甚深故
真如甚深色處與真如無差別故聲香味觸
法處無盡故真如無盡聲香味觸法處甚
深故真如甚深聲香味觸法處與真如無差
別故善現當知眼界無盡故真如無盡眼界
甚深故真如甚深眼界與真如無差別故耳

BD15319號　大般若波羅蜜多經卷五六〇　（16–14）

善現當知色處無盡故真如無盡色處甚深故
真如甚深色處與真如無差別故聲香味觸
法處無盡故真如無盡聲香味觸法處甚
深故真如甚深聲香味觸法處與真如無差
別故善現當知眼界無盡故真如無盡眼界
甚深故真如甚深眼界與真如無差別故耳
鼻舌身意界無盡故真如無盡耳鼻舌身意
界甚深故真如甚深耳鼻舌身意界與真如
無差別故善現當知色界無盡故真如無盡
色界甚深故真如甚深色界與真如無差別
故聲香味觸法界無盡故真如無盡聲香味
觸法界甚深故真如甚深聲香味觸法界與
真如無差別故善現當知眼識界無盡故真
如無盡眼識界甚深故真如甚深眼識界與
真如無差別故耳鼻舌身意識界無盡故真
如無盡耳鼻舌身意識界甚深故真如甚深
耳鼻舌身意識界與真如無差別故善現當
知一切法無盡故真如無盡一切法甚深故真
如甚深一切法與真如無差別故是故真
如極難信解

大般若波羅蜜多經卷第五百六十

BD15319 號　大般若波羅蜜多經卷五六〇　（16–15）

如無盡耳鼻舌身意識界甚深故真如甚深
耳鼻舌身意識界與真如無差別故善現當
知一切法無盡故真如無盡一切法甚深故真
如甚深一切法與真如無差別故是故真
如極難信解

大般若波羅蜜多經卷第五百六十

BD15319 號　大般若波羅蜜多經卷五六〇　（16–16）

BD15320號背　護首　　（1–1）

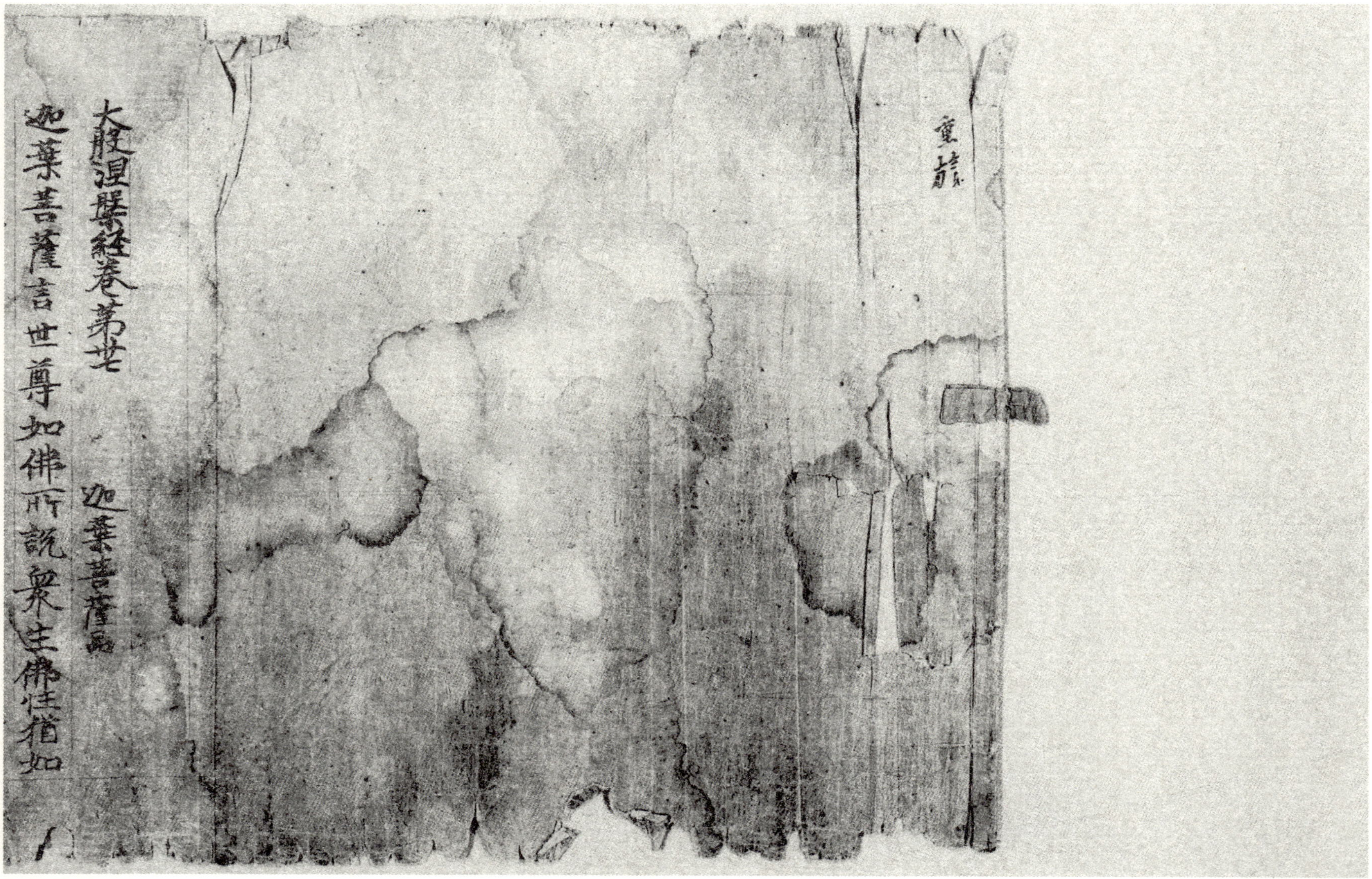

BD15320號　大般涅槃經（北本異卷）卷三七　　（26–1）

大般涅槃經卷第卅七　迦葉菩薩品
迦葉菩薩言世尊如佛所說衆生佛性猶如
虚空云何名爲如虚空耶善男子虚空之性
非過去非未來非現在佛性亦尒善男子虚
空非過去何以故无現在故法若現在可說
過去以无現在故无過去亦无現在何以故
无未來故法若未來可說現在以无未來故
无現在亦无未來何以故无現在過去故若
有現在過去則有未來以无過去現在故則
无未來以是義故虚空之性非三世攝善男
子以虚空无故无有三世不以有故无三世
也如虚空華非是有故无有三世虚空亦尒
非是有故无有三世善男子无物者即是虚
空佛性亦尒善男子虚空无故非三世攝佛
性常故非三世攝善男子如來已得阿耨多
羅三藐三菩提所有佛性一切佛法常无變
易以是義故无有三世猶如虚空善男子虚
空无故非内非外佛性常故非内非外故說
佛性猶如虚空善男子如世間中无罣㝵處
名爲虚空如來得阿耨多羅三藐三菩提已
於一切佛法无有罣㝵故言佛性猶如虚空
以是因緣我說佛性猶如虚空迦葉菩薩白
佛言世尊如來佛性涅槃非三世攝而名爲
有虚空亦非三世所攝何故不得名爲有耶

BD15320號　大般涅槃經（北本異卷）卷三七　（26–2）

以是因緣我說佛性猶如虚空迦葉菩薩白
佛言世尊如來佛性涅槃非三世攝而名爲
有虚空亦非三世所攝何故不得名爲有耶
佛言善男子爲非涅槃名爲涅槃爲非如來
名爲如來爲非佛性名爲佛性云何名爲非
涅槃耶所謂一切煩惱有爲之法爲破如是
有爲煩惱是名涅槃非如來者謂一闡提至
辟支佛爲破如是一闡提等至辟支佛是名
如來非佛性者所謂一切墻壁凡石无情之
物離如是等无情之物是名佛性善男子一
切世間无非虚空對於虚空迦葉菩薩白佛
言世尊世間亦无非四大對而猶得名是四
大有虚空无對何故不得名之爲有佛言善
男子若言涅槃非三世攝虚空亦尒者是義
不然何以故涅槃是有可見可證是色足跡
章句是有是相是緣是歸依處寂靜光明安
隱彼岸是故得名非三世攝虚空之性无如
是法是故名无若有離於如是等法更有法
者應三世攝虚空若同是有法者不得非是
三世所攝善男子如世人說虚空名爲无色
无對不可覩見若无色无對不可見者即心
數法虚空若同心數法者不得不是三世所
攝若三世攝即是四陰是故離四陰已无有
虚空復次善男子諸外道言夫虚空者即是

BD15320號　大般涅槃經（北本異卷）卷三七　（26–3）

攝若三世攝即是四陰是故離四陰已无有
虛空復次善男子諸外道言夫虛空者即是
光明若是光明即是色法虛空若尒是色法
者即是无常是无常故三世所攝云何外道
說非三世若三世攝則非虛空亦可說言虛
空是常善男子復有人言虛空者即是住處
若有住處即是色法而一切法處皆是无常
三世所攝虛空亦常非三世攝若說處者如
无虛空復有說言虛空者即是次第若是次
第即是數法若是可數即三世攝若三世攝
云何言常善男子若復說言夫虛空者不離
三法一者空二者實三者空實若言空是當
知虛空是无常法何以故實處无故若言實
是當知虛空亦是无常何以故空處无故若
空實是當知虛空亦是无常何以故二處无
故是故虛空名之爲无善男子如說虛空是
可作法如說去樹去舍而作虛空平作虛空
覆於虛空上於虛空書於虛空色如大海水是
故虛空是可作法一切作法皆是无常猶如
凡瓶虛空若尒應是无常善男子如世間人
說一切法中无罣导處名虛空者是无导處
於一切法所爲具足有爲尒有耶若具足有當
知餘處則无虛空若尒有者則是彼此可數
之法若是可數當知无常善男子若有人說

BD15320 號　大般涅槃經（北本異卷）卷三七　　（26–4）

知餘處則无虛空若尒有者則是彼此可數
之法若是可數當知无常善男子若有人說
虛空无导与有并合又復說言虛空在物如
器中果二俱不然何以故若言并合則有三
種一異業合如飛鳥集樹二共業合如兩羊
相觸三已合共合如二雙指合在一處若言
異業共合異則有二一是物業二虛空業若
虛空業合物空則无常若物業合空物則不
遍如其不遍是亦无常若言虛空是常其性
不動與動物合者是義不然何以故虛空若
常物亦應常物若无常空亦无常若言虛空
亦常无常无有是處若共業合是義不然何
以故虛空名遍若與業合業亦應遍若是遍
者應一切遍若一切遍應一切合不應說有
合與不合若言已合共合如二雙指合是義
不然何以故先无有合後方合故先无後有
是无常法是故不得說言虛空已合共合如
世間法先无後有是物无常虛空若尒亦應
无常若言虛空在物如器中果是義不然何
以故如是虛空先无器時在何處住若有住
處虛空則多如其多者云何言常言一言遍
若使虛空離空有住有物亦應離虛空住是
故當知无有虛空善男子若有說言指住之
處名爲虛空當知虛空是无常法何以故指

BD15320 號　大般涅槃經（北本異卷）卷三七　　（26–5）

故當知无有虛空善男子若有說言指處
處名為虛空當知虛空是无常法何以故指
有四方若有四方當知虛空亦有四方一切常
法都无方所以有方故虛空无常若是无
常不離五陰要離五陰是无所有善男子有
法若從因緣住者當知是法名為无常善男
子譬如一切衆生樹木因地而住地无常故因
地之物次第无常善男子如地因水水无
常故地亦无常如水因風風无常故水亦无
常風依虛空虛空无常故風亦无常若无常
者云何說言虛空是常遍一切處虛空无故
非是過去未來現在亦如兔角是无物故非
是過去未來現在是故我說佛性常故非三
世攝虛空无故非三世攝善男子我終不與
世間共諍何以故世智說有我亦說有世智
說无我亦說无迦葉菩薩言世尊菩薩摩訶
薩具足幾法不與世諍不為世法之所沾汙
佛言善男子菩薩摩訶薩具足十法不與世
諍不為世法之所沾汙何等為十一者信心
二者有戒三者親近善友四者內善思惟五
者具足精進六者具足正念七者具足智慧
八者具足正語九者樂於正法十者憐愍衆
生善男子菩薩具足如是十法不與世諍不
為世法之所沾汙如優鉢羅華迦葉菩薩白

BD15320號　大般涅槃經（北本異卷）卷三七　（26–6）

生善男子菩薩具足如是十法不與世諍不
為世法之所沾汙如優鉢羅華迦葉菩薩白
佛言世尊如佛所說世智說有我亦說有世
智說无我亦說无何等名為世智有无佛言
善男子世智若說色是无常苦空无我乃至
識亦如是善男子是名世間智者說有我亦
說有善男子世間智者說色无有常樂我淨
受想行識亦復如是善男子是名世間智者
說无我亦說无迦葉菩薩白佛言世尊世間
智者即佛菩薩一切聖人若諸聖人色是无
常苦空无我云何如來說佛色身常恒无變
世間智者所說无法云何如來說言是有如
來世尊作如是說云何復言不與世諍不為
世法之所沾汙如來已離三種顛倒所謂想
倒心倒見倒應說佛色實是无常今乃說常
云何得名遠離顛倒不與世諍佛言善男子
凡夫之色從煩惱生是故智說色是无常苦
空无我如來色者遠離煩惱是故說言常恒
无變迦葉菩薩言世尊云何為色從煩惱生
善男子煩惱三種所謂欲漏有漏无明漏智
者應當觀是三漏所有罪過所以者何知罪
過已則能遠離譬如醫師先診病脉知病所
在然後授藥善男子如人將盲至棘林中捨
之而還盲人於後甚難得出設得出者身體

BD15320號　大般涅槃經（北本異卷）卷三七　（26–7）

在然後授藥善男子如人将肩至棘林中捨
之而還盲人於後甚難得出設得出者身體
壞盡世間凡夫亦復如是不能知見三漏過
患則隨逐行如其見者則能遠離知罪過已
雖受果報果報輕微善男子有四種人一作
業時重受報時輕二作業時輕受報時重三
作業時重受報時俱重四作業時輕受報亦
輕善男子是人能觀煩惱罪過是人作業受
果俱輕善男子有智之人作如是念我應遠
離如是等漏又復不應作如是等鄙惡之事
何以故我今未得脫於地獄餓鬼畜生人天
報故我若修道當因是力破壞諸苦是人觀
已貪欲瞋恚愚癡微弱既見貪欲瞋癡輕已
其心歡喜復作是念我今如是皆由修道因
緣力故令我得離不善之法親近善法是故
現在得見正道應當懃加而修習之是人因
是懃修道力遠離无量諸惡煩惱及離地獄
餓鬼畜生人天果報是故我於契經中說當
觀一切有漏煩惱及有漏因何以故有智之
人若但觀漏不觀漏因則不能斷諸煩惱也
何以故智者觀漏從是因生我今斷因漏則
不生善男子如彼醫師先斷病因病則不生
智者先斷煩惱因者亦復如是有智之人先
當觀因次觀果報知從善因生於善果知從

BD15320號　大般涅槃經（北本異卷）卷三七　（26–8）

智者先斷煩惱因者亦復如是有智之人先
當觀因次觀果報知從善因生於善果知從
惡因生於惡果觀果報已遠離惡因觀果報
已復當次觀煩惱輕重觀輕重已先離重者
既離重已輕者自去善男子智者若知煩惱
煩惱因煩惱果報煩惱輕重是人爾時精勤
修道不息不悔親近善友至心聽法為滅如
是諸煩惱故善男子辟如病者自知病輕必可
除差雖得苦藥服之不悔有智之人亦復
如是勤修聖道歡喜不愁不息不悔善男子
若人能知煩惱煩惱因煩惱果報煩惱輕重
為除煩惱故勤修聖道是人不從煩惱生色
受想行識亦復如是若不能知煩惱煩惱因
煩惱果報煩惱輕重不勤修習是人即從煩
惱生色受想行識亦復如是善男子知煩惱
煩惱因煩惱果報煩惱性輕重為斷煩惱修行
道者即是如來以是因緣如來色常乃至識
常善男子不知煩惱煩惱因煩惱果報煩惱
輕重不能修道即是凡夫是故凡夫色是无
常受想行識悉是无常善男子世間智者一
切聖人菩薩諸佛說是二義我亦如是說是
二義是故我說不與世間智者共諍不為世
法之所沾汙迦葉菩薩復白佛言世尊如佛
所說三有漏者云何名為欲漏有漏无明漏

BD15320號　大般涅槃經（北本異卷）卷三七　（26–9）

二義是故我說不與世間智者共諍不為世
法之所沾汙迦葉菩薩復白佛言世尊如佛
所說三有漏者云何名為欲漏有漏无明漏
耶佛言善男子欲漏者内惡覺觀因於外緣
生於欲漏是故我昔在王舍城告阿難言阿
難汝今受此女人所說偈頌是偈乃是過去
諸佛之所宣說是故一切内惡覺觀外諸因
緣名之為欲是名欲漏有漏者色无色界内
諸惡法外諸因緣除欲界中外諸因緣内諸
覺觀是名有漏无明漏者不能了知我及我
所不别内外名无明漏善男子无明即是一
切諸漏根本何以故一切衆生无明因緣於
陰入界憶想作想名為衆生是名想倒心倒
見倒以是因緣生一切漏是故我於十二部
經說无明者即是貪因瞋因癡因迦葉菩薩
言世尊如來昔於十二部經說言不善思惟
因緣生於貪欲瞋癡今何因緣乃說无明善
男子如是二法互為因果互相增長不善思
惟生於无明无明因緣生不善思惟善男子
其能生長諸煩惱者皆悉名為煩惱因緣親
近如是煩惱因緣名為无明不善思惟如子
生牙子是近因四大遠因煩惱亦尒迦葉菩
薩白佛言世尊如佛所說无明即漏云何復
言因无明故生於諸漏佛言善男子如我所

BD15320號　大般涅槃經（北本異卷）卷三七　（26–10）

薩白佛言世尊如佛所說无明即漏云何復
言因无明故生於諸漏佛言善男子如我所
說无明漏者是内无明因於无明生諸漏者
是内外因若說无明漏是名内倒不識无常
苦空无我若說一切煩惱因緣是名不知外
我我所若說无明漏是名无始无終從无明
生陰入界等迦葉菩薩白佛言世尊如佛所
說有智之人知於漏因云何名為知於漏因
善男子智者當觀何因緣故生是煩惱造作
何行生此煩惱於何時中生此煩惱共誰住
時生此煩惱何處止住生此煩惱觀何事已
生於煩惱受誰房舍卧具飲食衣服湯藥而
生煩惱何因緣故轉下作中轉中作上下業
作中中業作上菩薩摩訶薩作是觀時則得
遠離生漏因緣如是觀時未生煩惱遮令不
生已生煩惱便得除滅是故我於彼經中說
智者當觀生煩惱因迦葉菩薩白佛言世尊
衆生一身云何能起種種煩惱佛言善男子
如一器中有種種子得水雨已各各自生衆
生亦尒器雖是一愛因緣故而能生長種種
煩惱迦葉菩薩言世尊智者云何觀於果報
善男子智者當觀諸漏因緣能生地獄餓鬼
畜生是漏因緣得人天身即是无常苦空无
我是身器中得三種苦三種无常是漏因緣

BD15320號　大般涅槃經（北本異卷）卷三七　（26–11）

畜生是漏因緣得人天身即是无常苦空无
我是身器中得三種苦三種无常是漏因緣
能令衆生作五逆罪受諸惡報能斷善根犯
四重禁誹謗三寶智者當觀我既受得如是
之身不應生起如是煩惱受諸惡果迦葉菩
薩言世尊有无漏果復言智者斷諸果報无
漏果報在斷中不諸得道人有无漏果如其
智者求无漏果云何佛說一切智者應斷果
報如其斷者今諸聖人云何得有善男子如
來或時因中說果果中說因如世間人說泥即
是瓶縷即是衣是名因中說果果中說因
者牛即水草人即是食我亦如是因中說果
先於經中作是說言我從身心至梵天邊是
名因中說果果中說因此六入者名過去業
是名果中說因善男子一切聖人真實无有
无漏果報一切聖人脩道果報更不生漏是
故名為无漏果報善男子有智之人如是觀
時則得永滅煩惱果報善男子智者觀已為
斷如是煩惱果報脩習聖道聖道者即空无
相願脩是道已能滅一切煩惱果報迦葉菩
薩白佛言世尊一切衆生皆從煩惱而得果
報言煩惱者所謂惡也從惡煩惱所生煩惱
亦名為惡如是煩惱則有二種一因二果 因
惡故果惡果惡故子惡如紝婆果其子苦故

BD15320號　大般涅槃經（北本異卷）卷三七　（26–12）

亦名為惡如是煩惱則有二種一因二果 因
惡故果惡果惡故子惡如紝婆果其子苦故
華果莖葉一切皆苦猶如毒樹其子毒 故果
亦是毒因亦衆生果亦衆生因亦煩惱果亦
煩惱煩惱因果即是衆生衆生即是煩惱因
果若從是義云何如來先喻雪山亦有毒草
微妙藥王若言煩惱即是衆生衆生即是煩
惱云何而言衆生身中有妙藥王 佛言善哉
善哉善男子无量衆生咸同此疑汝今能為
啓請求解我亦能斷諦聽諦聽善思念之今
當為汝分別解說善男子雪山喻者即是衆
生言毒草者即是煩惱妙藥王者即淨梵行
善男子若有衆生能脩如是清淨梵行是名
身中有妙藥王迦葉菩薩白佛言世尊 云何
衆生有清淨梵行善男子猶如世間從子生
果是果有能與子作因有不能者有能作者
是名果子若不能作唯得名果不得名子一
切衆生亦復如是皆有二種一者有煩惱果
是煩惱因二者有煩惱果非煩惱因是煩惱
果非煩惱因是則名為清淨梵行善男子衆
生觀受知是一切漏之近因所謂內外漏受因
緣故不能斷絕一切諸漏亦不能出三 界
牢獄衆生因受著我我所生於心倒想倒見
倒是故衆生先當觀受如是受者為一切愛

BD15320號　大般涅槃經（北本異卷）卷三七　（26–13）

牢獄衆生因受著我我所生於心倒想倒見
倒是故衆生先當觀受如是受者為一切衆
而作近因是故智者欲斷愛者當先觀受善
男子一切衆生十二因緣所作善惡皆因受
時是故我為阿難說言阿難一切衆生所作
善惡皆是受時是故智者先當觀受既觀受
已復當更觀如是受者何因緣生若因緣生
如是因緣復從何生若无因生无因何故不
生无受復觀是受不因自在天生不因士夫
生不因微塵生非時節生不因想生不因性
生不從自生不從他生非自他生非无因生
是受皆從緣合而生因緣者即是愛也是和
合中非有受非无受是故我當斷是和合斷
和合中則不生受善男子智者觀因已次觀
果報衆生因受受於地獄餓鬼畜生乃至三
界无量苦惱受因緣故受无常樂受因緣故
斷於善根受因緣故獲得解脫作是觀時不
作受因去何名為不作受因謂分別受何等
受能作愛何等愛能作受善男子衆生若能
如是深觀愛因受因則便能斷我及我所善
男子若人能作如是等觀則應分別愛之與
受在何處滅即見愛受有少滅處當知亦應
有畢竟滅尒時即於解脫生信生信心已是
解脫處何由而得知從八正即便脩習去何

BD15320號　大般涅槃經（北本異卷）卷三七　（26–14）

有畢竟滅尒時即於解脫生信生信心已是
解脫處何由而得知從八正即便脩習去何
名為八正道耶是道觀受有三種相一者苦
二者樂三者不苦不樂如是三種俱能增長
身之與心何因緣故能增長耶觸因緣也是
觸三種一者无明觸二者明觸三者非明无
明觸言明觸者即八正道其餘二觸增長身
心及三種受是故我應斷二種觸因緣觸斷
不生三受善男子如是受者亦名為因亦名
為果智者當觀亦因亦果去何為因因受生
愛名之為因去何名果因觸生故名之為果
是故此受亦因亦果智者如是觀是受已次
復觀愛受果報故名之為愛智者觀愛復有
二種一者雜食二者无食雜食愛者因生老
病死一切諸有无食愛者斷生老病死一切
諸有貪无漏道智者復當作如是念我若生
是雜食之愛則不能斷生老病死我今雖貪
无漏之道不斷受因則不能得无漏道果是
故應當先斷是觸觸既斷已受則自滅受既
滅已愛亦隨滅是名八正道善男子若有衆
生能如是觀雖有毒身其中亦有微妙藥王
如雪山中雖有毒草亦有妙藥善男子如是
衆生雖從煩惱而得果報而是果報更不復

BD15320號　大般涅槃經（北本異卷）卷三七　（26–15）

如雪山中雖有毒草亦有妙藥善男子如是
衆生雖從煩惱而得果報而是果報更不復
爲煩惱作因是則名爲清淨梵行復次善男
子智者當觀受愛二事何因緣生知因想生
何以故衆生見色亦不生貪及觀受時亦不
生貪若於色中生顛倒想謂色即是常樂我
淨受是常恒无有變易因是倒想生貪恚癡
是故智者應當觀想云何觀想當作是念一
切衆生未得正道皆有倒想云何倒想於非
常中生於常想於非樂中生於樂想於非淨
中生於淨想於空法中生於我想於非男女
大小晝夜歲月衣服房舍卧具生於男女至
卧具想是想三種一者小二者大三者无邊
小因緣故生於小想大因緣故生於大想无
量緣故生无量想復有小想謂未入定復有
大想謂已入定復有无量想謂十一切入復
有小想所謂欲界一切想等復有大想所謂
色界一切想等復有无量想謂无色界一切
想等三想滅故受則自滅想受滅故名爲解
脫迦葉菩薩言世尊滅一切法名爲解脫如
來云何說想受滅名解脫耶佛言善男子如
來或時因衆生說聞者解法或時因法說於
衆生聞者亦解說於衆生云何名爲因衆生
說聞者解法如我先爲大迦葉說迦葉衆生

BD15320號　大般涅槃經（北本異卷）卷三七　（26-16）

衆生聞者亦解說於衆生云何名爲因衆生
說聞者解法如我先爲大迦葉說迦葉衆生
滅時善法則滅是名因衆生說聞者解法云
何因法說於衆生聞者亦解說於衆生如我
先爲阿難說言我亦不說親近一切法亦復
不說不親近一切法若法近已善法衰羸不
善熾盛如是法者不應親近若法近已不善
衰滅善法增長如是法者是應親近是名因
法說於衆生聞者亦解說於衆生善男子如
來雖說想受二滅則已總說一切可斷智者
既觀如是想已次觀想因是无量想因何而
生知因觸生是觸二種一者因煩惱觸二者
因解脫觸因无明生名煩惱觸因明生者名
解脫觸因煩惱觸生於倒想因解脫觸生不
倒想觀想因已次觀果報迦葉菩薩白佛言
世尊若以因此煩惱之想生於倒想一切聖
人實有倒想而无煩惱是義云何佛言善男
子云何聖人而有倒想迦葉菩薩言世尊一
切聖人牛作牛想亦說是牛馬作馬想亦說
是馬男女大小舍宅車乘去來亦尒是名
倒想善男子一切凡夫有二種想一者世流布
想二者著想一切聖人唯有世流布想无有
著想一切凡夫惡覺觀故於世流布生於著
想一切聖人善覺觀故於世流布不生著想

BD15320號　大般涅槃經（北本異卷）卷三七　（26-17）

想二者著想一切聖人唯有世流布想无有
著想一切凡夫惡覺觀故於世流布生於著
想一切聖人善覺觀故於世流布不生著想
是故凡夫生於倒想聖人雖知不名倒想智
者如是觀想因已次觀果報是惡想果在於
地獄餓鬼畜生人天中受如我因斷惡覺觀
故无明觸斷是故想斷因想斷故果報亦斷
智者為斷如是想因脩八正道善男子若有
能作如是等觀則得名為清淨梵行善男子
是名衆生毒身之中有妙藥王如雪山中雖
有毒草亦有妙藥復次善男子智者觀欲欲
者即是色聲香味觸善男子即是如來因中
說果從此五事生於欲耳實非欲也善男子
愚癡之人貪求受之於是色中生顛倒想乃
至觸中亦生倒想倒想因緣便生於受是故
世間說因倒想生十種想欲因緣故在於世
間受惡果報以惡加於父母沙門婆羅門等
所不應作而故作之不惜身命是故智者觀
是惡想因緣故生於欲心智者如是觀欲因
已次觀果報是欲多有諸惡果報所謂地獄
餓鬼畜生人中天上是名觀果報若是惡
想得陰滅者終不生於此欲心也无欲心故不
受惡受无惡受故則无惡果是故我應先斷

BD15320 號　大般涅槃經（北本異卷）卷三七　（26–18）

想得陰滅者終不生於此欲心也无欲心故不
受惡受无惡受故則无惡果是故我應先斷
惡想斷惡想已如是等法自然而滅是故智
者為滅惡想脩八正道是則名為清淨梵行
是名衆生毒身之中有妙藥王如雪山中雖
有毒草亦有妙藥復次善男子智者如是觀
是欲已次當觀業何以故有智之人當作是
念受想觸欲即是煩惱是煩惱者能作生業
不作受業如是煩惱與業共行則有二種一
作生業二作受業是故智者當觀於業是業
三種謂身口意善男子身口二業亦名為業
亦名業果意唯名業不名為果以業因故則
名為業善男子身口二業名為外業意業
名內是三種業共煩惱行故作二種業一者生
業二者受業善男子正業者即意業也期
業者謂身口業先發故名意業從意業生名
身口業是故意業得名為正智者觀業已次觀
業因業因者即无明觸因无明觸衆生求有
求有因緣即是愛也愛因緣故造作三種身
口意業善男子智者如是觀業因已次觀果
報果報有四一者黑黑果報二者白白果報
三者雜雜果報四者不黑不白不白果
報黑黑果報者作業時垢果報亦垢白白果

BD15320 號　大般涅槃經（北本異卷）卷三七　（26–19）

三者雜雜果報四者不黑不白不黑不白果
報黑黑果報者作業時垢果報亦垢白白果
報者作業時淨果報亦淨雜雜果報者作業
時雜果報亦雜不白不黑不白不黑果報者
名无漏業迦葉菩薩白佛言世尊先說无漏
无有果報今云何言不白不黑有果報耶佛言
善男子是義有二一者亦果亦報二者唯
果非報黑黑果報亦名為果亦名為報黑因
生故得名為果能作因故復名為報淨雜然
尒无漏果者因有漏生故名為果不作他因
不名為報是故名果不名為報迦葉菩薩白
佛言世尊是无漏業非是黑法何因緣故不
名為白善男子无有報故不名為白對治黑
故故名為白我今乃說受果報者名為黑白
是无漏業不受報故不名為白名為寂靜如
是業者有定受報處如十惡法定在地獄餓
鬼畜生十善之業定在人天十不善法有上
中下上因緣故受地獄身中因緣故受畜生
身下因緣故受餓鬼身人業十善復有四種
一者下二者中三者上四者上上下因緣故
生欝單曰中因緣故生弗婆提上因緣故生
瞿耶尼上上因緣生閻浮提有智之人作是
觀已即作是念我當云何斷是果報復作是
念是業因緣无明觸生我若斷除无明與觸

BD15320號　大般涅槃經（北本異卷）卷三七　（26–20）

瞿耶尼上上因緣生閻浮提有智之人作是
觀已即作是念我當云何斷是果報復作是
念是業因緣无明觸生我若斷除无明與觸
如是業果則滅不生是故智者為斷无明觸
因緣故脩八正道是則名為清淨梵行善男
子是名衆生毒身之中有妙藥王如雪山中
雖有毒草亦有妙藥復次善男子智者觀業
觀煩惱已次觀是二所得果報是二果報即
是苦也既知是苦則能捨離一切受生智者
復觀煩惱因緣生於煩惱業因緣故亦生煩
惱煩惱因緣復生於業業緣生苦苦因緣故
生於煩惱煩惱因緣生有有因緣生苦有因
緣生有有因緣生業業因緣生煩惱煩惱因
緣生苦苦因緣生苦善男子智者若能作如
是觀當知是人能觀業苦何以故如上所觀
即是生死十二因緣若人能觀如是生死十
二因緣當知是人不造新業能壞故業善
男子有智之人觀地獄苦觀一地獄乃至一百
三十六所一一地獄有種種苦皆是煩惱業因
緣生觀地獄已次觀餓鬼畜生等苦作是觀
已復觀人天所有諸苦如是衆苦皆從煩惱
業因緣生善男子天上雖无大苦惱事然其
身體柔軟細滑見五相時極受大苦如地獄
苦等无差別善男子智者深觀三界諸苦皆

BD15320號　大般涅槃經（北本異卷）卷三七　（26–21）

身體柔軟細滑見五相時極受大苦如地獄
苦等无差别善男子智者深觀三界諸苦皆
從煩惱業因緣生善男子譬如坏器則易破
壞衆生受身亦復如是既受身已是衆苦器
譬如大樹華果繁茂衆鳥能壞如多乾草小
火能焚衆生受身為苦所壞亦復如是善男
子智者若能觀苦八種如聖行中當知是人
能斷衆苦善男子智者深觀是八苦已次觀
苦因苦因者即愛无明是愛无明則有二種
一者求身二者求財求身求財二俱是苦是
故當知愛无明者即是苦因善男子是愛无
明則有二種一者内二者外内能作業外能
增長又復内能作業外作業果斷内愛已業
則得斷斷外愛已果則得斷内愛能生未來
世苦外愛能生現在世苦智者觀愛即是苦
因既觀因已次觀果報苦果報者即是取也
愛果名取是取因緣即内外愛則有愛苦善
男子智者當觀愛因緣取取因緣愛若我能
斷愛取二事則不造業受於衆苦是故智者
為斷愛苦脩八正道善男子若有人能如是
觀者是則名為清淨梵行是名衆生毒身之
中有妙藥王如雪山中雖有毒草亦有妙藥
迦葉菩薩白佛言世尊云何名為清淨梵行
佛言善男子一切法是迦葉菩薩言世尊一

BD15320號　大般涅槃經（北本異卷）卷三七　（26-22）

迦葉菩薩白佛言世尊云何名為清淨梵行
佛言善男子一切法是迦葉菩薩言世尊一
切法者義不決定何以故如來或說是善不
善或時說為四念處觀或說是十二入或說
是善知識或說是十二因緣或說是衆生或
說是正見耶見或說十二部經或說即是二
諦如來今乃說一切法為清淨梵行竟是何
等一切法耶佛言善哉善哉善男子如是微
妙大涅槃經乃是一切法寶之藏譬如大海
是衆寶藏是涅槃經亦復如是即是一切字
義秘藏善男子如須弥山衆藥根本是經亦
尒即是菩薩戒之根本善男子譬如虛空是
一切物之所住處是經亦尒即是一切善法
住處善男子譬如猛風无能繫縛一切菩薩
行是經者亦復如是不為一切煩惱惡法之
所繫縛善男子譬如金剛无能壞者是經亦
尒雖有外道惡耶之人不能破壞善男子如
恒河沙无能數者如是經義亦復如是无能
數者善男子是經典者為諸菩薩而作法幢
如帝釋幢善男子是經即是趣涅槃城之商
主也如大導師引請商人趣向大海善男子
是經能為諸菩薩等作法光明如世日月能
破諸闇善男子是經能為病苦衆生作大良
藥如香山中微妙藥王能治衆病善男子是

BD15320號　大般涅槃經（北本異卷）卷三七　（26-23）

主也如大導師引諸商人趣向大海善男子
是經能為諸菩薩等作法光明如世日月能
破諸闇善男子是經能為病苦衆生作大良
藥如香山中微妙藥王能治衆病善男子是
經能為一闡提杖猶如羸人因之得起善男
子是經能為一切惡人而作橋梁猶如世橋
能度一切善男子是經能為行五有者遏煩
惱熱而作陰涼如世間蓋遮覆暴熱善男
子是經即是大无畏王能壞一切煩惱惡魔如
師子王降伏衆獸善男子是經即是大神呪
師能壞一切煩惱惡鬼如世呪師能去罔兩
善男子是經即是无上霜雹能壞一切生死
果報如世雹雨壞諸果實善男子是經能為
壞戒目者作大良藥猶如世間安闍那藥善
療眼病善男子是經能住一切善法如世間
地能住衆物善男子是經即是毀戒衆生之
明鏡也如世間鏡見諸色像善男子是經能
為无慙鬼者而作衣服如世衣裳障蔽形體
善男子是經能為貧善法者作大財寶如功
德天利益貧者善男子是經能為渴法衆生
作甘露漿如八味水充之渴者善男子是經
能為煩惱之人而作法林如世之人遇安隱
林善男子是經能為初地菩薩至十住菩薩
而作瓔珞香華塗香末香燒香清淨種姓具

能為煩惱之人而作法林如世之人遇安隱
林善男子是經能為初地菩薩至十住菩薩
而作瓔珞香華塗香末香燒香清淨種姓具
足之乘過於一切六波羅蜜受妙樂處如忉
利天波利質多羅樹善男子是經即是剛利
智斧能伐一切煩惱大樹即是利刀能割習
氣即是勇健能摧魔怨即是智火焚煩惱薪
即因緣藏出辟支佛即是聞藏生聲聞人即
是一切諸天之眼即是一切人之正道即是
一切畜生依處即是餓鬼解脫之處即是地
獄无上之尊即是一切十方衆生无上之器
即是十方過去未來現在諸佛之父母也善
男子是故此經攝一切法如我先說此經雖
攝一切諸法我說梵行即是三十七助道
法也

大般涅槃經卷第卅七

即是十方過去未来現在諸佛之父母也善
男子是故此經攝一切法如我先說此經雖
攝一切諸法我說梵行即是三十七助道
法也

大般涅槃經卷第卅七

BD15320 號　大般涅槃經（北本異卷）卷三七　（26–26）

BD15321 號背　護首　（1–1）

妙法蓮華經陁羅尼品第二十六
尒時藥王菩薩即從座起偏袒右肩合掌向
佛而白佛言世尊若善男子善女人有能受
持法華經者若讀誦通利若書寫經卷得幾
所福佛告藥王若有善男子善女人供養八
百万億那由他恒河沙等諸佛於汝意云何
其所得福寧為多不甚多世尊佛言若善男
子善女人能於是經乃至受持一四句偈讀
誦解義如說脩行功德甚多尒時藥王菩薩
白佛言世尊我今當與說法者陁羅尼呪以
守護之即說呪曰
安尒一曼尒二摩祢三摩摩祢四旨隸五遮梨
苐六賖咩羊鳴音七賖履冈雉反多瑋八羶輸千反帝九
目帝十目多履十一娑履十二阿瑋娑履十三桑履十四
娑履十五叉裔十六阿叉裔十七阿耆膩十八羶帝
十九賖履二十陁羅尼二十一阿盧伽婆娑蘇奈反簸蔗
毗叉膩二十二祢毗剃二十三阿便哆都餓反邏祢履剃
二十四阿亶哆波隸輸地途賣反二十五漚究隸二十六牟究隸
二十七阿羅隸二十八波羅隸二十九首迦差初几反三十阿三
磨三履三十一佛馱毗吉利袠帝三十二達磨波利差猜離反

BD15321號　妙法蓮華經卷七　（12–1）

苐六賖咩羊鳴音七賖履冈雉反多瑋八羶輸千反帝九
目帝十目多履十一娑履十二阿瑋娑履十三桑履十四
娑履十五叉裔十六阿叉裔十七阿耆膩十八羶帝
十九賖履二十陁羅尼二十一阿盧伽婆娑蘇奈反簸蔗
毗叉膩二十二祢毗剃二十三阿便哆都餓反邏祢履剃
二十四阿亶哆波隸輸地途賣反二十五漚究隸二十六牟究隸
二十七阿羅隸二十八波羅隸二十九首迦差初几反三十阿三
磨三履三十一佛馱毗吉利袠帝三十二達磨波利差猜離反
帝三十三僧伽涅瞿沙祢三十四婆舍婆舍輸地三十五曼
哆邏三十六曼哆邏叉夜多三十七郵樓哆三十八郵樓
哆憍舍略三十九惡叉邏四十惡叉冶多冶四十一阿婆
盧四十二阿摩若荏蔗反那多夜四十三
世尊是陁羅尼神呪六十二億恒河沙等諸
佛所說若有侵毀此法師者則為侵毀是諸
佛已時釋迦牟尼佛讚藥王菩薩言善哉善
哉藥王汝愍念擁護此法師故說是陁羅尼
於諸衆生多所饒益尒時勇施菩薩白佛言
世尊我亦為擁護讀誦受持法華經者說陁
羅尼若此法師得是陁羅尼若夜叉若羅剎
若富單那若吉蔗若鳩槃荼若餓鬼等伺求
其短无能得便即於佛前而說呪曰
痤摧䯤反隸一摩訶痤隸二郁枳三目枳四阿隸五
阿羅婆苐六涅隸苐七涅隸多婆苐八伊緻猪履反柅九
韋緻柅十旨緻柅十一涅隸墀柅十二涅犁墀婆底十三
世尊是陁羅尼神呪恒河沙等諸佛所說亦
皆隨喜若有侵毀此法師者則為侵毀是諸
佛已尒時毗沙門天王護世者白佛言世尊
我亦為愍念衆生擁護此法師故說是陁羅
尼即說呪曰
阿梨一那梨二嵬那梨三阿那盧四那履五
拘那履六
世尊以是神呪擁護法師我亦自當擁護持
是經者令百由旬內无諸衰患尒時持國天
王在此會中與千万億那由他乾闥婆衆恭

BD15321號　妙法蓮華經卷七　（12–2）

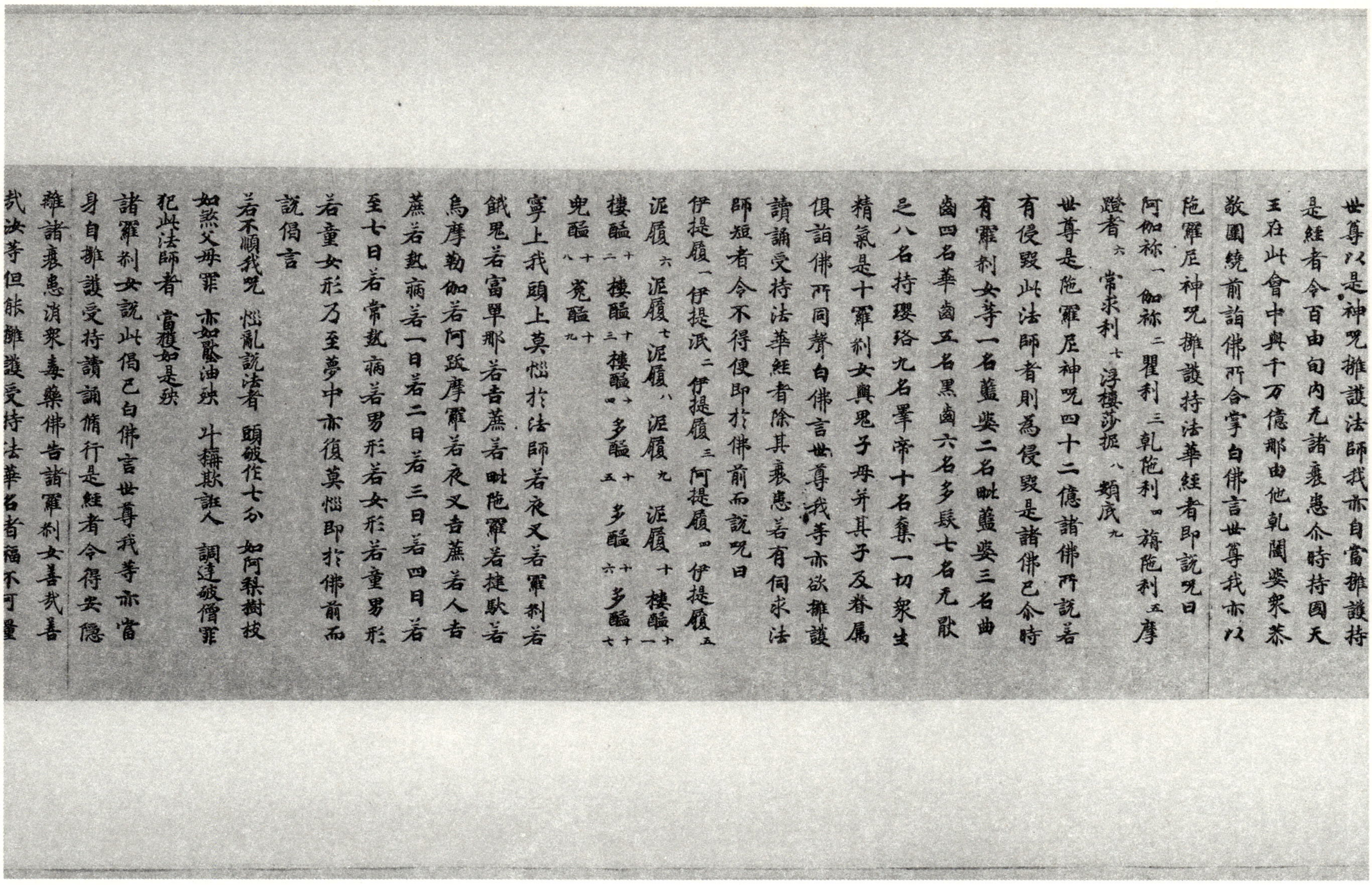
世尊以是神呪擁護法師我亦自當擁護持
是經者令百由旬内无諸衰患尒時持國天
王在此會中與千万億那由他乹闥婆衆恭
敬圍繞前詣佛所合掌白佛言世尊我亦以
陁羅尼神呪擁護持法華經者即說呪曰
阿伽禰一 伽禰二 瞿利三 乹陁利四 旃陁利五 摩
蹬耆六 常求利七 浮樓莎柅八 頞底九
世尊是陁羅尼神呪四十二億諸佛所說若
有侵毀此法師者則為侵毀是諸佛已尒時
有羅刹女等一名藍婆二名毗藍婆三名曲
齒四名華齒五名黑齒六名多髮七名无猒
足八名持瓔珞九名睪帝十名奪一切衆生
精氣是十羅刹女與鬼子母并其子及眷屬
俱詣佛所同聲白佛言世尊我等亦欲擁護
讀誦受持法華經者除其衰患若有伺求法
師短者令不得便即於佛前而說呪曰
伊提履一 伊提泯二 伊提履三 阿提履四 伊提履五
泥履六 泥履七 泥履八 泥履九 泥履十 樓醯十一
樓醯十二 樓醯十三 樓醯十四 多醯十五 多醯十六 多醯十七
兜醯十八 㝹醯十九
寧上我頭上莫惱於法師若夜叉若羅刹若
餓鬼若富單那若吉蔗若毗陁羅若揵馱若
烏摩勒伽若阿跋摩羅若夜叉吉蔗若人吉
蔗若熱病若一日若二日若三日若四日若
至七日若常熱病若男形若女形若童男形
若童女形乃至夢中亦復莫惱即於佛前而
說偈言
若不順我呪 惱亂說法者 頭破作七分 如阿梨樹枝
如殺父母罪 亦如壓油殃 斗秤欺誑人 調達破僧罪
犯此法師者 當獲如是殃
諸羅刹女說此偈已白佛言世尊我等亦當
身自擁護受持讀誦脩行是經者令得安隱
離諸衰患消衆毒藥佛告諸羅刹女善哉善
哉汝等但能擁護受持法華名者福不可量

BD15321 號　妙法蓮華經卷七　（12–3）

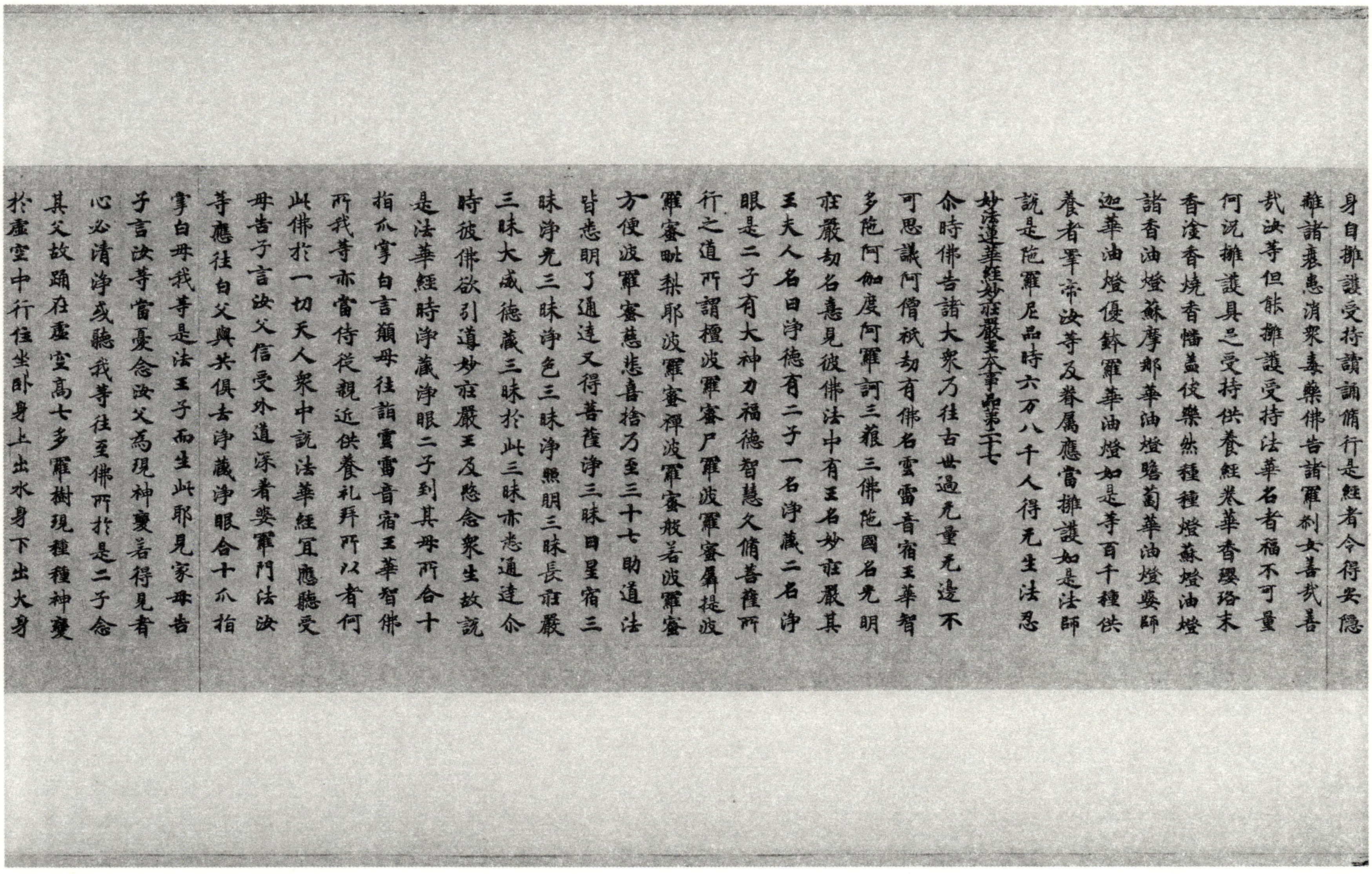
身自擁護受持讀誦脩行是經者令得安隱
離諸衰患消衆毒藥佛告諸羅刹女善哉善
哉汝等但能擁護受持法華名者福不可量
何況擁護具足受持供養經卷華香瓔珞末
香塗香燒香幡蓋伎樂然種種燈蘇燈油燈
諸香油燈蘇摩那華油燈瞻蔔華油燈婆師
迦華油燈優鉢羅華油燈如是等百千種供
養者睪帝汝等及眷屬應當擁護如是法師
說是陁羅尼品時六万八千人得无生法忍
妙法蓮華經妙莊嚴王本事品第二十七
尒時佛告諸大衆乃往古世過无量无邊不
可思議阿僧祇劫有佛名雲雷音宿王華智
多陁阿伽度阿羅訶三藐三佛陁國名光明
莊嚴劫名憙見彼佛法中有王名妙莊嚴其
王夫人名曰淨德有二子一名淨藏二名淨
眼是二子有大神力福德智慧久脩菩薩所
行之道所謂檀波羅蜜尸羅波羅蜜羼提波
羅蜜毗梨耶波羅蜜禪波羅蜜般若波羅蜜
方便波羅蜜慈悲喜捨乃至三十七助道法
皆悉明了通達又得菩薩淨三昧日星宿三
昧淨光三昧淨色三昧淨照明三昧長莊嚴
三昧大威德藏三昧於此三昧亦悉通達尒
時彼佛欲引導妙莊嚴王及愍念衆生故說
是法華經時淨藏淨眼二子到其母所合十
指爪掌白言願母往詣雲雷音宿王華智佛
所我等亦當侍從親近供養礼拜所以者何
此佛於一切天人衆中說法華經宜應聽受
母告子言汝父信受外道深著婆羅門法汝
等應往白父與共俱去淨藏淨眼合十爪指
掌白母我等是法王子而生此耶見家母告
子言汝等當憂念汝父為現神變若得見者
心必清淨或聽我等往至佛所於是二子念
其父故踊在虛空高七多羅樹現種種神變
於虛空中行住坐臥身上出水身下出火身

BD15321 號　妙法蓮華經卷七　（12–4）

其父故踊在虛空高七多羅樹現種種神變
於虛空中行住坐卧身上出水身下出火身
下出水身上出火或現大身滿虛空中而復
現小小復現大於空中滅忽然在地入地如
水履水如地現如是等種種神變令其父王
心淨信解時父見子神力如是心大歡喜得
未曾有合掌向子言汝等師為是誰誰之弟
子二子白言大王彼雲雷音宿王華智佛今
在七寶菩提樹下法座上坐於一切世間天
人眾中廣說法華經是我等師我是弟子父
語子言我今亦欲見汝等師可共俱往於是
二子從空中下到其母所合掌白母父王今
已信解堪任發阿耨多羅三藐三菩提心我
等為父已作佛事願母見聽於彼佛所出家
修道尒時二子欲重宣其意以偈白母
願母放我等　出家作沙門　諸佛甚難值　我等隨佛學
如優曇波羅　值佛復難是　脫諸難亦難　願聽我出家
母即告言聽汝出家所以者何佛難值故於
是二子白父母言善哉父母願時往詣雲雷
音宿王華智佛所親近供養所以者何佛難
得值如優曇波羅華又如一眼之龜值浮木
孔而我等宿福深厚生值佛法是故父母當
聽我等令得出家所以者何諸佛難值時亦
難遇彼時妙莊嚴王後宮八万四千人皆悉
堪任受持是法華經淨眼菩薩於法華三昧
久已通達淨藏菩薩已於无量百千万億劫
通達離諸惡趣三昧欲令一切眾生離諸惡
趣故其王夫人得諸佛集三昧能知諸佛秘
密之藏二子如是以方便力善化其父令心
信解好樂佛法於是妙莊嚴王與群臣眷屬
俱淨德夫人與後宮婇女眷屬俱其王二子
與四万二千人俱一時共詣佛所到已頭面
礼足繞佛三帀却住一面尒時彼佛為王說
法示教利喜王大歡悅尒時妙莊嚴王及其

BD15321號　妙法蓮華經卷七　（12–5）

礼足繞佛三帀却住一面尒時彼佛為王說
法示教利喜王大歡悅尒時妙莊嚴王及其
夫人解頸真珠瓔珞價直百千以散佛上於
虛空中化成四柱寶臺臺中有大寶床敷百
千万天衣其上有佛結加趺坐放大光明尒
時妙莊嚴王作是念佛身希有端嚴殊特成
就第一微妙之色時雲雷音宿王華智佛告
四眾言汝等見是妙莊嚴王於我前合掌立
不此王於我法中作比丘精勤修習助佛道
法當得作佛号娑羅樹王國名大光劫名大
高王其娑羅樹王佛有无量菩薩眾及无量
聲聞其國平正功德如是其王即時以國付
弟與夫人二子并諸眷屬於佛法中出家修
道王出家已於八万四千歲常勤精進修行
妙法華經過是已後得一切淨功德莊嚴三
昧即昇虛空高七多羅樹而白佛言世尊此
我二子已作佛事以神通變化轉我邪心令
得安住於佛法中得見世尊此二子者是我
善知識為欲發起宿世善根饒益我故來生
我家尒時雲雷音宿王華智佛告妙莊嚴王
言如是如是如汝所言善男子善女人種
善根故世世得善知識其善知識能作佛事
示教利喜令入阿耨多羅三藐三菩提大王
當知善知識者是大因緣所謂化導令得見
佛發阿耨多羅三藐三菩提心大王汝見此
二子不此二子已曾供養六十五百千万億
那由他恒河沙諸佛親近恭敬於諸佛所受
持法華經愍念邪見眾生令住正見妙莊嚴
王即從虛空中下而白佛言世尊如來甚希
有以功德智慧故頂上肉髻光明顯照其眼
長廣而紺青色眉間毫相白如珂月齒白齊
密常有光明脣色赤好如頻婆果尒時妙莊
嚴王讚歎佛如是等无量百千万億功德已
於如來前一心合掌復白佛言世尊未曾有

BD15321號　妙法蓮華經卷七　（12–6）

容常有光明脣色赤好如頻婆菓尒時妙莊
嚴王讃歎佛如是等无量百千万億功德已
於如来前一心合掌復白佛言世尊未曾有
也如来之法具足成就不可思議微妙功德
教戒所行安隱快善我從今日不復自随心
行不生邪見憍慢瞋恚諸惡之心說是語已
礼佛而出佛告大衆於意云何妙莊嚴王豈
異人乎今華德菩薩是其淨德夫人今佛前
光照莊嚴相菩薩是哀愍妙莊嚴王及諸眷
屬故於彼中生其二子者今藥王菩薩藥上
菩薩是是藥王藥上菩薩成就如此諸大功
德已於无量百千万億諸佛所殖衆德本成
就不可思議諸善功德若有人識是二菩薩
名字者一切世間諸天人民亦應礼拜佛說
是妙莊嚴王本事品時八万四千人遠塵離
垢於諸法中得法眼淨

妙法蓮華經普賢菩薩勸發品第廿八

尒時普賢菩薩以自在神通威德名聞與大
菩薩无量无邊不可稱數從東方来所經諸
國普皆震動雨寶蓮華作无量百千万億種
種伎樂又與无數諸天龍夜叉乾闥婆阿脩
羅迦樓羅緊那羅摩睺羅伽人非人等大衆
圍繞各現威德神通之力到娑婆世界耆闍
崛山中頭面礼釋迦牟尼佛右繞七帀白佛
言世尊我於寶威德上王佛國遥聞此娑婆
世界說法華經與无量无邊百千万億諸菩
薩衆共来聽受唯願世尊當為說之若善男
子善女人於如来滅後云何能得是法華經
佛告普賢菩薩若善男子善女人成就四法
於如来滅後當得是法華經一者為諸佛護
念二者殖衆德本三者入正定聚四者發救
一切衆生之心善男子善女人如是成就四
法於如来滅後必得是經尒時普賢菩薩白
佛言世尊於後五百歲濁惡世中其有受持

法於如来滅後必得是經尒時普賢菩薩白
佛言世尊於後五百歲濁惡世中其有受持
是經典者我當守護除其衰患令得安隱使
无伺求得其便者若魔若魔子若魔女若魔
民若為魔所著者若夜叉若羅剎若鳩槃荼
若毗舍闍若吉蔗若富單那若韋陁羅等諸
惱人者皆不得便是人若行若立讀誦此經
我尒時乘六牙白象王與大菩薩衆俱詣其
所而自現身供養守護安慰其心亦為供養
法華經故是人若坐思惟此經尒時我復乘
白象王現其人前其人若於法華經有所忘
失一句一偈我當教之與共讀誦還令通利
尒時受持讀誦法華經者得見我身甚大歡
喜轉復精進以見我故即得三昧及陁羅尼
名為旋陁羅尼百千万億旋陁羅尼法音方
便陁羅尼得如是等陁羅尼世尊若後世後
五百歲濁惡世中比丘比丘尼優婆塞優婆
夷求索者受持者讀誦者書寫者欲脩習是
法華經於三七日中應一心精進滿三七日
已我當乘六牙白象與无量菩薩而自圍繞
以一切衆生所憙見身現其人前而為說法
示教利喜亦復與其陁羅尼呪得是陁羅尼
故无有非人能破壞者亦不為女人之所惑
亂我身亦自常護是人唯願世尊聽我說此
陁羅尼即於佛前而說呪曰
阿檀地 途賣反 一 檀陁婆地 二 檀陁婆帝 三 檀陁鳩舍隸 四
檀陁脩陁隸 五 脩陁隸 六 脩陁羅婆底 七 佛馱波羶祢
八 薩婆陁羅尼阿婆多尼 九 薩婆婆沙阿婆多尼 十
脩阿婆多尼 十一 僧伽婆履叉尼 十二 僧伽涅伽陁尼 十三
阿僧祇 十四 僧伽波伽地 十五 帝隸阿惰僧伽兜略 盧遮反 波羅
帝 十六 薩婆僧伽三摩地伽蘭地 十七 薩婆達磨脩波
利剎帝 十八 薩婆薩埵樓馱憍舍略阿㝹伽地 十九 辛阿
毗吉利地帝 二十
世尊若有菩薩得聞是陁羅尼者當知普賢

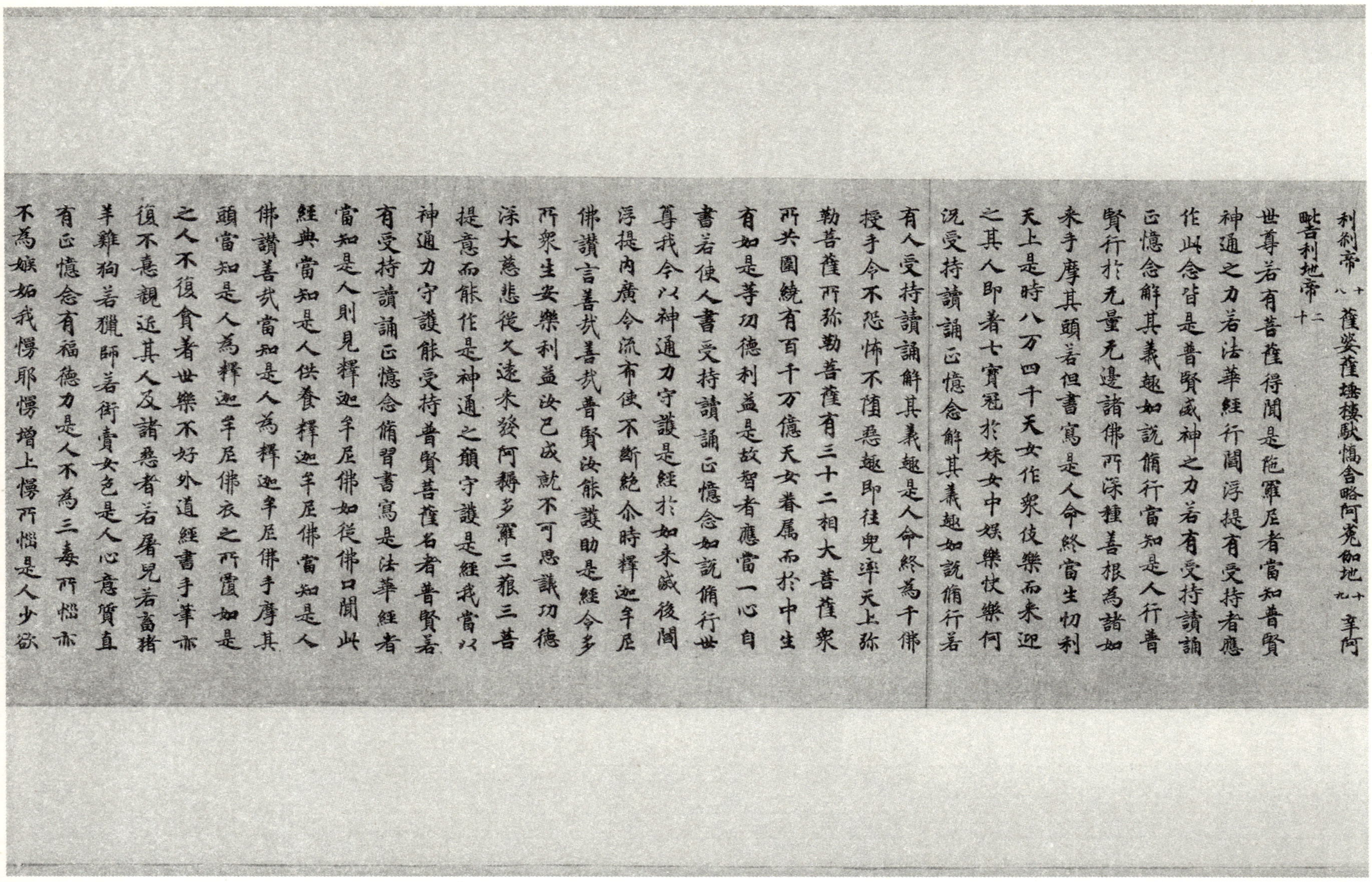

利剎帝十八薩婆薩埵樓馱憍舍略阿㝹伽地十九辛阿
毗吉利地帝二十
世尊若有菩薩得聞是陁羅尼者當知普賢
神通之力若法華經行閻浮提有受持者應
作此念皆是普賢威神之力若有受持讀誦
正憶念解其義趣如說脩行當知是人行普
賢行於无量无邊諸佛所深種善根為諸如
來手摩其頭若但書寫是人命終當生忉利
天上是時八万四千天女作衆伎樂而來迎
之其人即著七寶冠於婇女中娛樂快樂何
況受持讀誦正憶念解其義趣如說脩行若
有人受持讀誦解其義趣是人命終為千佛
授手令不恐怖不墮惡趣即往兜率天上弥
勒菩薩所弥勒菩薩有三十二相大菩薩衆
所共圍繞有百千万億天女眷屬而於中生
有如是等功德利益是故智者應當一心自
書若使人書受持讀誦正憶念如說脩行世
尊我今以神通力守護是經於如來滅後閻
浮提內廣令流布使不斷絕尒時釋迦牟尼
佛讚言善哉善哉普賢汝能護助是經令多
所衆生安樂利益汝已成就不可思議功德
深大慈悲從久遠來發阿耨多羅三藐三菩
提意而能作是神通之願守護是經我當以
神通力守護能受持普賢菩薩名者普賢若
有受持讀誦正憶念脩習書寫是法華經者
當知是人則見釋迦牟尼佛如從佛口聞此
經典當知是人供養釋迦牟尼佛當知是人
佛讚善哉當知是人為釋迦牟尼佛手摩其
頭當知是人為釋迦牟尼佛衣之所覆如是
之人不復貪著世樂不好外道經書手筆亦
復不憙親近其人及諸惡者若屠兒若畜猪
羊雞狗若獵師若衒賣女色是人心意質直
有正憶念有福德力是人不為三毒所惱亦
不為嫉妬我慢邪慢增上慢所惱是人少欲

BD15321號　妙法蓮華經卷七　(12–9)

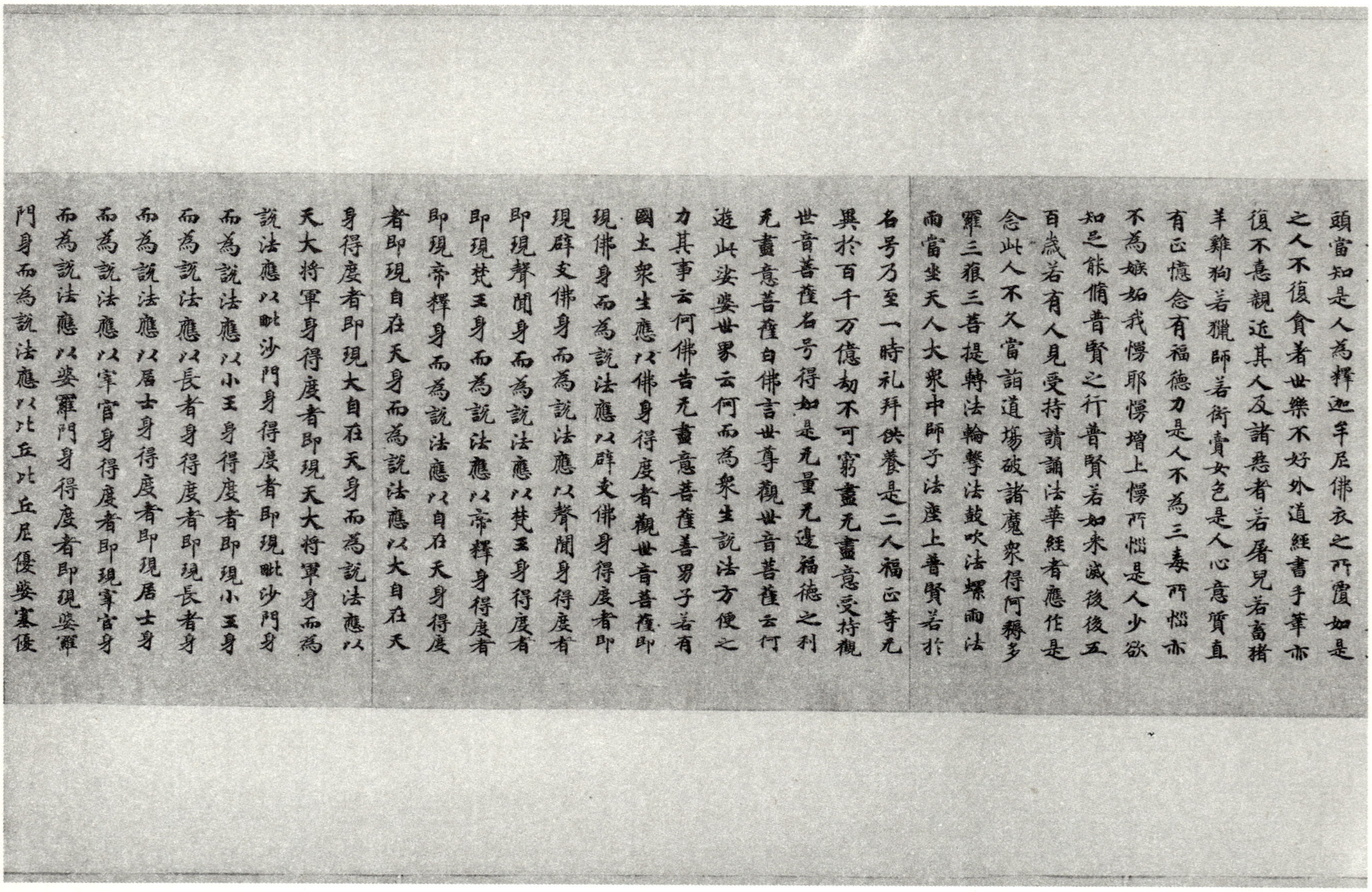

頭當知是人為釋迦牟尼佛衣之所覆如是
之人不復貪著世樂不好外道經書手筆亦
復不憙親近其人及諸惡者若屠兒若畜猪
羊雞狗若獵師若衒賣女色是人心意質直
有正憶念有福德力是人不為三毒所惱亦
不為嫉妬我慢邪慢增上慢所惱是人少欲
知足能脩普賢之行普賢若如來滅後後五
百歲若有人見受持讀誦法華經者應作是
念此人不久當詣道場破諸魔衆得阿耨多
羅三藐三菩提轉法輪擊法鼓吹法螺雨法
雨當坐天人大衆中師子法座上普賢若於
名号乃至一時礼拜供養是二人福正等无
異於百千万億劫不可窮盡无盡意受持觀
世音菩薩名号得如是无量无邊福德之利
无盡意菩薩白佛言世尊觀世音菩薩云何
遊此娑婆世界云何而為衆生說法方便之
力其事云何佛告无盡意菩薩善男子若有
國土衆生應以佛身得度者觀世音菩薩即
現佛身而為說法應以辟支佛身得度者即
現辟支佛身而為說法應以聲聞身得度者
即現聲聞身而為說法應以梵王身得度者
即現梵王身而為說法應以帝釋身得度者
即現帝釋身而為說法應以自在天身得度
者即現自在天身而為說法應以大自在天
身得度者即現大自在天身而為說法應以
天大將軍身得度者即現天大將軍身而為
說法應以毗沙門身得度者即現毗沙門身
而為說法應以小王身得度者即現小王身
而為說法應以長者身得度者即現長者身
而為說法應以居士身得度者即現居士身
而為說法應以宰官身得度者即現宰官身
而為說法應以婆羅門身得度者即現婆羅
門身而為說法應以比丘比丘尼優婆塞優

BD15321號　妙法蓮華經卷七　(12–10)

而為說法應以宰官身得度者即現宰官身
而為說法應以婆羅門身得度者即現婆羅
門身而為說法應以比丘比丘尼優婆塞優
婆夷身得度者即現比丘比丘尼優婆塞優
婆夷身而為說法應以長者居士宰官婆羅
門婦女身得度者即現婦女身而為說法應
以童男童女身得度者即現童男童女身而
為說法應以天龍夜叉乾闥婆阿脩羅迦樓
羅緊那羅摩睺羅伽人非人等身得度者即
皆現之而為說法應以執金剛神得度者即
現金剛神而為說法无盡意是觀世音菩薩
成就如是功德以種種形遊諸國土度脫衆
生是故汝等應當一心供養觀世音菩薩是
觀世音菩薩摩訶薩於怖畏急難之中能施
无畏是故此娑婆世界皆号之為施无畏者
无盡意菩薩白佛言世尊我今當供養觀世
音菩薩即解頸衆寶珠瓔珞價直百千兩金
而以與之作是言仁者受此法施珎寶瓔珞
時觀世音菩薩不肯受之无盡意復白觀世
音菩薩言仁者愍我等故受此瓔珞尒時佛
告觀世音菩薩當愍此无盡意菩薩及四衆
天龍夜叉乾闥婆阿脩羅迦樓羅緊那羅摩
睺羅伽人非人等故受是瓔珞即時觀世音
菩薩愍諸四衆及於天龍人非人等受其瓔
珞分作二分一分奉釋迦牟尼佛一分奉多
寶佛塔无盡意觀世音菩薩有如是自在神
力遊於娑婆世界尒時无盡意菩薩以偈問
曰
世尊妙相具　我今重問彼　佛子何因緣　名為觀世音
具足妙相尊　偈荅无盡意　汝聽觀音行　善應諸方所
弘誓深如海　歷劫不思議　侍多千億佛　發大清淨願
我為汝略說　聞名及見身　心念不空過　能滅諸有苦
假使興害意　推落大火坑　念彼觀音力　火坑變成池
或漂流巨海　龍魚諸鬼難　念彼觀音力　波浪不能沒

BD15321號　妙法蓮華經卷七　（12–11）

假使興害意　推落大火坑　念彼觀音力　火坑變成池
或漂流巨海　龍魚諸鬼難　念彼觀音力　波浪不能沒
或在須弥峯　為人所推墮　念彼觀音力　如日虛空住
或被惡人逐　墮落金剛山　念彼觀音力　不能損一毛
或值怨賊繞　各執刀加害　念彼觀音力　咸即起慈心
或遭王難苦　臨刑欲壽終　念彼觀音力　刀尋段段壞
或囚禁枷鎖　手足被杻械　念彼觀音力　釋然得解脫
呪詛諸毒藥　所欲害身者　念彼觀音力　還著於本人
或遇惡羅刹　毒龍諸鬼等　念彼觀音力　時悉不敢害
若惡獸圍繞　利牙爪可怖　念彼觀音力　疾走无邊方
蚖虵及蝮蝎　氣毒煙火然　念彼觀音力　尋聲自迴去
雲雷鼓掣電　降雹澍大雨　念彼觀音力　應時得消散
衆生被困厄　无量苦逼身　觀音妙智力　能救世間苦
具足神通力　廣脩智方便　十方諸國土　无刹不現身
種種諸惡趣　地獄鬼畜生　生老病死苦　以漸悉令滅
真觀清淨觀　廣大智慧觀　悲觀及慈觀　常願常瞻仰
无垢清淨光　慧日破諸闇　能伏災風火　普明照世間
悲體戒雷震　慈意妙大雲　澍甘露法雨　滅除煩惱焰
諍訟經官處　怖畏軍陣中　念彼觀音力　衆怨悉退散
妙音觀世音　梵音海潮音　勝彼世間音　是故須常念
念念勿生疑　觀世音淨聖　於苦惱死厄　能為作依怙
具一切功德　慈眼視衆生　福聚海无量　是故應頂禮
尒時持地菩薩即從座起前白佛言世尊若
有衆生聞是觀世音菩薩品自在之業普門
示現神通力者當知是人功德不少佛說是
普門品時衆中八万四千衆生皆發无等等
阿耨多羅三藐三菩提心

BD15321號　妙法蓮華經卷七　（12–12）

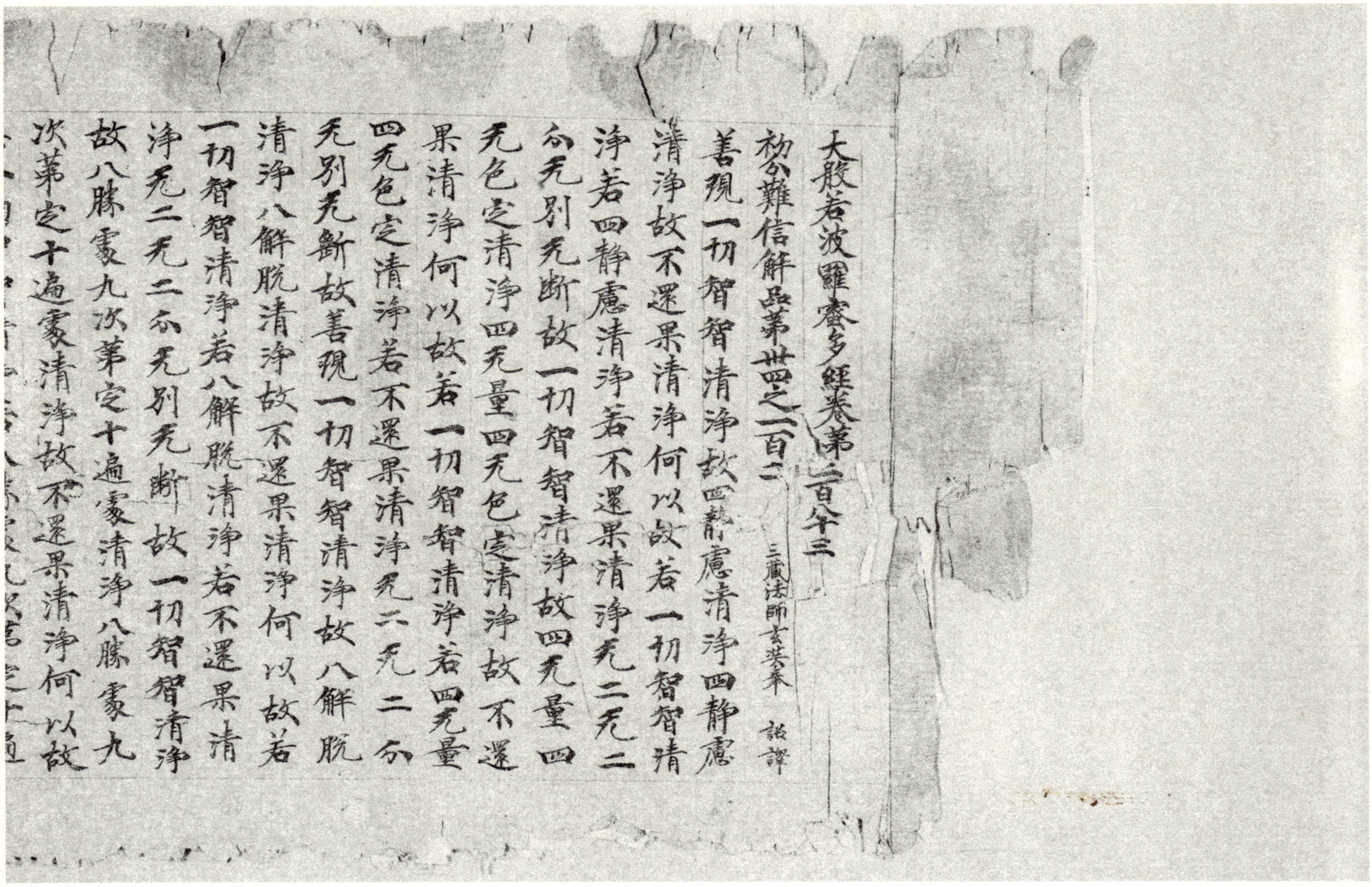
大般若波羅蜜多經卷第二百八十三
初分難信解品第卅四之一百二　三藏法師玄奘奉　詔譯
善現一切智智清淨故四靜慮清淨四靜慮
清淨故不還果清淨何以故若一切智智清
淨若四靜慮清淨若不還果清淨无二无二
分无別无斷故一切智智清淨故四无量四
无色定清淨四无量四无色定清淨故不還
果清淨何以故若一切智智清淨若四无量
四无色定清淨若不還果清淨无二无二分
无別无斷故善現一切智智清淨故八解脫
清淨八解脫清淨故不還果清淨何以故若
一切智智清淨若八解脫清淨若不還果清
淨无二无二分无別无斷故一切智智清淨
故八勝處九次第定十遍處清淨八勝處九
次第定十遍處清淨故不還果清淨何以故

BD15322號　大般若波羅蜜多經卷二八三　(25–1)

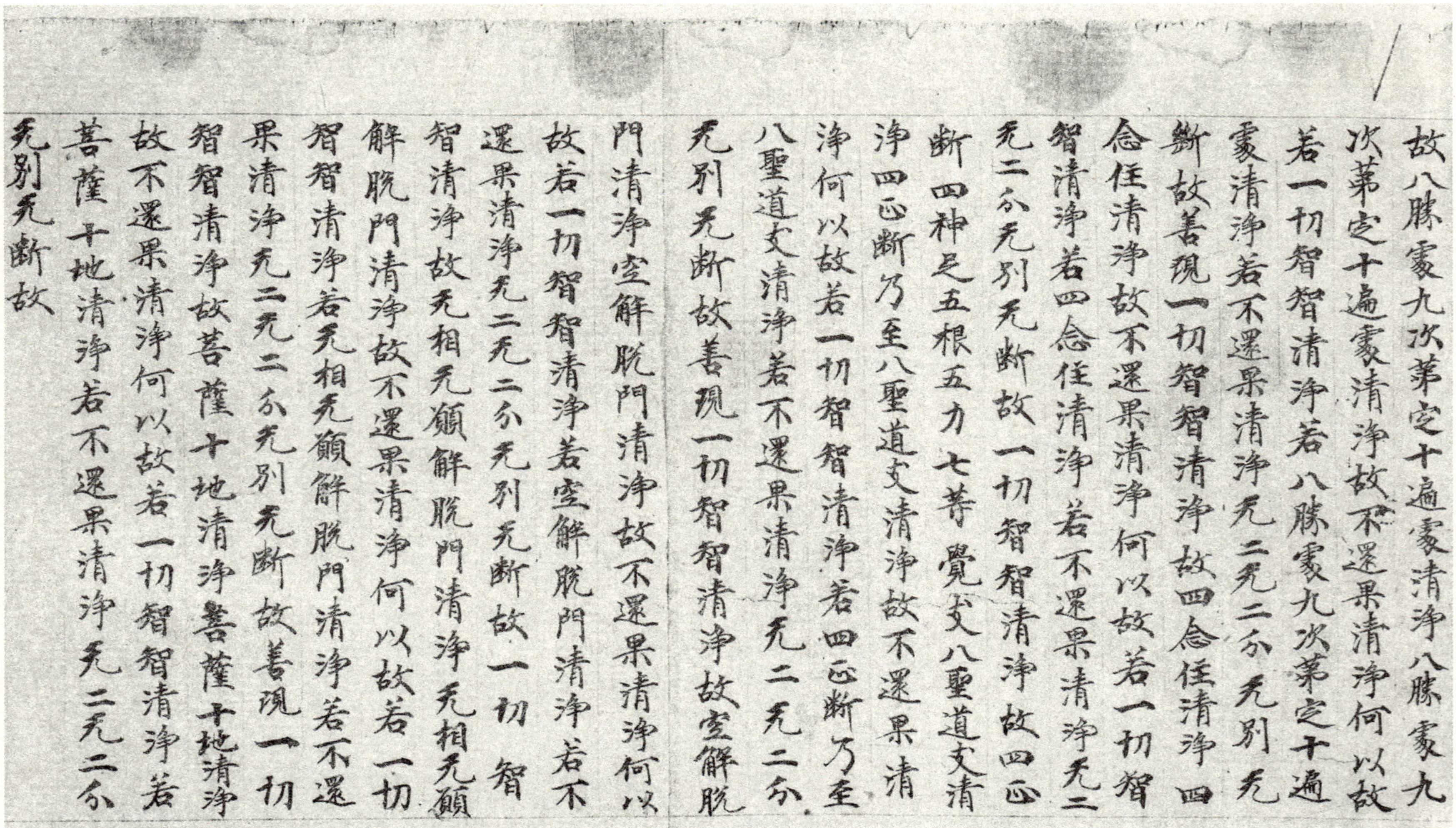
故八勝處九次第定十遍處清淨八勝處九
次第定十遍處清淨故不還果清淨何以故
若一切智智清淨若八勝處九次第定十遍
處清淨若不還果清淨无二无二分无別无
斷故善現一切智智清淨故四念住清淨四
念住清淨故不還果清淨何以故若一切智
智清淨若四念住清淨若不還果清淨无二
无二分无別无斷故一切智智清淨故四正
斷四神足五根五力七等覺支八聖道支清
淨四正斷乃至八聖道支清淨故不還果清
淨何以故若一切智智清淨若四正斷乃至
八聖道支清淨若不還果清淨无二无二分
无別无斷故善現一切智智清淨故空解脫
門清淨空解脫門清淨故不還果清淨何以
故若一切智智清淨若空解脫門清淨若不
還果清淨无二无二分无別无斷故一切智
智清淨故无相无願解脫門清淨无相无願
解脫門清淨故不還果清淨何以故若一切
智智清淨若无相无願解脫門清淨若不還
果清淨无二无二分无別无斷故善現一切
智智清淨故菩薩十地清淨菩薩十地清淨
故不還果清淨何以故若一切智智清淨若
菩薩十地清淨若不還果清淨无二无二分
无別无斷故

BD15322號　大般若波羅蜜多經卷二八三　(25–2)

菩薩十地清淨若不還果清淨无二无二分
无別无斷故
善現一切智智清淨故五眼清淨五眼清淨
故不還果清淨何以故若一切智智清淨若
五眼清淨若不還果清淨无二无二分无別
无斷故一切智智清淨故六神通清淨六神
通清淨故不還果清淨何以故若一切智智
清淨若六神通清淨若不還果清淨无二无
二分无別无斷故善現一切智智清淨故佛
十力清淨佛十力清淨故不還果清淨何以
故若一切智智清淨若佛十力清淨若不還
果清淨无二无二分无別无斷故一切智智
清淨故四无所畏四无礙解大慈大悲大喜
大捨十八佛不共法清淨四无所畏乃至十
八佛不共法清淨故不還果清淨何以故若
一切智智清淨若四无所畏乃至十八佛不
共法清淨若不還果清淨无二无二分无別
无斷故善現一切智智清淨故无忘失法清
淨无忘失法清淨故不還果清淨何以故若
一切智智清淨若无忘失法清淨若不還果
清淨无二无二分无別无斷故一切智智清
淨故恒住捨性清淨恒住捨性清淨故不還
果清淨何以故若一切智智清淨若恒住捨
性清淨若不還果清淨无二无二分无別无

BD15322 號　大般若波羅蜜多經卷二八三　（25-3）

淨故恒住捨性清淨恒住捨性清淨故不還
果清淨何以故若一切智智清淨若恒住捨
性清淨若不還果清淨无二无二分无別无
斷故善現一切智智清淨故一切智清淨一
切智清淨故不還果清淨何以故若一切智
智清淨若一切智清淨若不還果清淨无二
无二分无別无斷故一切智智清淨故道相
智一切相智清淨道相智一切相智清淨故
不還果清淨何以故若一切智智清淨若道
相智一切相智清淨若不還果清淨无二无
二分无別无斷故善現一切智智清淨故一
切陁羅尼門清淨一切陁羅尼門清淨故不
還果清淨何以故若一切智智清淨若一切
陁羅尼門清淨若不還果清淨无二无二分
无別无斷故一切智智清淨故一切三摩地
門清淨一切三摩地門清淨故不還果清淨
何以故若一切智智清淨若一切三摩地門
清淨若不還果清淨无二无二分无別无斷
故善現一切智智清淨故預流果清淨預流
果清淨故不還果清淨何以故若一切智智
清淨若預流果清淨若不還果清淨无二无
二分无別无斷故一切智智清淨故一來阿
羅漢果清淨一來阿羅漢果清淨故不還果
清淨何以故若一切智智清淨若一來阿羅
漢果清淨若不還果清淨无二无二分无別

BD15322 號　大般若波羅蜜多經卷二八三　（25-4）

清淨何以故若一切智智清淨若一來阿羅
漢果清淨若不還果清淨无二无二分无別
无斷故善現一切智智清淨故獨覺菩提清
淨獨覺菩提清淨故不還果清淨何以故若
一切智智清淨若獨覺菩提清淨若不還果
清淨无二无二分无別无斷故善現一切智
智清淨故一切菩薩摩訶薩行清淨一切菩
薩摩訶薩行清淨故不還果清淨何以故若
一切智智清淨若一切菩薩摩訶薩行清淨
若不還果清淨无二无二分无別无斷故善
現一切智智清淨故諸佛无上正等菩提清
淨諸佛无上正等菩提清淨故不還果清淨
何以故若一切智智清淨若諸佛无上正等
菩提清淨若不還果清淨无二无二分无別
无斷故
復次善現一切智智清淨故色清淨色清淨
故阿羅漢果清淨何以故若一切智智清淨
若色清淨若阿羅漢果清淨无二无二分无
別无斷故一切智智清淨故受想行識清淨
受想行識清淨故阿羅漢果清淨何以故若
一切智智清淨若受想行識清淨若阿羅漢
果清淨无二无二分无別无斷故善現一切
智智清淨故眼處清淨眼處清淨故阿羅漢
果清淨何以故若一切智智清淨若眼處清

BD15322 號　大般若波羅蜜多經卷二八三　（25–5）

果清淨无二无二分无別无斷故善現一切
智智清淨故眼處清淨眼處清淨故阿羅漢
果清淨何以故若一切智智清淨若眼處清
淨若阿羅漢果清淨无二无二分无別无斷
故一切智智清淨故耳鼻舌身意處清淨耳
鼻舌身意處清淨故阿羅漢果清淨何以故
若一切智智清淨若耳鼻舌身意處清淨若
阿羅漢果清淨无二无二分无別无斷故善
現一切智智清淨故色處清淨色處清淨故
阿羅漢果清淨何以故若一切智智清淨若
色處清淨若阿羅漢果清淨无二无二分无
別无斷故一切智智清淨故聲香味觸法處
清淨聲香味觸法處清淨故阿羅漢果清淨
何以故若一切智智清淨若聲香味觸法處
清淨若阿羅漢果清淨无二无二分无別无
斷故善現一切智智清淨故眼界清淨眼界
清淨故阿羅漢果清淨何以故一切智智
清淨若眼界清淨若阿羅漢果清淨无二无
二分无別无斷故一切智智清淨故色界眼識
界及眼觸眼觸為緣所生諸受清淨色界乃
至眼觸為緣所生諸受清淨故阿羅漢果清
淨何以故若一切智智清淨若色界乃至眼
觸為緣所生諸受清淨若阿羅漢果清淨无
二无二分无別无斷故善現一切智智清淨故

BD15322 號　大般若波羅蜜多經卷二八三　（25–6）

觸為緣所生諸受清淨若阿羅漢果清淨无
二无二分无別无斷故善現一切智智清淨故
耳界清淨耳界清淨故阿羅漢果清淨何
以故若一切智智清淨若耳界清淨若阿羅
漢果清淨无二无二分无別无斷故一切智
智清淨故聲界耳識界及耳觸耳觸為緣所
生諸受清淨聲界乃至耳觸為緣所生諸受
清淨故阿羅漢果清淨何以故若一切智智
清淨若聲界乃至耳觸為緣所生諸受清淨
若阿羅漢果清淨无二无二分无別无斷故
善現一切智智清淨故鼻界清淨鼻界清淨
故阿羅漢果清淨何以故若一切智智清淨
若鼻界清淨若阿羅漢果清淨无二无二分
无別无斷故一切智智清淨故香界鼻識界
及鼻觸鼻觸為緣所生諸受清淨香界乃至
鼻觸為緣所生諸受清淨故阿羅漢果清淨
何以故若一切智智清淨若香界乃至鼻觸
為緣所生諸受清淨若阿羅漢果清淨无二
无二分无別无斷故善現一切智智清淨故
舌界清淨舌界清淨故阿羅漢果清淨何以
故若一切智智清淨若舌界清淨若阿羅漢
果清淨无二无二分无別无斷故一切智智
清淨故味界舌識界及舌觸舌觸為緣所生
諸受清淨味界乃至舌觸為緣所生諸受清

BD15322號　大般若波羅蜜多經卷二八三　（25–7）

果清淨无二无二分无別无斷故一切智智
清淨故味界舌識界及舌觸舌觸為緣所生
諸受清淨味界乃至舌觸為緣所生諸受清
淨故阿羅漢果清淨何以故若一切智智清
淨若味界乃至舌觸為緣所生諸受清淨若
阿羅漢果清淨无二无二分无別无斷故善
現一切智智清淨故身界清淨身界清淨故
阿羅漢果清淨何以故若一切智智清淨若
身界清淨若阿羅漢果清淨无二无二分无
別无斷故一切智智清淨故觸界身識界及
身觸身觸為緣所生諸受清淨觸界乃至身
觸為緣所生諸受清淨故阿羅漢果清淨何
以故若一切智智清淨若觸界乃至身觸為
緣所生諸受清淨若阿羅漢果清淨无二无
二分无別无斷故善現一切智智清淨故意
界清淨意界清淨故阿羅漢果清淨何以故
若一切智智清淨若意界清淨若阿羅漢果
清淨无二无二分无別无斷故一切智智清淨
故法界意識界及意觸意觸為緣所生諸
受清淨法界乃至意觸為緣所生諸受清淨
故阿羅漢果清淨何以故若一切智智清淨
若法界乃至意觸為緣所生諸受清淨若阿
羅漢果清淨无二无二分无別无斷故善現
一切智智清淨故地界清淨地界清淨故阿
羅漢果清淨何以故若一切智智清淨若地

BD15322號　大般若波羅蜜多經卷二八三　（25–8）

一切智智清淨故地界清淨地界清淨故阿
羅漢果清淨何以故若一切智智清淨若地
界清淨若阿羅漢果清淨无二无二分无別
无斷故一切智智清淨故水火風空識界清
淨水火風空識界清淨故阿羅漢果清淨何
以故若一切智智清淨若水火風空識界清
淨若阿羅漢果清淨无二无二分无別无斷
故善現一切智智清淨故无明清淨无明清
淨故阿羅漢果清淨何以故若一切智智清
淨故阿羅漢果清淨阿羅漢果清淨无二无二
分无別无斷故一切智智清淨故行識名色
六處觸受愛取有生老死愁歎苦憂惱清淨
行乃至老死愁歎苦憂惱清淨故阿羅漢果
清淨何以故若一切智智清淨若行乃至老
死愁歎苦憂惱清淨若阿羅漢果清淨无二
无二分无別无斷故
善現一切智智清淨故布施波羅蜜多清淨
布施波羅蜜多清淨故阿羅漢果清淨何以
故若一切智智清淨若布施波羅蜜多清淨
若阿羅漢果清淨无二无二分无別无斷故
一切智智清淨故淨戒安忍精進靜慮般若
波羅蜜多清淨淨戒乃至般若波羅蜜多清
淨故阿羅漢果清淨何以故若一切智智清
淨若淨戒乃至般若波羅蜜多清淨若阿羅
漢果清淨无二无二分无別无斷故善現一

BD15322號　大般若波羅蜜多經卷二八三　（25–9）

淨故阿羅漢果清淨何以故若一切智智清
淨若淨戒乃至般若波羅蜜多清淨若阿羅
漢果清淨无二无二分无別无斷故善現一
切智智清淨故內空清淨內空清淨故阿羅
漢果清淨何以故若一切智智清淨若內空
清淨若阿羅漢果清淨无二无二分无別无
斷故一切智智清淨故外空內外空空空大
空勝義空有為空无為空畢竟空无際空散
空无變異空本性空自相空共相空一切法
空不可得空无性空自性空无性自性空清
淨外空乃至无性自性空清淨故阿羅漢果
清淨何以故若一切智智清淨若外空乃至
无性自性空清淨若阿羅漢果清淨无二无
二分无別无斷故善現一切智智清淨故真
如清淨真如清淨故阿羅漢果清淨何以故
若一切智智清淨若真如清淨若阿羅漢果
清淨无二无二分无別无斷故一切智智清
淨故法界法性不虛妄性不變異性平等性
離生性法定法住實際虛空界不思議界清
淨法界乃至不思議界清淨故阿羅漢果清
淨何以故若一切智智清淨若法界乃至不
思議界清淨若阿羅漢果清淨无二无二分
无別无斷故善現一切智智清淨故苦聖諦
清淨苦聖諦清淨故阿羅漢果清淨何以故

BD15322號　大般若波羅蜜多經卷二八三　（25–10）

思議界清淨若阿羅漢果清淨无二无二分
无別无斷故善現一切智智清淨故苦聖諦
清淨苦聖諦清淨故阿羅漢果清淨何以故
若一切智智清淨若苦聖諦清淨若阿羅漢
果清淨无二无二分无別无斷故一切智智
清淨故集滅道聖諦清淨集滅道聖諦清淨
故阿羅漢果清淨何以故若一切智智清淨
若集滅道聖諦清淨若阿羅漢果清淨无二
无二分无別无斷故
善現一切智智清淨故四靜慮清淨四靜慮
清淨故阿羅漢果清淨何以故若一切智智
清淨故四靜慮清淨若阿羅漢果清淨无二
无二分无別无斷故一切智智清淨故四无
量四无色定清淨四无量四无色定清淨故
阿羅漢果清淨何以故若一切智智清淨若
四无量四无色定清淨若阿羅漢果清淨无
二无二分无別无斷故善現一切智智清淨
故八解脫清淨八解脫清淨故阿羅漢果清
淨何以故若一切智智清淨若八解脫清淨
若阿羅漢果清淨无二无二分无別无斷故一
切智智清淨故八勝處九次第定十遍處清
淨八勝處九次第定十遍處清淨故阿羅漢
果清淨何以故若一切智智清淨若八勝處
九苐定十遍處清淨若阿羅漢果清淨无二
无二分无別无斷故善現一切智智清淨

BD15322號　大般若波羅蜜多經卷二八三　　（25–11）

九苐定十遍處清淨若阿羅漢果清淨无二
无二分无別无斷故善現一切智智清淨
故四念住清淨四念住清淨故阿羅漢果清
淨何以故若一切智智清淨若四念住清淨
若阿羅漢果清淨无二无二分无別无斷故
一切智智清淨故四正斷四神足五根五力
七等覺支八聖道支清淨四正斷乃至八聖
道支清淨故阿羅漢果清淨何以故若一切
智智清淨若四正斷乃至八聖道支清淨若
阿羅漢果清淨无二无二分无別无斷故善
現一切智智清淨故空解脫門清淨空解脫
門清淨故阿羅漢果清淨何以故若一切智
智清淨若空解脫門清淨若阿羅漢果清淨
无二无二分无別无斷故一切智智清淨故
无相无願解脫門清淨无相无願解脫門清
淨故阿羅漢果清淨何以故若一切智智清
淨若无相无願解脫門清淨若阿羅漢果清
淨无二无二分无別无斷故善現一切智智
清淨故菩薩十地清淨菩薩十地清淨故阿
羅漢果清淨何以故若一切智智清淨若菩
薩十地清淨若阿羅漢果清淨无二无二分
无別无斷故
善現一切智智清淨故五眼清淨五眼清淨
故阿羅漢果清淨何以故若一切智智清淨

BD15322號　大般若波羅蜜多經卷二八三　　（25–12）

无别无断故
善現一切智智清淨故五眼清淨五眼清淨
故阿羅漢果清淨何以故若一切智智清淨
若五眼清淨若阿羅漢果清淨无二无二分
无别无断故一切智智清淨故六神通清淨
六神通清淨故阿羅漢果清淨何以故若一
切智智清淨若六神通清淨若阿羅漢果清
淨无二无二分无别无断故善現一切智智
清淨故佛十力清淨佛十力清淨故阿羅漢
果清淨何以故若一切智智清淨若佛十力
清淨若阿羅漢果清淨无二无二分无别无
断故一切智智清淨故四无所畏四无礙解
大慈大悲大喜大捨十八佛不共法清淨四
无所畏乃至十八佛不共法清淨故阿羅漢
果清淨何以故若一切智智清淨若四无所
畏乃至十八佛不共法清淨若阿羅漢果清
淨无二无二分无别无断故善現一切智智
清淨故无忘失法清淨无忘失法清淨故阿
羅漢果清淨何以故若一切智智清淨若无
忘失法清淨若阿羅漢果清淨无二无二分
无别无断故一切智智清淨故恒住捨性清
淨恒住捨性清淨故阿羅漢果清淨何以故
若一切智智清淨若恒住捨性清淨若阿羅
漢果清淨无二无二分无别无断故善現一
切智智清淨故一切智清淨一切智清淨故

BD15322號　大般若波羅蜜多經卷二八三　（25–13）

漢果清淨无二无二分无别无断故善現一
切智智清淨故一切智清淨一切智清淨故
阿羅漢果清淨何以故若一切智智清淨若
一切智清淨若阿羅漢果清淨无二无二分
无别无断故一切智智清淨故道相智一切
相智清淨道相智一切相智清淨故阿羅漢
果清淨何以故若一切智智清淨若道相智
一切相智清淨若阿羅漢果清淨无二无二
分无别无断故善現一切智智清淨故一切
陁羅尼門清淨一切陁羅尼門清淨故阿羅
漢果清淨何以故若一切智智清淨若一切
陁羅尼門清淨若阿羅漢果清淨无二无二
分无别无断故一切智智清淨故一切三摩
地門清淨一切三摩地門清淨故阿羅漢果
清淨何以故若一切智智清淨若一切三摩
地門清淨若阿羅漢果清淨无二无二分无
别无断故
善現一切智智清淨故預流果清淨預流果
清淨故阿羅漢果清淨何以故若一切智智
清淨若預流果清淨若阿羅漢果清淨无二
无二分无别无断故一切智智清淨故一來
不還果清淨一來不還果清淨故阿羅漢果
清淨何以故若一切智智清淨若一來不還果
清淨若阿羅漢果清淨无二无二分无别

BD15322號　大般若波羅蜜多經卷二八三　（25–14）

不還果清淨一來不還果清淨故阿羅漢果
清淨何以故若一切智智清淨若一來不還果
清淨若阿羅漢果清淨无二无二分无別
无斷故善現一切智智清淨故獨覺菩提清
淨獨覺菩提清淨故阿羅漢果清淨何以故
若一切智智清淨若獨覺菩提清淨若阿羅
漢果清淨无二无二分无別无斷故善現一
切智智清淨故一切菩薩摩訶薩行清淨一
切菩薩摩訶薩行清淨故阿羅漢果清淨何
以故若一切智智清淨若一切菩薩摩訶薩
行清淨若阿羅漢果清淨无二无二分无別
无斷故善現一切智智清淨故諸佛无上正
等菩提清淨諸佛无上正等菩提清淨故阿
羅漢果清淨何以故若一切智智清淨若諸
佛无上正等菩提清淨若阿羅漢果清淨无
二无二分无別无斷故
復次善現一切智智清淨故色清淨色清淨
故獨覺菩提清淨何以故若一切智智清淨
若色清淨若獨覺菩提清淨无二无二分无
別无斷故善現一切智智清淨故受想行識
清淨受想行識清淨故獨覺菩提清淨何以
故若一切智智清淨若受想行識清淨若獨
覺菩提清淨无二无二分无別无斷故善現
一切智智清淨故眼處清淨眼處清淨故獨

BD15322號　大般若波羅蜜多經卷二八三　（25–15）

覺菩提清淨无二无二分无別无斷故善現
一切智智清淨故眼處清淨眼處清淨故獨
覺菩提清淨何以故若一切智智清淨若眼
處清淨若獨覺菩提清淨无二无二分无別
无斷故一切智智清淨故耳鼻舌身意處清
淨耳鼻舌身意處清淨故獨覺菩提清淨何
以故若一切智智清淨若耳鼻舌身意處清
淨若獨覺菩提清淨无二无二分无別无斷
故善現一切智智清淨故色處清淨色處清
淨故獨覺菩提清淨何以故若一切智智清
淨若色處清淨若獨覺菩提清淨无二无二
分无別无斷故一切智智清淨故聲香味觸法
處清淨聲香味觸法處清淨故獨覺菩提
清淨何以故若一切智智清淨若聲香味觸
法處清淨若獨覺菩提清淨无二无二分无
別无斷故善現一切智智清淨故眼界清淨
眼界清淨故獨覺菩提清淨何以故若一切
智智清淨若眼界清淨若獨覺菩提清淨无
二无二分无別无斷故一切智智清淨故色
界眼識界及眼觸眼觸為緣所生諸受清淨
色界乃至眼觸為緣所生諸受清淨故獨覺
菩提清淨何以故若一切智智清淨若色界
乃至眼觸為緣所生諸受清淨若獨覺菩提
清淨无二无二分无別无斷故善現一切智智

BD15322號　大般若波羅蜜多經卷二八三　（25–16）

菩提清淨何以故若一切智智清淨若色界
乃至眼觸為緣所生諸受清淨若獨覺菩提
清淨无二无二分无別无斷故善現一切智智
清淨故耳界清淨耳界清淨故獨覺菩提
清淨何以故若一切智智清淨若耳界清淨
若獨覺菩提清淨无二无二分无別无斷故
一切智智清淨故聲界耳識界及耳觸耳觸
為緣所生諸受清淨聲界乃至耳觸為緣所
生諸受清淨故獨覺菩提清淨何以故若一
切智智清淨若聲界乃至耳觸為緣所生諸
受清淨若獨覺菩提清淨无二无二分无別
无斷故善現一切智智清淨故鼻界清淨鼻
界清淨故獨覺菩提清淨何以故若一切智
智清淨若鼻界清淨若獨覺菩提清淨无二
无二分无別无斷故一切智智清淨故香界
鼻識界及鼻觸鼻觸為緣所生諸受清淨香
界乃至鼻觸為緣所生諸受清淨故獨覺菩
提清淨何以故若一切智智清淨若香界乃
至鼻觸為緣所生諸受清淨若獨覺菩提清
淨无二无二分无別无斷故善現一切智智清
淨故舌界清淨舌界清淨故獨覺菩提清
淨何以故若一切智智清淨若舌界清淨若
獨覺菩提清淨无二无二分无別无斷故一
切智智清淨故味界舌識界及舌觸舌觸為

BD15322 號　大般若波羅蜜多經卷二八三　（25–17）

獨覺菩提清淨无二无二分无別无斷故一
切智智清淨故味界舌識界及舌觸舌觸為
緣所生諸受清淨味界乃至舌觸為緣所生
諸受清淨故獨覺菩提清淨何以故若一切
智智清淨若味界乃至舌觸為緣所生諸受
清淨若獨覺菩提清淨无二无二分无別无
斷故善現一切智智清淨故身界清淨身界
清淨故獨覺菩提清淨何以故若一切智智
清淨若身界清淨若獨覺菩提清淨无二无二
分无別无斷故一切智智清淨故觸界身
識界及身觸身觸為緣所生諸受清淨觸界
乃至身觸為緣所生諸受清淨故獨覺菩提
清淨何以故若一切智智清淨若觸界乃至
身觸為緣所生諸受清淨若獨覺菩提清淨
无二无二分无別无斷故善現一切智智清
淨故意界清淨意界清淨故獨覺菩提清淨
何以故若一切智智清淨若意界清淨若獨
覺菩提清淨无二无二分无別无斷故一切
智智清淨故法界意識界及意觸意觸為緣
所生諸受清淨法界乃至意觸為緣所生諸
受清淨故獨覺菩提清淨何以故若一切智
智清淨若法界乃至意觸為緣所生諸受清
淨若獨覺菩提清淨无二无二分无別无斷
故善現一切智智清淨故地界清淨地界清
淨故獨覺菩提清淨何以故若一切智智清

BD15322 號　大般若波羅蜜多經卷二八三　（25–18）

故善現一切智智清淨故地界清淨地界清
淨故獨覺菩提清淨何以故若一切智智清
淨若地界清淨若獨覺菩提清淨无二无二
分无別无斷故一切智智清淨故水火風空
識界清淨水火風空識界清淨故獨覺菩
提清淨何以故若一切智智清淨若水火風
空識界清淨若獨覺菩提清淨无二无二分无
別无斷故善現一切智智清淨故无明清淨
无明清淨故獨覺菩提清淨何以故若一切
智智清淨若无明清淨若獨覺菩提清淨无
二无二分无別无斷故一切智智清淨故行
識名色六處觸受愛取有生老死愁歎苦憂
惱清淨行乃至老死愁歎苦憂惱清淨故獨
覺菩提清淨何以故若一切智智清淨若行
乃至老死愁歎苦憂惱清淨若獨覺菩提清
淨无二无二分无別无斷故
善現一切智智清淨故布施波羅蜜多清淨
布施波羅蜜多清淨故獨覺菩提清淨何以
故若一切智智清淨若布施波羅蜜多清淨
若獨覺菩提清淨无二无二分无別无斷故
一切智智清淨故淨戒安忍精進靜慮般若
波羅蜜多清淨淨戒乃至般若波羅蜜多清
淨故獨覺菩提清淨何以故若一切智智清
淨若淨戒乃至般若波羅蜜多清淨若獨覺

BD15322 號　大般若波羅蜜多經卷二八三　（25–19）

淨故獨覺菩提清淨何以故若一切智智清
淨若淨戒乃至般若波羅蜜多清淨若獨覺
菩提清淨无二无二分无別无斷故善現一
切智智清淨故內空清淨內空清淨故獨覺
菩提清淨何以故若一切智智清淨若內空
清淨若獨覺菩提清淨无二无二分无別无
斷故一切智智清淨故外空內外空空空大
空勝義空有為空无為空畢竟空无際空散
空无變異空本性空自相空共相空一切法
空不可得空无性空自性空无性自性空清
淨外空乃至无性自性空清淨故獨覺菩提
清淨何以故若一切智智清淨若外空乃至
无性自性空清淨若獨覺菩提清淨无二无
二分无別无斷故善現一切智智清淨故真
如清淨真如清淨故獨覺菩提清淨何以故
若一切智智清淨若真如清淨若獨覺菩提
清淨无二无二分无別无斷故一切智智清淨
故法界法性不虛妄性不變異性平等性
離生性法定法住實際虛空界不思議界清
淨法界乃至不思議界清淨故獨覺菩提清
淨何以故若一切智智清淨若法界乃至不
思議界清淨若獨覺菩提清淨无二无二分
无別无斷故善現一切智智清淨故苦聖諦
清淨苦聖諦清淨故獨覺菩提清淨何以故

BD15322 號　大般若波羅蜜多經卷二八三　（25–20）

无別无斷故善現一切智智清淨故苦聖諦
清淨苦聖諦清淨故獨覺菩提清淨何以故
若一切智智清淨若苦聖諦清淨若獨覺菩
提清淨无二无二分无別无斷故一切智智清
淨故集滅道聖諦清淨集滅道聖諦清淨故
獨覺菩提清淨何以故若一切智智清淨若
集滅道聖諦清淨若獨覺菩提清淨无二无
二分无別无斷故
善現一切智智清淨故四靜慮清淨四靜慮
清淨故獨覺菩提清淨何以故若一切智智
清淨若四靜慮清淨若獨覺菩提清淨无二
无二分无別无斷故一切智智清淨故四无
量四无色定清淨四无量四无色定清淨故
獨覺菩提清淨何以故若一切智智清淨若
四无量四无色定清淨若獨覺菩提清淨无
二无二分无別无斷故善現一切智智清淨
故八解脫清淨八解脫清淨故獨覺菩提清
淨何以故若一切智智清淨若八解脫清淨
若獨覺菩提清淨无二无二分无別无斷故
一切智智清淨故八勝處九次第定十遍處
清淨八勝處九次第定十遍處清淨故獨覺
菩提清淨何以故若一切智智清淨若八勝
處九次第定十遍處清淨若獨覺菩提清淨
无二无二分无別无斷故善現一切智智清

BD15322號　大般若波羅蜜多經卷二八三　（25–21）

處九次第定十遍處清淨若獨覺菩提清淨
无二无二分无別无斷故善現一切智智清
淨故四念住清淨四念住清淨故獨覺菩提
清淨何以故若一切智智清淨若四念住清
淨若獨覺菩提清淨无二无二分无別无斷
故一切智智清淨故四正斷四神足五根五
力七等覺支八聖道支清淨四正斷乃至八
聖道支清淨故獨覺菩提清淨何以故若一
切智智清淨若四正斷乃至八聖道支清淨
若獨覺菩提清淨无二无二分无別无斷故
善現一切智智清淨故空解脫門清淨空解
脫門清淨故獨覺菩提清淨何以故若一切
智智清淨若空解脫門清淨若獨覺菩提清
淨无二无二分无別无斷故一切智智清淨
故无相无願解脫門清淨无相无願解脫門
清淨故獨覺菩提清淨何以故若一切智智
清淨若无相无願解脫門清淨若獨覺菩提
清淨无二无二分无別无斷故善現一切智
智清淨故菩薩十地清淨菩薩十地清淨故
獨覺菩提清淨何以故若一切智智清淨若
菩薩十地清淨若獨覺菩提清淨无二无二
分无別无斷故
善現一切智智清淨故五眼清淨五眼清淨
故獨覺菩提清淨何以故若一切智智清淨

BD15322號　大般若波羅蜜多經卷二八三　（25–22）

善現一切智智清淨故五眼清淨五眼清淨
故獨覺菩提清淨何以故若一切智智清淨
若五眼清淨若獨覺菩提清淨无二无二分
无別无斷故一切智智清淨故六神通清淨
六神通清淨故獨覺菩提清淨何以故若一
切智智清淨若六神通清淨若獨覺菩提清
淨无二无二分无別无斷故善現一切智智
清淨故佛十力清淨佛十力清淨故獨覺菩
提清淨何以故若一切智智清淨若佛十力
清淨若獨覺菩提清淨无二无二分无別无
斷故一切智智清淨故四无所畏四无礙解
大慈大悲大喜大捨十八佛不共法清淨四
无所畏乃至十八佛不共法清淨故獨覺菩
提清淨何以故若一切智智清淨若四无所
畏乃至十八佛不共法清淨若獨覺菩提清
淨无二无二分无別无斷故善現一切智智
清淨故无忘失法清淨无忘失法清淨故獨
覺菩提清淨何以故若一切智智清淨若无
忘失法清淨若獨覺菩提清淨无二无二分
无別无斷故一切智智清淨故恒住捨性清
淨恒住捨性清淨故獨覺菩提清淨何以故
若一切智智清淨若恒住捨性清淨若獨覺
菩提清淨无二无二分无別无斷故善現一
切智智清淨故一切智清淨一切智清淨故

BD15322號　大般若波羅蜜多經卷二八三　（25–23）

菩提清淨无二无二分无別无斷故善現一
切智智清淨故一切智清淨一切智清淨故
獨覺菩提清淨何以故若一切智智清淨若
一切智清淨若獨覺菩提清淨无二无二分
无別无斷故一切智智清淨故道相智一切
相智清淨道相智一切相智清淨故獨覺菩
提清淨何以故若一切智智清淨道相智
一切相智清淨若獨覺菩提清淨无二无二
分无別无斷故善現一切智智清淨故一切陁
羅尼門清淨一切陁羅尼門清淨故獨覺菩
提清淨何以故若一切智智清淨若一切陁
羅尼門清淨若獨覺菩提清淨无二无二分
无別无斷故一切智智清淨故一切三摩地
門清淨一切三摩地門清淨故獨覺菩提清
淨何以故若一切智智清淨若一切三摩地
門清淨若獨覺菩提清淨无二无二分无別
无斷故
善現一切智智清淨故預流果清淨預流果
清淨故獨覺菩提清淨何以故若一切智智
清淨若預流果清淨若獨覺菩提清淨无二
无二分无別无斷故一切智智清淨故一來
不還阿羅漢果清淨一來不還阿羅漢果清
淨故獨覺菩提清淨何以故若一切智智清
淨若一來不還阿羅漢果清淨若獨覺菩提
清淨无二无二分无別无斷故

BD15322號　大般若波羅蜜多經卷二八三　（25–24）

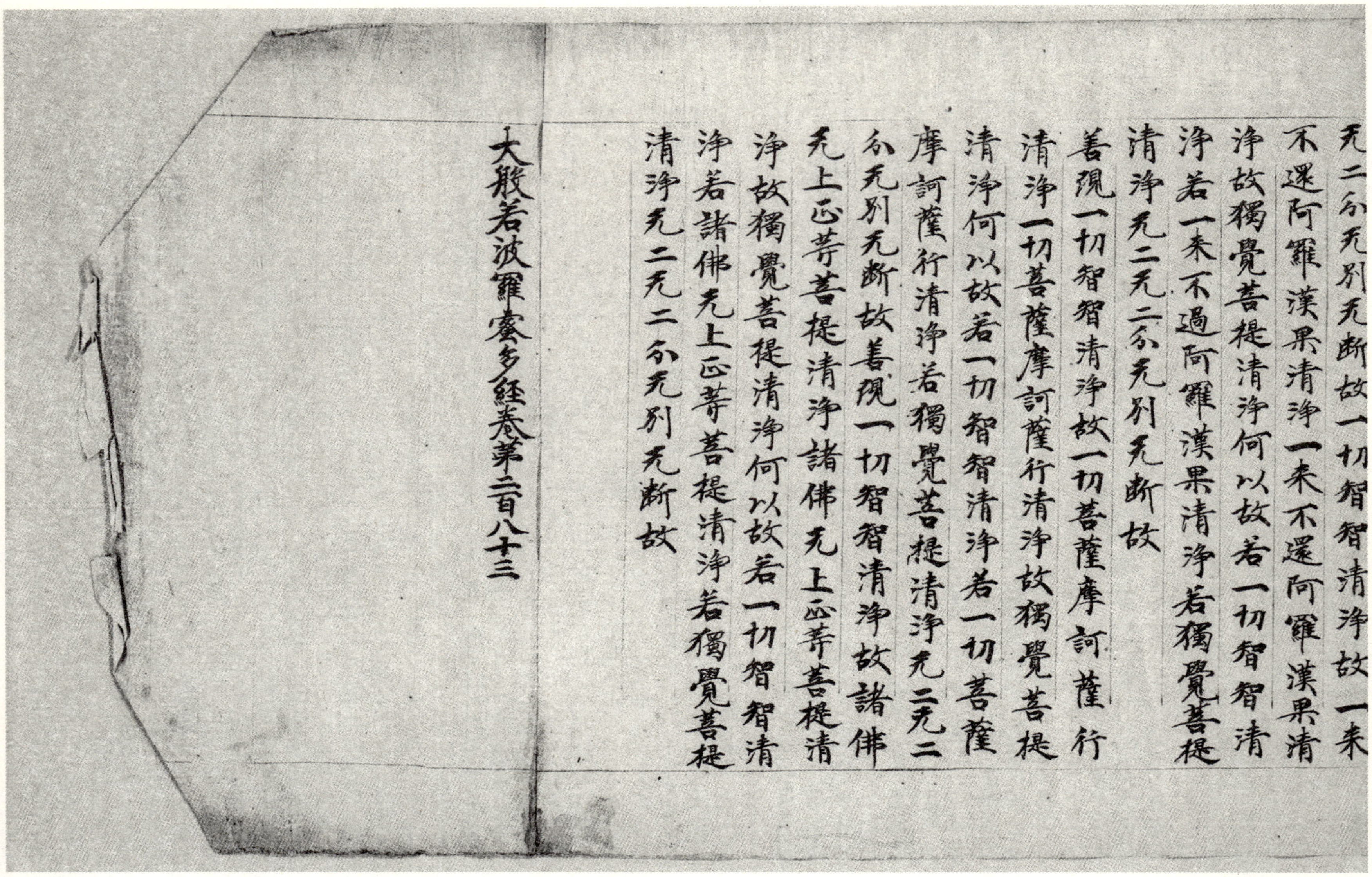
无二分无别无断故一切智智清淨故一来
不還阿羅漢果清淨一来不還阿羅漢果清
淨故獨覺菩提清淨何以故若一切智智清
淨若一来不還阿羅漢果清淨若獨覺菩提
清淨无二无二分无别无断故
善現一切智智清淨故一切菩薩摩訶薩行
清淨一切菩薩摩訶薩行清淨故獨覺菩提
清淨何以故若一切智智清淨若一切菩薩
摩訶薩行清淨若獨覺菩提清淨无二无二
分无别无断故善現一切智智清淨故諸佛
无上正等菩提清淨諸佛无上正等菩提清
淨故獨覺菩提清淨何以故若一切智智清
淨若諸佛无上正等菩提清淨若獨覺菩提
清淨无二无二分无别无断故

大般若波羅蜜多經卷第二百八十三

BD15322 號　大般若波羅蜜多經卷二八三　（25–25）

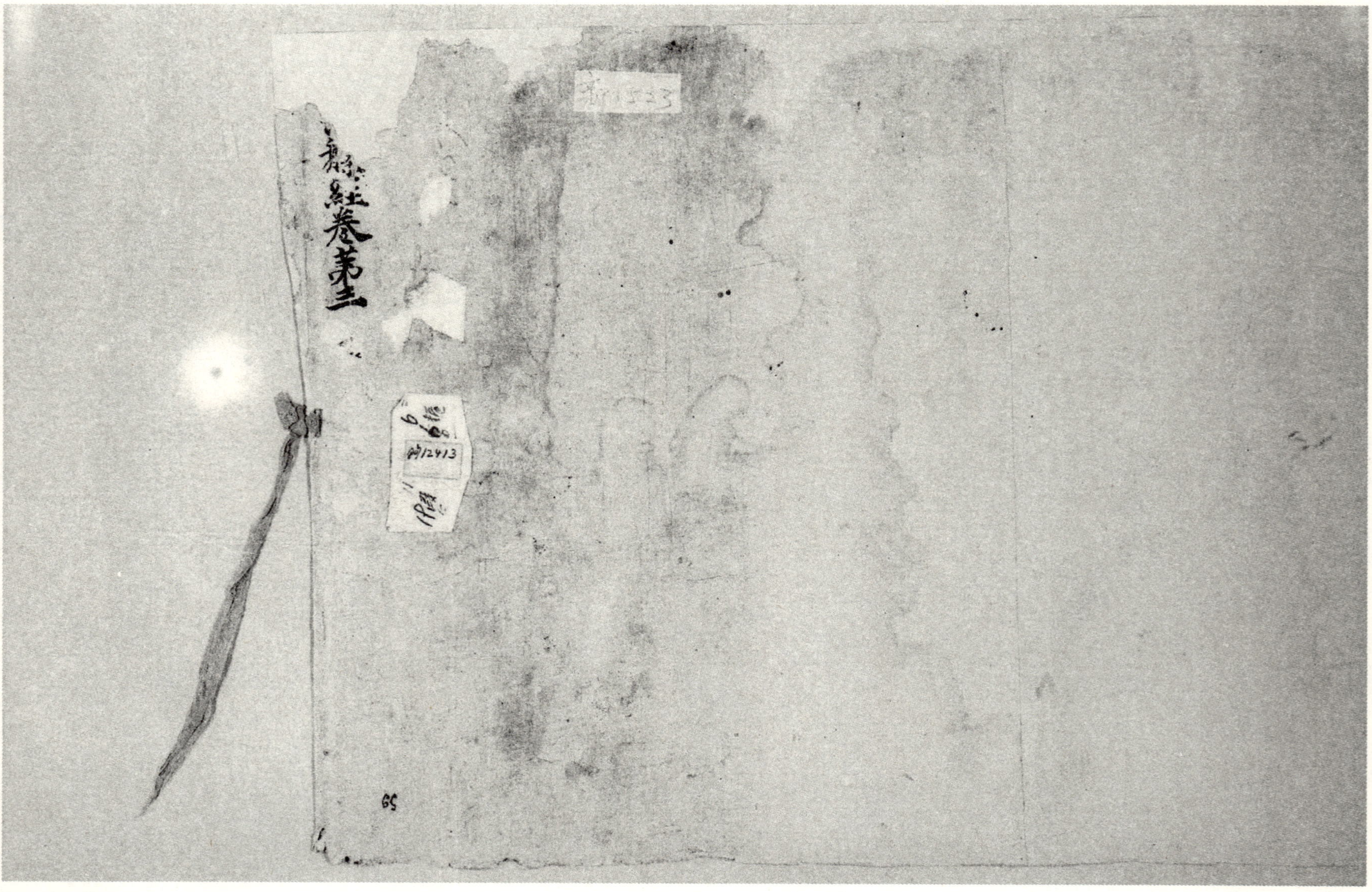

BD15323 號背　護首　（1–1）

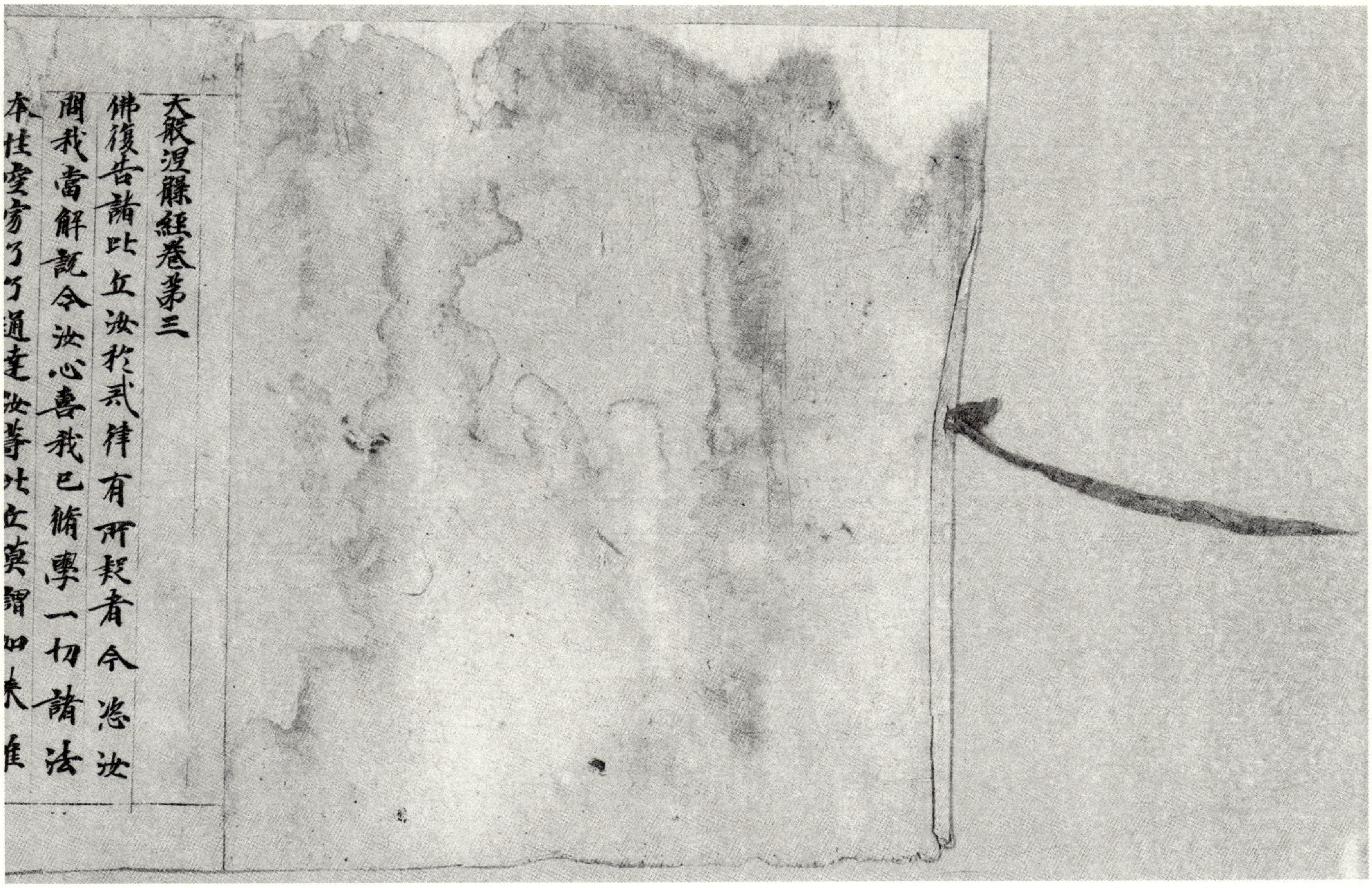

大般涅槃經卷第三
佛復告諸比丘汝於戒律有所疑者今恣汝
問我當解說令汝心喜我已脩學一切諸法
本性空寂了了通達汝等比丘莫謂如來唯

BD15323號　大般涅槃經（北本）卷三　　（25–1）

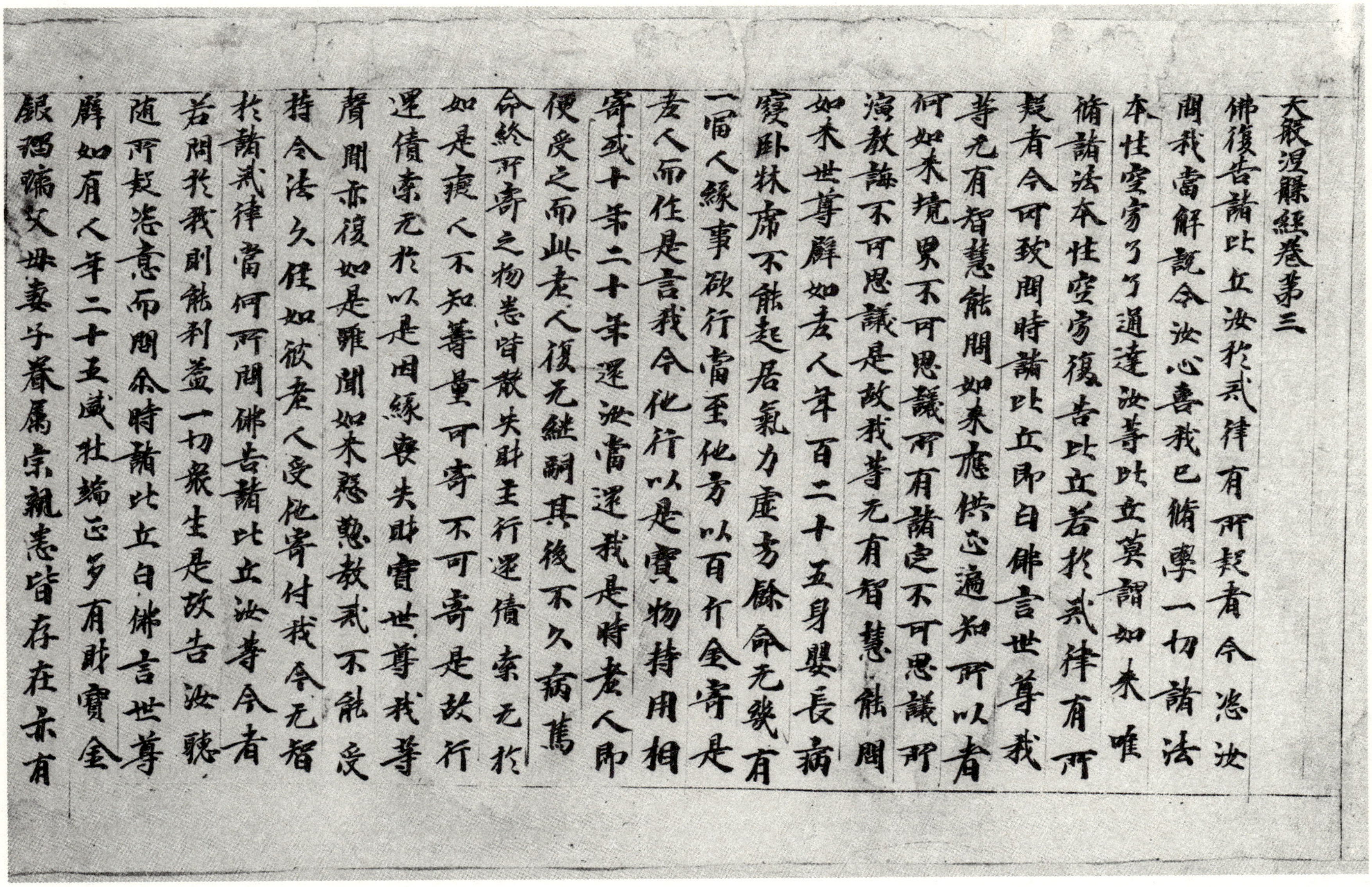

大般涅槃經卷第三
佛復告諸比丘汝於戒律有所疑者今恣汝
問我當解說令汝心喜我已脩學一切諸法
本性空寂了了通達汝等比丘莫謂如來唯
脩諸法本性空寂復告比丘若於戒律有所
疑者今可致問時諸比丘即白佛言世尊我
等无有智慧能問如來應供正遍知所以者
何如來境界不可思議所有諸定不可思議所
演教誨不可思議是故我等无有智慧能問
如來世尊譬如老人年百二十身嬰長病
寢臥牀席不能起居氣力虛劣餘命无幾有
一富人緣事欲行當至他方以百斤金寄是
老人而作是言我今他行以是寶物持用相
寄或十年二十年還汝當還我是時老人即
便受之而此老人復无繼嗣其後不久病篤
命終所寄之物悉皆散失財主行還債索无於
如是癡人不知籌量可寄不可寄是故行
還債索无於以是因緣喪失財寶世尊我等
聲聞亦復如是雖聞如來慇懃教戒不能受
持令法久住如彼老人受他寄付我今无智
於諸戒律當何所問佛告諸比丘汝等今者
若問於我則能利益一切衆生是故告汝聽
隨所疑意而問爾時諸比丘白佛言世尊
譬如有人年二十五盛壯端正多有財寶金
銀琉璃父母妻子眷屬宗親悉皆存在亦有

BD15323號　大般涅槃經（北本）卷三　　（25–2）

譬如有人年二十五盛壯端正多有財寶金
銀琉璃父母妻子眷屬宗親悉皆存在亦有
人來寄其寶物語其人言我有緣事欲至他
處事訖當還汝當還我是時壯人守護是物
如自已有其人遇病即命家屬如是金寶是
他所寄彼若來索悉皆還之智者如是善知
籌量行還索物皆悉得之无所亡失世尊亦
尒若以法寶付囑阿難及諸比丘不得久住
何以故一切聲聞及大迦葉悉當无常如彼
老人受他寄物是故應以无上佛法付諸菩
薩以諸菩薩善能問荅如是法寶則得久住
无量千世增益熾盛利安衆生如彼壯人受
他寄物以是義故諸大菩薩乃能問耳我等
智慧猶如蚊䖟何能諮請如來深法時諸聲
聞默然而住尒時佛讚諸比丘言善哉善哉
汝等善得无漏之心阿羅漢心我亦曾念以
此二緣應以大乘付諸菩薩令是妙法久住
於世尒時佛告一切大衆善男子善女人我
之壽命不可稱量樂說之辯亦不可盡汝等
宜可隨意諮問若二若三第二第三亦復如
是尒時衆中有一菩薩摩訶薩本是多羅聚
落人也姓大迦葉婆羅門種年在幼稚以佛
神力即從坐起偏袒右肩遶百千匝右膝著
地合掌向佛而白佛言世尊我於今者欲少

BD15323 號　大般涅槃經（北本）卷三　（25–3）

神力即從坐起偏袒右肩遶百千匝右膝著
地合掌向佛而白佛言世尊我於今者欲少
諮問若佛聽者乃敢發言佛告迦葉如來應
正遍知恣汝所問當為汝說斷汝所疑令汝
歡喜尒時迦葉菩薩摩訶薩白佛言世尊如
來哀愍已垂聽許令當問之然我所有智慧
微少猶如蚊䖟如來世尊道德巍巍純以旃
檀師子難伏不可壞衆而為眷屬如來之身
猶真金剛色如琉璃真寶難壞復為如是大
智慧海之所圍遶是衆會中諸大菩薩摩訶
薩等皆悉成就无量无邊深妙功德猶如香
象於如是等大衆之前豈敢發問為當承佛
神通之力及因大衆善根威德少發問耳即
於佛前說偈問曰

云何得長壽　金剛不壞身　復以何因緣　得大堅固力
云何於此經　究竟到彼岸　願佛開微密　廣為衆生說
云何得廣大　為衆作依止　實非阿羅漢　而與羅漢等
云何知天魔　為衆作留難　佛說波旬說　云何分別知
云何諸調御　心喜說真諦　正善具成就　演說四顛倒
云何作善業　大仙今當說
云何諸菩薩　能見難見性　云何解滿字　及與半字義
云何共聖行　如娑羅娑鳥　迦隣提日月　太白與歲星
云何未發心　而名為菩薩　云何於大衆　而得无所畏
猶如閻浮金　无能說其過

BD15323 號　大般涅槃經（北本）卷三　（25–4）

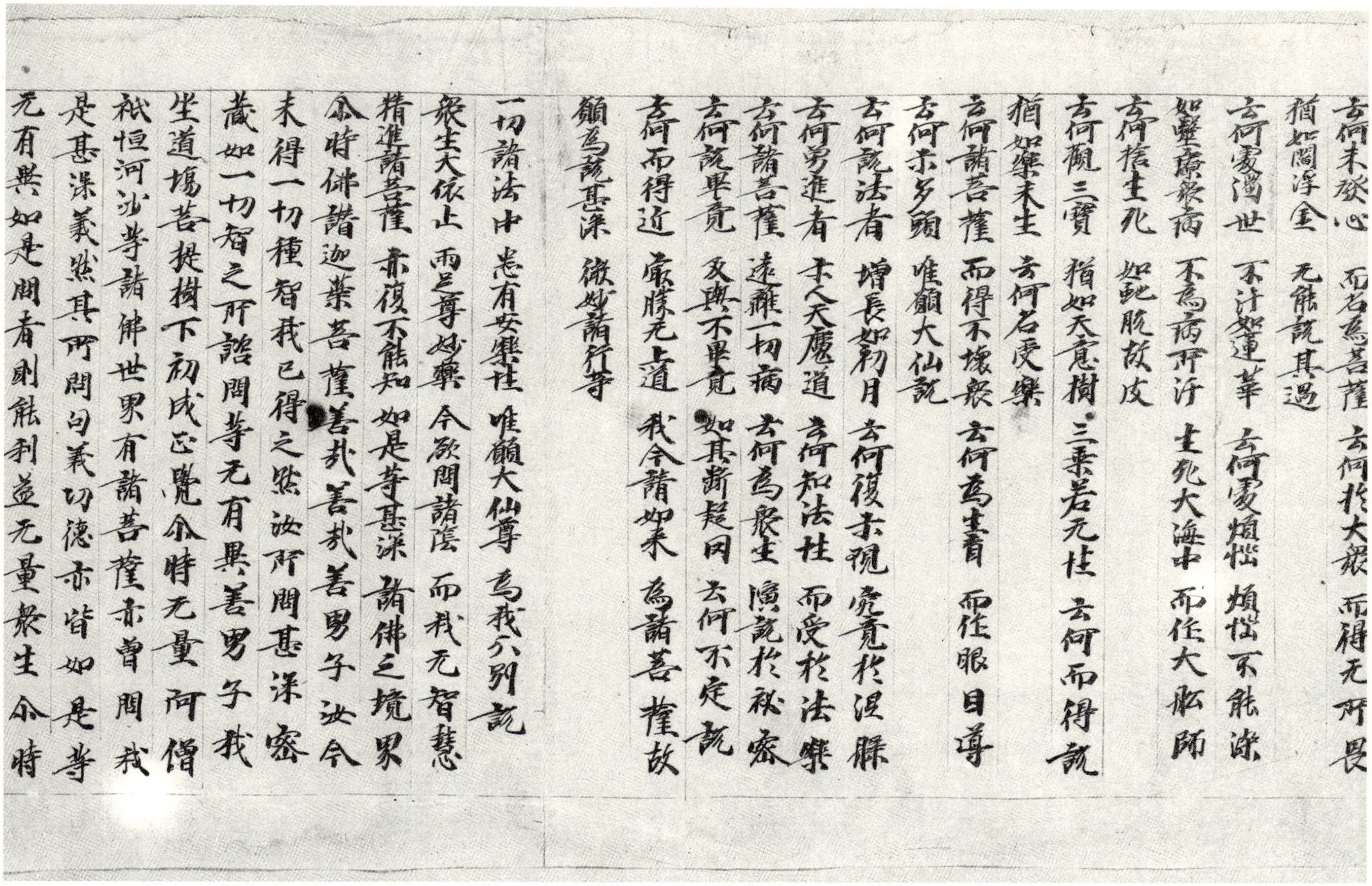

云何未發心 而名為菩薩 云何於大衆 而得无所畏
猶如閻浮金 无能說其過
云何處濁世 不汙如蓮華 云何處煩惱 煩惱不能染
如醫療衆病 不為病所汙 生死大海中 而作大船師
云何捨生死 如蛇脫故皮
云何觀三寶 猶如天意樹 三乘若无性 云何而得說
猶如樂未生 云何名受樂
云何諸菩薩 而得不壞衆 云何為生盲 而作眼目導
云何示多頭 唯願大仙說
云何說法者 增長如月初 云何復示現 究竟於涅槃
云何勇進者 示人天魔道 云何知法性 而受於法樂
云何諸菩薩 遠離一切病 云何為衆生 演說於秘密
云何說畢竟 及與不畢竟 如其斷疑網 云何不定說
云何而得近 最勝无上道 我今請如來 為諸菩薩故
願為說甚深 微妙諸行等
一切諸法中 悉有安樂性 唯願大仙尊 為我分別說
衆生大依止 兩足尊妙藥 今欲問諸陰 而我无智慧
精進諸菩薩 亦復不能知 如是等甚深 諸佛之境界
尒時佛讚迦葉菩薩善哉善哉善男子汝今
未得一切種智我已得之然汝所問甚深祕密
藏如一切智之所諮問等无有異善男子我
坐道場菩提樹下初成正覺尒時无量阿僧
祇恒河沙等諸佛世界有諸菩薩亦曾問我
是甚深義然其所問句義功德亦皆如是等
无有異如是問者則能利益无量衆生尒時

BD15323號　大般涅槃經（北本）卷三　（25–5）

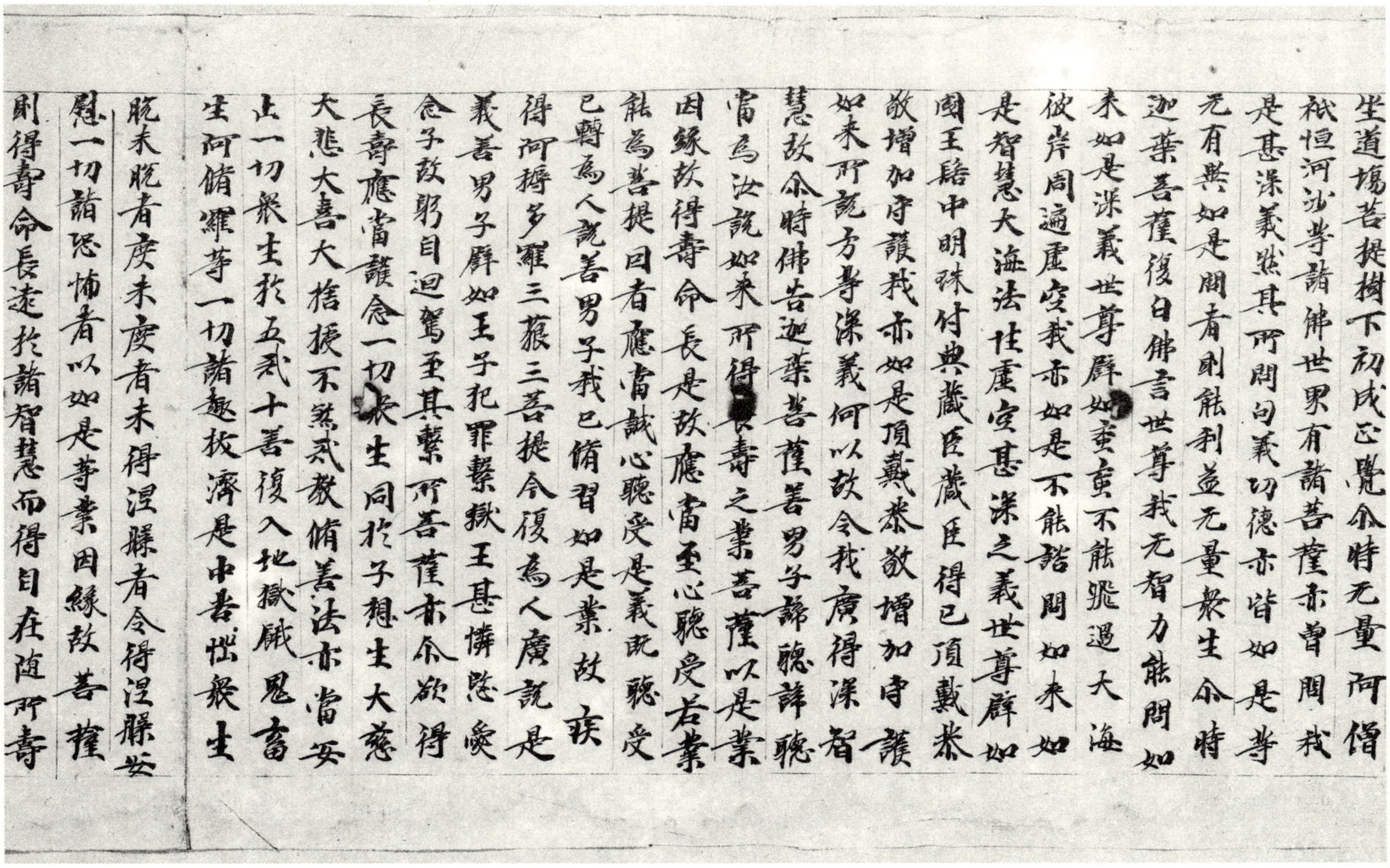

坐道場菩提樹下初成正覺尒時无量阿僧
祇恒河沙等諸佛世界有諸菩薩亦曾問我
是甚深義然其所問句義功德亦皆如是等
无有異如是問者則能利益无量衆生尒時
迦葉菩薩復白佛言世尊我无智力能問如
來如是深義世尊譬如蚊虻不能飛過大海
彼岸周遍虛空我亦如是不能諮問如來如
是智慧大海法性虛空甚深之義世尊譬如
國王髻中明珠付典藏臣藏臣得已頂戴恭
敬增加守護我亦如是頂戴恭敬增加守護
如來所說方等深義何以故令我廣得深智
慧故尒時佛告迦葉菩薩善男子諦聽諦聽
當為汝說如來所得長壽之業菩薩以是業
因緣故得壽命長是故應當至心聽受若業
能為菩提因者應當誠心聽受是義既聽受
已轉為人說善男子我已修習如是業故疾
得阿耨多羅三藐三菩提今復為人廣說是
義善男子譬如王子犯罪繫獄王甚憐愍愛
念子故躬自迴駕至其繫所菩薩亦尒欲得
長壽應當護念一切衆生同於子想生大慈
大悲大喜大捨授不殺戒教修善法亦當安
止一切衆生於五戒十善復入地獄餓鬼畜
生阿修羅等一切諸趣拔濟是中苦惱衆生
脫未脫者度未度者未得涅槃者令得涅槃安
慰一切諸恐怖者以如是等業因緣故菩薩
則得壽命長遠於諸智慧而得自在隨所壽

BD15323號　大般涅槃經（北本）卷三　（25–6）

脫未脫者度未度者未得涅槃者令得涅槃安
慰一切諸恐怖者以如是等業因緣故菩薩
則得壽命長遠於諸智慧而得自在隨所壽
終生於天上。尒時迦葉菩薩復白佛言世尊
菩薩摩訶薩等視衆生同於子想是義深隱
我未能解世尊如來不應說言菩薩於諸衆
生脩平等心同於子想所以者何於佛法中
有破戒者作逆罪者毀正法者云何當於如
是等人同子想耶佛告迦葉如是如是我於
衆生實作子想如羅睺羅迦葉菩薩復白佛
言世尊昔十五日僧布薩時曾於受具清淨
衆中有一童子不善脩習身口意業在屏處
盜聽說戒密迹力士承佛神力以金剛杵
碎之如塵世尊是金剛神極成暴惡乃能斷
是童子命根云何如來視諸衆生同於子想
如羅睺羅佛告迦葉汝今不應作如是言是
童子者即是化人非真實也為欲驅遣破戒
毀法令出衆故金剛密迹示是化耳迦葉毀
謗正法及一闡提或有煞生乃至耶見及故
犯禁我於是等悉生悲心同於子想如羅睺
羅善男子譬如國王諸群臣等有犯王法隨
罪誅勠而不捨置如來世尊不如是也於毀
法者與驅遣羯磨呵責羯磨置羯磨舉罪羯
磨不可見羯磨滅羯磨未捨惡見羯磨善男
子如來所以與謗法者作如是等降伏羯磨

BD15323 號　大般涅槃經（北本）卷三　（25-7）

磨不可見羯磨滅羯磨未捨惡見羯磨善男
子如來所以與謗法者作如是等降伏羯磨
為欲示諸行惡之人有果報故善男子汝今
當知如來即是施惡衆生无畏者若放一
光若二若五或有遇者悉令遠離一切諸惡
如來今者具有如是无量勢力善男子未可
見法汝欲見者今當為汝說其相貌我涅槃
後隨其方面有持戒比丘威儀具足護持正
法見壞法者即能驅遣呵責徵治當知是人
得福无量不可稱計善男子譬如有王專行
暴惡會遇重病有鄰國王聞其名聲興兵而
來規欲殄滅是時病王无力勢故方乃恐怖
改心脩善而是鄰王得无量福持法比丘亦
復如是驅遣呵責壞法之人令行善法得福
无量善男子譬如長者所居之處田宅屋舍
生諸毒樹長者知已即便斫伐永令滅盡又
如壯人首生白髮愧而剪拔不令生長持法
比丘亦復如是見有破戒壞正法者即應驅
遣呵責舉處若善比丘見壞法者置不呵責
驅遣舉處當知是人佛法中怨若能驅遣呵
責舉處是我弟子真聲聞也迦葉菩薩復白
佛言世尊如佛所言則不等視一切衆生同
於子想如羅睺羅世尊若有一人以刀害佛
復有一人持旃檀塗佛佛於此二若生等心

BD15323 號　大般涅槃經（北本）卷三　（25-8）

責舉處是我弟子真聲聞也迦葉菩薩復白
佛言世尊如佛所言則不等視一切衆生同
於子想如羅睺羅世尊若有一人以刀害佛
復有一人持栴檀塗佛佛於此二若生等心
云何復言當治毀禁若治毀禁是言則失佛
告迦葉菩薩善男子辟如國王大臣宰相産
育諸子顏貌端正聰明黠慧若二三四將付
嚴師而作是言君可爲我教詔諸子威儀礼
節伎藝書疏校計筭數悉令成就我今四子
就君受學假使三子痛杖而死餘有一子必
當苦治要令成就雖喪三子我終不恨迦葉
是父及師得殺罪不不也世尊何以故以愛
念故爲欲成就无有惡心如是教誨得福无量
善男子如來亦尒視壞法者等如一子如
來今以无上正法付囑諸王大臣宰相比丘
比丘尼優婆塞優婆夷是諸國王及四部衆
應當勸厲諸學人等令得增上戒定智慧若
有不學是三品法懈怠破戒毀正法者王者
大臣四部之衆應當苦治善男子是諸國王
及四部衆當有罪不不也世尊善男子是諸
國王及四部衆尚无有罪何況如來善男子
如來善脩如是平等於諸衆生同一子想如
是脩者是名菩薩脩平等心於諸衆生同一
子想善男子菩薩如是脩習此業得壽命長
亦能善知宿世之事迦葉菩薩復白佛言世
尊如佛所說菩薩若有脩平等心視諸衆生

BD15323 號　大般涅槃經（北本）卷三　（25–9）

是脩者是名菩薩脩平等心於諸衆生同一
子想善男子菩薩如是脩習此業得壽命長
亦能善知宿世之事迦葉菩薩復白佛言世
尊如佛所說菩薩若有脩平等心視諸衆生
同於子想得壽命長如來不應作如是說何
以故如知法人能說種種孝順之法還至家
中以諸瓦石打擲父母而是父母是良福田
多所利益難遭難遇應好供養反生惱害是
知法人言行相違如來所言亦復如是菩薩
脩習等心衆生同子想者應得長壽善知宿
命常住於世无有變易今者世尊以何因緣
壽命極短同人間耶如來將无於諸衆生生
怨憎想世尊昔日作何惡業斷幾命根得是
短壽不滿百年佛告迦葉善男子汝今何緣於
如來前發是麁言如來長壽於諸壽中最
上最勝所得常法於諸常中最爲第一迦葉
菩薩復白佛言世尊云何如來得壽命長佛
告迦葉善男子如八大河一名恒河二名閻
摩羅三名薩羅四名阿梨羅拔提五名摩訶六
名辛頭七名博叉八名悉陁是八大河及諸小
河悉入大海迦葉如是一切人中天上地及
虛空壽命大河悉入如來壽命海中是故
如來壽命无量復次迦葉辟如阿那婆踏多
池出四大河如來亦尒出一切命迦葉辟如
一切諸常法中虛空第一如來亦尒於諸常

BD15323 號　大般涅槃經（北本）卷三　（25–10）

如來壽命无量復次迦葉辟如阿耨婆蹹多
池出四大河如來亦尒出一切命迦葉辟如
一切諸常法中虛空第一如來亦尒於諸常
中最為第一迦葉辟如諸藥提湖第一如來
亦尒於衆生中壽命第一迦葉菩薩復白佛
言世尊如來壽命若如是者應住一劫若減
一劫常宣妙法如澍大雨迦葉汝今不應於
如來所生滅盡想迦葉若有比丘比丘尼優
婆塞優婆夷乃至外道五通神仙得自在者
若住一劫若減一劫經行空中坐卧自在左
脅出火右脅出水身出烟炎猶如大聚若欲
住壽能得如意於壽命中脩短自任如是五
通尚得如是隨意神力豈况如來於一切法
得自在力而當不能住壽半劫若一劫若百
劫若百千劫若无量劫以是義故當知如來
是常住法不變易法如來此身是變化身非
雜食身為度衆生示同毒樹是故現捨入於
涅槃迦葉當知佛是常法不變易法汝等於
是第一義中應勤精進一心脩習既脩習已廣
為人說尒時迦葉菩薩白佛言世尊出世
之法與世間法有何差別如佛言曰佛是常
法不變易法世間亦說梵天是常自在天常
无有變易我常性常微塵亦常若言如來是
常法者如來何故不常現耶若不常現有何
差別何以故梵天乃至微塵世性亦不現故

BD15323 號　大般涅槃經（北本）卷三　（25–11）

常法者如來何故不常現耶若不常現有何
差別何以故梵天乃至微塵世性亦不現故
佛告迦葉辟如長者多有諸牛色雖種種同
共一羣付放牛人令逐水草但為提湖不求
酪乳彼牧牛者搆已自食長者命終所有諸
牛悉為羣賊之所抄掠賊得牛已无有婦女
即自搆捋得已而食尒時羣賊各相謂言彼
大長者畜養此牛不期乳酪但為提湖我等
今者當設何方而得之耶夫提湖者名為世
間第一上味我等无器設使得乳无安置處
復共相謂唯有皮囊可以盛之雖有盛處不
知攢搖漿猶難得况復生蘇尒時諸賊以提
湖故加之以水以水多故乳酪提湖一切俱
失凡夫亦尒雖有善法皆是如來正法之餘
何以故如來世尊入涅槃後盜竊如來遺餘
善法若戒定慧如彼諸賊劫掠羣牛諸凡夫
人雖復得是戒定智慧无有方便不能解說
以是義故不能獲得常戒常定常慧解脫如
彼羣賊不知方便喪失提湖如彼羣賊為提
湖故加之以水凡夫亦尒為解脫故說我衆
生壽命士夫梵天自在天微塵世性戒定智
慧及與解脫非想非非想天即是涅槃實亦
不得解脫涅槃如彼羣賊不得醍醐是諸凡
夫有少梵行供養父母以是因緣得生天上
受少安樂如彼羣賊加水之乳而是凡夫實

BD15323 號　大般涅槃經（北本）卷三　（25–12）

慧及與解脫非想非非想天即是涅槃實亦
不得解脫涅槃如彼羣賊不得醍醐是諸凡
夫有少梵行供養父母以是因緣得生天上
受少安樂如彼羣賊加水之乳而是凡夫實
不知因脩少梵行供養父母得生天上又不
能知戒定智慧歸依三寶以不知故說常樂
我淨雖復說之而實不知是故如來出世之
後乃為演說常樂我淨如轉輪大王出現於世
福德力故羣賊退散牛无損命時轉輪王即
以諸牛付一牧人多巧便者是人方便即得提
湖以提湖故一切衆生无有患苦法輪聖
王出現世時諸凡夫人不能演說戒定慧者
即便退散如賊退散尒時如來善說世法及
出世法為衆生故令諸菩薩隨而演說菩薩
摩訶薩既得醍醐復令无量无邊衆生獲得
无上甘露法味所謂如來常樂我淨以是義故
善男子如來是常不變易法非如世間凡夫
愚人謂梵天等是常法也此常法攝要是
如來非是餘法迦葉應當如是知如來身迦
葉諸善男子善女人常當繫心脩此二字佛
是常住迦葉若有善男子善女人脩此二字
當知是人隨我所行至我至處善男子若有
脩習如此二字為滅相者當知如來則於其
人為般涅槃善男子涅槃義者即是諸佛之
法性也迦葉菩薩白佛言世尊佛法性者其

脩習如此二字為滅相者當知如來則於其
人為般涅槃善男子涅槃義者即是諸佛之
法性也迦葉菩薩白佛言世尊佛法性者其
義云何世尊我今欲知法性之義唯願如來
哀愍廣說夫法性者即是捨身捨身者名无
所有若无所有身云何存身若存者云何而
言身有法性身有法性云何得存我今云何
當知是義佛告迦葉菩薩善男子汝今不應
作如是說滅是法性夫法性者无有滅也善
男子辟如无想天成就色陰而无色想不應
問言是諸天等云何而住歡娛受樂云何行
想云何見聞善男子如來境界非諸聲聞緣
覺所知善男子不應說言如來身者是滅法
也善男子如是滅法是佛境界非諸聲聞緣
覺所及善男子汝今不應思量如來何處住
何處行何處見何處樂善男子如是之義亦
非汝等之所知及諸佛法身種種方便不可
思議復次善男子應當脩習佛法及僧而作
常想是三法者无有異想无无常相无變異
相若於三法脩異想者當知是輩清淨三歸
則无依處所有禁戒皆不具足終不能證聲
聞緣覺菩提之果若能於是不可思議脩常
想者則有歸處善男子辟如因樹則有樹影
如來亦尒有常法故則有歸依非是无常若
言如來是无常者如來則非諸天世人所歸

如来亦尒有常法故則有歸依非是无常若
言如来是无常者如来則非諸天世人所歸
依處迦葉菩薩白佛言世尊辟如闇中有樹
无影迦葉汝不應言有樹无影但非肉眼之
所見耳善男子如来亦尒其性常住是不變
異无智慧眼不能得見如彼闇中不見樹影凡
夫之人於佛滅後說言如来是无常法亦復
如是若言如来異法僧者則不能成三歸
依處如汝父母各各異故故使无常迦葉菩
薩復白佛言世尊我從今始當以佛法衆僧
三事常住啓悟父母乃至七世皆令奉持甚
奇世尊我今當學如来法僧不可思議既自
學已亦當為人廣說是義若有諸人不能信
受當知是輩久脩无常如是之人我當為其
而作霜雹尒時佛讃迦葉菩薩善哉善哉汝
今善能護持正法如是護法不欺於人以不
欺人善業緣故而得長壽善知宿命

大般涅槃經金剛身品第二

尒時世尊復告迦葉善男子如来身者是常
住身不可壞身金剛之身非雜食身即是法
身迦葉菩薩白佛言世尊如佛所說如是等身
我悉不見唯見无常破壞微塵雜食等身
何以故如来當入於涅槃故佛言迦葉汝今
莫謂如来之身不堅可壞如凡人身善男子
汝今當知如来之身无量億劫堅牢難壞非

BD15323號　大般涅槃經（北本）卷三　（25–15）

何以故如来當入於涅槃故佛言迦葉汝今
莫謂如来之身不堅可壞如凡人身善男子
汝今當知如来之身无量億劫堅牢難壞非
人天身非恐怖身非雜食身如来之身非身
是身不生不滅不集不脩无量无邊无有足
迹无知无形畢竟清淨无有動搖无受无行
不住不作无味无雜非是有為非業非果非
行非滅非心非數不可思議常不可議无識
離心亦不離心其心平等无有亦有无有去
来而亦去来不破不壞不斷不絶不出不滅
非主亦主非有非无非覺非觀非字非不字
非定非不定不可見了了見无處亦處无宅
亦宅无闇无明无有寂静而亦寂静是无所
有不受不施清淨无垢无諍斷諍住无住處
不取不墮非法非非法非福田非不福田无
盡不盡離一切盡是空離空雖非常住非念
念滅无有垢濁无字離字非聲非說亦非脩
習非稱非量非一非異非像非相諸相莊嚴
非勇非畏无寂亦寂无熱不熱不可覩見无
有相貌如来度脫一切衆生无度脫故能解
衆生无有解故覺了衆生无覺了故如實說法
无有二故不可量无等等平如虚空无有形
貌同无生性不斷不常常行一乘衆生見三
不退不轉斷一切結不戰不觸非性住性非
合非散非長非短非圓非方非陰入界亦陰入

BD15323號　大般涅槃經（北本）卷三　（25–16）

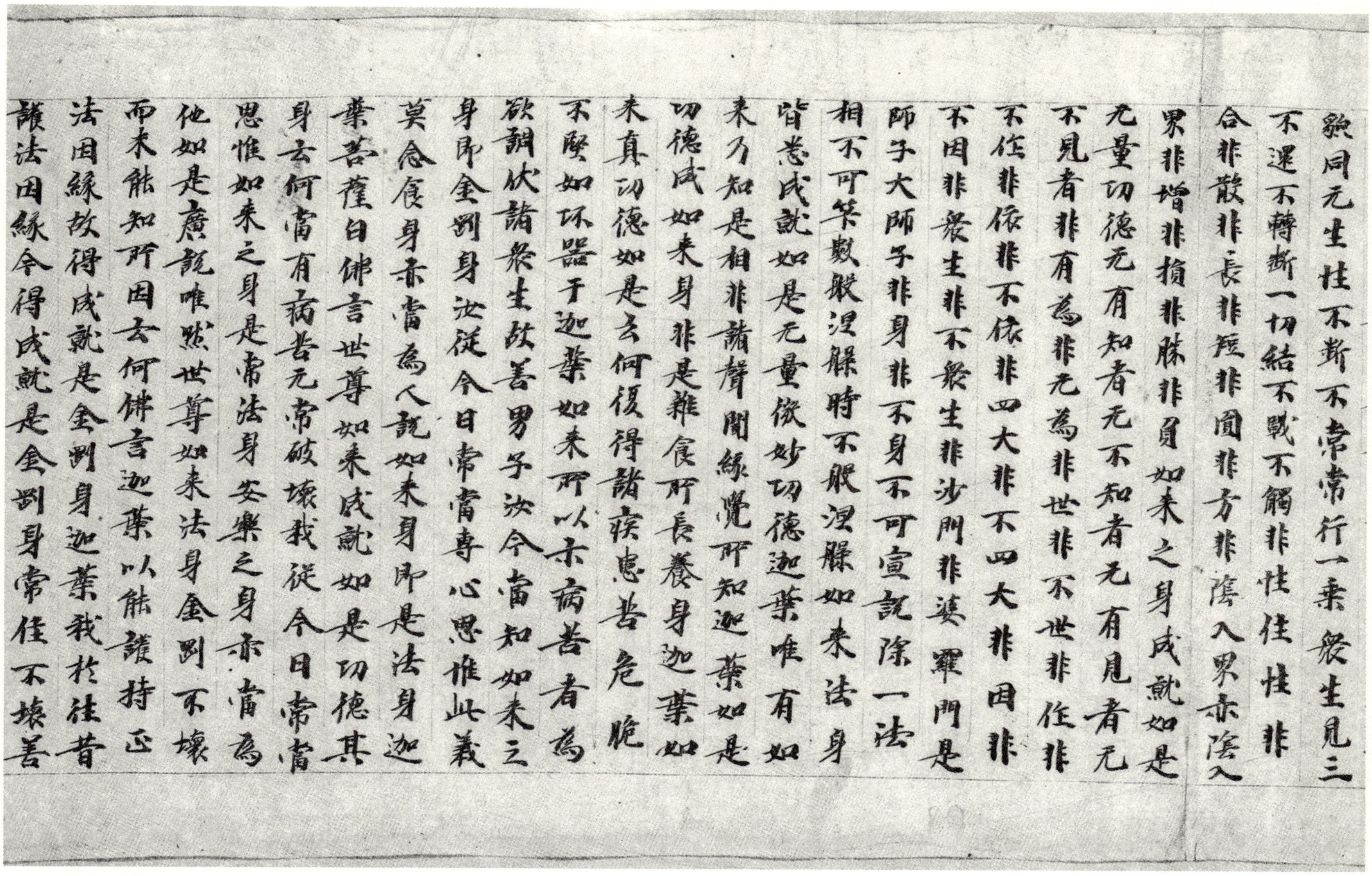

欲同无生性不斷不常常行一乘衆生見三
不遷不轉斷一切結不戰不觸非性住性非
合非散非長非短非圓非方非陰入界亦陰入
界非增非損非勝非負如來之身成就如是
无量功德无有知者无不知者无有見者无
不見者非有為非无為非世非不世非作非
不作非依非不依非四大非不四大非因非
不因非衆生非不衆生非沙門非婆羅門是
師子大師子非身非不身不可宣說除一法
相不可筭數般涅槃時不般涅槃如來法身
皆悉成就如是无量微妙功德迦葉唯有如
來乃知是相非諸聲聞緣覺所知迦葉如是
功德成如來身非是雜食所長養身迦葉如
來真身功德如是云何復得諸疾患苦危脆
不堅如坏器乎迦葉如來所以示病苦者為
欲調伏諸衆生故善男子汝今當知如來之
身即金剛身汝從今日常當專心思惟此義
莫念食身亦當為人說如來身即是法身迦
葉菩薩白佛言世尊如來成就如是功德其
身云何當有病苦无常破壞我從今日常當
思惟如來之身是常法身安樂之身亦當為
他如是廣說唯然世尊如來法身金剛不壞
而未能知所因云何佛言迦葉以能護持正
法因緣故得成就是金剛身迦葉我於往昔
護法因緣今得成就是金剛身常住不壞善

BD15323號　大般涅槃經（北本）卷三　（25–17）

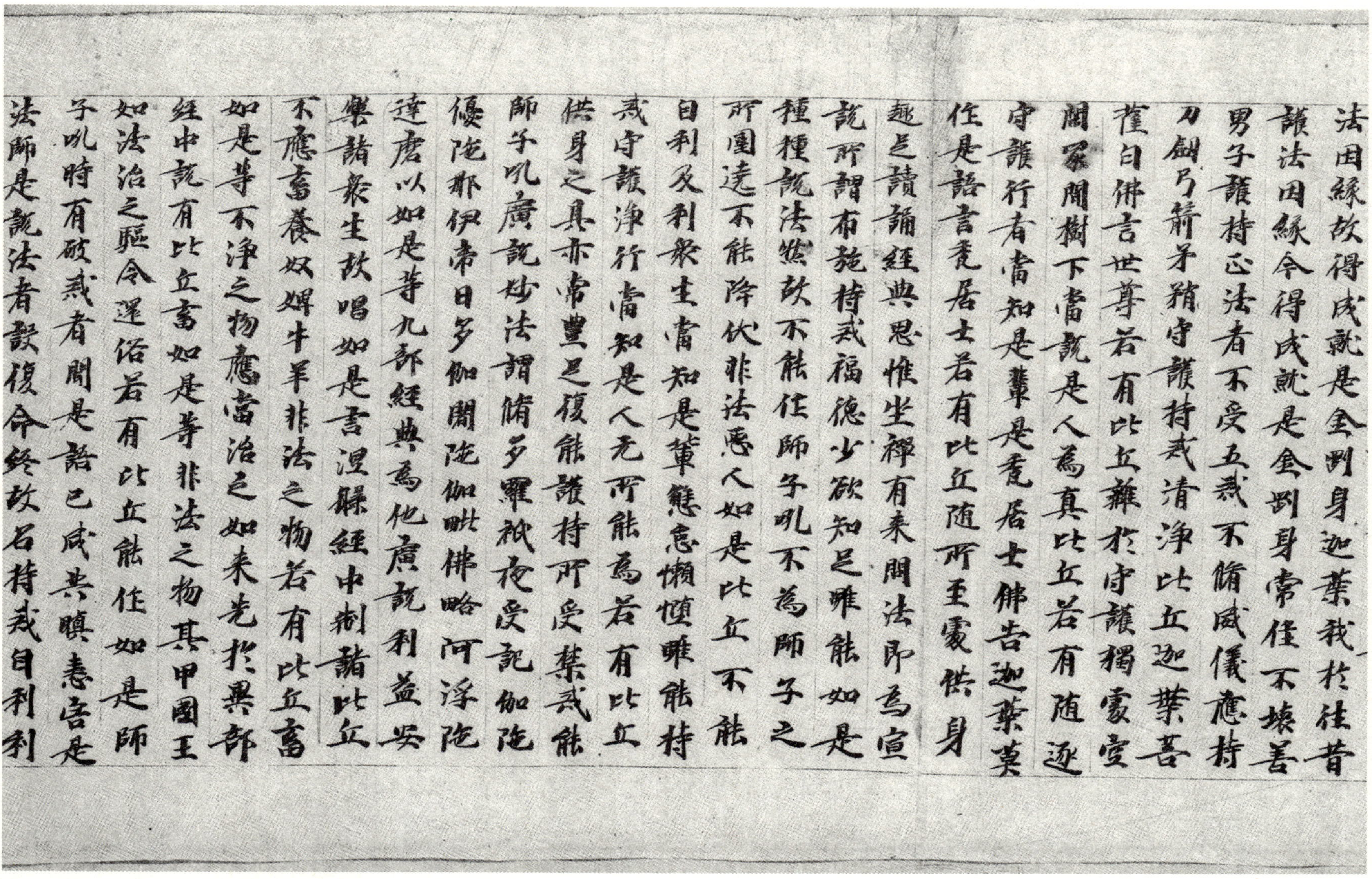

法因緣故得成就是金剛身迦葉我於往昔
護法因緣今得成就是金剛身常住不壞善
男子護持正法者不受五戒不脩威儀應持
刀劒弓箭鉾矟守護持戒清淨比丘迦葉菩
薩白佛言世尊若有比丘離於守護獨處空
閑冢間樹下當說是人為真比丘若有隨逐
守護行者當知是輩是禿居士佛告迦葉莫
作是語言禿居士若有比丘隨所至處供身
趣足讀誦經典思惟坐禪有來問法即為宣
說所謂布施持戒福德少欲知足雖能如是
種種說法然故不能作師子吼不為師子之
所圍遶不能降伏非法惡人如是比丘不能
自利及利衆生當知是輩懈怠懶惰雖能持
戒守護淨行當知是人无所能為若有比丘
供身之具亦常豐足復能護持所受禁戒能
師子吼廣說妙法謂脩多羅祇夜受記伽陀
優陀那伊帝日多伽闍陀伽毗佛略阿浮陀
達磨以如是等九部經典為他廣說利益安
樂諸衆生故唱如是言涅槃經中制諸比丘
不應畜養奴婢牛羊非法之物若有比丘畜
如是等不淨之物應當治之如來先於異部
經中說有比丘畜如是等非法之物某甲國王
如法治之驅令還俗若有比丘能作如是師
子吼時有破戒者聞是語已咸共瞋恚害是
法師是說法者設復命終故名持戒自利利

BD15323號　大般涅槃經（北本）卷三　（25–18）

如法治之驅令還俗若有比丘能作如是師
子吼時有破戒者聞是語已咸共瞋恚害是
法師是說法者設復命終故名持戒自利利
他以是緣故我聽國主群臣宰相諸優婆塞
護說法人若有欲得護正法者當如是學迦
葉如是破戒不護法者名禿居士非持戒者
得如是名善男子過去之世无量无邊阿僧
祇劫於此拘尸那城有佛出世号歡喜增益
如來應正遍知明行足善逝世間解无上士
調御丈夫天人師佛世尊尒時世界廣博嚴
淨豐樂安隱人民熾盛无有飢渴如安樂國
諸菩薩等彼佛世尊住世无量化衆生已然
後乃於娑羅雙樹入般涅槃佛涅槃後正法
住世无量億歲餘卌年佛法未滅尒時有一
持戒比丘名曰覺德多有徒衆眷屬圍遶能
師子吼頒宣廣說九部經典制諸比丘不得
畜養奴婢牛羊非法之物尒時多有破戒比
丘聞作是說皆生惡心執持刀杖逼是法師
是時國王名曰有德聞是事已為護法故即
便往至說法者所與是破戒諸惡比丘極共
戰鬪令說法者得免危害王於尒時身被刀
劍箭矟之瘡體无完處如芥子許尒時覺德
尋讚王言善哉善哉王今真是護正法者當
來之世此身當為无量法器王於是時得聞
法已心大歡喜尋即命終生阿閦佛國而為

BD15323 號　大般涅槃經（北本）卷三　（25–19）

來之世此身當為无量法器王於是時得聞
法已心大歡喜尋即命終生阿閦佛國而為
彼佛作第一弟子其王將從人民眷屬有戰
鬪者有隨喜者一切不退菩提之心命終悉
生阿閦佛國覺德比丘却後壽終亦得往生
阿閦佛國而為彼佛作聲聞衆中第二弟子
若有正法欲滅盡時應當如是受持擁護迦
葉尒時王者則我身是說法比丘迦葉佛是
迦葉護正法者得如是等无量果報以是因
緣我於今日得種種相以自莊嚴成就法身
不可壞身迦葉菩薩復白佛言世尊如來常
身猶如畫石佛告迦葉菩薩善男子以是因緣
故比丘比丘尼優婆塞優婆夷應當勤加護持
正法護法果報廣大无量善男子是故護法優
婆塞等應執刀杖擁護如是持法比丘若有
受持五戒之者不得名為大乘人也不受五
戒為護正法乃名大乘護正法者應當執持
刀劍器杖侍說法者迦葉白佛言世尊若諸
比丘與如是等諸優婆塞持刀杖者共為伴
侶為有師耶為无師乎為是持戒為是破戒
佛告迦葉莫謂是等為破戒人善男子我涅
槃後濁惡之世國土荒亂互相抄掠人民飢
餓尒時多有為飢餓故發心出家如是之人
名為禿人是禿人輩見有持戒威儀具足清
淨比丘護持正法驅逐令出若殺若害迦葉

BD15323 號　大般涅槃經（北本）卷三　（25–20）

縣後濁惡之世國土荒乱互相抄掠人民飢
餓尒時多有爲飢餓故發心出家如是之人
名爲禿人是禿人輩見有持戒威儀具足清
淨比丘護持正法驅逐令出若殺若害迦葉
菩薩復白佛言世尊是持戒人護正法者云
何當得遊行村落城邑教化善男子是故我
今聽持戒人依諸白衣持刀杖者以爲伴侶
若諸國王大臣長者優婆塞等爲護法故雖
持刀杖我說是等名爲持戒雖持刀杖不應
斷命若能如是即得名爲第一持戒迦葉言
護法者謂具正見能廣宣說大乘經典終不
捉持王者寶蓋油瓶穀米種種菓蓏不爲利
養親近國王大臣長者於諸檀越心無諂曲
具足威儀摧伏破戒諸惡人等是名持戒護
法之師能爲衆生真善知識其心弘廣譬如
大海迦葉若有比丘以利養故爲他說法是
人所有徒衆眷屬亦効是師貪求利養是人
如是便自壞衆迦葉衆有三種一者犯戒雜
僧二者愚癡僧三者清淨僧破戒雜僧則易
可壞持戒淨僧利養因緣所不能壞云何破
戒雜僧若有比丘雖持禁戒爲利養故與破
戒者坐起行來共相親附同其事業是名破
戒亦名雜僧云何愚癡僧若有比丘在阿蘭
若處諸根不利闇鈍懵瞢少欲乞食於說戒
日及自恣時教諸弟子清淨懺悔見非弟子

若處諸根不利闇鈍懵瞢少欲乞食於說戒
日及自恣時教諸弟子清淨懺悔見非弟子
多犯禁戒不能教令清淨懺悔而便與共說
戒自恣是名愚癡僧云何名清淨僧有比丘
僧不爲百千億數諸魔之所沮壞是菩薩衆
本性清淨能調如上二部之衆悉令安住清
淨衆中是名護法無上大師善持律者爲欲
調伏利衆生故知諸戒相若輕若重非是律
者則不證知若是律者則便證知云何調衆
生故若諸菩薩爲化衆生常入聚落不擇時
節或至寡婦婬女舍宅與同住止經歷多年若
是聲聞所不應爲是名調伏利益衆生云何
知重若見如來因事制戒汝從今日慎莫更
犯如四重禁出家之人所不應作而便故作
非是沙門非釋種子是名爲重云何爲輕若
犯輕事如是三諫若能捨者是名爲輕非律
不證者若有讚說不清淨物應受用者不與
同止是律應證者善學戒律不近破戒見有
所行隨順戒律心生歡喜如是能知佛法所
作善能解說是名律師善解一字善持契經
亦復如是如是善男子佛法無量不可思議
如來亦尒不可思議迦葉菩薩白佛言世尊
如是如是誠如聖教佛法無量不可思議如
來亦尒不可思議故知如來常住不壞無有
變異我今善學亦當爲人廣宣是義尒時佛

如是如是誠如聖教佛法无量不可思議如
来亦尒不可思議故知如来常住不壞无有
變異我今善學亦當為人廣宣是義尒時佛
讚迦葉菩薩善哉善哉如来身者即是金剛
不可壞身菩薩應當如是善學正見正知若
能如是了了知見即是見佛金剛之身不可
壞身如於鏡中見諸色像

大般涅槃經名字功德品第三

尒時如来復告迦葉善男子汝今應當善持
是經文字章句所有功德若有善男子善女
人聞是經名生四趣者无有是處何以故如是
經典乃是无量无邊諸佛之所脩習所得
功德我今當說迦葉菩薩白佛言世尊當何
名此經菩薩摩訶薩云何奉持佛告迦葉是
經名為大般涅槃上語亦善中語亦善下語
亦善義味深邃其文亦善純備具足清淨梵
行金剛寶藏滿足无缺汝今善聽我今當說
善男子所言大者名之為常如八大河悉歸
大海此經如是降伏一切諸結煩惱及諸魔
性然後要於大般涅槃放捨身命是故名曰
大般涅槃善男子又如醫師有一秘方悉攝
一切所有醫方善男子如来亦尒所說種種
妙法秘密深奧藏門悉皆入於大般涅槃是
故名為大般涅槃善男子譬如農夫春月下
種常有希望既收果實衆望都息善男子一

BD15323 號　大般涅槃經（北本）卷三　（25–23）

故名為大般涅槃善男子譬如農夫春月下
種常有希望既收果實衆望都息善男子一
切衆生亦復如是脩學餘經常希滋味若得
聞是大般涅槃希望諸經所有滋味悉皆永
斷是大般涅槃能令衆生度諸有流善男子
如諸跡中象跡為最此經如是於諸經三昧
最為第一善男子譬如耕田秋耕為勝此經
如是諸經中勝善男子如諸藥中醍醐第一
善治衆生熱惱亂心是大涅槃為最第一善
男子譬如甜酥八味具足大般涅槃亦復如
是八味具足云何為八一者常二者恒三者
安四者清涼五者不老六者不死七者无垢
八者快樂是為八味具足八味是故名為大
般涅槃若諸菩薩摩訶薩等安住是中復能
處處示現涅槃是故名為大般涅槃迦葉善
男子善女人若欲於此大般涅槃而涅槃者
當如是學如来常住法僧亦然迦葉菩薩復
白佛言甚奇世尊如来功德不可思議法僧
亦尒不可思議是大涅槃亦不可思議若有
脩學是經典者得正法門能為良醫若未學
者當知是人盲无慧明无明所覆

大般涅槃經卷第三

BD15323 號　大般涅槃經（北本）卷三　（25–24）

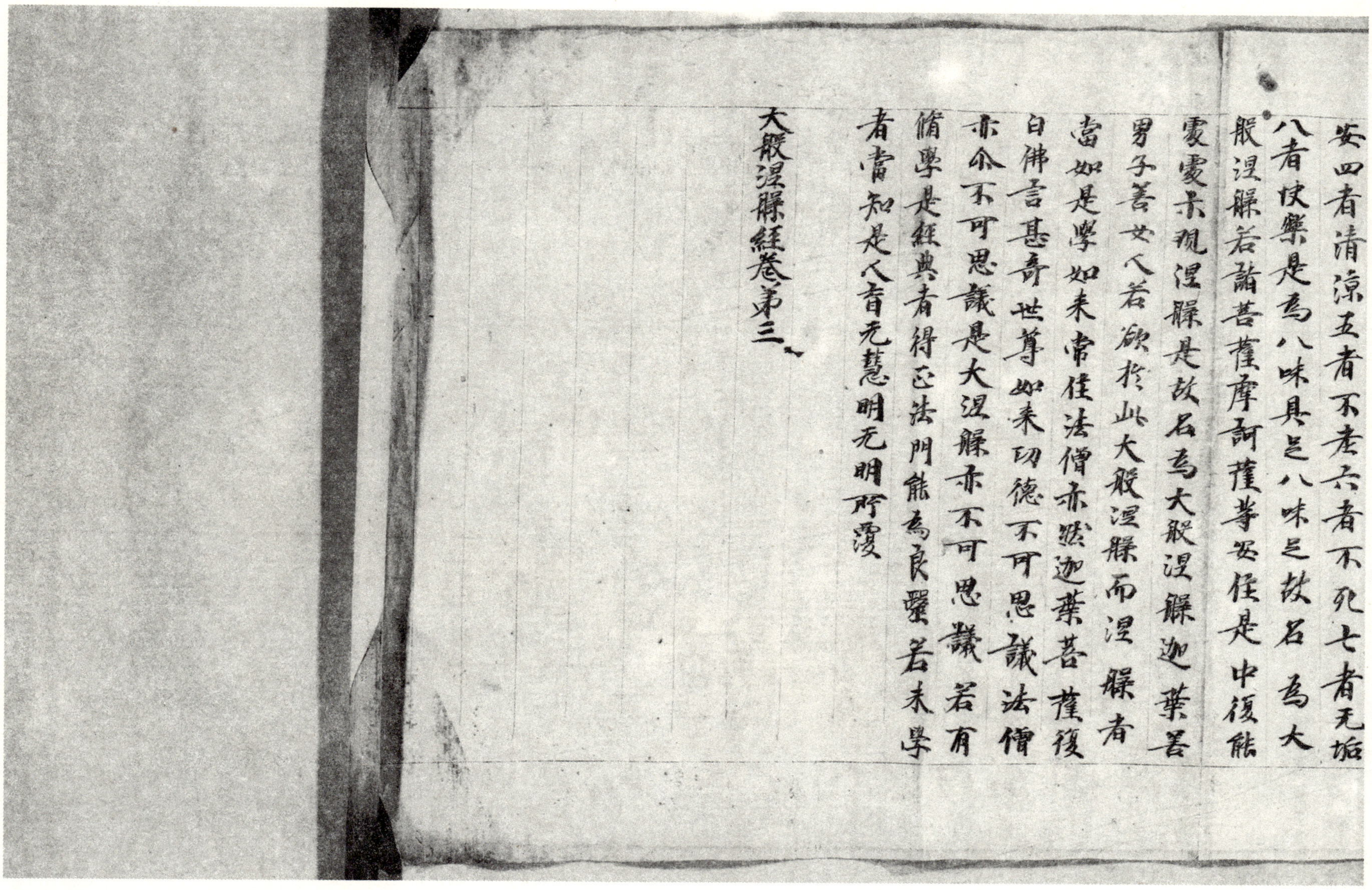
安四者清涼五者不老六者不死七者无垢
八者快樂是為八味具足八味是故名為大
般涅槃若諸菩薩摩訶薩等安住是中復能
處處示現涅槃是故名為大般涅槃迦葉善
男子善女人若欲於此大般涅槃而涅槃者
當如是學如來常住法僧亦然迦葉菩薩復
白佛言甚奇世尊如來功德不可思議法僧
亦尒不可思議是大涅槃亦不可思議若有
脩學是經典者得正法門能為良醫若未學
者當知是人盲无慧明无明所覆

大般涅槃經卷第三

BD15323號　大般涅槃經（北本）卷三　　（25–25）

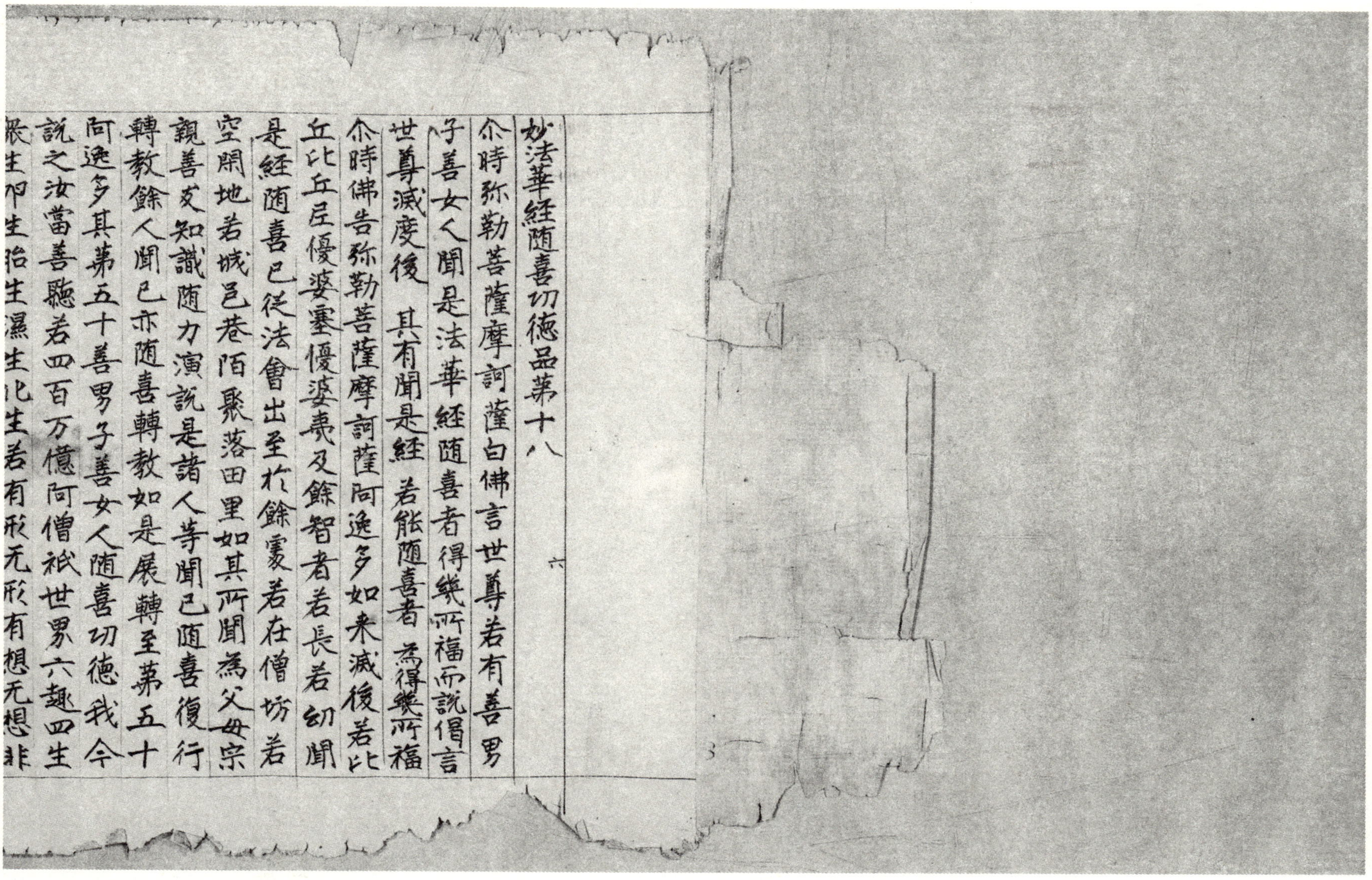
妙法華經隨喜功德品第十八
尒時弥勒菩薩摩訶薩白佛言世尊若有善男
子善女人聞是法華經隨喜者得幾所福而說偈言
世尊滅度後　其有聞是經　若能隨喜者　為得幾所福
尒時佛告弥勒菩薩摩訶薩阿逸多如來滅後若比
丘比丘尼優婆塞優婆夷及餘智者若長若幼聞
是經隨喜已從法會出至於餘處若在僧坊若
空閑地若城邑巷陌聚落田里如其所聞為父母宗
親善友知識隨力演說是諸人等聞已隨喜復行
轉教餘人聞已亦隨喜轉教如是展轉至第五十
阿逸多其第五十善男子善女人隨喜功德我今
說之汝當善聽若四百万億阿僧祇世界六趣四生
衆生卵生胎生濕生化生若有形无形有想无想非

BD15324號　妙法蓮華經卷六　　（22–1）

空閑地若城邑巷陌聚落田里如其所聞為父母宗
親善友知識隨力演說是諸人等聞已隨喜復行
轉教餘人聞已亦隨喜轉教如是展轉至第五十
阿逸多其第五十善男子善女人隨喜功德我今
說之汝當善聽若四百万億阿僧祇世界六趣四生
眾生卵生胎生濕生化生若有形无形有想无想非
有想非无想无足二足四足多足如是等在眾生
數者有人求福隨其所欲娛樂之具皆給與之一一
眾生與滿閻浮提金銀琉璃車璖馬瑙珊瑚虎珀
諸妙珍寶及象馬車乘七寶所成宮殿樓閣等是
大施主如是布施滿八十年已而作是念我已施
眾生娛樂之具隨意所欲然此眾生皆已衰老年
過八十髮白面皺將死不久我當以佛法而訓導
之即集此眾生宣布法化示教利喜一時皆得須
陁洹道斯陁含道阿那含道阿羅漢道盡諸有漏
於深禪定皆得自在具八解脫於汝意云何是大
施主所得功德寧為多不弥勒白佛言世尊是人
功德甚多无量无邊若是施主但施眾生一切樂
具功德无量何況令得阿羅漢果佛告弥勒我今
分明語汝是人以一切樂具施於四百万億阿僧
祇世界六趣眾生又令得阿羅漢果所得功德不如
是第五十人聞法華經一偈隨喜功德百分千分百
千万億分不及其一乃至筭數譬喻所不能知阿
逸多如是第五十人展轉聞法華經隨喜功德尚
无量无邊阿僧祇何況最初於會中聞而隨喜者
其福勝彼无量无邊阿僧祇不可得比又阿逸多若
人為是經故往詣僧坊若坐若立須臾聽受緣是功
德轉身所生得好上妙象馬車乘珍寶輦轝及乘
天宮若復有人於講法處坐更有人來勸令坐聽若
分座令坐是人功德轉身得帝釋坐處若梵王坐處
若轉輪聖王所坐之處阿逸若復有人語餘人言有

BD15324號　妙法蓮華經卷六　（22–2）

人為是經故往詣僧坊若坐若立須臾聽受緣是功
德轉身所生得好上妙象馬車乘珍寶輦轝及乘
天宮若復有人於講法處坐更有人來勸令坐聽若
分座令坐是人功德轉身得帝釋坐處若梵王坐處
若轉輪聖王所坐之處阿逸若復有人語餘人言有
經名法華可共往聽即受其教乃至須臾間聞是人
轉身得與陁羅尼菩薩共生一處利根智慧百千万
世終不瘖瘂口氣不臭舌常无病口亦无病齒不垢黑
不黃不疎亦不缺落不差不曲脣不下垂亦不褰縮不
麁澀不瘡胗亦不缺壞亦不喎斜不厚不大亦不黧黑
无諸可惡鼻不匾㔸亦不曲戾面色不黑亦不狹長亦
不窊曲无有一切不可憙相脣舌牙齒悉皆嚴好鼻脩
高直面皃圓滿眉高而長額廣平正人相具足世世所生
見佛聞法信受教誨阿逸多汝且觀是勸於一人令往聽
法功德如此何況一心聽說讀誦而於大眾為人分別如
說脩行尒時世尊欲重宣此義而說偈言
若人於法會　得聞是經典　乃至於一偈　隨喜為他說
如是展轉教　至于第五十　最後人獲福　今當分別之
如有大施主　供給无量眾　具滿八十歲　隨意之所欲
見彼衰老相　髮白而面皺　齒疎形枯竭　念其死不久
我今應當教　令得於道果　即為方便說　涅槃真實法
世皆不牢固　如水沫泡焰　汝等咸應當　疾生猒離心
諸人聞是法　皆得阿羅漢　具足六神通　三明八解脫
最後第五十　聞一偈隨喜　是人福勝彼　不可為譬喻
如是展轉聞　其福尚无量　何況於法會　初聞隨喜者
若有勸一人　將引聽法華　言此經深妙　千万劫難遇
即受教往聽　乃至須臾聞　斯人之福報　今當分別說
世世无口患　齒不疎黃黑　脣不厚褰缺　无有可惡相
舌不乾黑短　鼻高脩且直　額廣而平正　面目悉端嚴
為人所喜見　口氣无臭穢　優鉢華之香　常從其口出
若故詣僧坊　欲聽法華經　須臾聞歡喜　今當說其福

BD15324號　妙法蓮華經卷六　（22–3）

若有勸一人　將引聽法華　言此經深妙　千万劫難遇
即受教往聽　乃至須臾聞　斯人之福報　今當分別說
世世无口患　齒不踈黃黑　脣不厚褰缺　无有可惡相
舌不乾黑短　鼻高脩且直　額廣而平正　面目悉端嚴
為人所喜見　口氣无臭穢　優鉢華之香　常從其口出
若故詣僧坊　欲聽法華經　須臾聞歡喜　今當說其福
後生天人中　得妙象馬車　珎寶之輦轝　及乘天宮殿
若於講法處　勸人坐聽經　是福因緣得　釋梵轉輪座
何況一心聽　解說其義趣　如說而脩行　其福不可限

妙法蓮華經法師功德品第十九

尒時佛告常精進菩薩摩訶薩若善男子善女人受
持是法華經若讀若誦若解說若書寫是人當得八
百眼功德千二百耳功德八百鼻功德千二百舌功
德八百身功德千二百意功德以是功德莊嚴六根
皆令清淨是善男子善女人父母所生清淨肉眼見
於三千大千世界內外所有山林河海下至阿鼻地獄
上至有頂亦見其中一切衆生及業因緣果報生處悉
見悉知尒時世尊欲重宣此義而說偈言
若於大衆中　以无所畏心　說是法華經　汝聽其功德
是人得八百　功德殊勝眼　以是莊嚴故　其目甚清淨
父母所生眼　悉見三千界　內外彌樓山　須彌及鐵圍
并餘諸山林　大海江河水　下至阿鼻獄　上至有頂處
其中諸衆生　一切皆悉見　雖未得天眼　肉眼力如是
復次常精進若善男子善女人受持此經若讀若誦
若解說若書寫得千二百耳功德以是清淨耳聞三千
大千世界下至阿鼻地獄上至有頂其中內外種種語
言音聲象聲馬聲牛聲車聲啼哭聲愁歎聲螺聲
鼓聲鍾聲鈴聲咲聲語聲男聲女聲童子聲童女
聲法聲非法聲苦聲樂聲凡夫聲聖人聲喜聲不
喜聲天聲龍聲夜叉聲乾闥婆聲阿脩羅聲迦樓
羅聲緊那羅聲摩睺羅伽聲火聲水聲風聲地獄

BD15324 號　妙法蓮華經卷六　（22–4）

若解說若書寫得千二百耳功德以是清淨耳聞三千
大千世界下至阿鼻地獄上至有頂其中內外種種語
言音聲象聲馬聲牛聲車聲啼哭聲愁歎聲螺聲
鼓聲鍾聲鈴聲咲聲語聲男聲女聲童子聲童女
聲法聲非法聲苦聲樂聲凡夫聲聖人聲喜聲不
喜聲天聲龍聲夜叉聲乾闥婆聲阿脩羅聲迦樓
羅聲緊那羅聲摩睺羅伽聲火聲水聲風聲地獄
聲畜生聲餓鬼聲比丘聲比丘尼聲聲聞聲辟支佛
聲菩薩聲佛聲以要言之三千大千世界中一切內外
所有諸聲雖未得天耳以父母所生清淨常耳皆悉聞
知如是分別種種音聲而不壞耳根尒時世尊欲
重宣此義而說偈言
父母所生耳　清淨无濁穢　以此常耳聞　三千世界聲
象馬車牛聲　鍾鈴螺鼓聲　琴瑟箜篌聲　簫笛之音聲
清淨好歌聲　聽之而不著　无數種人聲　聞悉能解了
又聞諸天聲　微妙之歌音　及聞男女聲　童子童女聲
山川嶮谷中　迦陵頻伽聲　命命等諸鳥　悉聞其音聲
地獄衆苦痛　種種楚毒聲　餓鬼飢渴逼　求索飲食聲
諸阿脩羅等　居在大海邊　自共語言時　出于大音聲
如是說法者　安住於此間　遙聞是衆聲　而不壞耳根
十方世界中　禽獸鳴相呼　其說法之人　於此悉聞之
其諸梵天上　光音及遍淨　乃至有頂天　言語之音聲
法師住於此　悉皆得聞之　復有諸菩薩　讀誦於此經
若為他人說　撰集解其義　如是之音聲　悉皆得聞之
諸佛大聖尊　教化衆生者　於諸大會中　演說微妙法
持此法華者　悉皆得聞之
三千大千界　內外諸音聲　下至阿鼻獄　上至有頂天
皆聞其音聲　而不壞耳根　其耳聰利故　悉能分別知
持是法華者　雖未得天耳　但用所生耳　功德已如是
復次常精進若善男子善女人受持是經若讀若誦
若解說若書寫成就八百鼻功德以是清淨鼻根聞

BD15324 號　妙法蓮華經卷六　（22–5）

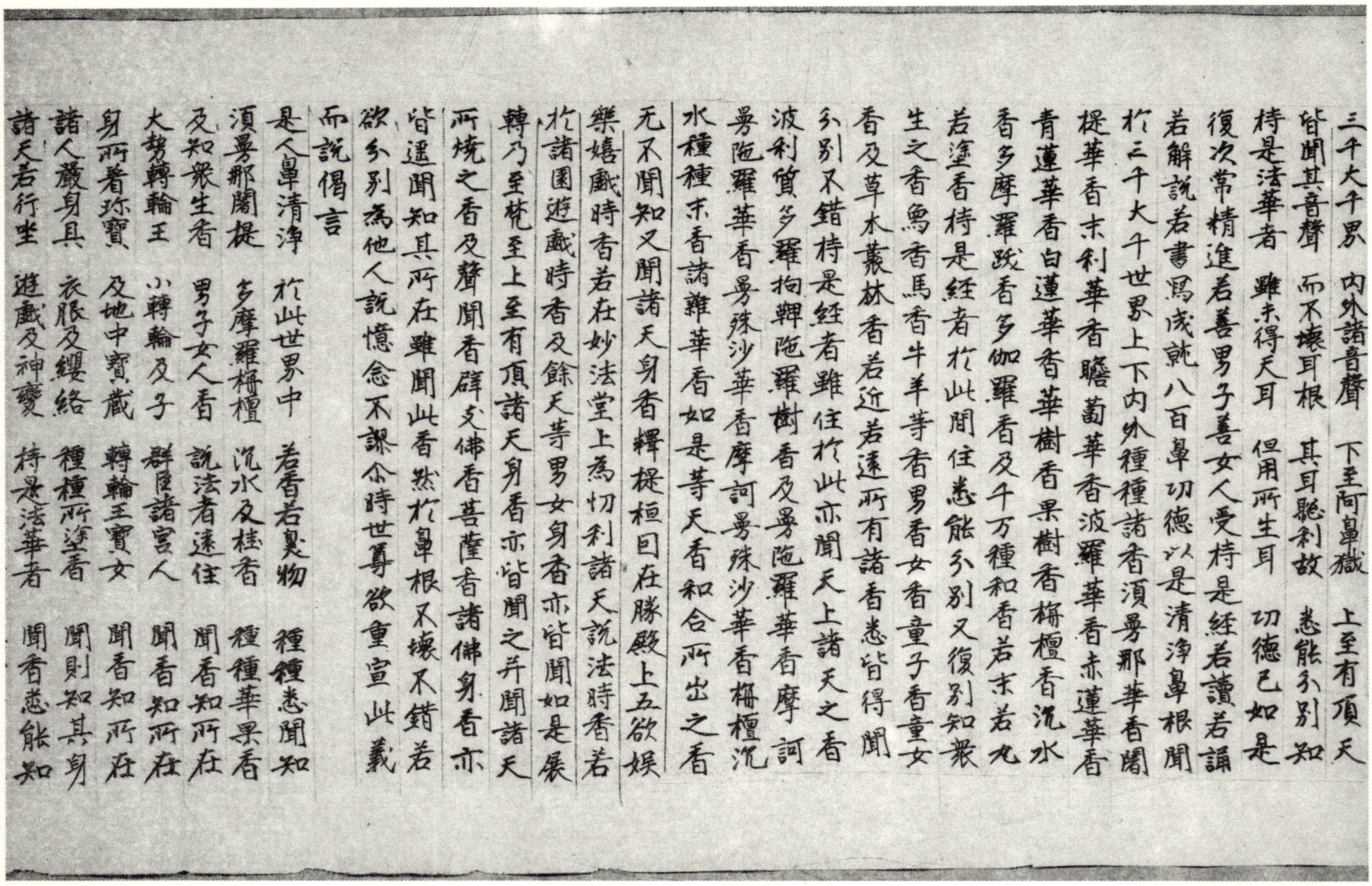

三千大千界　内外諸音聲　下至阿鼻獄　上至有頂天
皆聞其音聲　而不壞耳根　其耳聰利故　悉能分別知
持是法華者　雖未得天耳　但用所生耳　功德已如是
復次常精進若善男子善女人受持是經若讀若誦
若解說若書寫成就八百鼻功德以是清淨鼻根聞
扵三千大千世界上下内外種種諸香須曼那華香闍
提華香末利華香瞻蔔華香波羅羅華香赤蓮華香
青蓮華香白蓮華香華樹香果樹香栴檀香沉水
香多摩羅跋香多伽羅香及千万種和香若末若丸
若塗香持是經者扵此間住悉能分別又復別知衆
生之香象香馬香牛羊等香男香女香童子香童女
香及草木叢林香若近若遠所有諸香悉皆得聞
分別不錯持是經者雖住扵此亦聞天上諸天之香
波利質多羅拘鞞陁羅樹香及曼陁羅華香摩訶
曼陁羅華香曼殊沙華香摩訶曼殊沙華香栴檀沉
水種種末香諸雜華香如是等天香和合所出之香
无不聞知又聞諸天身香釋提桓因在勝殿上五欲娛
樂嬉戲時香若在妙法堂上為忉利諸天說法時香若
扵諸園遊戲時香及餘天等男女身香亦皆遙聞如是展
轉乃至梵世上至有頂諸天身香亦皆聞之并聞諸天
所燒之香及聲聞香辟支佛香菩薩香諸佛身香亦
皆遙聞知其所在雖聞此香然扵鼻根不壞不錯若
欲分別為他人說憶念不謬尒時世尊欲重宣此義
而說偈言
是人鼻清淨　扵此世界中　若香若臭物　種種悉聞知
須曼那闍提　多摩羅栴檀　沉水及桂香　種種華果香
及知衆生香　男子女人香　說法者遠住　聞香知所在
大勢轉輪王　小轉輪及子　群臣諸宮人　聞香知所在
身所著珎寶　及地中寶藏　轉輪王寶女　聞則知其身
諸人嚴身具　衣服及瓔珞　種種所塗香　聞香悉能知
諸天若行坐　遊戲及神變　持是法華者　聞香悉能知

BD15324號　妙法蓮華經卷六　（22-6）

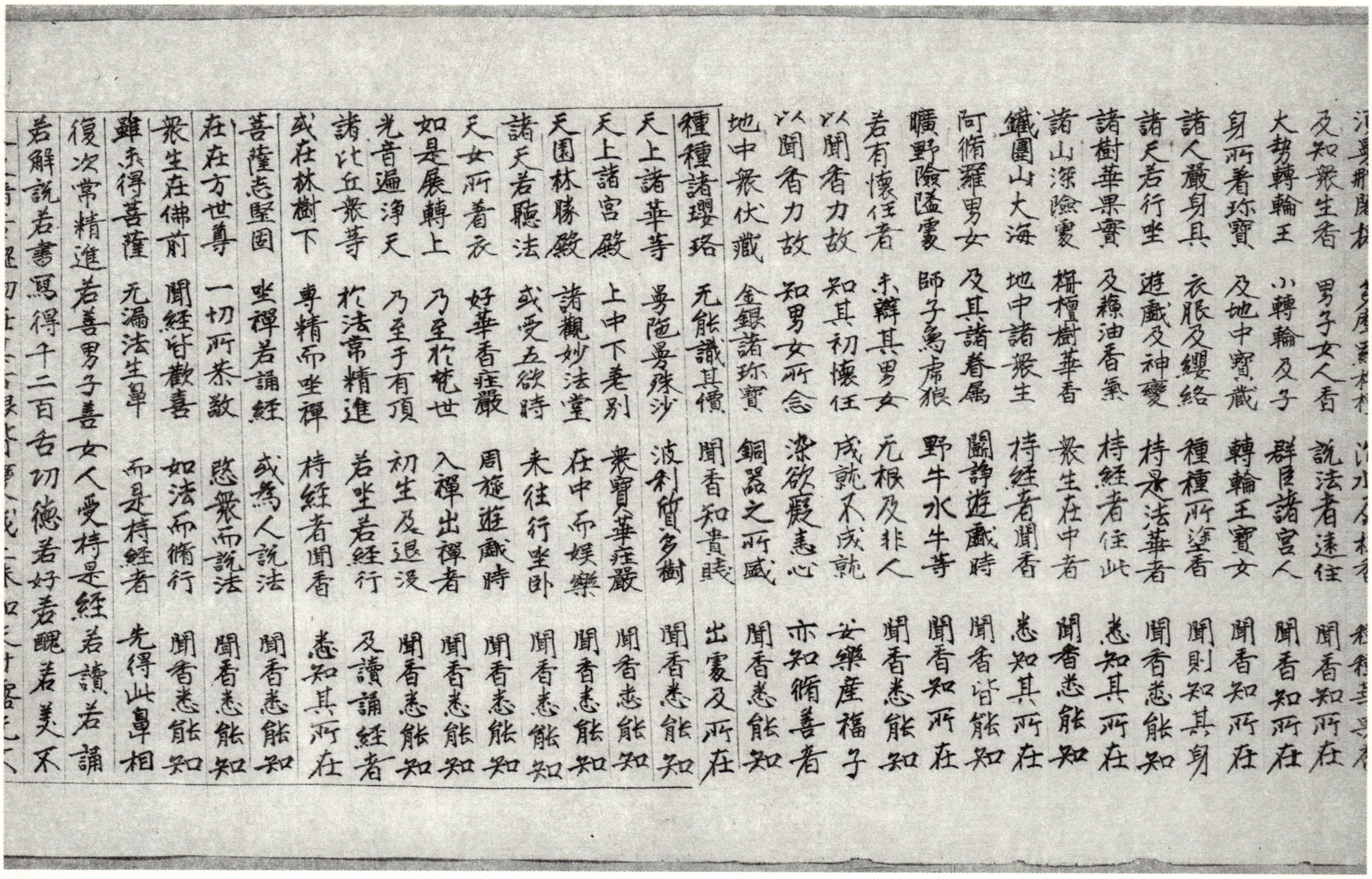

須曼那闍提　多摩羅栴檀　沉水及桂香　種種華果香
及知衆生香　男子女人香　說法者遠住　聞香知所在
大勢轉輪王　小轉輪及子　群臣諸宮人　聞香知所在
身所著珎寶　及地中寶藏　轉輪王寶女　聞則知其身
諸人嚴身具　衣服及瓔珞　種種所塗香　聞香悉能知
諸天若行坐　遊戲及神變　持是法華者　聞香悉能知
諸樹華果實　及酥油香氣　持經者住此　悉知其所在
諸山深嶮處　栴檀樹華香　衆生在中者　聞香悉能知
鐵圍山大海　地中諸衆生　持經者聞香　悉知其所在
阿脩羅男女　及其諸眷屬　鬪諍遊戲時　聞香皆能知
曠野險隘處　師子象虎狼　野牛水牛等　聞香知所在
若有懷妊者　未辯其男女　无根及非人　聞香悉能知
以聞香力故　知其初懷妊　成就不成就　安樂産福子
以聞香力故　知男女所念　染欲癡恚心　亦知脩善者
地中衆伏藏　金銀諸珎寶　銅器之所盛　聞香悉能知
種種諸瓔珞　无能識其價　聞香知貴賤　出處及所在
天上諸華等　曼陁曼殊沙　波利質多樹　聞香悉能知
天上諸宮殿　上中下差別　衆寶華莊嚴　聞香悉能知
天園林勝殿　諸觀妙法堂　在中而娛樂　聞香悉能知
諸天若聽法　或受五欲時　来往行坐卧　聞香悉能知
天女所著衣　好華香莊嚴　周旋遊戲時　聞香悉能知
如是展轉上　乃至扵梵世　入禪出禪者　聞香悉能知
光音遍淨天　乃至于有頂　初生及退沒　聞香悉能知
諸比丘衆等　扵法常精進　若坐若經行　及讀誦經者
或在林樹下　專精而坐禪　持經者聞香　悉知其所在
菩薩志堅固　坐禪若讀經　或為人說法　聞香悉能知
在在方世尊　一切所恭敬　愍衆而說法　聞香悉能知
衆生在佛前　聞經皆歡喜　如法而脩行　聞香悉能知
雖未得菩薩　无漏法生鼻　而是持經者　先得此鼻相
復次常精進若善男子善女人受持是經若讀若誦
若解說若書寫得千二百舌功德若好若醜若美不

BD15324號　妙法蓮華經卷六　（22-7）

在在方世尊 一切所恭敬 愍衆而說法 聞香悉能知
衆生在佛前 聞經皆歡喜 如法而脩行 聞香悉能知
雖未得菩薩 无漏法生鼻 而是持經者 先得此鼻相
復次常精進若善男子善女人受持是經若讀若誦
若解說若書寫得千二百舌功德若好若醜若美不
美及諸苦澀物在其舌根皆變成上味如天甘露无不
美者若以舌根於大衆中有所演說出深妙聲能入
其心皆令歡喜快樂又諸天子天女釋梵諸天聞是
深妙音聲有所演說言論次第皆悉來聽及諸龍龍
女夜叉夜叉女乾闥婆乾闥婆女阿脩羅阿脩羅女迦
樓羅迦樓羅女緊那羅緊那羅女摩睺羅伽摩睺羅伽
女為聽法故皆來親近恭敬供養及比丘比丘尼優婆
塞優婆夷國王王子群臣眷屬小轉輪王大轉輪王七
寶千子眷屬乘其宮殿俱來聽法以是菩薩善說法
故婆羅門居士國內人民盡其形壽隨侍供養又諸
聲聞辟支佛菩薩諸佛常樂見之是人所在方面諸
佛皆向其處說法悉能受持一切佛法又能出於深妙
法音尒時世尊欲重宣此義而說偈言
是人舌根淨 終不受惡味 其有所食噉 悉皆成甘露
以深淨妙聲 於大衆說法 以諸因緣喻 引導衆生心
聞者皆歡喜 設諸上供養
諸天龍夜叉 及阿脩羅等 皆以恭敬心 而共來聽法
是說法之人 若欲以妙音 遍滿三千界 隨意即能至
大小轉輪王 及千子眷屬 合掌恭敬心 常來聽受法
諸天龍夜叉 羅剎毗舍闍 亦以歡喜心 常樂來供養
梵天王魔王 自在大自在 如是諸天衆 常來至其所
諸佛及弟子 聞其說法音 常念而守護 或時為現身
復次常精進若善男子善女人受持是經若讀若誦若
解說若書寫得八百身功德清淨身如瑠璃衆生憙
見其身淨故三千大千世界衆生生時死時上下好醜
生善處惡處悉於中現及鐵圍山大鐵圍山弥樓山摩

BD15324號　妙法蓮華經卷六　（22–8）

梵天王魔王 自在大自在 如是諸天衆 常來至其所
諸佛及弟子 聞其說法音 常念而守護 或時為現身
復次常精進若善男子善女人受持是經若讀若誦若
解說若書寫得八百身功德清淨身如瑠璃衆生憙
見其身淨故三千大千世界衆生生時死時上下好醜
生善處惡處悉於中現及鐵圍山大鐵圍山弥樓山摩
訶弥樓山等諸山及其中衆生悉於中現至阿鼻地獄
上至有頂所有衆生悉於中現若聲聞辟支佛菩薩諸
佛說法皆於身中現其色像尒時世尊欲重宣此義
而說偈言
若持法華者 其身甚清淨 如彼淨瑠璃 衆生皆憙見
又如淨明鏡 悉見諸色像 菩薩於淨身 皆見世所有
唯獨自明了 餘人所不見 三千世界中 一切諸群萌
天人阿脩羅 地獄鬼畜生 如是諸色像 皆於身中現
諸天等宮殿 乃至於有頂 鐵圍及弥樓 摩訶弥樓山
諸大海水等 皆於身中現
諸佛及聲聞 佛子菩薩等 若獨若在衆 說法悉皆現
雖未得无漏 法性之妙身 以清淨常體 一切於中現
復次常精進若善男子善女人如來滅後受持是經若
讀若誦若解說若書寫得千二百意功德以是清淨意根
乃至聞一偈一句通達无量无邊之義解是義已能演
說一句一偈至於一月四月乃至一歲諸所說法隨其義趣
皆與實相不相違背若說俗間經書治世語言資生業
等皆順正法三千大千世界六趣衆生心之所行心所
動作心所戲論皆悉知之雖未得无漏智慧而其意根
清淨如此是人有所思惟籌量言說皆是佛法无不真
實亦是先佛經中所說尒時世尊欲重宣此義而說偈言
是人意清淨 明利无穢濁 以此妙意根 知上中下法
乃至聞一偈 通達无量義 次第如法說 月四月至歲
是世界內外 一切諸衆生 若天龍及人 夜叉鬼神等
其在六趣中 所念若干種 持法華之報 一時皆悉知

BD15324號　妙法蓮華經卷六　（22–9）

[illegible]
實亦是先佛經中所說尒時世尊欲重宣此義而說偈言
是人意清淨　明利无穢濁　以此妙意根　知上中下法
乃至聞一偈　通達无量義　次第如法說　月四月至歲
是世界內外　一切諸衆生　若天龍及人　夜叉鬼神等
其在六趣中　所念若干種　持法華之報　一時皆悉知
十方无數佛　百福莊嚴相　為衆生說法　悉聞能受持
思惟无量義　說法亦无量　終始不妄錯　以持法華故
悉知諸法相　隨義識次第　達名字語言　如所知演說
此人有所說　皆是先佛法　以演此法故　於衆无所畏
持法華經者　意根淨若斯　雖未得无漏　先有如是相
是人持此經　安住希有地　為一切衆生　歡喜而愛敬
能以千万種　善巧之語言　分別而說法　持法華經故
妙法蓮華經常不輕菩薩品第二十
尒時佛告得大勢菩薩摩訶薩汝今當知若比丘比丘
尼優婆塞優婆夷持法華經者若有惡口罵詈誹謗
獲大罪報如前所說其所得功德如向所說眼耳鼻舌
身意清淨得大勢乃往古昔過无量无邊不可思議
阿僧祇劫有佛名威音王如來應供正遍知明行足善
逝世間解无上士調御丈夫天人師佛世尊劫名離
衰國名大成其威音王佛於彼世中為天人阿脩羅
說法為求聲聞者說應四諦法度生老病死究竟涅槃
為求辟支佛者說應十二因緣法為諸菩薩因阿耨多
羅三藐三菩提說應六波羅蜜法究竟佛慧得大勢
是威音王佛壽四十万億那由他恒河沙劫正法住世
劫數如一閻浮提微塵像法住世劫數如四天下微塵
其佛饒益衆生已然後滅度正法像法滅盡之後
於此國土復有佛出亦名威音王如來應供正遍知明
行足善逝世間解无上士調御丈夫天人師佛世尊如
是次第有二万億佛皆同一号最初威音王如來既已
滅度正法滅後於像法中增上慢比丘有大勢力
尒時有一菩薩比丘名常不輕得大勢以何因緣名常

BD15324號　妙法蓮華經卷六

(22–10)

於此國土復有佛出亦名威音王如來應供正遍知明
行足善逝世間解无上士調御丈夫天人師佛世尊如
是次第有二万億佛皆同一号最初威音王如來既已
滅度正法滅後於像法中增上慢比丘有大勢力
尒時有一菩薩比丘名常不輕得大勢以何因緣名常
不輕是比丘凡有所見若比丘比丘尼優婆塞優婆夷
皆悉礼拜讚歎而作是言我深敬汝等不敢輕慢所
以者何汝等皆行菩薩道當得作佛而是比丘不專
讀誦經典但行礼拜乃至遠見四衆亦復故往礼拜
讚歎而作是言我不敢輕於汝等汝等皆當作佛四
衆之中有生瞋恚心不淨者惡口罵詈言是无智比
丘從何所來自言我不輕汝而與我等授記當得作
佛我等不用如是虛妄授記如此經歷多年常被罵
詈不生瞋恚常作是言汝當作佛說是語時衆人或
以杖木瓦石而打擲之避走遠住猶高聲唱言我不敢
輕於汝等汝等皆當作佛以其常作是語故增上慢比
丘比丘尼優婆塞優婆夷号之為常不輕是比丘臨欲
終時於虛空中具聞威音王佛先所說法華經二十千万
億偈悉能受持即得如上眼根清淨耳鼻舌身意根清
淨得是六根清淨已更增壽命二百万億那由他歲廣
為人說是法華經於時增上慢四衆比丘比丘尼優婆
塞優婆夷輕賤是人為作不輕名者見其得大神通
力樂說辯力大善寂力聞其所說皆信伏隨從是菩
薩復化千万億衆令住阿耨多羅三藐三菩提命終之
後得值二千億佛皆号日月燈明於其法中說是法華
經以是因緣復值二千億佛同号雲自在燈王於此諸
佛法中受持讀誦為諸四衆說此經典故得是常眼清
淨耳鼻舌身意諸根清淨於四衆中說法心无所畏得
大勢是常不輕菩薩摩訶薩供養如是若干諸佛恭敬
尊重讚歎種諸善根於後復值千万億佛亦於諸佛法
中說是經典功德成就當得作佛得大勢於意云何尒

BD15324號　妙法蓮華經卷六

(22–11)

佛法中受持讀誦為諸四衆說此經典故得是常眼清
淨耳鼻舌身意諸根清淨於四衆中說法心无所畏得
大勢是常不輕菩薩摩訶薩供養如是若干諸佛恭敬
尊重讚歎種諸善根於後復值千万億佛亦於諸佛法
中說是經典功德成就當得作佛得大勢於意云何尒
時常不輕菩薩豈異人乎則我身是也若我於宿世不
受持讀誦此經為他人說者不能疾得阿耨多羅三藐
三菩提我於先佛所受持讀誦此經為人說故疾得阿耨多
羅三藐三菩提得大勢彼時四衆比丘比丘尼優婆塞優婆
夷以瞋恚意輕賤我故二百億劫常不值佛不聞法不見
僧千劫於阿鼻地獄受大苦惱畢是罪已復遇常不輕
菩薩教化阿耨多羅三藐三菩提得大勢於汝意云何
尒時四衆常輕是菩薩者豈異人乎今此會中跋陁婆羅
等五百菩薩師子月等五百比丘尼思佛等五百優婆
塞皆於阿耨多羅三藐三菩提不退轉者是得大勢當
知是法華經大饒益諸菩薩摩訶薩於如來滅後常
受讀持誦解說書寫是經尒時世尊欲重宣此義
而說偈言

過去有佛　号威音王　神智无量　將導一切
天人龍神　所共供養　是佛滅後　法欲盡時
有一菩薩　名常不輕　時諸四衆　計着於法
不輕菩薩　往到其所　而語之言　我不輕汝
汝等行道　皆當作佛　諸人聞已　輕毀罵詈
不輕菩薩　能忍受之　其罪畢已　臨命終時
得聞此經　六根清淨　神通力故　增益壽命
復為諸人　廣說是經　諸着法衆　皆蒙菩薩
教化成就　令住佛道　不輕命終　值无數佛
說是經故　得无量福　漸具功德　疾成佛道
彼時不輕　則我身是　時四部衆　着法之者
聞不輕言　汝當作佛　以是因緣　值无數佛
此會菩薩　五百之衆　并及四部　清信士女

BD15324號　妙法蓮華經卷六　(22–12)

教化成就　令住佛道　不輕命終　值无數佛
說是經故　得无量福　漸具功德　疾成佛道
彼時不輕　則我身是　時四部衆　着法之者
聞不輕言　汝當作佛　以是因緣　值无數佛
此會菩薩　五百之衆　并及四部　清信士女
今於我前　聽法者是　我於前世　勸是諸人
聽受斯經　第一之法　開示教人　令住涅槃
世世受持　如是經典　億億万劫　至不可議
時乃得聞　是法華經　億億万劫　至不可議
諸佛世尊　時說是經　是故行者　於佛滅後
聞如是經　勿生疑惑　應當一心　廣說此經
世世值佛　疾成佛道

妙法蓮華經如來神力品第二十一

尒時千世界微塵等菩薩摩訶薩從地踊出者皆
於佛前一心合掌瞻仰尊顏而白佛言世尊我等於佛
滅後世尊分身所在國土滅度之處當廣說此經所
以者何我等亦自欲得是真淨大法受持讀誦解說
書寫而供養之尒時世尊於文殊師利等无量百千
万億舊住娑婆世界菩薩摩訶薩及諸比丘比丘尼
優婆塞優婆夷天龍夜叉乾闥婆阿脩羅迦樓羅緊那
羅摩睺羅伽人非人等一切衆前現大神力出廣長舌上
至梵世一切毛孔放於无量无數色光皆悉遍照十方
世界衆寶樹下師子座上諸佛亦復如是出廣長舌放
无量光釋迦牟尼佛及寶樹下諸佛現神力時滿百
千歲然後還攝舌相一時謦欬俱共彈指是二音聲
遍至十方諸佛世界地皆六種震動其中衆生天龍
夜叉乾闥婆阿脩羅迦樓羅緊那羅摩睺羅伽人非人
等以佛神力故皆見此娑婆世界无量无邊百千万億
衆寶樹下師子座上諸佛及見釋迦牟尼佛共多寶如
來在寶塔中坐師子座又見无量无邊百千万億菩薩
摩訶薩及諸四衆恭敬圍遶釋迦牟尼佛既見是已皆

BD15324號　妙法蓮華經卷六　(22–13)

夜叉乾闥婆阿脩羅迦樓羅緊那羅摩睺羅伽人非人
等以佛神力故皆見此娑婆世界无量无邊百千万億
衆寶樹下師子座上諸佛及見釋迦牟尼佛共多寶如
來在寶塔中坐師子座又見无量无邊百千万億菩薩
摩訶薩及諸四衆恭敬圍遶釋迦牟尼佛既見是已皆
大歡喜得未曾有即時諸天於虛空中高聲唱言過此
无量无邊百千万億阿僧祇世界有國名娑婆是中有
佛名釋迦牟尼今為諸菩薩摩訶薩說大乘經名妙
法蓮華教菩薩法佛所護念汝等當深心隨喜亦當
礼拜供養釋迦牟尼佛彼諸衆生聞虛空中聲已合
掌向娑婆世界作如是言南无釋迦牟尼佛南无釋
迦牟尼佛以種種華香瓔珞幡蓋及諸嚴身之具珎
寶妙物皆共遙散娑婆世界所散諸物從十方來譬
如雲集變成寶帳遍覆此間諸佛之上于時十方世
界通達无礙如一佛土尒時佛告上行等菩薩大衆諸
佛神力如是无量无邊不可思議若我以是神力於无
量无邊百千万億阿僧祇劫為囑累故說此經功德猶
不能盡以要言之如來一切所有之法如來一切自在神
力如來一切祕要之藏如來一切甚深之事皆於此經宣
示顯說是故汝等於如來滅後應一心受持讀誦解說
書寫如說脩行所在國土若有受持讀誦解說書寫如
說脩行若經卷所住之處若於園中若於林中若於樹
下若於僧坊若白衣舍若在殿堂若山谷曠野是中皆
應起塔供養所以者何當知是處即是道場諸佛於
此得阿耨多羅三藐三菩提諸佛於此轉于法輪諸佛
於此而般涅槃尒時世尊欲重宣此義而說偈言
諸佛救世者　住於大神通　為悅衆生故　現无量神力
舌相至梵天　身放无數光　為求佛道者　現此希有事
諸佛謦欬聲　及彈指之聲　周聞十方國　地皆六種動
以佛滅度後　能持是經故　諸佛皆歡喜　現无量神力
囑累是經故　讚美持經者　於无量劫中　猶故不能盡

BD15324號　妙法蓮華經卷六　（22–14）

諸佛救世者　住於大神通　為悅衆生故　現无量神力
舌相至梵天　身放无數光　為求佛道者　現此希有事
諸佛謦欬聲　及彈指之聲　周聞十方國　地皆六種動
以佛滅度後　能持是經故　諸佛皆歡喜　現无量神力
囑累是經故　讚美持經者　於无量劫中　猶故不能盡
是人之功德　无邊无有窮　如十方虛空　不可得邊際
能持是經者　則為已見我　亦見多寶佛　及諸分身者
又見我今日　教化諸菩薩　能持是經者　令我及分身
滅度多寶佛　一切皆歡喜　十方現在佛　并過去未來
亦見亦供養　亦令得歡喜　諸佛坐道場　所得祕要法
能持是經者　不久亦當得　能持是經者　於諸法之義
名字及言辭　樂說无窮盡　如風於空中　一切无障礙
於如來滅後　知佛所說經　因緣及次第　隨義如實說
如日月光明　能除諸幽冥　斯人行世間　能滅衆生闇
教无量菩薩　畢竟住一乘　是故有智者　聞此功德利
於我滅度後　應受持斯經　是人於佛道　決定无有疑

妙法蓮華經囑累品第二十二

尒時釋迦牟尼佛從法座起現大神力以右手摩无
量菩薩摩訶薩頂而作是言我於无量百千万億阿
僧祇劫脩集是難得阿耨多羅三藐三菩提法今以
付囑汝等汝等應當一心流布此法廣令增益如是三摩
諸菩薩摩訶薩頂而作是言我於无量百千万億阿僧
祇劫脩集是難得阿耨多羅三藐三菩提法今以付囑
汝等汝等當受持讀誦廣宣此法令一切衆生普得聞
知所以者何如來有大慈悲无諸慳悋亦无所畏能與
衆生佛之智慧如來智慧自然智慧如來是一切衆生
之大施主汝等應隨學如來之法勿生慳悋於未來世
若有善男子善女人信如來智慧者當為演說此法華
經使得聞知為令其人得佛慧故若有衆生不信受者
當於如來餘深法中示教利喜汝等若能如是則為已
報諸佛之恩時諸菩薩摩訶薩聞佛作是說已皆大歡

BD15324號　妙法蓮華經卷六　（22–15）

之大施主汝等應随學如来之法勿生慳悋於未来世
若有善男子善女人信如来智慧者當為演說此法華
經使得聞知為令其人得佛慧故若有衆生不信受者
當於如来餘深法中示教利喜汝等若能如是則為已
報諸佛之恩時諸菩薩摩訶薩聞佛作是說已皆大歡
喜遍滿其身益加恭敬曲躬低頭合掌向佛俱發聲言
如世尊勅當具奉行唯然世尊願不有慮諸菩薩摩
訶薩衆如是三反俱發聲言如世尊勅當具奉行唯
然世尊願不有慮尒時釋迦牟尼佛令十方来諸分
身佛各還本土而作是言諸佛各随所安多寶佛塔
還可如故說是語時十方无量分身諸佛坐寶樹下師子
座上者及多寶佛并上行等无邊阿僧祇菩薩大衆舍
利弗等聲聞四衆及一切世間天人阿脩羅等聞佛
所說皆大歡喜

妙法蓮華經藥王菩薩本事品第二十三

尒時宿王華菩薩白佛言世尊藥王菩薩云何遊於
娑婆世界世尊是藥王菩薩有若干百千万億那由他
難行苦行善哉世尊願少解說諸天龍神夜叉乾闥
婆阿脩羅迦樓羅緊那羅摩睺羅伽人非人等又他國
土諸来菩薩及此聲聞衆聞皆歡喜
尒時佛告宿王華菩薩乃往過去无量恒河沙劫有佛
号日月淨明德如来應供正遍知明行足善逝世間解
无上士調御丈夫天人師佛世尊其佛有八十億大菩
薩摩訶薩七十二恒河沙大聲聞衆佛壽四万二千劫
菩薩壽命亦等彼國无有女人地獄餓鬼畜生阿脩羅
等及以諸難地平如掌瑠璃所成寶樹莊嚴寶帳覆
上垂寶華幡寶瓶香鑪周遍國界七寶為臺一樹一
臺其樹去臺盡一箭道此諸寶樹皆有菩薩聲聞而
坐其下諸寶臺上各有百億諸天作天伎樂歌歎於
佛以為供養尒時彼佛為一切衆生憙見菩薩及衆
菩薩聲聞衆說法華經是一切衆生憙見菩薩樂

BD15324 號　妙法蓮華經卷六　（22–16）

上垂寶華幡寶瓶香鑪周遍國界七寶為臺一樹一
臺其樹去臺盡一箭道此諸寶樹皆有菩薩聲聞而
坐其下諸寶臺上各有百億諸天作天伎樂歌歎於
佛以為供養尒時彼佛為一切衆生憙見菩薩及衆
菩薩聲聞衆說法華經是一切衆生憙見菩薩樂
集苦行於日月淨明德佛法中精進經行一心求佛
滿万二千歲已得現一切色身三昧得此三昧已心大
歡喜即作念言我得現一切色身三昧皆是得聞法華
經力我今當供養日月淨明德佛及法華經即時入是
三昧於虛空中雨曼陁羅華摩訶曼陁羅華細末
堅黑栴檀滿虛空中如雲而下又雨海此岸栴檀之香
此香六銖價直娑婆世界以供養佛作是供養已從三
昧起而自念言我雖以神力供養於佛不如以身供養
即服諸香栴檀薰陸兜樓婆畢力迦沉水膠香又飲
瞻蔔諸華香油滿千二百歲已香油塗身於日月淨明
德佛前以天寶衣而自纏身灌諸香油以神通願力而
自然身光明遍照八十億恒河沙世界其中諸佛同時
讚言善哉善哉善男子是真精進是名真法供養如
来若以華香瓔珞燒香末香塗香天繒幡蓋及海
此岸栴檀之香如是等種種諸物供養所不能及假
使國城妻子布施亦所不及善男子是名第一之施
於諸施中最尊最上以法供養諸如来故作是語已而
各默然其身火然千二百歲過是已後其身乃盡一切
衆生憙見菩薩作如是法供養已命終之後復生日月
淨明德佛國中於淨德王家結跏趺坐忽然化生即
為其父而說偈言

大王今當知　我經行彼處　即時得一切　現諸身三昧
勤行大精進　捨所愛之身

說是偈已而白父言日月淨明德佛今故現在我先
供養佛已得解一切衆生語言陁羅尼復聞是法華
經八百千万億那由他甄迦羅頻婆羅阿閦婆等偈

BD15324 號　妙法蓮華經卷六　（22–17）

大王今當知　我經行彼處　即時得一切　現諸身三昧
勤行大精進　捨所愛之身
說是偈已而白父言日月淨明德佛今故現在我先
供養佛已得解一切衆生語言陁羅尼復聞是法華
經八百千万億那由他甄迦羅頻婆羅阿閦婆等偈
大王我今當還供養此佛白已即坐七寶之臺上昇
虛空高七多羅樹往到佛所頭面礼足合十指爪
以偈讚佛
容顏甚奇妙　光明照十方　我適曾供養　今復還親覲
尒時一切衆生憙見菩薩說是偈已而白佛言世尊
世尊猶故在世尒時日月淨明德佛告一切衆生憙
見菩薩善男子我涅槃時到滅盡時至汝可安施牀
座我於今夜當般涅槃又勅一切衆生憙見菩薩善
男子我以佛法囑累於汝及諸菩薩大弟子并阿耨
多羅三藐三菩提法亦以三千大千七寶世界諸寶
樹寶臺及給侍諸天悉付於汝我滅度後所有舍利
亦付囑汝當令流布廣設供養應起若干千塔如是
日月淨明德佛勅一切衆生憙見菩薩已於夜後分
入於涅槃尒時一切衆生憙見菩薩見佛滅度悲感
懊惱戀慕於佛即以海此岸栴檀為𧂐供養佛身
而以燒之火滅已後收取舍利作八万四千寶瓶以
起八万四千塔高三世界表刹莊嚴垂諸幡蓋懸衆
寶鈴尒時一切衆生憙見菩薩復自念言我雖作
是供養心猶未足我今當更供養舍利便語諸菩
薩大弟子及天龍夜叉等一切大衆汝等當一心念
我今供養日月淨明德佛舍利作是語已即於八万
四千塔前然百福莊嚴臂七万二千歲而以供養令
无數求聲聞衆无量阿僧祇人發阿耨多羅三藐三
菩提心皆使得住現一切色身三昧尒時諸菩薩大
弟子天人阿脩羅等見其无臂憂惱悲哀而作是
言此一切衆生憙見菩薩是我等師教化我者而

BD15324號　妙法蓮華經卷六　（22–18）

我今供養日月淨明德佛舍利作是語已即於八万
四千塔前然百福莊嚴臂七万二千歲而以供養令
无數求聲聞衆无量阿僧祇人發阿耨多羅三藐三
菩提心皆使得住現一切色身三昧尒時諸菩薩大
弟子天人阿脩羅等見其无臂憂惱悲哀而作是
言此一切衆生憙見菩薩是我等師教化我者而
今燒臂身不具足于時一切衆生憙見菩薩於大衆
中立此誓言我捨兩臂必當得佛金色之身若實
不虛令我兩臂還復如故作是誓已自然還復由
斯菩薩福智慧淳厚所致當尒之時三千大千世界
六種震動天雨寶華一切天人得未曾有佛告宿王
華菩薩於汝意云何一切衆生憙見菩薩豈異人
乎今藥王菩薩是也其所捨身布施如是无量百千
万億那由他數宿王華若有發心欲得阿耨多羅三
藐三菩提者能然手指乃至足一指供養佛塔勝以
國城妻子及三千大千國土山林河池諸珎寶物而
供養者若復有人以七寶滿三千大千世界供養於
佛及大菩薩辟支佛阿羅漢是人所得功德不如受
持此法華經乃至一四句偈其福最多宿王華譬如
一切川流江河諸水之中海為第一此法華經亦復如
是於諸如來所說經中最為深大又如土山黑山小鐵
圍山大鐵圍山及十寶山衆山之中須弥山為第一
此法華經亦復如是於諸經中最為其上又如衆星
之中月天子最為第一此經亦復如是於千万億種
諸經法中最為照明又如日天子能除諸闇此經亦
復如是能破一切不善之闇又如諸小王中轉輪聖王
最為第一此經亦復如是於衆經中最為其尊又
如帝釋於三十三天中王此經亦復如是諸經中王
又如大梵天王一切衆生之父此經亦復如是一切賢
聖學无學及發心菩薩者之父又如一切凡夫人中

BD15324號　妙法蓮華經卷六　（22–19）

復如是能破一切不善之闇又如諸小王中轉輪聖王
最為第一此經亦復如是於衆經中最為其尊又
如帝釋於三十三天中王此經亦復如是諸經中王
又如大梵天王一切衆生之父此經亦復如是一切賢
聖學无學及發心菩薩者之父又如一切凡夫人中
須陁洹斯陁含阿那含阿羅漢辟支佛為第一此經
亦復如是一切如來所説若菩薩所説若聲聞所説
諸經法中最為第一有能受持是經典者亦復如是於
一切衆生中亦為第一一切聲聞辟支佛中菩薩為第
一此經亦復如是於一切諸經法中最為第一如佛為
諸法王此經亦復如是諸經中王宿王華此經能救一切
衆生者此經能令一切衆生離諸苦惱此經能大饒益一
切衆生充滿其願如清涼池能滿一切諸渴乏者如寒者
得火如倮者得衣如商人得主如子得母如渡得舩如
病得醫如闇得燈如貧得寶如民得王如賈客得海
如炬除闇此法華經亦復如是能令衆生離一切苦一切
病痛能解一切生死之縛若人得聞此法華經若自書若
使人書所得功德以佛智慧籌量多少不得其邊若書
是經卷華香瓔珞燒香末香塗香幡蓋衣服種種之燈
蘇油燈諸香油燈瞻蔔油燈須曼油燈波羅羅油燈波
利師迦油燈那婆摩利油燈供養所得功德亦復无量宿
王華若有人聞是藥王菩薩本事品者亦得无量无
邊功德若有女人聞是藥王菩薩本事品能受持者
盡是女身後不復受若如來滅後後五百歲中若有女
人聞是經典如説脩行於此命終即往安樂世界阿弥
陁佛大菩薩衆圍遶住處生蓮華中寶座之上不復
為貪欲所惱亦復不為瞋恚愚癡所惱亦復不為憍
慢嫉妬諸垢所惱得菩薩神通无生法忍得是忍已眼
根清淨以是清淨眼根見七百万億那由他恒河沙等
諸佛如來是時諸佛遥共讃言善哉善哉善男子汝
能於釋迦牟尼佛法中受持讀誦思惟是經為他人

BD15324號　妙法蓮華經卷六　（22–20）

為貪欲所惱亦復不為瞋恚愚癡所惱亦復不為憍
慢嫉妬諸垢所惱得菩薩神通无生法忍得是忍已眼
根清淨以是清淨眼根見七百万億那由他恒河沙等
諸佛如來是時諸佛遥共讃言善哉善哉善男子汝
能於釋迦牟尼佛法中受持讀誦思惟是經為他人
説所得福德无量无邊火不能燒水不能漂汝之功
德千佛共説不能令盡汝今已能破諸魔賊壞生死軍
諸餘怨敵生悉摧滅善男子百千諸佛以神通力共守
護汝於一切世間天人之中无如汝者唯除如來其諸聲
聞辟支佛乃至菩薩智慧禪定无有與汝等者宿王
華此菩薩成就如是功德智慧之力若有人聞是藥王
菩薩本事品能隨喜讃善者是人現世口中常出青蓮
華香身毛孔中常出牛頭栴檀香所得功德如上所説
是故宿王華以此藥王菩薩本事品囑累於汝我滅度
後後五百歲中廣宣流布於閻浮提无令斷絶惡魔
魔民諸天龍夜叉鳩槃荼等得其便也宿王華汝當
以神通之力守護是經所以者何此經則為閻浮提
人病之良藥若人有病得聞是經病即消滅不老不死
宿王華汝若見有受持是經者應以青蓮華盛滿末
香供散其上散已作是念言此人不久必當取草坐
於道場破諸魔軍當吹法螺擊大法鼓度脱一切衆
生老病死海是故求佛道者見有受持是經典人應當
如是生恭敬心説是藥王菩薩本事品時八万四千菩
薩得解一切衆生語言陁羅尼多寶如來於寶塔中讃
宿王華菩薩言善哉善哉宿王華汝成就不可思議
功德乃能問釋迦牟尼佛如此之事利益无量一
切衆生

妙法蓮華經卷第六

大業三年五月廿九日清信弟子王就寫訖

BD15324號　妙法蓮華經卷六　（22–21）

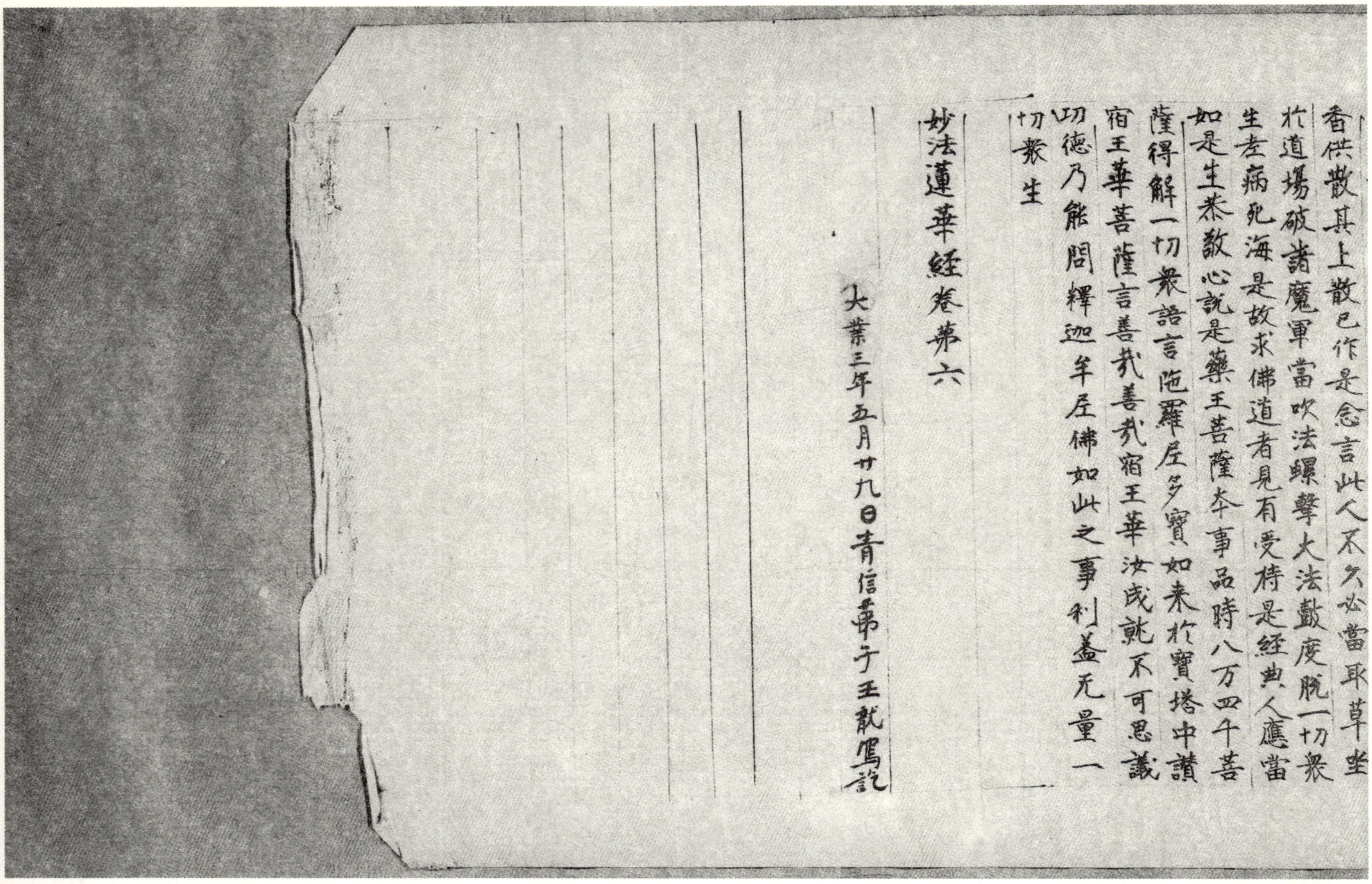

香供散其上散已作是念言此人不久必當取草坐
於道場破諸魔軍當吹法螺擊大法鼓度脫一切衆
生老病死海是故求佛道者見有受持是經典人應當
如是生恭敬心說是藥王菩薩本事品時八万四千菩
薩得解一切衆生語言陁羅尼多寶如來於寶塔中讚
宿王華菩薩言善哉善哉宿王華汝成就不可思議
功德乃能問釋迦牟尼佛如此之事利益无量一
切衆生

妙法蓮華經卷第六

大業三年五月廿九日青信弟子王献寫訖

BD15324 號　妙法蓮華經卷六　（22–22）

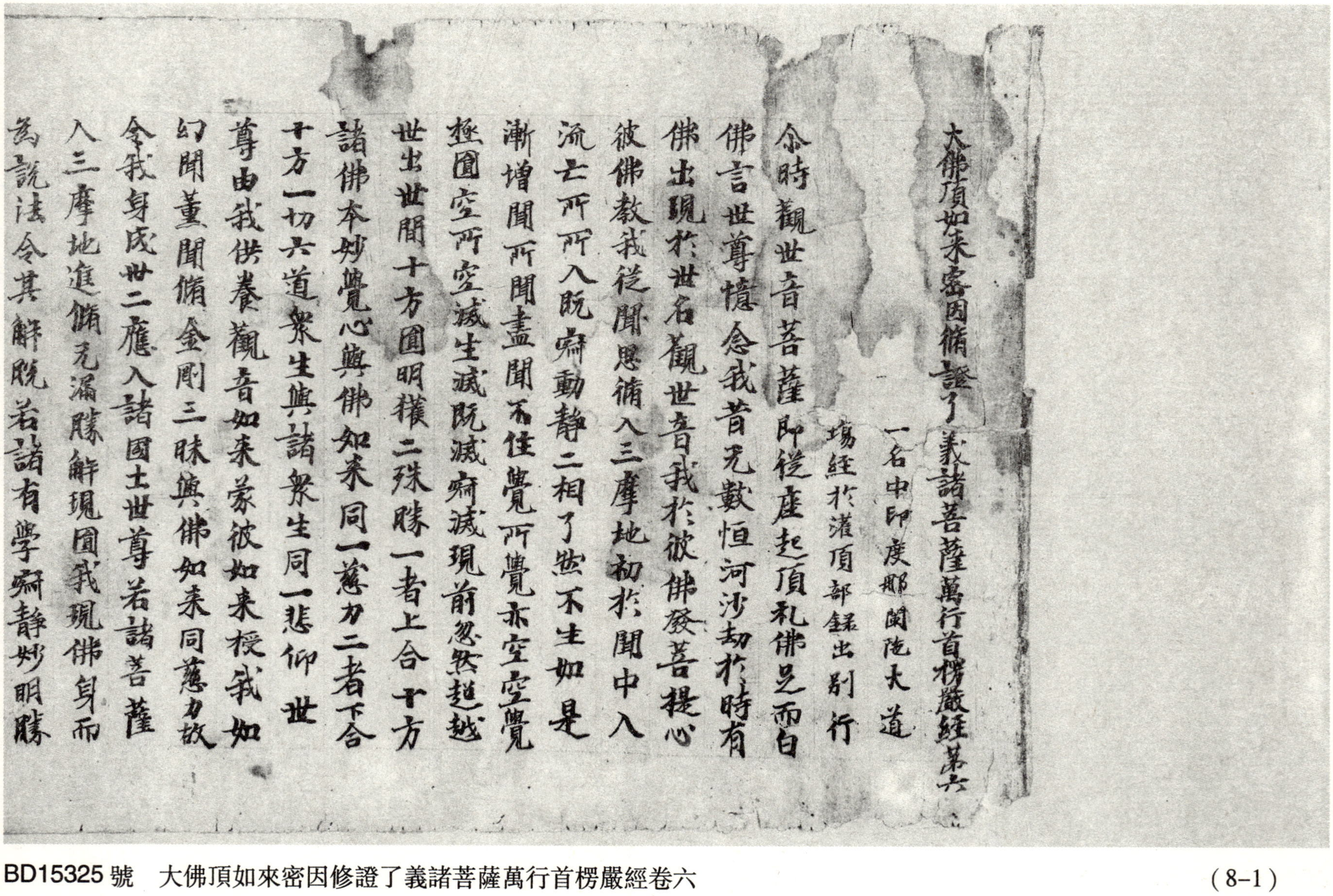

大佛頂如來密因修證了義諸菩薩萬行首楞嚴經第六
一名中印度那蘭陀大道場經於灌頂部錄出別行
尒時觀世音菩薩即從座起頂礼佛足而白
佛言世尊憶念我昔无數恒河沙劫於時有
佛出現於世名觀世音我於彼佛發菩提心
彼佛教我從聞思修入三摩地初於聞中入
流亡所所入既寂動靜二相了然不生如是
漸增聞所聞盡盡聞不住覺所覺亦空空覺
極圓空所空滅生滅既滅寂滅現前忽然超越
世出世間十方圓明獲二殊勝一者上合十方
諸佛本妙覺心與佛如來同一慈力二者下合
十方一切六道衆生與諸衆生同一悲仰世
尊由我供養觀音如來蒙彼如來授我如
幻聞熏聞修金剛三昧與佛如來同慈力故
令我身成卅二應入諸國土世尊若諸菩薩
入三摩地進修无漏勝解現圓我現佛身而
為說法令其解脫若諸有學寂靜妙明勝

BD15325 號　大佛頂如來密因修證了義諸菩薩萬行首楞嚴經卷六　（8–1）

入三摩地進脩无漏勝解現圓我現佛身而
為說法令其解脫若諸有學寂靜妙明勝
妙現圓我於彼前現獨覺身而為說法令其
解脫若諸有學斷十二緣緣斷勝性勝妙現
圓我於彼前現緣覺身而為說法令其解脫
若諸有學得四諦空脩道入滅勝性現圓我
於彼前現聲聞身而為說法令其解脫若諸
衆生欲心明悟不犯欲塵欲身清淨我於彼
前現梵王身而為說法令其解脫若諸衆生
欲為天主統領諸天我於彼前現帝釋身而
為說法令其成就若諸衆生欲身自在遊行
十方我於彼前現自在天身而為說法令其成
就若諸衆生欲身自在飛行虛空我於彼
前現大自在天身而為說法令其成就若諸
衆生愛統鬼神救護國土我於彼前現天大將
軍身而為說法令其成就若諸衆生愛統世
界保護衆生我於彼前現四天王身而為說
法令其成就若諸衆生愛生天宮駈使鬼神
我於彼前現四天王國太子身而為說法令其
成就若諸衆生樂為人王我於彼前現人
王身而為說法令其成就若諸衆生愛主族
姓世閒推讓我於彼前現長者身而為說法
令其成就若諸衆生愛談名言清淨其居
我於彼前現居士身而為說法令其成就若

BD15325號　大佛頂如來密因修證了義諸菩薩萬行首楞嚴經卷六　（8–2）

王身而為說法令其成就若諸衆生愛主族
姓世閒推讓我於彼前現長者身而為說法
令其成就若諸衆生愛談名言清淨其居
我於彼前現居士身而為說法令其成就若
諸衆生愛治國土剖斷邦邑我於彼前現宰
官身而為說法令其成就若諸衆生愛諸
數術攝衛自居我於彼前現婆羅門身而為
說法令其成就若有男子好學出家持諸戒
律我於彼前現比丘身而為說法令其成就若
有女子好學出家持諸禁戒我於彼前現比
丘尼身而為說法令其成就若有男子樂持五
戒我於彼前現優婆塞身而為說法令其成
就若復女子五戒自居我於彼前現優婆夷
身而為說法令其成就若有女人內政立身
以脩家國我於彼前現女主身及國夫人命
婦大家而為說法令其成就若有衆生不壞
男根我於彼前現童男身而為說法令其成
就若有處女愛樂處身不求侵暴我於彼前
現童女身而為說法令其成就若有諸天樂
出天倫我現天身而為說法令其成就若有
諸龍樂出龍倫我現龍身而為說法令其成
就若有藥叉樂度本倫我於彼前現藥叉身
而為說法令其成就若乾闥婆樂脫其倫我
於彼前現乾闥婆身而為說法令其成就若

BD15325號　大佛頂如來密因修證了義諸菩薩萬行首楞嚴經卷六　（8–3）

而為說法令其成就若乾闥婆樂脫其倫我
於彼前現乾闥婆身而為說法令其成就若
阿脩羅樂脫本倫我於彼前現阿脩羅身而
為說法令其成就若緊陁羅樂脫其倫我於
彼前現緊陁羅身而為說法令其成就若摩
呼羅伽樂脫其倫我於彼前現摩呼羅身而
為說法令其成就若諸眾生樂人脩人我現
人身而為說法令其成就若諸非人有形无形
有想无想樂度其倫我於彼前皆現其身而
為說法令其成就是名妙淨三十二應入國土
身皆以三昧聞薰聞脩无作妙力自在成就
世尊我復以此聞薰聞脩金剛三昧无作妙力
與諸十方三世六道一切眾生同悲仰故令
諸眾生於我身心獲十四種无畏功德一者
由我不自觀音以觀觀者令彼十方苦惱
眾生觀其音聲即得解脫二者知見旋復令
諸眾生設入大火火不能燒三者觀聽旋復
令諸眾生大水所漂水不能溺四者斷滅妄想
心无煞害令諸眾生入諸鬼國鬼不能害五
者薰聞成聞六根銷復同於聲聽能令眾
生臨當被害刀段段壞使其兵戈猶如割水
亦如吹光性无搖動六者聞薰精明明遍法
界則諸幽暗性不能全能令眾生藥叉羅剎
鳩槃荼鬼及毗舍遮富單那等雖近其傍目

BD15325號　大佛頂如來密因修證了義諸菩薩萬行首楞嚴經卷六　（8–4）

亦如吹光性无搖動六者聞薰精明明遍法
界則諸幽暗性不能全能令眾生藥叉羅剎
鳩槃荼鬼及毗舍遮富單那等雖近其傍目
不能視七者音性圓銷觀聽返入離諸塵妄
能令眾生禁繫枷鎖所不能著八者滅音圓
聞遍生慈力能令眾生經過嶮路賊不能劫九
者薰聞離塵色所不劫能令一切多婬眾生遠
離貪欲十者純音无塵根境圓融无對所
對能令一切忿恨眾生離諸嗔恚十一者銷
塵旋明法界身心猶如瑠璃朗徹无礙能令
一切昏鈍性鄣諸阿顛迦永離癡暗十二者
融形復聞不動道場涉入世間不壞世界能遍
十方供養微塵諸佛如來各各佛邊為法王
子能令法界无子眾生欲求男者誕生福
德智慧之男十三者六根圓通明照无二含
十方界立大圓鏡空如來藏承順十方微塵
如來祕密法門受領无失能令法界无子眾
生欲求女者誕生端正福德柔順眾人愛敬
有相之女十四者此三千大千世界百億日
月現住世間諸法王子有六十二恒河沙數
脩法垂範教化眾生隨順眾生方便智慧各
各不同由我所得圓通本根發妙耳門然後
身心微妙含容遍周法界能令眾生持我名
號與彼共持六十二恒河沙諸法王子二人

BD15325號　大佛頂如來密因修證了義諸菩薩萬行首楞嚴經卷六　（8–5）

各不同由我所得圓通本根發妙耳門然後
身心微妙含容遍周法界能令衆生持我名
号與彼共持六十二恒河沙諸法王子二人
福德正等无異世尊我一号名與彼衆多名
号无異由我脩習得真圓通是名十四施无
畏力福備衆生
世尊我又獲是圓通脩證无上道故又能善
獲四不思議无作妙德一者由我初獲妙妙
聞心心精遺聞見聞覺知不能分隔成一圓
融清淨寶覺故我能現衆多妙容能說无
邊秘密神呪其中或現一首三首五首七首
九首十一首如是乃至一百八首千首萬首八
万四千爍迦囉首二臂四臂六臂八臂十臂十
二臂十四臂十六十八廿至廿四如是乃至
一百八臂千臂万臂八万四千母陀羅臂二目
三目四目九目如是乃至一百八目千目万
目八万四千清淨寶目或慈或威或定或慧
救護衆生得大自在二者由我聞思脫出六
塵如聲度垣不能爲礙故我妙能現一一形
誦一一呪其形其呪能以无畏施諸衆生是
故十方微塵國土皆名我爲施无畏者三
者由我脩習本妙圓通清淨本根所遊世界皆
令衆生捨身珎寶求我哀愍四者我得佛
心證於究竟能以珎寶種種供養十方如来

BD15325 號　大佛頂如來密因修證了義諸菩薩萬行首楞嚴經卷六　（8–6）

令衆生捨身珎寶求我哀愍四者我得佛
心證於究竟能以珎寶種種供養十方如来
傍及法界六道衆生求妻得妻求子得子
求三昧得三昧求長壽得長壽如是乃至求
求大涅槃得大涅槃佛問圓通我從耳門圓
照三昧緣心自在因入流相得三摩提成就
菩提斯爲第一世尊彼佛如来歎我善得圓
通法門於大會中授記我爲觀世音号由我
觀聽十方圓明故名觀音遍十方界
介時世尊於師子座從其五體同放寶光遠
灌十方微塵如来及法王子諸菩薩頂彼諸
如来亦於五體同放寶光從微塵方来灌佛
頂并灌會中諸大菩薩及阿羅漢林木池沼
皆演法音交光相羅如寶絲網是諸大衆得
未曾有一切普獲金剛三昧即時天雨百寶
蓮花青黃赤白閒錯紛糅十方虛空成七寶
色此娑婆界大地山河俱時不現唯見十方
微塵國土合成一界梵唄詠歌自然敷奏於是
如来告文殊師利法王子汝今觀此二十五
无學諸大菩薩及阿羅漢各說最初成
道方便皆言脩習真實圓通彼等脩行實无
優劣前後差別我今欲令阿難開悟廿五行
誰當其根兼我滅後此界衆生入菩薩乘求
无上道何方便門得易成就文殊師利法

BD15325 號　大佛頂如來密因修證了義諸菩薩萬行首楞嚴經卷六　（8–7）

優劣前後差別我今欲令阿難開悟廿五行
誰當其根兼我滅後此界衆生入菩薩乘求
无上道何方便門得易成就文殊師利法
王子奉佛慈旨即從座起頂礼佛足承佛
威神說偈對佛
覺海性澄圓　圓澄覺元妙　元明照生所　所立照性亡
迷妄有虛空　依空立世界　想澄成國土　知覺乃衆生
空生大覺中　如海一漚發　有漏微塵國　皆從空所生
漚滅空本无　况復諸三有　歸元性无二　方便有多門
聖性无不通　順逆皆方便　初心入三昧　遅速不同倫
色想結成塵　精了不能徹　如何不明徹　於是獲圓通
音聲雜語言　但伊名句味　一非含一切　云何獲圓通
香以合中知　離則元无有　不恒其所覺　云何獲圓通
味性非本然　要以味時有　其覺不恒一　云何獲圓通
觸以所觸明　无所不明觸　合離性非定　云何獲圓通
法稱為內塵　憑塵必有所　能所非遍涉　云何獲圓通
見性雖洞然　明前不明後　四維虧一半　云何獲圓通
鼻息出入通　現前无交氣　支離匪涉入　云何獲圓通
舌非入无端　因味生覺了　味亡了无有　云何獲圓通
身與所觸同　各非圓覺觀　涯量不冥會　云何獲圓通
知根雜亂思　湛了終无見　想念不可脫　云何獲圓通
識見雜三和　詰本稱非相　自體先无定　云何獲圓通
心聞洞十方　生于大因力　初心不能入　云何獲圓通
鼻想本權機　祇令攝心住　住成心所住　云何獲圓通

BD15325 號　大佛頂如來密因修證了義諸菩薩萬行首楞嚴經卷六　（8–8）

皆厄壽終之後遊歷十方淨妙國土蓮華化生
不處胞胎下劣之處與諸菩薩而為勝友親
近諸佛供養恭敬乘斯善力隨願即到從一
天上生一天上遊歷三十三天十方無量淨
土周而復始永更不墮地獄輪迴六趣餓鬼傍
生亦不生邊地下賤何況雜形阿難我滅後
若諸衆生在在處處國邑聚落山林曠澤
或於王宮僧房寺舍或自在處或凡人宅
舍朝暮淨心燒香散花楊枝揩齒淨水漱口
至誠頂礼稱揚諸佛讃誦此陀羅尼者當知
亦得常有百千殑伽沙那庾多諸佛菩薩龍神
四衆隨逐衛護阿難是大神呪所在之處常
有八万四千那庾多殑伽沙俱胝金剛藏王菩
薩皆有八万四千諸大金剛力士并其眷屬

BD15326 號　首楞嚴經（異本）（擬）　（1–1）

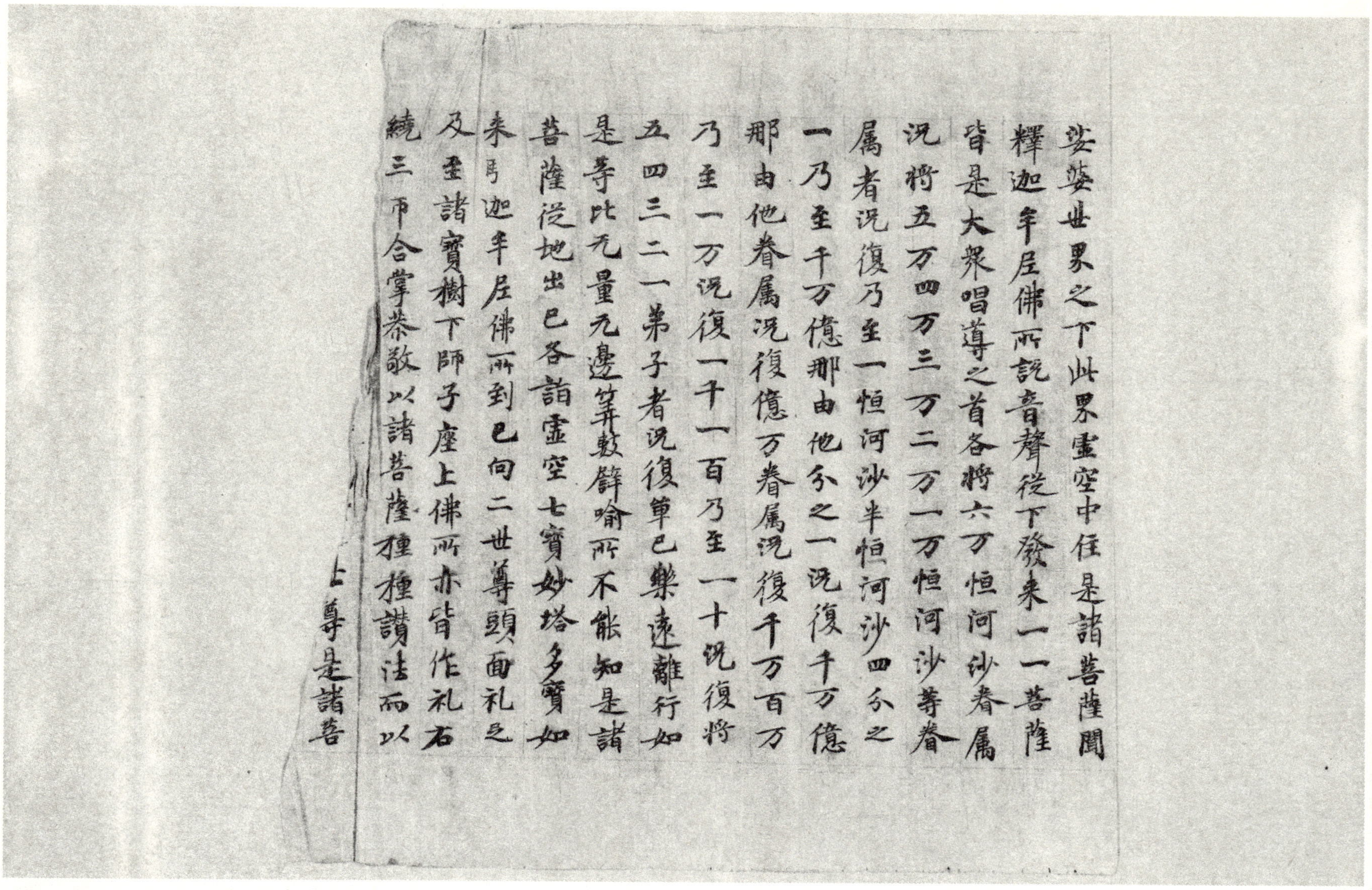

娑婆世界之下此界虛空中住是諸菩薩聞
釋迦牟尼佛所說音聲從下發來一一菩薩
皆是大衆唱導之首各將六万恒河沙眷屬
況將五万四万三万二万一万恒河沙等眷
屬者況復乃至一恒河沙半恒河沙四分之
一乃至千万億那由他分之一況復千万億
那由他眷屬況復億万眷屬況復千万百万
乃至一万況復一千一百乃至一十況復將
五四三二一弟子者況復單己樂遠離行如
是等比无量无邊筭數譬喻所不能知是諸
菩薩從地出已各詣虛空七寶妙塔多寶如
來釋迦牟尼佛所到已向二世尊頭面礼足
及至諸寶樹下師子座上佛所亦皆作礼右
繞三帀合掌恭敬以諸菩薩種種讚法而以
上尊是諸菩

BD15327 號　妙法蓮華經卷五　（1–1）

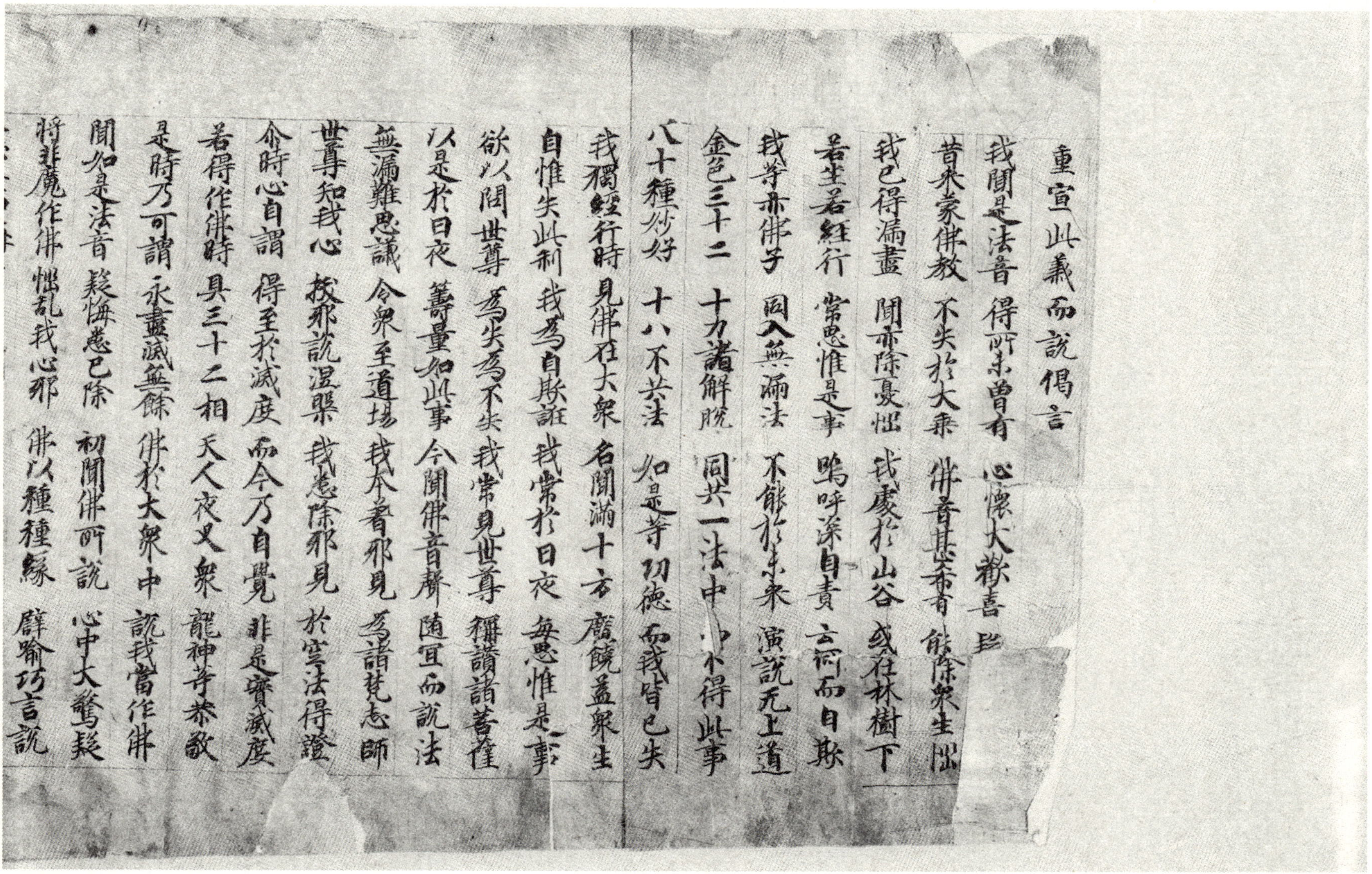

重宣此義而說偈言
我聞是法音　得所未曾有　心懷大歡喜　疑
昔來蒙佛教　不失於大乘　佛音甚希有　能除衆生惱
我已得漏盡　聞亦除憂惱　我處於山谷　或在林樹下
若坐若經行　常思惟是事　嗚呼深自責　云何而自欺
我等亦佛子　同入無漏法　不能於未來　演說无上道
金色三十二　十力諸解脫　同共一法中　而不得此事
八十種妙好　十八不共法　如是等功德　而我皆已失
我獨經行時　見佛在大衆　名聞滿十方　廣饒益衆生
自惟失此利　我為自欺誑　我常於日夜　每思惟是事
欲以問世尊　為失為不失　我常見世尊　稱讚諸菩薩
以是於日夜　籌量如此事　今聞佛音聲　隨宜而說法
無漏難思議　令衆至道場　我本著邪見　為諸梵志師
世尊知我心　拔邪說涅槃　我悉除邪見　於空法得證
尒時心自謂　得至於滅度　而今乃自覺　非是實滅度
若得作佛時　具三十二相　天人夜叉衆　龍神等恭敬
是時乃可謂　永盡滅無餘　佛於大衆中　說我當作佛
聞如是法音　疑悔悉已除　初聞佛所說　心中大驚疑
將非魔作佛　惱乱我心耶　佛以種種緣　譬喻巧言說

BD15328 號　妙法蓮華經卷二　（28–1）

若得作佛時具三十二相天人夜叉衆龍神等恭敬
是時乃可謂永盡滅無餘佛於大衆中說我當作佛
聞如是法音疑悔悉已除初聞佛所說心中大驚疑
將非魔作佛惱亂我心耶佛以種種緣譬喻巧言說
其心安如海我聞疑網斷佛說過去世無量滅度佛
安住方便中亦皆說是法現在未來佛其數無有量
亦以諸方便演說如是法如今者世尊從生及出家
得道轉法輪亦以方便說世尊說實道波旬無此事
以是我定知非是魔作佛我墮疑網故謂是魔所為
聞佛柔軟音深遠甚微妙演暢清淨法我心大歡喜
疑悔永已盡安住實智中我定當作佛為天人所敬
轉無上法輪教化諸菩薩
尒時佛告舍利弗吾今於天人沙門婆羅門
等大衆中說我昔曾於二万億佛所為無上
道故常教化汝汝亦長夜隨我受學我以方
便引導汝故生我法中舍利弗我昔教汝志
願佛道汝今悉忘而便自謂已得滅度我今
還欲令汝憶念本願所行道故為諸聲聞說
是大乘經名妙法蓮華教菩薩法佛所護念
舍利弗汝於未來世過无量無邊不可思議
劫供養若干千万億佛奉持正法具足菩薩
所行之道當得作佛號曰華光如來應供正
遍知明行足善逝世間解無上士調御丈夫
天人師佛世尊國名離垢其土平正清淨嚴

BD15328號　妙法蓮華經卷二　(28–2)

劫供養若干千万億佛奉持正法具足菩薩
所行之道當得作佛號曰華光如來應供正
遍知明行足善逝世間解無上士調御丈夫
天人師佛世尊國名離垢其土平正清淨嚴
飾安隱豐樂天人熾盛琉璃為地有八交道
黃金為繩以界其側其傍各有七寶行樹常
有華菓華光如來亦以三乘教化衆生舍利
弗彼佛出時雖非惡世以本願故說三乘法
其劫名大寶莊嚴何故名曰大寶莊嚴其國
中以菩薩為大寶故彼諸菩薩无量无邊不
可思議筭數譬喻所不能及非佛智力無能
知者若欲行時寶華承足此諸菩薩非初發
意皆久殖德本於無量百千万億佛所淨脩
梵行恒為諸佛之所稱歎常脩佛慧具大神
通善知一切諸法之門質直无偽志念堅固
如是菩薩充滿其國舍利弗華光佛壽十二
小劫除為王子未作佛時其國人民壽八小
劫華光如來過十二小劫授堅滿菩薩阿耨
多羅三藐三菩提記告諸比丘是堅滿菩薩
次當作佛號曰華足安行多陀阿伽度阿羅
訶三藐三佛陀其佛國土亦復如是舍利弗
是華光佛滅度之後正法住世三十二小劫
像法住世亦三十二小劫尒時世尊欲重宣
此義而說偈言

BD15328號　妙法蓮華經卷二　(28–3)

像法住世亦三十二小劫尒時世尊欲重宣
此義而說偈言
舍利弗來世　成佛普智尊　号名曰華光　當度无量衆
供養无數佛　具足菩薩行　十力等功德　證於無上道
過無量劫已　劫名大寶嚴　世界名離垢　清淨无瑕穢
以瑠璃為地　金繩界其道　七寶雜色樹　常有華菓實
彼國諸菩薩　志念常堅固　神通波羅蜜　皆已悉具足
於無數佛所　善學菩薩道　如是等大士　華光佛所化
佛為王子時　弃國捨世榮　於冣末後身　出家成佛道
華光佛住世　壽十二小劫　其國人民衆　壽命八小劫
佛滅度之後　正法住於世　三十二小劫　廣度諸衆生
正法滅盡已　像法三十二　舍利廣流布　天人普供養
華光佛所為　其事皆如是　其兩足聖尊　冣勝无倫匹
彼即是汝身　冝應自欣慶
尒時四部衆比丘比丘尼優婆塞優婆夷天
龍夜叉乾闥婆阿脩羅迦樓羅緊那羅摩睺羅
伽等大衆見舍利弗於佛前受阿耨多羅三
藐三菩提記心大歡喜踊躍無量各各脫身
所著上衣以供養佛釋提桓因梵天王等與
無數天子亦以天妙衣天曼陁羅華摩訶曼
陁羅華等供養於佛所散天衣住虛空中而
自轉迴諸天伎樂百千万種於虛空中一時
俱作雨衆天華而作是言佛昔於波羅柰初
轉法輪今乃復轉無上冣大法輪尒時諸天

BD15328號　妙法蓮華經卷二　（28–4）

陁羅華等供養於佛所散天衣住虛空中而
自轉迴諸天伎樂百千万種於虛空中一時
俱作雨衆天華而作是言佛昔於波羅柰初
轉法輪今乃復轉無上冣大法輪尒時諸天
子欲重宣此義而說偈言
昔於波羅柰　轉四諦法輪　分別說諸法　五衆之生滅
今復轉冣妙　無上大法輪　是法甚深奧　少有能信者
我等從昔來　數聞世尊說　未曾聞如是　深妙之上法
世尊說是法　我等皆隨喜　大智舍利弗　今得受尊記
我等亦如是　必當得作佛　於一切世間　冣尊无有上
佛道叵思議　方便隨冝說　我所有福業　今世若過世
及見佛功德　盡迴向佛道
尒時舍利弗白佛言世尊我今無復疑悔親
於佛前得受阿耨多羅三藐三菩提記是諸
千二百心自在者昔住學地佛常教化言我
法能離生老病死究竟涅槃是學无學人亦
各自已離我見及有无見等謂得涅槃而今
於世尊前聞所未聞皆墮疑惑善哉世尊願
為四衆說其因緣令離疑悔尒時佛告舍利
弗我先不言諸佛世尊以種種因緣譬喻言
辭方便說法皆為阿耨多羅三藐三菩提耶
是諸所說皆為化菩薩故然舍利弗今當復
以譬喻更明此義諸有智者以譬喻得解舍
利弗若國邑聚落有大長者其年衰邁財冨
无量多有田宅及諸僮僕其家廣大唯有一

BD15328號　妙法蓮華經卷二　（28–5）

是諸所說皆爲化菩薩故然舍利弗今當復
以譬喻更明此義諸有智者以譬喻得解舍
利弗若國邑聚落有大長者其年衰邁財富
无量多有田宅及諸僮僕其家廣大唯有一
門多諸人衆一百二百乃至五百人止住其
中堂閣朽故墻壁頹落柱根腐敗梁棟傾危
周匝俱時欻然火起焚燒舍宅長者諸子若
十二十或至三十在此宅中長者見是大火
從四面起即大驚怖而作是念我雖能於此
所燒之門安隱得出而諸子等於火宅内樂
著嬉戲不覺不知不驚不怖火來逼身苦痛
切己心不厭患无求出意舍利弗是長者作
是思惟我身手有力當以衣裓若以几案從
舍出之復更思惟是舍唯有一門而復狹小
諸子幼稚未有所識戀著戲處或當墮落爲
火所燒我當爲說怖畏之事此舍已燒宜時
疾出无令爲火之所燒害作是念已如所思
惟具告諸子汝等速出父雖憐愍善言誘喻
而諸子等樂著嬉戲不肯信受不驚不畏
了无出心亦復不知何者是火何者爲舍云
何爲失但東西走戲視父而已尒時長者即
作是念此舍已爲大火所燒我及諸子若不
時出必爲所焚我今當設方便令諸子等得
免斯害父知諸子先心各有所好種種珎玩
奇異之物情必樂著而告之言汝等所可玩

BD15328號　妙法蓮華經卷二　　（28–6）

免斯害父知諸子先心各有所好種種珎玩
奇異之物情必樂著而告之言汝等所可玩
好希有難得汝若不取後必憂悔如此種種
羊車鹿車牛車今在門外可以遊戲汝等於
此火宅宜速出來隨汝所欲皆當與汝尒時
諸子聞父所說珎玩之物適其願故心各勇
鋭互相推排競共馳走爭出火宅是時長者
見諸子等安隱得出皆於四衢道中露地而
坐无復障礙其心泰然歡喜踊躍時諸子等
各白父言父先所許玩好之具羊車鹿車牛
車願時賜與舍利弗尒時長者各賜諸子等
一大車其車高廣衆寶莊校周匝欄楯四面
懸鈴又於其上張設幰蓋亦以珎奇雜寶而
嚴飾之寶繩絞絡垂諸華纓重敷綩綖安置
丹枕駕以白牛膚色充潔形體姝好有大筋
力行步平正其疾如風又多僕從而侍衛之
所以者何是大長者財富无量種種諸藏悉
皆充溢而作是念我財物无極不應以下劣
小車與諸子等今此幼童皆是吾子愛无偏
黨我有如是七寶大車其數無量應當等心
各各與之不宜差別所以者何以我此物周
給一國猶尚不匱何況諸子是時諸子各乘
大車得未曾有非本所望舍利弗於汝意云
何是長者等與諸子珎寶大車寧有虛妄不

BD15328號　妙法蓮華經卷二　　（28–7）

各各與之不宜差別所以者何以我此物周
給一國猶尚不匱何況諸子是時諸子各乘
大車得未曾有非本所望舍利弗於汝意云
何是長者等與諸子珎寶大車寧有虛妄不
舍利弗言不也世尊是長者但令諸子得免
火難全其軀命非為虛妄何以故若全身命
便為已得玩好之具況復方便於彼火宅而
拔濟之世尊若是長者乃至不與最小一車
猶不虛妄何以故是長者先作是意我以方
便令子得出以是因緣无虛妄也何況長者
自知財富無量欲饒益諸子等與大車佛告
舍利弗善哉善哉如汝所言舍利弗如來亦
復如是則為一切世間之父於諸怖畏衰惱
憂患无明闇蔽永盡无餘而悉成就无量知
見力无所畏有大神力及智慧力具足方便
智慧波羅蜜大慈大悲常无懈惓恒求善事
利益一切而生三界朽故火宅為度衆生生
老病死憂悲苦惱愚癡闇蔽三毒之火教化
令得阿耨多羅三藐三菩提見諸衆生為生
老病死憂悲苦惱之所燒煑亦以五欲財利
故受種種苦又以貪著追求故現受衆苦後
受地獄畜生餓鬼之苦若生天上及在人間
貧窮困苦愛別離苦怨憎會苦如是等種種
諸苦衆生沒在其中歡喜遊戲不覺不知不

BD15328號　妙法蓮華經卷二　（28–8）

貧窮困苦愛別離苦怨憎會苦如是等種種
諸苦衆生沒在其中歡喜遊戲不覺不知不
驚不怖亦不生猒不求解脫於此三界火宅
東西馳走雖遭大苦不以為患舍利弗佛見
此已便作是念我為衆生之父應拔其苦難
與無量無邊佛智慧樂令其遊戲舍利弗如
來復作是念若我但以神力及智慧力捨於
方便為諸衆生讚如來知見力無所畏者衆
生不能以是得度所以者何是諸衆生未免
生老病死憂悲苦惱而為三界火宅所燒何
由能解佛之智慧舍利弗如彼長者雖復身
手有力而不用之但以慇懃方便免濟諸子
火宅之難然後各與珎寶大車如來亦復如
是雖有力无所畏而不用之但以智慧方便
於三界火宅拔濟衆生為說三乘聲聞辟支
佛佛乘而作是言汝等莫得樂住三界火宅
勿貪麁弊色聲香味觸也若貪著生愛則為
所燒汝速出三界當得三乘聲聞辟支佛佛
乘我今為汝保任此事終不虛也汝等但當
勤脩精進如來以是方便誘進衆生復作是
言汝等當知此三乘法皆是聖所稱歎自在
無繫无所依求乘是三乘以无漏根力覺道
禪定解脫三昧等而自娛樂便得無量安隱
快樂舍利弗若有衆生內有智性從佛世尊

BD15328號　妙法蓮華經卷二　（28–9）

無繫无所依求乘是三乘以无漏根力覺道
禪定解脫三昧等而自娛樂便得無量安隱
快樂舍利弗若有衆生內有智性從佛世尊
聞法信受慇勤精進欲速出三界自求涅槃
是名聲聞乘如彼諸子為求羊車出於火宅
若有衆生從佛世尊聞法信受慇懃精進求
自然慧樂獨善寂深知諸法因緣是名辟支
佛乘如彼諸子為求鹿車出於火宅若有衆
生從佛世尊聞法信受勤修精進求一切智
佛智自然智無師智如來知見力無所畏愍
念安樂无量衆生利益天人度脫一切是名
大乘菩薩求此乘故名為摩訶薩如彼諸子為
求牛車出於火宅舍利弗如彼長者見諸子
等安隱得出火宅到無畏處自惟財富无量
以等大車而賜諸子如來亦復如是為一切
衆生之父若見無量億千衆生以佛教門出
三界苦怖畏險道得涅槃樂如來尒時便作
是念我有無量無邊智慧力無所畏等諸佛
法藏是諸衆生皆是我子等與大乘不令有
人獨得滅度皆以如來滅度而滅度之是諸
衆生脫三界者悉與諸佛禪定解脫等娛樂
之具皆是一相一種聖所稱歎能生淨妙第
一之樂舍利弗如彼長者初以三車誘引諸
子然後但與大車寶物莊嚴安隱第一然彼

BD15328號　妙法蓮華經卷二　（28–10）

之具皆是一相一種聖所稱歎能生淨妙第
一之樂舍利弗如彼長者初以三車誘引諸
子然後但與大車寶物莊嚴安隱第一然彼
長者无虛妄之咎如來亦復如是无有虛妄
初說三乘引導衆生然後但以大乘而度脫
之何以故如來有無量智慧力無所畏諸法
之藏能與一切衆生大乘之法但不能盡受
舍利弗以是因緣當知諸佛方便力故於一
佛乘分別說三佛欲重宣此義而說偈言
譬如長者　有一大宅　其宅久故　而復頓弊
堂舍高危　柱根摧朽　梁棟傾斜　基陛頹毀
墻壁圮坼　泥塗褫落　覆苫亂墜　椽梠差脫
周障屈曲　雜穢充遍　有五百人　止住其中
鵄梟鵰鷲　烏鵲鳩鴿　蚖蛇蝮蠍　蜈蚣蚰蜒
守宮百足　狖狸鼷鼠　諸惡虫輩　交橫馳走
屎尿臭處　不淨流溢　蜣蜋諸虫　而集其上
狐狼野干　咀嚼踐蹋　嚌齧死屍　骨肉狼藉
由是羣狗　競來搏撮　飢羸慞惶　處處求食
鬬爭摣掣　啀喍嘷吠　其舍恐怖　變狀如是
處處皆有　魑魅魍魎　夜叉惡鬼　食噉人肉
毒虫之屬　諸惡禽獸　孚乳產生　各自藏護
夜叉競來　爭取食之　食之既飽　惡心轉熾
鬬諍之聲　甚可怖畏　鳩槃荼鬼　蹲踞土埵
或時離地　一尺二尺　往返遊行　縱逸嬉戲

BD15328號　妙法蓮華經卷二　（28–11）

夜叉競來 爭取食之 食之既飽 惡心轉熾
鬪諍之聲 甚可怖畏 鳩槃荼鬼 蹲踞土埵
或時離地 一尺二尺 往返遊行 縱逸嬉戲
捉狗兩足 撲令失聲 以腳加頸 怖狗自樂
復有諸鬼 其身長大 裸形黑瘦 常住其中
發大惡聲 叫呼求食 復有諸鬼 其咽如針
復有諸鬼 首如牛頭 或食人肉 或復噉狗
頭髮蓬亂 殘害兇險 飢渴所逼 叫喚馳走
夜叉餓鬼 諸惡鳥獸 飢急四向 窺看窗牖
如是諸難 恐畏無量
是朽故宅 屬于一人 其人近出 未久之間
於後宅舍 忽然火起 四面一時 其焰俱熾
棟梁椽柱 爆聲震裂 摧折墮落 墻壁崩倒
諸鬼神等 揚聲大叫 鵰鷲諸鳥 鳩槃荼等
周慞惶怖 不能自出 惡獸毒虫 藏竄孔穴
毗舍闍鬼 亦住其中 薄福德故 為火所逼
共相殘害 飲血噉肉 野干之屬 並已前死
諸大惡獸 競來食噉 臭烟蓬㶿 四面充塞
蜈蚣蚰蜒 毒蛇之類 為火所燒 爭走出穴
鳩槃荼鬼 隨取而食 又諸餓鬼 頭上火然
飢渴熱惱 周慞悶走 其宅如是 甚可怖畏
毒害火災 衆難非一 是時宅主 在門外立
聞有人言 汝諸子等 先因遊戲 來入此宅
稚小无知 歡娛樂著 長者聞已 驚入火宅
方宜救濟 令無燒害 告喻諸子 說衆患難

BD15328號　妙法蓮華經卷二　（28–12）

毒害火災 衆難非一 是時宅主 在門外立
聞有人言 汝諸子等 先因遊戲 來入此宅
稚小无知 歡娛樂著 長者聞已 驚入火宅
方宜救濟 令無燒害 告喻諸子 說衆患難
惡鬼毒虫 災火蔓莚 衆苦次第 相續不絕
毒蛇蚖蝮 及諸夜叉 鳩槃荼鬼 野干狐狗
鵰鷲鵄梟 百足之屬 飢渴惱急 甚可怖畏
此苦難處 況復大火 諸子無知 雖聞父誨
猶故樂著 嬉戲不已 是時長者 而作是念
諸子如此 益我愁惱 今此舍宅 无一可樂
而諸子等 耽湎嬉戲 不受我教 將為火害
即便思惟 設諸方便 告諸子等 我有種種
珍玩之具 妙寶好車 羊車鹿車 大牛之車
今在門外 汝等出來 吾為汝等 造作此車
隨意所樂 可以遊戲 諸子聞說 如此諸車
即時奔競 馳走而出 到於空地 離諸苦難
長者見子 得出火宅 住於四衢 坐師子座
而自慶言 我今快樂 此諸子等 生育甚難
愚小无知 而入險宅 多諸毒虫 魑魅可畏
大火猛焰 四面俱起 而此諸子 貪樂嬉戲
我已救之 令得脫難 是故諸人 我今快樂
爾時諸子 知父安坐 皆詣父所 而白父言
願賜我等 三種寶車 如前所許 諸子出來
當以三車 隨汝所欲 今正是時 唯垂給與
長者大富 庫藏衆多 金銀琉璃 車𤦲馬瑙

BD15328號　妙法蓮華經卷二　（28–13）

當以三車隨汝所欲今正是時唯垂給與
長者大富庫藏衆多金銀琉璃車𤦲馬瑙
以衆寶物造諸大車莊校嚴飾周匝欄楯
四面懸鈴金繩交絡真珠羅網張施其上
金華諸纓處處垂下衆綵雜飾周匝圍繞
柔軟繒纊以為茵蓐上妙細㲲價直千億
鮮白淨潔以覆其上有大白牛肥壯多力
形體姝好以駕寶車多諸儐從而侍衛之
以是妙車等賜諸子諸子是時歡喜踊躍
乘是寶車遊於四方嬉戲快樂自在无㝵
告舍利弗我亦如是衆聖中尊世間之父
一切衆生皆是吾子深著世樂无有慧心
三界无安猶如火宅衆苦充滿甚可怖畏
常有生老病死憂患如是等火熾然不息
如來已離三界火宅寂然閑居安處林野
今此三界皆是我有其中衆生悉是吾子
而今此處多諸患難唯我一人能為救護
雖復教詔而不信受於諸欲染貪著深故
以是方便為說三乘令諸衆生知三界苦
開示演說出世間道是諸子等若心決定
具足三明及六神通有得緣覺不退菩薩
汝舍利弗我為衆生以此譬喻說一佛乘
汝等若能信受是語一切皆當得成佛道
是乘微妙清淨第一於諸世間為无有上

BD15328號　妙法蓮華經卷二　（28–14）

具足三明及六神通有得緣覺不退菩薩
汝舍利弗我為衆生以此譬喻說一佛乘
汝等若能信受是語一切皆當得成佛道
是乘微妙清淨第一於諸世間為无有上
佛所悅可一切衆生所應稱讚供養礼拜
无量億千諸力解脫禪定智慧及佛餘法
得如是乘令諸子等日夜劫數常得遊戲
與諸菩薩及聲聞衆乘此寶乘直至道場
以是因緣十方諦求更无餘乘除佛方便
告舍利弗汝諸人等皆是吾子我則是父
汝等累劫衆苦所燒我皆濟拔令出三界
我雖先說汝等滅度但盡生死而實不滅
今所應作唯佛智慧若有菩薩於是衆中
能一心聽諸佛實法諸佛世尊雖以方便
所化衆生皆是菩薩若人小智深著愛欲
為此等故說於苦諦衆生心喜得未曾有
佛說苦諦真實无異若有衆生不知苦本
深著苦因不能暫捨為是等故方便說道
諸苦所因貪欲為本若滅貪欲无所依止
滅盡諸苦名第三諦為滅諦故脩行於道
離諸苦縛名得解脫是人於何而得解脫
但離虛妄名為解脫其實未得一切解脫
佛說是人未實滅度斯人未得无上道故
我意不欲令至滅度我為法王於法自在

BD15328號　妙法蓮華經卷二　（28–15）

但離虛妄　名為解脫　其實未得　一切解脫
佛說是人　未實滅度　斯人未得　无上道故
我意不欲　令至滅度　我為法王　於法自在
安隱眾生　故現於世　汝舍利弗　我此法印
為欲利益　世間故說　在所遊方　勿妄宣傳
若有聞者　隨喜頂受　當知是人　阿鞞跋致
若有信受　此經法者　是人已曾　見過去佛
恭敬供養　亦聞是法　若人有能　信汝所說
則為見我　亦見於汝　及比丘僧　并諸菩薩
斯法華經　為深智說　淺識聞之　迷惑不解
一切聲聞　及辟支佛　於此經中　力所不及
汝舍利弗　尚於此經　以信得入　況餘聲聞
其餘聲聞　信佛語故　隨順此經　非己智分
又舍利弗　憍慢懈怠　計我見者　莫說此經
凡夫淺識　深著五欲　聞不能解　亦勿為說
若人不信　毀謗此經　則斷一切　世間佛種
或復顰蹙　而懷疑惑　汝當聽說　此人罪報
若佛在世　若滅度後　其有誹謗　如斯經典
見有讀誦　書持經者　輕賤憎嫉　而懷結恨
此人罪報　汝今復聽　其人命終　入阿鼻獄
具足一劫　劫盡更生　如是展轉　至无數劫
從地獄出　當墮畜生　若狗野干　其形頟瘦
梨黮疥癩　人所觸嬈　又復為人　之所惡賤
常困飢渴　骨肉枯竭　生受楚毒　死被瓦石
斷佛種故　受斯罪報　若作駱駝　或生驢中

BD15328號　妙法蓮華經卷二　(28–16)

從地獄出　當墮畜生　若狗野干　其形頟瘦
梨黮疥癩　人所觸嬈　又復為人　之所惡賤
常困飢渴　骨肉枯竭　生受楚毒　死被瓦石
斷佛種故　受斯罪報　若作駱駝　或生驢中
身常負重　加諸杖捶　但念水草　餘无所知
謗斯經故　獲罪如是　有作野干　來入聚落
身體疥癩　又无一目　為諸童子　之所打擲
受諸苦痛　或時致死　於此死已　更受蟒身
其形長大　五百由旬　聾騃无足　宛轉腹行
為諸小虫　之所唼食　晝夜受苦　无有休息
謗斯經故　獲罪如是　若得為人　諸根闇鈍
矬陋攣躄　盲聾背傴　有所言說　人不信受
口氣常臭　鬼魅所著　貧窮下賤　為人所使
多病痟瘦　无所依怙　雖親附人　人不在意
若有所得　尋復忘失　若修醫道　順方治病
更增他疾　或復致死　若自有病　无人救療
設服良藥　而復增劇　若他反逆　抄劫竊盜
如是等罪　橫罹其殃　如斯罪人　永不見佛
眾聖之王　說法教化　如斯罪人　常生難處
狂聾心亂　永不聞法　於無數劫　如恒河沙
生輒聾瘂　諸根不具　常處地獄　如遊園觀
在餘惡道　如己舍宅　駝驢猪狗　是其行處
謗斯經故　獲罪如是　若得為人　聾盲瘖瘂
貧窮諸衰　以自莊嚴　水腫乾痟　疥癩癰疽

BD15328號　妙法蓮華經卷二　(28–17)

在餘惡道 如己舍宅 駝驢猪狗 是其行處
謗斯經故 獲罪如是 若得為人 聾盲瘖瘂
貧窮諸衰 以自莊嚴 水腫乾痟 疥癩癰疽
如是等病 以為衣服 身常臭處 垢穢不淨
深著我見 增益瞋恚 婬欲熾盛 不擇禽獸
謗斯經故 獲罪如是 告舍利弗 謗斯經者
若說其罪 窮劫不盡 以是因緣 我故語汝
無智人中 莫說此經 若有利根 智慧明了
多聞強識 求佛道者 如是之人 乃可為說
若人曾見 億百千佛 殖諸善本 深心堅固
如是之人 乃可為說 若人精進 常修慈心
不惜身命 乃可為說 若人恭敬 无有異心
離諸凡愚 獨處山澤 如是之人 乃可為說
又舍利弗 若見有人 捨惡知識 親近善友
如是之人 乃可為說 若見佛子 持戒清潔
如淨明珠 求大乘經 如是之人 乃可為說
若人无瞋 質直柔軟 常愍一切 恭敬諸佛
如是之人 乃可為說 復有佛子 於大眾中
以清淨心 種種因緣 譬喻言辭 說法无导
如是之人 乃可為說 若有比丘 為一切智
四方求法 合掌頂受 但樂受持 大乘經典
乃至不受 餘經一偈 如是之人 乃可為說
如人至心 求佛舍利 如是求經 得已頂受
其人不復 志求餘經 亦未曾念 外道典籍
如是之人 乃可為說

BD15328號　妙法蓮華經卷二　（28–18）

如人至心 求佛舍利 如是求經 得已頂受
其人不復 志求餘經 亦未曾念 外道典籍
如是之人 乃可為說
告舍利弗 我說是相 求佛道者 窮劫不盡
如是等人 則能信解 汝當為說 妙法華經

妙法蓮華經信解品第四

爾時慧命須菩提摩訶迦旃延摩訶迦葉摩
訶目揵連從佛所聞未曾有法世尊授舍利
弗阿耨多羅三藐三菩提記發希有心歡喜
踊躍即從座起整衣服偏袒右肩右膝著地
一心合掌曲躬恭敬瞻仰尊顏而白佛言我
等居僧之首年並朽邁自謂已得涅槃無所
堪任不復進求阿耨多羅三藐三菩提世尊
往昔說法既久我時在座身體疲懈但念空
无相无作於菩薩法遊戲神通淨佛國土成
就眾生心不喜樂所以者何世尊令我等出
於三界得涅槃證又今我等年已朽邁於佛
教化菩薩阿耨多羅三藐三菩提不生一念
好樂之心我等今於佛前聞授聲聞阿耨多
羅三藐三菩提記心甚歡喜得未曾有不
謂於今忽然得聞希有之法深自慶幸獲大
善利无量珍寶不求自得世尊我等今者樂
說譬喻以明斯義若有人年既幼稚捨父逃
逝久住他國或十二十至五十歲年既長大

BD15328號　妙法蓮華經卷二　（28–19）

說譬喻以明斯義若有人年既幼稚捨父逃
逝久住他國或十二十至五十歲年既長大
加復窮困馳騁四方以求衣食漸漸遊行遇
向本國其父先來求子不得中止一城其家
大冨財寶无量金銀琉璃珊瑚虎珀頗梨珠
等其諸倉庫悉皆盈溢多有僮僕臣佐吏民
象馬車乘牛羊无數出入息利乃遍他國商
估賈客亦甚衆多時貧窮子遊諸聚落經歷
國邑遂到其父所止之城父每念子與子離
別五十餘年而未曽向人說如此事但自思
惟心懷悔恨自念老朽多有財物金銀珎寶
倉庫盈溢无有子息一旦終沒財物散失无
所委付是以慇懃每憶其子復作是念我若
得子委付財物坦然快樂无復憂慮世尊尒
時窮子傭賃展轉遇到父舍住立門側遥見
其父踞師子牀寶机承足諸婆羅門剎利居
士皆恭敬圍繞以真珠瓔珞價直千万莊嚴
其身吏民僮僕手執白拂侍立左右覆以寶
帳垂諸華幡香水灑地散衆名華羅列寶物
出內取與有如是等種種嚴飾威德特尊窮
子見父有大力勢即懷恐怖悔來至此竊作
是念此或是王或是王等非我傭力得物之
處不如往至貧里肆力有地衣食易得若久
住此或見逼迫強使我作作是念已疾走而
去時冨長者於師子座見子便識心大歡喜

BD15328號　妙法蓮華經卷二　（28–20）

處不如往至貧里肆力有地衣食易得若久
住此或見逼迫強使我作作是念已疾走而
去時冨長者於師子座見子便識心大歡喜
即作是念我財物庫藏今有所付我常思念
此子无由見之而忽自來甚適我願我雖年
朽猶故貪惜即遣傍人急追將還尒時使者
疾走往捉窮子驚愕稱怨大喚我不相犯何
為見捉使者執之逾急強牽將還于時窮子
自念無罪而被囚執此必定死轉更惶怖悶
絕躄地父遥見之而語使言不須此人勿強
將來以冷水灑面令得醒悟莫復與語所以
者何父知其子志意下劣自知豪貴為子所
難審知是子而以方便不語他人云是我子
使者語之我今放汝隨意所趣窮子歡喜得
未曽有從地而起往至貧里以求衣食尒時
長者將誘引其子而設方便密遣二人形色
憔悴无威德者汝可詣彼徐語窮子此有作
處倍與汝價窮子若許將來使作若言欲何
所作便可語之雇汝除糞我等二人亦共汝
作時二使人即求窮子既已得之具陳上事
尒時窮子先取其價尋與除糞其父見子愍
而怪之又以他日於窓牖中遥見子身羸瘦
憔悴糞土塵坌汙穢不淨即脫瓔珞細軟上
服嚴飾之具更著麤弊垢膩之衣塵土坌身
右手執持除糞之器狀有所畏語諸作人汝

BD15328號　妙法蓮華經卷二　（28–21）

憔悴糞土塵坌汙穢不淨即脫瓔珞細耎上
服嚴飾之具更著麁弊垢膩之衣塵土坌身
右手執持除糞之器狀有所畏語諸作人汝
等勤作勿得懈息以方便故得近其子後復
告咄男子等汝常此作勿復餘去當加汝價
諸有所須瓫器米麵鹽酢之屬莫自疑難亦
有老弊使人須者相給好自安意我如汝父
勿復憂慮所以者何我年老大而汝少壯汝
常作時无有欺怠瞋恨怨言都不見汝有此
諸惡如餘作人自今已後如所生子即時長
者更與作字名之為兒尒時窮子雖欣此遇
猶故自謂客作賤人由是之故於廿年中常
令除糞過是已後心相體信入出无難然其
所止猶在本處世尊尒時長者有疾自知將
死不久語窮子言我今多有金銀珎寶倉庫
盈溢其中多少所應取與汝悉知之我心如
是當體此意所以者何今我與汝便為不異
宜加用心無令漏失尒時窮子即受教勑領
知眾物金銀珎寶及諸庫藏而無希取一飡
之意然其所止故在本處下劣之心亦未能
捨復經少時父知子意漸已通泰成就大志
自鄙先心臨欲終時而命其子并會親族國
王大臣剎利居士皆悉已集即自宣言諸君
當知此是我子我之所生於某城中捨吾逃

BD15328號　妙法蓮華經卷二　(28–22)

王大臣剎利居士皆悉已集即自宣言諸君
當知此是我子我之所生於某城中捨吾逃
走跉跰辛苦五十餘年其本字某我名某甲
昔在本城懷憂推覓忽於此間遇會得之此
實我子我實其父今吾所有一切財物皆是
子有先所出內是子所知世尊是時窮子聞
父此言即大歡喜得未曾有而作是念我本
无心有所希求今此寶藏自然而至世尊大
富長者則是如來我等皆似佛子如來常說
我等為子以三苦故於生死中受諸熱惱迷
惑不知樂著小法今日世尊令我等思惟蠲
除諸法戲論之糞我等於中勤加精進得至
至涅槃一日之價既得此已心大歡喜自以
為足而便自謂於佛法中懃精進故所得弘
多然世尊先知我等心著弊樂欲於小法便
見縱捨不為分別汝等當有如來知見寶藏
之分世尊以方便力說如來智慧我等從佛
得涅槃一日之價以為大得於此大乘无有
志求我等又因如來智慧為諸菩薩開示演
說而自於此无有志願所以者何佛知我等
心樂小法以方便力隨我等說而我等不知
真是佛子今我等方知世尊於佛智慧无所
悋惜所以者何我等昔來真是佛子而但樂
小法若有樂大之心佛則為我說大乘

BD15328號　妙法蓮華經卷二　(28–23)

悉惜所以者何我等昔來真是佛子而但樂
小法若我等有樂大之心佛則為我說大乘
法今此經中唯說一乘而昔於菩薩前毀呰
聲聞樂小法者然佛實以大乘教化是故我
等說本无心有所希求今法王大寶自然而
至如佛子所應得者皆已得之尒時摩訶迦
葉欲重宣此義而說偈言
我等今日 聞佛音教 歡喜踊躍 得未曾有
佛說聲聞 當得作佛 无上寶聚 不求自得
譬如童子 幼稚无識 捨父逃逝 遠到他土
周流諸國 五十餘年 其父憂念 四方推求
求之既疲 頓止一城 造立舍宅 五欲自娛
其家巨富 多諸金銀 車𤦲馬瑙 真珠琉璃
象馬牛羊 輦輿車乘 田業僮僕 人民衆多
出入息利 乃遍他國 商估賈人 无處不有
千万億衆 圍繞恭敬 常為王者 之所愛念
羣臣豪族 皆共宗重 以諸緣故 往來者衆
豪富如是 有大力勢 而年朽邁 益憂念子
夙夜惟念 死時將至 癡子捨我 五十餘年
庫藏諸物 當如之何 尒時窮子 求索衣食
從邑至邑 從國至國 或有所得 或無所得
飢餓羸瘦 體生瘡癬 漸次經歷 到父住城
傭賃展轉 遂至父舍 尒時長者 於其門內
施大寶帳 處師子座 眷屬圍繞 諸人侍衛

BD15328號　妙法蓮華經卷二　（28–24）

從邑至邑 從國至國 或有所得 或無所得
飢餓羸瘦 體生瘡癬 漸次經歷 到父住城
傭賃展轉 遂至父舍 尒時長者 於其門內
施大寶帳 處師子座 眷屬圍繞 諸人侍衛
或有計筭 金銀寶物 出內財產 注記券疏
窮子見父 豪貴尊嚴 謂是國王 若國王等
驚怖自怪 何故至此 覆自念言 我若久住
或見逼迫 強駈使作 思惟是已 馳走而去
借問貧里 欲往傭作 長者是時 在師子座
遙見其子 默而識之 即勑使者 追捉將來
窮子驚喚 迷悶躃地 是人執我 必當見殺
何用衣食 使我至此 長者知子 愚癡狹劣
不信我言 不信是父 即以方便 更遣餘人
眇目矬陋 無威德者 汝可語之 云當相雇
除諸糞穢 倍與汝價 窮子聞之 歡喜隨來
為除糞穢 淨諸房舍 長者於牖 常見其子
念子愚劣 樂為鄙事 於是長者 著弊垢衣
執除糞器 往到子所 方便附近 語令勤作
既益汝價 并塗足油 飲食充足 薦席厚暖
如是苦言 汝當勤作 又以軟語 若如我子
長者有智 漸令入出 經二十年 執作家事
示其金銀 真珠頗梨 諸物出入 皆使令知
猶處門外 止宿草菴 自念貧事 我無此物
父知子心 漸已曠大 欲與財物 即聚親族

BD15328號　妙法蓮華經卷二　（28–25）

亦其金銀真珠頗梨諸物出入皆使令知
猶處門外止宿草菴自念貧事我無此物
父知子心漸已曠大欲與財物即聚親族
國王大臣刹利居士於此大衆說是我子
捨我他行經五十歲自見子來已二十年
昔於某城而失是子周行求索遂來至此
凡我所有舍宅人民悉以付之恣其所用
子念昔貧志意下劣今於父所大獲珍寶
并及舍宅一切財物甚大歡喜得未曾有
佛亦如是知我樂小未曾說言汝等作佛
而說我等得諸无漏成就小乘聲聞弟子
佛勑我等說最上道修習此者當得成佛
我承佛教為大菩薩以諸因緣種種譬喻
若干言辭說無上道諸佛子等從我聞法
日夜思惟精勤修習是時諸佛即授其記
汝於來世當得作佛一切諸佛祕藏之法
但為菩薩演其實事而不為我說斯真要
如彼窮子得近其父雖知諸物心不希取
我等雖說佛法寶藏自无志願亦復如是
我等內滅自謂為足唯了此事更无餘事
我等若聞淨佛國土教化衆生都无欣樂
所以者何一切諸法皆悉空寂无生无滅
无大无小无漏无為如是思惟不生喜樂
我等長夜於佛智慧无貪无著无復志願
而自於法謂是究竟我等長夜修習空法

BD15328 號　妙法蓮華經卷二　（28–26）

无大无小无漏无為如是思惟不生喜樂
我等長夜於佛智慧无貪无著无復志願
而自於法謂是究竟我等長夜修習空法
得脫三界苦惱之患住最後身有餘涅槃
佛所教化得道不虛則為已得報佛之恩
我等雖為諸佛子等說菩薩法以求佛道
而於是法永无願樂導師見捨觀我心故
初不勸進說有實利如富長者知子志劣
以方便力柔伏其心然後乃付一切財物
佛亦如是現希有事知樂小者以方便力
調伏其心乃教大智我等今日得未曾有
非先所望而今自得如彼窮子得无量寶
世尊我今得道得果於無漏法得清淨眼
我等長夜持佛淨戒始於今日得其果報
法王法中久修梵行今得无漏无上大果
我等今者真是聲聞以佛道聲令一切聞
我等今者真阿羅漢於諸世間天人魔梵
普於其中應受供養世尊大恩以希有事
憐愍教化利益我等无量億劫誰能報者
手足供給頭頂禮敬一切供養皆不能報
若以頂戴兩肩荷負於恒沙劫盡心恭敬
以又美膳无量寶衣及諸卧具種種湯藥
牛頭栴檀及諸珍寶以起塔廟寶衣布地
如斯等事以用供養於恒沙劫亦不能報

BD15328 號　妙法蓮華經卷二　（28–27）

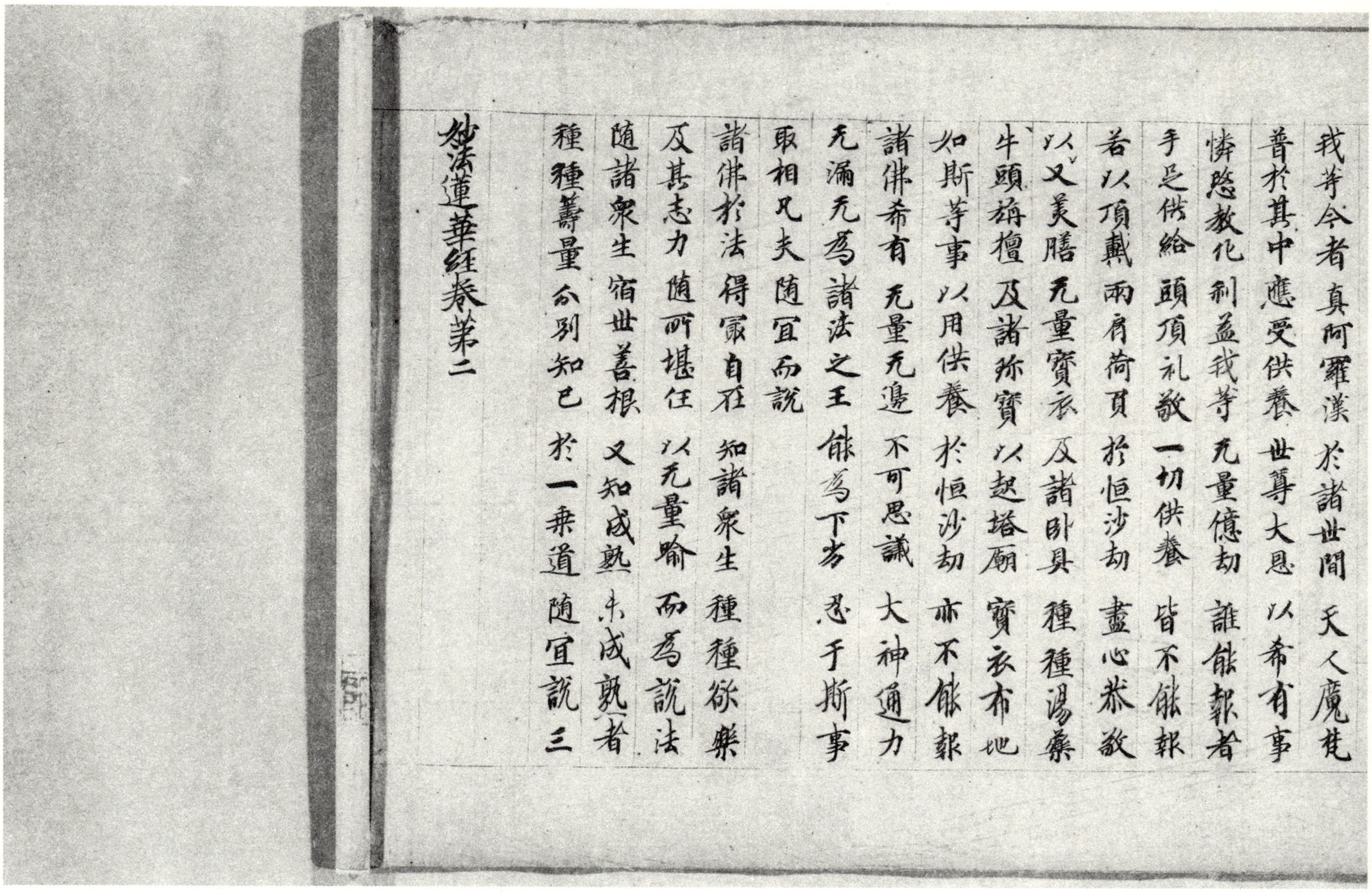

我等今者真阿羅漢於諸世間天人魔梵
普於其中應受供養世尊大恩以希有事
憐愍教化利益我等无量億劫誰能報者
手足供給頭頂礼敬一切供養皆不能報
若以頂戴兩肩荷負於恒沙劫盡心恭敬
又以美膳无量寶衣及諸卧具種種湯藥
牛頭栴檀及諸珍寶以起塔廟寶衣布地
如斯等事以用供養於恒沙劫亦不能報
諸佛希有无量无邊不可思議大神通力
无漏无為諸法之王能為下劣忍于斯事
取相凡夫隨宜為說
諸佛於法得最自在知諸衆生種種欲樂
及其志力隨所堪任以无量喻而為說法
隨諸衆生宿世善根又知成熟未成熟者
種種籌量分別知已於一乘道隨宜說三
妙法蓮華經卷第二

BD15328號　妙法蓮華經卷二　（28–28）

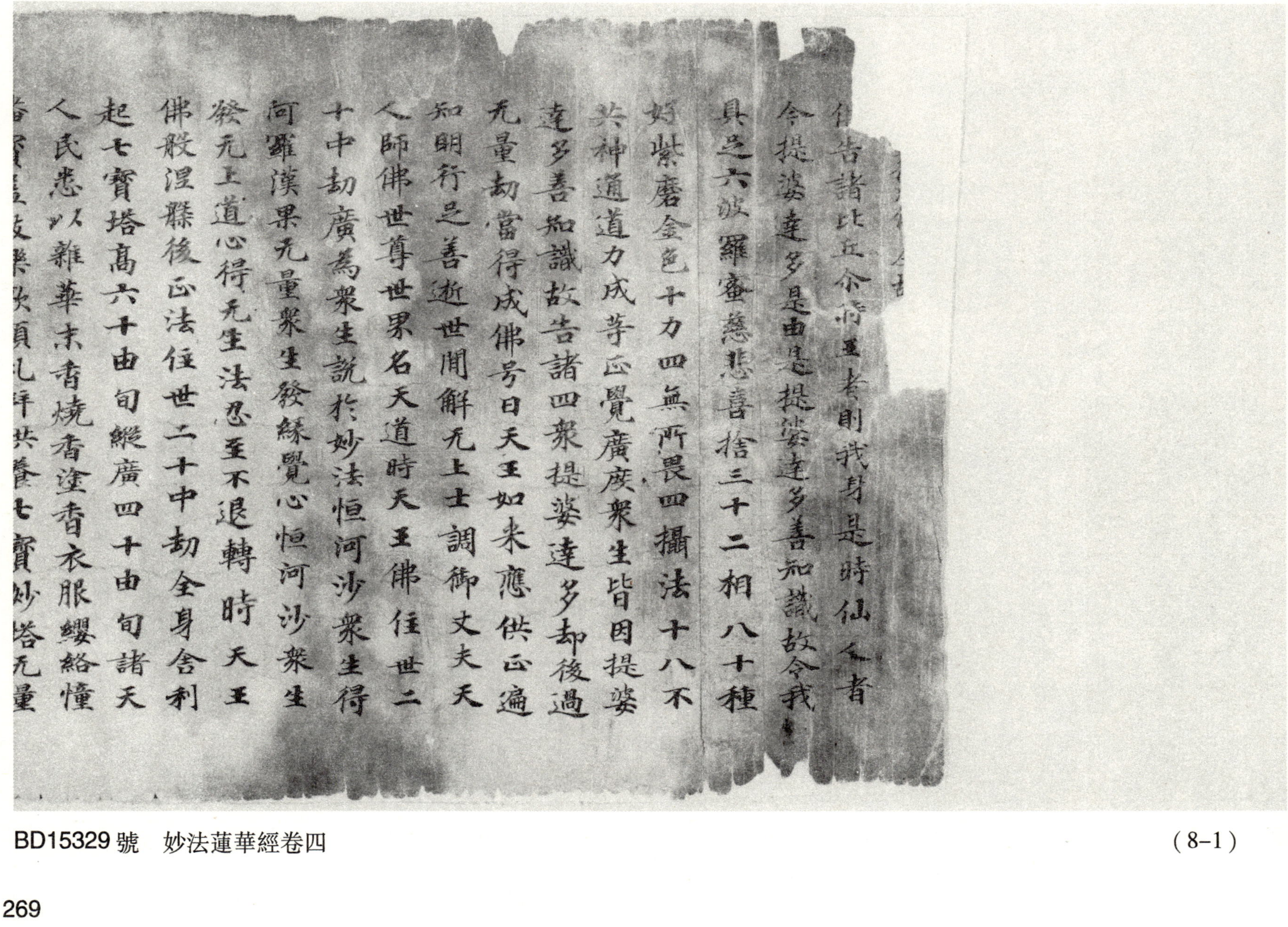

佛告諸比丘爾時王者則我身是時仙人者
今提婆達多是由提婆達多善知識故令我
具足六波羅蜜慈悲喜捨三十二相八十種
好紫磨金色十力四無所畏四攝法十八不
共神通道力成等正覺廣度衆生皆因提婆
達多善知識故告諸四衆提婆達多却後過
无量劫當得成佛号曰天王如来應供正遍
知明行足善逝世間解无上士調御丈夫天
人師佛世尊世界名天道時天王佛住世二
十中劫廣為衆生說於妙法恒河沙衆生得
阿羅漢果无量衆生發緣覺心恒河沙衆生
發无上道心得无生法忍至不退轉時天王
佛般涅槃後正法住世二十中劫全身舍利
起七寶塔高六十由旬縱廣四十由旬諸天
人民悉以雜華末香燒香塗香衣服瓔珞幢
幡寶蓋伎樂歌頌礼拜供養七寶妙塔无量

BD15329號　妙法蓮華經卷四　（8–1）

起七寶塔高六十由旬縱廣四十由旬諸天
人民悉以雜華末香燒香塗香衣服瓔珞幢
幡寶蓋伎樂歌頌礼拜供養七寶妙塔无量
衆生得阿羅漢果无量衆生悟辟支佛不可
思議衆生發菩提心至不退轉佛告諸比丘未
來世中若有善男子善女人聞妙法華經提
婆達多品淨心信敬不生疑惑者不墮地獄
餓鬼畜生生十方佛前所生之處常聞此經
若生人天中受勝妙樂若在佛前蓮華化生
於時下方多寶世尊所從菩薩名曰智積白
多寶佛當還本土釋迦牟尼佛告智積曰善
男子且待須臾此有菩薩名文殊師利可與
相見論說妙法可還本土尒時文殊師利坐
千葉蓮華大如車輪俱來菩薩亦坐寶蓮華從
於大海娑竭羅龍宮自然踊出住虛空中詣
靈鷲山從蓮華下至於佛所頭面敬礼二世尊
足脩敬已畢往智積所共相慰問却坐一面
智積菩薩問文殊師利仁往龍宮所化衆生
其數幾何文殊師利言其數无量不可稱計
非口所宣非心所測且待須臾自當有證所
言未竟无數菩薩坐寶蓮華從海踊出詣靈
鷲山住在虛空此諸菩薩皆是文殊師利之
所化度具菩薩行皆共論說六波羅蜜本聲

BD15329 號　妙法蓮華經卷四　（8–2）

鷲山住在虛空此諸菩薩皆是文殊師利之
所化度具菩薩行皆共論說六波羅蜜本聲
聞人在虛空中說聲聞行今皆脩行大乘空
義文殊師利謂智積曰於海教化其事如是
尒時智積菩薩以偈讚曰
大智德勇健　化度无量衆　今此諸大會　及我皆已見
演暢實相義　開闡一乘法　廣度諸群生　令速成菩提
文殊師利言我於海中唯常宣說妙法華經智
積菩薩問文殊師利言此經甚深微妙諸經中
寶世所希有頗有衆生勤加精進脩行此經
速得佛不文殊師利言有娑竭羅龍王女年
始八歲智慧利根善知衆生諸根行業得陁
羅尼諸佛所說甚深秘藏悉能受持深入禪
定了達諸法於剎那頃發菩提心得不退轉
辯才无礙慈念衆生猶如赤子功德具足心
念口演微妙廣大慈悲仁讓志意和雅能至
菩提智積菩薩言我見釋迦如來於无量劫
難行苦行積功累德求菩薩道未曾止息觀
三千大千世界乃至无有如芥子許无非菩
薩捨身命處爲衆生故然後乃得成菩提道
不信此女於須臾頃便成正覺言論未訖時
龍王女忽現於前頭面礼敬却住一面以偈
讚曰

BD15329 號　妙法蓮華經卷四　（8–3）

龍王女忽現於前頭面礼敬却住一面以偈
讃曰
深達罪福相　遍照於十方　微妙淨法身　具相三十二
以八十種好　用莊嚴法身　天人所戴仰　龍神咸恭敬
一切衆生類　无不宗奉者　又聞成菩提　唯佛當證知
我闡大乘教　度脫苦衆生
尒時舍利弗語龍女言汝謂不久得无上道是
事難信所以者何女身垢穢非是法器云何
能得无上菩提佛道懸曠經无量劫勤苦積
行具脩諸度然後乃成又女人身猶有五障
一者不得作梵天王二者帝釋三者魔王四者
轉輪聖王五者佛身云何女身速得成佛
尒時龍女有一寶珠價直三千大千世界持
以上佛佛即受之龍女謂智積菩薩尊者舍
利弗言我獻此寶珠世尊納受是事疾不答
言甚疾女言以汝神力觀我成佛復速於此
當時衆會皆見龍女忽然之間變成男子具
菩薩行即往南方无垢世界坐寶蓮華成等
正覺三十二相八十種好普為十方一切衆
生演說妙法尒時娑婆世界菩薩聲聞天龍
八部人與非人皆遙見彼龍女成佛普為時
會人天說法心大歡喜悉遙敬礼無量衆生
聞法解悟得不退轉无量衆生得受道記无

BD15329號　妙法蓮華經卷四　（8–4）

會人天說法心大歡喜悉遙敬礼無量衆生
聞法解悟得不退轉无量衆生得受道記无
垢世界六反震動娑婆世界三千衆生住不
退地三千衆生發菩提心而得受記智積菩
薩及舍利弗一切衆會默然信受
妙法蓮華經勸持品第十三
尒時藥王菩薩摩訶薩及大樂說菩薩摩訶
薩與二萬菩薩眷屬俱皆於佛前作是誓言
惟願世尊不以為慮我等於佛滅後當奉持
讀誦說此經典後惡世衆生善根轉少多增
上慢貪利供養增不善根遠離解脫雖難可
教化我等當起大忍力讀誦此經持說書寫
種種供養不惜身命尒時衆中五百阿羅漢
得受記者白佛言世尊我等亦自誓願於異
國土廣說此經復有學无學八千人得受記
者從座而起合掌向佛作是誓言世尊我等
亦當於他國土廣說此經所以者何是娑婆
國中人多弊惡懷增上慢功德淺薄瞋濁諂
曲心不實故尒時佛姨母摩訶波闍波提比
丘尼與學无學比丘尼六千人俱從座而起
一心合掌瞻仰尊顏目不暫捨於時世尊告
憍曇弥何故憂色而視如來汝心將无謂我
不說汝名得受阿耨多羅三藐三菩提記耶

BD15329號　妙法蓮華經卷四　（8–5）

一心合掌瞻仰尊顏目不暫捨於時世尊告
憍曇弥何故憂色而視如来汝心將无謂我
不說汝名得受阿耨多羅三藐三菩提記耶
憍曇弥我先惣說一切聲聞皆已授記今汝
欲知記者將来之世當於六萬八千億諸佛
法中為大法師及六千學无學比丘尼俱為
法師汝如是漸漸具菩薩道當得作佛号一
切眾生憙見如来應供正遍知明行足善逝
世間解无上士調御丈夫天人師佛世尊憍
曇弥是一切眾生憙見佛及六千菩薩轉次
授記得阿耨多羅三藐三菩提尒時羅睺羅
母耶輸陁羅比丘尼作是念世尊於授記中獨
不說我名佛告耶輸陁羅汝於来世百千萬
億諸佛法中脩菩薩行為大法師漸具佛道
於善國中當得作佛号具足千萬光相如来
應供正遍知明行足善逝世間解无上士調
御丈夫天人師佛世尊佛壽无量阿僧祇劫
尒時摩訶波闍波提比丘尼及耶輸陁羅比
丘尼并其眷屬皆大歡喜得未曾有即於佛
前而說偈言
世尊導師　安隱天人　我等聞記　心安具足
諸比丘尼說是偈已白佛言世尊我等亦能
於他方國土廣宣此經尒時世尊視八十萬

BD15329號　妙法蓮華經卷四　（8-6）

諸比丘尼說是偈已白佛言世尊我等亦能
於他方國土廣宣此經尒時世尊視八十萬
億那由他諸菩薩摩訶薩是諸菩薩皆是
阿惟越致轉不退法輪得諸陁羅尼即從座起
至於佛前一心合掌而作是念若世尊告勅
我等持說此經者當如佛教廣宣斯法復作
是念佛今默然不見告勅我當云何時諸菩
薩敬順佛意并欲自滿本願便於佛前作師
子吼而發誓言世尊我等於如来滅後周旋
往反十方世界能令眾生書寫此經受持讀
誦解說其義如法脩行正憶念皆是佛之威
力惟願世尊在於他方遥見守護即時諸菩
薩俱同發聲而說偈言
惟願不為慮　於佛滅度後　恐怖惡世中　我等當廣說
有諸无智人　惡口罵詈等　及加刀杖者　我等皆當忍
惡世中比丘　耶智心諂曲　未得謂為得　我慢心充滿
或有阿練若　納衣在空閑　自謂行真道　輕賤人間者
貪著利養故　與白衣說法　為世所恭敬　如六通羅漢
是人懷惡心　常念世俗事　假名阿練若　好出我等過
而作如是言　此諸比丘等　為貪利養故　說外道論議
自作此經典　誑惑世間人　為求名聞故　分別於是經
常在大眾中　欲毀我等故　向國王大臣　婆羅門居士
及餘比丘眾　誹謗說我惡　謂是耶見人　說外道論議

BD15329號　妙法蓮華經卷四　（8-7）

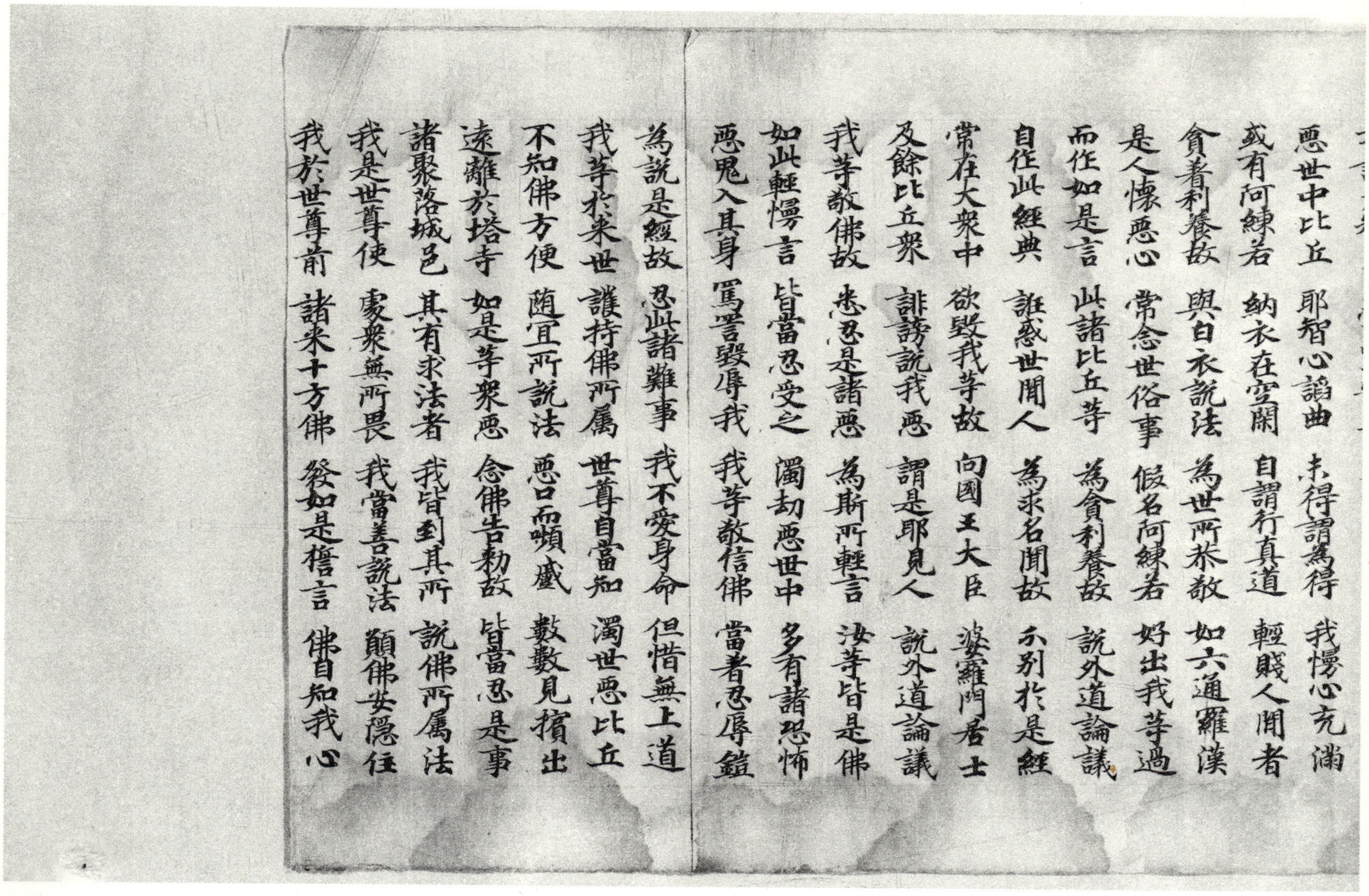
惡世中比丘 耶智心諂曲 未得謂爲得 我慢心充滿
或有阿練若 納衣在空閑 自謂行真道 輕賤人間者
貪著利養故 與白衣說法 爲世所恭敬 如六通羅漢
是人懷惡心 常念世俗事 假名阿練若 好出我等過
而作如是言 此諸比丘等 爲貪利養故 說外道論議
自作此經典 誑惑世間人 爲求名聞故 分別於是經
常在大衆中 欲毀我等故 向國王大臣 婆羅門居士
及餘比丘衆 誹謗說我惡 謂是耶見人 說外道論議
我等敬佛故 悉忍是諸惡 爲斯所輕言 汝等皆是佛
如此輕慢言 皆當忍受之 濁劫惡世中 多有諸恐怖
惡鬼入其身 罵詈毀辱我 我等敬信佛 當著忍辱鎧
爲說是經故 忍此諸難事 我不愛身命 但惜無上道
我等於來世 護持佛所屬 世尊自當知 濁世惡比丘
不知佛方便 隨宜所說法 惡口而顰蹙 數數見擯出
遠離於塔寺 如是等衆惡 念佛告勅故 皆當忍是事
諸聚落城邑 其有求法者 我皆到其所 說佛所屬法
我是世尊使 處衆無所畏 我當善說法 願佛安隱住
我於世尊前 諸來十方佛 發如是誓言 佛自知我心

BD15329 號　妙法蓮華經卷四　（8–8）

BD15329 號背　勘記、印章　（2–1）

BD15329 號背　勘記、印章　（2–2）

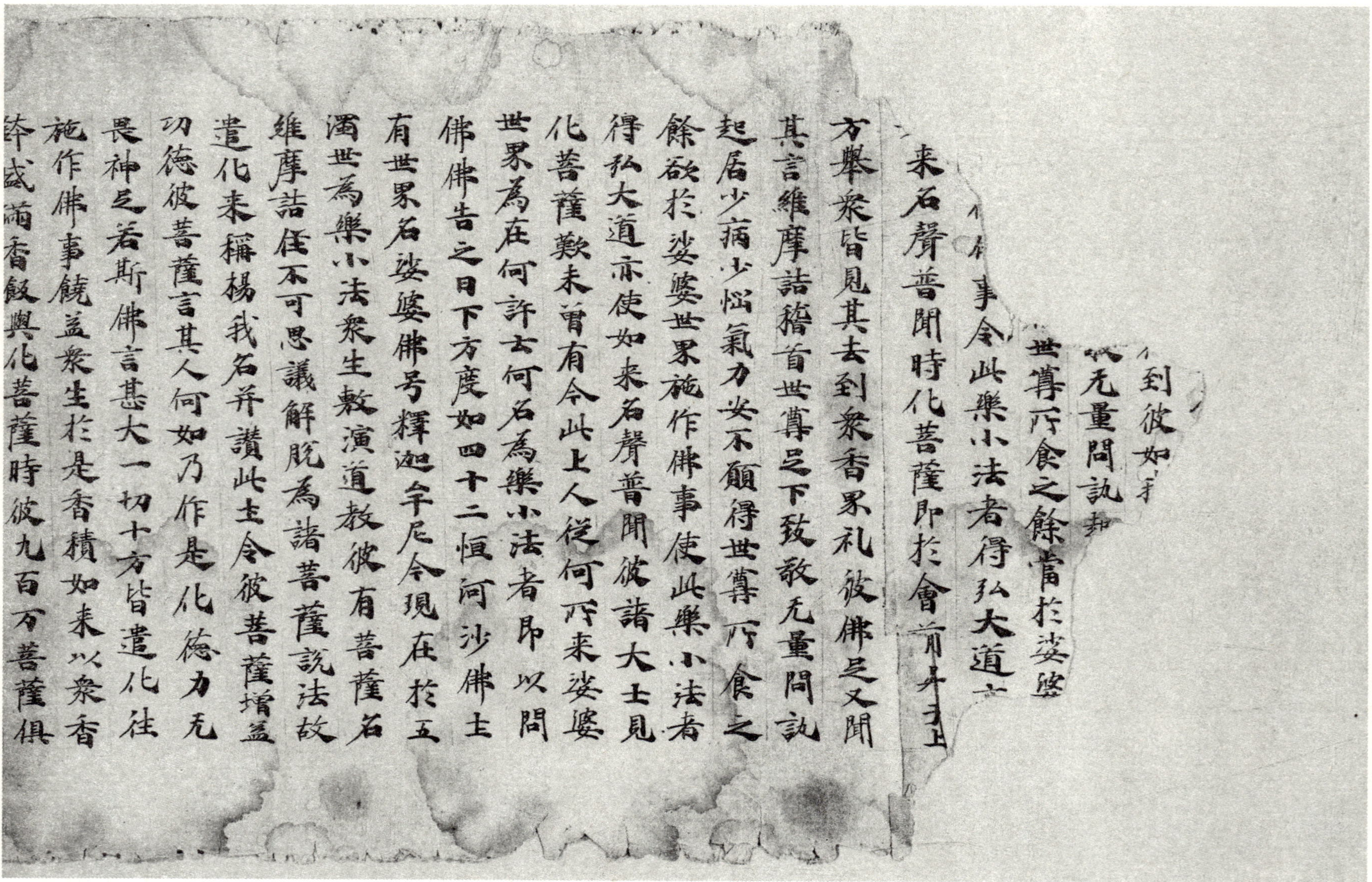

到彼如
无量問訊
世尊所食之餘當於娑婆
事令此樂小法者得弘大道亦
来名聲普聞時化菩薩即於會前升上
方舉衆皆見其去到衆香界礼彼佛足又聞
其言維摩詰稽首世尊足下致敬无量問訊
起居少病少惱氣力安不願得世尊所食之
餘欲於娑婆世界施作佛事使此樂小法者
得弘大道亦使如来名聲普聞彼諸大士見
化菩薩歎未曾有今此上人從何所来娑婆
世界為在何許云何名為樂小法者即以問
佛佛告之曰下方度如四十二恒河沙佛土
有世界名娑婆佛号釋迦牟尼今現在於五
濁世為樂小法衆生敷演道教彼有菩薩名
維摩詰住不可思議解脫為諸菩薩說法故
遣化来稱揚我名并讚此土令彼菩薩增益
功德彼菩薩言其人何如乃作是化德力无
畏神足若斯佛言甚大一切十方皆遣化往
施作佛事饒益衆生於是香積如来以衆香
鉢盛滿香飯與化菩薩時彼九百万菩薩俱

BD15330 號　維摩詰所說經卷下　（11–1）

長神足若斯佛言甚大一切十方皆遣化往
施作佛事饒益衆生於是香積如来以衆香
鉢盛滿香飯與化菩薩時彼九百万菩薩俱
發聲言我欲詣娑婆世界供養釋迦牟尼佛
并欲見維摩詰等諸菩薩衆佛言可往攝汝
身香无令彼諸衆生起惑著心又當捨汝本
形勿使彼國求菩薩者而自鄙恥又汝於彼
莫懐輕賤而作㝵想所以者何十方國土皆
如虗空又諸佛為欲化諸樂小法者不盡現
其清淨土耳時化菩薩既受鉢飯與彼九百
万菩薩俱承佛威神及維摩詰力於彼世界
忽然不現須臾之間至維摩詰舍維摩詰即
化作九百万師子之座嚴好如前諸菩薩皆
坐其上化菩薩以滿鉢香飯與維摩詰飯香
普薰毗耶離城及三千大千世界時毗耶離
婆羅門居士等聞是香氣身意快然歎未曾
有於是長者主月蓋從八万四千人来入維
摩詰舍見其室中菩薩甚多諸師子座高廣
嚴好皆大歡喜礼衆菩薩及大弟子却住一
面諸地神虗空神及欲色界諸天聞此香氣
亦皆来入維摩詰舍時維摩詰語舍利弗等
諸大聲聞仁者可食如来甘露味飯大悲所
薰无以限意食之使不消也有異聲聞念是
飯少如此大衆人人當食化菩薩曰勿以聲

BD15330 號　維摩詰所說經卷下　（11–2）

諸大聲聞仁者可食如来甘露味飯大悲所
薰无以限意食之使不消也有異聲聞念是
飯少如此大衆人人當食化菩薩曰勿以聲
聞小德小智稱量如来无量福慧四海有竭
此飯无盡使一切人食揣若須弥乃至一劫
猶不能盡所以者何无盡戒定智慧解脫解
脫知見功德具足者所食之餘終不可盡於
是鉢飯悉飽衆會猶故不盡其諸菩薩聲聞
天人食此飯者身安快樂辟如一切樂莊嚴
國諸菩薩也又諸毛孔皆出妙香亦如衆香
國土諸樹之香
尒時維摩詰問衆香菩薩香積如来以何說
法彼菩薩曰我土如来无文字說但以衆香
令諸天人得入律行菩薩各各坐香樹下聞
斯妙香即獲一切德藏三昧得是三昧者菩
薩所有功德皆悉具足彼諸菩薩問維摩詰
今世尊釋迦牟尼以何說法維摩詰言此土
衆生剛強難化故佛為說剛強之語以調伏
之言是地獄是畜生是餓鬼是諸難處是愚
人生處是身邪行是身邪行報是口邪行是
口邪行報是意邪行是意邪行報是煞生是
煞生報是不與取是不與取報是邪婬是邪
婬報是妄語是妄語報是兩舌是兩舌報是
惡口是惡口報是无義語是无義語報是貪

BD15330 號　維摩詰所說經卷下　（11–3）

婬報是妄語是妄語報是兩舌是兩舌報是
惡口是惡口報是无義語是无義語報是貪
嫉是貪嫉報是瞋惱是瞋惱報是耶見是耶
見報是慳恡是慳恡報是毀戒是毀戒報是
瞋恚是瞋恚報是懈怠是懈怠報是亂意是
亂意報是愚癡是愚癡報是結戒是持戒是
犯戒是應作是不應作是鄣㝵是不鄣㝵是
得罪是離罪是淨是垢是有漏是无漏是耶
道是正道是有為是无為是世間是涅槃以
難化之人心如猨猴故以若干種法制御其
心乃可調伏譬如象馬𢤱悷不調加諸楚毒
乃至徹骨然後調伏如是剛強難化衆生故
以一切苦切之言乃可入律彼諸菩薩聞說
是已皆曰未曾有也如世尊釋迦牟尼佛隱
其无量自在之力乃以貧所樂法度脫衆生
斯諸菩薩亦能勞謙以无量大悲生是佛土
維摩詰言此土菩薩於諸衆生大悲堅固誠
如所言然其一世饒益衆生多於彼國百千
劫行所以者何此娑婆世界有十事善法諸
餘淨土之所无有何等為十以布施攝貧窮
以淨戒攝毀禁以忍辱攝瞋恚以精進攝懈
怠以禪定攝亂意以智慧攝愚癡說除難法
度八難者以大乘法度樂小乘者以諸善根
濟无德者常以四攝成就衆生是為十彼菩

BD15330號　維摩詰所說經卷下　（11–4）

怠以禪定攝亂意以智慧攝愚癡說除難法
度八難者以大乘法度樂小乘者以諸善根
濟无德者常以四攝成就衆生是為十彼菩
薩曰菩薩成就幾法於此世界行无創疣生
于淨土維摩詰言菩薩成就八法於此世界
行无創疣生于淨土何等為八饒益衆生而
不望報代一切衆生受諸苦惱所作功德盡
以施之等心衆生謙下无㝵於諸菩薩視之
如佛所未聞經聞之不疑不與聲聞而相違
背不嫉彼供不高己利而於其中調伏其心
常省己過不訟彼短恒以一心求諸功德是
為八維摩詰文殊師利於大衆中說是法時
百千天人皆發阿耨多羅三藐三菩提心十
千菩薩得无生法忍

菩薩行品第十一

是時佛說法於菴羅樹園其地忽然廣博嚴
事一切衆會皆作金色阿難白佛言世尊以
何因緣有此瑞應是處忽然廣博嚴事一切
衆會皆作金色佛告阿難是維摩詰文殊師
利與諸大衆恭敬圍遶發意欲來故先為此
瑞應於是維摩詰語文殊師利可共見佛與
諸菩薩礼事供養文殊師利言善哉行矣今
正是時維摩詰即以神力持諸大衆并師子
座置於右掌往詣佛所到已著地稽首佛足

BD15330號　維摩詰所說經卷下　（11–5）

瑞應於是維摩詰語文殊師利可共見佛与
諸菩薩礼事供養文殊師利言善哉行矣今
正是時維摩詰即以神力持諸大衆并師子
座置於右掌往詣佛所到已著地稽首佛足
右遶七帀一心合掌在一面立其諸菩薩即
皆避坐稽首佛足亦遶七帀於一面立諸大
弟子釋梵四天王等亦皆避坐稽首佛足在
一面立於是世尊如法慰問諸菩薩已各令
復坐即皆受教衆坐已定佛語舍利弗汝見
菩薩大士自在神力之所為乎唯然已見於
汝意云何世尊我覩其為不可思議非意所
圖非度所測尒時阿難白佛言世尊今所聞
香自昔未有是為何香佛告阿難是彼菩薩
毛孔之香於是舍利弗語阿難言我等毛孔
亦出是香阿難言此所從来曰是長者維摩
詰從衆香國取佛餘飯於舍食者一切毛孔
皆香若此阿難問維摩詰是香氣住當久如
維摩詰言至此飯消曰此飯久如當消曰此
飯勢力至于七日然後乃消又阿難若聲聞
人未入正位食此飯者得入正位然後乃消
已入正位食此飯者得心解脫然後乃消若
未發大乘意食此飯者至發意乃消已發意
食此飯者得无生忍然後乃消已得无生忍
食此飯者至一生補處然後乃消譬如有藥
名曰上味其有服者身諸毒滅然後乃消此

BD15330號　維摩詰所說經卷下　　　　（11-6）

食此飯者得无生忍然後乃消已得无生忍
食此飯者至一生補處然後乃消譬如有藥
名曰上味其有服者身諸毒滅然後乃消此
飯如是滅除一切諸煩惱毒然後乃消阿難
白佛言未曾有也唯然世尊如此香飯能作
佛事佛言如是如是阿難或有佛土以佛光
明而作佛事有以諸菩薩而作佛事有以佛
所化人而作佛事有以菩提樹而作佛事有
以佛衣服卧具而作佛事有以飯食而作佛
事有以園林臺觀而作佛事有以三十二相
八十隨形好而作佛事有以佛身而作佛事
有以虚空而作佛事衆生應以此緣得入律行
有以夢幻影響鏡中像水中月熱時炎如是等
喻而作佛事有以音聲語言文字而作佛事或
有清淨佛土寂寞无言无說无示无識无作无
為而作佛事如是阿難諸佛威儀進止諸所
施為无非佛事阿難有此四魔八万四千諸
煩惱門而諸衆生為之疲勞諸佛即以此法
而作佛事是名入一切諸佛法門菩薩入此
門者若見一切淨妙佛土不以為喜不貪不
高若見一切不淨佛土不以為憂不㝵不沒
但於諸佛生清淨心歡喜恭敬未曾有也諸
佛如来功德平等為教化衆生故而現佛土
不同阿難汝見諸佛國土地有若干而虚空

BD15330號　維摩詰所說經卷下　　　　（11-7）

佛如来功德平等為教化衆生故而現佛土
不同阿難汝見諸佛國土地有若干而虛空
无若干也如是見諸佛色身有若干耳其无
导慧无若干也阿難諸佛色身威相種姓戒
定智慧解脫解脫知見力无所畏不共之法
大慈大悲威儀所行及其壽命說法教化成
就衆生淨佛國土具諸佛法悉皆同等是故
名為三藐三佛陁名為多陁阿伽度名為佛
䭾阿難若我廣說此三句義汝以劫壽不能
盡受正使三千大千世界滿中衆生皆如阿
難多聞苐一得念惣持此諸人等以劫之壽
亦不能受如是阿難諸佛阿耨多羅三藐三
菩提无有限量智慧辯才不可思議阿難白
佛言我從今已往不敢自謂以為多聞佛告
阿難勿起退意所以者何我說汝於聲聞中
為最多聞非謂菩薩且止阿難其有智者不
應限度諸菩薩也一切海淵尚可測量菩薩
禪定智慧惣持辯才一切功德不可量也阿
難汝等捨置菩薩所行是維摩詰一時所現
神通之力一切聲聞辟支佛於百千劫盡力
變化所不能作
尒時衆香世界菩薩来者合掌白佛言世尊
我等初見此土生下劣想今自悔情捨離是
心所以者何諸佛方便不可思議為度衆生

BD15330 號　維摩詰所說經卷下　（11–8）

我等初見此土生下劣想今自悔情捨離是
心所以者何諸佛方便不可思議為度衆生
故隨其所應現佛國異唯然世尊願賜少法
還於彼土當念如来佛告諸菩薩有盡无盡
解脫法門汝等當學何謂為盡謂有為法何
謂无盡謂无為法如菩薩者不盡有為不住
无為何謂不盡有為謂不離大慈不捨大悲
深發一切智心而不忽忘教化衆生終不厭
惓於四攝法常念順行護持正法不惜軀命
種諸善根无有疲厭志常安住方便迴向求
法不懈說法无悋勤供諸佛故入生死而无
所畏於諸榮辱心无憂喜不輕未學敬學如
佛墮煩惱者令發正念於遠離樂不以為貴
不著己樂慶於彼樂在諸禪定如地獄想於
生死中如園觀想見来求者為善師想捨諸
所有具一切智想見毀戒人起救護想諸波
羅蜜為父母想道品之法為眷屬想發行善
根无有齊限以諸淨國嚴飾之事成己佛土
開門大施具足相好除一切惡淨身口意淨
故生死无數劫意而有勇聞佛无量德志而
不惓以智慧劍破煩惱賊出陰界入荷負衆
生永使解脫以大精進摧伏魔軍常求无念
實相智慧於世間法少欲知足於出世間法
不惓威儀而能隨俗起神通慧引導衆生得
念惣持所聞不忘善別諸根斷衆生疑以樂

BD15330 號　維摩詰所說經卷下　（11–9）

生永使解脫以大精進摧伏魔軍常求无念
實相智慧於世間法少欲知足於出世間法
不懷威儀而能隨俗起神通慧引導衆生得
念惣持所聞不忘善別諸根斷衆生疑以樂
說辯演法无㝵淨十善道受天人福脩四无
量開梵天道勸請說法隨喜讚善得佛音聲
身口意善得佛威儀深脩善法所行轉勝以
大乘教成菩薩僧心无放逸不失衆善行如
此法是名菩薩不盡有為何謂菩薩不住无
為謂脩學空不以空為證脩學无相无作不
以无相无作為證脩學无起不以无起為證
觀於无常而不厭善本觀世間苦而不惡生
死觀於无我而誨人不惓觀於寂滅而不永
寂滅觀於遠離而身心脩善觀无所歸而歸
趣善法觀於无生而以生法荷負一切觀於
无漏而不斷諸漏觀无所行而以行法教化
衆生觀於空无而不捨大悲觀正法位而不
隨小乘觀諸法虛妄无牢无人无主无相本
願未滿而不虛福德禪定智慧脩如此法是
名菩薩不住无為又具福德故不住无為具
智慧故不盡有為大慈悲故不住无為滿本
願故不盡有為集法藥故不住无為隨授藥
故不盡有為知衆生病故不住无為滅衆生
病故不盡有為諸正士菩薩已脩此法不盡
有為不住无為是名盡无盡解脫法門汝等

BD15330 號　維摩詰所說經卷下　　(11–10)

以无相无作為證脩學无起不以无起為證
觀於无常而不厭善本觀世間苦而不惡生
死觀於无我而誨人不惓觀於寂滅而不永
寂滅觀於遠離而身心脩善觀无所歸而歸
趣善法觀於无生而以生法荷負一切觀於
无漏而不斷諸漏觀无所行而以行法教化
衆生觀於空无而不捨大悲觀正法位而不
隨小乘觀諸法虛妄无牢无人无主无相本
願未滿而不虛福德禪定智慧脩如此法是
名菩薩不住无為又具福德故不住无為具
智慧故不盡有為大慈悲故不住无為滿本
願故不盡有為集法藥故不住无為隨授藥
故不盡有為知衆生病故不住无為滅衆生
病故不盡有為諸正士菩薩已脩此法不盡
有為不住无為是名盡无盡解脫法門汝等
當學介時彼諸菩薩聞說是法皆大歡喜以
衆妙華若干種色若干種香散遍三千大千
世界供養於佛及此經法并諸菩薩已稽首
佛足歎未曾有言釋迦牟尼佛乃能於此善

BD15330 號　維摩詰所說經卷下　　(11–11)

BD15330 號背　勘記、印章

（1–1）

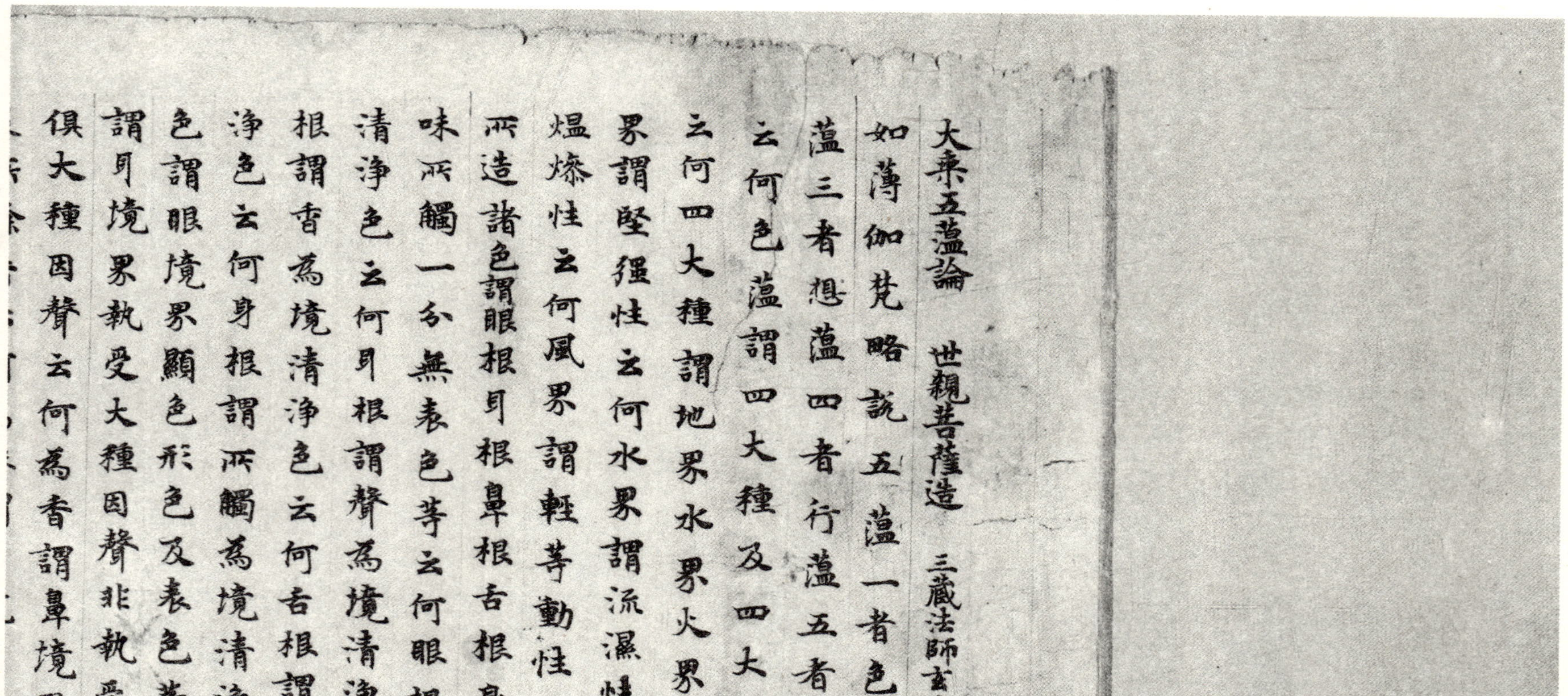

大乘五薀論　世親菩薩造　三藏法師玄奘奉　詔譯
如薄伽梵略說五薀一者色薀二者受
薀三者想薀四者行薀五者識薀
云何色薀謂四大種及四大種所造諸色
云何四大種謂地界水界火界風界云何地
界謂堅強性云何水界謂流濕性云何火界謂
煴燥性云何風界謂輕等動性云何四大種
所造諸色謂眼根耳根鼻根舌根身根色聲香
味所觸一分無表色等云何眼根謂色為境
清淨色云何耳根謂聲為境清淨色云何鼻
根謂香為境清淨色云何舌根謂味為境清
淨色云何身根謂所觸為境清淨色云何為
色謂眼境界顯色形色及表色等云何為聲
謂耳境界執受大種因聲非執受大種因聲
俱大種因聲云何為香謂鼻境界好香惡香

BD15331 號　大乘五蘊論

（10–1）

淨色云何身根謂所觸為境清淨色云何為
色謂眼境界顯色形色及表色等云何為聲
謂耳境界執受大種因聲非執受大種因聲
俱大種因聲云何為香謂鼻境界好香惡香
及所餘香云何為味謂舌境界甘味酢味鹹
味辛味苦味淡味云何名為所觸一分謂身
境界除四大種餘所造觸滑性澁性重性輕
性冷飢渴等云何名為無表色等謂无表業
及三摩地所生色等無見無對
云何受蘊謂三領納一苦二樂三不苦不樂
樂謂滅時有和合欲苦謂生時有乖離欲不
苦不樂謂无二欲
云何想蘊謂於境界取種種相
云何行蘊謂除受想諸餘心法及心不相應
行
云何名為諸餘心法謂彼諸法与心相應
彼復云何謂觸作意受想思欲勝解念三摩
地慧信慚愧无貪善根无瞋善根无癡善根
精進輕安不放逸捨不害貪瞋慢无明見疑
忿恨覆惱嫉慳誑諂憍害无慚无愧惛沈掉
舉不信懈怠放逸忘念散亂不正知惡作睡
眠尋伺
是諸心法五是遍行五是別境十一是善六
是煩惱餘是隨煩惱四是不決定
云何為觸謂三和合分別為性云何作意謂
能令心發悟為性云何為思謂於功德過失

BD15331 號　大乘五蘊論　（10–2）

是諸心法五是遍行五是別境十一是善六
是煩惱餘是隨煩惱四是不決定
云何為觸謂三和合分別為性云何作意謂
能令心發悟為性云何為思謂於功德過失
及俱相違令心造作意業為性
云何為欲謂於可愛事悕望為性云何勝解
謂於決定事即如所了印可為性云何為念
謂於串習事令心不忘明記為性云何三摩
地謂於所觀事令心一境不散為性云何為
慧謂即於彼擇法為性或如理所引或不如
理所引或俱非所引
云何為信謂於業果諸諦寶中極正符順心
淨為性云何為慚謂自增上及法增上於所
作羞恥為性云何為愧謂世增上於所作
罪羞恥為性云何无貪謂貪對治令深猒患
无著為性云何无瞋謂瞋對治以慈為性云
何无癡謂癡對治以其如實正行為性云何
精進謂懈怠對治心於善品勇悍為性云何
輕安謂麁重對治身心調暢堪能為性云何
不放逸謂放逸對治即是无貪乃至精進依
止此故捨不善法及即脩彼對治善法云何
捨謂即无貪乃至精進依止此故獲得所
有心平等性心正直性心无發悟性又由此
故於已除遣染汙法中无染安住云何不害
謂害對治以悲為性

BD15331 號　大乘五蘊論　（10–3）

心此故捨不善法及即脩彼對治善法云何
捨謂即无貪乃至精進依心此故獲得所
有心平等性心正直性心无發悟性又由此
故於已除遣染汙法中无染安住云何不害
謂害對治以悲為性
云何為貪謂於五取蘊染愛耽著為性云
何為瞋謂於有情樂作損害為性云何為
慢所謂七慢一慢二過慢三慢過慢四我慢
五增上慢六卑慢七邪慢云何慢謂於劣計
已勝或於等計已等心高舉為性云
何過慢謂於等計已勝或於勝計已等心高
舉為性云何慢過慢謂於勝計已勝心高舉
為性云何我慢謂於五取蘊隨觀為我或為
我所心高舉為性云何增上慢謂於未得增
上殊勝所證法中謂我已得心高舉為性云
何卑慢謂於多分殊勝計已少分下劣心高
舉為性云何邪慢謂實无德計已有德心高
舉為性云何无明謂於業果及諦寶中无智
為性此復二種所謂俱生分別所起又欲纏
貪瞋及欲纏无明名三不善根謂貪不善根
瞋不善根癡不善根云何為見所謂五見一
薩迦耶見二邊執見三邪見四見取五戒禁
取云何薩迦耶見謂於五取蘊隨觀為我或
為我所染汙慧為性云何邊執見謂即由彼
增上力故隨觀為常或復為斷染汙慧為性
云何邪見謂或謗因或復謗果或謗作用或

BD15331號　大乘五蘊論　（10–4）

云何薩迦耶見謂於五取蘊隨觀為我或
為我所染汙慧為性云何邊執見謂即由彼
增上力故隨觀為常或復為斷染汙慧為性
云何邪見謂或謗因或復謗果或謗作用或
壞善事染汙慧為性云何見取謂即於三見
及彼所依諸蘊隨觀為最為上為勝為極染
汙慧為性云何戒禁取謂於戒禁及彼所依
諸蘊隨觀為清淨為解脫為出離染汙慧為
性云何為疑謂於諦等猶豫為性諸煩惱中
後三見及疑唯分別起餘通俱生及分別起
云何為忿謂遇現前不饒益事心損惱為性
云何為恨謂結怨不捨為性云何為覆謂於
自罪覆藏為性云何為惱謂發暴惡言尤蛆
為性云何為嫉謂於他盛事心妒為性云何
為慳謂施相違心恪為性云何為誑謂為誑
他詐現不實事為性云何為諂謂覆藏自過
方便所攝心曲為性云何為憍謂於自盛事
染著倨傲心恃為性云何為害謂於諸有情
損惱為性
云何无慚謂於所作罪不自羞恥為性云何
无愧謂於所作罪不羞恥他為性云何惛沈
謂心不調暢无所堪能蒙昧為性云何掉舉
謂心不寂靜為性云何不信謂信所對治於
業果等不正信順心不清淨為性云何懈怠
謂精進所治於諸善品心不勇猛為性云何
放逸謂即由貪瞋癡懈怠故於諸煩惱心不

BD15331號　大乘五蘊論　（10–5）

謂心不調暢无所堪能蒙昧為性云何掉舉
不寂靜為性云何不信謂信所對治於
業果等不正信順心不清淨為性云何懈怠
謂精進所治於諸善品心不勇猛為性云何
放逸謂即由貪瞋癡懈怠故於諸煩惱心不
防護於諸善品不能脩習為性云何失念謂
染汙念於諸善法不能明記為性云何散乱
謂貪瞋癡分心流蕩為性云何不正知謂於
身語意現前行中不正依住為性
云何惡作謂心變悔為性云何睡眠謂不自
在轉心極昧略為性云何為尋謂能尋求意
言分別思慧差別令心麁為性云何為伺謂
能伺察意言分別思慧差別令心細為性
云何心不相應行謂依色心心法分位但假
建立不可施設決定異性及不異性彼復云
得无想等至滅盡等至无想所有命根
衆同分生老住无常名身句身文身異生性
如是等類
云何為得謂若獲若成就此復三種謂若種子
若自在若現前如其所應云何无想等至
謂已離遍淨貪未離上貪由出離想作意為
先不恒現行心心法滅為性云何滅盡等至
謂已離无所有處貪從第一有更求勝進由
止息想作意為先不恒現行及恒行一分心
心法滅為性云何无想所有謂无想等至果
有情天中生已不恒現行心心法滅為
性云何命根謂於衆同分中先業所引住時

BD15331號　大乘五蘊論　（10–6）

止息想作意為先不恒現行及恒行一分心
心法滅為性云何无想所有謂无想等至果
有情天中生已不恒現行心心法滅為
性云何命根謂於衆同分中先業所引住時
決定為性云何衆同分謂諸有情自類相似
為性云何為生謂於衆同分中諸行本无今
有為性云何為老謂即如是諸行相續變異
為性云何為住謂即如是諸行相續隨轉為
性云何无常謂即如是諸行相續謝滅為性
云何名身謂諸法自性增語為性云何句
謂諸法差別增語為性云何文身謂諸字為
能表彰前二種故亦名為顯由与名句
為所依心顯了義故亦名為字非差別門所
變易故云何異生性謂於諸聖法不得為性
如是等類已說行蘊
云何識蘊謂於所緣境了別為性亦名心意
采集故意所攝故最勝心者謂阿賴耶識
何以故由此識中諸行種子皆悉集故又此
行緣不可分別前後一類相續隨轉又由此
故從滅盡等至无想等至无想所有起者了
別竟名轉識還生待所緣緣差別轉故數數
間斷還復轉故又令生死流轉旋還故阿賴
耶識者謂能攝藏一切種子故又能攝藏我
慢相故又復緣身為境界故即此亦名阿陁

BD15331號　大乘五蘊論　（10–7）

□由還復轉故又令生死流轉旋還故何賴
耶識者謂能攝藏一切種子故又能攝藏我
慢相故又復緣身為境界故即此亦名阿陁
那識能執持身故冣勝意者謂緣阿賴耶識
為境恒与我慢我癡我見及我愛等相應之
後一類相□隨轉除阿羅漢果及與聖
道滅盡等至現在前位
問以何義故說名為蘊荅以積聚義說名為蘊謂
世相續品類趣處差別色等捴略攝故
復有十二處謂眼處色處耳處聲處鼻處香處
味處身處□處意處法處眼等五處及色
聲香味處如前已釋言觸處者謂四大種及前
所說所觸一分言意處者即是識蘊言法處者
謂受想行蘊无表色等及與无為
云何无為謂虛空无為非擇滅无為擇滅无為及
□等云何虛空謂若容受諸色云何非擇滅謂
若滅非離繫此復云何謂離煩惱對治而諸蘊畢
竟不生云何擇滅謂若滅是離繫此復云何謂由
煩惱對治故諸蘊畢竟不生云何真如謂諸法法性
法□性問以何義故名為處耶荅諸識生長門義
□□義復有十八界謂眼界色界眼識界耳界聲
界耳識界鼻界香界鼻識界舌界味界舌識界
身界觸界身識界意界法界意識界
眼等諸界及色等諸界如處中說六識界者謂
□□根緣色等境了別為性言意界者即彼

BD15331 號　大乘五蘊論　（10-8）

界耳識界鼻界香界鼻識界舌界味界舌識界
身界觸界身識界意界法界意識界
眼等諸界及色等諸界如處中說六識界者謂
□□根緣色等境了別為性言意界者即彼
□□滅等為欲顯示第六意識及廣建立十八
界故
如是色蘊即十處十界及法處法界一分識蘊
即意處及七心界餘三蘊及色蘊一分并諸无
為即法處法界
義故□為界荅以能任持无作用性自
相義故說名為界
問以何義故宣說蘊等荅為欲對治三種我執如
其次第三種我執者謂一性我執受者我執作者
我執
□十八界幾有色謂十界一少分即色蘊自
□□无色謂所餘界
幾有見謂一色界幾无見謂所餘界
幾有對謂十有色界若彼於是處有所鄣㝵是
有對義幾无對謂所餘界
幾有漏謂十五界及後三少分由於是處煩惱
□所行幾无漏謂後三少分
幾欲界繫謂一切幾色界繫謂十四除香味鼻
舌識幾无色界繫謂後三幾不繫謂即彼无漏界
幾蘊所攝謂除无為幾取蘊所攝謂有漏幾善
幾不善幾无記謂十通三種七心界及色聲法

BD15331 號　大乘五蘊論　（10-9）

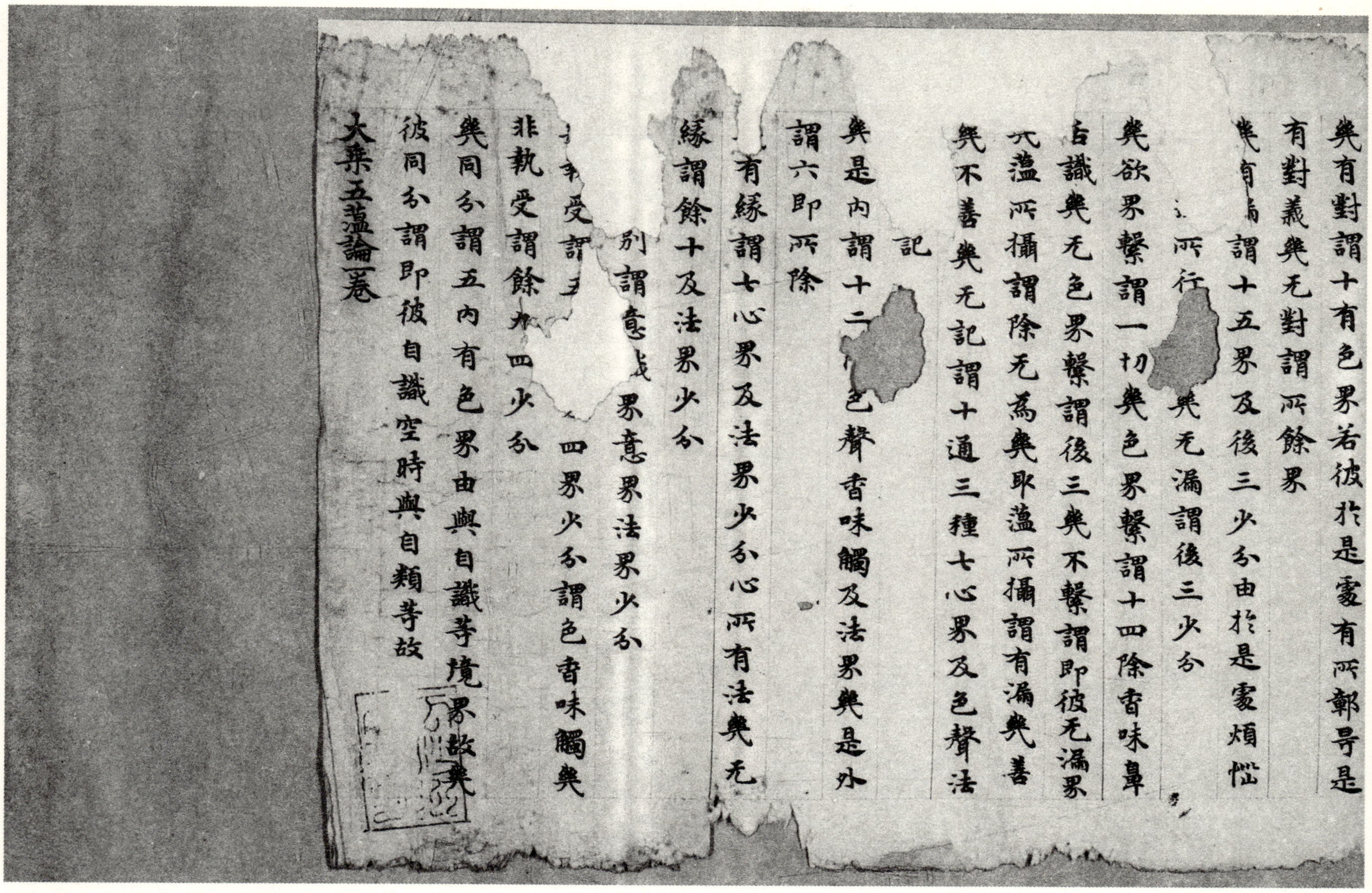

幾有對謂十有色界若彼於是處有所鄣导是
有對義幾无對謂所餘界
幾有[illegible]謂十五界及後三少分由於是處煩惱
[illegible]所行[illegible]幾无漏謂後三少分
幾欲界繫謂一切幾色界繫謂十四除香味鼻
舌識幾无色界繫謂後三幾不繫謂即彼无漏界
幾蘊所攝謂除无爲幾取蘊所攝謂有漏幾善
幾不善幾无記謂十通三種七心界及色聲法
記
幾是內謂十二[illegible]色聲香味觸及法界幾是外
謂六即所除
有緣謂七心界及法界少分心所有法幾无
緣謂餘十及法界少分
[illegible]別謂意[illegible]界意界法界少分
[illegible]受謂[illegible]四界少分謂色香味觸幾
非執受謂餘[illegible]四少分
幾同分謂五內有色界由與自識等境界故幾
彼同分謂即彼自識空時與自類等故
大乘五蘊論一卷

BD15331 號　大乘五蘊論　　　　(10–10)

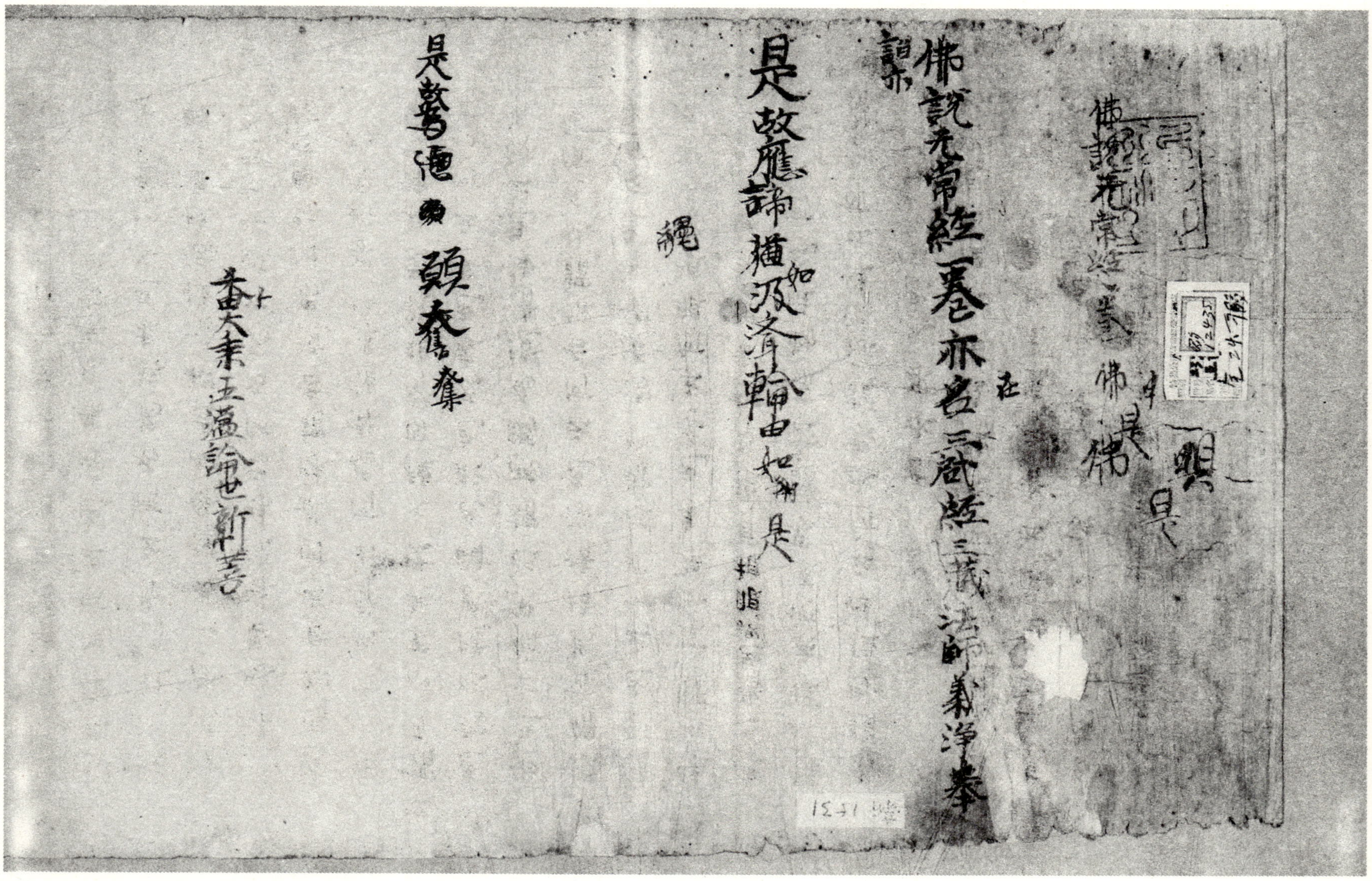

BD15331 號　雜寫、印章　　　　(1–1)

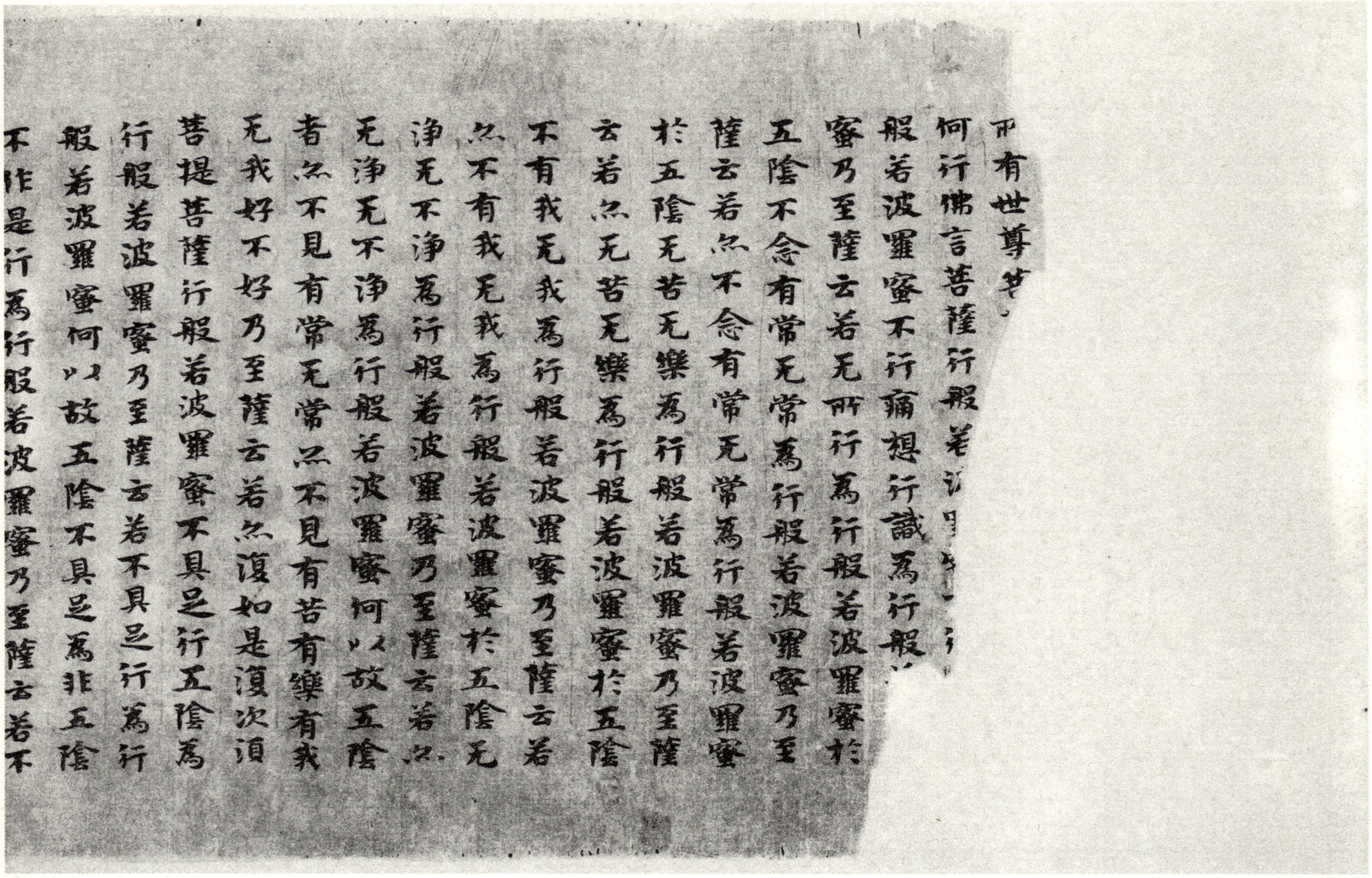

所有世尊菩
何行佛言菩薩行般若
般若波羅蜜不行痛想行識爲行般
蜜乃至薩云若无所行爲行般若波羅蜜於
五陰不念有常无常爲行般若波羅蜜乃至
薩云若亦不念有常无常爲行般若波羅蜜
於五陰无苦无樂爲行般若波羅蜜乃至薩
云若亦无苦无樂爲行般若波羅蜜於五陰
不有我无我爲行般若波羅蜜乃至薩云若
亦不有我无我爲行般若波羅蜜於五陰无
淨无不淨爲行般若波羅蜜乃至薩云若亦
无淨无不淨爲行般若波羅蜜何以故五陰
者亦不見有常无常亦不見有苦有樂有我
无我好不好乃至薩云若亦復如是復次須
菩提菩薩行般若波羅蜜不具足行五陰爲
行般若波羅蜜乃至薩云若不具足行爲行
般若波羅蜜何以故五陰不具足爲非五陰
不作是行爲行般若波羅蜜乃至薩云若不

BD15332號　放光般若經(三十卷本)卷一四　(15-1)

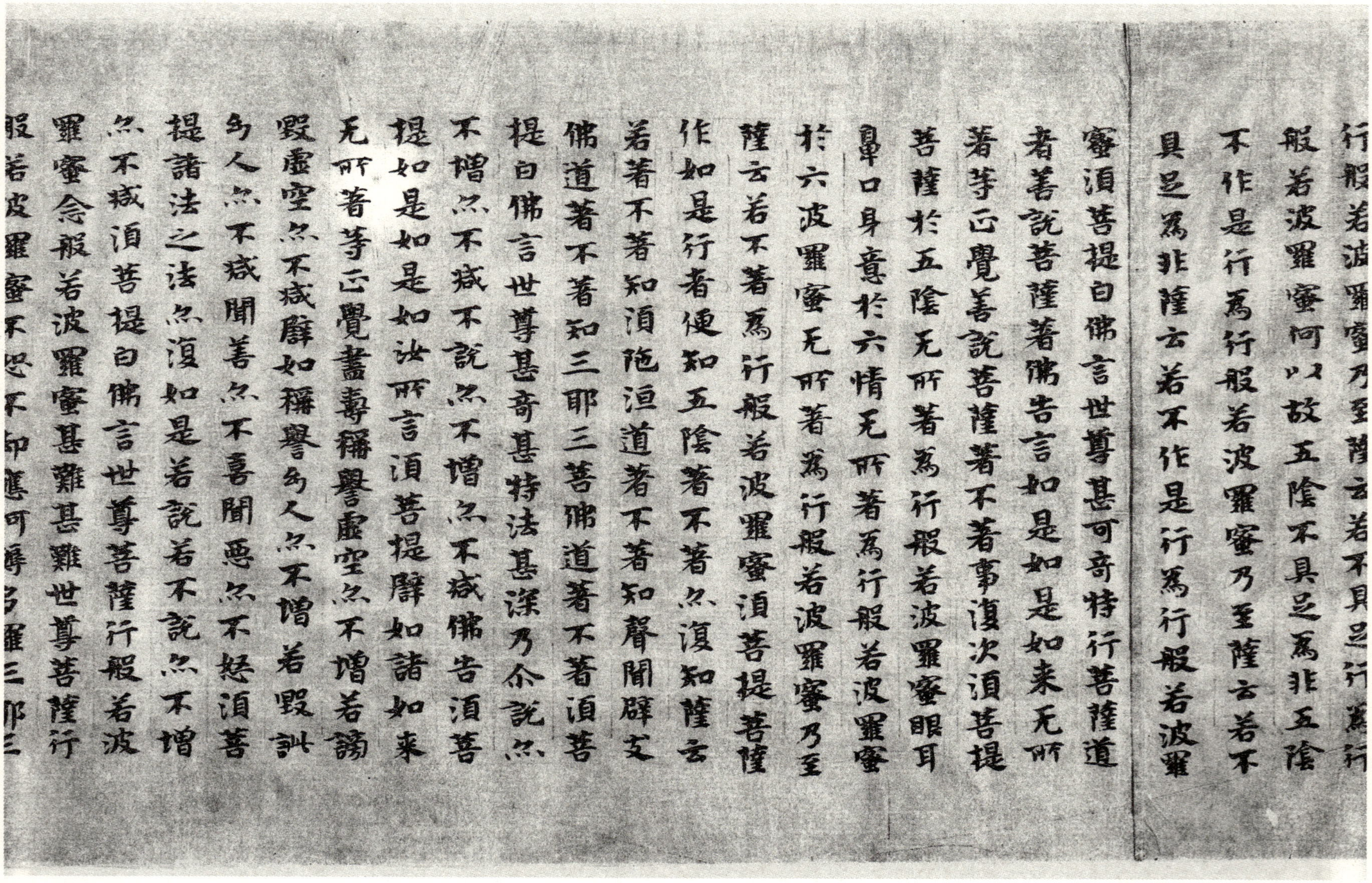

行般若波羅蜜乃至薩云若不具足行爲行
般若波羅蜜何以故五陰不具足爲非五陰
不作是行爲行般若波羅蜜乃至薩云若不
具足爲非薩云若不作是行爲行般若波羅
蜜須菩提白佛言世尊甚可奇特行菩薩道
者善説菩薩著佛告言如是如是如來无所
著等正覺善説菩薩著不著事復次須菩提
菩薩於五陰无所著爲行般若波羅蜜眼耳
鼻口身意於六情无所著爲行般若波羅蜜
於六波羅蜜无所著爲行般若波羅蜜乃至
薩云若不著爲行般若波羅蜜須菩提菩薩
作如是行者便知五陰著不著亦復知薩云
若著不著知須陁洹道著不著知聲聞辟支
佛道著不著知三耶三菩佛道著不著須菩
提白佛言世尊甚奇甚特法甚深乃尒説亦
不增亦不減不説亦不增亦不減佛告須菩
提如是如是如汝所言須菩提譬如諸如來
无所著等正覺盡壽稱譽虛空亦不增若謗
毀虛空亦不減譬如稱譽幻人亦不增若毀訾
幻人亦不減聞善亦不喜聞惡亦不怒須菩
提諸法之法亦復如是若説若不説亦不增
亦不減須菩提白佛言世尊菩薩行般若波
羅蜜念般若波羅蜜甚難甚難世尊菩薩行
般若波羅蜜不恐不却於阿耨多羅三耶三

BD15332號　放光般若經(三十卷本)卷一四　(15-2)

亦不減須菩提白佛言世尊菩薩行般若波
羅蜜念般若波羅蜜甚難甚難世尊菩薩行
般若波羅蜜不恐不却應阿耨多羅三耶三
菩不復動轉何以故世尊念般若波羅蜜者
為欲念虛空虛空亦无有六波羅蜜虛空亦
无有五陰亦无內外空及有无空亦无三十
七品亦无十力亦无四无所畏亦无十八法
亦无須陁洹道亦无斯陁含道亦无阿那含
道亦无阿羅漢道亦无辟支佛道虛空亦无三
耶三佛道世尊菩薩摩訶薩作是僧那僧涅
者當應為作礼世尊為衆生精進為衆生展
力為衆生鬪為衆生作要誓者為欲為空作
精進為欲為空作要誓世尊為衆生作要誓
者為欲度空是菩薩為大要誓為虛空等衆
生作要誓者為欲舉空著虛空中諸菩薩摩
訶薩發阿耨多羅三耶三菩意者為遠大精
進力世尊菩薩為衆生發阿耨多羅三耶三
菩意者為遠大誓已世尊是菩薩摩訶薩為
大勇猛為虛空等衆生發阿耨多羅三耶三
菩何以故世尊假令三千大千刹土其中所
有盡為如来譬如藂林千蔗竹葦稲麻草木
藥菓諸樹盡為如来一一諸佛各說經法亦
至一劫復過一劫一一如来各度衆生无數
數衆不可復計不覺衆生之性有增有減何

BD15332號　放光般若經（三十卷本）卷一四　（15–3）

至一劫復過一劫一一如来各度衆生无數
數衆不可復計不覺衆生之性有增有減何
以故衆生无所有寂故世尊置是三千大千
國土十方恒邊沙一沙為一佛國尒所佛國
其中所有皆為如来教化衆生不可計量不
可稱度衆生之性无增无減所以者何一切
衆生皆空寂故是故衆生无始无終與空等
故世尊以是故我作是說欲度衆生者為欲
度空目有異比丘意念言當為般若波羅蜜
作字於般若波羅蜜中亦无法可生者亦无
法可滅者而於中有戒性三昧性智慧性解
脫性見解脫慧性而於其中現有須陁洹斯
陁含阿那含阿羅漢辟支佛三耶三佛而有
三寶有轉法輪於是釋提桓因語須菩提菩
薩習般若波羅蜜為習何等者年須菩提報
釋提桓因言學般若波羅蜜者為習空釋提
桓因白佛言若善男子善女人受持般若波
羅蜜諷誦讀念習行中事者世尊我當為作
何等護須菩提語釋提桓因言拘翼汝頗見
法有可護者不唯尊者實不見法有可護者
須菩提言拘翼善男子善女人如般若波羅
蜜教住者則為已得護不離般若波羅蜜教
若人若非人終不得其便如般若波羅蜜教

BD15332號　放光般若經（三十卷本）卷一四　（15–4）

法有可護者不唯尊者實不見法有可護者
須菩提言拘翼善男子善女人如般若波羅
蜜教住者則為已得護不離般若波羅蜜教
若人若非人終不得其便如般若波羅蜜教
住者當知是善男子善女人終不離般若波
羅蜜若有人言我欲護菩薩摩訶薩者當知
是人為欲護空拘翼寧能護夢及熱時炎幻
化影響寧能護是輩事不釋提桓因言不能
護拘翼若菩薩行般若波羅蜜亦如是拘翼
寧能護佛及佛所化不釋提桓因言不能菩
薩行般若波羅蜜亦无能與作護也拘翼能
護法性真際不可思議能與作護不唯須菩
提不能菩薩行般若波羅蜜亦復如是无能
與作護者釋提桓因問須菩提菩薩行般若
波羅蜜當云何覺知夢法幻法熱時之炎法
響法化法而不貢高須菩提言拘翼菩薩行
般若波羅蜜亦不念五陰於五陰不貢高至
薩云若亦不念亦不貢高於夢法乃至化亦
不念亦不貢高佛之威神令三千大千國土
諸四天王乃至首陁會天各持天上破末旃
檀蓬散佛上散已來詣佛所頭面著地為佛
作礼却住一面尒時諸四天王諸釋提桓因
諸梵天王及諸首陁會天承佛威神各各意
念令我曹等當請十方面各千佛佛使轉般

BD15332號　放光般若經（三十卷本）卷一四　（15–5）

諸梵天王及諸首陁會天承佛威神各各意
念令我曹等當請十方面各千佛佛使轉般
若波羅蜜品諸四天王釋梵諸尊天適作是
念已應時十方面各千佛應時悉現皆說般
若波羅蜜品其弟子者亦如須菩提其難問
者皆如釋桓提因亦如是聞釋迦文尼佛說
般若波羅蜜等无差特佛言弥勒菩薩摩訶
薩亦當於是處成阿耨多羅三耶三菩成阿惟
三佛亦當於是處說般若波羅蜜是賢劫中
當來諸佛亦當於是處成阿耨多羅三耶三
佛亦當於是處說般若波羅蜜須菩提白佛
言以何事以何像以何意弥勒菩薩摩訶薩
成阿耨多羅三耶三佛說般若波羅蜜佛告
須菩提言弥勒菩薩摩訶薩成作佛時亦不
說五陰有常无常亦不說五陰有苦有樂有
淨不淨有我无我好不好亦不說五陰有縛
有解亦不說五陰有過去當來今現在五陰
常淨當說五陰常淨乃至薩云若淨當說薩
云若常淨須菩提白佛言般若波羅蜜清淨
世尊佛言以五陰清淨故般若波羅蜜清淨
世尊云何以五陰清淨故般若波羅蜜清淨
佛言五陰亦不生亦不滅亦不著亦不斷以
是故五陰清淨須菩提虛空清淨故般若波
羅蜜清淨世尊云何虛空清淨般若波羅蜜

BD15332號　放光般若經（三十卷本）卷一四　（15–6）

佛言五陰亦不生亦不滅亦不著亦不斷以
是故五陰清淨須菩提虛空清淨故般若波
羅蜜清淨世尊云何虛空清淨般若波羅蜜
清淨佛言虛空不生不滅无所有是故虛空
清淨世尊云何虛空无所有般若波羅蜜清
淨佛言虛空不可獲持故般若波羅蜜清淨
如虛空事故般若波羅蜜清淨世尊云何如
虛空事故般若波羅蜜清淨佛言如虛空无
二辭以是事般若波羅蜜清淨佛言如虛空
无行般若波羅蜜清淨世尊云何虛空无行
般若波羅蜜清淨佛言以虛空无所行故般
若波羅蜜清淨佛言以虛空无所猗般若波
羅蜜清淨世尊云何虛空无所猗般若波羅
蜜清淨佛言如虛空无所罣故般若波羅蜜
清淨須菩提以諸法不生不滅不著不斷故
般若波羅蜜清淨世尊云何諸法不生不滅
不著不斷故般若波羅蜜清淨佛言以諸法
常清淨故般若波羅蜜清淨須菩提白佛言
世尊若善男子善女人持般若波羅蜜諷誦
讀習行中事者是善男子善女人終不病目
耳鼻无病雖身有老終不久衰隨其壽終終
時不亂身意安隱終不毒病誤妄惡死常有
諸天隨侍擁護諸四天王至有阤會天常皆
隨護善男子善女人爲法師者若月十四日

BD15332號　放光般若經（三十卷本）卷一四　（15–7）

諸天隨侍擁護諸四天王至有阤會天常皆
隨護善男子善女人爲法師者若月十四日
十五日說般若波羅蜜時尒時諸天皆悉来
會善男子善女人作是說般若波羅蜜時所
得功德不可復計不可復稱量不可思議佛
告須菩提善男子善女人若六齋以說般若
波羅蜜時諸天来會所得功德不可計量所
以者何般若波羅蜜者極大珍寶須菩提於
般若波羅蜜珍寶中斷三惡趣斷人中貧施
人天道人道使一切人得生大姓梵志長者
家得生四天王上至三十二天施人須陁洹
道斯陁含阿那含阿羅漢辟支佛道施人阿
耨多羅三耶三菩道何以故於般若波羅蜜
中廣說十善事於中學已便知有剎利梵志
大姓長者知有四天王上至三十二天便知
有須陁洹道聲聞辟支佛道便知有三耶三
佛道便知有四禪四等及四空定三十七品
佛十種力及十八法四无所畏便知有六波
羅蜜知有內外空及有无空便知有薩云若
以是故名爲珍寶處名爲般若波羅蜜於珍
寶廣中亦无生者亦无滅者亦无著者亦无
斷者亦无取者亦无棄者所以者何亦无有
法有生滅者有著斷者有取放者須菩提般
若波羅蜜无有善法亦无惡法亦无道法亦

BD15332號　放光般若經（三十卷本）卷一四　（15–8）

法有生滅者有著斷者有取放者須菩提般
若波羅蜜无有善法亦无惡法亦无道法亦
无俗法亦无漏不漏亦无有爲法亦无无爲
法以是故須菩提珍寶波羅蜜无所猗是珍
寶波羅蜜无有法能染者无有法能遠者所
以者何不可得法與相近者是故无能染者
佛告須菩提若有菩薩行般若波羅蜜若不
作是知不作是念不作是猗不作是識爲行
般若波羅蜜爲念般若波羅蜜爲礼諸如來
无所著等正覺從佛國至佛國供養承事礼
敬諸佛教化衆生淨佛國土須菩提是般若
波羅蜜无有法可見者无有不可見者亦不
取亦不放亦不生亦不滅亦不著亦不斷亦
不增亦不減亦不過去當來今現在亦不使
欲界過亦不使住亦不使形界過亦不使住
亦不使无形界過亦不使住亦不與人六波
羅蜜亦不教人棄亦不與人內外空及有无
空亦不棄亦不與人三十七品亦不棄亦不
與人十力及十八法亦无所棄亦不持聲聞
辟支佛上至薩云若有所與亦不使棄復次
須菩提般若波羅蜜者亦不持羅漢法有所
與亦不棄凡人法亦不持辟支佛法有所與
亦不棄羅漢法亦不持佛法有所與亦不棄
辟支佛法亦不持佛法有所與有所棄須菩

BD15332號　放光般若經（三十卷本）卷一四　（15–9）

與亦不棄凡人法亦不持辟支佛法有所與
亦不棄羅漢法亦不持佛法有所與亦不棄
辟支佛法亦不持佛法有所與有所棄須菩
提般若波羅蜜亦不持无爲法有所與亦不
棄有爲法何以故有佛无佛法性住如故法
性者則是法身亦不以忘住亦不以損住是
時諸天衆於虛空歡喜踊躍大咲持天憂鉢
華拘勿提華分陁利華而散佛上俱發聲言
我等今於閻浮提再見法輪轉所以者何無
數數天子於空中得无所從生法忍故佛告
須菩提轉法輪亦不二亦不一般若波羅蜜
者亦不爲法故轉亦不有所爲故不轉以有
无空故須菩提白佛言何等有无空故般若
波羅蜜有所轉有所遠佛言六波羅蜜空以
六波羅蜜空空內外空以內外空空及有无
空以有无空空三十七品空以三十七品空
空十力空以十力空空佛十八法空以十八
法空空聲聞辟支佛空以聲聞辟支佛空空
薩云若空以薩云若空空須菩提白佛言般
若波羅蜜所謂空者是菩薩之大度菩薩有
般若波羅蜜一切空故得成阿耨多羅三耶
三菩阿惟三佛亦无所遠覺而轉法輪亦无
有法可爲轉者亦不復轉還亦不見法何以
故索法可爲轉者亦不可得以諸法常无所

BD15332號　放光般若經（三十卷本）卷一四　（15–10）

有法可爲轉者亦不復轉還亦不見法何以
故索法可爲轉者亦不可得以諸法常无所
有故何以故空无想无願亦无所轉亦无所
還者般若波羅蜜有是教說有是施設有是
分別分部有是宣示分流般若波羅蜜有是
教者如是爲大清淨教般若波羅蜜教亦无
說者亦无受者亦无取證者若无說无受无
證如是爲无般泥洹者若无般泥洹者於是
教法中亦爲无有尊祐福田

摩訶般若波羅蜜放光經等品第四十五

須菩提白佛言世尊是般若波羅蜜无有底
答言虛空无有際故世尊波羅蜜等答言諸
法等故世尊波羅蜜寂淨佛言常空故世尊
波羅蜜无能伏者佛言諸法无所有故世尊
種種波羅蜜空答言亦无字亦无身故世尊
波羅蜜空答言呼吸出入不可見故世尊波
羅蜜无有事行答言无所覺无所行故世尊
波羅蜜无有字答言痛想念不可見故世尊
波羅蜜无有去答言諸法无有來故世尊波
羅蜜无有等佛言諸法无所取故世尊波羅
蜜消答言以諸法常盡故世尊波羅蜜不生
答言諸法无所生故世尊波羅蜜无所爲答
言无有作者故世尊波羅蜜无有智佛言智
者不可見故世尊波羅蜜无所越答言索生

BD15332號　放光般若經（三十卷本）卷一四　（15–11）

答言諸法无所生故世尊波羅蜜无所爲答
言无有作者故世尊波羅蜜无有智佛言智
者不可見故世尊波羅蜜无所越答言索生
死不可見故世尊波羅蜜无所敗答言諸法
无有壞故世尊波羅蜜如夢答言夢中所有
不可見故世尊波羅蜜如響答言无有聞聲
故世尊波羅蜜如光影答言面像不可見故
世尊波羅蜜如炎答言水流不可得故世尊
波羅蜜如幻答言術事不可得故世尊波羅
蜜无著佛言緒不可見故世尊波羅蜜不斷
答言无有緒故世尊波羅蜜不出答言无有
窟故世尊波羅蜜不猒答言諸猒已滅故世
尊波羅蜜无貢高答言諸貢高已滅故世尊
波羅蜜不動轉答言法性住故世尊波羅蜜
无住答言諸法審尒等故世尊波羅蜜无所
住立答言諸法无念故世尊波羅蜜寂答言
諸法想行不可見故世尊波羅蜜无婬答言
婬不可見故世尊波羅蜜无恚答言无有恚
不可見故世尊波羅蜜不癡答言滅諸冥故
世尊波羅蜜无有垢答言无有瑕穢故世尊
波羅非衆生答言无有衆生故世尊波羅蜜
无所除答言諸法无所處故世尊波羅蜜兩
際不滅答言離於際故世尊波羅蜜不破答
言諸法不受故世尊波羅蜜无所拙答言度

BD15332號　放光般若經（三十卷本）卷一四　（15–12）

際不壊荅言離於際故世尊波羅蜜不破荅
言諸法不受故世尊波羅蜜无所拙荅言度
諸聲聞辟支佛地故世尊波羅蜜无所分
別荅言諸法无有攮故世尊波羅蜜无有限
荅言諸法不可手相故世尊波羅蜜虚空荅
言諸法不可計故世尊波羅蜜无常佛言諸
法壊敗故世尊波羅蜜苦荅言諸法无有黨
與師子戰故世尊波羅蜜无有我荅言諸法
无所入故世尊波羅蜜空荅言諸法不可見
故世尊波羅蜜无有想荅言諸法无所出生
故世尊波羅蜜内空荅言内空不可得故世
尊波羅蜜外空荅言外空法不可見故世尊波
羅蜜内外空荅言内外空不可見故世尊波
羅蜜空空荅言空空不可見故世尊波羅蜜
大空荅言諸法不可見故世尊波羅蜜至竟
空荅言无為法不可見故世尊波羅蜜有為
空荅言有為法空不可見故世尊波羅蜜常
空荅言常空故世尊波羅蜜无有際空荅言
无有際不可見故世尊波羅蜜所作事空荅
言所作事不可見故世尊波羅蜜性空荅言
有為性法不可見故世尊波羅蜜諸法空荅
言内外空不可見故世尊波羅蜜自相空荅
言自相辟故世尊波羅蜜有无空空荅言有
无空不可得故世尊四意止波羅蜜荅言身

BD15332號　放光般若經（三十卷本）卷一四　（15–13）

有為性法不可見故世尊波羅蜜諸法空荅
言内外空不可見故世尊波羅蜜自相空荅
言自相辟故世尊波羅蜜有无空空荅言有
无空不可得故世尊四意止波羅蜜荅言身
痛意法不可見故世尊四意斷波羅蜜荅言
善惡法不可見故世尊神通波羅蜜荅言四
神足不可見故世尊五根波羅蜜荅言五根
不可見故世尊波羅蜜力荅言五力不可
得見故世尊波羅蜜覺荅言七覺意不可見
故世尊波羅蜜道荅言八字不可見故世尊
波羅蜜无願荅言願不可見故世尊波羅蜜
空荅言空事辟不可見故世尊波羅蜜无想荅
荅言静事不可見故世尊波羅蜜脱荅言八
惟无不可見故世尊波羅蜜定荅言九次第
禪不可見故世尊波羅蜜檀荅言妬嫉不可
見故世尊波羅蜜戒荅言惡戒不可見故世
尊波羅蜜羼荅言忍不可見故世尊波羅蜜
惟逮荅言精進懈怠不可見故世尊波羅蜜
禪荅言定以亂不可見故世尊波羅蜜慧荅
言惡智與慧不可見故世尊波羅蜜十力荅
言諸法无有可伏故世尊波羅蜜勇悍荅言
道事慧不可見故世尊波羅蜜分別智荅言
一切慧无导故世尊佛法波羅蜜荅言過諸
法故世尊如來波羅蜜荅言所說无有異故

BD15332號　放光般若經（三十卷本）卷一四　（15–14）

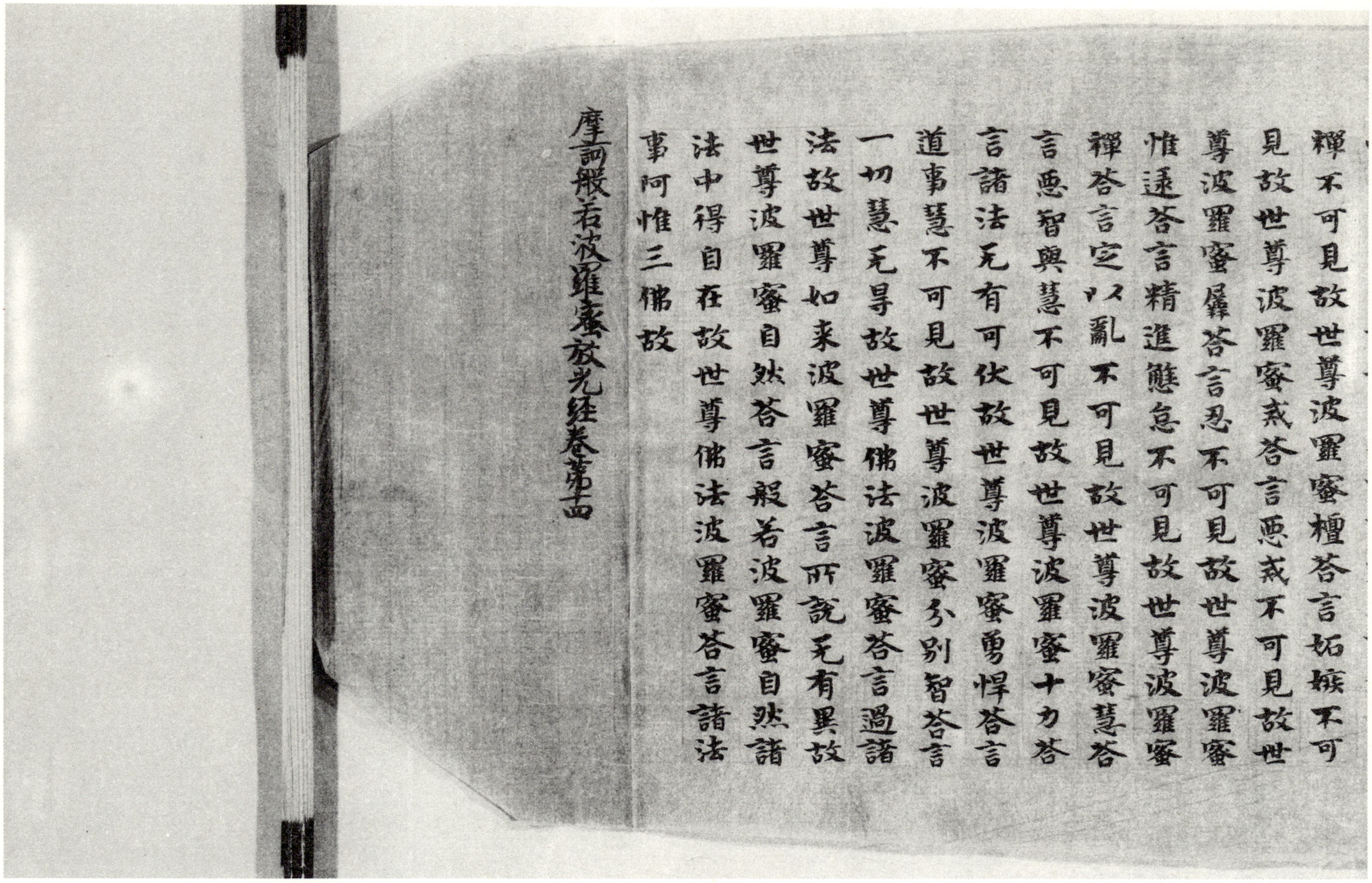

禪不可見故世尊波羅蜜檀荅言姤嫉不可
見故世尊波羅蜜戒荅言惡戒不可見故世
尊波羅蜜羼荅言忍不可見故世尊波羅蜜
惟逮荅言精進懈怠不可見故世尊波羅蜜
禪荅言定以亂不可見故世尊波羅蜜慧荅
言惡智與慧不可見故世尊波羅蜜十力荅
言諸法无有可伏故世尊波羅蜜勇悍荅言
道事慧不可見故世尊波羅蜜分別智荅言
一切慧无㝵故世尊佛法波羅蜜荅言過諸
法故世尊如來波羅蜜荅言所說无有異故
世尊波羅蜜自然荅言般若波羅蜜自然諸
法中得自在故世尊佛法波羅蜜荅言諸法
事阿惟三佛故

摩訶般若波羅蜜放光經卷第十四

BD15332 號　放光般若經（三十卷本）卷一四　　（15–15）

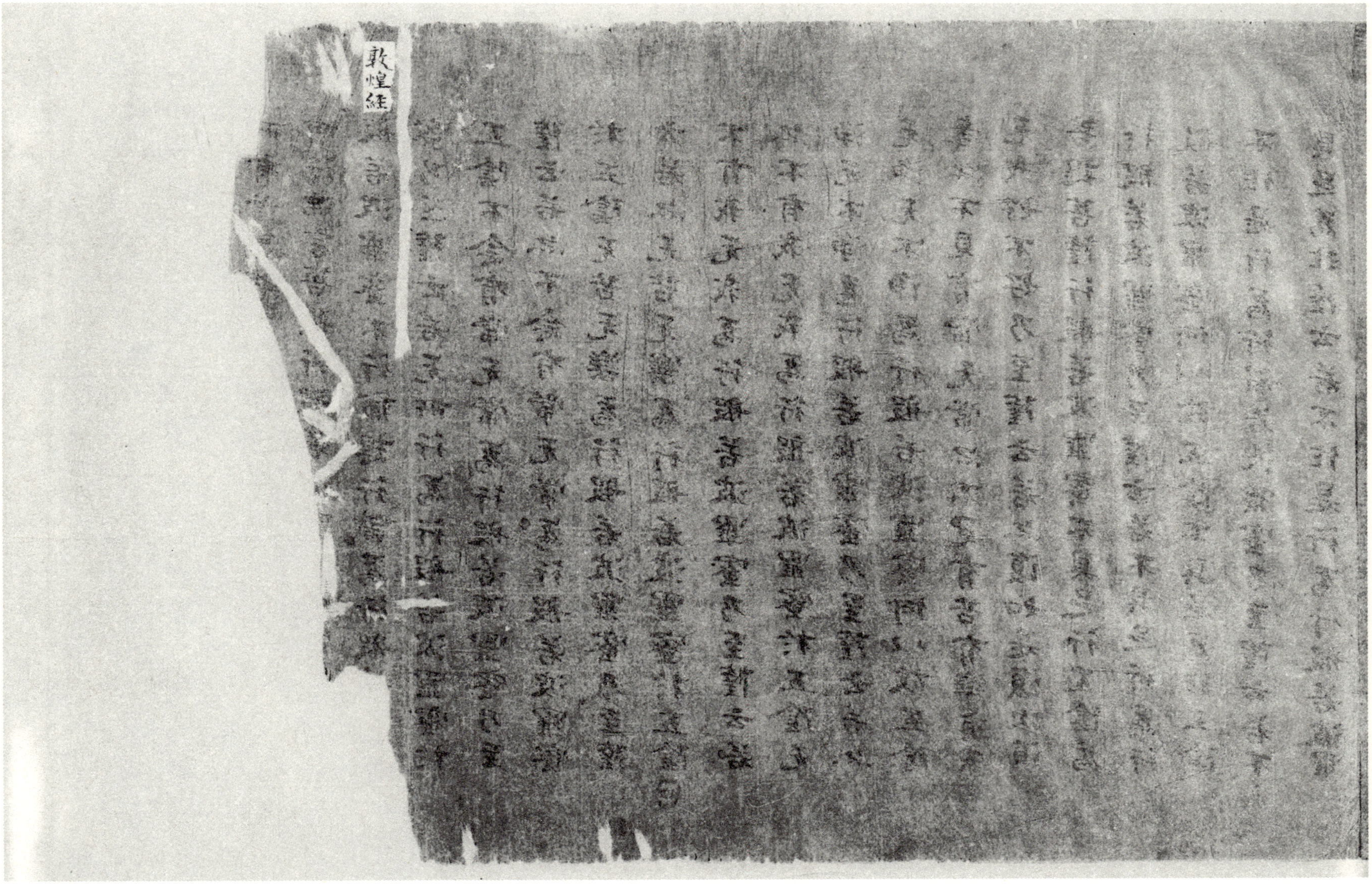

BD15332 號背　勘記　　（1–1）

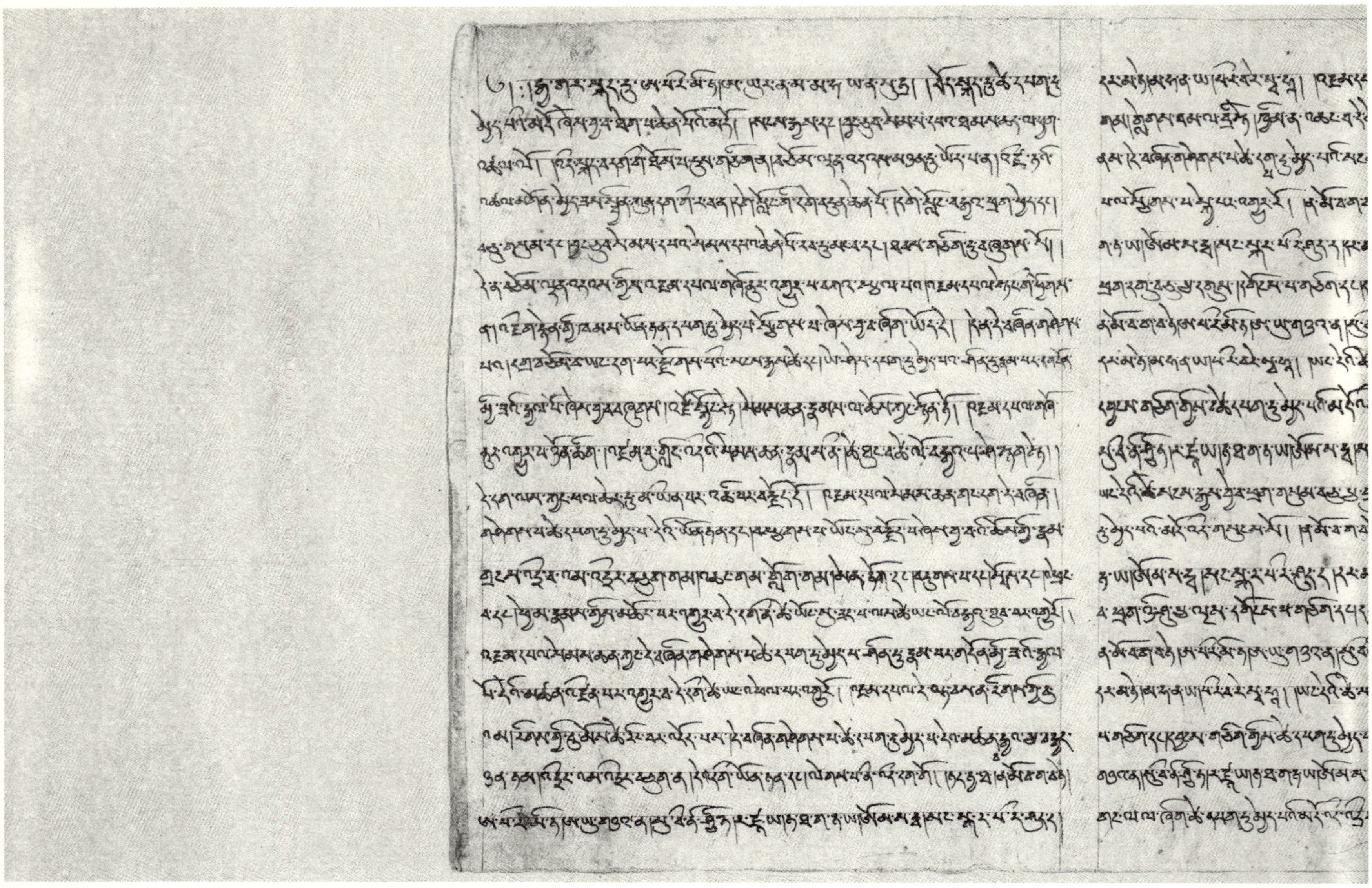

BD15333 號　藏文（無量壽宗要經乙本）　　（6–1）

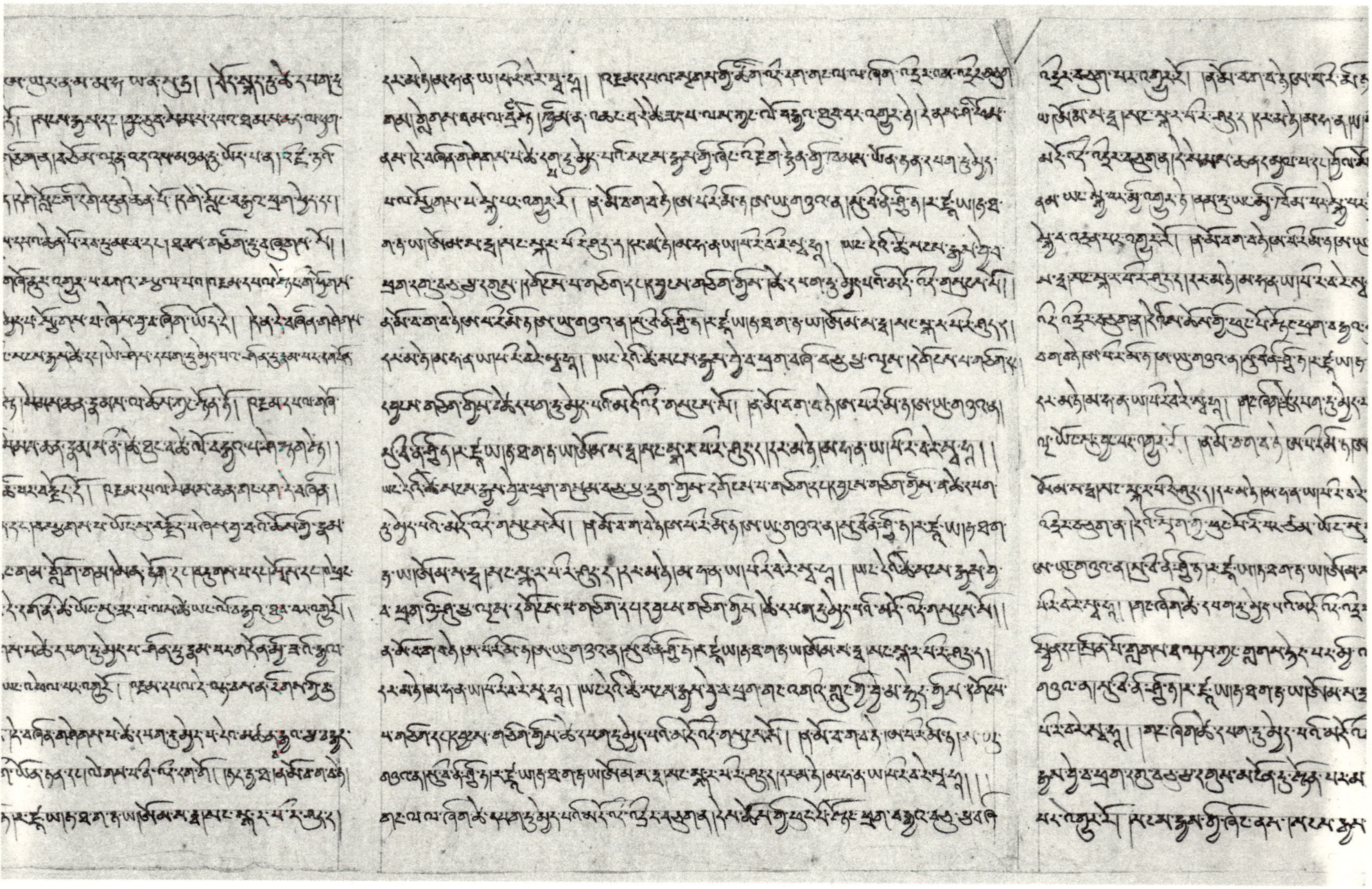

BD15333 號　藏文（無量壽宗要經乙本）　　（6–2）

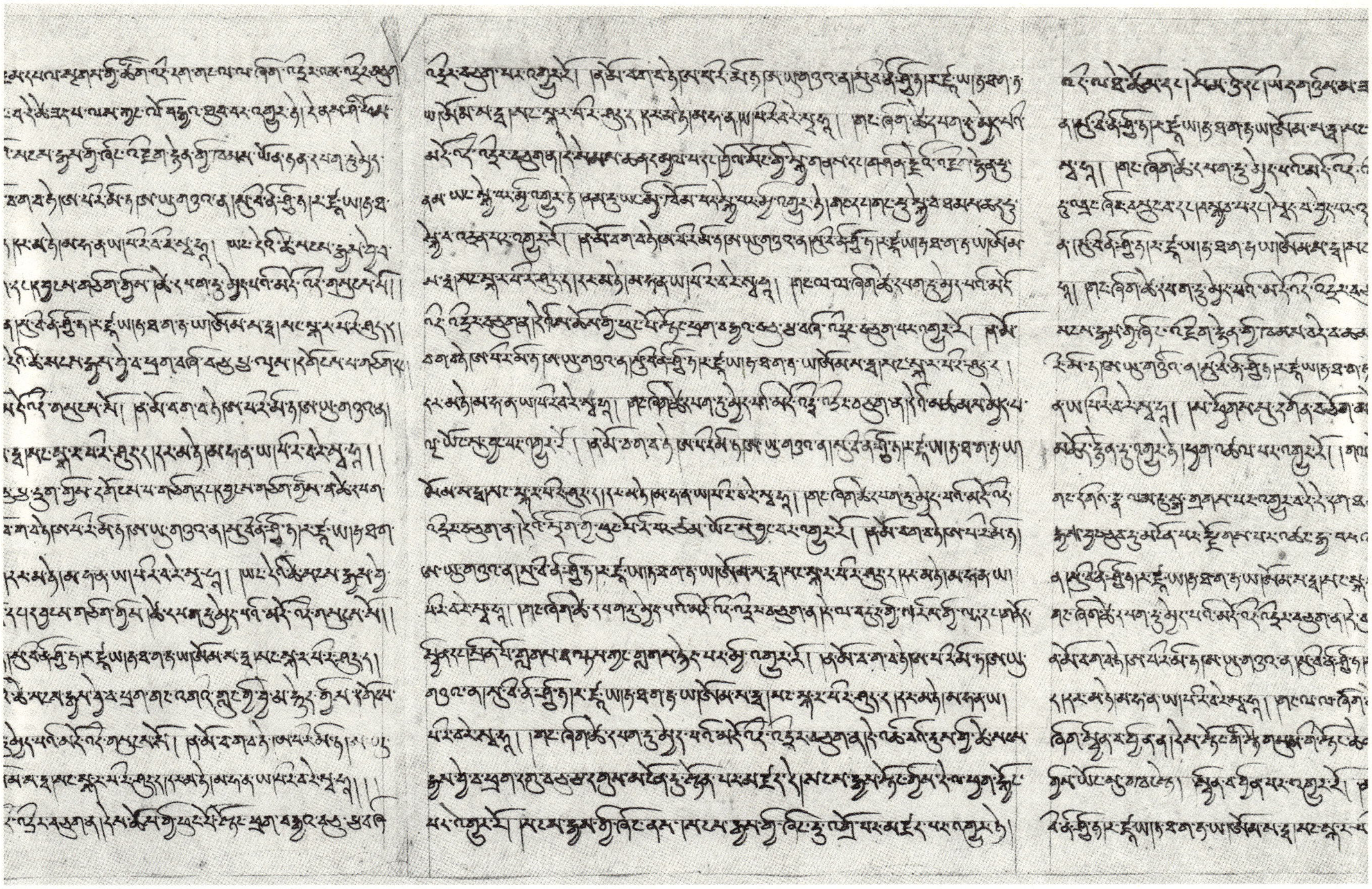

BD15333 號　藏文(無量壽宗要經乙本)　　(6–3)

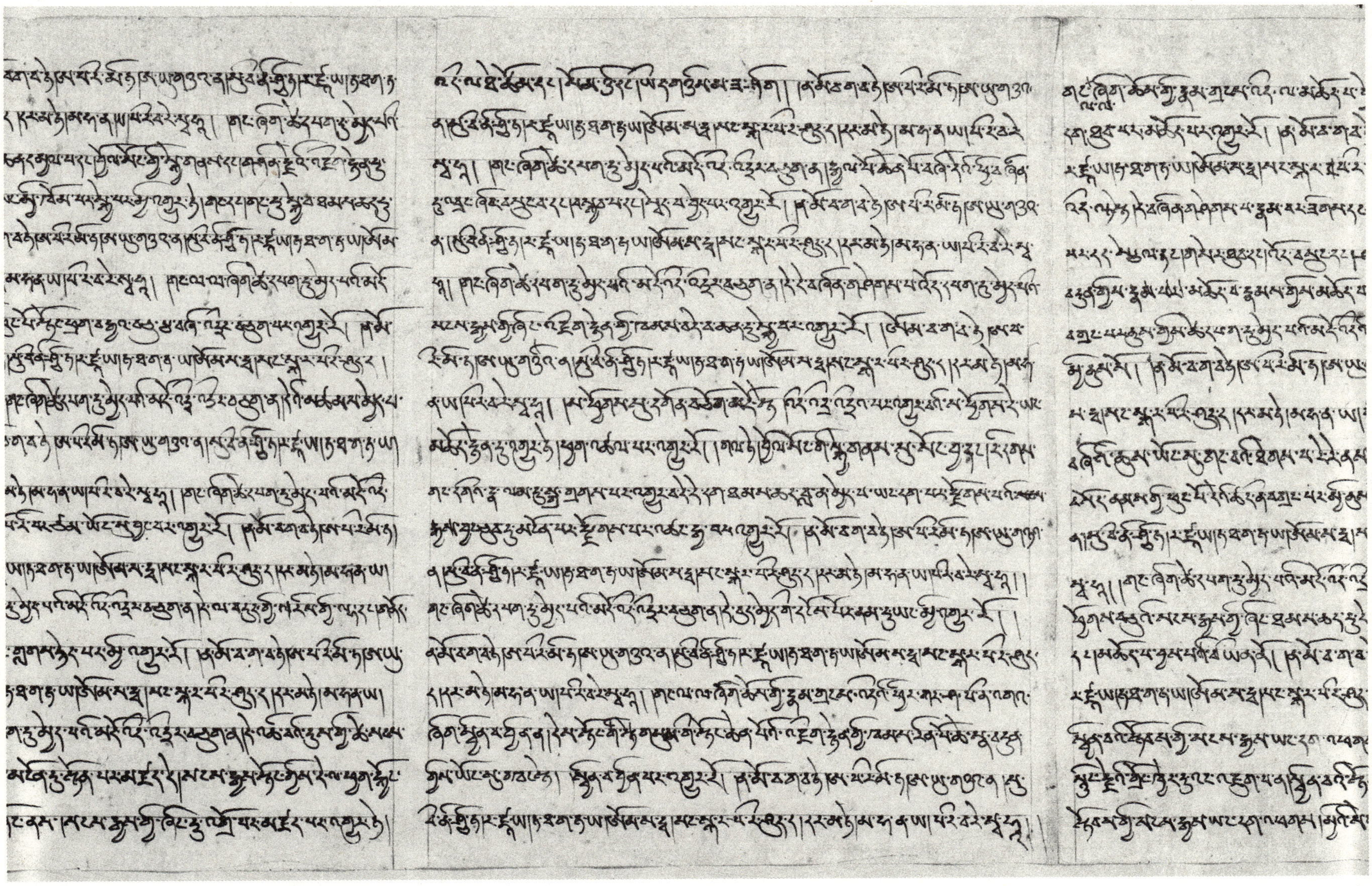

BD15333 號　藏文(無量壽宗要經乙本)　　(6–4)

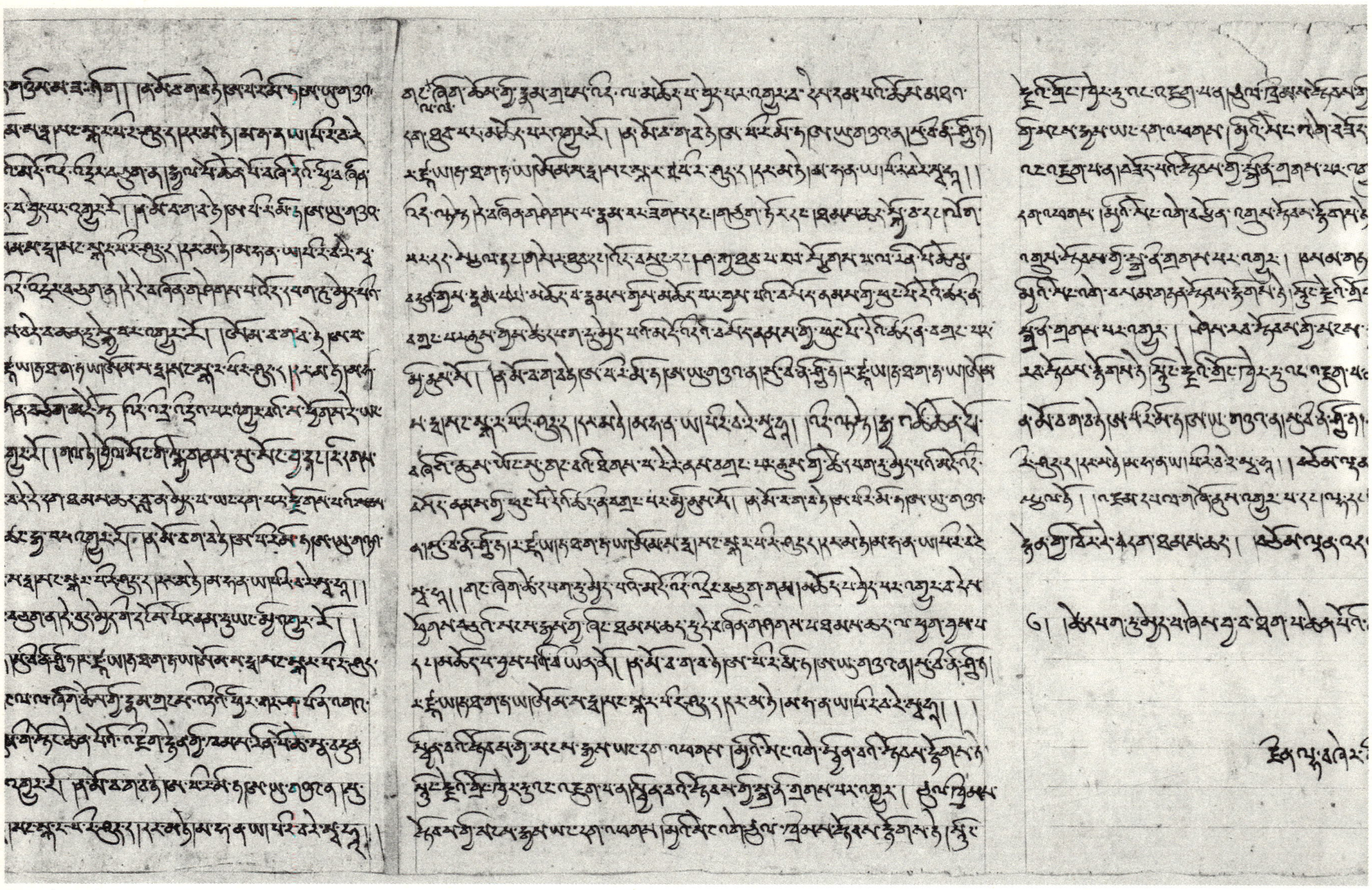

BD15333 號　藏文(無量壽宗要經乙本)　　(6–5)

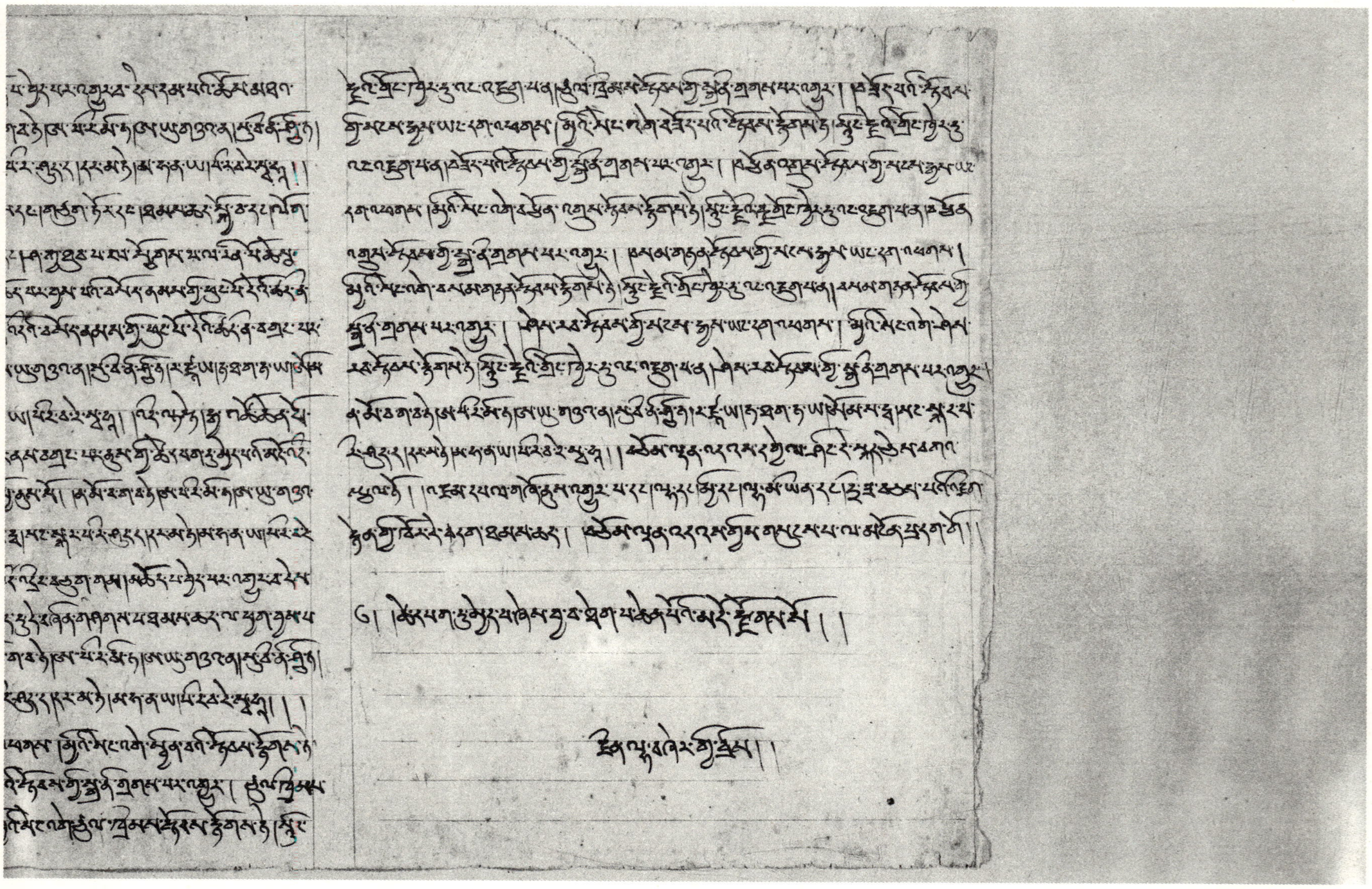

BD15333 號　藏文(無量壽宗要經乙本)　　(6–6)

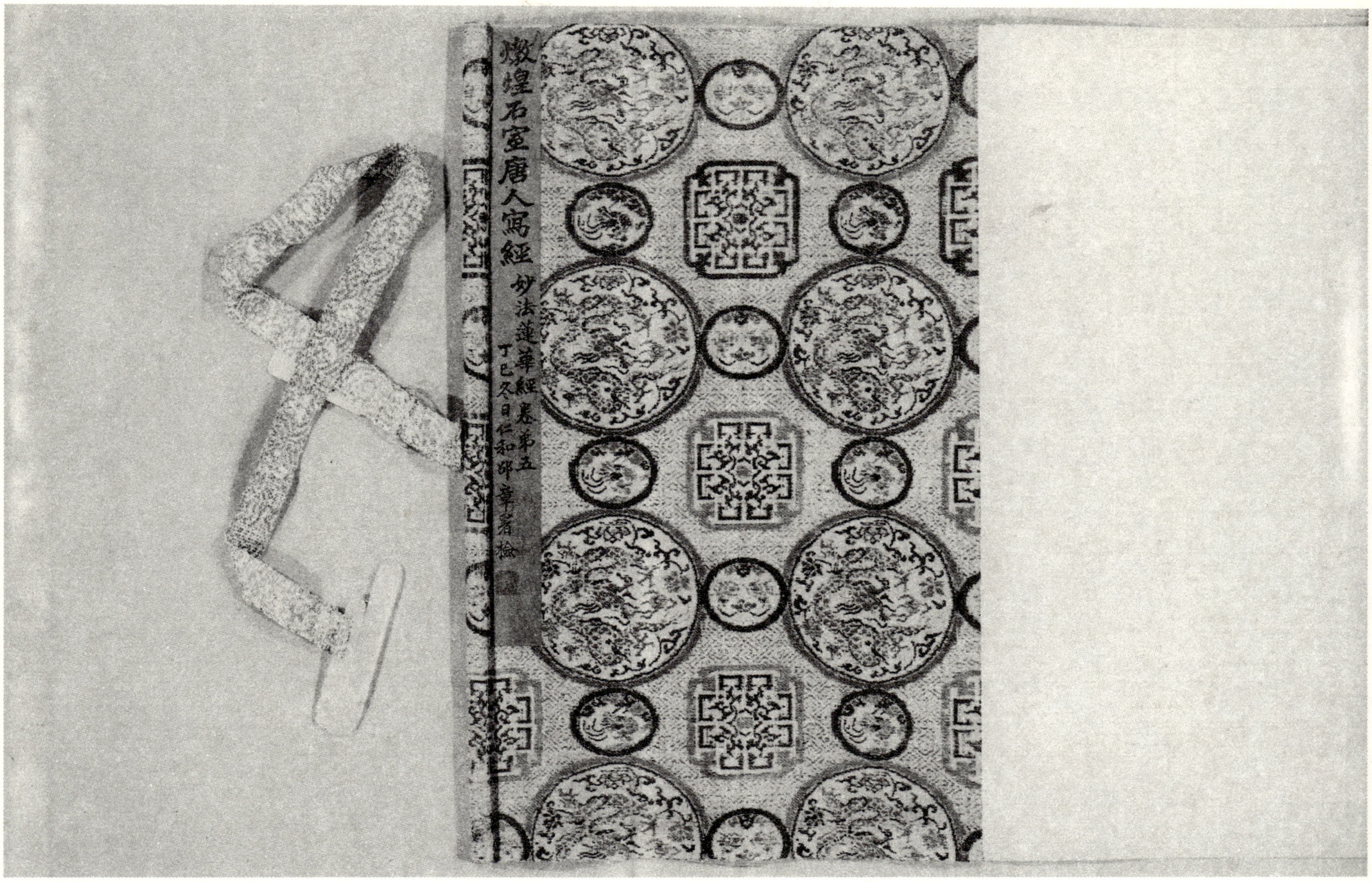

BD15334 號背　護首 （1–1）

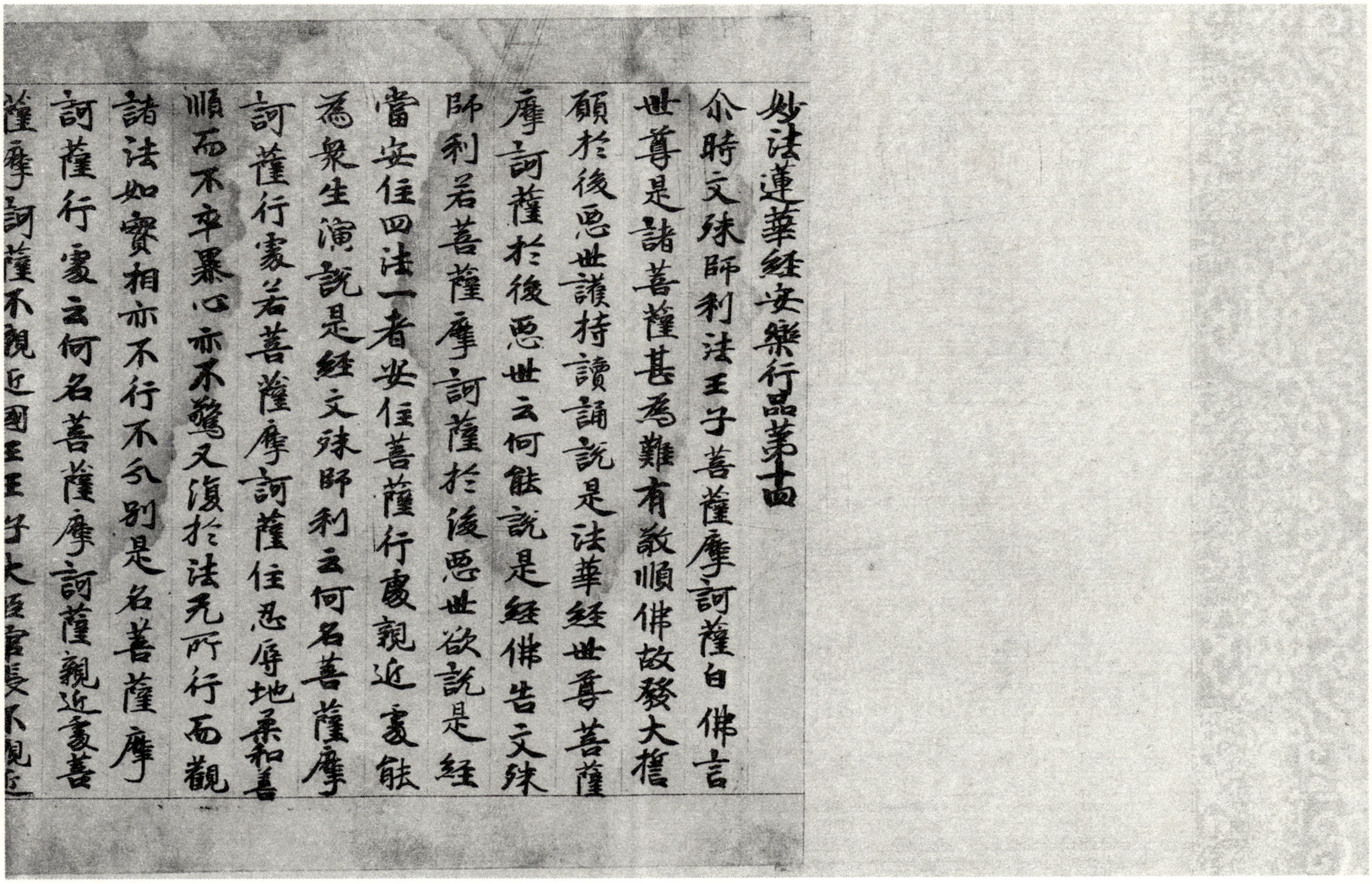
妙法蓮華經安樂行品第十四
尒時文殊師利法王子菩薩摩訶薩白佛言
世尊是諸菩薩甚爲難有敬順佛故發大誓
願於後惡世護持讀誦說是法華經世尊菩薩
摩訶薩於後惡世云何能說是經佛告文殊
師利若菩薩摩訶薩於後惡世欲說是經
當安住四法一者安住菩薩行處親近處能
爲衆生演說是經文殊師利云何名菩薩摩
訶薩行處若菩薩摩訶薩住忍辱地柔和善
順而不卒暴心亦不驚又復於法无所行而觀
諸法如實相亦不行不分別是名菩薩摩
訶薩行處云何名菩薩摩訶薩親近處菩
薩摩訶薩不親近國王王子大臣官長不親近

BD15334 號　妙法蓮華經（八卷本）卷五 （19–1）

訶薩行處云何名菩薩摩訶薩親近處菩
薩摩訶薩不親近國王王子大臣官長不親近
諸外道梵志尼乾子等及造世俗文筆讚詠
外書及路伽耶陁逆路伽耶陁者亦不親近
諸有兇戲相扠相撲及那羅等種種變現之
戲又不親近旃陁羅及畜猪羊雞狗田獵漁
捕諸惡律儀如是人等或時來者則為說法
无所希望又不親近求聲聞比丘比丘尼優
婆塞優婆夷亦不問訊若於房中若經行處
若在講堂中不共住止或時來者隨宜說法
无所希求文殊師利又菩薩摩訶薩不應於
女人身取能生欲想相而為說法亦不樂見
若入他家不與小女處女寡女等共語亦復
不近五種不男之人以為親厚不獨入他家
若有因緣須獨入時但一心念佛若為女人
說法不露齒笑不現胸臆乃至為法猶不親
厚況復餘事不樂畜年少弟子沙弥小兒亦
不樂與同師常好坐禪在於閑處修攝其心
文殊師利是名初親近處復次菩薩摩訶薩
觀一切法空如實相不顛倒不動不退不轉
如虛空无所有性一切語言道斷不生不出

BD15334號　妙法蓮華經（八卷本）卷五　（19-2）

如虛空无所有性一切語言道斷不生不出
不起无名无相實无所有无量无邊无礙无
障但以因緣有從顛倒生故說常樂觀如是
法相是名菩薩摩訶薩第二親近處尒時世
尊欲重宣此義而說偈言
若有菩薩　於後惡世　无怖畏心　欲說是經
應入行處　及親近處　常離國王　及國王子
大臣官長　凶險戲者　及栴陁羅　外道梵志
亦不親近　增上慢人　貪著小乘　三藏學者
破戒比丘　名字羅漢　及比丘尼　好戲笑者
深著五欲　求現滅度　諸優婆夷　皆勿親近
若是人等　以好心來　到菩薩所　為聞佛道
菩薩則以　无所畏心　不懷希望　而為說法
寡女處女　及諸不男　皆勿親近　以為親厚
亦莫親近　屠兒魁膾　田獵漁捕　為利殺害
販肉自活　衒賣女色　如是之人　皆勿親近
凶險相撲　種種嬉戲　諸婬女等　盡勿親近
莫獨屏處　為女說法　若說法時　无得戲笑
入里乞食　將一比丘　若无比丘　一心念佛
是則名為　行處近處　以此二處　能安樂說
又復不行　上中下法　有為无為　實不實法

BD15334號　妙法蓮華經（八卷本）卷五　（19-3）

又復不行　上中下法　有為无為　實不實法
亦不分別　是男是女　不得諸法　不知不見
是則名為　菩薩行處　一切諸法　空无所有
无有常住　亦无起滅　是名智者　所親近處
顛倒分別　諸法有无　是實非實　是生非生
在於閑處　修攝其心　安住不動　如須弥山
觀一切法　皆无所有　猶如虛空　无有堅固
不生不出　不動不退　常住一相　是名近處
若有比丘　於我滅後　入是行處　及親近處
說斯經時　无有怯弱　菩薩有時　入於靜室
以正憶念　隨義觀法　從禪定起　為諸國王
王子臣民　婆羅門等　開化演暢　說斯經典
其心安隱　无有怯弱　文殊師利　是名菩薩
安住初法　能於後世　說法華經
又文殊師利如來滅後於末法中欲說是經
應住安樂行若口宣說若讀誦時不樂說人
及經典過亦不輕慢諸餘法師不說他人好
惡長短於聲聞人亦不稱名說其過惡亦不
稱名讚嘆其美又亦不生怨嫌之心善修如
是安樂心故諸有聽者不逆其意有所難問
不以小乘法荅但以大乘而為解說令得一

BD15334號　妙法蓮華經（八卷本）卷五　（19–4）

不以小乘法荅但以大乘而為解說令得一
切種智尒時世尊欲重宣此義而說偈言
菩薩常樂　安隱說法　於清淨地　而施牀座
以油塗身　澡浴塵穢　著新淨衣　內外俱淨
安處法座　隨問為說
若有比丘　及比丘尼　諸優婆塞　及優婆夷
國王王子　群臣士民　以微妙義　和顏為說
若有難問　隨義而荅　因緣譬喻　敷演分別
以是方便　皆使發心　漸漸增益　入於佛道
除懶墮意　及懈怠想　離諸憂惱　慈心說法
晝夜常說　无上道教　以諸因緣　无量譬喻
開示眾生　咸令歡喜　衣服臥具　飲食醫藥
而於其中　无所希望　但一心念　說法因緣
願成佛道　令眾亦尒　是則大利　安樂供養
我滅度後　若有比丘　能演說斯　妙法華經
心无嫉恚　諸惱障礙　亦无憂愁　及罵詈者
又无怖畏　加刀杖等　亦无擯出　安住忍故
智者如是　善修其心　能住安樂　如我上說
其人功德　千万億劫　筭數譬喻　說不能盡
又文殊師利菩薩摩訶薩於後末世法欲
欲滅時受持讀誦斯經典者无懷嫉妬諂誑之心

BD15334號　妙法蓮華經（八卷本）卷五　（19–5）

欲滅時受持讀誦斯經典者无懷嫉妬諂誑之心
亦勿輕罵學佛道者求其長短若比丘比丘
尼優婆塞優婆夷求聲聞者求辟支佛者求
菩薩道者无得惱之令其疑悔語其人言汝
等去道甚遠終不能得一切種智所以者何
汝是放逸之人於道懈怠故又亦不應戲論
諸法有所諍競當於一切衆生起大悲想於
諸如來起慈父想於諸菩薩起大師想於十
方諸大菩薩常應深心恭敬禮拜於一切衆
生平等說法以順法故不多不少乃至深愛
法者亦不為多說文殊師利是菩薩摩訶
薩於後末世法欲滅時有成就是第三安樂行
者說是法時无能惱亂得好同學共讀誦是
經亦得大衆而來聽受聽已能持持已能誦
誦已能說說已能書若使人書供養經卷恭
敬尊重讚歎尒時世尊欲重宣此義而說偈言
若欲說是經　當捨嫉恚慢　諂誑邪偽心　常修質直行
不輕蔑於人　亦不戲論法　不令他疑悔　云汝不得佛
是佛子說法　常柔和能忍　慈悲於一切　不生懈怠心
十方大菩薩　愍衆故行道　應生恭敬心　是則我大師
於諸佛世尊　生无上父想　破於憍慢心　說法无障礙

BD15334 號　妙法蓮華經（八卷本）卷五　（19–6）

於諸佛世尊　生无上父想　破於憍慢心　說法无障礙
第三法如是　智者應守護　一心安樂行　无量衆所敬
又文殊師利菩薩摩訶薩於後末世法欲滅
時有持是法華經者於在家出家人中生大
慈心於非菩薩人中生大悲心應作是念如
是之人則為大失如來方便隨宜說法不聞
不知不覺不問不信不解其人雖不問不信
不解是經我得阿耨多羅三藐三菩提時隨
在何地以神通力智慧力引之令得住是法
中文殊師利是菩薩摩訶薩於如來滅後有
成就此第四法者說是法時无有過失常為
比丘比丘尼優婆塞優婆夷國王王子大臣
人民婆羅門居士等供養恭敬尊重讚歎虛
空諸天為聽法故亦常隨侍若在聚落城邑
空閑林中有人來欲難問者諸天晝夜常為
法故而衛護之能令聽者皆得歡喜所以者
何此經是一切過去未來現在諸佛神力所護
故文殊師利是法華經於无量國中乃至名
字不可得聞何況得見受持讀誦文殊師
利譬如強力轉輪聖王欲以威勢降伏諸國
而諸小王不順其命時轉輪王起種種兵而
往討伐王見兵衆戰有功者即大歡喜隨功

BD15334 號　妙法蓮華經（八卷本）卷五　（19–7）

住討伐王見兵衆戰有功者即大歡喜隨功
賞賜或與田宅聚落城邑或與衣服嚴身之
具或與種種珍寶金銀瑠璃車𤦲馬瑙珊瑚
琥珀象馬車乘奴婢人民唯髻中明珠不以
與之所以者何獨王頂上有此一珠若以與
之王諸眷屬必大驚怪文殊師利如來亦復
如是以禪定智慧力得法國土王於三界而
諸魔王不肯順伏如來賢聖諸將與之共戰
其有功者心亦歡喜於四衆中為說諸經令
其心悅賜以禪定解脫無漏根力諸法之財
又復賜與涅槃之城言得滅度引導其心令
皆歡喜而不為說是法華經文殊師利如轉
輪王見諸兵衆有大功者心甚歡喜以此難
信之珠久在髻中不妄與人而今與之如來亦
復如是於三界中為大法王以法教化一切
衆生見賢聖軍與五陰魔煩惱魔死魔共
戰有大功勳滅三毒出三界破魔網尒時如
來亦大歡喜此法華經能令衆生至一切智
一切世間多怨難信先所未說而今說之文
殊師利此法華經是諸如來第一之說於諸
說中最為甚深末後賜與如彼強力之王久

BD15334號　妙法蓮華經（八卷本）卷五　（19–8）

說中最為甚深末後賜與如彼強力之王久
護明珠今乃與之文殊師利此法華經諸佛
如來秘密之藏於諸經中最在其上長夜守
護不妄宣說始於今日乃與汝等而敷演之
尒時世尊欲重宣此義而說偈言
常行忍辱　哀愍一切　乃能演說　佛所讚經
後末世時　持此經者　在家出家　及非菩薩
應生慈悲　斯等不聞　不信是經　則為大失
我得佛道　以諸方便　為說此法　令住其中
譬如強力　轉輪之王　兵戰有功　賞賜諸物
象馬車乘　嚴身之具　及諸田宅　聚落城邑
或與衣服　種種珍寶　奴婢財物　歡喜賜與
如有勇健　能為難事　王解髻中　明珠賜之
如來亦尒　為諸法王　忍辱大力　智慧寶藏
以大慈悲　如法化世　見一切人　受諸苦惱
欲求解脫　與諸魔戰　為是衆生　說種種法
以大方便　說此諸經　既知衆生　得其力已
末後乃為　說是法華　如王解髻　明珠與之
此經為尊　衆經中上　我常守護　不妄開示
今正是時　為汝等說　我滅度後　求佛道者
欲得安隱　演說斯經　應當親近　如是四法

BD15334號　妙法蓮華經（八卷本）卷五　（19–9）

欲得安隱 演說斯經 應當親近 如是四法
讀是經者 常无憂惱 又无疾痛 顏色鮮白
不生貧窮 卑賤醜陋 衆生樂見 如慕賢聖
天諸童子 以為給使 刀仗不加 毒不能害
若人惡罵 口則閉塞 遊行无畏 如師子王
智慧光明 如日之照 若於夢中 但見妙事
見諸如來 坐師子座 諸比丘衆 圍遶說法
又見龍神 阿修羅等 數如恒沙 恭敬合掌
自見其身 而為說法 又見諸佛 身相金色
放无量光 照於一切 以梵音聲 演說諸法
佛為四衆 說无上法 見身處中 合掌讚佛
聞法歡喜 而為供養 得陁羅尼 證不退智
佛知其心 深入佛道 即為授記 成最正覺
汝善男子 當於來世 得无量智 佛之大道
國土嚴淨 廣大无比 亦有四衆 合掌聽法
又見自身 在山林中 修習善法 證諸實相
深入禪定 見十方佛
諸佛身金色 百福相莊嚴 聞法為人說 常有是好夢
又夢作國王 捨宮殿眷屬 及上妙五欲 行詣於道場
在菩提樹下 而處師子座 求道過七日 得諸佛之智
成无上道已 起而轉法輪 為四衆說法 經千万億劫

BD15334號　妙法蓮華經（八卷本）卷五　（19-10）

成无上道已 起而轉法輪 為四衆說法 經千万億劫
說无漏妙法 度无量衆生 後當入涅槃 如煙盡燈滅
若後惡世中 說是第一法 是人得大利 如上諸功德

妙法蓮華經從地踊出品第十五

尒時他方國土諸來菩薩摩訶薩過八恒河
沙數於大衆中起合掌作礼而白佛言世尊
若聽我等於佛滅後在此娑婆世界勤加精
進護持讀誦書寫供養是經典者當於此土
而廣說之尒時佛告諸菩薩摩訶薩衆止善
男子不須汝等護持此經所以者何我娑婆
世界自有六万恒河沙等菩薩摩訶薩一一
菩薩各有六万恒河沙眷屬是諸人等能於
我滅後護持讀誦廣說此經佛說是時娑婆
世界三千大千國土地皆震裂而於其中有
无量千万億菩薩摩訶薩同時踊出是諸菩
薩身皆金色三十二相无量光明先盡在此娑
婆世界之下此界虛空中住是諸菩薩聞
釋迦牟尼佛所說音聲從下發來一一菩薩
皆是大衆唱導之首各將六万恒河沙眷屬
况將五万四万三万二万一万恒河沙等眷屬
者况復乃至一恒河沙半恒河沙四分之一乃

BD15334號　妙法蓮華經（八卷本）卷五　（19-11）

者況復乃至一恒河沙半恒河沙四分之一乃
至千万億那由他分之一況復千万億那由
他眷屬況復億万眷屬況復千万百万乃
至一万況復一千一百乃至一十況復將五
四三二一弟子者況復單己樂遠離行如
是皆无量无邊筭數譬喻所不能知是諸菩薩
從地出已各詣虛空七寶妙塔多寶如來釋
迦牟尼佛所到已向二世尊頭面礼足及至
諸寶樹下師子座上佛所亦皆作礼右遶三
帀合掌恭敬以諸菩薩種種讚法而以讚歎
住在一面欣樂瞻仰於二世尊是諸菩薩摩
訶薩從初踊出以諸菩薩種種讚法而讚於
佛如是時間經五十小劫是時釋迦牟尼佛
嘿然而坐及諸四衆亦皆嘿然五十小劫佛神
力故令諸大衆謂如半日尒時四衆亦以佛
神力故見諸菩薩遍滿无量百千万億國
土虛空是菩薩衆中有四導師一名上行二
名无邊行三名淨行四名安立行是四菩薩
於其衆中最為上首唱導之師在大衆前各
共合掌觀釋迦牟尼佛而問訊言世尊少病
少惱安樂行不所應度者受教易不不令世

BD15334號　妙法蓮華經（八卷本）卷五　（19–12）

少惱安樂行不所應度者受教易不不令世
尊生疲勞耶尒時四大菩薩而說偈言
世尊安樂　少病少惱　教化衆生　得无疲惓
又諸衆生　受化易不　不令世尊　生疲勞耶
尒時世尊於菩薩大衆中而作是言如是如
是諸善男子如來安樂少病少惱諸衆生等
易可化度无有疲勞所以者何是諸衆生世
世已來常受我化亦於過去諸佛供養尊重
種諸善根此諸衆生始見我身聞我所說即
皆信受入如來慧除先修習學小乘者如是
之人我今亦令得聞是經入於佛慧尒時諸大
菩薩而說偈言
善哉善哉　大雄世尊　諸衆生等　易可化度
能問諸佛　甚深智慧　聞已信行　我等隨喜
於時世尊讚歎上首諸大菩薩善哉善哉善
男子汝等能於如來發隨喜心尒時弥勒菩
薩及八千恒河沙諸菩薩衆皆作是念我等
從昔已來不見不聞如是大菩薩摩訶薩衆
從地踊出住世尊前合掌供養問訊如來時
弥勒菩薩摩訶薩知八千恒河沙諸菩薩等
心之所念并欲自決所疑合掌向佛以偈問曰

BD15334號　妙法蓮華經（八卷本）卷五　（19–13）

心之所念并欲自決所疑合掌向佛以偈問曰
无量千万億　大衆諸菩薩　昔所未曾見　願兩足尊說
是從何所來　以何因緣集　巨身大神通　智慧叵思議
其志念堅固　有大忍辱力　衆生所樂見　為從何所來
一一諸菩薩　所將諸眷屬　其數无有量　如恒河沙等
或有大菩薩　將六万恒沙　如是諸大衆　一心求佛道
是諸大師等　六万恒河沙　俱來供養佛　及護持是經
將五万恒河　其數過於是　四万及三万　二万至一万
一千百一等　乃至一恒沙　半及三四分　億万分之一
千万那由他　万億諸弟子　乃至於半億　其數復過上
百万至一万　一千及一百　五十與一十　乃至三二一
單己无眷屬　樂於獨處者　俱來至佛所　其數轉過上
如是諸大衆　若人行籌數　過於恒沙劫　猶不能盡知
是諸大威德　精進菩薩衆　為誰其說法　教化而成就
從誰初發心　稱揚何佛法　受持行誰經　修習何佛道
如是諸菩薩　神通大智力　四方地震裂　皆從中踊出
世尊我昔來　未曾見是事　願說其所從　國土之名号
我常遊諸國　未曾見是衆
我於此衆中　乃不識一人　忽然從地出　願說其因緣
今此之大會　无量百千億　是諸菩薩等　皆欲知此事
是諸菩薩衆　本末之因緣　无量德世尊　唯願決衆疑

BD15334號　妙法蓮華經（八卷本）卷五　（19–14）

是諸菩薩衆　本末之因緣　无量德世尊　唯願決衆疑
尒時釋迦牟尼分身諸佛從无量千万億他
方國土來者在於八方諸寶樹下師子座上結
加趺坐其佛侍者各各見是菩薩大衆於
三千大千世界四方從地踊出住於虛空各
白其佛言世尊此諸无量无邊阿僧祇菩薩
大衆從何所來尒時諸佛各告侍者諸善男
子且待須臾有菩薩摩訶薩名曰弥勒釋迦
牟尼佛之所授記次後作佛已問斯事佛今
荅之汝等自當因是得聞尒時釋迦牟尼佛
告弥勒菩薩善哉善哉阿逸多乃能問佛如
是大事汝等當共一心被精進鎧發堅固意
如來今欲顯發宣示諸佛智慧諸佛自在神
通之力諸佛師子奮迅之力諸佛威猛大勢
之力尒時世尊欲重宣此義而說偈言
當精進一心　我欲說此事　勿得有疑悔　佛智叵思議
汝今出信力　住於忍善中　昔所未聞法　今皆當得聞
我今安慰汝　勿得懷疑懼　佛无不實語　智慧不可量
所得第一法　甚深叵分別　如是今當說　汝等一心聽
尒時世尊說此偈已告弥勒菩薩我今於此
大衆宣告汝等阿逸多是諸大菩薩摩訶薩

BD15334號　妙法蓮華經（八卷本）卷五　（19–15）

大衆宣告汝等阿逸多是諸大菩薩摩訶薩
无量无數阿僧祇從地踊出汝等昔所未見
者我於是娑婆世界得阿耨多羅三藐三菩
提已教化示導是諸菩薩調伏其心令發道
意此諸菩薩皆於是娑婆世界之下此界虛
空中住於諸經典讀誦通利思惟分別正憶
念阿逸多是諸善男子等不樂在衆多有所
說常樂靜處勤行精進未曾休息亦不依止
人天而住常樂深智无有障礙亦常樂於諸
佛之法一心精進求无上慧尒時世尊欲重
宣此義而說偈言
阿逸汝當知　是諸大菩薩　從无數劫來　修習佛智慧
悉是我所化　令發大道心　此等是我子　依止是世界
常行頭陁事　志樂於靜處　捨大衆憒閙　不樂多所說
如是諸子衆　學習我道法　晝夜常精進　爲求佛道故
在娑婆世界　下方空中住
志念力堅固　常勤求智慧　說種種妙法　其心无所畏
我於伽耶城　菩提樹下坐　得成最正覺　轉无上法輪
尒乃教化之　令初發道心　今皆住不退　悉當得成佛
我今說實語　汝等一心信　我從久遠來　教化是等衆
尒時彌勒菩薩摩訶薩及无數諸菩薩等

BD15334號　妙法蓮華經（八卷本）卷五　（19–16）

尒時彌勒菩薩摩訶薩及无數諸菩薩等
心生疑惑怪未曾有而作是念云何世尊於少
時間教化如是无量无邊阿僧祇諸大菩薩令
住阿耨多羅三藐三菩提即白佛言世尊如
來爲太子時出於釋氏宮去伽耶城不遠
坐於道場得成阿耨多羅三藐三菩提從是
已來始過四十餘年世尊云何於此少時大作
佛事以佛勢力以佛功德教化如是无量大
菩薩衆當成阿耨多羅三藐三菩提世尊此
大菩薩衆假使有人於千万億劫數不能盡
不得其邊斯等久遠已來於无量无邊諸佛
所殖諸善根成就菩薩道常修梵行世尊如
此之事世所難信譬如有人色美髮黑年二
十五指百歲人言是我子其百歲人亦指年
少言是我父生育我等是事難信佛亦如是
得道已來其實未久而此大衆諸菩薩等已
於无量千万億劫爲佛道故勤行精進善入
出住无量百千万億三昧得大神通久修梵
行善能次第習諸善法巧於問答人中之寶
一切世間甚爲希有今日世尊方云得佛道
時初令發心教化示導令向阿耨多羅三藐

BD15334號　妙法蓮華經（八卷本）卷五　（19–17）

一切世間甚為希有。今日世尊方云得佛道
時，初令發心，教化示導，令向阿耨多羅三藐
三菩提。世尊得佛未久，乃能作此大功德事。
我等雖復信佛隨宜所說，佛所出言未曾虛
妄，佛所知者皆悉通達，然諸新發意菩薩於
佛滅後，若聞是語，或不信受，而起破法罪業
因緣。唯然，世尊，願為解說，除我等疑，及未來
世諸善男子聞此事已，亦不生疑。爾時彌勒
菩薩欲重宣此義，而說偈言：

佛昔從釋種　出家近伽耶　坐於菩提樹　爾來尚未久
此諸佛子等　其數不可量　久已行佛道　住於神通力
善學菩薩道　不染世間法　如蓮華在水　從地而踊出
皆起恭敬心　住於世尊前　是事難思議　云何而可信
佛得道甚近　所成就甚多　願為除眾疑　如實分別說
譬如少壯人　年始二十五　示人白歲子　髮白而面皺
是等我所生　子亦說是父　父少而子老　舉世所不信
世尊亦如是　得道來甚近　是諸菩薩等　志固无怯弱
從无量劫來　而行菩薩道　巧於難問答　其心无所畏
忍辱心決定　端正有威德　十方佛所讚　善能分別說
不樂在人眾　常好在禪定　為求佛道故　於下空中住
我等從佛聞　於此事无疑　願佛為未來　演說令開解
若有於此經　生疑不信者　即當墮惡道　願今為解說

BD15334號　妙法蓮華經（八卷本）卷五　（19–18）

善學菩薩道　不染世間法　如蓮華在水　從地而踊出
皆起恭敬心　住於世尊前　是事難思議　云何而可信
佛得道甚近　所成就甚多　願為除眾疑　如實分別說
譬如少壯人　年始二十五　示人白歲子　髮白而面皺
是等我所生　子亦說是父　父少而子老　舉世所不信
世尊亦如是　得道來甚近　是諸菩薩等　志固无怯弱
從无量劫來　而行菩薩道　巧於難問答　其心无所畏
忍辱心決定　端正有威德　十方佛所讚　善能分別說
不樂在人眾　常好在禪定　為求佛道故　於下空中住
我等從佛聞　於此事无疑　願佛為未來　演說令開解
若有於此經　生疑不信者　即當墮惡道　願今為解說
是无量菩薩　云何於少時　教化令發心　而住不退地

妙法蓮華經卷第五

BD15334號　妙法蓮華經（八卷本）卷五　（19–19）

金光明最勝王經四天王觀察人天品第十一
尒時多聞天王持國天王增長天王廣目天
王俱從座起偏袒右肩右膝著地合掌向佛
礼佛足已白言世尊是金光明最勝王經一
切諸佛常念觀察一切菩薩之所恭敬一切
天龍常所供養及諸天衆常生歡喜一切護
世稱揚讚歎聲聞獨覺皆共受持悉能明照
諸天宮殿能與一切衆生殊勝安樂止息地
獄餓鬼傍生諸趣苦惱一切怖畏悉能除殄
所有怨敵尋即退散飢饉惡時能令豐稔疾
疫病苦皆令蠲愈一切災變百千苦惱咸悉
消滅世尊是金光明最勝王經能為如是安
隱利樂饒益我等唯願世尊於大衆中廣為
宣說我等四王并諸眷屬聞此甘露无上法
味氣力充實增益威光精進勇猛神通倍勝
世尊我等四王修行正法常說正法以法化
世我等令彼天龍藥叉健闥婆阿蘇羅揭路
荼俱槃荼緊那羅莫呼羅伽及諸人王常以
正法而化於世遮去諸惡所有鬼神吸人精氣

BD15335號　金光明最勝王經卷五　　（4–1）

世尊我等四王修行正法常說正法以法化
世我等令彼天龍藥叉健闥婆阿蘇羅揭路
荼俱槃荼緊那羅莫呼羅伽及諸人王常以
正法而化於世遮去諸惡所有鬼神吸人精氣
无慈悲者悉令遠去世尊我等四王與二十
八部藥叉大將并與无量百千藥叉以淨天
眼過於世人觀察擁護此贍部洲世尊以此
因緣我等諸王名護世者又復於此洲中若
有國王被他怨賊常來侵擾及多飢饉疾疫
流行无量百千災厄之事世尊我等四王於
此金光明最勝王經恭敬供養若有苾芻法
師受持讀誦我等四王共往覺悟勸請其人
時彼法師由我神通覺悟力故往彼國界廣
宣流布是金光明微妙經典由經力故令彼
无量百千衰惱災厄之事悉皆除遣世尊若
諸人王於其國內有持是經苾芻法師至彼
國時當知此經亦至其國世尊時彼國王應
往法師處聽其所說聞已歡喜於彼法師恭
敬供養深心擁護令无憂惱演說此經利益
一切世尊以是緣故我等四王皆共一心護是
人王及國人民令離災患常得安隱世尊若
有苾芻苾芻尼鄔波索迦鄔波斯迦持是
經者時彼人王隨其所須供給供養令无乏
少我等四王令彼國主及以國人悉皆安隱

BD15335號　金光明最勝王經卷五　　（4–2）

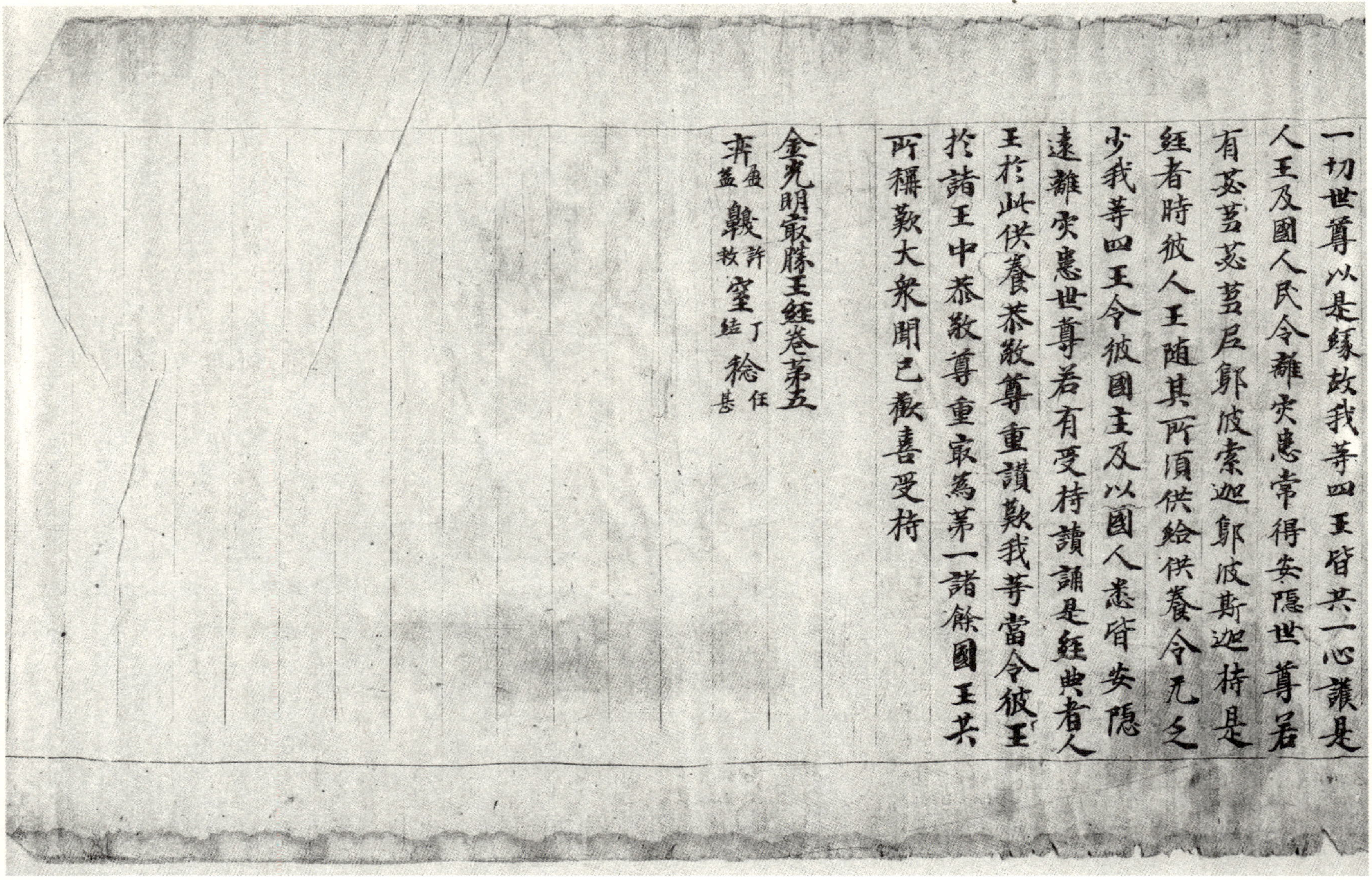

一切世尊以是緣故我等四王皆共一心護是
人王及國人民令離灾患常得安隱世尊若
有苾芻苾芻尼鄔波索迦鄔波斯迦持是
經者時彼人王隨其所須供給供養令无乏
少我等四王令彼國主及以國人悉皆安隱
遠離灾患世尊若有受持讀誦是經典者人
王於此供養恭敬尊重讚歎我等當令彼王
於諸王中恭敬尊重最為第一諸餘國王共
所稱歎大眾聞已歡喜受持

金光明最勝王經卷第五

弃叠盖 鞔許教 窒丁結 稔任甚

BD15335 號　金光明最勝王經卷五　（4–3）

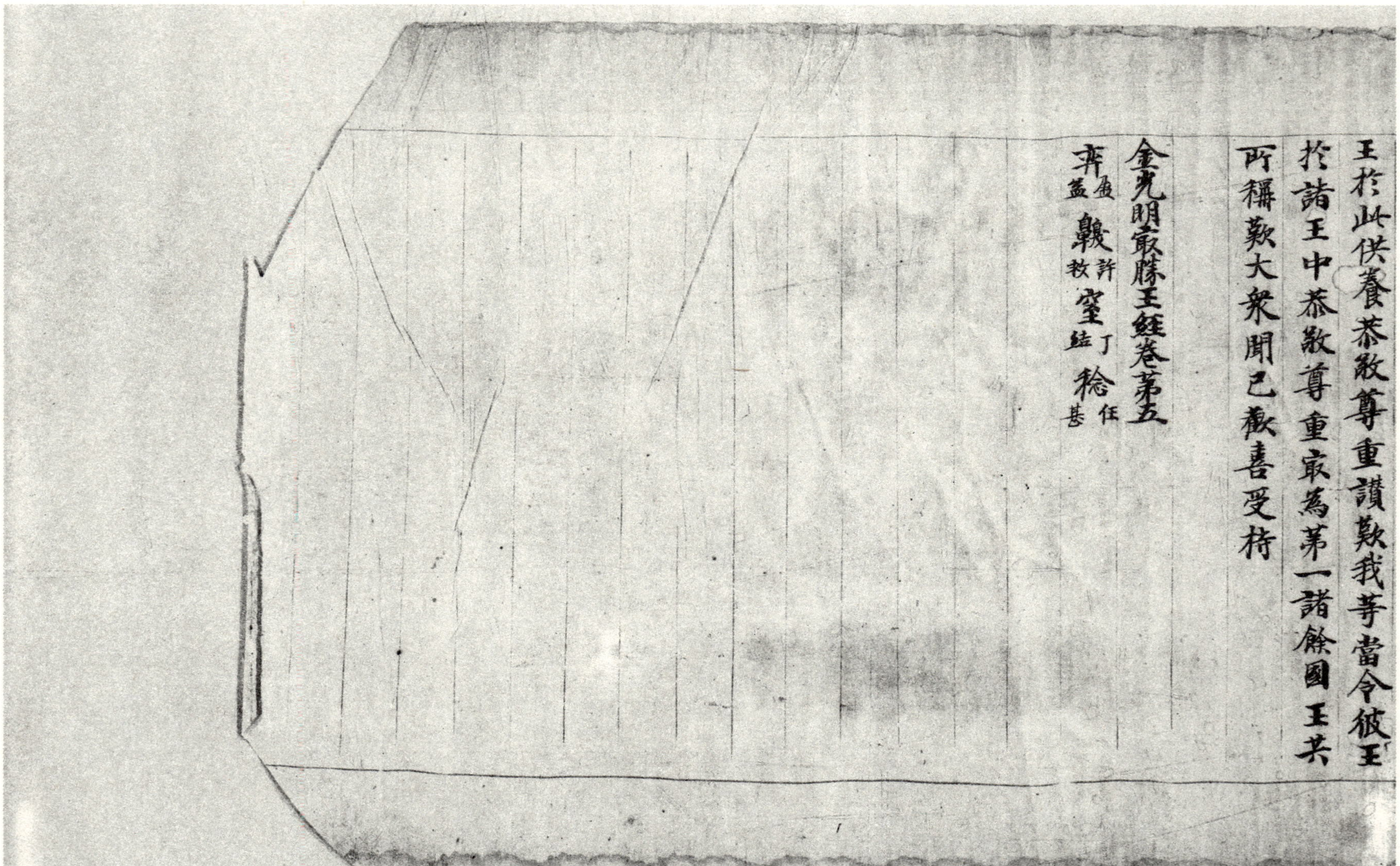

王於此供養恭敬尊重讚歎我等當令彼王
於諸王中恭敬尊重最為第一諸餘國王共
所稱歎大眾聞已歡喜受持

金光明最勝王經卷第五

弃叠盖 鞔許教 窒丁結 稔任甚

BD15335 號　金光明最勝王經卷五　（4–4）

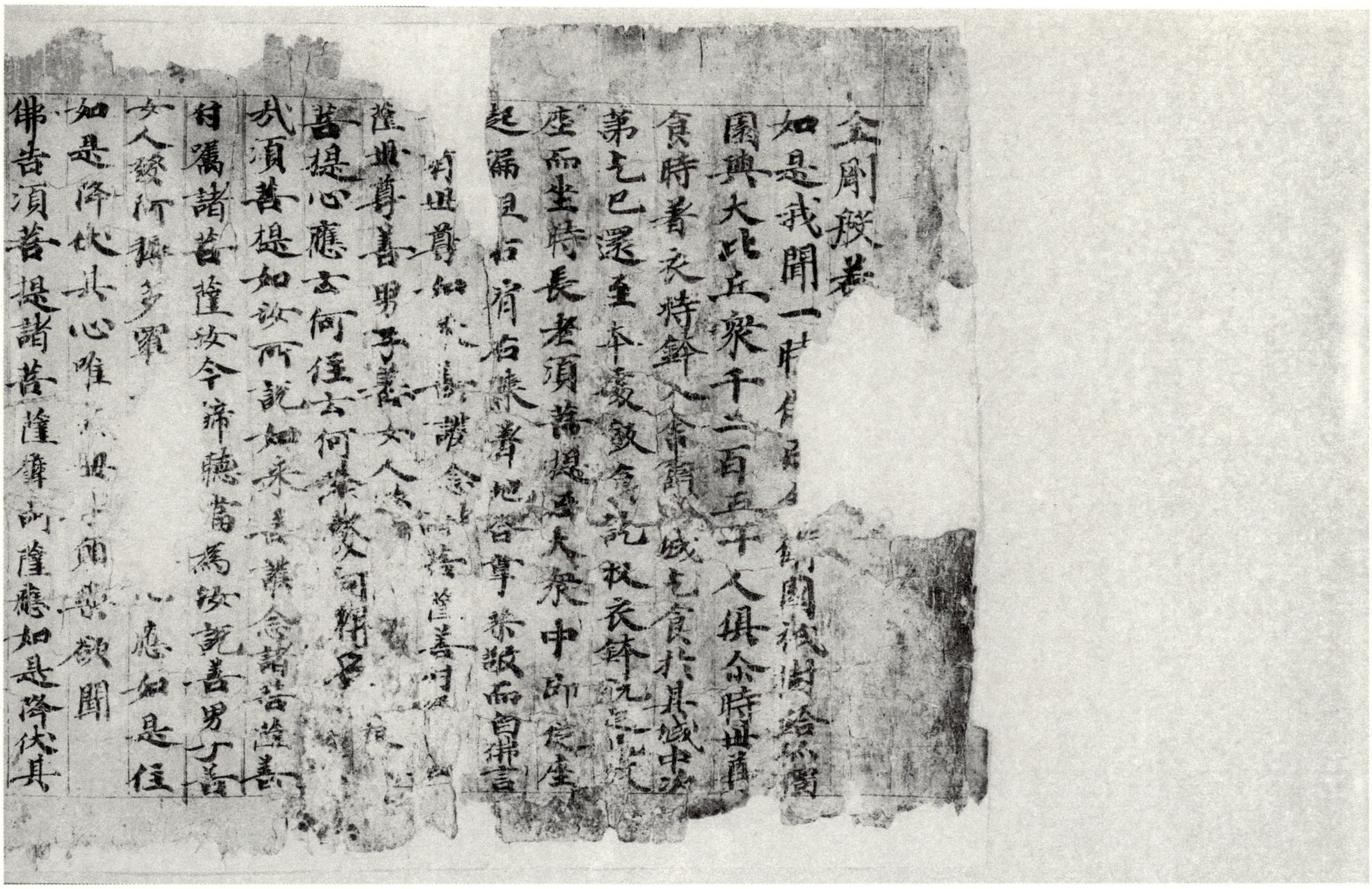

金剛般若
如是我聞一時佛在舍衛國祇樹給孤獨
園與大比丘衆千二百五十人俱尒時世尊
食時著衣持鉢入舍衛大城乞食於其城中次
第乞已還至本處飯食訖收衣鉢洗足已敷
座而坐時長老須菩提在大衆中即從座
起偏袒右肩右膝著地合掌恭敬而白佛言
希有世尊如來善護念諸菩薩善付
薩世尊善男子善女人發阿耨多羅三
菩提心應云何住云何降伏其心佛言善
哉須菩提如汝所說如來善護念諸菩薩善
付囑諸菩薩汝今諦聽當為汝說善男子善
女人發阿耨多羅三藐三菩提心應如是住
如是降伏其心唯然世尊願樂欲聞
佛告須菩提諸菩薩摩訶薩應如是降伏其

BD15336 號　金剛般若波羅蜜經　（16–1）

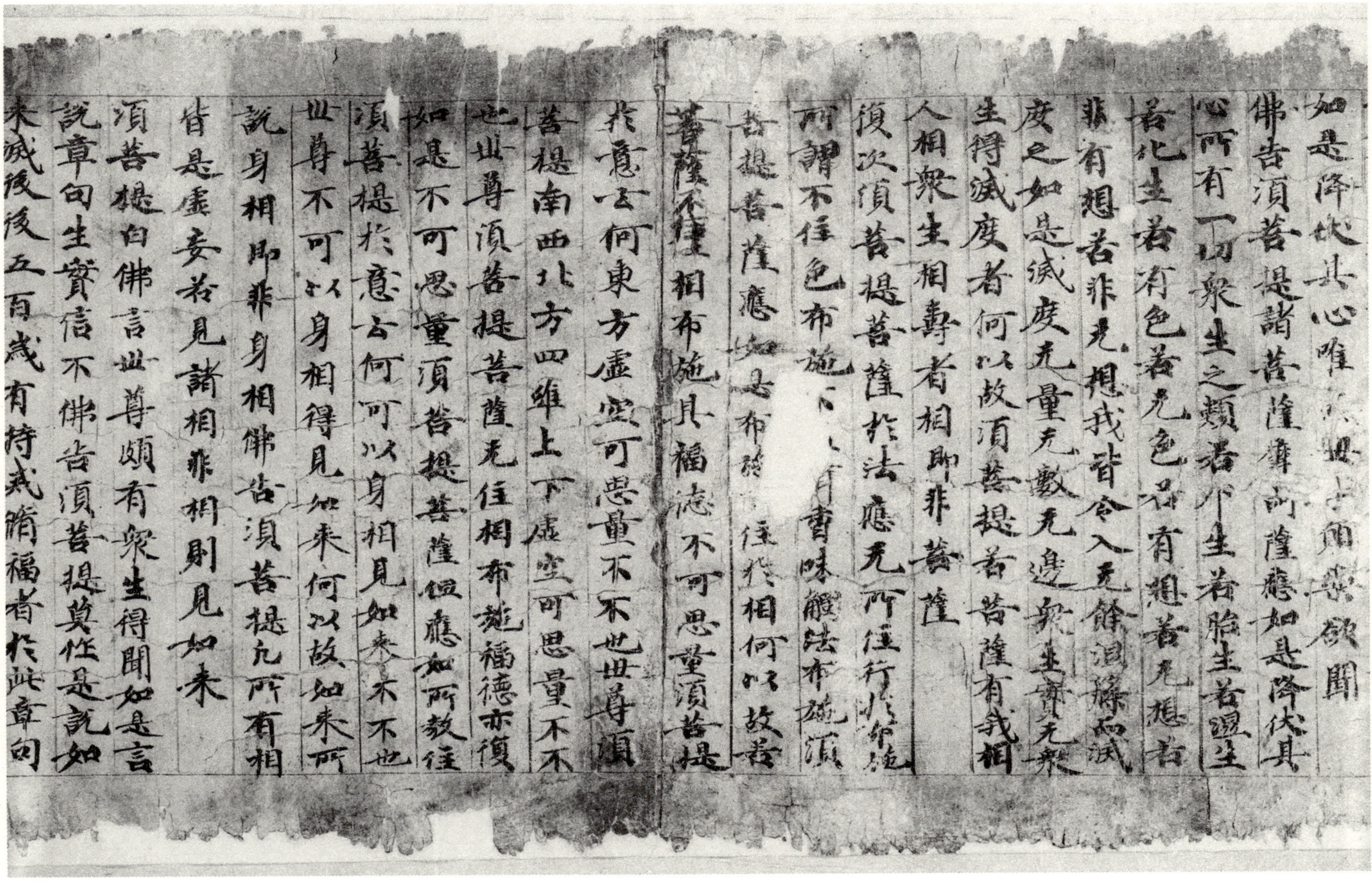

如是降伏其心唯然世尊願樂欲聞
佛告須菩提諸菩薩摩訶薩應如是降伏其
心所有一切衆生之類若卵生若胎生若濕生
若化生若有色若无色若有想若无想若
非有想非无想我皆令入无餘涅槃而滅
度之如是滅度无量无數无邊衆生實无衆
生得滅度者何以故須菩提若菩薩有我相
人相衆生相壽者相即非菩薩
復次須菩提菩薩於法應无所住行於布施
所謂不住色布施不住聲香味觸法布施須
菩提菩薩應如是布施不住於相何以故若
菩薩不住相布施其福德不可思量須菩提
於意云何東方虛空可思量不不也世尊須
菩提南西北方四維上下虛空可思量不不
也世尊須菩提菩薩无住相布施福德亦復
如是不可思量須菩提菩薩但應如所教住
須菩提於意云何可以身相見如來不不也
世尊不可以身相得見如來何以故如來所
說身相即非身相佛告須菩提凡所有相
皆是虛妄若見諸相非相則見如來
須菩提白佛言世尊頗有衆生得聞如是言
說章句生實信不佛告須菩提莫作是說如
來滅後後五百歲有持戒脩福者於此章句

BD15336 號　金剛般若波羅蜜經　（16–2）

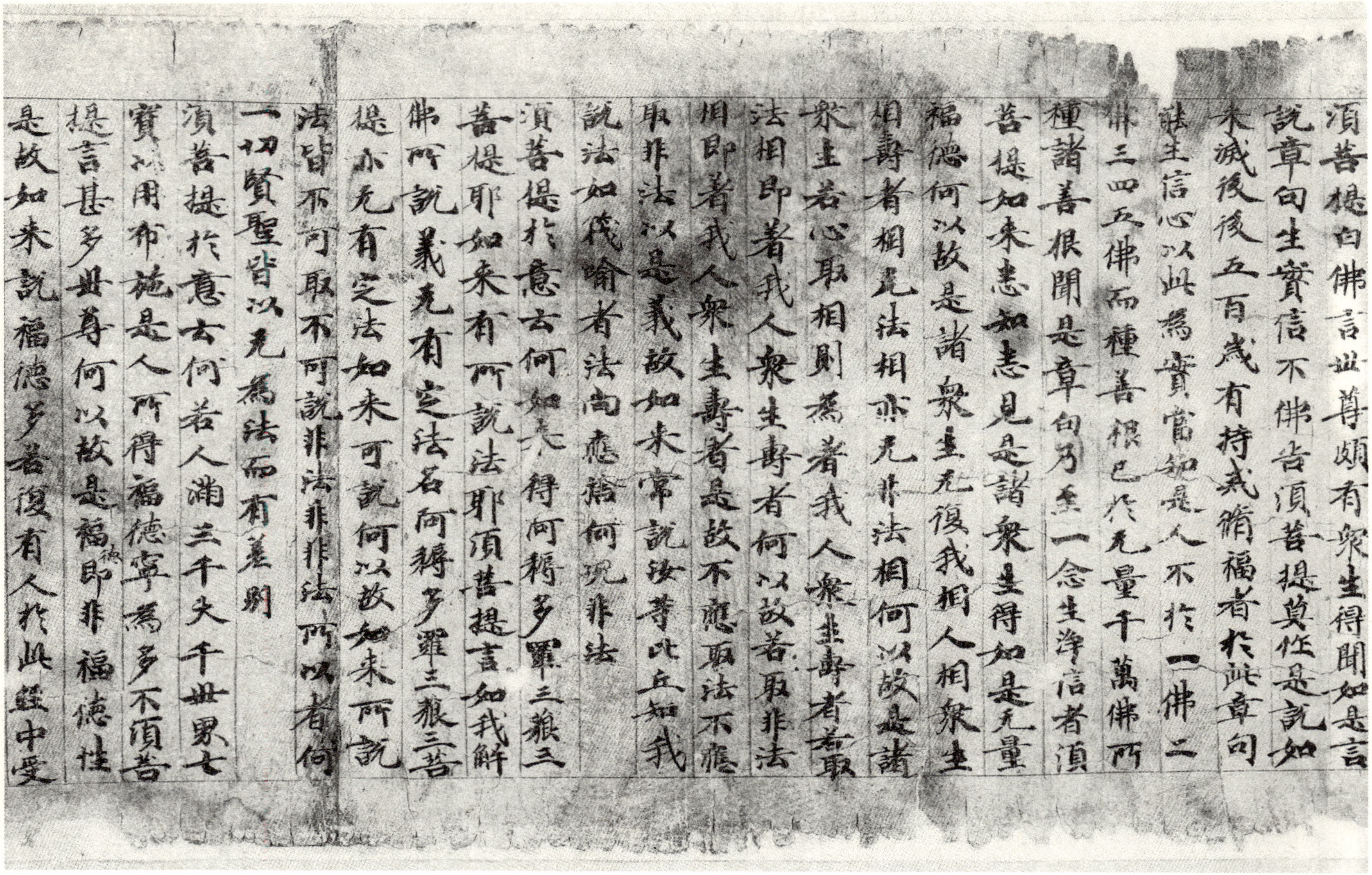
須菩提白佛言世尊頗有衆生得聞如是言
説章句生實信不佛告須菩提莫作是説如
來滅後後五百歲有持戒脩福者於此章句
能生信心以此為實當知是人不於一佛二
佛三四五佛而種善根已於无量千萬佛所
種諸善根聞是章句乃至一念生淨信者須
菩提如來悉知悉見是諸衆生得如是无量
福德何以故是諸衆生无復我相人相衆生
相壽者相无法相亦无非法相何以故是諸
衆生若心取相則為著我人衆生壽者若取
法相即著我人衆生壽者何以故若取非法
相即著我人衆生壽者是故不應取法不應
取非法以是義故如來常説汝等比丘知我
説法如筏喻者法尚應捨何況非法
須菩提於意云何如來得阿耨多羅三藐三
菩提耶如來有所説法耶須菩提言如我解
佛所説義无有定法名阿耨多羅三藐三菩
提亦无有定法如來可説何以故如來所説
法皆不可取不可説非法非非法所以者何
一切賢聖皆以无為法而有差別
須菩提於意云何若人滿三千大千世界七
寶以用布施是人所得福德寧為多不須菩
提言甚多世尊何以故是福德即非福德性
是故如來説福德多若復有人於此經中受

BD15336號　金剛般若波羅蜜經　（16–3）

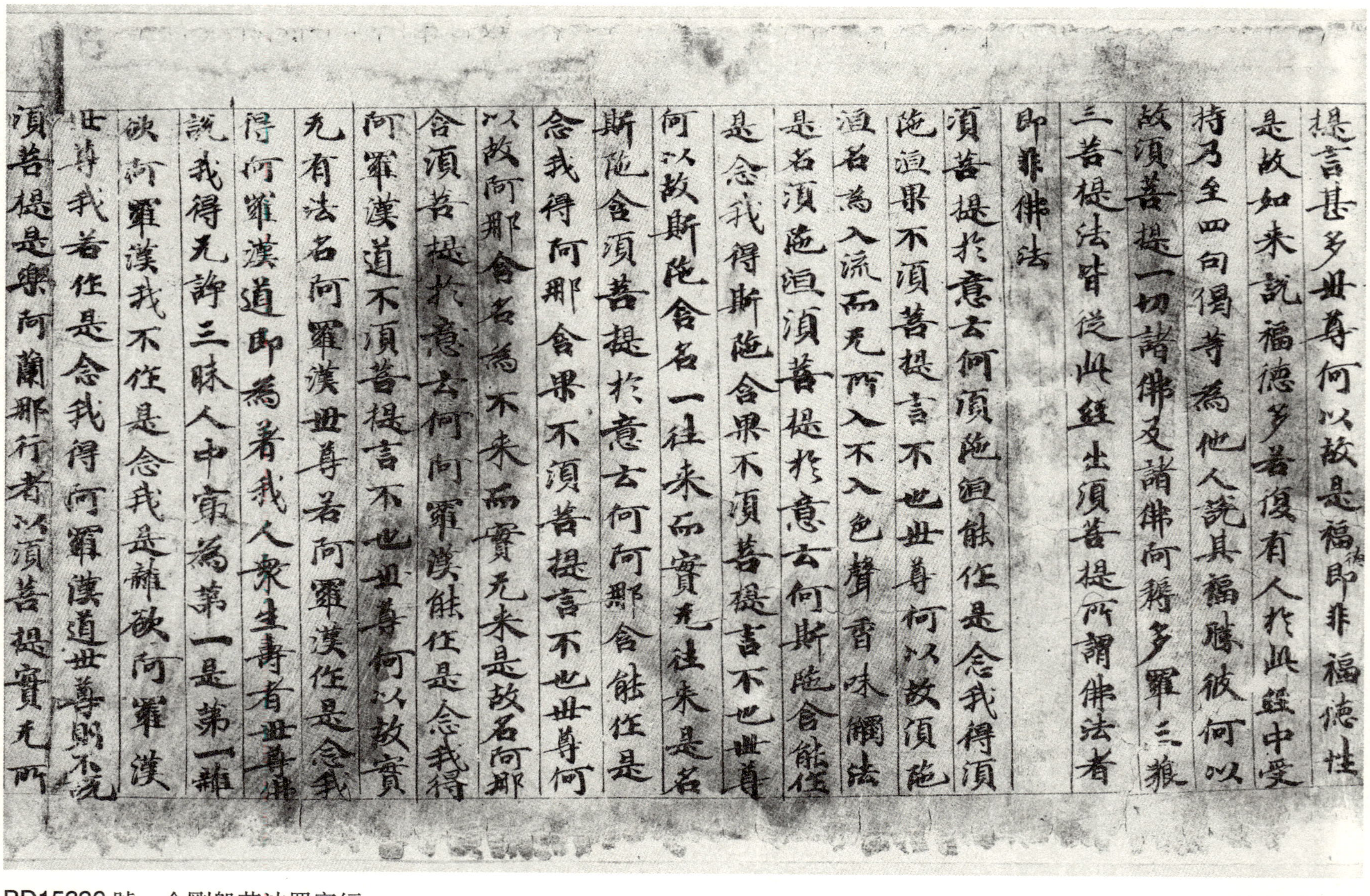
提言甚多世尊何以故是福德即非福德性
是故如來説福德多若復有人於此經中受
持乃至四句偈等為他人説其福勝彼何以
故須菩提一切諸佛及諸佛阿耨多羅三藐
三菩提法皆從此經出須菩提所謂佛法者
即非佛法
須菩提於意云何須陁洹能作是念我得須
陁洹果不須菩提言不也世尊何以故須陁
洹名為入流而无所入不入色聲香味觸法
是名須陁洹須菩提於意云何斯陁含能作
是念我得斯陁含果不須菩提言不也世尊
何以故斯陁含名一往來而實无往來是名
斯陁含須菩提於意云何阿那含能作是
念我得阿那含果不須菩提言不也世尊何
以故阿那含名為不來而實无來是故名阿那
含須菩提於意云何阿羅漢能作是念我得
阿羅漢道不須菩提言不也世尊何以故實
无有法名阿羅漢世尊若阿羅漢作是念我
得阿羅漢道即為著我人衆生壽者世尊佛
説我得无諍三昧人中最為第一是第一離
欲阿羅漢我不作是念我是離欲阿羅漢
世尊我若作是念我得阿羅漢道世尊則不説
須菩提是樂阿蘭那行者以須菩提實无所

BD15336號　金剛般若波羅蜜經　（16–4）

欲阿羅漢我不作是念我是離欲阿羅漢
世尊我若作是念我得阿羅漢道世尊則不說
須菩提是樂阿蘭那行者以須菩提實无所
行而名須菩提是樂阿蘭那行
佛告須菩提於意云何如來昔在然燈佛所
於法有所得不世尊如來在然燈佛所於法
實无所得須菩提於意云何菩薩莊嚴佛土
不不也世尊何以故莊嚴佛土者則非莊嚴
是名莊嚴是故須菩提諸菩薩摩訶薩應
如是生清淨心不應住色生心不應住聲香味
觸法生心應无所住而生其心須菩提譬如
有人身如須弥山王於意云何是身為大不
須菩提言甚大世尊何以故佛說非身是名
大身須菩提如恒河中所有沙數如是沙等
恒河於意云何是諸恒河沙寧為多不須菩
提言甚多世尊但諸恒河尚多无數何況其
沙須菩提我今實言告汝若有善男子善女
人以七寶滿尒所恒河沙數三千大千世界
以用布施得福多不須菩提言甚多世尊佛
告須菩提若善男子善女人於此經中乃至
受持四句偈等為他人說而此福德勝前福
德復次須菩提隨說是經乃至四句偈等當
知此處一切世間天人阿脩羅皆應供養如
佛塔廟何況有人盡能受持讀誦須菩提

BD15336號　金剛般若波羅蜜經　（16–5）

知此處一切世間天人阿脩羅皆應供養如
佛塔廟何況有人盡能受持讀誦須菩提
當知是人成就最上第一希有之法若是經
典所在之處則為有佛若尊重弟子
尒時須菩提白佛言世尊當何名此經我等
云何奉持佛告須菩提是經名為金剛般若
波羅蜜以是名字汝當奉持所以者何須菩
提佛說般若波羅蜜則非般若波羅蜜須菩
提於意云何如來有所說法不須菩提白佛
言世尊如來无所說須菩提於意云何三千
大千世界所有微塵是為多不須菩提言甚
多世尊須菩提諸微塵如來說非微塵是名
微塵如來說世界非世界是名世界須菩提
於意云何可以三十二相見如來不不也世
尊不可以三十二相得見如來何以故如來
說三十二相即是非相是名三十二相須菩
提若有善男子善女人以恒河沙等身命
布施若復有人於此經中乃至受持四句偈
等為他人說其福甚多
尒時須菩提聞說是經深解義趣涕淚悲泣
而白佛言希有世尊佛說如是甚深經典我
從昔來所得慧眼未曾得聞如是之經世尊

BD15336號　金剛般若波羅蜜經　（16–6）

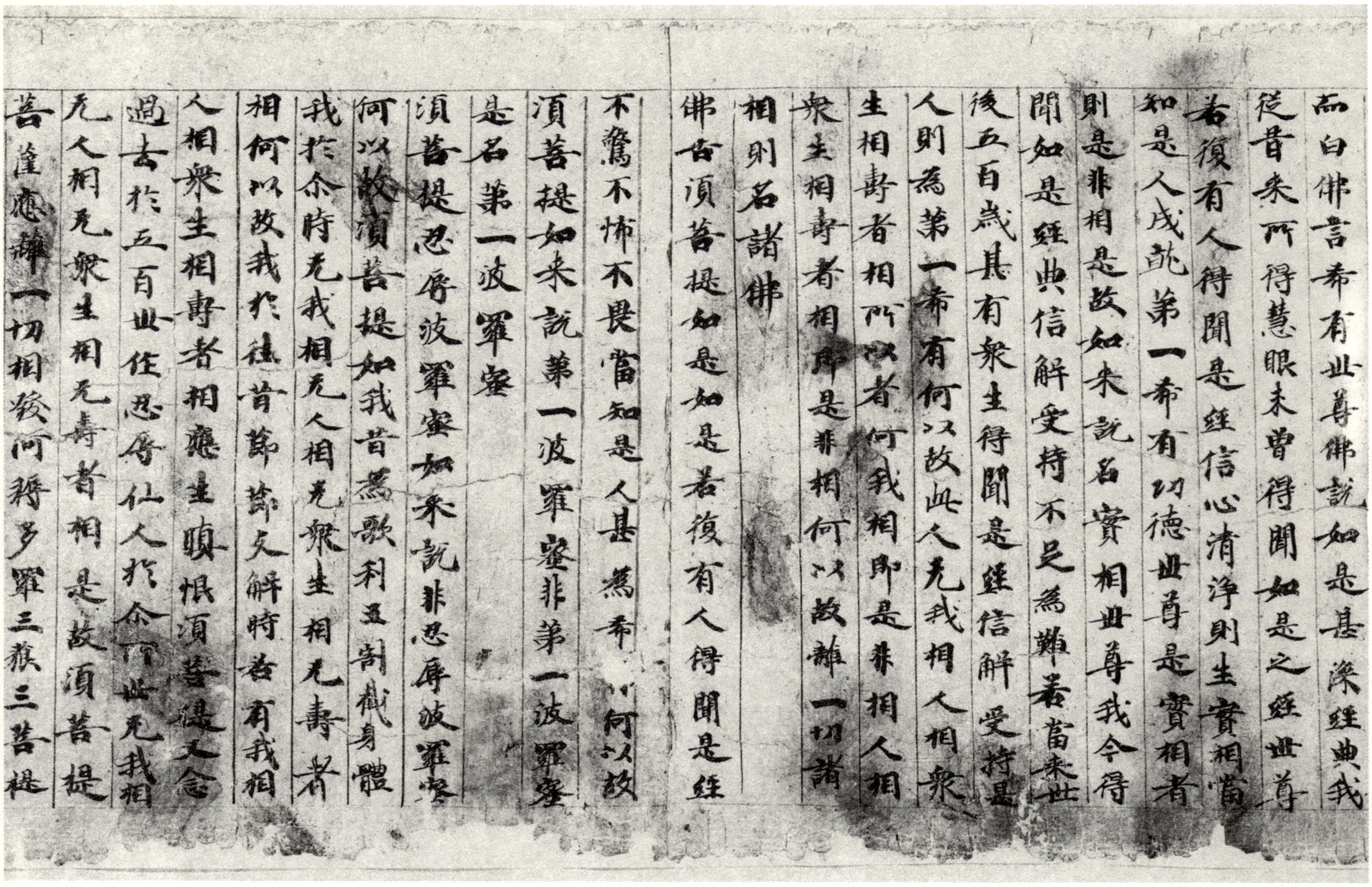

而白佛言希有世尊佛說如是甚深經典我
從昔來所得慧眼未曾得聞如是之經世尊
若復有人得聞是經信心清淨則生實相當
知是人成就第一希有功德世尊是實相者
則是非相是故如來說名實相世尊我今得
聞如是經典信解受持不足為難若當來世
後五百歲其有衆生得聞是經信解受持是
人則為第一希有何以故此人无我相人相衆
生相壽者相所以者何我相即是非相人相
衆生相壽者相即是非相何以故離一切諸
相則名諸佛
佛告須菩提如是如是若復有人得聞是經
不驚不怖不畏當知是人甚為希有何以故
須菩提如來說第一波羅蜜非第一波羅蜜
是名第一波羅蜜
須菩提忍辱波羅蜜如來說非忍辱波羅蜜
何以故須菩提如我昔為歌利王割截身體
我於尒時无我相无人相无衆生相无壽者
相何以故我於往昔節節支解時若有我相
人相衆生相壽者相應生瞋恨須菩提又念
過去於五百世作忍辱仙人於尒所世无我相
无人相无衆生相无壽者相是故須菩提
菩薩應離一切相發阿耨多羅三藐三菩提

BD15336 號　金剛般若波羅蜜經　（16–7）

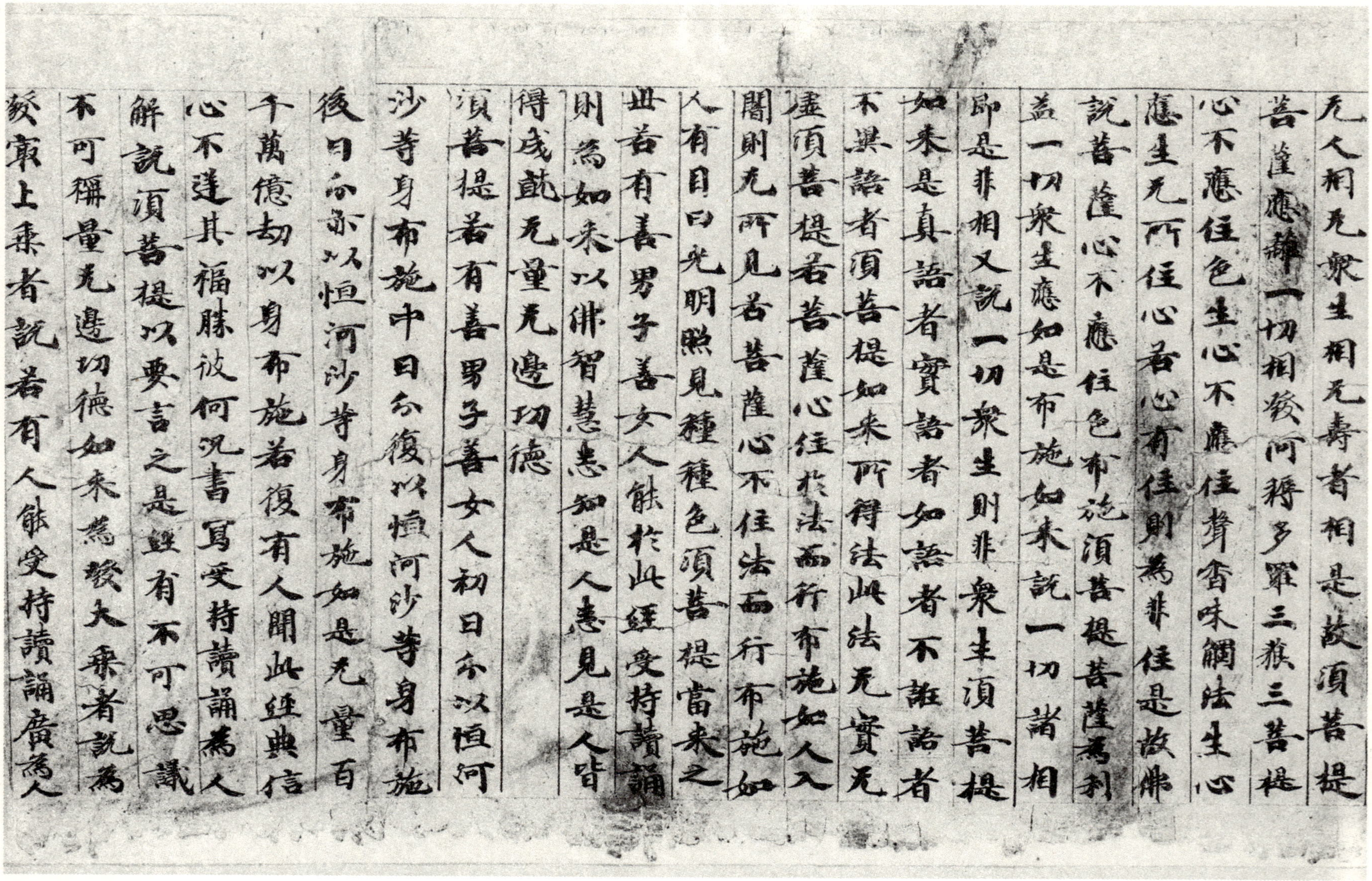

无人相无衆生相无壽者相是故須菩提
菩薩應離一切相發阿耨多羅三藐三菩提
心不應住色生心不應住聲香味觸法生心
應生无所住心若心有住則為非住是故佛
說菩薩心不應住色布施須菩提菩薩為利
益一切衆生應如是布施如來說一切諸相
即是非相又說一切衆生則非衆生須菩提
如來是真語者實語者如語者不誑語者
不異語者須菩提如來所得法此法无實无
虛須菩提若菩薩心住於法而行布施如人入
闇則无所見若菩薩心不住法而行布施如
人有目日光明照見種種色須菩提當來之
世若有善男子善女人能於此經受持讀誦
則為如來以佛智慧悉知是人悉見是人皆
得成就无量无邊功德
須菩提若有善男子善女人初日分以恒河
沙等身布施中日分復以恒河沙等身布施
後日分亦以恒河沙等身布施如是无量百
千萬億劫以身布施若復有人聞此經典信
心不逆其福勝彼何況書寫受持讀誦為人
解說須菩提以要言之是經有不可思議
不可稱量无邊功德如來為發大乘者說為
發最上乘者說若有人能受持讀誦廣為人

BD15336 號　金剛般若波羅蜜經　（16–8）

解說須菩提以要言之是經有不可思議
不可稱量无邊功德如來為發大乘者說為
發最上乘者說若有人能受持讀誦廣為人
說如來悉知是人悉見是人皆得成就不可量
不可稱无有邊不可思議功德如是人等則
為荷擔如來阿耨多羅三藐三菩提何以故
須菩提若樂小法者著我見人見衆生見壽
者見則於此經不能聽受讀誦為人解說須
菩提在在處處若有此經一切世間天人阿
脩羅所應供養當知此處則為是塔皆應
恭敬作禮圍繞以諸華香而散其處
復次須菩提善男子善女人受持讀誦此經
若為人輕賤是人先世罪業應墮惡道以今
世人輕賤故先世罪業則為消滅當得阿耨
多羅三藐三菩提須菩提我念過去无量阿
僧祇劫於然燈佛前得值八百四千萬億那
由他諸佛悉皆供養承事无空過者若復有
人於後末世能受持讀誦此經所得功德於
我所供養諸佛功德百分不及一千萬億分
乃至筭數譬喻所不能及須菩提若善男子
善女人於後末世有受持讀誦此經所得功
德我若具說者或有人聞心則狂亂狐疑不
信須菩提當知是經義不可思議果報亦不

BD15336 號　金剛般若波羅蜜經　（16–9）

德我若具說者或有人聞心則狂亂狐疑不
信須菩提當知是經義不可思議果報亦不
可思議
尒時須菩提白佛言世尊善男子善女人發
阿耨多羅三藐三菩提心云何應住云何降
伏其心佛告須菩提善男子善女人發阿耨
多羅三藐三菩提者當生如是心我應滅度
一切衆生滅度一切衆生已而无有一衆生實
滅度者何以故若菩薩有我相人相衆生
相壽者相則非菩薩所以者何須菩提實无
有法發阿耨多羅三藐三菩提者須菩提於
意云何如來於然燈佛所有法得阿耨多羅
三藐三菩提不不也世尊如我解佛所說義
佛於然燈佛所无有法得阿耨多羅三藐三
菩提佛言如是如是須菩提實无有法如來
得阿耨多羅三藐三菩提須菩提若有法如
來得阿耨多羅三藐三菩提者然燈佛則不
與我受記汝於來世當得作佛号釋迦牟尼
以實无有法得阿耨多羅三藐三菩提是故
然燈佛與我受記作是言汝於來世當得作
佛号釋迦牟尼何以故如來者即諸法如義
若有人言如來得阿耨多羅三藐三菩提須
菩提實无有法佛得阿耨多羅三藐三菩

BD15336 號　金剛般若波羅蜜經　（16–10）

若有人言如来得阿耨多羅三藐三菩提須
菩提實无有法佛得阿耨多羅三藐三菩
提須菩提如来所得阿耨多羅三藐三菩提於
是中无實无虚是故如来說一切法皆是佛法
須菩提所言一切法者即非一切法是故名一
切法須菩提譬如人身長大須菩提言世尊
如来說人身長大則為非大身是名大身
須菩提菩薩亦如是若作是言我當滅度
无量衆生則不名菩薩何以故須菩提實无
有法名為菩薩是故佛說一切法无我无人
无衆生无壽者須菩提若菩薩作是言我
當莊嚴佛土是不名菩薩何以故如来說莊嚴
佛土者即非莊嚴是名莊嚴須菩提若菩薩
通達无我法者如来說名真是菩薩
須菩提於意云何如来有肉眼不如是世尊
如来有肉眼須菩提於意云何如来有天眼
不如是世尊如来有天眼須菩提於意云何
如来有慧眼不如是世尊如来有慧眼須菩
提於意云何如来有法眼不如是世尊如来
有法眼須菩提於意云何如来有佛眼不如
是世尊如来有佛眼須菩提於意云何如恒河
中所有沙佛說是沙不如是世尊如来說是
沙須菩提於意云何如一恒河中所有沙有
如是等恒河是諸恒河所有沙數佛世界如

BD15336號　金剛般若波羅蜜經　（16–11）

沙須菩提於意云何如一恒河中所有沙有
如是等恒河是諸恒河所有沙數佛世界如
是寧為多不甚多世尊佛告須菩提尒所
國土中所有衆生若干種心如来悉知何以故
如来說諸心皆為非心是名為心所以者何
須菩提過去心不可得現在心不可得未来
心不可得須菩提於意云何若有人滿三千
大千世界七寶以用布施是人以是因緣得
福多不如是世尊此人以是因緣得福甚多
須菩提若福德有實如来不說得福德多以
福德无故如来說得福德多
須菩提於意云何佛可以具足色身見不不
也世尊如来不應以具足色身見何以故如来
說具足色身即非具足色身是名具足色身須
菩提於意云何如来可以具足諸相見不不
也世尊如来不應以具足諸相見何以故如
来說諸相具足即非具足是名諸相具足須
菩提汝勿謂如来作是念我當有所說法莫
作是念何以故若人言如来有所說法即為
謗佛不能解我所說故須菩提說法者无法
可說是名說法須菩提白佛言世尊佛得阿
耨多羅三藐三菩提為无所得耶如是如是
須菩提我於阿耨多羅三藐三菩提乃至无
有少法可得是名阿耨多羅三藐三菩提復
次須菩提是法平等无有高下是名阿耨多
羅三藐三菩提以无我无人无衆生无壽者
脩一切善法則得阿耨多羅三藐三菩提須

BD15336號　金剛般若波羅蜜經　（16–12）

羅三藐三菩提以无我无人无衆生无壽者
脩一切善法則得阿耨多羅三藐三菩提須
菩提所言善法者如来說非善法是名善法
須菩提若三千大千世界中所有諸須弥山
王如是等七寶聚有人持用布施若人以此
般若波羅蜜經乃至四句偈等受持讀誦為
他人說於前福德百分不及一百千萬億分乃
至筭數譬喻所不能及
須菩提於意云何汝等勿謂如来作是念我
當度衆生須菩提莫作是念何以故實无有
衆生如来度者若有衆生如来度者如来則
有我人衆生壽者須菩提如来說有我者則
非有我而凡夫之人以為有我須菩提凡夫
者如来說則非凡夫須菩提於意云何可以
三十二相觀如来不須菩提言如是如是以
三十二相觀如来佛言須菩提若以三十二
相觀如来者轉輪聖王則是如来須菩提白
佛言世尊如我解佛所說義不應以三十二
相觀如来尒時世尊而說偈言
若以色見我　以音聲求我　是人行邪道　不能見如来
須菩提汝若作是念如来不以具足相故得
阿耨多羅三藐三菩提須菩提莫作是念如
来不以具足相故得阿耨多羅三藐三菩提
須菩提汝若作是念發阿耨多羅三藐三菩
提者說諸法斷滅相莫作是念何以故發阿

BD15336 號　金剛般若波羅蜜經　(16–13)

来不以具足相故得阿耨多羅三藐三菩提
須菩提汝若作是念發阿耨多羅三藐三菩
提者說諸法斷滅相莫作是念何以故發阿
耨多羅三藐三菩提者於法不說斷滅相須
菩提若菩薩以滿恒河沙等世界七寶布施
若復有人知一切法无我得成於忍此菩薩勝
前菩薩所得功德須菩提以諸菩薩不受
福德故須菩提白佛言世尊云何菩薩不受
福德須菩提菩薩所作福德不應貪著是
故說不受福德須菩提若有人言如来若来若
去若坐若卧是人不解我所說義何以故如
来者无所從来亦无所去故名如来
須菩提若善男子善女人以三千大千世界
碎為微塵於意云何是微塵衆寧為多不甚
多世尊何以故若是微塵衆實有者佛則不
說是微塵衆所以者何佛說微塵衆則非微
塵衆是名微塵衆世尊如来所說三千大千
世界則非世界是名世界何以故若世界實
有者則是一合相如来說一合相則非一合
相是名一合相須菩提一合相者則是不可
說但凡夫之貪著其事須菩提若人言佛說
我見人見衆生見壽者見須菩提於意云
何是人解我所說義不世尊是人不解如来
所說義何以故世尊說我見人見衆生見壽
者見即非我見人見衆生見壽者見是名我

BD15336 號　金剛般若波羅蜜經　(16–14)

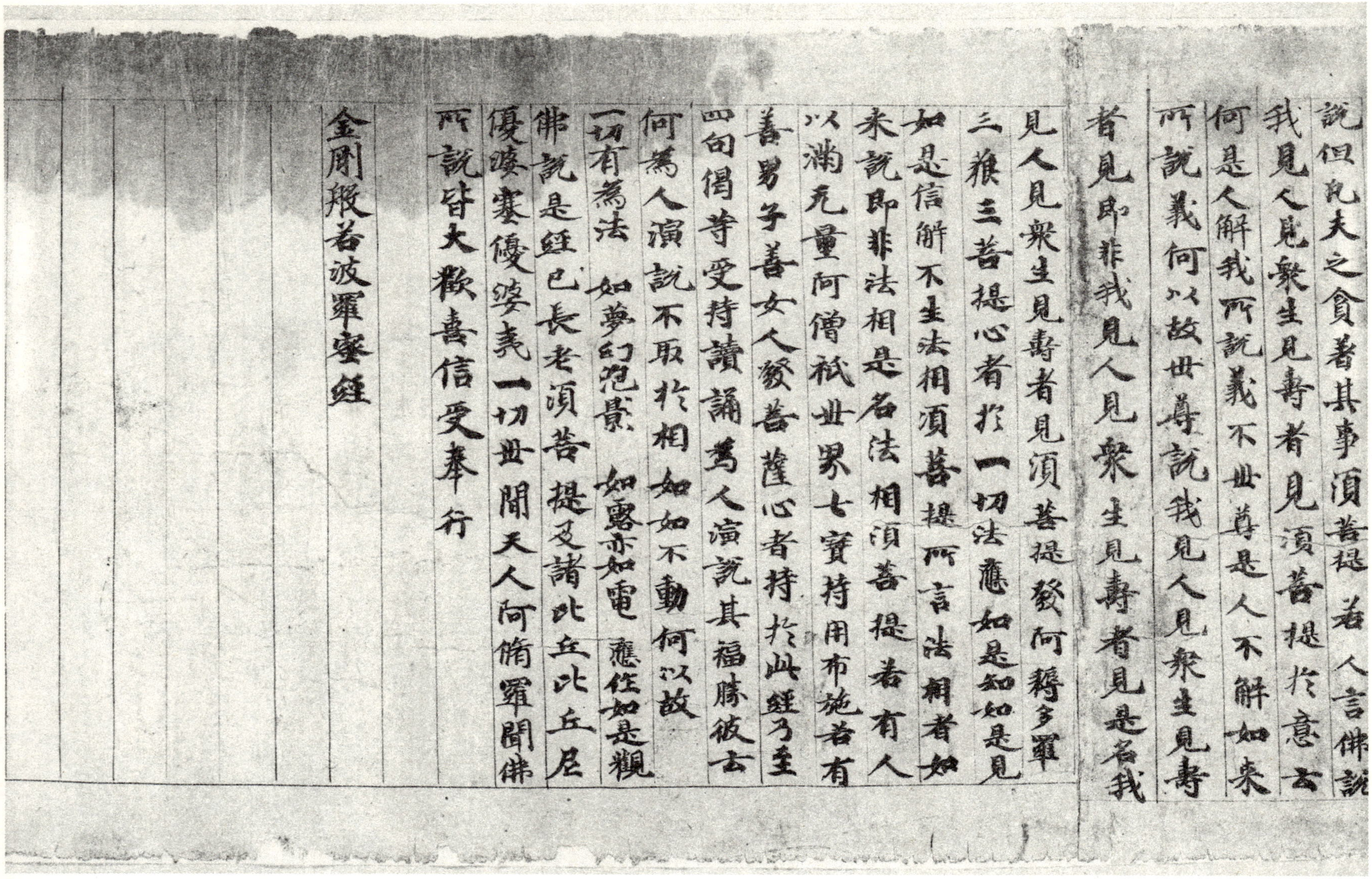
說但凡夫之貪著其事須菩提若人言佛說
我見人見衆生見壽者見須菩提於意云
何是人解我所說義不世尊是人不解如來
所說義何以故世尊說我見人見衆生見壽
者見即非我見人見衆生見壽者見是名我
見人見衆生見壽者見須菩提發阿耨多羅
三藐三菩提心者於一切法應如是知如是見
如是信解不生法相須菩提所言法相者如
來說即非法相是名法相須菩提若有人
以滿無量阿僧祇世界七寶持用布施若有
善男子善女人發菩薩心者持於此經乃至
四句偈等受持讀誦爲人演說其福勝彼云
何爲人演說不取於相如如不動何以故
一切有爲法　如夢幻泡影　如露亦如電　應作如是觀
佛說是經已長老須菩提及諸比丘比丘尼
優婆塞優婆夷一切世間天人阿脩羅聞佛
所說皆大歡喜信受奉行
金剛般若波羅蜜經

BD15336 號　金剛般若波羅蜜經　（16–15）

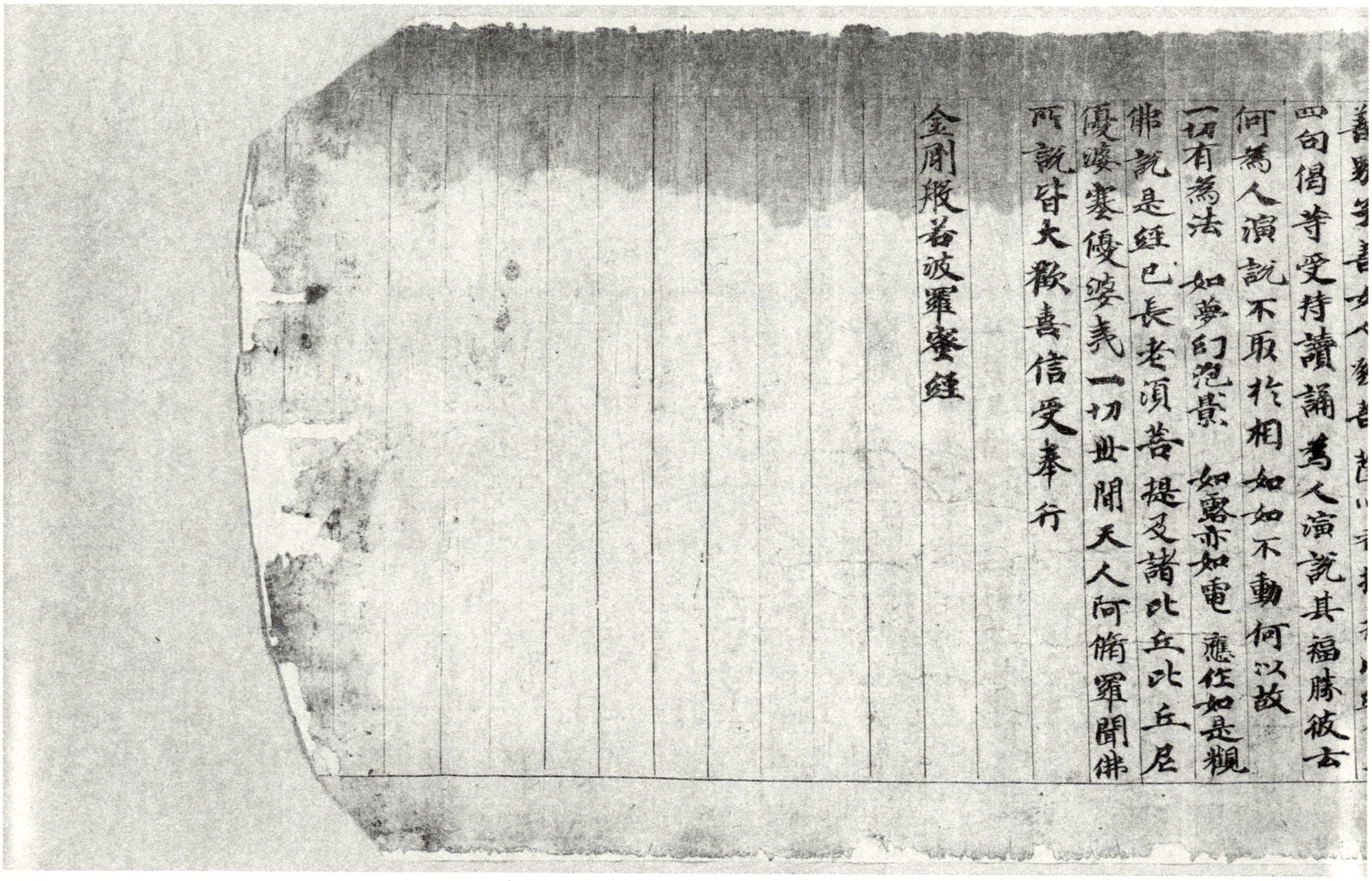
善男子善女人發菩薩心者持於此經乃至
四句偈等受持讀誦爲人演說其福勝彼云
何爲人演說不取於相如如不動何以故
一切有爲法　如夢幻泡影　如露亦如電　應作如是觀
佛說是經已長老須菩提及諸比丘比丘尼
優婆塞優婆夷一切世間天人阿脩羅聞佛
所說皆大歡喜信受奉行
金剛般若波羅蜜經

BD15336 號　金剛般若波羅蜜經　（16–16）

BD15336 號背　雜寫　　（1–1）

生七往生淨土經
城阿維跋提河邊說
大衆及諸菩薩摩
釋四天大王閻羅天子
五道大神地獄官典
尊合掌而立
子於未來世當得作
國土嚴淨百寶莊
充滿其國多生習
落淡之處天中作大魔王

BD15337 號　十王經　　（4–1）

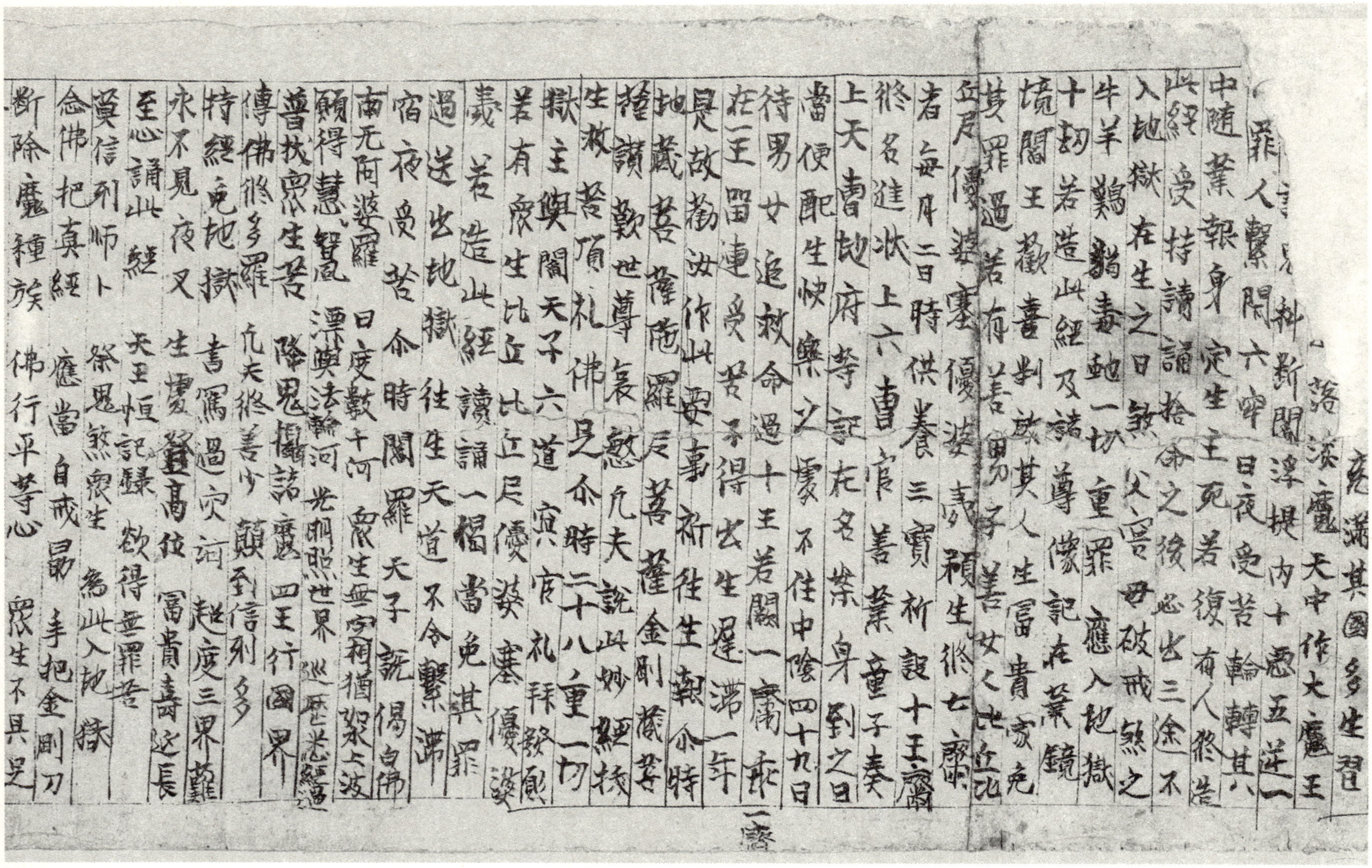

充滿其國多生習
…落淡魔天中作大魔王
…鬼科斷閻浮提內十惡五逆一
罪人繫閉六牢日夜受苦輪轉其
中隨業報身定生王死若復有人修造
此經受持讀誦捨命之後必出三塗不
入地獄在生之日煞父害母破戒煞之
牛羊雞狗毒蛇一切重罪應入地獄
十劫若造此經及諸尊像記在業鏡
境閻王歡喜判放其人生富貴家免
其罪過若有善男子善女人比丘比
丘尼優婆塞優婆夷預生修七齋
者每月二日時供養三寶祈設十王齋
修名進狀上六曹官善業童子奏
上天曹地府等記在名案身到之日
當便配生快樂之處不住中陰四十九日
待男女追救命過十王若闕一齋乖一齋
在一王留連受苦不得出生遲滯一年
是故勸汝作此要事祈往生報尒時
地藏菩薩陀羅尼菩薩金剛藏菩
薩讚歎世尊哀愍凡夫說此妙經拔
生救苦頂礼佛足尒時二十八重一切
獄主與閻天子六道冥官礼拜發願
若有眾生比丘比丘尼優婆塞優婆
夷若造此經讀誦一偈當免其罪
過送出地獄往生天道不令繫滯
宿夜受苦尒時閻羅天子說偈白佛
南无阿婆羅 日度數十河 眾生無定相 猶如水上波
願得智慧風 漂與法輪河 光明照世界 巡歷悉經過
普救眾生苦 降鬼攝諸魔 四王行國界
傳佛修多羅 凡夫修善少 顛倒信邪多
持經免地獄 書寫過災河 超度三界難
永不見夜叉 生處登高位 富貴壽延長
至心誦此經 天王恒記錄 欲得無罪苦
莫信邪師卜 祭鬼煞眾生 為此入地獄
念佛把真經 應當自戒勗 手把金剛刀
斷除魔種族 佛行平等心 眾生不具足

BD15337 號　十王經　（4–2）

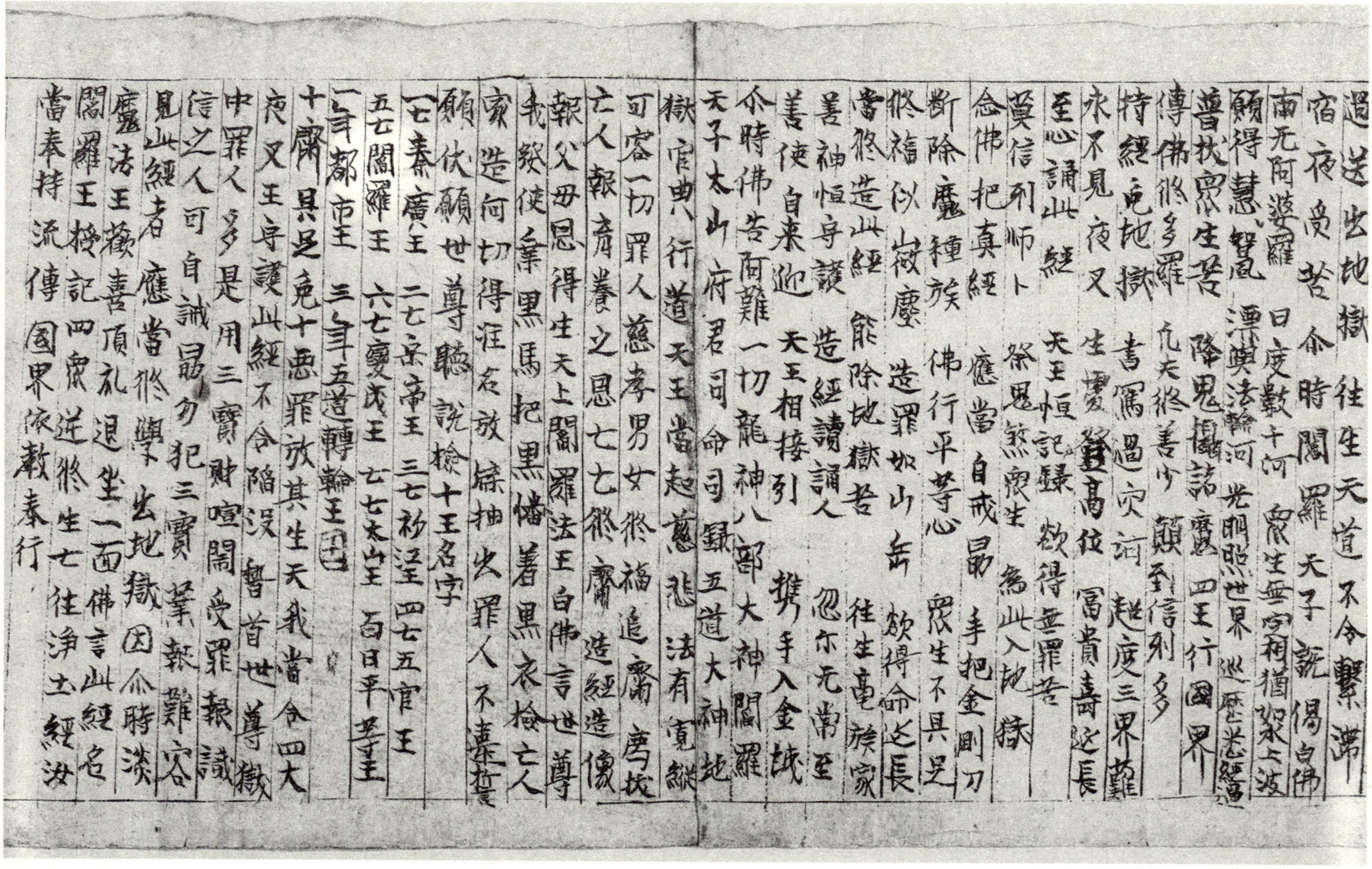

過送出地獄往生天道不令繫滯
宿夜受苦尒時閻羅天子說偈白佛
南无阿婆羅 日度數十河 眾生無定相 猶如水上波
願得智慧風 漂與法輪河 光明照世界 巡歷悉經過
普救眾生苦 降鬼攝諸魔 四王行國界
傳佛修多羅 凡夫修善少 顛倒信邪多
持經免地獄 書寫過災河 超度三界難
永不見夜叉 生處登高位 富貴壽延長
至心誦此經 天王恒記錄 欲得無罪苦
莫信邪師卜 祭鬼煞眾生 為此入地獄
念佛把真經 應當自戒勗 手把金剛刀
斷除魔種族 佛行平等心 眾生不具足
修福似微塵 造罪如山岳 欲得命延長
當修造此經 能除地獄苦 往生豪族家
善神恒守護 造經讀誦人 忽尔无常至
善使自來迎 天王相接引 携手入金城
尒時佛告阿難一切龍神八部大神閻羅
天子太山府君司命司錄五道大神地
獄官典行道天王當起慈悲法有寬縱
可容一切罪人慈孝男女修福追齋薦拔
亡人報育養之恩七七修齋造經造像
報父母恩得生天上閻羅法王白佛言世尊
我發使乘黑馬把黑幡著黑衣檢亡人
家造何功德准名放牒抽出罪人不違誓
願伏願世尊聽說檢十王名字
一七秦廣王 二七宋帝王 三七初江王 四七五官王
五七閻羅王 六七變成王 七七太山王 百日平等王
一年都市王 三年五道轉輪王
十齋具足免十惡罪放其生天我當令四大
夜叉王守護此經不令陷沒稽首世尊獄
中罪人多是用三寶財物喧鬧受罪報識
信之人可自誡勗勿犯三寶業報難容
見此經者應當修學出地獄因尒時淡
魔法王歡喜頂礼退坐一面佛言此經名
閻羅王授記四眾逆修生七往淨土經汝
當奉持流傳國界依教奉行

BD15337 號　十王經　（4–3）

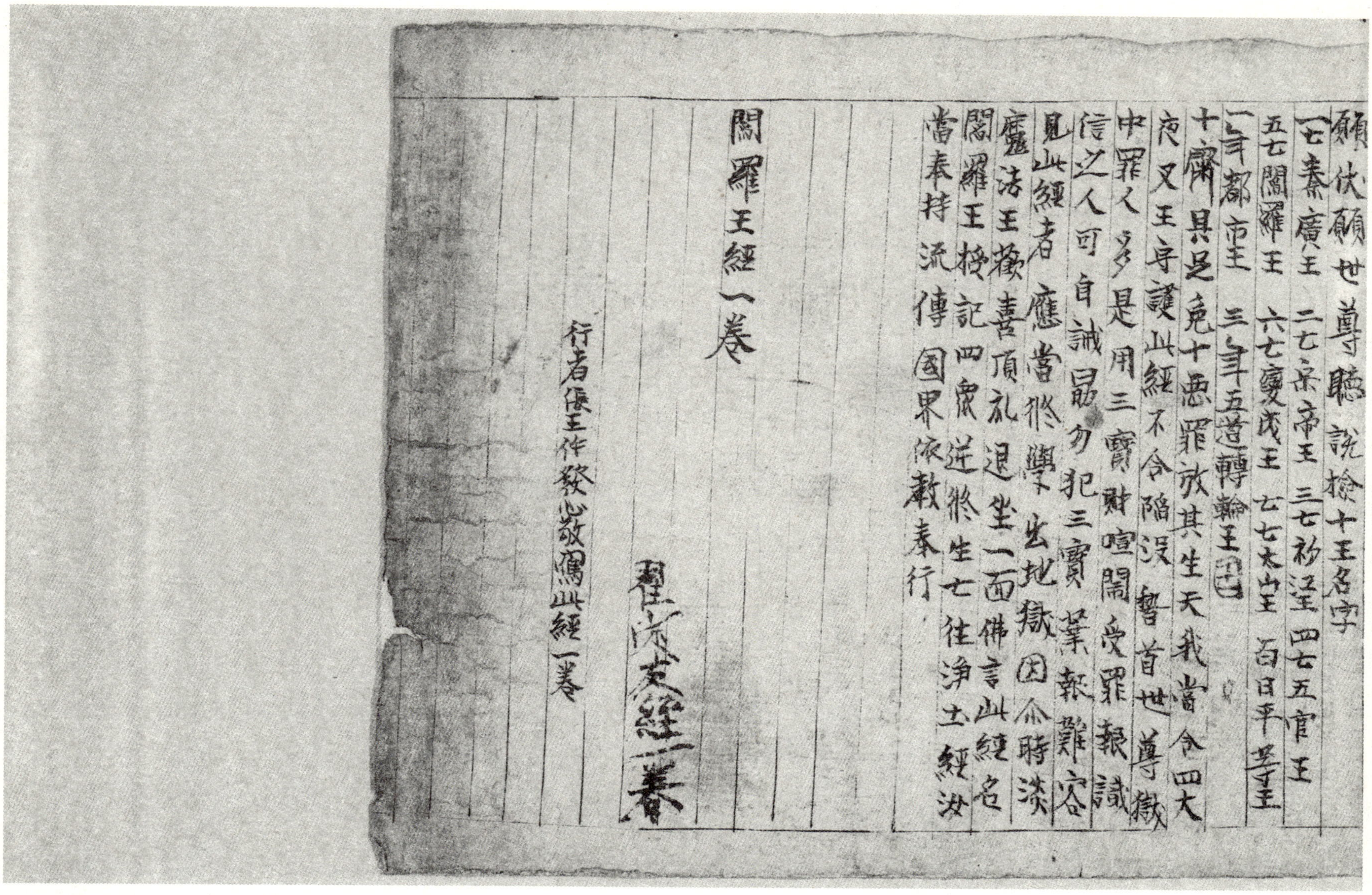

願伏願世尊聽說檢十王名字
一七秦廣王　二七宋帝王　三七初江王　四七五官王
五七閻羅王　六七變成王　七七太山王　百日平等王
一年都市王　三年五道轉輪王囙
十齋具足免十惡罪放其生天我當令四大
夜叉王守護此經不令陷沒稽首世尊獄
中罪人多是用三寶財物喧鬧受罪報識
信之人可自誡慎勿犯三寶業報難容
見此經者應當修學出地獄因緣時淡
魔法王歡喜頂禮退坐一面佛言此經名
閻羅王授記四衆逆修生七往淨土經汝
當奉持流傳國界依教奉行

閻羅王經一卷

[illegible]經一卷

行者張王仵發心敬寫此經一卷

BD15337 號　十王經　　（4–4）

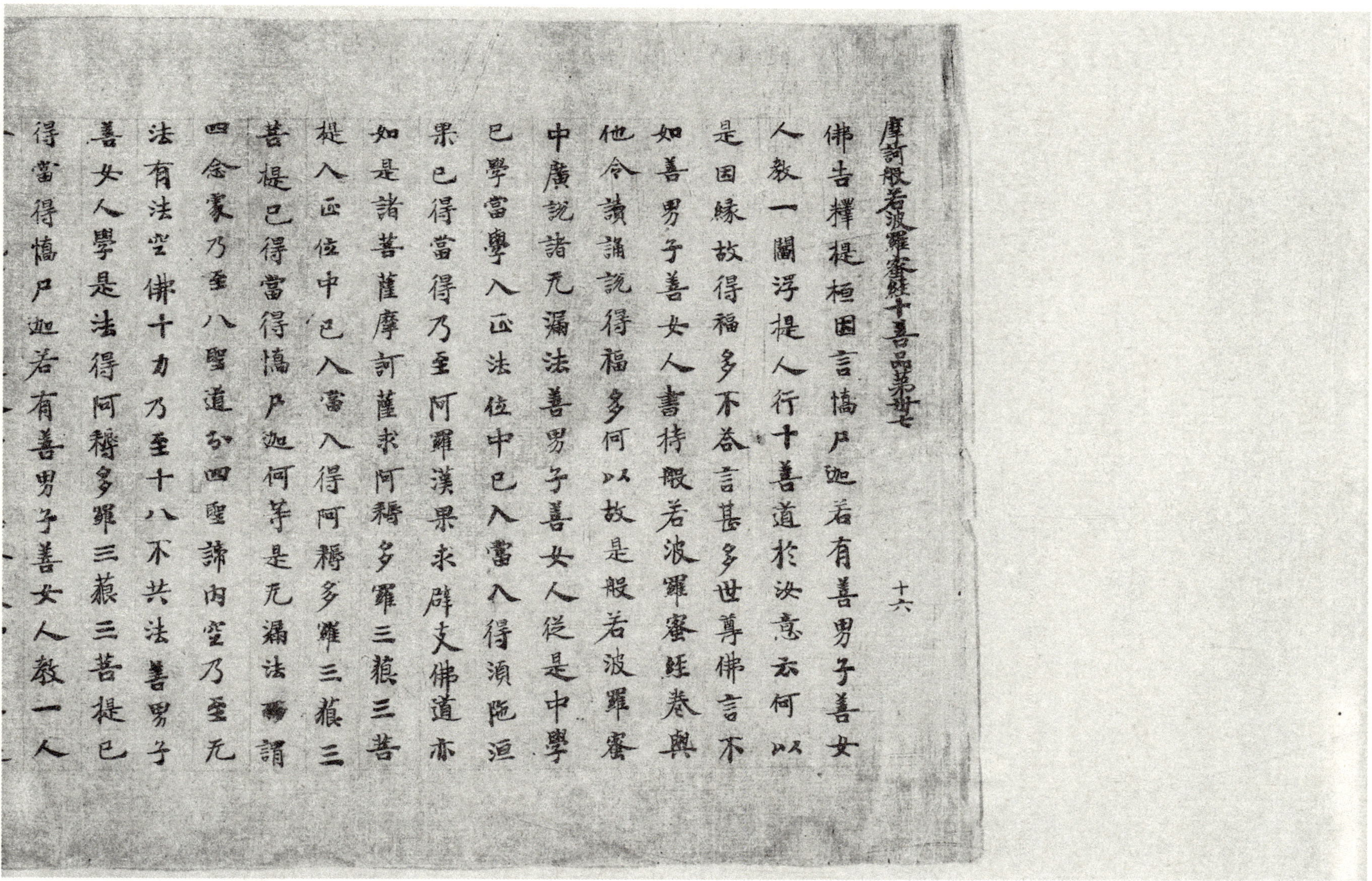

摩訶般若波羅蜜經十善品第廿七　十六
佛告釋提桓因言憍尸迦若有善男子善女
人教一閻浮提人行十善道於汝意云何以
是因緣故得福多不荅言甚多世尊佛言不
如善男子善女人書持般若波羅蜜經卷與
他令讀誦說得福多何以故是般若波羅蜜
中廣說諸无漏法善男子善女人從是中學
已學當學入正法位中已入當入得須陁洹
果已得當得乃至阿羅漢果求辟支佛道亦
如是諸菩薩摩訶薩求阿耨多羅三藐三菩
提入正位中已入當入得阿耨多羅三藐三
菩提已得當得憍尸迦何等是无漏法所謂
四念處乃至八聖道分四聖諦內空乃至无
法有法空佛十力乃至十八不共法善男子
善女人學是法得阿耨多羅三藐三菩提已
得當得憍尸迦若有善男子善女人教一人

BD15338 號　摩訶般若波羅蜜經（四十卷異卷）卷一六　　（20–1）

法有法空佛十力乃至十八不共法善男子
善女人學是法得阿耨多羅三藐三菩提已
得當得憍尸迦若有善男子善女人教一人
令得須陁洹果是人得福德勝教一閻浮提
人行十善道何以故憍尸迦教一閻浮提人
行十善道不離地獄畜生餓鬼若憍尸迦教
一人得須陁洹果離三惡道故乃至阿羅漢
辟支佛道亦如是憍尸迦若善男子善女人
教一閻浮提人令得須陁洹果斯陁含阿那
含阿羅漢辟支佛道不如善男子善女人教
一人令得阿耨多羅三藐三菩提得福多何
以故憍尸迦以菩薩因緣故生須陁洹乃至
阿羅漢辟支佛以菩薩因緣故生諸佛以是
因緣故憍尸迦當知善男子善女人書般若
波羅蜜經卷與他人令書持讀誦說得福多
何以故是般若波羅蜜中廣說諸善法是善
法中學便出生剎利大姓婆羅門大姓居士
大家四天王天乃至非有想非无想天便有
四念處乃至一切種智便有諸須陁洹乃至
阿羅漢辟支佛便有諸佛憍尸迦置一閻浮
提人若有善男子善女人教四天下世界中
眾生令行十善道於汝意云何是人以是因
緣故得福多不答言甚多世尊佛言不如善
男子善女人書般若波羅蜜經卷與他人令

BD15338號　摩訶般若波羅蜜經（四十卷異卷）卷一六　（20–2）

眾生令行十善道於汝意云何是人以是因
緣故得福多不答言甚多世尊佛言不如善
男子善女人書般若波羅蜜經卷與他人令
書持讀誦說得福多餘如上說憍尸迦置四
天下世界中眾生若教小千世界中眾生令
行十善道亦如是憍尸迦置小千世界中眾
生若教二千中世界中眾生令行十善道若
有善男子善女人書般若波羅蜜經卷與他
人令書持讀誦是人福德多餘如上說憍尸
迦置二千中國土中眾生若教三千大千世
界中所有眾生令行十善道復有人書般若
波羅蜜經卷與他人令書持讀誦是人福德
多憍尸迦置三千大千世界中眾生若教如
恒河沙等世界中所有眾生令行十善道若
復有人書般若波羅蜜經卷與他人令書持
讀誦其福多餘如上說復次憍尸迦有人教
一閻浮提眾生令立四禪四无量心四无色
定五神通於汝意云何是善男子善女人福
德多不釋提桓因言甚多世尊佛言不如善
男子善女人書般若波羅蜜經卷與他人令
書持讀誦得福多何以故是般若波羅蜜中
廣說諸善法餘如上說憍尸迦置閻浮提眾
生復置四天下世界中眾生小千世界中眾
生二千世界中眾生三千大千世界中眾生

BD15338號　摩訶般若波羅蜜經（四十卷異卷）卷一六　（20–3）

廣說諸善法餘如上說憍尸迦置閻浮提衆
生復置四天下世界中衆生小千世界中衆
生二千世界中衆生三千大千世界中衆生
憍尸迦若有人教十方如恒河沙等世界中
衆生令立四禪四无量心四无色定五神通
於汝意云何是人福德多不答言甚多世尊
佛言不如是善男子善女人書般若波羅蜜
經卷與他人令書持讀誦得福多何以故是
般若波羅蜜中廣說諸善法餘如上說復次
憍尸迦若有善男子善女人受是般若波羅
蜜持讀誦說正憶念是人福德勝教閻浮提
人行十善道立四禪四无量心四无色定五
神通正憶念者受持親近般若波羅蜜乃至
正憶念不以二法不以不二法受持親近禪
波羅蜜毗梨耶波羅蜜羼提波羅蜜尸羅波
羅蜜檀波羅蜜乃至正憶念不以二法不以
不二法為阿耨多羅三藐三菩提正憶念內
空乃至一切種智不以二法不以不二以復次
憍尸迦若有善男子善女人為他人種種因
緣演說般若波羅蜜義開示分別令易解
憍尸迦何等是般若波羅蜜義憍尸迦般若
波羅蜜義者不應以二相觀不應以不二相
觀非有相非无相不入不出不增不損不垢
不淨不生不滅不取不捨不住非不住非實

BD15338號　摩訶般若波羅蜜經（四十卷異卷）卷一六　（20–4）

波羅蜜義者不應以二相觀不應以不二相
觀非有相非无相不入不出不增不損不垢
不淨不生不滅不取不捨不住非不住非實
非虛非合非散非著非不著非因非不因非
法非不法非如非不如非實際非不實際憍
尸迦若善男子善女人能以是般若波羅蜜
義為他人種種因緣演說開示分別令易解
是善男子善女人所得福德甚多勝自受持
般若波羅蜜親近讀誦說正憶念復次憍尸
迦善男子善女人自受持般若波羅蜜親近
讀誦說正憶念亦為他人種種因緣演說般
若波羅蜜義開示分別令易解是善男子善
女人所得功德甚多釋提桓因白佛言世尊
善男子善女人應如是演說般若波羅蜜義
開示分別令易解佛語釋提桓因如是憍尸
迦是善男子善女人應如是演說般若波羅
蜜義開示分別令易解憍尸迦善男子善女
人如是演說般若波羅蜜義開示分別令易
解得无量无邊阿僧祇福德若善男子善女
人供養十方无量阿僧祇諸佛盡其壽命隨
其所須恭敬尊重讚嘆華香乃至幡蓋供養
若復有善男子善女人種種因緣為他人廣
說般若波羅蜜義開示分別令易解是善男
子善女人功德甚多何以故諸過去未來現

BD15338號　摩訶般若波羅蜜經（四十卷異卷）卷一六　（20–5）

若復有善男子善女人種種因緣為他人廣
説般若波羅蜜義開示分別令易解是善男
子善女人功德甚多何以故諸過去未來現
在佛皆於是般若波羅蜜中學得阿耨多羅
三藐三菩提已得今得當得復次憍尸迦若
善男子善女人於无量无邊阿僧祇劫行檀
波羅蜜不如是善男子善女人以般若波羅
蜜為他人演説其義開示分別令易解其福
甚多以无所得故云何名有所得憍尸迦若
菩薩摩訶薩用有所得故布施布施時作是
念我與彼受所施者物是名得檀不得彼羅
蜜我持戒此是戒是名得戒不得波羅蜜我
忍辱為是人忍辱是名得忍辱不得波羅蜜
我精進為是事勤精進是名得精進不得波
羅蜜我脩禪所脩是禪是名得禪不得波羅
蜜我脩慧所脩是慧是名得慧不得波羅蜜
憍尸迦是善男子善女人如是行者不得具
足檀波羅蜜尸羅波羅蜜羼提波羅蜜毗梨
耶波羅蜜禪波羅蜜般若波羅蜜釋提桓因
白佛言世尊菩薩摩訶薩云何脩具足檀波
羅蜜尸羅波羅蜜羼提波羅蜜毗梨耶波羅
蜜禪波羅蜜般若波羅蜜佛告釋提桓因菩薩
摩訶薩布施時不得與者不得受者不得所
施物是人得具足檀波羅蜜乃至脩般若波

BD15338號　摩訶般若波羅蜜經（四十卷異卷）卷一六　（20–6）

蜜禪波羅蜜般若波羅蜜佛告釋提桓因菩薩
摩訶薩布施時不得與者不得受者不得所
施物是人得具足檀波羅蜜乃至脩般若波
羅蜜時不得智不得所脩智是人得具足般
若波羅蜜憍尸迦是為菩薩摩訶薩具足檀
波羅蜜乃至般若波羅蜜善男子善女人如
是行般若波羅蜜當為他人演説其義開示
分別令易解禪波羅蜜毗梨耶波羅蜜羼提
波羅蜜尸羅波羅蜜檀波羅蜜演説其義開
示分別令易解何以故憍尸迦未來世當有
善男子善女人欲説般若波羅蜜而説相似
般若波羅蜜有善男子善女人發阿耨多羅
三藐三菩提心聞是相似般若波羅蜜失正
道善男子善女人應為是人具足演説般若
波羅蜜義開示分別令易解釋提桓因白佛
言世尊何等是相似般若波羅蜜佛言有善
男子善女人説有所得般若波羅蜜是為相
似般若波羅蜜釋提桓因白佛言世尊云何
善男子善女人説有所得般若波羅蜜是為
相似般若波羅蜜佛言善男子善女人説有
所得般若波羅蜜説是相似般若波羅蜜者
説色无常作是言能如是行是行般若波羅
蜜行者求色无常是為行相似般若波羅蜜
説受想行識无常作是言能如是行是行般

BD15338號　摩訶般若波羅蜜經（四十卷異卷）卷一六　（20–7）

蜜行者求色无常是為行相似般若波羅蜜
說受想行識无常作是言能如是行是行般
若波羅蜜行者求受想行識无常是為行相
似般若波羅蜜說眼无常乃至說意无常說
色无常乃至說法无常說眼界无常色界眼
識界无常乃至說意界法界意識界无常說
地種无常乃至說識種无常說眼識衆无常
乃至說意識衆无常說眼觸无常乃至說意
觸无常說眼觸因緣生受无常乃至說意觸
因緣生受无常廣說如五陰說色苦乃至說
意觸因緣生受苦說色无我乃至說意觸因
緣生受无我皆如五陰說行者行檀波羅蜜
時為說色无常苦无我乃至意觸因緣生受
說无常苦无我尸羅波羅蜜乃至般若波羅
蜜亦如是行四禪四无量心四无色定為說
无常苦无我行四念處為說无常苦无我乃
至行薩婆若時為說无常苦无我作如是教
能如是行者是為行般若波羅蜜憍尸迦是
名相似般若波羅蜜復次憍尸迦若是善男
子善女人當來世說相似般若波羅蜜作是
言汝善男子脩行般若波羅蜜汝脩行般若
波羅蜜時當得初地乃至當得十地禪波羅
蜜乃至檀波羅蜜亦如是行者以相似有所
得以捴相脩是般若波羅蜜憍尸迦是名相

BD15338號　摩訶般若波羅蜜經（四十卷異卷）卷一六　（20–8）

波羅蜜時當得初地乃至當得十地禪波羅
蜜乃至檀波羅蜜亦如是行者以相似有所
得以捴相脩是般若波羅蜜憍尸迦是名相
似般若波羅蜜復次憍尸迦善男子善女人
欲說般若波羅蜜作是言汝善男子脩行般
若波羅蜜已當過聲聞辟支佛地是名相似
般若波羅蜜復次善男子善女人為求佛道
者如是說汝善男子善女人脩行般若波羅
蜜已入菩薩位得无生法忍得无生忍已便
住菩薩神通從一佛國至一佛國供養諸佛
恭敬尊重讚嘆如是說者是名相似般若波
羅蜜復次憍尸迦善男子善女人為求佛道
者如是說汝善男子善女人學是般若波羅
蜜受持讀誦說正憶念當得无量无邊阿僧
祇功德如是說者是名相似般若波羅蜜復
次善男子善女人為求佛道者說如過去未
來現在諸佛功德善本從初發心至成得佛
都合集迴向阿耨多羅三藐三菩提如是說者
是名相似般若波羅蜜釋提桓因白佛言
世尊云何善男子善女人為求佛道者不說
相似般若波羅蜜佛言若善男子善女人為
求佛道者說般若波羅蜜善男子汝脩行般
若波羅蜜莫觀色无常何以故色色性空是
色性非法若非法即名為般若波羅蜜般若

BD15338號　摩訶般若波羅蜜經（四十卷異卷）卷一六　（20–9）

求佛道者說般若波羅蜜善男子汝脩行般
若波羅蜜莫觀色无常何以故色色性空是
色性非法若非法即名為般若波羅蜜般若
波羅蜜中色非常非无常何以故是中色尚
不可得何况常无常憍尸迦善男子善女人
如是說者是名不說相似般若波羅蜜受想
行識亦如是復次憍尸迦善男子善女人為
求佛道者說汝善男子脩行般若波羅蜜於
諸法莫有所過莫有所住何以故般若波羅
蜜中无有法可過可住所以者何一切法自
性空自性空是非法若非法即名為般若波
羅蜜般若波羅蜜中无有法可入可出可生
可滅憍尸迦是善男子善女人如是說是名
不說相似般若波羅蜜廣說如上与相似相
違是名不說相似般若波羅蜜如是憍尸迦
善男子善女人應如是演說般若波羅蜜義
若如是說般若波羅蜜義所得功德勝於前
者復次憍尸迦閻浮提中所有衆生皆教令
得須陁洹於汝意云何是人得福多不荅言
甚多世尊佛言不如是善男子善女人以般
若波羅蜜為他人種種因緣演說其義開示
分別令易解如是言善男子汝來受是般若
波羅蜜勤脩讀誦說正憶念如般若波羅蜜
中所說行何以故是般若波羅蜜中出生諸

BD15338號　摩訶般若波羅蜜經（四十卷異卷）卷一六　（20–10）

分別令易解如是言善男子汝來受是般若
波羅蜜勤脩讀誦說正憶念如般若波羅蜜
中所說行何以故是般若波羅蜜中出生諸
須陁洹憍尸迦置閻浮提中衆生復置四天
下衆生小千世界二千中世界三千大千世
界衆生若有人教十方如恒河沙等世界中
衆生盡教令得須陁洹於汝意云何是人得
福多不荅言甚多世尊佛言不如是善男子
善女人以般若波羅蜜為他人種種因緣演
說其義開示分別令易解如是言善男子善
女人汝來受是般若波羅蜜勤誦讀說正憶
念如般若波羅蜜中所說行何以故般若波
羅蜜中出生諸須陁洹復次憍尸迦若有善
男子善女人教閻浮提中人令得斯陁含阿
那含阿羅漢於汝意云何是人得福多不荅
言甚多世尊佛言不如善男子善女人以般
若波羅蜜為他人種種因緣演說其義開示
分別令易解如是言汝來善男子善女人受
是波若波羅蜜勤誦讀說正憶念如般若波
羅蜜中所說行何以故般若波羅蜜中出生
諸須陁洹斯陁含阿那含阿羅漢故乃至十
方如恒河沙等國土中衆生亦如是
復次憍尸迦若善男子善女人教一閻浮提
中衆生令得辟支佛道於汝意云何是人得

BD15338號　摩訶般若波羅蜜經（四十卷異卷）卷一六　（20–11）

方如恒河沙等國土中衆生亦如是
復次憍尸迦若善男子善女人教一閻浮提
中衆生令得辟支佛道於汝意云何是人得
福多不荅言甚多佛言不如善男子善女人
以般若波羅蜜為他人種種因緣演說其義
開示分別令易解如是言汝來善男子受是
般若波羅蜜勤誦讀說正憶念如般若波羅
蜜中所說行何以故般若波羅蜜中出生諸
辟支佛道故四天下乃至十方如恒河沙等
世界中衆生亦如是復次憍尸迦善男子善
女人教一閻浮提中衆生令發阿耨多羅三
藐三菩提心於汝意云何是人得福多不荅
言甚多世尊佛言不如善男子善女人以般
若波羅蜜為他人種種因緣演說其義開示
分別令易解如是言汝當隨般若波羅蜜中
學當得一切智法汝若得一切智法汝便得
脩行般若波羅蜜增益具足若得脩行般若
波羅蜜增益具足汝當得阿耨多羅三藐三
菩提何以故憍尸迦般若波羅蜜中生諸初
發意菩薩摩訶薩故乃至十方如恒河沙等
世界之如是復次憍尸迦善男子善女人教
一閻浮提中衆生令住阿鞞跋致地於汝意
云何是人福德多不荅言甚多世尊佛言不
如善男子善女人以般若波羅蜜為他人種

BD15338號　摩訶般若波羅蜜經（四十卷異卷）卷一六　（20–12）

一閻浮提中衆生令住阿鞞跋致地於汝意
云何是人福德多不荅言甚多世尊佛言不
如善男子善女人以般若波羅蜜為他人種
種因緣演說其義開示分別令易解如是言
汝來善男子受是般若波羅蜜乃至如般若
波羅蜜中所說行汝便得一切智法得一切
智法已乃至便得阿耨多羅三藐三菩提何
以故般若波羅蜜中生諸菩薩摩訶薩阿鞞
跋致地故乃至十方如恒河沙等世界亦如
是復次憍尸迦一閻浮提中衆生發意求阿
耨多羅三藐三菩提若有善男子善女人為
是人演說般若波羅蜜及其義解開示分別
如是言汝來善男子受是般若波羅蜜乃至
如般若波羅蜜中所說行學已汝當得阿耨
多羅三藐三菩提復有人為阿鞞跋致菩薩
演說般若波羅蜜及其義解開示分別汝來
受是般若波羅蜜乃至如般若波羅蜜中所
說行學已汝當得阿耨多羅三藐三菩提是
善男子所得功德甚多乃至十方如恒河沙
等世界中亦如是復次憍尸迦若有一閻浮
提中衆生皆得阿鞞跋致阿耨多羅三藐三
菩提復有善男子善女人以般若波羅蜜為
是人演說其義於是中有一菩薩疾得阿耨
多羅三藐三菩提若有善男子善女人為是

BD15338號　摩訶般若波羅蜜經（四十卷異卷）卷一六　（20–13）

菩提復有善男子善女人以般若波羅蜜為
是人演説其義於是中有一菩薩疾得阿耨
多羅三藐三菩提若有善男子善女人為是
菩薩説般若波羅蜜及其義解是人功德㝡
多乃至十方如恒河沙等世界亦如是釋提
桓因白佛言世尊如菩薩摩訶薩轉轉近阿
耨多羅三藐三菩提者如是應轉轉教行檀
波羅蜜尸羅波羅蜜羼提波羅蜜毗梨耶波
羅蜜禪波羅蜜般若波羅蜜應教内空乃至
无法有法空四念處乃至八聖道分佛十力
四无所畏四无閡智十八不共法之應供養
衣服卧具飲食湯藥隨其所須是善男子善
女人法施財施供養是菩薩所得功德勝於
前者何以故世尊是菩薩摩訶薩疾得阿耨
多羅三藐三菩提故尒時慧命須菩提語釋
提桓因言善哉善哉憍尸迦汝為聖弟子安
慰諸菩薩摩訶薩為阿耨多羅三藐三菩提
者以法施財施利益法應尒何以故菩薩中
生諸佛聖衆若菩薩不發阿耨多羅三藐三
菩提心者是菩薩不能學六波羅蜜乃至十
八不共法若不學六波羅蜜乃至十八不共
法不能得阿耨多羅三藐三菩提若不能得
阿耨多羅三藐三菩提者則无聲聞辟支佛
以是故憍尸迦諸菩薩摩訶薩學六波羅蜜

BD15338 號　摩訶般若波羅蜜經（四十卷異卷）卷一六　　（20–14）

法不能得阿耨多羅三藐三菩提若不能得
阿耨多羅三藐三菩提者則无聲聞辟支佛
以是故憍尸迦諸菩薩摩訶薩學六波羅蜜
乃至十八不共法學六波羅蜜乃至十八不
共法時得阿耨多羅三藐三菩提得阿耨多
羅三藐三菩提故斷地獄畜生餓鬼道世間
便有刹利大姓婆羅門大姓居士大家四天
王天乃至非有想非无想天便有檀波羅蜜
尸羅波羅蜜羼提波羅蜜毗梨耶波羅蜜禪
波羅蜜般若波羅蜜内空乃至无法有法空
四念處乃至十八不共法出現於世聲聞乘
辟支佛乘佛乘皆現於世

摩訶般若波羅蜜經隨喜迴向品第卅八

尒時弥勒菩薩摩訶薩語慧命須菩提有善
薩摩訶薩隨喜福德与一切衆生共之迴向
阿耨多羅三藐三菩提以无所得故若聲聞
辟支佛福德及一切衆生福德若布施若持
戒若脩定若隨喜是菩薩摩訶薩隨喜福德
與一切衆生共之迴向阿耨多羅三藐三菩
提其福㝡上第一㝡妙无上无與等何以故
聲聞辟支佛及一切衆生布施持戒脩定隨
喜為自調為自淨為自度故所謂四念處乃
至八聖道分空无相无作菩薩隨喜福德迴
向阿耨多羅三藐三菩提持是功德為調一

BD15338 號　摩訶般若波羅蜜經（四十卷異卷）卷一六　　（20–15）

善為自調為自淨為自度故所謂四念處乃
至八聖道分空无相无作菩薩隨喜福德迴
向阿耨多羅三藐三菩提持是功德為調一
切衆生為淨一切衆生為度一切衆生故尒
時慧命須菩提白弥勒菩薩言諸菩薩摩訶
薩念十方无量无邊阿僧祇國土中无量无
邊阿僧祇諸滅度佛從初發心至得阿耨多
羅三藐三菩提入无餘涅槃乃至法盡於其
中間諸善根應六波羅蜜及諸聲聞人善根
若布施福德若持戒若脩定福德及諸學人
无漏善根无學人无漏善根諸佛戒衆定衆
慧衆解脫衆解脫知見衆一切智大慈大悲
及餘无量阿僧祇諸佛法及諸佛所說法是
法中學得須陁洹果乃至阿羅漢果辟支佛
道入菩薩摩訶薩位及餘衆生種諸善根是
諸善根一切和合隨喜功德迴向阿耨多羅
三藐三菩提最上第一最妙无上无与等如
是隨喜已持是隨喜福德迴向阿耨多羅三
藐三菩提若有善男子行菩薩乘者作是念
我是心迴向阿耨多羅三藐三菩提是生心
緣事善男子取相迴向阿耨多羅三藐三菩
提如所念可得不弥勒菩薩語須菩提是善
男子行菩薩乘迴向阿耨多羅三藐三菩提
心是緣事善男子取相不得如所念須菩提

BD15338號　摩訶般若波羅蜜經（四十卷異卷）卷一六　（20–16）

提如所念可得不弥勒菩薩語須菩提是善
男子行菩薩乘迴向阿耨多羅三藐三菩提
心是緣事善男子取相不得如所念須菩提
語弥勒菩薩若諸事諸緣无所有是善男子
行菩薩乘者取相於十方諸佛諸善根從初
發心乃至法盡及聲聞諸善根學无學善根
一切和合隨喜功德迴向阿耨多羅三藐三
菩提以无相故是菩薩持无顛倒无常謂常
想顛倒心顛倒見顛倒不淨謂淨苦謂為樂
无我謂我想顛倒心顛倒見顛倒若如緣如
事阿耨多羅三藐三菩提亦如是迴向心亦
如是檀波羅蜜尸羅羼提毗梨耶禪那般若
波羅蜜乃至十八不共法亦如是若尒何等
是緣何等是事何等是阿耨多羅三藐三菩
提何等是善根何等是隨喜心迴向阿耨多
羅三藐三菩提弥勒菩薩語須菩提若諸菩
薩摩訶薩久行六波羅蜜多供養諸佛種善
根与善知識相隨善學自相空法是諸菩薩
是緣是事諸佛諸善根隨喜福德不取相迴
向阿耨多羅三藐三菩提以不二法非不二
法非相非不相非可得法非不可得法非淨
非垢不生不滅法是名迴向阿耨多羅三藐
三菩提若諸菩薩不久行六波羅蜜不多供
養諸佛不種善根不与善知識相隨不善學

BD15338號　摩訶般若波羅蜜經（四十卷異卷）卷一六　（20–17）

三菩提若諸菩薩不久行六波羅蜜不多供
養諸佛不種善根不与善知識相隨不善學
自相空法是諸菩薩是諸緣是諸事諸佛諸
善根隨喜福德諸心取相迴向阿耨多羅三
藐三菩提是不名迴向須菩提如是般若波
羅蜜義乃至一切種智義所謂內空乃至无
法有法空不應為新學菩薩說何以故是菩
薩所有少許信樂恭敬清淨心皆已失當在
阿鞞跋致菩薩摩訶薩前說若有為善知識
所護若久供養諸佛種諸善根應為是人說
如是般若波羅蜜義乃至一切種智義所謂
內空乃至无法有法空是人聞是法不沒不
驚不畏不怖須菩提菩薩摩訶薩隨喜福德
應如是迴向阿耨多羅三藐三菩提所謂菩
薩用心隨喜功德迴向阿耨多羅三藐三菩
提是心盡滅變離是緣是事是諸善根亦盡
滅變離是中何等有隨喜心何等是諸緣何
等是諸事何等是諸善根隨喜迴向阿耨多
羅三藐三菩提二心不俱是心性亦不可得
迴向菩薩云何隨喜心迴向阿耨多羅三藐
三菩提若菩薩摩訶薩行般若波羅蜜時如
是知是般若波羅蜜无有法乃至檀波羅蜜
亦无有法色无有法受想行識乃至阿耨多
羅三藐三菩提无有法菩薩摩訶薩應如是

BD15338號　摩訶般若波羅蜜經（四十卷異卷）卷一六　（20–18）

三菩提若菩薩摩訶薩行般若波羅蜜時如
是知是般若波羅蜜无有法乃至檀波羅蜜
亦无有法色无有法受想行識乃至阿耨多
羅三藐三菩提无有法菩薩摩訶薩應如是
隨喜功德迴向阿耨多羅三藐三菩提若能
如是迴向是名隨喜功德迴向阿耨多羅三
藐三菩提尒時釋提桓因語須菩提新發意
菩薩聞是事將无驚懼怖畏須菩提云何新
發意菩薩作諸善根迴向阿耨多羅三藐三
菩提復云何隨喜福德迴向阿耨多羅三藐
三菩提須菩提語釋提桓因若新發意菩薩
行般若波羅蜜不受是般若波羅蜜以无所
得故无相故乃至檀波羅蜜亦如是多信解
內空乃至多信解无法有法空多信解四念
處乃至十八不共法常与善知識相隨是善
知識為說六波羅蜜義開示分別如是教授令
常不離般若波羅蜜乃至得入菩薩法位終
不離般若波羅蜜乃至不離檀波羅蜜不離
四念處乃至十八不共法亦教語魔事聞種
種魔事已不增不減何以故是菩薩摩訶薩
不受一切法故是菩薩亦常不離諸佛乃至
得菩薩位於中種善根以是善根故生菩薩
家至得阿耨多羅三藐三菩提終不離是善
根

BD15338號　摩訶般若波羅蜜經（四十卷異卷）卷一六　（20–19）

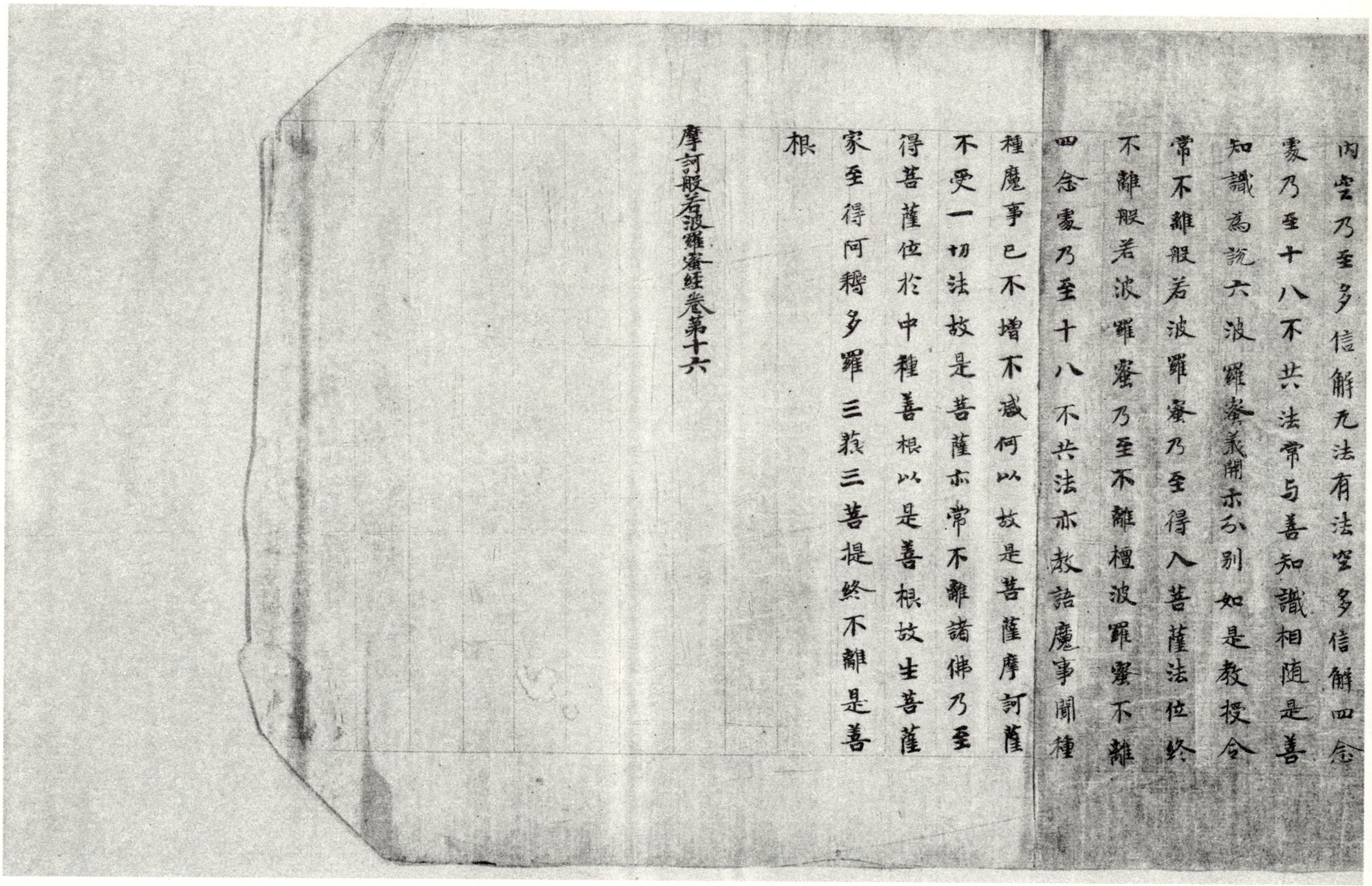

內空乃至多信解无法有法空多信解四念
處乃至十八不共法常与善知識相随是善
知識爲說六波羅蜜義開示分别如是教授令
常不離般若波羅蜜乃至得入菩薩法位終
不離般若波羅蜜乃至不離檀波羅蜜不離
四念處乃至十八不共法亦教語魔事聞種
種魔事已不增不減何以故是菩薩摩訶薩
不受一切法故是菩薩亦常不離諸佛乃至
得菩薩位於中種善根以是善根故生菩薩
家至得阿耨多羅三藐三菩提終不離是善
根

摩訶般若波羅蜜經卷第十六

BD15338 號　摩訶般若波羅蜜經（四十卷異卷）卷一六　（20–20）

BD15338 號背　勘記、印章　（1–1）

摩訶般若波羅蜜經卷第卅七

摩

BD15339 號背　護首　　（1–1）

摩訶般若波羅蜜經卷第卅七　卅

須菩提白佛言世尊若諸法性常空常空中

衆生不可得法非法亦不可得菩薩摩訶薩

BD15339 號　摩訶般若波羅蜜經（四十卷異卷）卷三七　　（19–1）

摩訶般若波羅蜜經卷第卅七
須菩提白佛言世尊若諸法性常空常空中
衆生不可得法非法亦不可得菩薩摩訶薩
云何求一切種智佛告須菩提如是如是如
汝所言諸法性皆空空中衆生不可得法非
法亦不可得須菩提若一切法性不空菩薩
摩訶薩不依性空成阿耨多羅三藐三菩提
為衆生説性空法須菩提色性空受想行識
性空菩薩摩訶薩行般若波羅蜜時説五陰
性空法説十二入十八界性空法説四禪四
无量心四无色定四念處乃至八聖道分性
空法説三解脱門八解脱九次第定佛十力四
无所畏四无礙智十八不共法大慈大悲三十
二相八十隨形好性空法説須陁洹果斯陁
含果阿那含果阿羅漢果辟支佛道一切種
智斷煩惱習性空法須菩提若内空性不空
外空乃至无法有法空性不空者則壞空性
是性空不常不斷何以故是性空无住處亦
无所從來亦无所從去須菩提是名法住相
是中无法无聚无散无增无減无生无滅无
垢无淨是為諸法相菩薩摩訶薩住是中發
阿耨多羅三藐三菩提心不見法有所發无
發无住是名法住相是菩薩摩訶薩行般若
波羅蜜時見一切法性空不轉阿耨多羅三
藐三菩提何以故是菩薩不見有法能障礙

BD15339號　摩訶般若波羅蜜經（四十卷異卷）卷三七　（19–2）

波羅蜜時見一切法性空不轉阿耨多羅三
藐三菩提何以故是菩薩不見有法能障礙
當何處生疑是名阿耨多羅三藐三菩提
性空不得衆生不得我不得人不得壽不得
命乃至不得知者見者性空中色不可得受
想行識不可得乃至八十隨形好不可得須
菩提辟如佛化作四衆比丘比丘尼優婆塞
優婆夷常為是諸衆説法千万億劫不斷佛
告須菩提是諸化衆當得須陁洹果斯陁含
果阿那含果阿羅漢果得阿耨多羅三藐三
菩提記不須菩提言不也世尊何以故是諸
化衆无有根本實事故一切諸法性空亦无
根本實事何等是衆生得須陁洹果乃至阿
羅漢果得阿耨多羅三藐三菩提記須菩提
菩薩摩訶薩亦如是為衆生説性空法是衆
生實不可得以衆生墮顛倒故拔衆生令住
不顛倒顛倒即是无顛倒顛倒不顛倒雖一
相而多顛倒少不顛倒无顛倒處中則无我
无衆生乃至无知者見者无顛倒處中亦无
色无受想行識无十二入乃至无阿耨多羅
三藐三菩提是名諸法性空菩薩摩訶薩住
是中行般若波羅蜜時於衆生相顛倒中拔
出衆生所謂无衆生有衆生相中拔出乃至
知者見者相中拔出於无色色相中无受想
行識受想行識相中拔出衆生十二入十八

BD15339號　摩訶般若波羅蜜經（四十卷異卷）卷三七　（19–3）

出衆生所謂无衆生有衆生相中拔出乃至
知者見者相中拔出於无色色相中无受想
行識受想行識相中拔出衆生十二入十八
界乃至一切有漏法亦如是須菩提亦有諸
无漏法所謂四念處四正勤四如意足五根
五力七覺分八聖道分如是等法雖无漏亦
不如第一義相第一義相者无作无為无生
无相无説是名第一義亦名性空亦名諸佛
道是中不得衆生乃至不得知者見者不得
色受想行識乃至不得八十隨形好何以故
菩薩摩訶薩非為道法故求阿耨多羅三藐
三菩提心為諸法實相性空故求阿耨多羅
三藐三菩提是性空前際亦是性空後際亦
是性空中際亦是性空常性空无不性空時
菩薩摩訶薩行是性空般若波羅蜜為衆生
著衆生相欲拔出故求道種智求道種智時
遍行一切道若聲聞道若辟支佛道若菩薩
道是菩薩具足一切道拔出衆生於耶想著
淨佛國土已隨其壽命得阿耨多羅三藐三
菩提須菩提過去十方諸佛道性空未來現
在十方諸佛道亦性空離性空世間无道无
道果要從親近諸佛聞是諸法性空行是法
不失薩婆若
須菩提白佛言世尊甚希有諸菩薩摩訶薩
行是性空法亦不壞性空相所謂色與性空

須菩提白佛言世尊甚希有諸菩薩摩訶薩
行是性空法亦不壞性空相所謂色與性空
異受想行識與性空異乃至阿耨多羅三藐
三菩提與性空異須菩提色即是性空性空
即是色乃至阿耨多羅三藐三菩提阿耨多
羅三藐三菩提即是性空性空即是阿耨多
羅三藐三菩提佛告須菩提若色與性空異
若受想行識與性空異乃至阿耨多羅三藐
三菩提與性空異菩薩摩訶薩不能得一切
種智須菩提今色不異性空乃至阿耨多羅
三藐三菩提不異性空以是故菩薩摩訶薩
知一切法性空發意求阿耨多羅三藐三菩
提何以故是中无有法若實若常但凡夫著
色受想行識凡夫取色相取受想行識相有
我心著內外物故受後身色受想行識是故
不得脱生老病死愁憂苦惱往来六道以是
事故菩薩摩訶薩行性空波羅蜜不壞色等
諸法相若空若不空不壞受想行識相若空
若不空乃至不壞阿耨多羅三藐三菩提相
若空若不空何以故色性空相不壞色所謂
是色是空辟如虛空不壞虛空內虛空不壞
外虛空外虛空不壞內虛空如是須菩提色
不壞色空相色空相不壞色何以故是二法
无有性能有所壞所謂是空是非空乃至阿
耨多羅三藐三菩提亦如是

无有性能有所壞所謂是空是非空乃至阿
耨多羅三藐三菩提亦如是
須菩提白佛言世尊若一切法空无分別云
何菩薩摩訶薩從初發意已來作是願我當
得阿耨多羅三藐三菩提世尊若一切法分
別云何菩薩發心言我當得阿耨多羅三藐
三菩提世尊若分別諸法不能得阿耨多羅
三藐三菩提佛告須菩提如是如是若菩薩
摩訶薩行二相者无阿耨多羅三藐三菩提
若分別作二分者无阿耨多羅三藐三菩提
若不二不分別諸法則是阿耨多羅三藐三
菩提菩提是不二相不壞相須菩提是菩薩
不色中行不受想行識中行乃至菩提亦不
菩提中行何以故色即是菩提菩提即是色
不二不分別乃至十八不共法亦如是是菩
提非取故行非捨故行
須菩提白佛言世尊若菩薩摩訶薩菩提非
取故行非捨故行菩薩摩訶薩菩提何處行
佛告須菩提於汝意云何如佛所化人在何
處行若取中行若捨中行須菩提言世尊非
取中行非捨中行佛言菩薩摩訶薩菩提亦
如是非取中行非捨中行須菩提於汝意云
何阿羅漢夢中菩提何處行若取中行若捨
中行不不也世尊非取中行非捨中行世尊

BD15339號　摩訶般若波羅蜜經（四十卷異卷）卷三七　（19–6）

何阿羅漢夢中菩提何處行若取中行若捨
中行不不也世尊非取中行非捨中行世尊
阿羅漢畢竟不眠云何夢中菩提若取中行
若捨中行須菩提菩薩摩訶薩阿耨多羅三
藐三菩提亦如是非取中行非捨中行所謂
色中行乃至一切種智中行世尊將无菩薩
摩訶薩不行十地不行六波羅蜜不行三十七
助道法不行十四空不行諸禪定解脫三昧不
行佛十力乃至八十隨形好住五神通淨佛國
土成就衆生得阿耨多羅三藐三菩提
佛告須菩提如是如是如汝所言今菩薩雖
菩提无處行若不具足十地六波羅蜜四禪
四无量心四无色定四念處乃至八聖道分
空无相无作解脫佛十力乃至八十隨形好
常捨法不錯謬法不具足是諸法終不得阿
耨多羅三藐三菩提是菩薩摩訶薩住色相
中住受想行識相中乃至住阿耨多羅三藐
三菩提相中能具足十地乃至得阿耨多羅
三藐三菩提是相常寂滅无有法能增能減
能生能滅能垢能淨能得道能得果世諦法
故菩薩摩訶薩得阿耨多羅三藐三菩提非
第一實義何以故第一義中无有色乃至无
阿耨多羅三藐三菩提亦无行阿耨多羅三
藐三菩提者是一切法皆以世諦故說非以
第一義須菩提菩薩摩訶薩從初發意已來

BD15339號　摩訶般若波羅蜜經（四十卷異卷）卷三七　（19–7）

藐三菩提者是一切法皆以世諦故說非以
第一義須菩提菩薩摩訶薩從初發意已來
行阿耨多羅三藐三菩提菩提亦不增衆生
亦不減菩薩亦无增減須菩提於意云何若
人初得道時住无間三昧得无漏根成就若
須陁洹果若斯陁含果阿那含果阿羅漢果
汝尒時有所得若夢若心若道若道果不須
菩提言世尊不得也佛告須菩提云何當知
得阿羅漢道者世尊世諦故說名阿羅漢道
佛言如是如是佛語須菩提世諦故說名菩
薩說名色受想行識乃至一切種智是菩提
中无法可得若增若減以諸法性空故諸法
性空尚不可得何況得初地心乃至十地心
六波羅蜜三十七助道法空三昧无相无作
三昧乃至一切佛法當有所得无有是處如
是須菩提菩薩摩訶薩行阿耨多羅三藐三
菩提得阿耨多羅三藐三菩提利益衆生

摩訶般若波羅蜜經照明品第八十

須菩提白佛言世尊若菩薩摩訶薩行六波
羅蜜十八空三十七助道法佛十力四无所畏
四无礙智十八不共法不具足菩薩道不能
得阿耨多羅三藐三菩提世尊菩薩摩訶薩
當云何具足菩薩道能得阿耨多羅三藐三
菩提佛告須菩提若菩薩摩訶薩行般若波

BD15339號　摩訶般若波羅蜜經（四十卷異卷）卷三七　（19–8）

當云何具足菩薩道能得阿耨多羅三藐三
菩提佛告須菩提若菩薩摩訶薩行般若波
羅蜜時以方便力故行檀波羅蜜不得施不
得施者不得受者亦不遠離是法行檀波羅
蜜是則照明菩薩道如是須菩提菩薩以方
便力故具足菩薩道具足已能得阿耨多羅
三藐三菩提持戒忍辱精進禪定智慧乃至
十八不共法亦如是

舍利弗白佛言世尊云何菩薩摩訶薩習般
若波羅蜜佛告舍利弗若菩薩摩訶薩行般
若波羅蜜以方便力故不壞色不隨色何以
故是色性无故不壞不隨乃至識亦如是舍
利弗菩薩摩訶薩行般若波羅蜜以方便力
故檀波羅蜜不壞不隨何以故檀波羅蜜性
无故乃至十八不共法亦如是

舍利弗白佛言世尊若諸法无自性可壞可
隨者云何菩薩摩訶薩能習般若波羅蜜諸
菩薩摩訶薩所學處何以故菩薩摩訶薩不
學般若波羅蜜不能得阿耨多羅三藐三菩
提佛告舍利弗如汝所言菩薩不學般若波
羅蜜不能得阿耨多羅三藐三菩提不離方
便力故可得舍利弗若菩薩摩訶薩行般若
波羅蜜若有一法性可得應當取若不得何
所取所謂此是般若波羅蜜是禪波羅蜜是
毗梨耶波羅蜜是羼提波羅蜜尸羅波羅蜜

BD15339號　摩訶般若波羅蜜經（四十卷異卷）卷三七　（19–9）

所取所謂此是般若波羅蜜是禪波羅蜜是
毗梨耶波羅蜜是羼提波羅蜜尸羅波羅蜜
檀波羅蜜是色受想行識乃至是阿耨多羅
三藐三菩提舍利弗是般若波羅蜜不可取
相乃至一切諸佛法不可取相舍利弗是名
不取般若波羅蜜乃至佛法是菩薩摩訶薩
所應學菩薩摩訶薩於是中學時學相亦不
可得何況般若波羅蜜佛法菩薩法辟支佛
法聲聞法凡夫法何以故舍利弗諸法无一
法有性如是无性諸法何等是凡夫人須陁
洹斯陁含阿那含阿羅漢辟支佛菩薩佛若
无是諸賢聖云何有法以是法故分别説是
凡夫人須陁洹斯陁含阿那含阿羅漢辟支
佛菩薩佛
舍利弗白佛言世尊若諸法无性无實无根
本云何知是凡夫人乃至是佛佛告舍利弗
凡夫人所著處色有性有實不不也世尊但
以顛倒心故受想行識乃至十八不共法亦
如是舍利弗菩薩摩訶薩行般若波羅蜜時
以方便力故見諸法无性无根本故能發阿
耨多羅三藐三菩提心
舍利弗白佛言云何菩薩摩訶薩行般若波
羅蜜時以方便力故見諸法无性无根本故
能發阿耨多羅三藐三菩提心佛告舍利弗
菩薩摩訶薩行般若波羅蜜時不見諸法根

BD15339號　摩訶般若波羅蜜經（四十卷異卷）卷三七　（19–10）

能發阿耨多羅三藐三菩提心佛告舍利弗
菩薩摩訶薩行般若波羅蜜時不見諸法根
本住中退没生懈怠心舍利弗諸法根本實
无我无所有性常空但顛倒愚癡故衆生著
陰入界是菩薩摩訶薩見諸法无所有性常
空自相空時行般若波羅蜜自立如幻師為
衆生説法慳者為説布施法破戒者為説持
戒法瞋者為説忍辱法懈怠者為説精進法
亂者為説禪定法愚癡者為説智慧法令衆
生住布施乃至智慧然後為説聖法能出苦
用是法故得須陁洹果乃至阿羅漢果辟支
佛道乃至阿耨多羅三藐三菩提
舍利弗白佛言世尊是菩薩摩訶薩得是衆
生无所有教令布施持戒乃至智慧然後為
説聖法能出苦以是法故得須陁洹果乃至
阿耨多羅三藐三菩提佛告舍利弗菩薩摩
訶薩行般若波羅蜜時无有所得過罪何以
故舍利弗是菩薩摩訶薩行般若波羅蜜時
不得衆生但空法相續故名為衆生舍利弗
菩薩摩訶薩住二諦中為衆生説法世諦第
一義諦舍利弗二諦中衆生雖不可得菩薩
摩訶薩行般若波羅蜜以方便力故為衆生
説法衆生聞是法今世吾我尚不可得何況
當得阿耨多羅三藐三菩提及所用法如是
舍利弗菩薩摩訶薩行般若波羅蜜時以方

BD15339號　摩訶般若波羅蜜經（四十卷異卷）卷三七　（19–11）

當得阿耨多羅三藐三菩提及所用法如是
舍利弗菩薩摩訶薩行般若波羅蜜時以方
便力故為衆生說法
舍利弗白佛言世尊是菩薩摩訶薩心曠大
无有法可得若一相若異相若别相而能如
是大莊嚴用是莊嚴故不生欲界不生色界
不生无色界不見有為性不見无為性而於
三界中度脫衆生亦不得衆生何以故衆生
不縛不解衆生不縛不解故无垢无淨无垢
无淨故无分别六道无分别六道故无業无
煩惱无業无煩惱故亦不應有果報以是果
報故生三界中佛告舍利弗如是如是如汝
所言若衆生先有後无諸佛菩薩則有過罪
諸法六道生死亦如是若先无後有諸佛菩
薩則有過罪舍利弗今有佛无佛諸法相
常住不異是法相中尚无我无衆生无壽命
乃至无知者无見者何况當有色受想行識
若无是法云何當有六道往来拔出衆生處
舍利弗是諸法性常空以是故諸菩薩摩訶
薩從過去佛聞是法相發阿耨多羅三藐三
菩提意是中无有法我當得亦无有衆生定
著處法可出但以衆生顛倒故著以是故菩
薩摩訶薩發大莊嚴常不退阿耨多羅三
藐三菩提是菩薩不疑我當不得阿耨多羅
三藐三菩提我必當得阿耨多羅三藐三菩

BD15339號　摩訶般若波羅蜜經（四十卷異卷）卷三七　（19–12）

藐三菩提是菩薩不疑我當不得阿耨多羅
三藐三菩提我必當得阿耨多羅三藐三菩
提得阿耨多羅三藐三菩提已用實法利益
衆生令出顛倒舍利弗譬如幻師幻作百千
万億人與種種飲食令飽滿歡喜唱言我得
大福我得大福於汝意云何是中有人食飲
飽滿不不也世尊佛言如是舍利弗菩薩摩
訶薩從初發意已來行六波羅蜜四禪四无
量心四无色定四念處乃至八聖道分十四
空三解脫門八解脫九次第定佛十力乃至
十八不共法具足菩薩道成就衆生淨佛國
土无衆生法可度
須菩提白佛言世尊何等是菩薩摩訶薩道
菩薩行是道能成就衆生淨佛國土佛告須
菩提菩薩摩訶薩從初發意已來行檀波羅
蜜行尸羅羼提毗梨耶禪般若波羅蜜乃至
行十八不共法成就衆生淨佛國土
須菩提白佛言世尊云何菩薩摩訶薩行檀
波羅蜜成就衆生佛告須菩提有菩薩摩訶
薩行檀波羅蜜時自布施亦教衆生布施作
是言諸善男子汝等莫著布施汝著布施故
當更受身受身故多受衆苦諸善男子諸法
相中无所施无施者无受者是三法性皆空
是性空法不可取不可取相是性空如是須
菩提菩薩摩訶薩行檀波羅蜜時布施衆生

BD15339號　摩訶般若波羅蜜經（四十卷異卷）卷三七　（19–13）

是性空法不可取不可取相是性空如是須
菩提菩薩摩訶薩行檀波羅蜜時布施衆生
是中不得布施不得施者不得受者何以故
无所得波羅蜜是名爲檀波羅蜜是菩薩不
得是三法故能教衆生令得須陁洹果乃至
令得阿羅漢果辟支佛道阿耨多羅三藐三
菩提如是須菩提菩薩摩訶薩行檀波羅蜜
時成就衆生是菩薩自行布施亦教他人行
布施讚歎布施法歡喜讚歎行布施者是菩
薩如是布施已生刹利大姓婆羅門大姓居
士大家若作小王若轉輪聖王是時以四事
攝取衆生何等四布施愛語利行同事是四
事攝衆生已衆生漸漸住於戒四禪四无量
心四无色定四念處八聖道分空无相无作
三昧得入正位中得須陁洹果乃至得阿羅
漢果若得辟支佛道若教令得阿耨多羅三
藐三菩提作是言諸善男子汝等當發阿耨
多羅三藐三菩提心發阿耨多羅三藐三菩
提心已阿耨多羅三藐三菩提易得耳何以
故无有定法衆生所著處但顛倒故衆生著
是故汝等自離生死亦當教他離生死汝等
若發心能自利益亦當得利益他人須菩提
菩薩摩訶薩應如是行檀波羅蜜是行檀波
羅蜜因緣故從初發意已來終不墮惡道常
作轉輪聖王何以故隨其所種得大果報是

BD15339號　摩訶般若波羅蜜經（四十卷異卷）卷三七　（19–14）

羅蜜因緣故從初發意已來終不墮惡道常
作轉輪聖王何以故隨其所種得大果報是
菩薩作轉輪聖王時見有乞者不作是念我
不爲餘事故受轉輪聖王果但爲利益一切
衆生故是時作是言此是汝物汝自取之莫
有所難我无所惜我爲衆生故受生死憐愍
汝等故具足大悲行是大悲饒益衆生亦不
得實定衆生相空但有假名故可說是衆生
是名字亦空如嚮聲實不可說相須菩提菩
薩摩訶薩應如是行檀波羅蜜於衆生中无
所惜乃至不惜自身肌宍何況外物以是法
故能出衆生生死何等是法所謂檀波羅蜜
尸羅波羅蜜羼提波羅蜜毗梨耶波羅蜜禪
波羅蜜般若波羅蜜乃至十八不共法令衆
生從生死中得脫
復次須菩提菩薩摩訶薩住檀波羅蜜中布
施已作是言諸善男子汝等來持戒我當供
給汝等令无乏短衣食卧具乃至資生所須
盡當給汝汝等乏少故破戒我當給汝所須令
无所乏若飲食乃至七寶汝等住是戒律儀
中漸漸當得盡苦成於三乘而得度脫若聲
聞乘辟支佛乘佛乘
復次須菩提菩薩摩訶薩住檀波羅蜜中若
見衆生瞋惱作是言諸善男子汝等以何因
緣故瞋惱我當與汝所須汝等所欲從我取之
悉當給汝令无所乏若飲食衣服乃至資生

BD15339號　摩訶般若波羅蜜經（四十卷異卷）卷三七　（19–15）

緣故瞋惱我當與汝所須汝等所欲從我取之
恚當給汝令无所乏若飲食衣服乃至資生
所須是菩薩住檀波羅蜜中教衆生忍辱作
是言一切法中无有堅實汝等所瞋是因緣
空无堅實皆從虛妄憶想生无有根本汝瞋
恚壞心惡口罵詈刀杖相加以至害命汝等
莫以是虛妄法起瞋故墮地獄畜生餓鬼中
及餘惡道受无量苦汝等莫以是虛妄无實
諸法故而作罪業以是罪業故尚不得人身
何況得生佛世諸人佛世難值人身難得汝
等莫失好時若失好時則不可救是菩薩摩
訶薩如是教化衆生自行忍辱亦教他人令
行忍辱讚歎忍辱法歡喜讚歎行忍辱者是
菩薩令衆生住忍辱中漸以三乘得盡衆苦
如是須菩提菩薩摩訶薩住檀波羅蜜令衆
生住忍辱

須菩提云何菩薩摩訶薩住檀波羅蜜令衆
生精進須菩提菩薩見衆生懈怠如是言汝
等何以懈怠衆生言因緣少故是菩薩行檀
布施若持戒若忍辱如是等因緣令汝具足
是衆生得菩薩利益因緣故身精進口精進
心精進身精進口精進心精進故一切善法
具足脩聖无漏法脩聖无漏法故當得須陁
洹果乃至阿羅漢果辟支佛道若得阿耨多
羅三藐三菩提如是須菩提菩薩摩訶薩行
檀波羅蜜時住精進波羅蜜攝取衆生

BD15339號　摩訶般若波羅蜜經（四十卷異卷）卷三七　（19–16）

羅三藐三菩提如是須菩提菩薩摩訶薩行
檀波羅蜜時住精進波羅蜜攝取衆生
須菩提云何菩薩摩訶薩行檀波羅蜜時教
化衆生令脩禪波羅蜜佛告須菩提菩薩見
衆生亂心作是言汝等可脩禪定衆生言我
等因緣不具足故菩薩言我當與汝等作因
緣以是因緣故令汝心不隨覺觀心不馳散
衆生以是因緣故斷覺觀入初禪二禪三禪
四禪行慈悲喜捨心衆生以是禪无量心因
緣故能脩四念處乃至八聖道分脩三十七助
道法時漸入三乘而得涅槃終不失道如是
須菩提菩薩摩訶薩行檀波羅蜜時以禪波
羅蜜攝取衆生令行禪波羅蜜

須菩提云何菩薩摩訶薩行檀波羅蜜以般
若波羅蜜攝取衆生須菩提菩薩見衆生愚
癡无有智慧作是言汝等何以故不脩智慧
衆生言因緣未具故菩薩住檀波羅蜜中作
是言汝等所須得智慧具從我取之所謂布
施持戒忍辱精進入禪定是因緣具足已汝
等如是思惟思惟般若波羅蜜時有法可得
不若我若衆生若壽命乃至知者見者可得
不若色受想行識若欲界色界无色界若六
波羅蜜若三十七助道法若須陁洹果若斯陁
含阿那含阿羅漢果辟支佛道若阿耨多羅
三藐三菩提可得不是衆生如是思惟時於

BD15339號　摩訶般若波羅蜜經（四十卷異卷）卷三七　（19–17）

舍阿那含阿羅漢果辟支佛道若阿耨多羅
三藐三菩提可得不是衆生如是思惟時於
般若波羅蜜中无有法可得可著處若不著
諸法是時不見諸法有生有滅有垢有淨不
分別是地獄是畜生是餓鬼是阿脩羅衆是
天是人是持戒是破戒是須陁洹是斯陁含
是阿那含是阿羅漢是辟支佛是佛如是須
菩提菩薩摩訶薩行檀波羅蜜時以般若波
羅蜜攝取衆生
須菩提云何菩薩摩訶薩住檀波羅蜜中以
尸羅波羅蜜羼提波羅蜜毗梨耶波羅蜜禪
波羅蜜般若波羅蜜乃至三十七助道法攝取
衆生須菩提菩薩摩訶薩行檀波羅蜜中以
供養具利益衆生以是利益因緣故衆生能
脩四念處四正勤四如意足五根五力七覺
分八聖道分衆生行是三十七助道法於生
死中得解脫如是須菩提菩薩摩訶薩以无
漏聖法攝取衆生
復次須菩提菩薩摩訶薩教化衆生時如是
言諸善男子汝等從我取所須物若飲食衣
服臥具香華乃至七寶等種種資生所須汝
當以是攝取衆生汝等長夜利益安樂與作
是念是物非我所有我長夜為衆生故集此
諸物汝等當取是物如己物无異教化衆生
令行布施持戒忍辱精進禪定智慧乃至

BD15339號　摩訶般若波羅蜜經（四十卷異卷）卷三七　　（19–18）

復次須菩提菩薩摩訶薩教化衆生時如是
言諸善男子汝等從我取所須物若飲食衣
服臥具香華乃至七寶等種種資生所須汝
當以是攝取衆生汝等長夜利益安樂與作
是念是物非我所有我長夜為衆生故集此
諸物汝等當取是物如己物无異教化衆生
令行布施持戒忍辱精進禪定智慧乃至
令得三十七助道法佛十力乃至十八不共法
亦令得法无漏法所謂須陁洹乃至阿羅漢
果辟支佛道阿耨多羅三藐三菩提如是須
菩提菩薩摩訶薩行檀波羅蜜時應如是教
化衆生令得離三惡道及一切生死往來苦
復次須菩提菩薩摩訶薩住尸波羅蜜教化
衆生作是言衆生汝等何因緣故破戒我當
與汝作具足因緣若布施乃至智慧及種種
資生所須是菩薩住尸羅波羅蜜利益衆生
令行十善遠離十不善道是衆生持諸戒不
破戒不缺戒不濁戒不雜戒不取戒漸以三
乘而得盡苦尸羅波羅蜜為首如檀波羅蜜
說餘四波羅蜜亦如是

摩訶般若波羅蜜經卷第卅七

BD15339號　摩訶般若波羅蜜經（四十卷異卷）卷三七　　（19–19）

萬億種衆生来至佛所而聽法如来于時觀
是衆生諸根利鈍精進懈怠随其所堪而為
説法種種无量皆令歡喜快得善利是諸衆
生聞是法已現世安隱後生善處以道受樂
亦得聞法既聞法已離諸鄣礙於諸法中任
力所能漸得入道如彼大雲雨於一切卉木
叢林及諸藥草如其種性具足蒙潤各得生
長如来説法一相一味所謂解脫相離相滅
相究竟至於一切種智其有衆生聞如来法
若持讀誦如説脩行所得功德不自覺知所
以者何唯有如来知此衆生種相體性念何
事思何事脩何事云何念云何思云何脩以
何法念以何法思以何法脩以何法得何法
衆生住於種種之地唯有如来如實見之明
了无礙如彼卉木叢林諸藥草等而不自知
上中下性如来知是一相一味之法所謂解
脫相離相滅相究竟涅槃常寂滅相終歸於
空佛知是已觀衆生心欲而将護之是故不
即為説一切種智汝等迦葉甚為希有能知

BD15340 號　妙法蓮華經卷三　（4–1）

脫相離相滅相究竟涅槃常寂滅相終歸於
空佛知是已觀衆生心欲而将護之是故不
即為説一切種智汝等迦葉甚為希有能知
如来随冝説法能信能受所以者何諸佛世
尊随冝説法難解難知尒時世尊欲重宣此
義而説偈言
破有法王　出現世間　随衆生欲　種種説法
如来尊重　智慧深遠　久嘿斯要　不務速説
有智若聞　則能信解　无智疑悔　則為永失
是故迦葉　随力為説　以種種緣　令得正見
迦葉當知　譬如大雲　起於世間　遍覆一切
惠雲含潤　電光晃曜　雷聲遠震　令衆悅豫
日光掩蔽　地上清涼　靉靆垂布　如可承攬
其雨普等　四方俱下　流澍无量　率土充洽
山川嶮谷　幽邃所生　卉木藥草　大小諸樹
百穀苗稼　甘蔗蒲萄　雨之所潤　无不豐足
乾地普洽　藥木並茂　其雲所出　一味之水
草木叢林　随分受潤　一切諸樹　上中下等
稱其大小　各得生長　根莖枝葉　華菓光色
一雨所及　皆得鮮澤　如其體相　性分大小
所潤是一　而各滋茂　佛亦如是　出現於世
譬如大雲　普覆一切　既出于世　為諸衆生
分別演説　諸法之實　大聖世尊　於諸天人
一切衆中　而宣是言　我為如来　兩足之尊
出于世間　猶如大雲　充潤一切　枯槁衆生
皆令離苦　得安隱樂　世間之樂　及涅槃樂

BD15340 號　妙法蓮華經卷三　（4–2）

一切衆中　而宣是言　我為如來　兩足之尊
出于世間　猶如大雲　充潤一切　枯槁衆生
皆令離苦　得安隱樂　世間之樂　及涅槃樂
諸天人衆　一心善聽　皆應到此　覲无上尊
我為世尊　无能及者　安隱衆生　故現於世
為大衆說　甘露淨法　其法一味　解脫涅槃
以一妙音　演暢斯義　常為大乘　而作因緣
我觀一切　普皆平等　无有彼此　愛憎之心
我无貪着　亦无限礙　恒為一切　平等說法
如為一人　衆多亦然　常演說法　曾无他事
去來坐立　終不疲猒　充足世間　如雨普潤
貴賤上下　持戒毀戒　威儀具足　及不具足
正見耶見　利根鈍根　等雨法雨　而无懈惓
一切衆生　聞我法者　隨力所受　住於諸地
或處人天　轉輪聖王　釋梵諸王　是小藥草
知无漏法　能得涅槃　起六神通　及得三明
獨處山林　常行禪定　得緣覺證　是中藥草
求世尊處　我當作佛　行精進定　是上藥草
又諸佛子　專心佛道　常行慈悲　自知作佛
決定无疑　是名小樹　安住神通　轉不退輪
度无量億　百千衆生　如是菩薩　名為大樹
佛平等說　如一味雨　隨衆生性　所受不同
如彼草木　所稟各異　佛以此喻　方便開示
種種言辭　演說一法　於佛智慧　如海一渧
我雨法雨　充滿世間　一味之法　隨力脩行
如彼叢林　藥草諸樹　隨其大小　漸增茂好
諸佛之法　常以一味　令諸世間　普得具足

BD15340 號　妙法蓮華經卷三　（4–3）

求世尊處　我當作佛　行精進定　是上藥草
又諸佛子　專心佛道　常行慈悲　自知作佛
決定无疑　是名小樹　安住神通　轉不退輪
度无量億　百千衆生　如是菩薩　名為大樹
佛平等說　如一味雨　隨衆生性　所受不同
如彼草木　所稟各異　佛以此喻　方便開示
種種言辭　演說一法　於佛智慧　如海一渧
我雨法雨　充滿世間　一味之法　隨力脩行
如彼叢林　藥草諸樹　隨其大小　漸增茂好
諸佛之法　常以一味　令諸世間　普得具足
漸次脩行　皆得道果　聲聞緣覺　處於山林
住最後身　聞法得果　是名藥草　各得增長
若諸菩薩　智慧堅固　了達三界　求最上乘
是名小樹　而得增長　復有住禪　得神通力
聞諸法空　心大歡喜　放无數光　度諸衆生
是名大樹　而得增長　如是迦葉　佛所說法
譬如大雲　以一味雨　潤於人華　各得成實
迦葉當知　以諸因緣　種種譬喻　開示佛道
是我方便　諸佛亦然　今為汝等　說最實事
諸聲聞衆　皆非滅度　汝等所行　是菩薩道
漸漸脩學　悉當成佛

BD15340 號　妙法蓮華經卷三　（4–4）

BD15340 號背　勘記、印章　　（1–1）

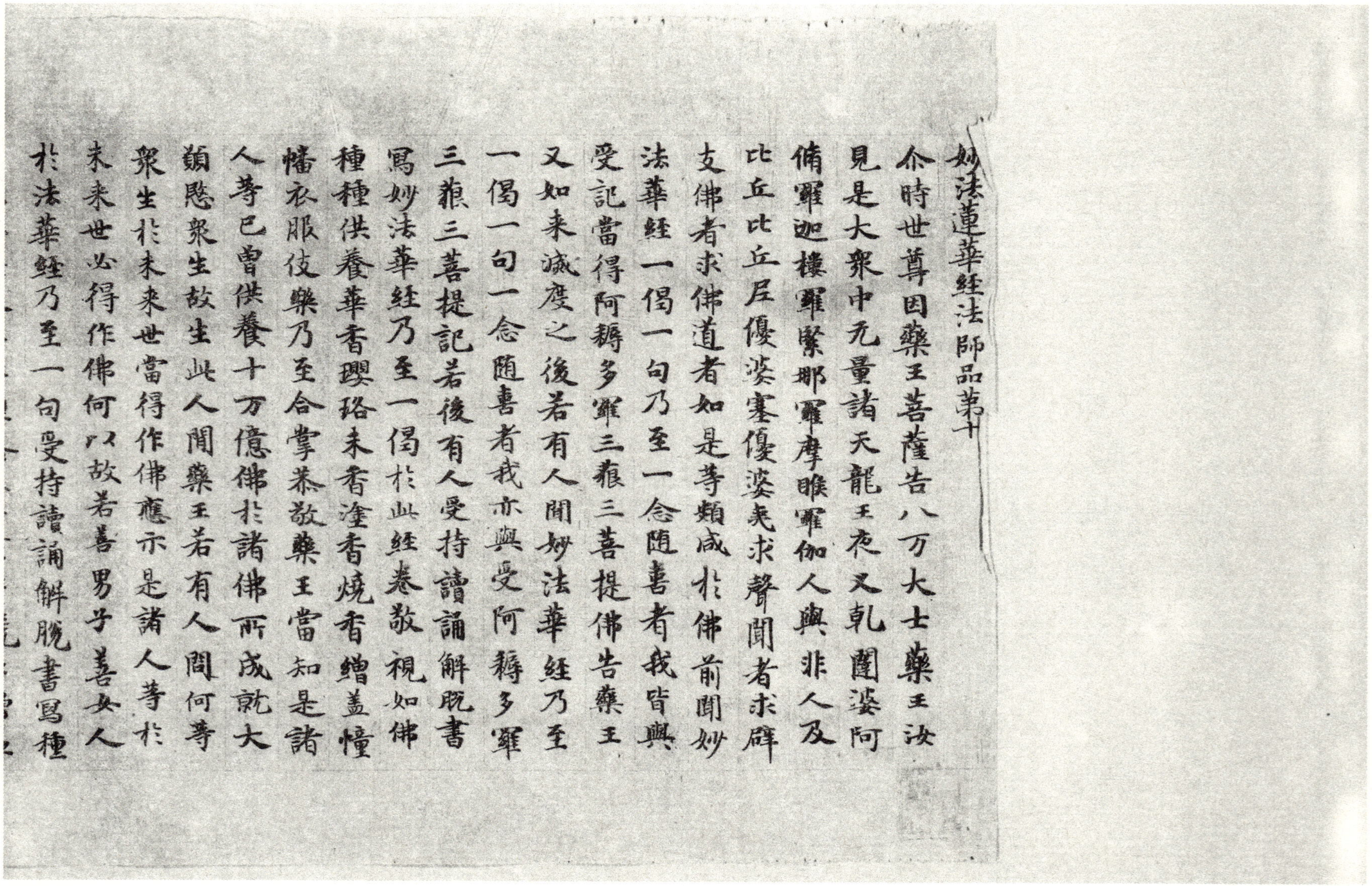

妙法蓮華經法師品第十
尒時世尊因藥王菩薩告八万大士藥王汝
見是大眾中无量諸天龍王夜叉乾闥婆阿
脩羅迦樓羅緊那羅摩睺羅伽人與非人及
比丘比丘尼優婆塞優婆夷求聲聞者求辟
支佛者求佛道者如是等類咸於佛前聞妙
法華經一偈一句乃至一念隨喜者我皆與
受記當得阿耨多羅三藐三菩提佛告藥王
又如來滅度之後若有人聞妙法華經乃至
一偈一句一念隨喜者我亦與受阿耨多羅
三藐三菩提記若復有人受持讀誦解說書
寫妙法華經乃至一偈於此經卷敬視如佛
種種供養華香瓔珞末香塗香燒香繒蓋幢
幡衣服伎樂乃至合掌恭敬藥王當知是諸
人等已曾供養十万億佛於諸佛所成就大
願愍眾生故生此人間藥王若有人問何等
眾生於未來世當得作佛應示是諸人等於
未來世必得作佛何以故若善男子善女人
於法華經乃至一句受持讀誦解說書寫種

BD15341 號　妙法蓮華經卷四　　（4–1）

衆生於未來世當得作佛應示是諸人等於
未來世必得作佛何以故若善男子善女人
於法華經乃至一句受持讀誦解說書寫種
種供養經卷華香瓔珞末香塗香燒香繒蓋
幢幡衣服伎樂合掌恭敬是人一切世間所
應瞻奉應以如來供養而供養之當知此人
是大菩薩成就阿耨多羅三藐三菩提哀愍
衆生願生此間廣演分別妙法華經何況盡
能受持種種供養者藥王當知是人自捨清
淨業報於我滅度後愍衆生故生於惡世廣演
此經若是善男子善女人我滅度後能竊為
一人說法華經乃至一句當知是人則如
來使如來所遣行如來事何況於大衆中廣
為人說藥王若有惡人以不善心於一劫中
現於佛前常毀罵佛其罪尚輕若人以一惡
言毀呰在家出家讀誦法華經者其罪甚重
藥王其有讀誦法華經者當知是人以佛莊
嚴而自莊嚴則為如來肩所荷擔其所至方
應隨向禮一心合掌恭敬供養尊重讚歎華
香瓔珞末香塗香燒香繒蓋幢幡衣服餚饌
作諸伎樂人中上供而供養之應持天寶而
以散之天上寶聚應以奉獻所以者何是人
歡喜說法須臾聞之即得究竟阿耨多羅三
藐三菩提故爾時世尊欲重宣此義而說偈
言
若欲住佛道　成就自然智　常當勤供養　受持法華者

BD15341 號　妙法蓮華經卷四　（4–2）

以散之天上寶聚應以奉獻所以者何是人
歡喜說法須臾聞之即得究竟阿耨多羅三
藐三菩提故爾時世尊欲重宣此義而說偈
言
若欲住佛道　成就自然智　常當勤供養　受持法華者
其有欲疾得　一切種智慧　當受持是經　并供養持者
若有能受持　妙法華經者　當知佛所使　愍念諸衆生
諸有能受持　妙法華經者　捨於清淨土　愍衆故生此
當知如是人　自在所欲生　能於此惡世　廣說無上法
應以天華香　及天寶衣服　天上妙寶聚　供養說法者
吾滅後惡世　能持是經者　當合掌禮敬　如供養世尊
上饌衆甘美　及種種衣服　供養是佛子　冀得須臾聞
若能於後世　受持是經者　我遣在人中　行於如來事
若於一劫中　常懷不善心　作色而罵佛　獲無量重罪
其有讀誦持　是法華經者　須臾加惡言　其罪復過彼
有人求佛道　而於一劫中　合掌在我前　以無數偈讚
由是讚佛故　得無量功德　歎美持經者　其福復過彼
於八十億劫　以最妙色聲　及與香味觸　供養持經者
如是供養已　若得須臾聞　則應自欣慶　我今獲大利
藥王今告汝　我所說諸經　而於此經中　法華最第一
爾時佛復告藥王菩薩摩訶薩我所說經典
無量千億已說今說當說而於其中此法華
經最為難信難解藥王此經是諸佛秘要之
藏不可分布妄授與人諸佛世尊之所守護
從昔已來未曾顯說而此經者如來現在猶
多怨嫉況滅度後藥王當知如來滅後其能
書持讀誦供養為他人說者如來則為以衣

BD15341 號　妙法蓮華經卷四　（4–3）

如是供養已　若得須臾聞　則應自欣慶　我今獲大利
藥王今告汝　我所說諸經　而於此經中　法華最第一
尒時佛復告藥王菩薩摩訶薩我所說經典
无量千億已說今說當說而於其中此法華
經最為難信難解藥王此經是諸佛秘要之
藏不可分布妄授與人諸佛世尊之所守護
從昔已來未曾顯說而此經者如來現在猶
多怨嫉況滅度後藥王當知如來滅後其能
書持讀誦供養為他人說者如來則為以衣
覆之又為他方現在諸佛之所護念是人有
大信力及志願力諸善根力當知是人與如
來共宿則為如來手摩其頭藥王在在處處
若說若讀若誦若書若經卷所住處皆應起
七寶塔極令高廣嚴飾不須復安舍利所以
者何此中已有如來全身此塔應以一切華
香瓔珞繒蓋幢幡伎樂歌頌供養恭敬尊重
讚歎若有人得見此塔禮拜供養當知是等
皆近阿耨多羅三藐三菩提藥王多有人在
家出家行菩薩道若不能得見聞讀誦書持
供養是法華經者當知是人未善行菩薩道
若有得聞是經典者乃能善行菩薩之道其

BD15341 號　妙法蓮華經卷四　（4–4）

尒時光明遍照高貴德王菩薩摩訶薩言世
尊如佛所說心解脫者是義不然何以故心
本无繫所以者何是心本性不為貪欲瞋恚
愚癡諸結所繫若本无繫云何而言心善解
脫世尊若心本性不為貪結之所繫者何等
因緣而能得繫如人搆角本无乳相雖加功
力乳无由出搆乳之者不得如是加功雖少
乳則多出心亦如是本无貪者今云何有若
本无貪後方有者諸佛菩薩本无貪相今悉
應有世尊譬如石女本无子相雖加功力无
量因緣子不可得心亦如是本无貪相雖造
衆緣貪无由生世尊如攢濕木火不可得心
亦如是雖復攢求貪不可得云何貪結能繫
於心世尊譬如押沙油不可得心亦如是雖
復押之貪不可得當知貪心二理各異設復
有之何能汙心世尊譬如有人安橛於空終
不得住安貪於心亦復如是種種因緣不能
令貪繫縛於心世尊若心无貪名解脫者諸

BD15342 號　大般涅槃經（北本　宮本）卷二五　（3–1）

有之何能汙心世尊辟如有人安掫於空終
不得住安貪於心亦復如是種種因緣不能
令貪繫縛於心世尊若心无貪名解脫者諸
佛菩薩何故不拔虛空中刺世尊過去世心
不名解脫未來世心亦无解脫現在世心不與
道共何等世心名得解脫世尊如過去燈不
能滅闇未來世燈亦不滅闇現在世燈復不
滅闇何以故明之與闇二不並故心亦如
是云何而言心得解脫世尊貪亦是有若貪
无者見女相時不應生貪若因女相而得生
者當知是貪真實而有以有貪故墮三惡道
世尊辟如有人見畫女像亦復生貪以生貪
故得種種罪若本无貪云何見畫而生於貪
若心无貪云何如來說言菩薩心得解脫若
心有貪云何見相然後方生不見相者則不
生也我今現見有惡果報當知有貪瞋恚愚
癡亦復如是世尊辟如衆生有身无我而諸
凡夫横計我想雖有我想不墮三惡云何貪
著於无女相而起女想墮三惡道世尊辟如鑽
火而生於火然火性衆緣中无以何因緣而
得生耶世尊貪亦如是色中无貪香味觸法
亦復无貪云何於色香味觸法生於貪耶若
衆緣中悉无貪者云何衆生獨生於貪諸
佛菩薩而不生耶世尊心亦不定若心定者无
有貪欲瞋恚愚癡若不定者云何而言心得

BD15342號　大般涅槃經（北本　宮本）卷二五　（3–2）

若心无貪云何如來說言菩薩心得解脫若
心有貪云何見相然後方生不見相者則不
生也我今現見有惡果報當知有貪瞋恚愚
癡亦復如是世尊辟如衆生有身无我而諸
凡夫横計我想雖有我想不墮三惡云何貪
著於无女相而起女想墮三惡道世尊辟如鑽
火而生於火然火性衆緣中无以何因緣而
得生耶世尊貪亦如是色中无貪香味觸法
亦復无貪云何於色香味觸法生於貪耶若
衆緣中悉无貪者云何衆生獨生於貪諸
佛菩薩而不生耶世尊心亦不定若心定者无
有貪欲瞋恚愚癡若不定者云何而言心得
解脫貪亦不定若不定者云何因之生三惡
趣貪者境界二俱不定何以故俱緣一色或
生於貪或生於瞋或生愚癡是故貪者及與
境界二俱不定若俱不定何故如來說言
菩薩脩大涅槃心得解脫

大般涅槃經卷第廿五

BD15342號　大般涅槃經（北本　宮本）卷二五　（3–3）

BD15342 號背　勘記、印章　（1–1）

辯亡論二首 丶 陸士衡

昔漢氏失御姦臣竊命禍基京畿毒遍宇
内皇綱弛紊王室遂卑於是羣雄蜂駭義兵
四合吳武烈皇帝慷慨下國電發荆南權略
紛紜忠勇伯世威陵則夷羿震蕩兵交則醜
虜授馘遂掃清宗祊烝禋皇祖于時雲興
之將帶州飈起之師跨邑哮闞之羣風驅熊
羆之衆霧集雖兵以義合同盟戮力然皆包藏
禍心阻兵怙亂或師無謀律喪威稔寇忠規
武節未有若此其著者也武烈既沒長沙桓
王逸才命世弱冠秀發招攬遺老與之述業
神兵東驅奮寡犯衆攻無堅城之將戰無
交鋒之虜誅叛柔服而江外底定飾法脩
師而威德翕赫賓礼名賢而張昭為之雄
交御豪俊而周瑜為之傑彼二君子皆弘敏
而多奇雅達而聰哲故同方者以類附等契

BD15343號 辯亡論 （4-1）

神兵東驅奮寡犯衆攻無堅城之將戰無
交鋒之虜誅叛柔服而江外底定飾法脩
師而威德翕赫賓礼名賢而張昭為之雄
交御豪俊而周瑜為之傑彼二君子皆弘敏
而多奇雅達而聡哲故同方者以類附等契
者以氣集而江東蓋多士矣將北伐諸華誅
鉏干紀旋皇輿於夷庚反帝座于紫闥挾天
子以令諸侯清天步而歸舊物戎車既次羣
凶側目大業未就中世而隕用集我大皇帝以
奇蹤襲逸軌叡心因令圖從政咨乎故實
播憲稽乎遺風而加之以篤固申之以節儉疇
諮俊茂好謀善斷束帛旅於丘園旌命交
乎塗巷故豪彥尋聲而響臻志士希光
而景騖異人輻湊猛士如林於是張昭為師
傅周瑜陸公魯肅呂蒙之疇入為腹心出作股
肱甘寧淩統程普賀齊朱桓朱然之徒奮其
威韓當潘璋黃蓋蔣欽周泰之屬宣其力
風雅則諸葛瑾張承步騭以聲名光國政事
則顧雍潘濬呂範呂岱以器任幹職奇偉則虞
翻陸績張温張敦以風議舉正奉使則趙咨
唐衡以敏達延譽術數則吳範趙達以禨祥協
德董襲陳武殺身以衛主駱統劉基强諫以
補過謀無遺諝舉不失策故遂割據山川跨
制荊吳而與天下爭衡矣魏氏嘗藉戰勝之威

41

唐衡以敏達延譽術數則吳範趙達以禨祥協
德董襲陳武殺身以衛主駱統劉基强諫以
補過謀無遺諝舉不失策故遂割據山川跨
制荊吳而與天下爭衡矣魏氏嘗藉戰勝之威
率百万之師浮鄧塞之舟下漢陰之衆羽楫
万計龍躍川流銳騎千旅虎步原隰謀臣盈
室武將連衡喟然有吞江滸之志壹宇宙之
氣而周瑜驅我偏師黜之赤壁喪旗亂轍僅
而獲免收迹遠遁漢王亦憑帝王之号率巴
漢之民乘危騁變結壘千里志報關羽之敗圖
收湘西之地而我陸公亦挫之西陵覆師敗績
困而後濟絕命永安續以濡須之寇臨川摧
銳蓬籠之戰孑輪不反由是二邦之將喪氣
挫鋒勢衄財匱而吳莵然坐乘其弊故魏人
請好漢氏乞盟遂躋天号鼎峙而立西屠庸
蜀之郊北列淮漢之涘東苞百越之地南括
羣蠻之表於是講八代之礼蒐三王之樂
告類上帝拱揖羣后虎臣毅卒循江而守
長戟勁鎩望飆而奮庶尹盡規於上四民展
業于下化協殊裔風衍遐圻乃俾一介行人撫
巡外域巨象逸駿擾於外閑明珠瑋寶曜於內
府珍瑰重迹而至奇玩應響而赴輶軒騁於
南荒衝輣息於朔野齊民免干戈之患戎馬
無晨服之虞而帝業固矣大皇既沒幼主蒞

棻于下化恊殊裒風衍遐圻乃俾一个行人撫
巡外域巨象逸駿擾於外閑明珠瑋寶曜於內
府琛瑰重迹而至奇玩應響而赴輶軒騁於
南荒衝輣息於朔野齊民免干戈之患戎馬
無晨服之虞而帝業固矣大皇既沒幼主蒞
朝姦回肆虐景皇聿興虔脩遺憲政無大失
守文之良主也降及歸命之初典刑未草故
老猶存大司馬陸公以文武熙朝左丞相陸凱
以謇愕盡規而施績范慎以威重顯丁奉
雍斐以武毅稱孟宗丁固之徒為公卿婁玄賀
邵之屬掌機事元首雖病股肱猶良爰及末
葉羣公既喪然後黔首有瓦解之志皇家有
土崩之釁歷命應化而微王師躡運而發卒
散於陣民奔于邑城池無蕃籬之固山川無溝
阜之勢非有工輸雲梯之械智伯灌激之害
楚子築室之圍燕人濟西之隊軍未浹辰
而社稷夷矣雖忠臣孤憤烈士死節將奚救
哉夫曹劉之將非一世之選向時之師無曩
日之衆戰守之道抑有前符險阻之制俄
然未改而成敗貿理古今詭趣何哉彼此之化
殊授任之才異也

BD15343號　辯亡論　　（4–4）

BD15343號背　勘記

（1-1）

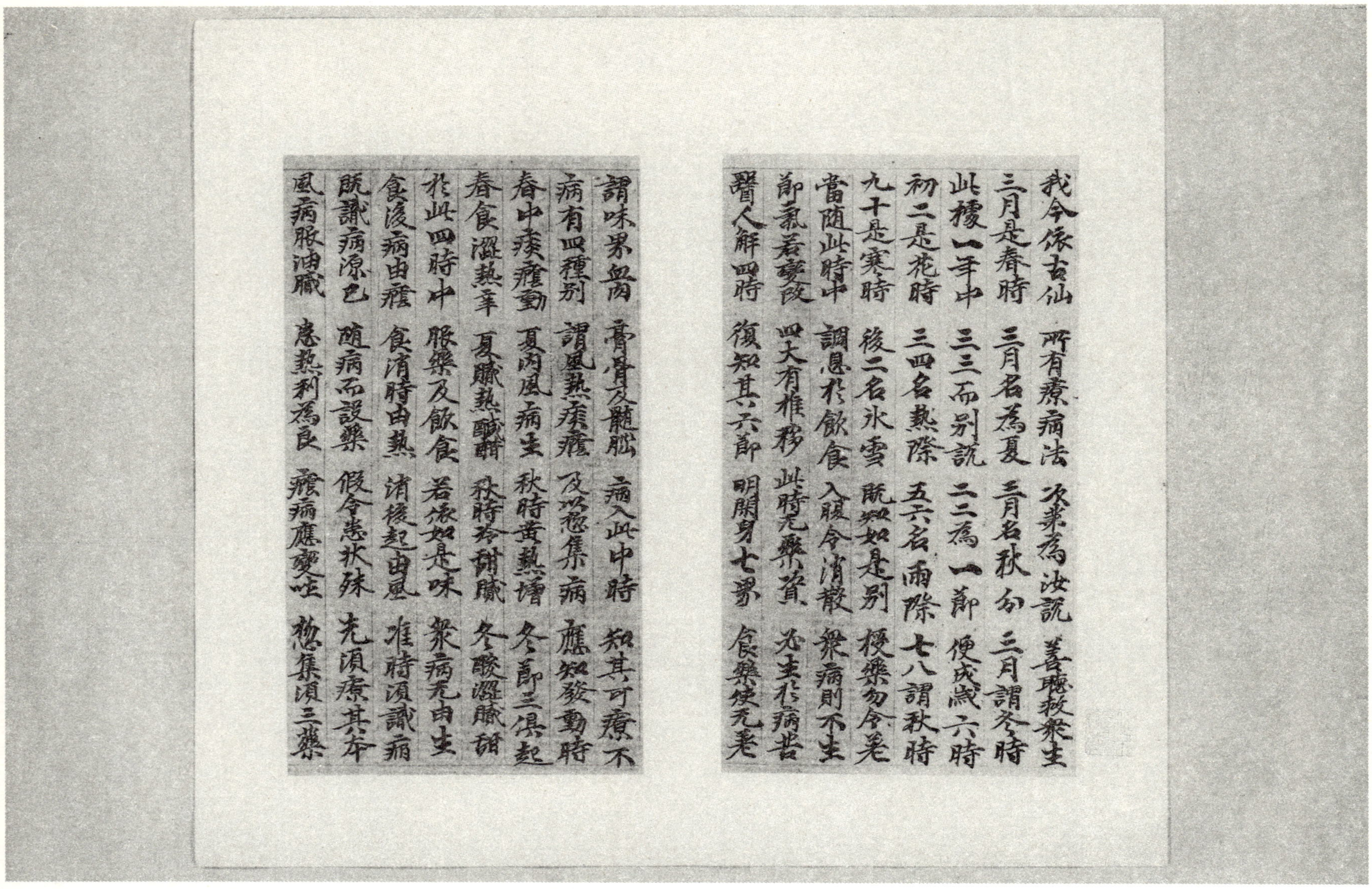
我今依古仙　所有療病法　次第為汝說　善聽救衆生
三月是春時　三月名為夏　三月名秋分　三月謂冬時
此據一年中　三三而别說　二二為一節　便成歲六時
初二是花時　三四名熱際　五六名雨際　七八謂秋時
九十是寒時　後二名氷雪　既知如是别　授藥勿令差
當隨此時中　調息於飲食　入腹令消散　衆病則不生
節氣若變改　四大有推移　此時无藥資　必生於病苦
醫人解四時　復知其六節　明閑身七界　食藥使无差
謂味界血肉　膏骨及髓腦　病入此中時　知其可療不
病有四種别　謂風熱痰癊　及以惣集病　應知發動時
春中痰癊動　夏內風病生　秋時黄熱增　冬節三俱起
春食澁熱辛　夏膩熱鹹醋　秋時冷甜膩　冬酸澁膩甜
於此四時中　服藥及飲食　若依如是味　衆病无由生
食後病由癊　食消時由熱　消後起由風　准時須識病
既識病源已　隨病而設藥　假令患狀殊　先須療其本
風病服油膩　患熱利為良　癊病應變吐　惣集須三藥

BD15344 號　金光明最勝王經卷九　（2–1）

風熱痰俱有　是名為惣集　雖知病起時　應觀其本性
如是觀知已　順時而授藥　飲食藥无差　斯名善醫者
復應知八術　惣攝諸醫方　於此若明閑　可療衆生病
謂針刺傷破　身疾并鬼神　惡毒及孩童　延年增氣力
先觀彼形色　語言及性行　然後問其夢　知風熱癊殊
乾瘦少頭髮　其心无定住　多語夢飛行　斯人是風性

BD15344 號　金光明最勝王經卷九　（2–2）

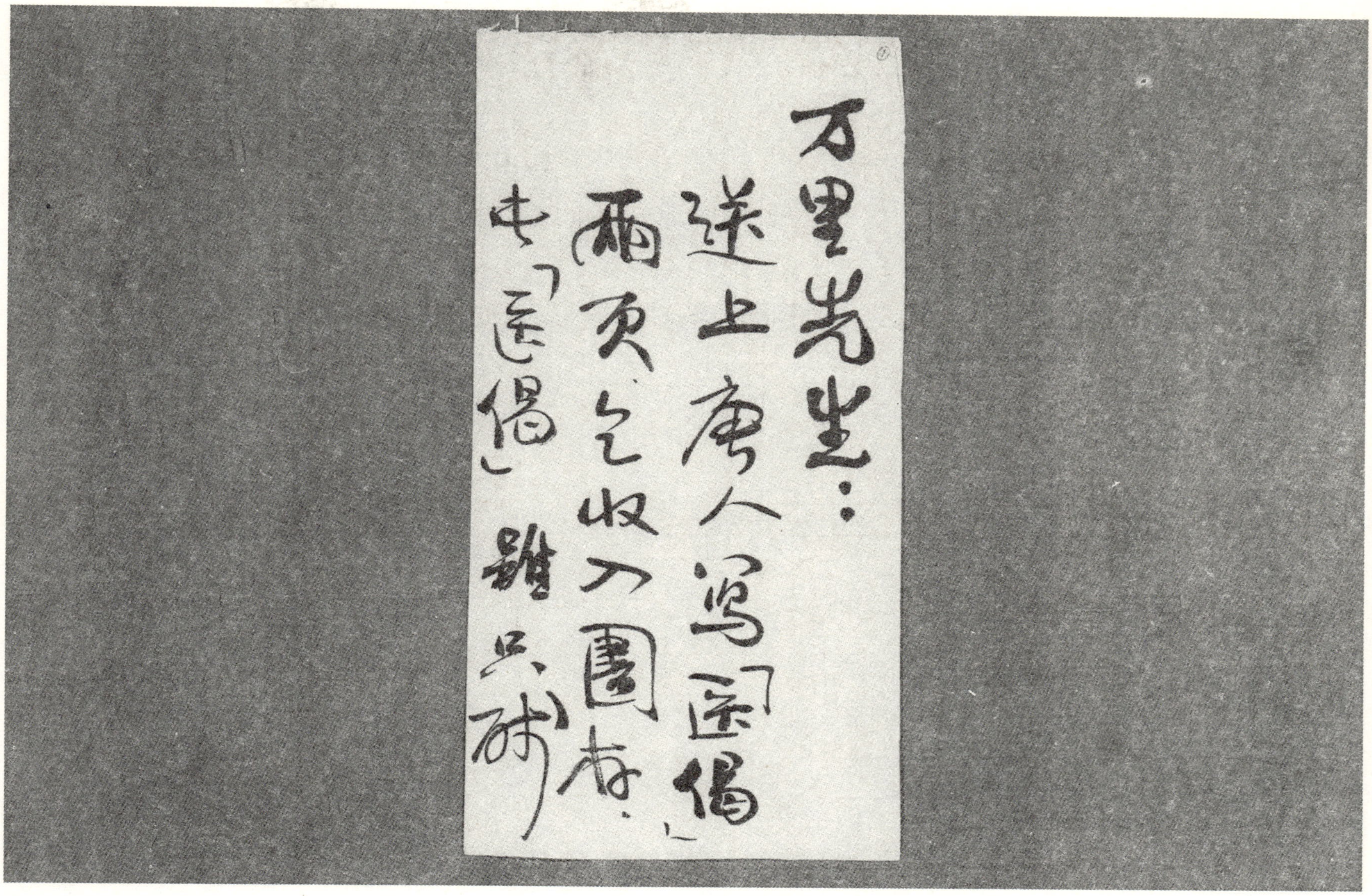

万里先生：
送上唐人写「医偈」
两页，乞收入图存，
此「医偈」雖只殘

BD15344號　題跋　　(10-1)

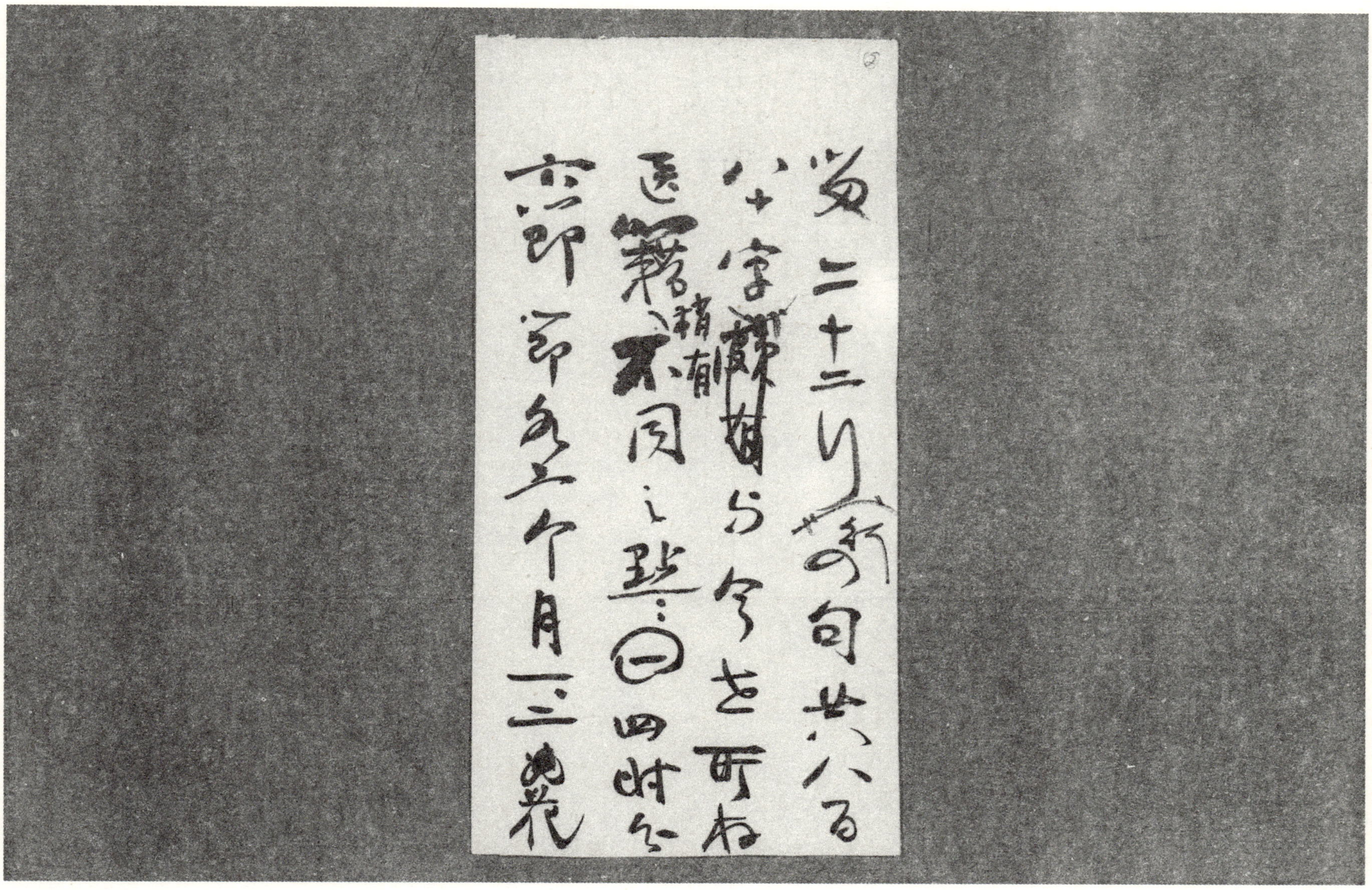

存二十二行，每句廿八字，
八十字[illegible]与今本所有
医籍稍有不同之點：㈠四时令
亦即節气五行月一二[illegible]花

BD15344號　題跋　　(10-2)

時三四、熱際。五六、雨際。七、八秋時。九、十寒時。11 12、冰雪多。用其時授藥有別。母語雖隨四時六節，調節飲食令其消化病

BD15344 號　題跋　　（10–3）

自不生遠近動病。其㈡分人身為七界，味、血、肉、膏、骨、髓、腦，依病所入而為療治。其㊂病分四种：風、熱、痰、癊，㈣癊為

BD15344 號　題跋　　（10–4）

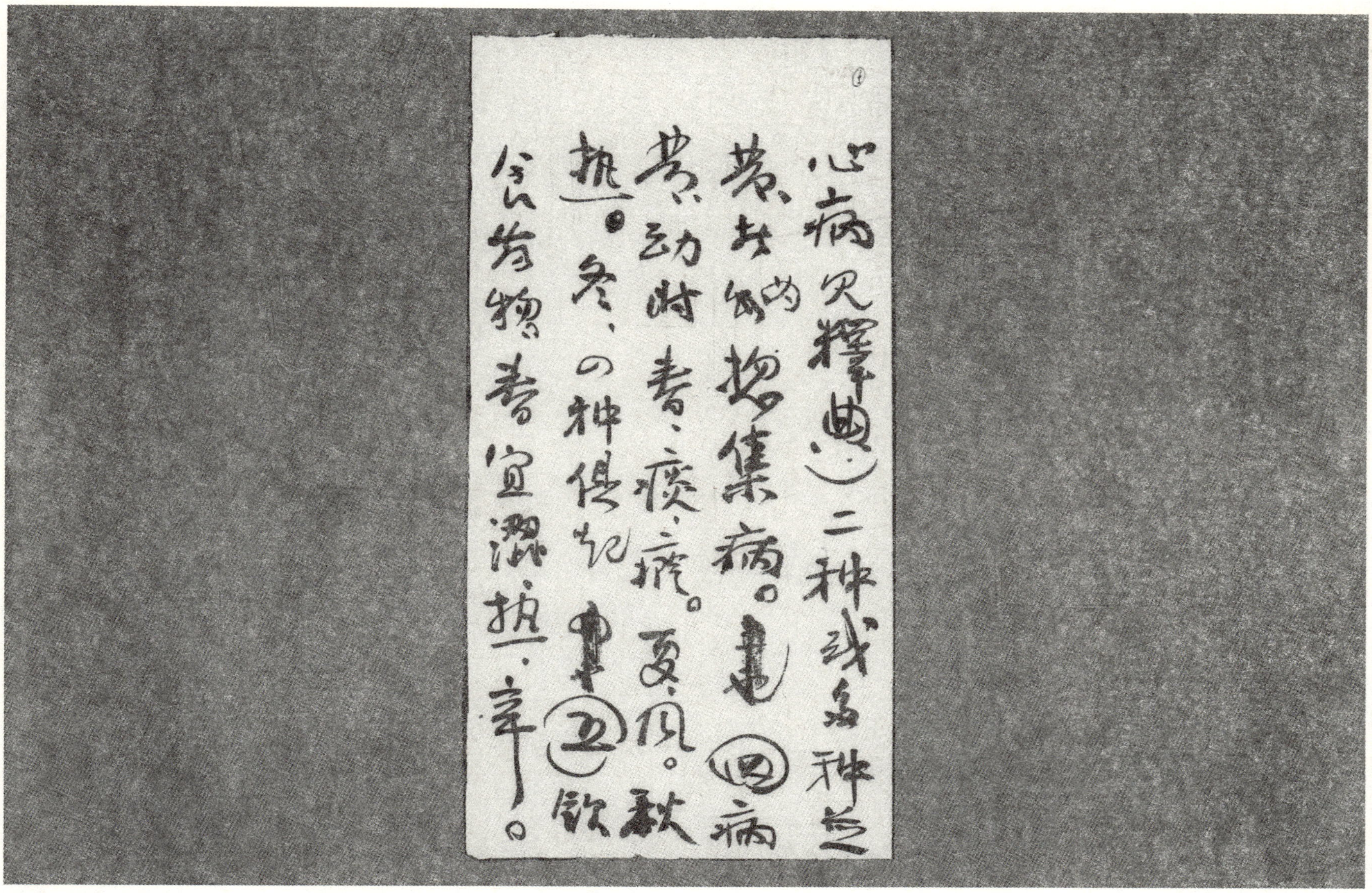

BD15344 號　題跋　（10–5）

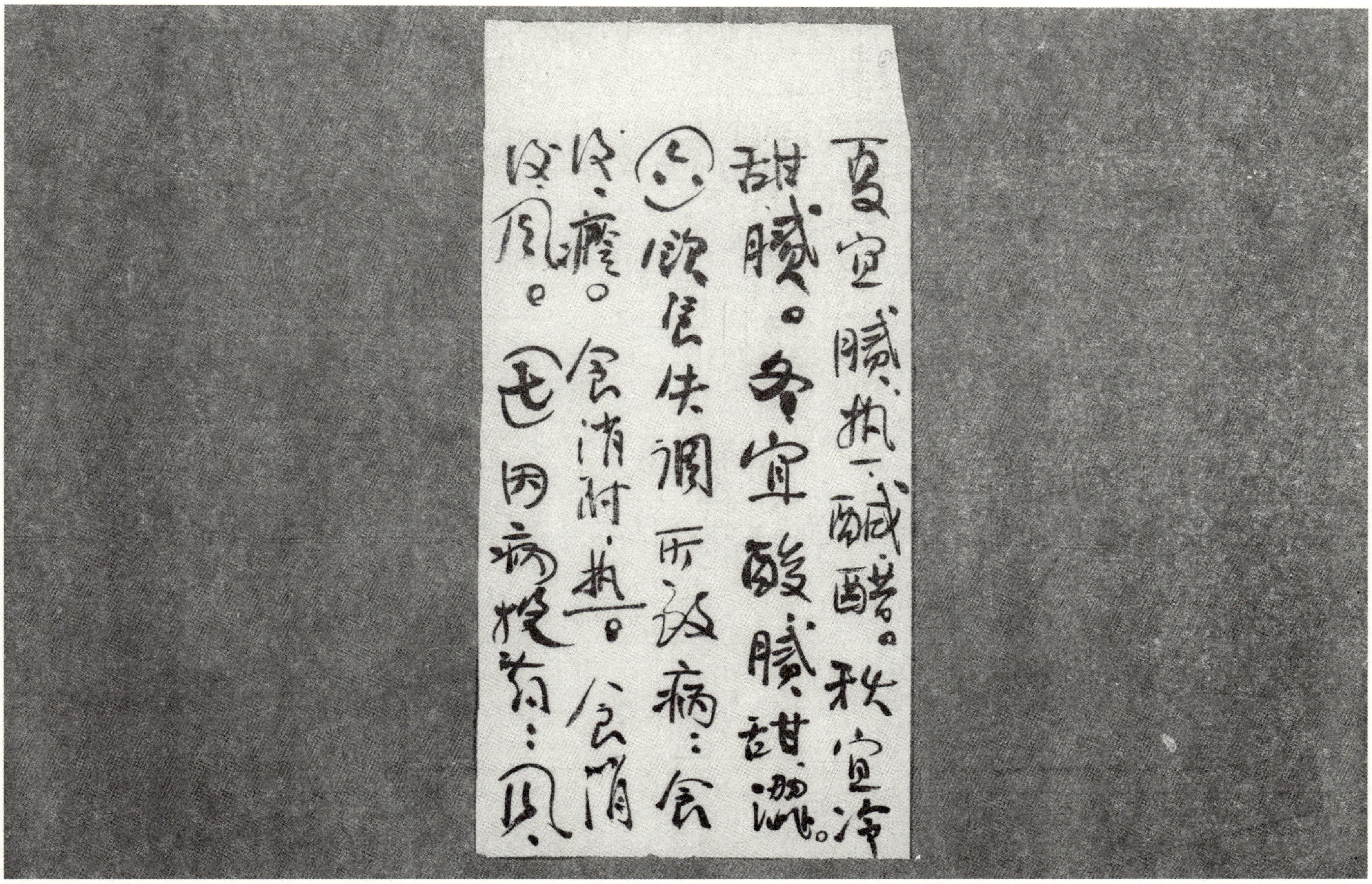

BD15344 號　題跋　（10–6）

油膩。熱、利。痰、吐。懸
集兼上三焦。（十）視病所起
因其本性順時採行所宜藥物飲
食、（八）醫方八術：封、刺、傷、
殘、身疾、鬼神、惡毒。

BD15344 號　題跋　（10–7）

殘童、（九）診斷：欲病者
形色、語言、性行、夢、
各有風、熱、痰之殊。乾瘦
少髮、心不定、多語、夢飛
則是風。（以下缺）

BD15344 號　題跋　（10–8）

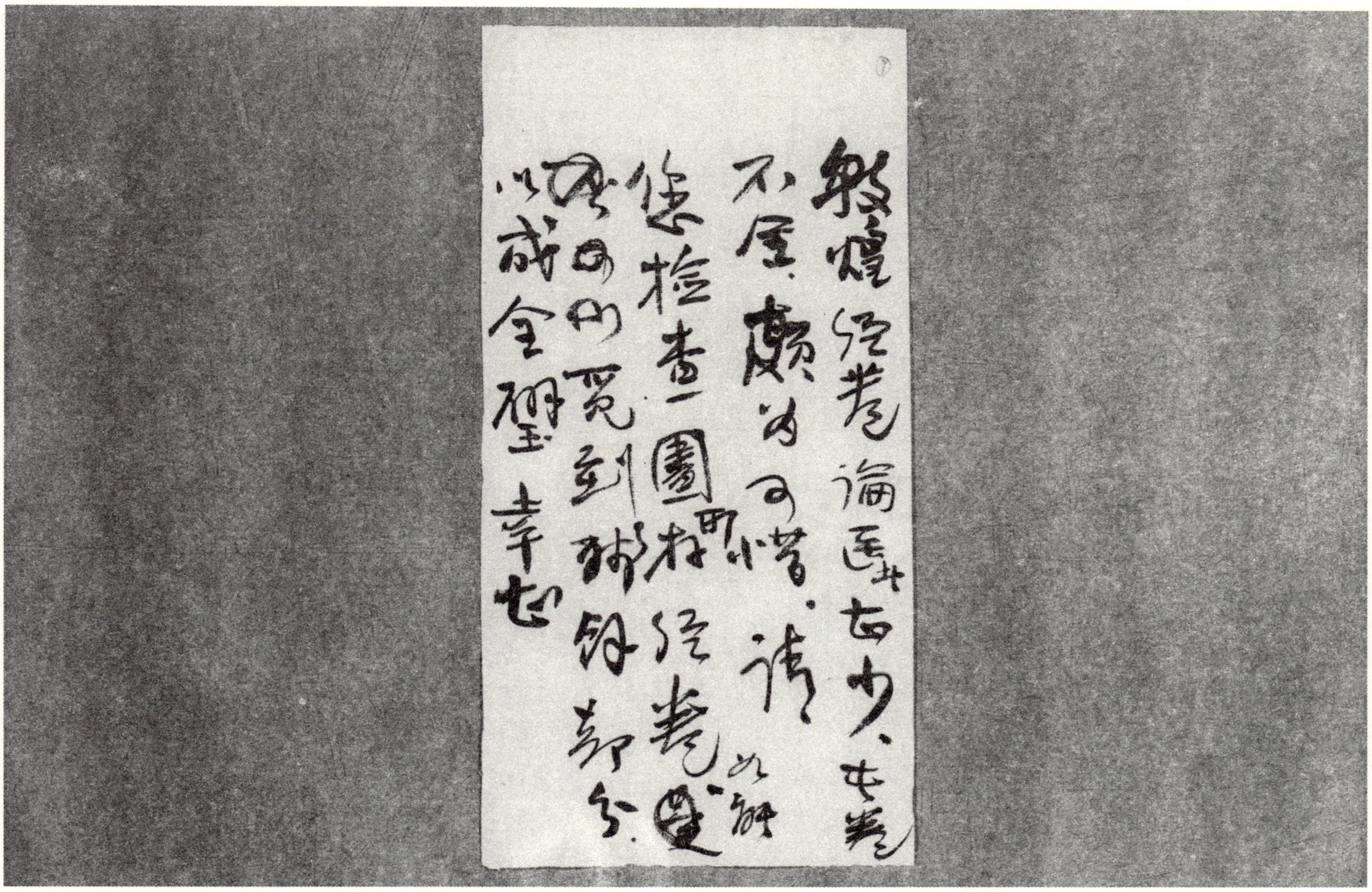

敦煌經卷論述者少、未見
不屑、頗為可惜。請
您檢查一圖書館所存經卷
將此冊覓到錄鈔寄下
以成全璧幸也

BD15344 號　題跋　　（10–9）

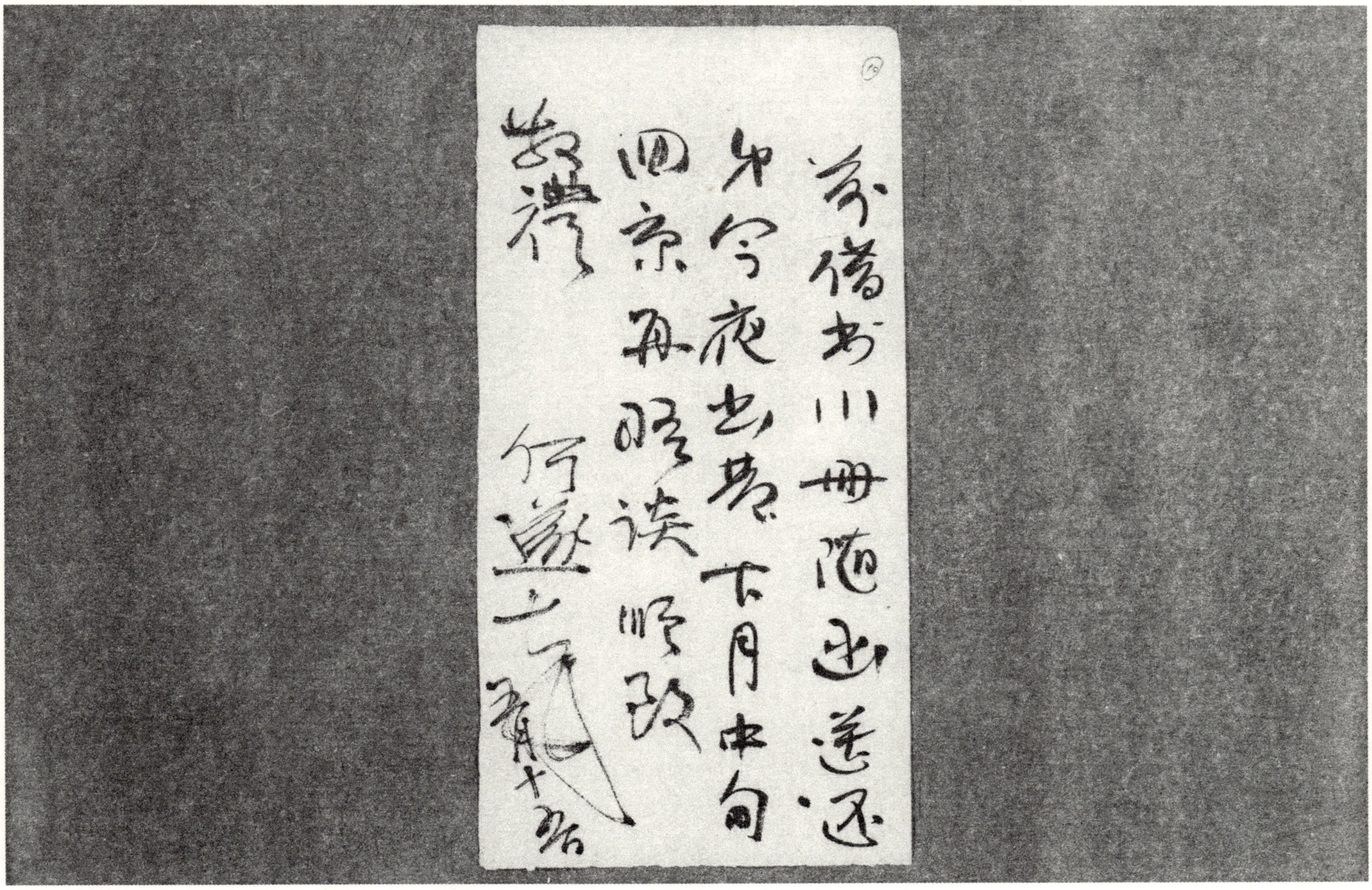

前借書川冊隨函送還
弟今夜出發下月中旬
回京再聆談晤
敬禮
何遂上
[illegible]月十二日

BD15344 號　題跋　　（10–10）

紀侯盟于黃黃齊地也二月丙午公及邾
儀父盟于趡趡魯地也夏五月丙午及齊
師戰于郎内諱敗舉其可道者也敗恥
大戰恥小也不言其人以吾敗也言人敗微者也敗於微者其恥又甚故言師也
不言及之者為内諱也及當有人公親師之恥大為内諱也
六月丁丑蔡侯封人卒秋八月蔡季
自陳歸于蔡蔡季之貴者也自
陳陳有奉焉尒陳以力助之也癸巳葬蔡桓侯
徐邈曰葬者臣子之事故書葬皆以公配謚此稱侯蓋蔡臣子失禮故即其所稱以示過乎及宋人
衛人伐邾冬十月朔日有食之言朔
不言日食既朔也既盡也盡朔一日至明日乃食是月二日食也
十有八年春王正月公會齊侯于濼公夲
此年書王以王法

不言日食既朔也
既盡也盡朔一日至明日乃食是月二日食也
十有八年春王正月公會齊侯于濼
此年書王以王法終治桓之事也
公夫人姜氏遂如齊
公本與夫人俱行至濼公與齊侯行會禮故先書會濼既會而相隨至齊故曰遂遂繼事之辭也他皆放此也
濼之會不言及夫人何也
據夫人實在當言公及夫人姜氏會齊侯于濼
夫人之伉弗稱數也
濼之會夫人驕伉不可言及故舍而弗數今遂如齊欲錄其致變之由故不可以不書實驕伉而不制故不言及也
夏四月丙子公薨于齊
夫人與齊謀殺之也不書諱也魯公薨正與不正皆日所以別內外也
其地於外也薨稱公舉上也
公五等之上也
丁酉公之喪至自齊秋七月冬十有二月己丑葬我君桓公葬我君接上下也
言我君舉國上下之辭也
君弒賊不討不書葬此其言葬何也
據隱公不書葬也
不責踰國而討于是也
禮君父之讎不与共戴天而日不責踰國而討于是時齊强大非己所討
君子即而恕之以申臣子之恩也
桓公葬而後舉謚謚所以成德也於卒事乎加之矣
謚者行之迹所以表德人之終平事畢於葬故於葬定稱號也昔武王崩周公制謚法大行受大名小行受小名所以勸善而懲惡也禮天子崩稱天命以謚之諸侯薨天子謚之卿大夫卒受謚於其君
知者慮義者行仁者守有此三者備然後可以

BD15345號　春秋穀梁傳桓公二　（3–2）

討于是也禮君父之讎不与共戴天而日不責踰國而討于是時齊強大非己所討君子即而恕之以中臣子之恩也桓公葬而後舉諡諡所以成德也於卒事乎加之矣諡者行之迹所以表德人之終卒事畢於葬故於葬定稱歸也昔武王崩周公制諡法大行受大名小行受小名所以勸善而懲惡也禮天子崩稱天命以諡之諸侯薨天子諡之卿大夫卒受諡於其君知者慮義者行仁者守有此三者備然後可以。會矣桓無此三者而出會大國所以見叙也

春秋穀梁傳桓公第二

凡大小字六千五百五十言
三千五百言本
三千五百言解

龍朔三年三月十八日 皇甫智岌寫

用紙十九張

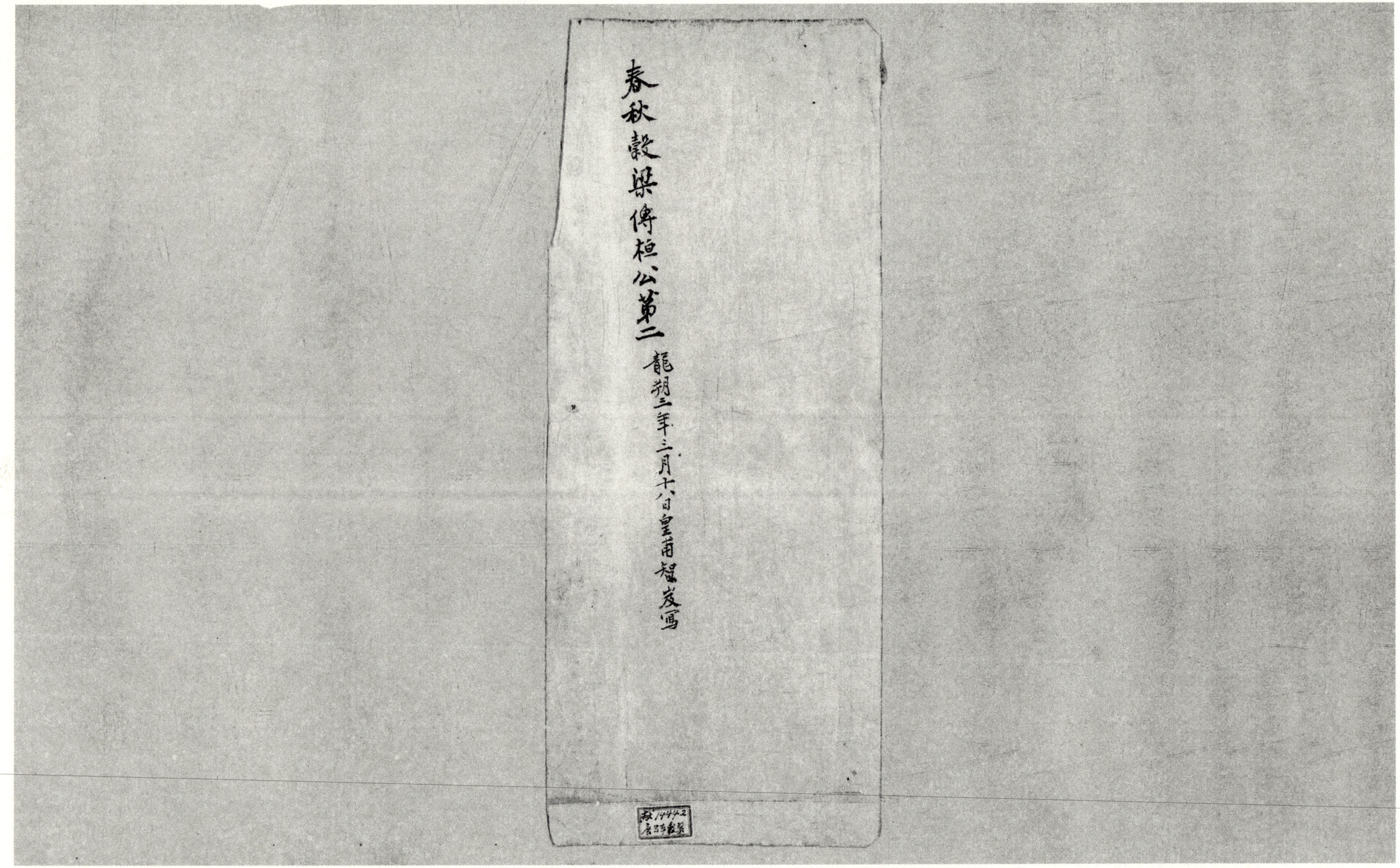
春秋穀梁傳桓公第二
龍朔三年三月十八日皇甫智岌寫

BD15345號背　勘記

（1–1）

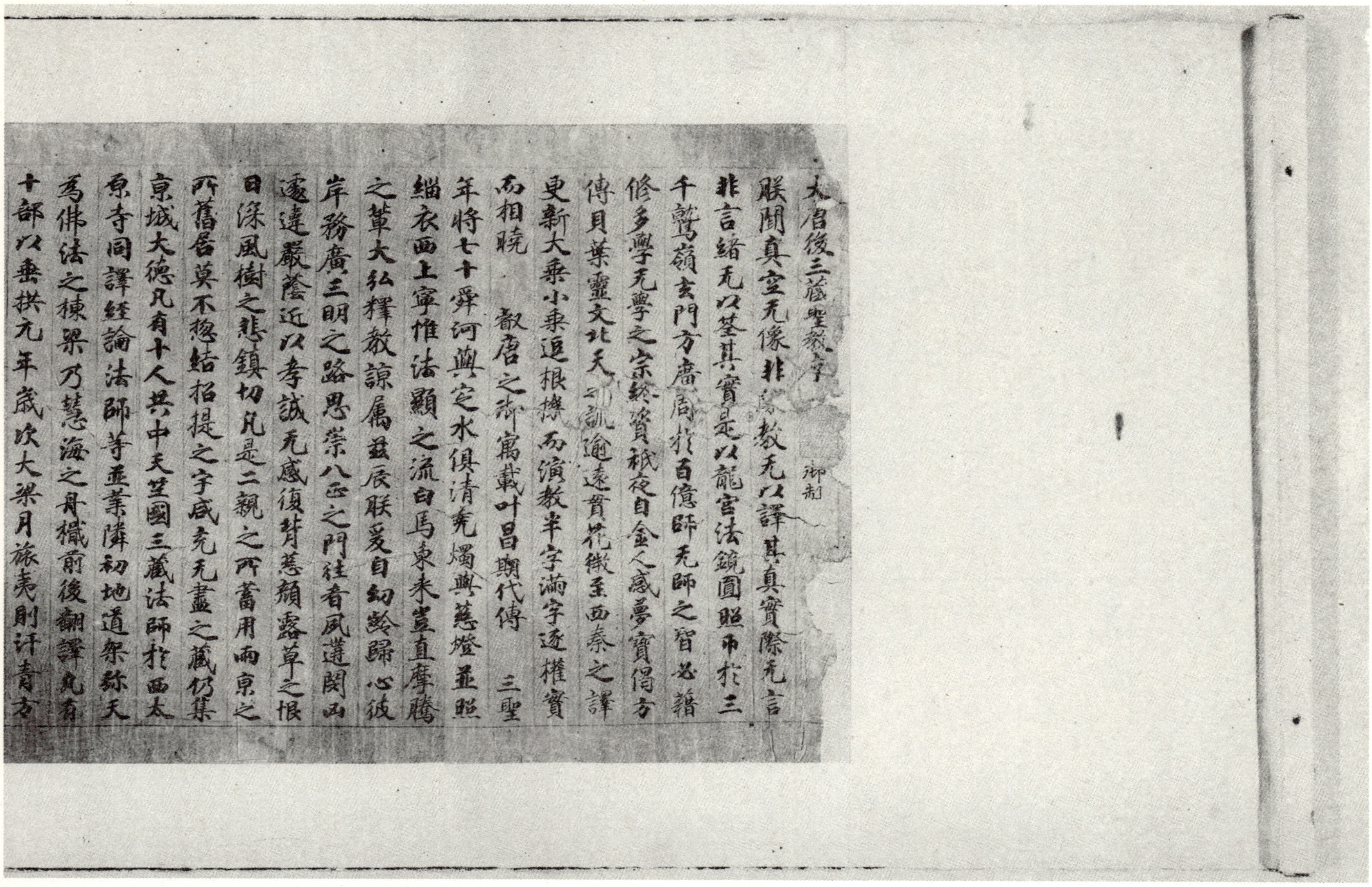
大唐後三藏聖教序　御製
朕聞真空无像非[illegible]教无以譯其真實際无言
非言緒无以詮其實是以龍宮法鏡圓照而於三
千鷲嶺玄門方啓周於百億師无師之智必藉
修多學无學之宗終資衹夜自金人感夢寶偈方
傳貝葉靈文北天之訛逾遠貫花微至西秦之譯
更新大乘小乘追根撲而演教半字滿字逐權實
而相曉　敬唐之御寓載叶昌期代傳　三聖
年將七十舜河與定水俱清堯燭與慈燈並照
緇衣西上寧惟法顯之流白馬東來豈直摩騰
之輩大弘釋教諒屬茲辰朕爰自幼齡歸心彼
岸務廣三明之路思崇八正之門往者風蓮閣西
遠違嚴蔭近以孝誠无感復背慈顏露草之恨
日深風樹之悲鎮切凡是二親之所蓄用兩京之
所舊居莫不總結招提之宇咸充无盡之藏仍集
京城大德凡有十人共中天竺國三藏法師於西太
原寺同譯經論法師等並業隣初地道架弥天
為佛法之棟梁乃慧海之舟檝前後翻譯凡有
十部以垂拱元年歲次大梁月旅夷則汗青方

BD15346 號 1　大唐後三藏聖教序　（6–1）

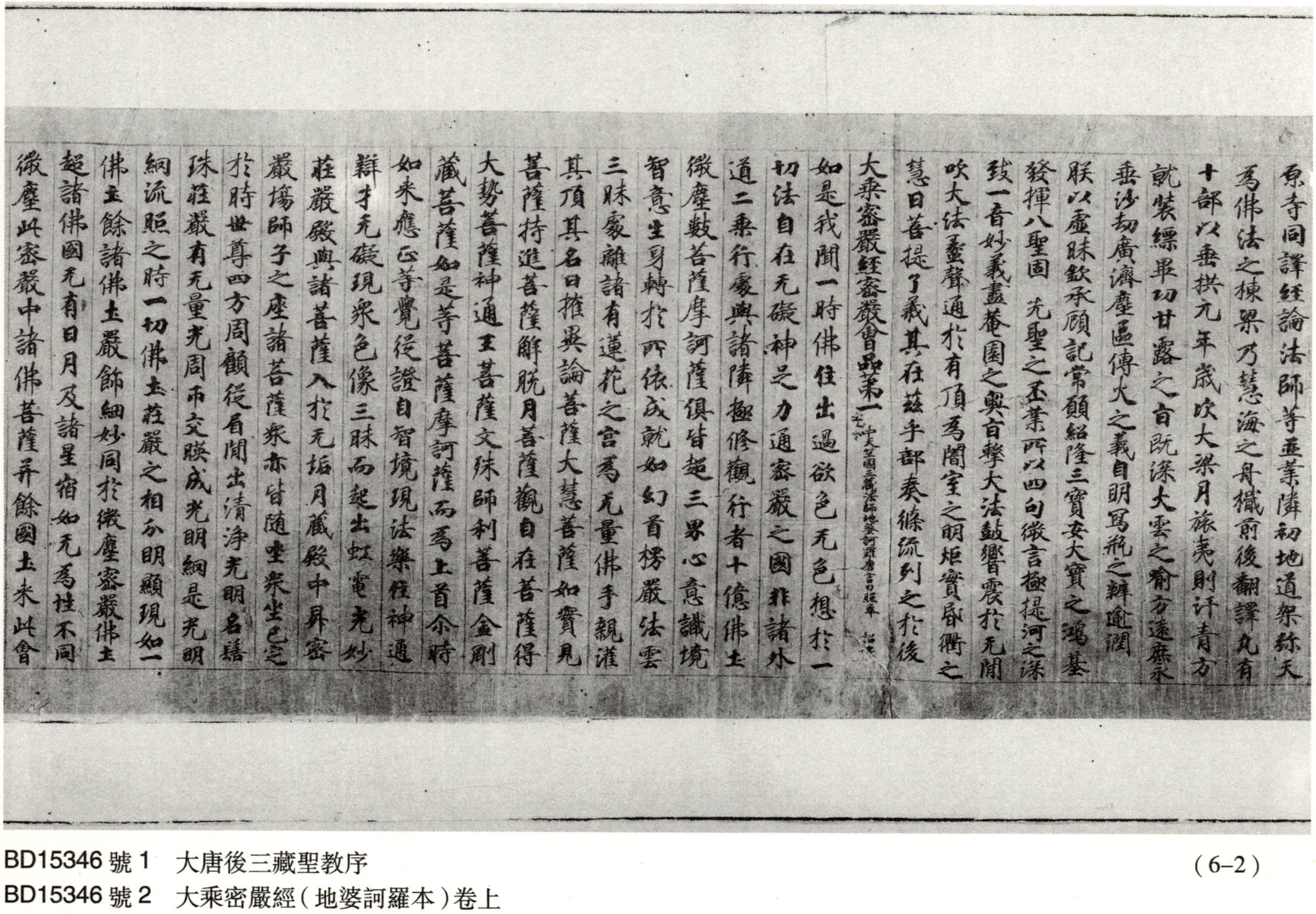
原寺同譯經論法師等並業隣初地道架弥天
為佛法之棟梁乃慧海之舟檝前後翻譯凡有
十部以垂拱元年歲次大梁月旅夷則汗青方
就裝標畢功甘露之旨既深大雲之喻方遠庶永
垂沙劫廣濟塵區傳大之義自明寫瓶之辯逾潤
朕以虛昧欽承顧託常願紹隆三寶安大寶之鴻基
發揮八聖圖　先聖之丕業所以四句微言極提河之深
致一音妙義盡菴園之奧旨擊大法鼓響震於无間
吹大法蠡聲通於有頂為闇室之明炬寶昏衢之
慧日菩提了義其在茲乎部袠條流列之於後
大乘密嚴經密嚴會品第一　中天竺國三藏法師地婆訶羅唐言日照奉　詔譯
如是我聞一時佛住出過欲色无色想於一
切法自在无礙神足力通密嚴之國非諸外
道二乘行處與諸隣極修觀行者十億佛土
微塵數菩薩摩訶薩俱皆超三界心意識境
智意生身轉於所依成就如幻首楞嚴法雲
三昧處離諸有蓮花之宮為无量佛手親灌
其頂其名曰摧異論菩薩大慧菩薩如實見
菩薩持進菩薩解脫月菩薩觀自在菩薩得
大勢菩薩神通王菩薩文殊師利菩薩金剛
藏菩薩如是等菩薩摩訶薩而為上首尒時
如來應正等覺從證自智境現法樂住神通
辯才无礙現衆色像三昧而起出虹電光妙
莊嚴殿與諸菩薩入於无垢月藏殿中昇密
嚴場師子之座諸菩薩衆亦皆隨坐衆坐已定
於時世尊四方周顧從眉間出清淨光明名髻
珠莊嚴有无量光周匝交暎成光明網是光明
網流照之時一切佛土莊嚴之相分明顯現如一
佛土餘諸佛土嚴飾細妙同於微塵密嚴佛土
超諸佛國无有日月及諸星宿如无為性不同
微塵此密嚴中諸佛菩薩并餘國土來此會

BD15346 號 1　大唐後三藏聖教序　（6–2）
BD15346 號 2　大乘密嚴經（地婆訶羅本）卷上

佛土餘諸佛土嚴飾細妙同於微塵密嚴佛土
超諸佛國无有日月及諸星宿如无爲性不同
微塵此密嚴中諸佛菩薩并餘國土來此會
者皆如涅槃虛空及非擇滅
尒時世尊現諸國土及佛菩薩勝功德已復
以佛眼遍視十方諸菩薩衆謂如實見菩薩
言如實見今此國土名爲密嚴是中菩薩從
色无色无想之處以三昧力生智慧火焚燒色
愛及以无明轉所依止而得智定意生之身
神足力通以爲嚴飾无竅隙无骨體如日月虹
電蜺金明珠頗梨珊瑚訶利多羅占波迦孔
雀花月鏡中之像住於諸地淨有漏因三昧
自在十究竟願及以迴向獲殊妙身而來住此
尒時如實見菩薩在大衆中即從座起偏袒
右肩右膝著地曲躬合掌白佛言世尊我於
今者欲有所問唯願如來哀許爲說佛告之
言善哉善哉恣汝所問當爲開演時如實見
即白佛言世尊唯此佛土出過欲色无色无
想衆生界耶佛言善男子上方去此過百億
佛國有梵音佛土娑羅樹王佛土星宿王佛
土過如是國復有无量百千國土廣博殊麗
種種莊嚴彼中諸佛咸爲菩薩說現法樂住
内證智境離諸分別真如實際大涅槃界究
竟之法是故當知此佛土外有如是等无量
佛國如實見非唯汝今於佛國土菩薩衆會
心生疑惑請問如來此有菩薩名曰持進曾
於佛所生疑惑心便以神通力昇於上方過百
千億乃至如恒河沙諸佛世界不能一見如來
之頂心生希有念佛菩薩不可思議還娑婆
世界舍衛城中至於我所悔謝已過歎佛无
邊猶如虛空住内證境來密嚴國
尒時會中金剛藏菩薩摩訶薩善能演說

BD15346 號 2　大乘密嚴經（地婆訶羅本）卷上　（6–3）

佛國如實見非唯汝今於佛國土菩薩衆會
心生疑惑請問如來此有菩薩名曰持進曾
於佛所生疑惑心便以神通力昇於上方過百
千億乃至如恒河沙諸佛世界不能一見如來
之頂心生希有念佛菩薩不可思議還娑婆
世界舍衛城中至於我所悔謝已過歎佛无
邊猶如虛空住内證境來密嚴國
尒時會中金剛藏菩薩摩訶薩善能演說
諸地之相微妙決定盡其源底從座而起偏
袒右肩右膝著地曲躬合掌白佛言世尊我
於如來應正覺所欲問少法願佛慈哀爲我
宣示佛言金剛藏汝於我所欲有所問如來
應正等覺當順汝心爲汝開演
尒時金剛藏菩薩摩訶薩蒙佛許已即白佛
言世尊佛菩提者是何句義所覺是何請說
第一義境亦法性佛除去來今在行地者色
相之見及取著外論行分別境起微塵勝性
自在時方虛空我意根境和合如是諸見復
有計著无明愛業眼色與明是時復有觸及
作意如是等法而爲因緣等无間緣所緣緣
增上緣和合生識虛妄憶度起有无等種種
言論此法之中復有諸人於蘊衆生墮空性
見爲斷如是妄分別覺唯願世尊說離五種
識所知相能於諸法最自在者佛大菩提所
覺知義令得聞者如其了悟所知五種而成
正覺
尒時佛告金剛藏菩薩摩訶薩言善哉善
哉金剛藏十地自在超分別境有大悲慧能
欲顯示法性佛種最上瑜祇非唯汝今於佛菩
提所覺之義生希有念請問於我有賢劫等
无量菩薩咸於此義生希有心種種思惟而

BD15346 號 2　大乘密嚴經（地婆訶羅本）卷上　（6–4）

識所知相能於諸法最自在者佛大菩提所
覺知義令得聞者如其了悟所知五種而成
正覺
尒時佛告金剛藏菩薩摩訶薩言善哉善
哉金剛藏十地自在超分別境有大聡慧能
欲顯示法性佛種最上瑜祇非唯汝今於佛菩
提所覺之義生希有念請問於我有賢幻等
无量菩薩咸於此義生希有心種種思惟而
求佛體如来者是何句義為色是如来耶
異色是如来乎如是於蘊界處諸行之中內
外循求不見如来皆是所作滅壞法故以智
定意審諦觀察乃至分折至於微塵皆悉不
見蘊麁鄙故如来者常法身故善哉佛子汝
能善入甚深法界諦聽諦聽善思念之當為
汝說金剛藏菩薩摩訶薩唯然受教
佛言善男子金剛三昧藏勝自在者如来非
蘊亦不異蘊非依蘊非不依蘊非生非滅非
智非所知非根非境何以故蘊界處諸根境等
皆麁鄙故不應住內不應住外而見如来善
男子色无覺知无有思慮生已歸滅同於草
木瓦石之類微塵集成如水聚沫受以二法
和合而生猶如浮泡瓶衣等想亦二和合因
緣所生如熱時焰譬如盛熱地氣蒸涌照以
日光如水波浪諸鳥獸等為渴所逼遠而見
之生真水解想亦如是无有體性虛妄不實
分別智者如有性見各別體相名字可得定
者審觀猶如兎角石女兒等但有假名初无
實義如夢中色唯想妄見寤即非有无明夢
中見男女等種種之色成於正覺即无所見
譬如芭蕉皮葉既除中无有實行亦如是離
於身境即无體性識亦如是幻事虛偽不實

者審觀猶如兎角石女兒等但有假名初无
實義如夢中色唯想妄見寤即非有无明夢
中見男女等種種之色成於正覺即无所見
譬如芭蕉皮葉既除中无有實行亦如是離
於身境即无體性識亦如是幻事虛偽不實
譬如幻師若幻師弟子以草木等物幻作於人
及諸象馬種種形體具足莊嚴愚癡貪求非明
智者識亦如是依餘而住而異分別謂能所取
二種而生若自了知即皆轉滅是故无體同於
幻事金剛藏如来常住恒不變易是脩念佛觀
行之境名如来藏猶如虛空不可壞滅名涅槃
界亦名法界過現未来諸佛世尊皆隨順此而
宣說故如来出世不出世聞此性常在名法住
性亦名法尼夜摩性金剛藏云何名為尼夜摩
後有諸惡此皆離故又此三昧能決定除後
有諸惡以如是義名尼夜摩若有住此三昧
之者於諸衆生心无顧戀證於實際及以

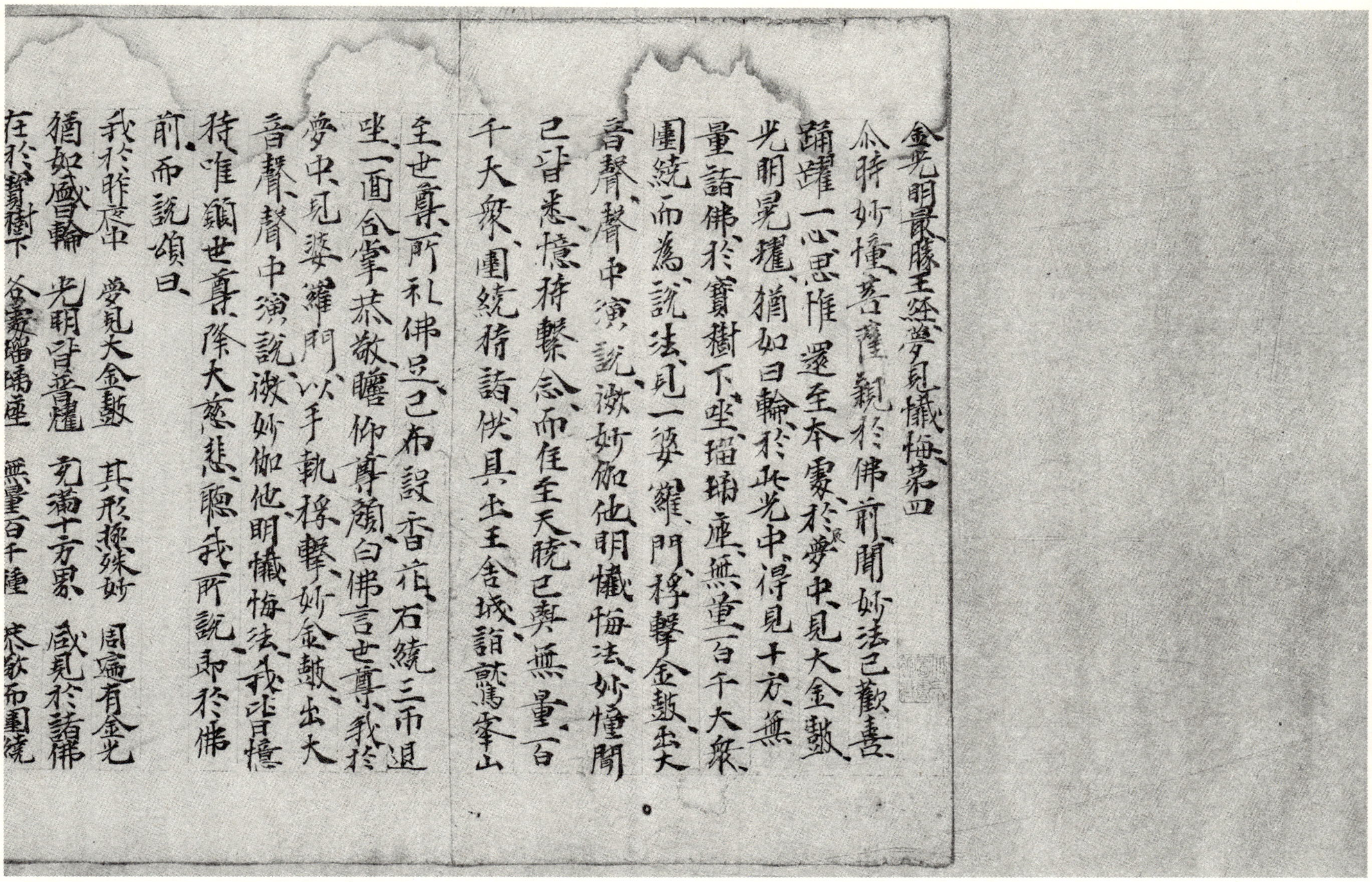

金光明最勝王經夢見懺悔品第四
爾時妙幢菩薩親於佛前聞妙法已歡喜
踊躍一心思惟還至本處於夜夢中見大金鼓
光明晃耀猶如日輪於此光中得見十方無
量諸佛於寶樹下坐瑠璃座無量百千大眾
圍繞而為說法見一婆羅門桴擊金鼓出大
音聲聲中演說微妙伽他明懺悔法妙幢聞
已皆悉憶持繫念而住至天曉已與無量百
千大眾圍繞持諸供具出王舍城詣鷲峯山
至世尊所礼佛足已布設香花右繞三帀退
坐一面合掌恭敬瞻仰尊顏白佛言世尊我於
夢中見婆羅門以手執桴擊妙金鼓出大
音聲聲中演說微妙伽他明懺悔法我皆憶
持唯願世尊降大慈悲聽我所說即於佛
前而說頌曰
我於昨夜中 夢見大金鼓 其形極姝妙 周遍有金光
猶如盛日輪 光明皆普耀 充滿十方界 咸見於諸佛
在於寶樹下 各處瑠璃座 無量百千種 恭敬而圍繞

BD15347 號　金光明最勝王經卷二　（9–1）

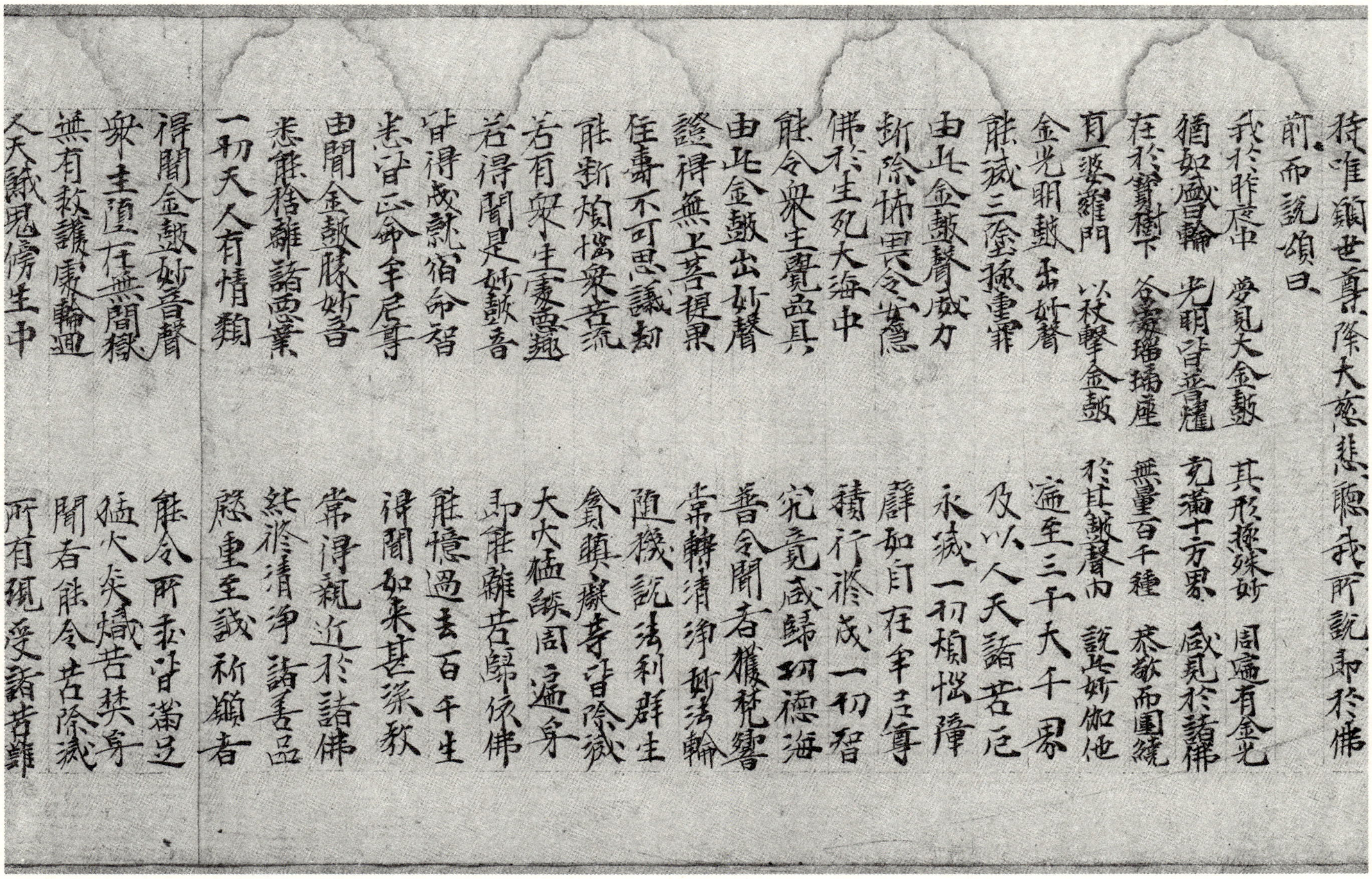

待唯願世尊降大慈悲聽我所說即於佛
前而說頌曰
我於昨夜中 夢見大金鼓 其形極姝妙 周遍有金光
猶如盛日輪 光明皆普耀 充滿十方界 咸見於諸佛
在於寶樹下 各處瑠璃座 無量百千種 恭敬而圍繞
有一婆羅門 以桴擊金鼓 於其鼓聲內 說此妙伽他
金光明鼓出妙聲 遍至三千大千界
能滅三塗極重罪 及以人天諸苦厄
由此金鼓聲威力 永滅一切煩惱障
斷除怖畏令安隱 譬如自在牟尼尊
佛於生死大海中 積行修成一切智
能令眾生覺品具 究竟咸歸功德海
由此金鼓出妙聲 普令聞者獲梵響
證得無上菩提果 常轉清淨妙法輪
住壽不可思議劫 隨機說法利群生
能斷煩惱眾苦流 貪瞋癡等皆除滅
若有眾生處惡趣 大火猛焰周遍身
若得聞是妙鼓音 即能離苦歸依佛
皆得成就宿命智 能憶過去百千生
悉皆正念牟尼尊 得聞如來甚深教
由聞金鼓勝妙音 常得親近於諸佛
悉能捨離諸惡業 純修清淨諸善品
一切天人有情類 慇重至誠祈願者
得聞金鼓妙音聲 能令所求皆滿足
眾生墮在無間獄 猛火炎熾苦焚身
無有救護處輪迴 聞者能令苦除滅
人天餓鬼傍生中 所有現受諸苦難

BD15347 號　金光明最勝王經卷二　（9–2）

一切天人有情類　慇重至誠祈願者
得聞金鼓妙音聲　能令所求皆滿足
衆生墮在無間獄　猛火炎熾苦焚身
無有救護處輪迴　聞者能令苦除滅
人天餓鬼傍生中　所有現受諸苦難
得聞金鼓發妙響　皆蒙離苦得解脫
現在十方界　常住兩足尊　願以大悲心　哀愍憶念我
衆生無歸依　亦無有救護　為如是等類　能作大歸依
我先所作罪　極重諸惡業　今對十力前　至心皆懺悔
我不信諸佛　亦不敬尊親　不務修衆善　常造諸惡業
或自恃尊高　種姓及財位　盛年行放逸　常造諸惡業
心恒起邪念　口陳於惡言　不見於過罪　常造諸惡業
恒作愚夫行　無明闇覆心　隨順不善友　常造諸惡業
或因諸戲樂　或復懷憂惱　為貪瞋所纏　故我造諸惡
親近不善人　及由慳嫉意　貧窮行諂誑　故我造諸惡
雖不樂衆過　由有怖畏故　及不得自在　故我造諸惡
或為躁動心　或因瞋恚恨　及以飢渴惱　故我造諸惡
由飲食衣服　及貪愛女人　煩惱火所燒　故我造諸惡
於佛法僧衆　不生恭敬心　作如是衆罪　我今悉懺悔
於獨覺菩薩　亦無恭敬心　作如是衆罪　我今悉懺悔
無知謗正法　不孝於父母　作如是衆罪　我今悉懺悔
由愚癡憍慢　及以貪瞋力　作如是衆罪　我今悉懺悔
我於十方界　供養無數佛　當願拔衆生　令離諸苦難
願一切有情　皆令住十地　福智圓滿已　成佛導群迷
我為諸衆生　苦行百千劫　以大智慧力　皆令出苦海
我為諸含識　演說甚深經　最勝金光明　能除諸惡業
若人百千劫　造諸極重罪　暫時能發露　衆惡盡消除

BD15347 號　金光明最勝王經卷二　(9–3)

願一切有情　皆令住十地　福智圓滿已　成佛導群迷
我為諸衆生　苦行百千劫　以大智慧力　皆令出苦海
我為諸含識　演說甚深經　最勝金光明　能除諸惡業
若人百千劫　造諸極重罪　暫時能發露　衆惡盡消除
依此金光明　作如是懺悔　由斯能速盡　一切諸苦業
勝定百千種　不思議總持　根力覺道支　修習常無倦
我當至十地　具足珍寶處　圓滿佛功德　濟度生死流
我於諸佛海　甚深功德藏　妙智難思議　皆令得具足
唯願十方佛　觀察護念我　皆以大悲心　哀受我懺悔
我於多劫中　所造諸惡業　由斯生苦惱　哀愍願消除
我造諸惡業　常生憂怖心　於四威儀中　曾無歡喜相
諸佛具大悲　能除衆生怖　願受我懺悔　令得離憂苦
我有煩惱障　及以諸報業　願以大悲水　洗濯令清淨
我先作諸罪　及現造惡業　至心皆發露　咸願得蠲除
未來諸惡業　防護令不起　設令有違者　終不敢覆藏
身三語四種　意業復有三　繫縛諸有情　無始恒相續
由斯三種行　造作十惡業　如是衆多罪　我今皆懺悔
我造諸惡業　苦報當自受　今於諸佛前　至誠皆懺悔
於此贍部洲　及他方世界　所有諸善業　我今皆隨喜
願離十惡業　修行十善道　安住十地中　常見十方佛
我以身語意　所脩福智業　願以此善根　速成无上慧
我今親對十力前　發露衆多苦難事
凡愚迷惑三有難　恒造極重惡業難
我所積集欲邪難　常起貪愛流轉難
於此世間耽著難　一切愚夫煩惱難
狂心散動顛倒難　及以親近惡友難

BD15347 號　金光明最勝王經卷二　(9–4)

我今親對十方前　[illegible]
凡愚迷惑三有難　恒造極重惡業難
我所積集欲邪難　常起貪愛流轉難
於此世間耽著難　一切愚夫煩惱難
狂心散動顛倒難　及以親近惡友難
於生死中貪染難　瞋癡闇鈍造罪難
生八無暇惡處難　未曾積集功德難
我今皆於最勝前　懺悔無邊罪惡業
我今歸依諸善逝　我禮得海無上尊
如大金山照十方　唯願慈悲哀攝受
身色金光淨無垢　目如清淨紺琉璃
吉祥威德名稱尊　大悲慧日除眾闇
佛日光明常普遍　善淨無垢離諸塵
牟尼月照極清涼　能除眾生煩惱熱
三十二相遍莊嚴　八十隨好皆圓滿
福德難思無與等　如日流光照世間
色如琉璃淨無垢　猶如滿月處虛空
妙頗梨網映金軀　種種光明以嚴飾
於生死苦暴流內　老病憂愁水所漂
如是苦海難堪忍　佛日舒光令永竭
我今稽首一切智　三千世界希有尊
光明晃耀紫金身　種種妙好皆嚴飾
如大海水量難知　大地微塵不可數
如妙高山叵稱量　亦如虛空無有際
諸佛功德亦如是　一切有情不能知
於無量劫諦思惟　無有能知德海岸
盡此大地諸山岳　析如微塵能算知

BD15347 號　金光明最勝王經卷二　（9–5）

如大海水量難知　大地微塵不可數
如妙高山叵稱量　亦如虛空無有際
諸佛功德亦如是　一切有情不能知
於無量劫諦思惟　無有能知德海岸
盡此大地諸山岳　析如微塵能算知
毛端渧海尚可量　佛之功德無能數
一切有情皆共讚　世尊名稱諸功德
清淨相好妙莊嚴　不可稱量知分齊
我之所有眾善業　願得速成無上尊
廣說正法利群生　悉令解脫於眾苦
降伏大力魔軍眾　當轉無上正法輪
久住劫數難思議　充足眾生甘露味
猶如過去諸最勝　六波羅蜜皆圓滿
滅諸貪欲及瞋癡　降伏煩惱除眾苦
願我常得宿命智　能憶過去百千生
亦常憶念牟尼尊　得聞諸佛甚深法
願我以斯諸善業　奉事無邊最勝尊
遠離一切不善因　恒得修行真妙法
一切世界諸眾生　悉皆離苦得安樂
所有諸根不具足　令彼身相皆圓滿
若有眾生遭病苦　身形羸瘦無所依
咸令病苦得消除　諸根色力皆充滿
若犯王法當刑戮　眾苦逼迫生憂惱
彼受如斯極苦時　無有歸依能救護
若受鞭杖枷鎖繫　種種苦具切其身
無量百千憂惱時　逼迫身心無暫樂
皆令得免於繫縛　及以鞭杖苦楚事

BD15347 號　金光明最勝王經卷二　（9–6）

若犯王法當刑戮　衆苦逼迫生憂惱
彼受如斯極苦時　無有歸依能救護
若受鞭杖枷鎖繫　種種苦具切其身
無量百千憂惱時　逼迫身心無暫樂
皆令得免於繫縛　及以鞭杖苦楚事
將臨刑者得命全　衆苦皆令永除盡
若有衆生飢渴逼　令得種種殊勝味
盲者得視聾者聞　跛者能行瘂能語
貧窮衆生獲寶藏　倉庫盈溢無所乏
皆令得受上妙樂　無一衆生受苦惱
一切人天皆樂見　容儀溫雅甚端嚴
悉皆現受無量樂　受用豐饒福德具
隨彼衆生念伎樂　衆妙音聲皆現前
念水即現清涼池　金色蓮花汎其上
隨彼衆生心所念　飲食衣服及牀敷
金銀珎寶妙瑠璃　瓔珞莊嚴皆具足
勿令衆生聞惡響　亦復不見有相違
所受容貌悉端嚴　各各慈心相愛樂
世間資生諸樂具　隨心念時皆滿足
所得珎財無悋惜　分布施與諸衆生
燒香末香及塗香　衆妙雜花非一色
每日三時從樹墮　隨心受用生歡喜
普願衆生咸供養　十方一切最勝尊
三乘清淨妙法門　菩薩獨覺聲聞衆
常願勿處於卑賤　不墮無暇八難中
生在有暇人中尊　恒得親承十方佛
願得常生富貴家　財寶倉庫皆盈滿

BD15347 號　金光明最勝王經卷二　（9–7）

普願衆生咸供養　十方一切最勝尊
三乘清淨妙法門　菩薩獨覺聲聞衆
常願勿處於卑賤　不墮無暇八難中
生在有暇人中尊　恒得親承十方佛
願得常生富貴家　財寶倉庫皆盈滿
顏貌名稱無與等　壽命延長經劫數
悉願女人變為男　勇健聰明多智慧
一切常行菩薩道　勤修六度到彼岸
常見十方無量佛　寶王樹下而安處
處妙瑠璃師子座　恒得親承轉法輪
若於過去及現在　輪迴三有造諸業
能招可猒不善趣　願得消滅永無餘
一切衆生於有海　生死羂網堅牢縛
願以智劍為斷除　離苦速證菩提處
衆生於此贍部內　或於他方世界中
所作種種勝福因　我今皆悉生隨喜
以此隨喜福德事　及身語意造衆善
願此勝業常增長　速證無上大菩提
所有礼讚佛功德　深心清淨無瑕穢
迴向發願福無邊　當超惡趣六十劫
若有男子及女人　婆羅門等諸勝族
合掌一心讚歎佛　生生常憶宿世事
諸根清淨身圓滿　殊勝功德皆成就
願於未來所生處　常得人天共瞻仰
非於一佛十佛所　修諸善根今得聞
百千佛所種善根　方得聞斯懺悔法
尒時世尊聞此說已讚妙幢菩薩言善哉

BD15347 號　金光明最勝王經卷二　（9–8）

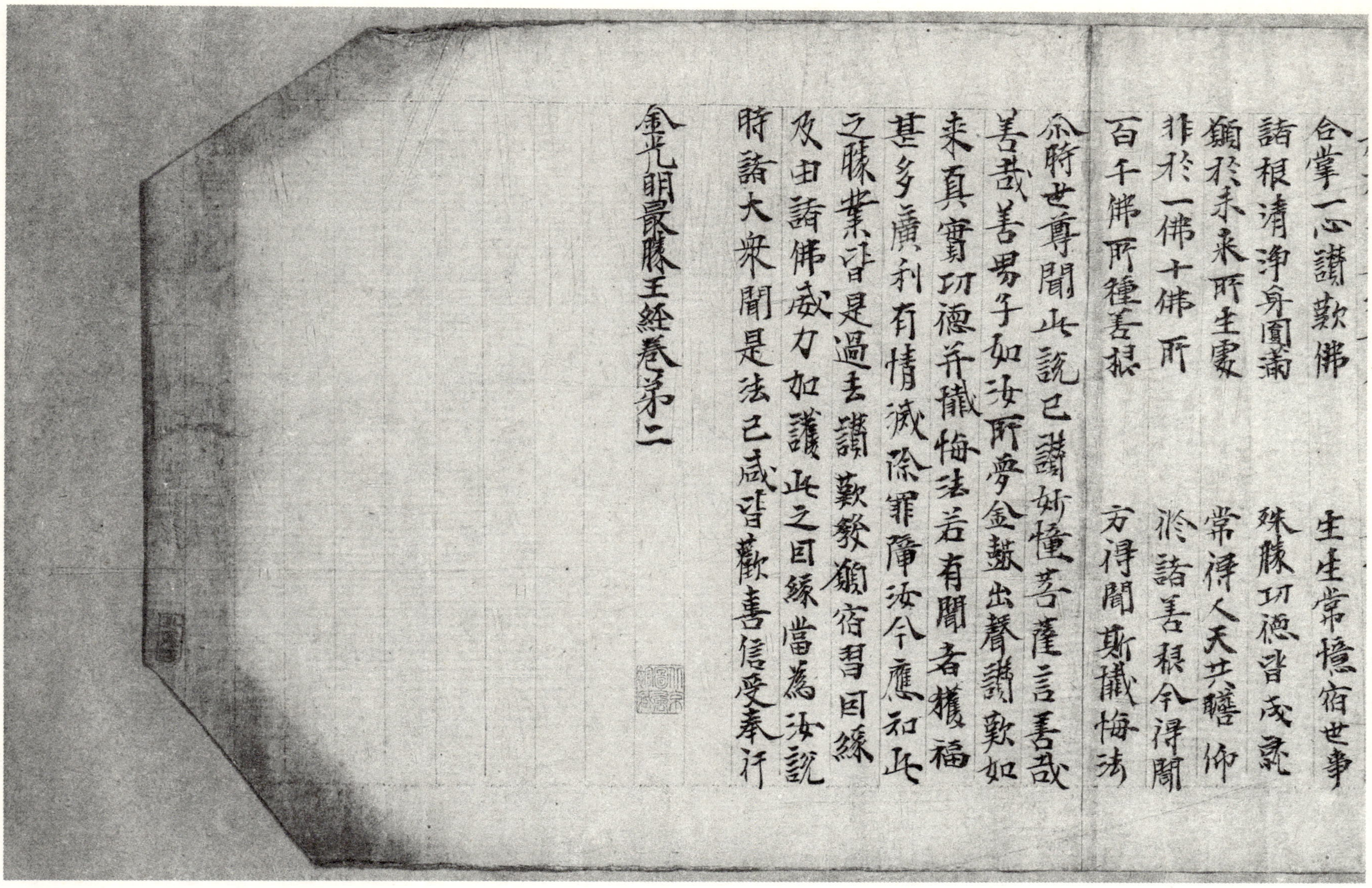

BD15347 號　金光明最勝王經卷二　（9–9）

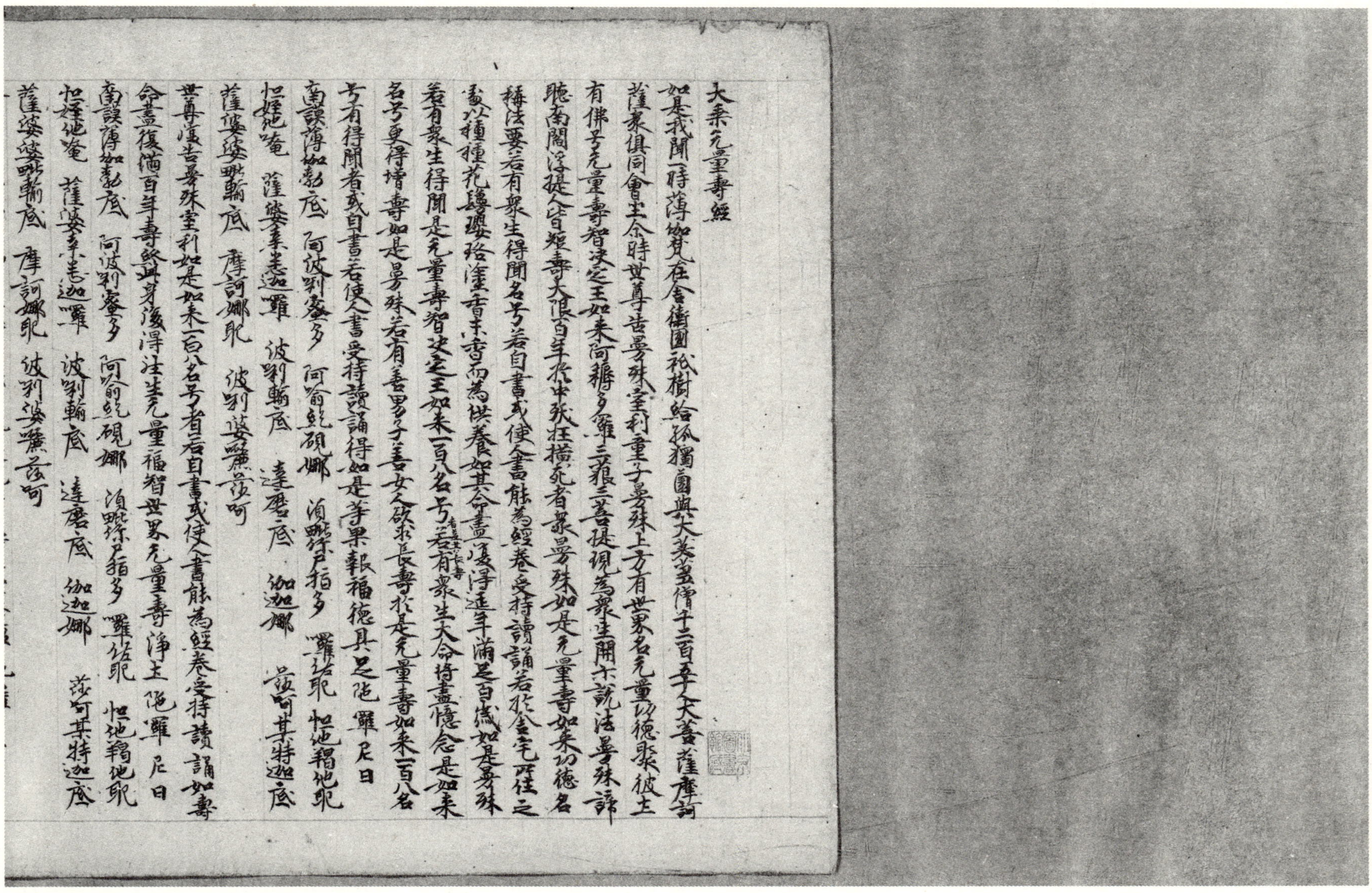

BD15348 號　無量壽宗要經　（7–1）

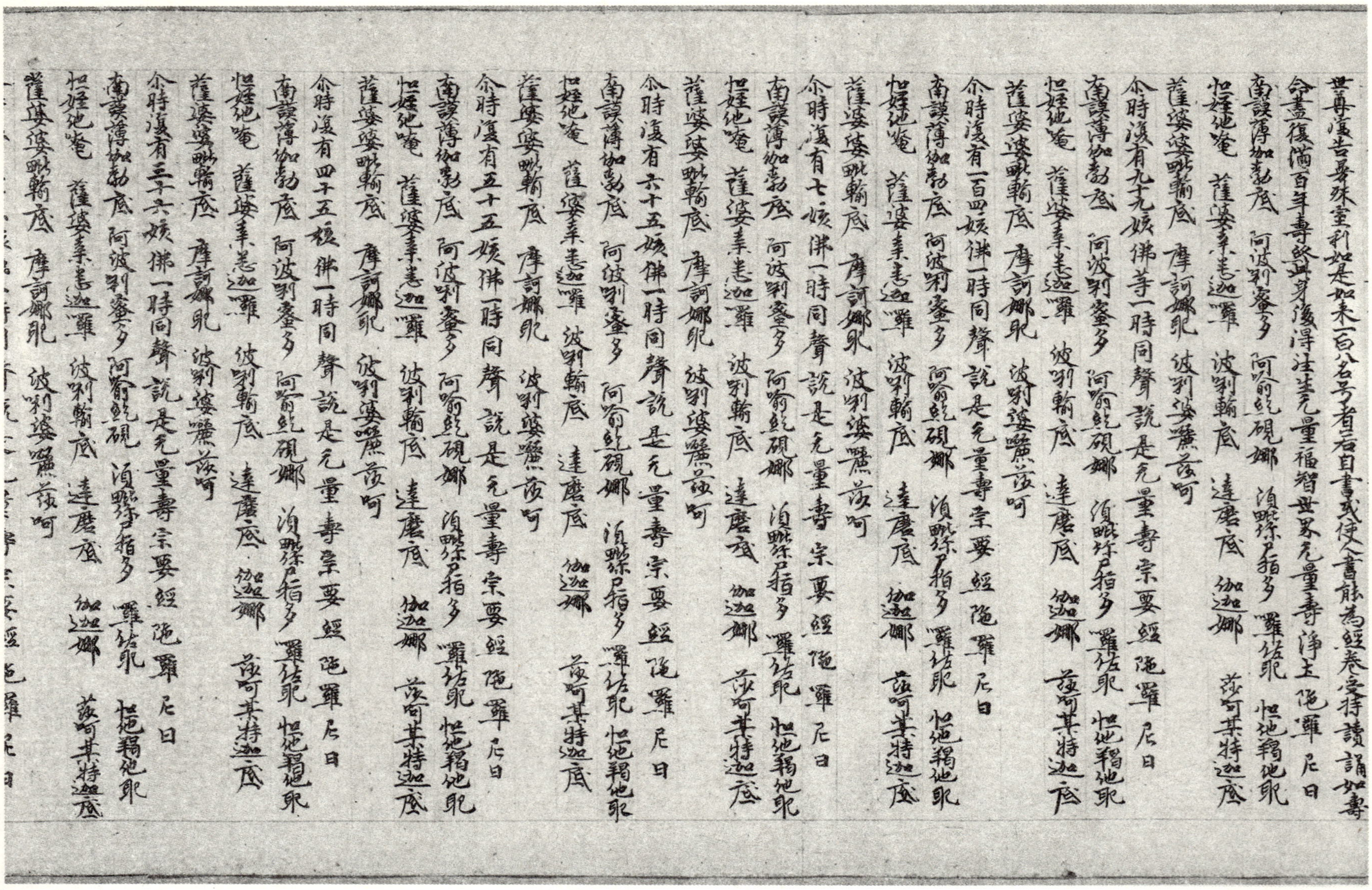

世尊復告曼殊室利如是如來一百八名号者若自書或使人書能為經卷受持讀誦如壽
命盡復滿百年壽終身後得往生無量福智世界無量壽淨土 陀羅尼曰
南謨薄伽勃底 阿波唎蜜多 阿喻紇硯娜 須毗你指多 囉佐耶 怛他羯他耶
怛姪他唵 薩婆桑悉迦囉 波唎輸底 達磨底 伽伽娜 莎訶某特迦底
薩婆婆毗輸底 摩訶娜耶 波唎婆囉莎訶
尒時復有九十九姟佛等一時同聲說是無量壽宗要經 陀羅尼曰
南謨薄伽勃底 阿波唎蜜多 阿喻紇硯娜 須毗你指多 囉佐耶 怛他羯他耶
怛姪他唵 薩婆桑悉迦囉 波唎輸底 達磨底 伽伽娜 莎訶某特迦底
薩婆婆毗輸底 摩訶娜耶 波唎婆囉莎訶
尒時復有一百四姟佛一時同聲說是無量壽宗要經 陀羅尼曰
南謨薄伽勃底 阿波唎蜜多 阿喻紇硯娜 須毗你指多 囉佐耶 怛他羯他耶
怛姪他唵 薩婆桑悉迦囉 波唎輸底 達磨底 伽伽娜 莎訶某特迦底
薩婆婆毗輸底 摩訶娜耶 波唎婆囉莎訶
尒時復有七姟佛一時同聲說是無量壽宗要經 陀羅尼曰
南謨薄伽勃底 阿波唎蜜多 阿喻紇硯娜 須毗你指多 囉佐耶 怛他羯他耶
怛姪他唵 薩婆桑悉迦囉 波唎輸底 達磨底 伽伽娜 莎訶某特迦底
薩婆婆毗輸底 摩訶娜耶 波唎婆囉莎訶
尒時復有六十五姟佛一時同聲說是無量壽宗要經 陀羅尼曰
南謨薄伽勃底 阿波唎蜜多 阿喻紇硯娜 須毗你指多 囉佐耶 怛他羯他耶
怛姪他唵 薩婆桑悉迦囉 波唎輸底 達磨底 伽伽娜 莎訶某特迦底
薩婆婆毗輸底 摩訶娜耶 波唎婆囉莎訶
尒時復有五十五姟佛一時同聲說是無量壽宗要經 陀羅尼曰
南謨薄伽勃底 阿波唎蜜多 阿喻紇硯娜 須毗你指多 囉佐耶 怛他羯他耶
怛姪他唵 薩婆桑悉迦囉 波唎輸底 達磨底 伽伽娜 莎訶某特迦底
薩婆婆毗輸底 摩訶娜耶 波唎婆囉莎訶
尒時復有四十五姟佛一時同聲說是無量壽宗要經 陀羅尼曰
南謨薄伽勃底 阿波唎蜜多 阿喻紇硯娜 須毗你指多 囉佐耶 怛他羯他耶
怛姪他唵 薩婆桑悉迦囉 波唎輸底 達磨底 伽伽娜 莎訶某特迦底
薩婆婆毗輸底 摩訶娜耶 波唎婆囉莎訶
尒時復有三十六姟佛一時同聲說是無量壽宗要經 陀羅尼曰
南謨薄伽勃底 阿波唎蜜多 阿喻紇硯娜 須毗你指多 囉佐耶 怛他羯他耶
怛姪他唵 薩婆桑悉迦囉 波唎輸底 達磨底 伽伽娜 莎訶某特迦底
薩婆婆毗輸底 摩訶娜耶 波唎婆囉莎訶

BD15348 號　無量壽宗要經　　（7-2）

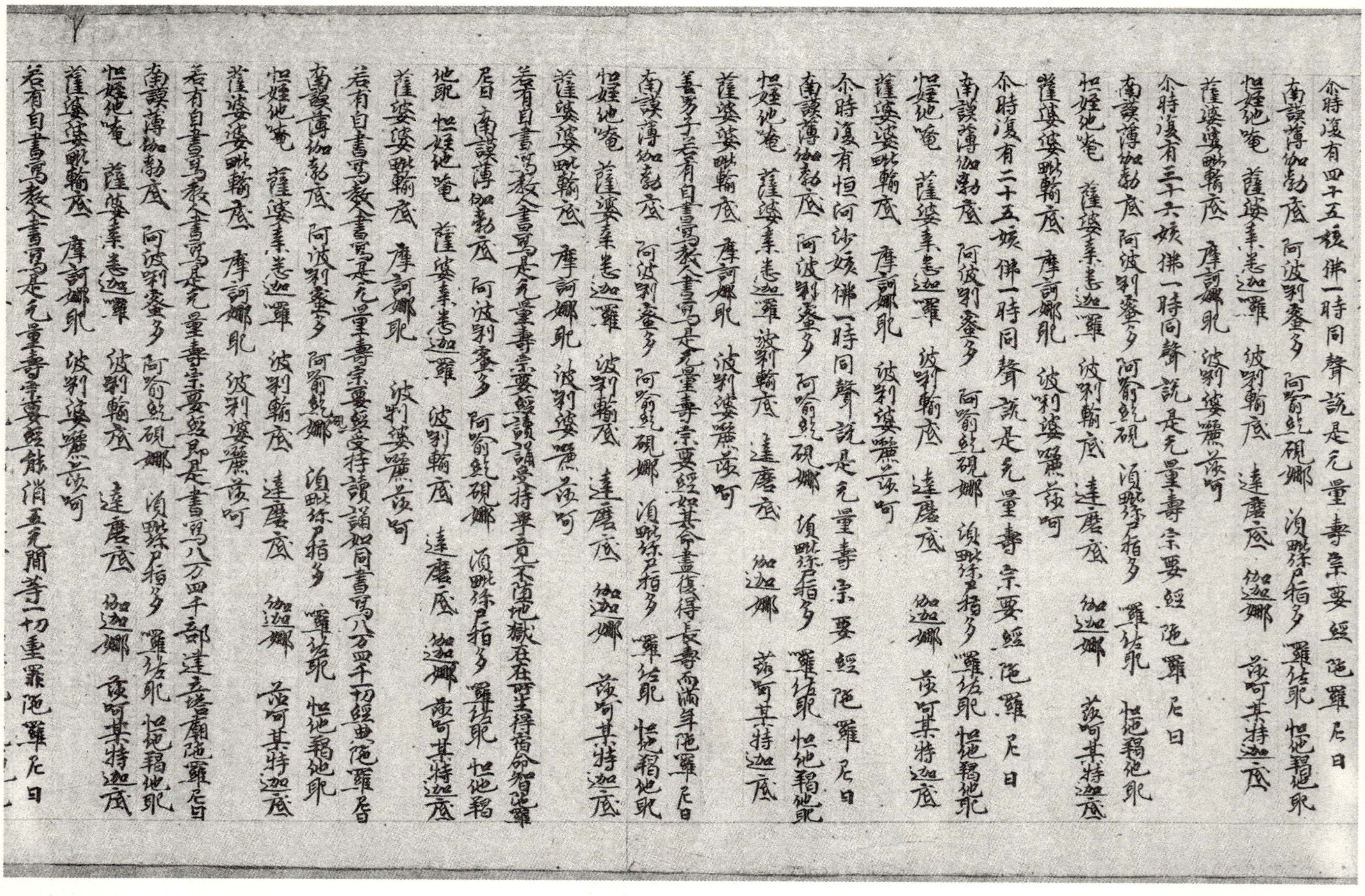

尒時復有四十五姟佛一時同聲說是無量壽宗要經 陀羅尼曰
南謨薄伽勃底 阿波唎蜜多 阿喻紇硯娜 須毗你指多 囉佐耶 怛他羯他耶
怛姪他唵 薩婆桑悉迦囉 波唎輸底 達磨底 伽伽娜 莎訶某特迦底
薩婆婆毗輸底 摩訶娜耶 波唎婆囉莎訶
尒時復有三十六姟佛一時同聲說是無量壽宗要經 陀羅尼曰
南謨薄伽勃底 阿波唎蜜多 阿喻紇硯娜 須毗你指多 囉佐耶 怛他羯他耶
怛姪他唵 薩婆桑悉迦囉 波唎輸底 達磨底 伽伽娜 莎訶某特迦底
薩婆婆毗輸底 摩訶娜耶 波唎婆囉莎訶
尒時復有二十五姟佛一時同聲說是無量壽宗要經 陀羅尼曰
南謨薄伽勃底 阿波唎蜜多 阿喻紇硯娜 須毗你指多 囉佐耶 怛他羯他耶
怛姪他唵 薩婆桑悉迦囉 波唎輸底 達磨底 伽伽娜 莎訶某特迦底
薩婆婆毗輸底 摩訶娜耶 波唎婆囉莎訶
尒時復有恒河沙姟佛一時同聲說是無量壽宗要經 陀羅尼曰
南謨薄伽勃底 阿波唎蜜多 阿喻紇硯娜 須毗你指多 囉佐耶 怛他羯他耶
怛姪他唵 薩婆桑悉迦囉 波唎輸底 達磨底 伽伽娜 莎訶某特迦底
薩婆婆毗輸底 摩訶娜耶 波唎婆囉莎訶
善男子若有自書寫教人書寫是無量壽宗要經如其命盡復得長壽而滿年陀羅尼曰
南謨薄伽勃底 阿波唎蜜多 阿喻紇硯娜 須毗你指多 囉佐耶 怛他羯他耶
怛姪他唵 薩婆桑悉迦囉 波唎輸底 達磨底 伽伽娜 莎訶某特迦底
薩婆婆毗輸底 摩訶娜耶 波唎婆囉莎訶
若有自書寫教人書寫是無量壽宗要經讀誦受持畢竟不墮地獄在在所生得宿命智陀羅
尼曰 南謨薄伽勃底 阿波唎蜜多 阿喻紇硯娜 須毗你指多 囉佐耶 怛他羯
他耶 怛姪他唵 薩婆桑悉迦囉 波唎輸底 達磨底 伽伽娜 莎訶某特迦底
薩婆婆毗輸底 摩訶娜耶 波唎婆囉莎訶
若有自書寫教人書寫是無量壽宗要經受持讀誦如同書寫八万四千一切經典陀羅尼
南謨薄伽勃底 阿波唎蜜多 阿喻紇硯娜 須毗你指多 囉佐耶 怛他羯他耶
怛姪他唵 薩婆桑悉迦囉 波唎輸底 達磨底 伽伽娜 莎訶某特迦底
薩婆婆毗輸底 摩訶娜耶 波唎婆囉莎訶
若有自書寫教人書寫是無量壽宗要經即是書寫八万四千部建立塔廟陀羅尼曰
南謨薄伽勃底 阿波唎蜜多 阿喻紇硯娜 須毗你指多 囉佐耶 怛他羯他耶
怛姪他唵 薩婆桑悉迦囉 波唎輸底 達磨底 伽伽娜 莎訶某特迦底
薩婆婆毗輸底 摩訶娜耶 波唎婆囉莎訶
若有自書寫教人書寫是無量壽宗要經能消五無間等一切重罪陀羅尼曰

BD15348 號　無量壽宗要經　　（7-3）

南謨薄伽勃底 阿波唎蜜多 阿喻紇硯娜 須毗你只指多 囉佐耶 怛他羯他耶
怛姪他唵 薩婆桑悉迦囉 波唎輸底 達磨底 伽迦娜 莎訶某特迦底
薩婆婆毗輸底 摩訶娜耶 波唎婆嚛莎訶
若有自書寫教人書寫是无量壽宗要經即是書寫八万四千部建立塔廟陁羅尼曰
南謨薄伽勃底 阿波唎蜜多 阿喻紇硯娜 須毗你只指多 囉佐耶 怛他羯他耶
怛姪他唵 薩婆桑悉迦囉 波唎輸底 達磨底 伽迦娜 莎訶某特迦底
薩婆婆毗輸底 摩訶娜耶 波唎婆嚛莎訶
若有自書寫教人書寫是无量壽宗要經能消五无間等一切重罪陁羅尼曰
南謨薄伽勃底 阿波唎蜜多 阿喻紇硯娜 須毗你只指多 囉佐耶 怛他羯他耶
怛姪他唵 薩婆桑悉迦囉 波唎輸底 達磨底 伽迦娜 莎訶某特迦底
薩婆婆毗輸底 摩訶娜耶 波唎婆嚛莎訶
若有自書寫教人書寫是无量壽宗要經受持讀誦設有重罪猶如須弥盡能除滅陁羅尼曰
南謨薄伽勃底 阿波唎蜜多 阿喻紇硯娜 須毗你只指多 囉佐耶 怛他羯他耶
怛姪他唵 薩婆桑悉迦囉 婆唎輸底 達磨底 伽迦娜 莎訶某特迦底
薩婆婆毗輸底 摩訶娜耶 波唎婆嚛莎訶
若有自書寫教人書寫是无量壽宗要經受持讀誦若魔魔之眷屬夜叉羅剎不得其
便終无枉死陁羅尼曰 南謨薄伽勃底 阿波唎蜜多 阿喻紇硯娜 須毗你只指多
囉佐耶 怛他羯他耶 怛姪他唵 薩婆桑悉迦囉 波唎輸底 達磨底 伽迦娜
莎訶某特迦底 薩婆婆毗輸底 摩訶娜耶 波唎婆嚛莎訶
若有自書寫教人書寫是无量壽宗要經受持讀誦當命終時有九十九億佛現其人前來
千佛授手能遊一切佛刹 莫於此經生於疑惑陁羅尼曰
南謨薄伽勃底 阿波唎蜜多 阿喻紇硯娜 須毗你只指多 囉佐耶 怛他羯他耶
怛姪他唵 薩婆桑悉迦囉 波唎輸底 達磨底 伽迦娜 莎訶某特迦底
薩婆婆毗輸底 摩訶娜耶 波唎婆嚛莎訶
若有自書寫教人書寫是无量壽宗要經受持讀誦當得四大天王隨其衛護陁羅尼曰
南謨薄伽勃底 阿波唎蜜多 阿喻紇硯娜 須毗你只指多 囉佐耶 怛他羯他耶
怛姪他唵 薩婆桑悉迦囉 波唎輸底 達磨底 伽迦娜 莎訶某特迦底
薩婆婆毗輸底 摩訶娜耶 波唎婆嚛莎訶
若有自書寫教人書寫是无量壽宗要經受持讀誦當得往生西方極樂世界阿弥陁淨土
陁羅尼曰 南謨薄伽勃底 阿波唎蜜多 阿喻紇硯娜 須毗你只指多 囉佐耶
怛他羯他耶 怛姪他唵 薩婆桑悉迦囉 波唎輸底 達磨底 伽迦娜 莎
訶某特迦底 薩婆婆毗輸底 摩訶娜耶 波唎婆嚛莎訶
若有方所自書寫使人書寫是无量壽經典之處則為是塔皆應恭敬作礼若是
畜生或為鳥獸得聞是經如是等類皆當不久得成一切種智陁羅尼曰

BD15348 號　無量壽宗要經　（7–4）

怛姪他唵 薩婆桑悉迦囉 波唎輸底 達磨底 伽迦娜 莎訶某特迦底
薩婆婆毗輸底 摩訶娜耶 波唎婆嚛莎訶
若有自書寫教人書寫是无量壽宗要經受持讀誦當得往生西方極樂世界阿弥陁淨土
陁羅尼曰 南謨薄伽勃底 阿波唎蜜多 阿喻紇硯娜 須毗你只指多 囉佐耶
怛他羯他耶 怛姪他唵 薩婆桑悉迦囉 波唎輸底 達磨底 伽迦娜 莎
訶某特迦底 薩婆婆毗輸底 摩訶娜耶 波唎婆嚛莎訶
若有方所自書寫使人書寫是无量壽經典之處則為是塔皆應恭敬作礼若是
畜生或為鳥獸得聞是經如是等類皆當不久得成一切種智陁羅尼曰
南謨薄伽勃底 阿波唎蜜多 阿喻紇硯娜 須毗你只指多 囉佐耶 怛他羯他耶
怛姪他唵 薩婆桑悉迦囉 波唎輸底 達磨底 伽迦娜 莎訶某特迦底
薩婆婆毗輸底 摩訶娜耶 波唎婆嚛莎訶
若有於是无量壽經自書使人書畢竟不受女人之身陁羅尼曰
南謨薄伽勃底 阿波唎蜜多 阿喻紇硯娜 須毗你只指多 囉佐耶 怛他羯他耶
怛姪他唵 薩婆桑悉迦囉 波唎輸底 達磨底 伽迦娜 莎訶某特迦底
薩婆婆毗輸底 摩訶娜耶 波唎婆嚛莎訶
若有能於是經少分能惠施者等於三千大千世界滿中七寶布施陁羅尼曰
南謨薄伽勃底 阿波唎蜜多 阿喻紇硯娜 須毗你只指多 囉佐耶 怛他羯他耶
怛姪他唵 薩婆桑悉迦囉 波唎輸底 達磨底 伽迦娜 莎訶某特迦底
薩婆婆毗輸底 摩訶娜耶 波唎婆嚛莎訶
若有能供養是經者則是供養一切諸經等无有異陁羅尼曰
南謨薄伽勃底 阿波唎蜜多 阿喻紇硯娜 須毗你只指多 囉佐耶 怛他羯他耶
怛姪他唵 薩婆桑悉迦囉 波唎輸底 達磨底 伽迦娜 莎訶某特迦底
薩婆婆毗輸底 摩訶娜耶 波唎婆嚛莎訶
如是毗婆尸佛 尸棄佛 毗舍浮佛 俱留孫佛 俱那含牟尼佛 迦葉佛 釋迦牟尼佛
若有以七寶供養如是七佛其福有限量書寫受持是无量壽經典所有功德不可限量陁羅尼曰
南謨薄伽勃底 阿波唎蜜多 阿喻紇硯娜 須毗你只指多 囉佐耶 怛他羯他耶 怛
姪他唵 薩婆桑悉迦囉 波唎輸底 達磨底 伽迦娜 莎訶某特迦底
薩婆婆毗輸底 摩訶娜耶 波唎婆嚛莎訶
若有七寶等於須弥以用布施其福亦能知其限量是无量壽經典其福不可知數陁羅尼曰
南謨薄伽勃底 阿波唎蜜多 阿喻紇硯娜 須毗你只指多 囉佐耶 怛他羯他耶
怛姪他唵 薩婆桑悉迦囉 波唎輸底 達磨底 伽迦底 莎訶某特迦底
薩婆婆毗輸底 摩訶娜耶 波嚛婆嚛莎訶
如是四大海水可知滴數是无量壽經典所生果報不可數量陁羅尼曰
南謨薄伽勃底 阿波唎蜜多 阿喻紇硯娜 須毗你只指多 囉佐耶 怛他羯他耶

BD15348 號　無量壽宗要經　（7–5）

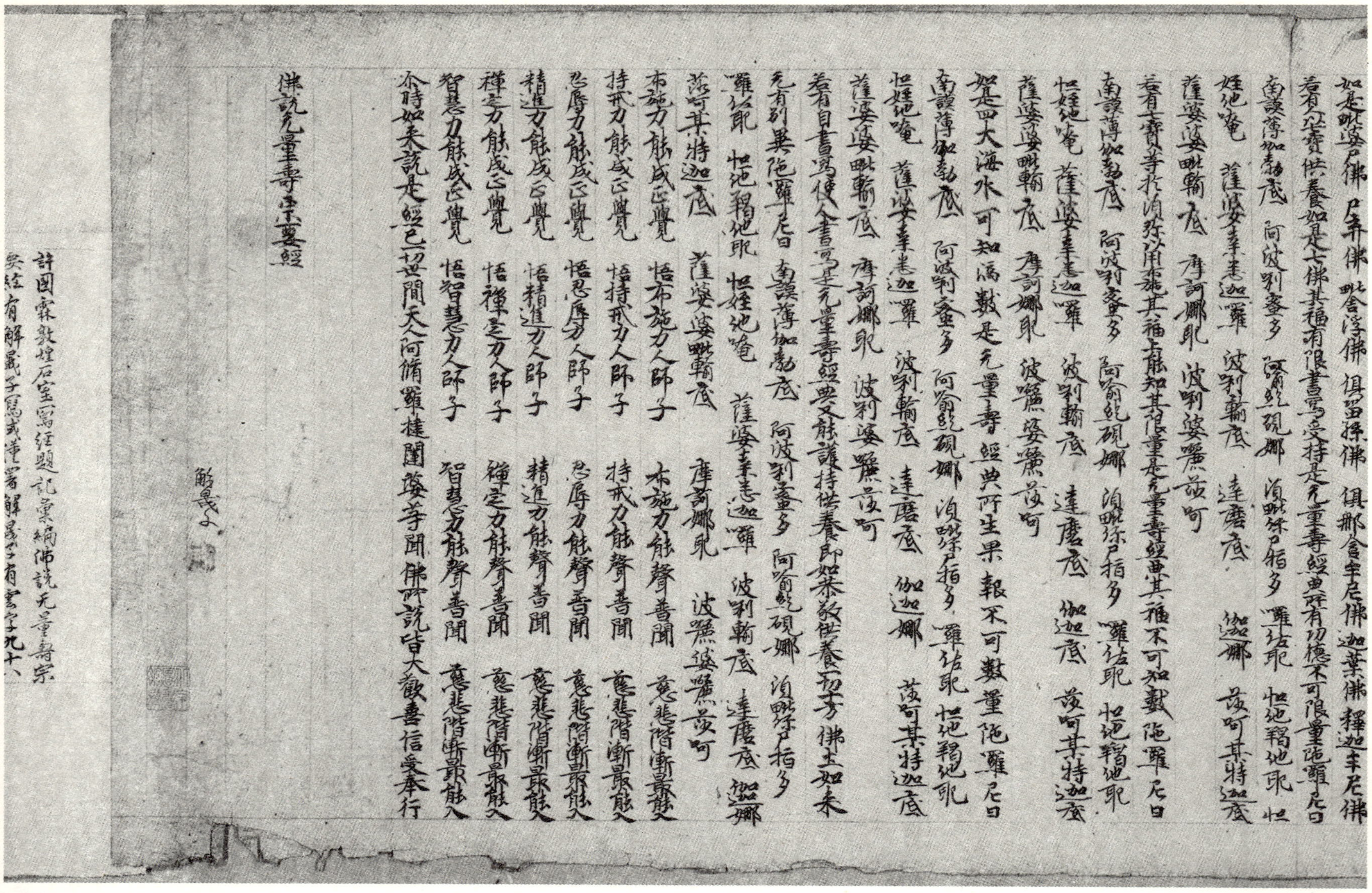
如是毗婆尸佛　尸弃佛　毗舍浮佛　俱留孫佛　俱那含牟尼佛　迦葉佛　釋迦牟尼佛
若有人以七寶供養如是七佛其福有限書寫受持是无量壽經典所有功德不可限量陁羅尼曰
南謨薄伽勃底　阿波唎蜜多　阿喻紇硯娜　須毗你尸稻多　囉佐耶　怛他羯他耶　怛
姪他唵　薩婆桑悉迦囉　波唎輸底　達磨底　伽迦娜　莎訶其特迦底
薩婆婆毗輸底　摩訶娜耶　波唎婆囉莎訶
若有七寶等於須弥以用布施其福亦能知其限量是无量壽經典其福不可知數陁羅尼曰
南謨薄伽勃底　阿波唎蜜多　阿喻紇硯娜　須毗你尸稻多　囉佐耶　怛他羯他耶
怛姪他唵　薩婆桑悉迦囉　波唎輸底　達磨底　伽迦底　莎訶其特迦底
薩婆婆毗輸底　摩訶娜耶　波囉婆囉莎訶
如是四大海水可知滴數是无量壽經典所生果報不可數量陁羅尼曰
南謨薄伽勃底　阿波唎蜜多　阿喻紇硯娜　須毗你尸稻多　囉佐耶　怛他羯他耶
怛姪他唵　薩婆桑悉迦囉　波唎輸底　達磨底　伽迦娜　莎訶其特迦底
薩婆婆毗輸底　摩訶娜耶　波唎婆囉莎訶
若有自書寫使人書寫是无量壽經典又能護持供養即如恭敬供養一切十方佛土如来
无有別異陁羅尼曰　南謨薄伽勃底　阿波唎蜜多　阿喻紇硯娜　須毗你尸稻多
囉佐耶　怛他羯他耶　怛姪他唵　薩婆桑悉迦囉　波唎輸底　達磨底　伽迦娜
莎訶其特迦底　薩婆婆毗輸底　摩訶娜耶　波囉婆囉莎訶
布施力能成正覺　悟布施力人師子　布施力能聲善聞　慈悲階漸最能入
持戒力能成正覺　悟持戒力人師子　持戒力能聲善聞　慈悲階漸最能入
忍辱力能成正覺　悟忍辱力人師子　忍辱力能聲善聞　慈悲階漸最能入
精進力能成正覺　悟精進力人師子　精進力能聲善聞　慈悲階漸最能入
禪定力能成正覺　悟禪定力人師子　禪定力能聲善聞　慈悲階漸最能入
智慧力能成正覺　悟智慧力人師子　智慧力能聲善聞　慈悲階漸最能入
尒時如来說是經已一切世間天人阿脩羅揵闥婆等聞佛所說皆大歡喜信受奉行
佛說无量壽宗要經
解晟子
許國霖敦煌石室寫經題記彙編佛說无量壽宗
要經有解晟子寫或僅署解晟子有雲字九十八

BD15348 號　無量壽宗要經　（7–6）

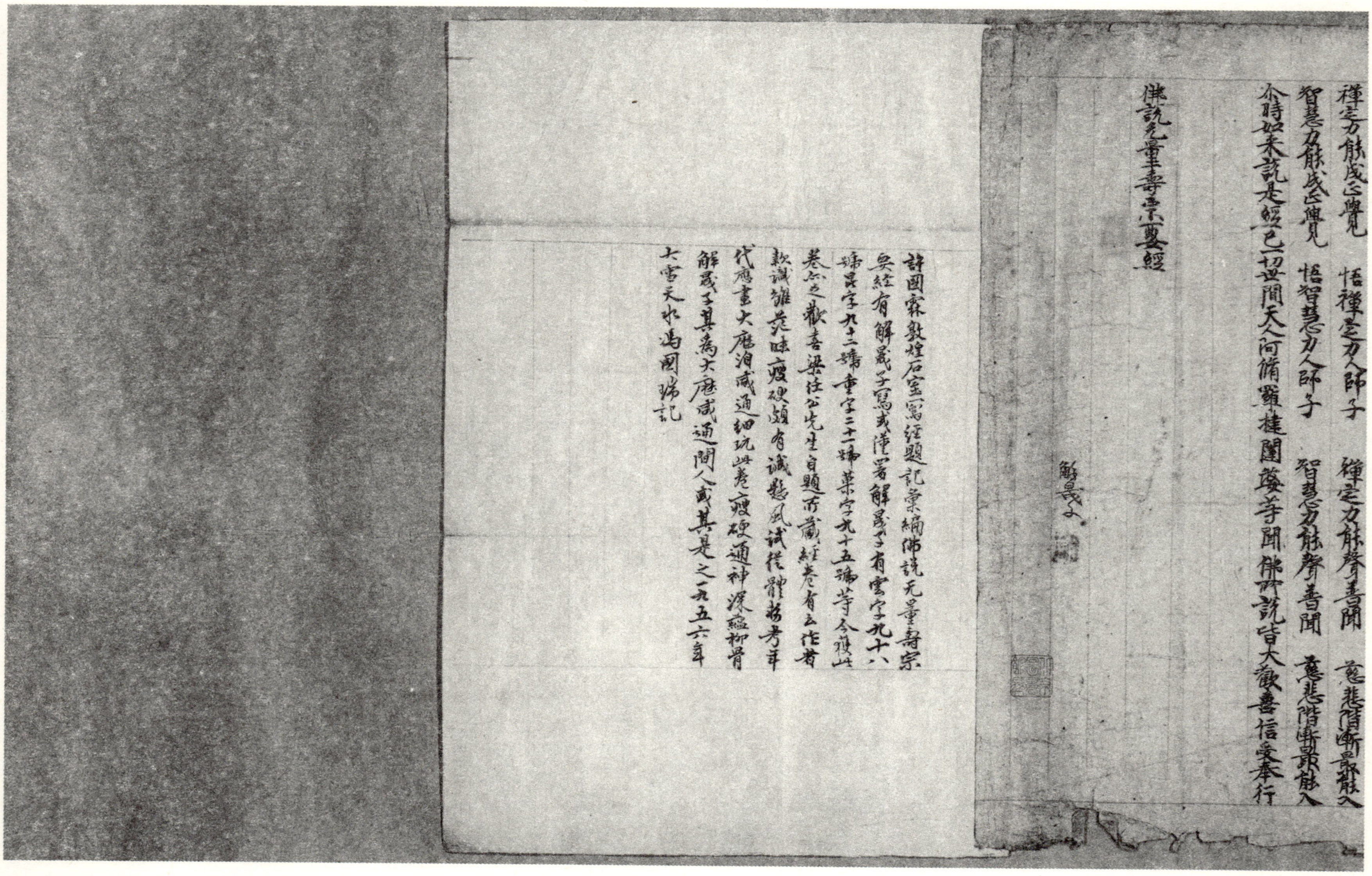
禪定力能成正覺　悟禪定力人師子　禪定力能聲善聞　慈悲階漸最能入
智慧力能成正覺　悟智慧力人師子　智慧力能聲善聞　慈悲階漸最能入
尒時如来說是經已一切世間天人阿脩羅揵闥婆等聞佛所說皆大歡喜信受奉行
佛說无量壽宗要經
解晟子
許國霖敦煌石室寫經題記彙編佛說无量壽宗
要經有解晟子寫或僅署解晟子有雲字九十八
號呂字九十二號重字三十一號菓字九十五號等今獲此
卷亦之歡喜梁任公先生自題所藏經卷有云作者
款識雖無味瘦硬頗有識態風試從體勢考年
代應書大曆洎咸通細玩此卷瘦硬通神深蘊柳骨
解晟子其爲大曆咸通間人或其是之一九五六年
大雪天水馮國瑞記

BD15348 號　無量壽宗要經　（7–7）

BD15348 號背　勘記、印章　（2–1）

BD15348 號背　勘記、印章　（2–2）

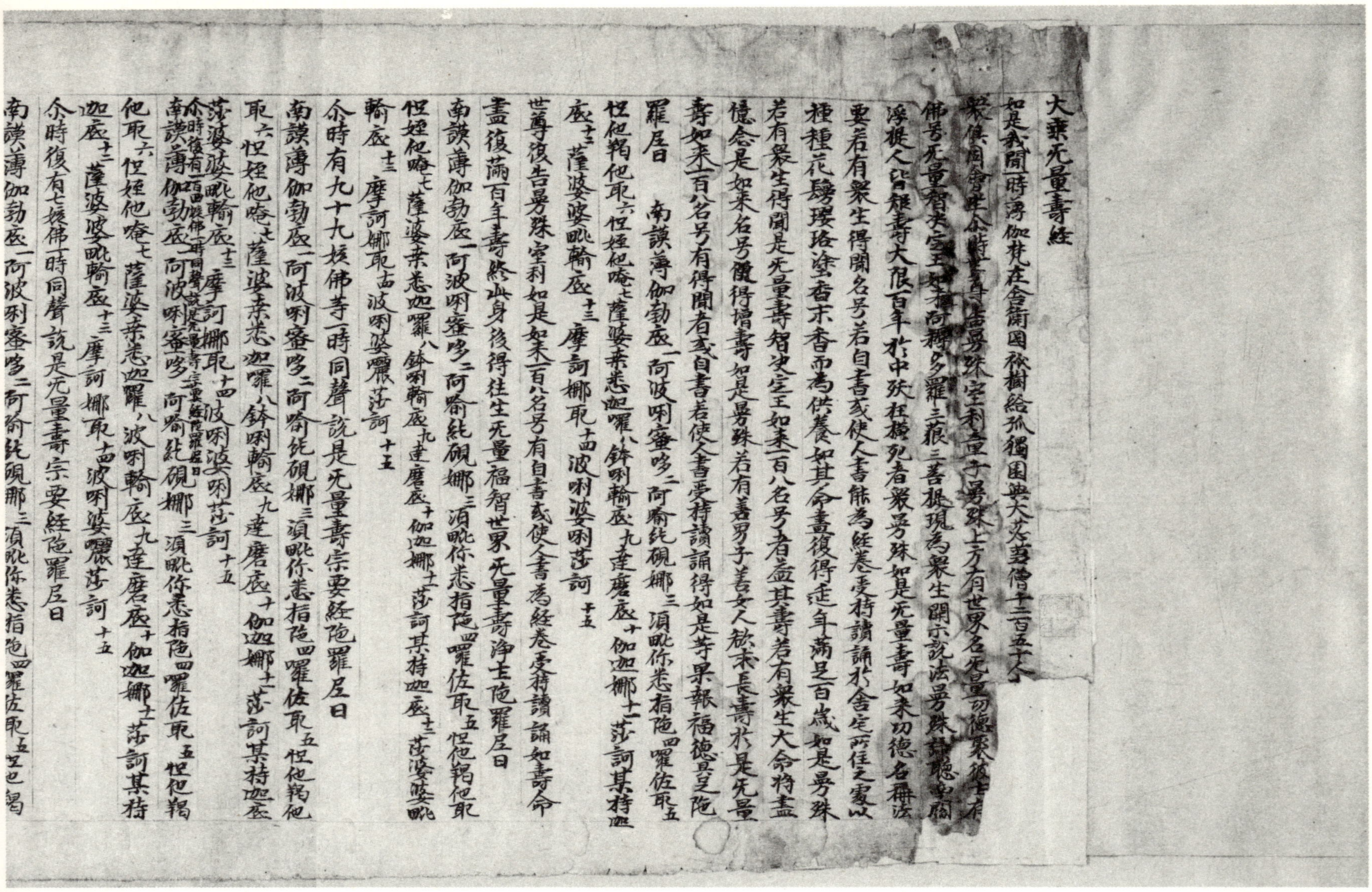

大乘无量壽經
如是我聞一時薄伽梵在舍衛國祇樹給孤獨園與大苾芻僧千二百五十人
眾俱爾時世尊告曼殊室利童子曼殊上方有世界名无量功德聚彼土有
佛号无量智决定王如來阿耨多羅三藐三菩提現為眾生開示說法曼殊室利聽此閻
浮提人皆短壽大限百年於中殀枉橫死者眾曼殊如是无量壽如來功德名稱法
要若有眾生得聞名号若自書或使人書能為經卷受持讀誦於舍宅所住之處以
種種花鬘瓔珞塗香末香而為供養如其命盡復得延年滿足百歲如是曼殊
若有眾生得聞是无量壽智决定王如來一百八名号者益其壽若有眾生大命將盡
憶念是如來名号便得增壽如是曼殊若有善男子善女人欲求長壽於是无量
壽如來一百八名号有得聞者或自書若使人書受持讀誦得如是等果報福德具足陁
羅尼曰
南謨薄伽勃底一阿波唎蜜哆二阿喻紇硯娜三須毗你悉指陁四囉佐耶五
怛他羯他耶六怛姪他唵七薩婆桒悉迦囉八鉢唎輸底九達磨底十伽迦娜十一莎訶某持迦
底十二薩婆婆毗輸底十三摩訶娜耶十四波唎婆唎莎訶 十五
世尊復告曼殊室利如是如來一百八名号有自書或使人書為經卷受持讀誦如壽命
盡復滿百年壽終此身後得往生无量福智世界无量壽淨土陁羅尼曰
南謨薄伽勃底一阿波唎蜜哆二阿喻紇硯娜三須毗你悉指陁四囉佐耶五怛他羯他耶
怛姪他唵七薩婆桒悉迦囉八鉢唎輸底九達磨底十伽迦娜十一莎訶某持迦底十二莎婆婆毗
輸底十三摩訶娜耶十四波唎婆囉莎訶 十五
爾時有九十九姟佛等一時同聲說是无量壽宗要經陁羅尼曰
南謨薄伽勃底一阿波唎蜜哆二阿喻紇硯娜三須毗你悉指陁四囉佐耶五怛他羯他
耶六怛姪他唵七薩婆桒悉迦囉八鉢唎輸底九達磨底十伽迦娜十一莎訶某持迦底
莎婆婆毗輸底十三摩訶娜耶十四波唎婆唎莎訶 十五
爾時復有一百四姟佛一時同聲說是无量壽宗要經陁羅尼曰
南謨薄伽勃底一阿波唎蜜哆二阿喻紇硯娜三須毗你悉指陁四囉佐耶五怛他羯
他耶六怛姪他唵七薩婆桒悉迦囉八波唎輸底九達磨底十伽迦娜十一莎訶某持
迦底十二薩婆婆毗輸底十三摩訶娜耶十四波唎婆囉莎訶 十五
爾時復有七姟佛一時同聲說是无量壽宗要經陁羅尼曰
南謨薄伽勃底一阿波唎蜜哆二阿喻紇硯娜三須毗你悉指陁四羅佐耶五怛他羯

BD15349 號　無量壽宗要經　（6–1）

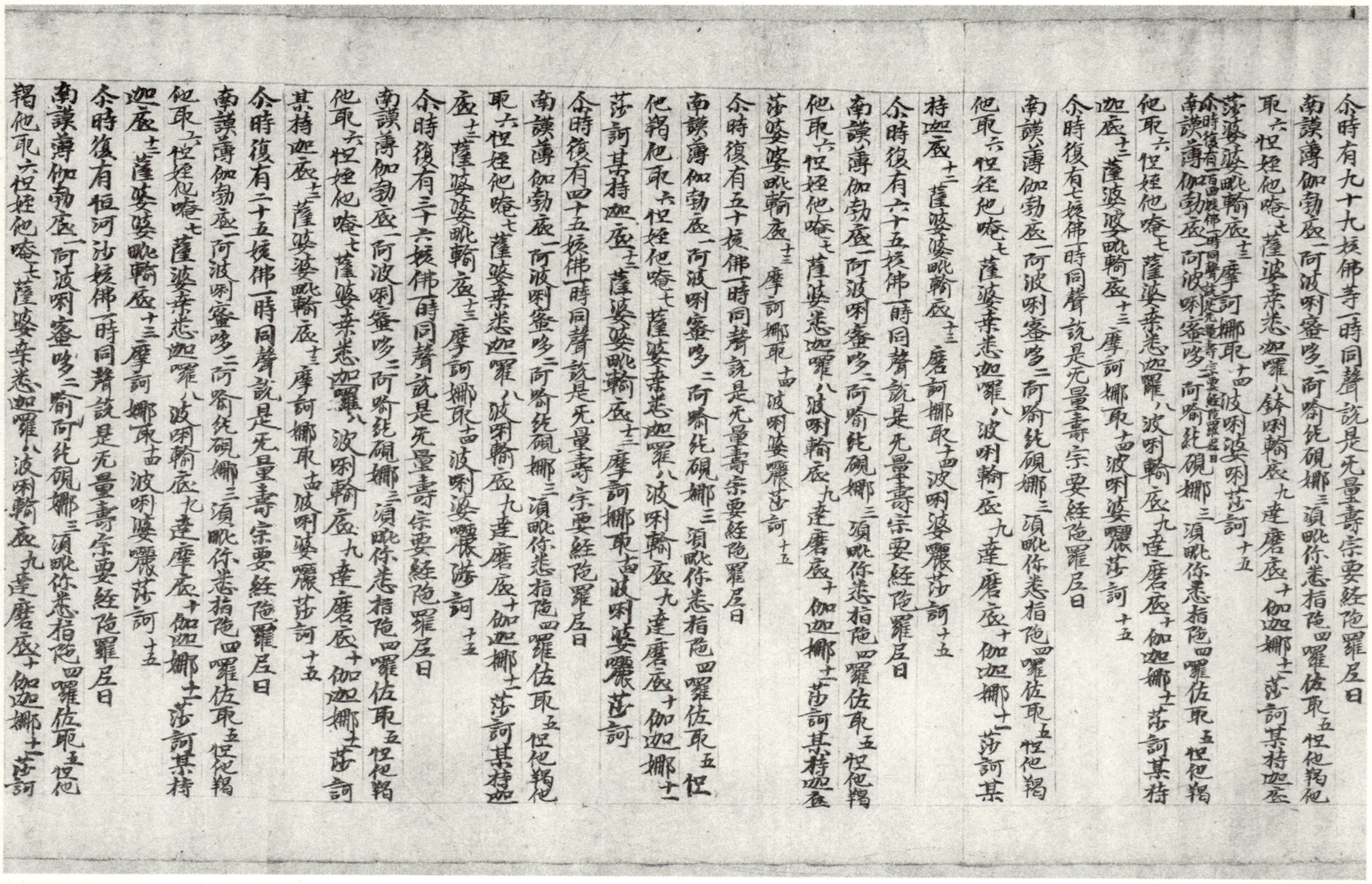

爾時有九十九姟佛等一時同聲說是无量壽宗要經陁羅尼曰
南謨薄伽勃底一阿波唎蜜哆二阿喻紇硯娜三須毗你悉指陁四囉佐耶五怛他羯他
耶六怛姪他唵七薩婆桒悉迦囉八鉢唎輸底九達磨底十伽迦娜十一莎訶某持迦底
莎婆婆毗輸底十三摩訶娜耶十四波唎婆唎莎訶 十五
爾時復有一百四姟佛一時同聲說是无量壽宗要經陁羅尼曰
南謨薄伽勃底一阿波唎蜜哆二阿喻紇硯娜三須毗你悉指陁四囉佐耶五怛他羯
他耶六怛姪他唵七薩婆桒悉迦囉八波唎輸底九達磨底十伽迦娜十一莎訶某持
迦底十二薩婆婆毗輸底十三摩訶娜耶十四波唎婆囉莎訶 十五
爾時復有七姟佛一時同聲說是无量壽宗要經陁羅尼曰
南謨薄伽勃底一阿波唎蜜哆二阿喻紇硯娜三須毗你悉指陁四囉佐耶五怛他羯
他耶六怛姪他唵七薩婆桒悉迦囉八波唎輸底九達磨底十伽迦娜十一莎訶某
持迦底十二薩婆婆毗輸底十三磨訶娜耶十四波唎婆囉莎訶 十五
爾時復有六十五姟佛一時同聲說是无量壽宗要經陁羅尼曰
南謨薄伽勃底一阿波唎蜜哆二阿喻紇硯娜三須毗你悉指陁四囉佐耶五怛他羯
他耶六怛姪他唵七薩婆桒悉迦囉八波唎輸底九達磨底十伽迦娜十一莎訶某持迦底
莎婆婆毗輸底十三摩訶娜耶十四波唎婆囉莎訶 十五
爾時復有五十姟佛一時同聲說是无量壽宗要經陁羅尼曰
南謨薄伽勃底一阿波唎蜜哆二阿喻紇硯娜三須毗你悉指陁四囉佐耶五怛
他羯他耶六怛姪他唵七薩婆桒悉迦囉八波唎輸底九達磨底十伽迦娜十一
莎訶某持迦底十二薩婆婆毗輸底十三摩訶娜耶十四波唎婆囉莎訶
爾時復有四十五姟佛一時同聲說是无量壽宗要經陁羅尼曰
南謨薄伽勃底一阿波唎蜜哆二阿喻紇硯娜三須毗你悉指陁四囉佐耶五怛他羯他
耶六怛姪他唵七薩婆桒悉迦囉八波唎輸底九達磨底十伽迦娜十一莎訶某持迦
底十二薩婆婆毗輸底十三摩訶娜耶十四波唎婆囉莎訶
爾時復有三十六姟佛一時同聲說是无量壽宗要經陁羅尼曰
底十二薩婆婆毗輸底十三摩訶娜耶十四波唎婆囉莎訶 十五
南謨薄伽勃底一阿波唎蜜哆二阿喻紇硯娜三須毗你悉指陁四囉佐耶五怛他羯
他耶六怛姪他唵七薩婆桒悉迦囉八波唎輸底九達磨底十伽迦娜十一莎訶
某持迦底十二薩婆婆毗輸底十三摩訶娜耶十四波唎婆囉莎訶 十五
爾時復有二十五姟佛一時同聲說是无量壽宗要經陁羅尼曰
南謨薄伽勃底一阿波唎蜜哆二阿喻紇硯娜三須毗你悉指陁四囉佐耶五怛他羯
他耶六怛姪他唵七薩婆桒悉迦囉八波唎輸底九達磨底十伽迦娜十一莎訶某持
迦底十二薩婆婆毗輸底十三摩訶娜耶十四波唎婆囉莎訶 十五
爾時復有恒河沙姟佛一時同聲說是无量壽宗要經陁羅尼曰
南謨薄伽勃底一阿波唎蜜哆二阿喻紇硯娜三須毗你悉指陁四囉佐耶五怛他
羯他耶六怛姪他唵七薩婆桒悉迦囉八波唎輸底九達磨底十伽迦娜十一莎訶

BD15349 號　無量壽宗要經　（6–2）

某持伽底十二 薩婆婆毗輸底十三 摩訶娜耶十四 波唎婆曬莎訶十五
尒時復有二十五姟佛一時同聲說是无量壽宗要經陁羅尼曰
南謨薄伽勃底一 阿波唎蜜哆二 阿喻紇硯娜三 須毗你悉指陁四 囉佐耶五 怛他羯
他耶六 怛姪他唵七 薩婆桑悉迦囉八 波唎輸底九 達摩底十 伽迦娜十一 莎訶某持
伽底十二 薩婆婆毗輸底十三 摩訶娜耶十四 波唎婆曬莎訶十五
尒時復有恒河沙姟佛一時同聲說是无量壽宗要經陁羅尼曰
南謨薄伽勃底一 阿波唎蜜哆二 喻阿紇硯娜三 須毗你悉指陁四 囉佐耶五 怛他
羯他耶六 怛姪他唵七 薩婆桑悉迦囉八 波唎輸底九 達磨底十 伽迦娜十一 莎訶
某持伽底十二 薩婆婆毗輸底十三 摩訶娜耶十四 波唎婆曬莎訶
善男子若有自書寫教人書寫是无量壽宗要經如其命盡復得長
壽而滿年陁羅尼曰　南謨薄伽勃底一 阿波唎蜜哆二 阿喻紇硯娜三
須毗你悉指陁四 囉佐耶五 怛他羯他耶六 怛姪他唵七 薩婆桑悉迦囉八 波
唎輸底九 達磨底十 伽迦娜十一 莎訶某持伽底十二 薩波毗輸底十三 摩訶娜耶
波唎婆曬莎訶　若有自書寫教人書寫是无量壽宗要經受持讀
誦畢竟不墮地獄在在所生得宿命智陁羅尼曰
南謨薄伽勃底一 阿波唎蜜哆二 阿喻紇硯娜三 須毗你悉指陁四 囉佐耶五 怛他羯他
耶六 怛姪他唵七 薩婆桑悉迦囉八 波唎輸底九 達磨底十 伽迦娜十一 莎訶某持伽
底十二 薩婆婆毗輸底十三 摩訶娜耶十四 波唎婆曬莎訶十五
若有自書寫教人書寫是无量壽宗要經受持讀誦如同書寫八万四千一切經典陁羅尼曰
南謨薄伽勃底一 阿波唎蜜哆二 阿喻紇硯娜三 須毗你悉指陁四 囉佐耶五 怛他羯他
耶六 怛姪他唵七 薩婆桑悉迦囉八 波唎輸底九 達磨底十 伽迦娜十一 莎訶某持伽
底十二 薩婆婆毗輸底十三 摩訶娜耶十四 波唎婆曬莎訶十五
若有自書寫教人書寫是无量壽宗要經即是書寫八万四千部建立塔廟陁羅尼曰
南謨薄伽勃底一 阿波唎蜜哆二 阿喻紇硯娜三 須毗你悉指陁四 囉佐耶五
怛他羯他耶六 怛姪他唵七 薩婆桑悉迦囉八 波唎輸底九 達磨底十 伽迦娜十一 莎
訶某持伽底十二 薩婆婆毗輸底十三 摩訶娜耶十四 波唎婆曬莎訶
若有自書寫教人書寫是无量壽宗要經能消五无間等一切重罪陁羅尼曰
南謨薄伽勃底一 阿波唎蜜哆二 阿喻紇硯娜三 須毗你悉指陁四 囉佐耶五 怛他
羯他耶六 怛姪他唵七 薩婆桑悉迦囉八 波唎輸底九 達磨底十 伽迦娜十一 莎訶某
持伽底十二 莎婆婆毗輸底十三 摩訶娜耶十四 波唎婆曬莎訶　若有自書寫教人
書寫是无量壽宗要經受持讀誦設有罪猶如須弥盡能除滅陁羅尼曰
南謨薄伽勃底一 阿波唎蜜哆二 阿喻紇硯娜三 須毗你悉指陁四 囉佐耶五 怛他羯他
耶六 怛姪他唵七 薩婆桑悉迦囉八 波唎輸底九 達磨底十 伽迦娜十一 莎訶某持伽底
薩婆婆毗輸底十三 摩訶娜耶十四 波唎婆曬莎訶十五　若有自書寫教人書寫

訶某持伽底十二 薩婆婆毗輸底十三 摩訶娜耶十四 波唎婆曬莎訶
若有自書寫教人書寫是无量壽宗要經能消五无間等一切重罪陁羅尼曰
南謨薄伽勃底一 阿波唎蜜哆二 阿喻紇硯娜三 須毗你悉指陁四 囉佐耶五 怛他
羯他耶六 怛姪他唵七 薩婆桑悉迦囉八 波唎輸底九 達磨底十 伽迦娜十一 莎訶某
持伽底十二 莎婆婆毗輸底十三 摩訶娜耶十四 波唎婆曬莎訶　若有自書寫教人
書寫是无量壽宗要經受持讀誦設有罪猶如須弥盡能除滅陁羅尼曰
南謨薄伽勃底一 阿波唎蜜哆二 阿喻紇硯娜三 須毗你悉指陁四 囉佐耶五 怛他羯他
耶六 怛姪他唵七 薩婆桑悉迦囉八 波唎輸底九 達磨底十 伽迦娜十一 莎訶某持伽底
薩婆婆毗輸底十三 摩訶娜耶十四 波唎婆曬莎訶十五　若有自書寫教人書寫
是无量壽宗要經受持讀誦若魔魔之眷屬夜叉羅剎不得其便終无枉死陁
羅尼曰　南謨薄伽勃底一 阿波唎蜜哆二 阿喻紇硯娜三 須毗你悉指陁四 囉佐
耶六 怛他羯他耶五 怛姪他唵七 薩婆桑悉迦囉八 波唎輸底九 達磨底十 伽迦娜十一
莎訶某持伽底十二 薩婆婆毗輸底十三 摩訶娜耶十四 波唎婆曬莎訶十五
若有自書寫教人書寫是无量壽宗要經受持讀誦當命終時有九十九姟佛現其
人前千佛授手能遊一切佛剎莫於此經生於疑惑陁羅尼曰　南謨薄伽勃底一
阿波唎蜜哆二 阿喻紇硯娜三 須毗你悉指陁四 囉佐耶五 怛他羯他耶六 怛姪他唵七
薩婆桑悉迦囉八 波唎輸底九 達磨底十 伽迦娜十一 莎訶某持伽底十二 薩婆婆毗輸底十三 摩訶
娜耶十四 波唎婆唎莎訶　若有自書寫教人書寫是无量壽宗要經受持讀誦
常得四天大王隨其衛護陁羅尼曰　南謨薄伽勃底一 阿波唎蜜哆二 阿喻紇
硯娜三 須毗你悉指陁四 囉佐耶五 怛他羯他耶六 怛姪他唵七 薩婆桑迦悉囉八 波
唎輸底九 達磨底十 伽迦娜十一 莎訶某持伽底十二 薩婆婆毗輸底十三 摩訶娜耶十四
波唎婆曬莎訶　若有自書寫教人書寫是无量壽宗要經受持讀誦
當得往西方極樂世界阿弥陁淨土陁羅尼曰　南謨薄伽勃底一 阿波蜜
哆二 阿喻紇硯娜三 須毗你悉指陁四 囉佐耶五 怛他羯他耶六 怛姪他唵七 薩婆
桑悉迦囉八 波唎輸底九 達磨底十 伽迦娜十一 莎訶某持伽底十二 薩婆婆毗輸
底十三 摩訶娜耶十四 波唎婆曬莎訶　若有方所自書寫使人書寫是无量壽
經典之處則為是塔皆應恭敬作礼若是畜生或是鳥獸得聞是經如是等類
皆當不久得成一切種智陁羅尼曰　南謨薄伽勃底一 阿波唎蜜哆二 阿喻紇硯
娜三 須毗你悉指陁四 囉佐耶五 怛他羯他耶六 怛姪他唵七 薩婆桑悉迦囉八 波唎
輸底九 達磨底十 伽迦娜十一 莎訶某持伽底十二 薩婆婆毗輸底十三 摩訶娜耶十四
波唎婆莎訶　若有於是无量壽經自書寫若使人書寫畢竟不受女人之身陁
羅尼曰　南謨薄伽勃底一 阿波唎蜜哆二 阿喻紇硯娜三 須毗你悉指陁四 囉
佐耶五 怛他羯他耶六 怛姪他唵七 薩婆桑悉迦囉八 波唎輸底九 達磨底十 伽
迦娜十一 莎訶某持伽底十二 薩婆婆毗輸底十三 摩訶娜耶十四 波唎婆唎莎訶

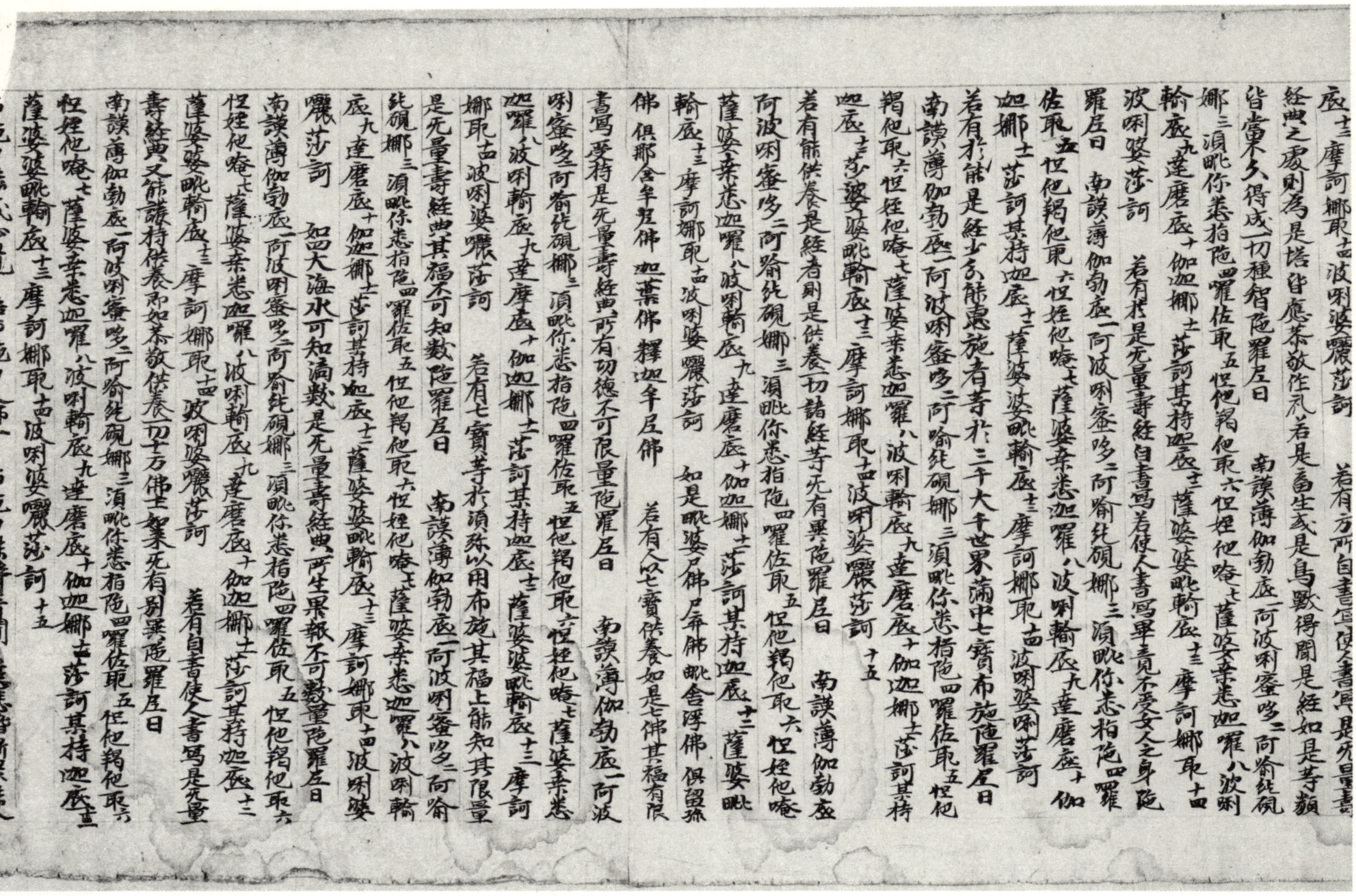
底十二摩訶娜耶十四波唎婆囉莎訶 若有方所自書寫使人書寫是无量壽
經典之處則為是塔皆應恭敬作禮若是畜生或是鳥獸得聞是經如是等類
皆當不久得成一切種智陀羅尼日 南謨薄伽勃底一阿波唎蜜哆二阿喻紇硯
娜三須毗你悉指陀四囉佐耶五怛他羯他耶六怛姪他唵七薩婆桒悉迦囉八波唎
輸底九達磨底十伽迦娜十一莎訶某持迦底十二薩婆婆毗輸底十三摩訶娜耶十四
波唎婆莎訶 若有於是无量壽經自書寫若使人書寫畢竟不受女人之身陀
羅尼日 南謨薄伽勃底一阿波唎蜜哆二阿喻紇硯娜三須毗你悉指陀四囉
佐耶五怛他羯他耶六怛姪他唵七薩婆桒悉迦囉八波唎輸底九達磨底十伽
迦娜十一莎訶某持迦底十二薩婆婆毗輸底十三摩訶娜耶十四波唎婆唎莎訶
若有於能是經少分能惠施者等於三千大千世界滿中七寶布施陀羅尼日
南謨薄伽勃底一阿波唎蜜哆二阿喻紇硯娜三須毗你悉指陀四囉佐耶五怛他
羯他耶六怛姪他唵七薩婆桒悉迦囉八波唎輸底九達磨底十伽迦娜十一莎訶某持
迦底十二莎婆婆毗輸底十三摩訶娜耶十四波唎婆囉莎訶 十五
若有能供養是經者則是供養一切諸經等无有異陀羅尼日 南謨薄伽勃底
阿波唎蜜哆二阿喻紇硯娜三須毗你悉指陀四囉佐耶五怛他羯他耶六怛姪他唵
薩婆桒悉迦囉八波唎輸底九達磨底十伽迦娜十一莎訶某持迦底十二薩婆毗
輸底十三摩訶娜耶十四波唎婆囉莎訶 如是毗婆尸佛尸棄佛毗舍浮佛 俱留孫
佛 俱那含牟尼佛 迦葉佛 釋迦牟尼佛 若有人以七寶供養如是七佛其福有限
書寫受持是无量壽經典所有功德不可限量陀羅尼日 南謨薄伽勃底一阿波
唎蜜哆二阿喻紇硯娜三須毗你悉指陀四囉佐耶五怛他羯他耶六怛姪他唵七薩婆桒悉
迦囉八波唎輸底九達磨底十伽迦娜十一莎訶某持迦底十二薩婆婆毗輸底十三摩訶
娜耶十四波唎婆囉莎訶 若有七寶等於須弥以用布施其福上能知其限量
是无量壽經典其福不可知數陀羅尼日 南謨薄伽勃底一阿波唎蜜哆二阿喻
紇硯娜三須毗你悉指陀四囉佐耶五怛他羯他耶六怛姪他唵七薩婆桒悉迦囉八波唎輸
底九達磨底十伽迦娜十一莎訶某持迦底十二薩婆婆毗輸底十三摩訶娜耶十四波唎婆
囉莎訶 如四大海水可知滴數是无量壽經典所生果報不可數量陀羅尼日
南謨薄伽勃底一阿波唎蜜哆二阿喻紇硯娜三須毗你悉指陀四囉佐耶五怛他羯他耶六
怛姪他唵七薩婆桒悉迦囉八波唎輸底九達磨底十伽迦娜十一莎訶某持迦底十二
薩婆婆毗輸底十三摩訶娜耶十四波唎婆囉莎訶 若有自書使人書寫是无量
壽經典又能護持供養即如恭敬供養一切十方佛土如來无有別異陀羅尼日
南謨薄伽勃底一阿波唎蜜哆二阿喻紇硯娜三須毗你悉指陀四囉佐耶五怛他羯他耶六
怛姪他唵七薩婆桒悉迦囉八波唎輸底九達磨底十伽迦娜十一莎訶某持迦底十二
薩婆婆毗輸底十三摩訶娜耶十四波唎婆囉莎訶 十五
布施力能成正覺 悟布施力人師子 布施力能聲普聞 慈悲陷漸果能入

BD15349 號　無量壽宗要經　（6–5）

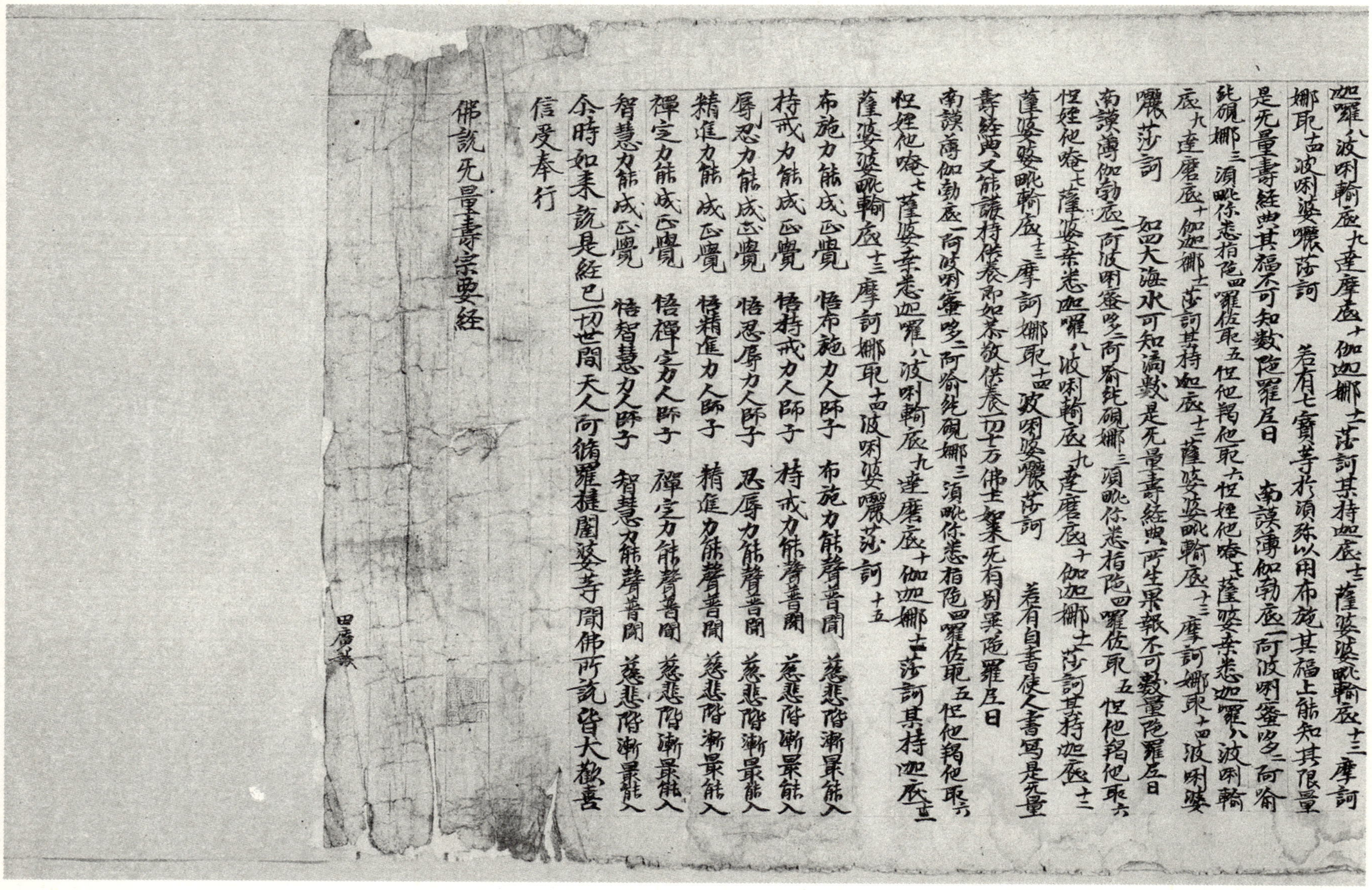
迦囉八波唎輸底九達磨底十伽迦娜十一莎訶某持迦底十二薩婆婆毗輸底十三摩訶
娜耶十四波唎婆囉莎訶 若有七寶等於須弥以用布施其福上能知其限量
是无量壽經典其福不可知數陀羅尼日 南謨薄伽勃底一阿波唎蜜哆二阿喻
紇硯娜三須毗你悉指陀四囉佐耶五怛他羯他耶六怛姪他唵七薩婆桒悉迦囉八波唎輸
底九達磨底十伽迦娜十一莎訶某持迦底十二薩婆婆毗輸底十三摩訶娜耶十四波唎婆
囉莎訶 如四大海水可知滴數是无量壽經典所生果報不可數量陀羅尼日
南謨薄伽勃底一阿波唎蜜哆二阿喻紇硯娜三須毗你悉指陀四囉佐耶五怛他羯他耶六
怛姪他唵七薩婆桒悉迦囉八波唎輸底九達磨底十伽迦娜十一莎訶某持迦底十二
薩婆婆毗輸底十三摩訶娜耶十四波唎婆囉莎訶 若有自書使人書寫是无量
壽經典又能護持供養即如恭敬供養一切十方佛土如來无有別異陀羅尼日
南謨薄伽勃底一阿波唎蜜哆二阿喻紇硯娜三須毗你悉指陀四囉佐耶五怛他羯他耶六
怛姪他唵七薩婆桒悉迦囉八波唎輸底九達磨底十伽迦娜十一莎訶某持迦底十二
薩婆婆毗輸底十三摩訶娜耶十四波唎婆囉莎訶 十五
布施力能成正覺 悟布施力人師子 布施力能聲普聞 慈悲陷漸果能入
持戒力能成正覺 悟持戒力人師子 持戒力能聲普聞 慈悲陷漸果能入
辱忍力能成正覺 悟忍辱力人師子 忍辱力能聲普聞 慈悲陷漸果能入
精進力能成正覺 悟精進力人師子 精進力能聲普聞 慈悲陷漸果能入
禪定力能成正覺 悟禪定力人師子 禪定力能聲普聞 慈悲陷漸果能入
智慧力能成正覺 悟智慧力人師子 智慧力能聲普聞 慈悲陷漸果能入
尒時如來說是經已一切世間天人阿脩羅揵闥婆等聞佛所說皆大歡喜
信受奉行
佛說无量壽宗要經
田廣談

BD15349 號　無量壽宗要經　（6–6）

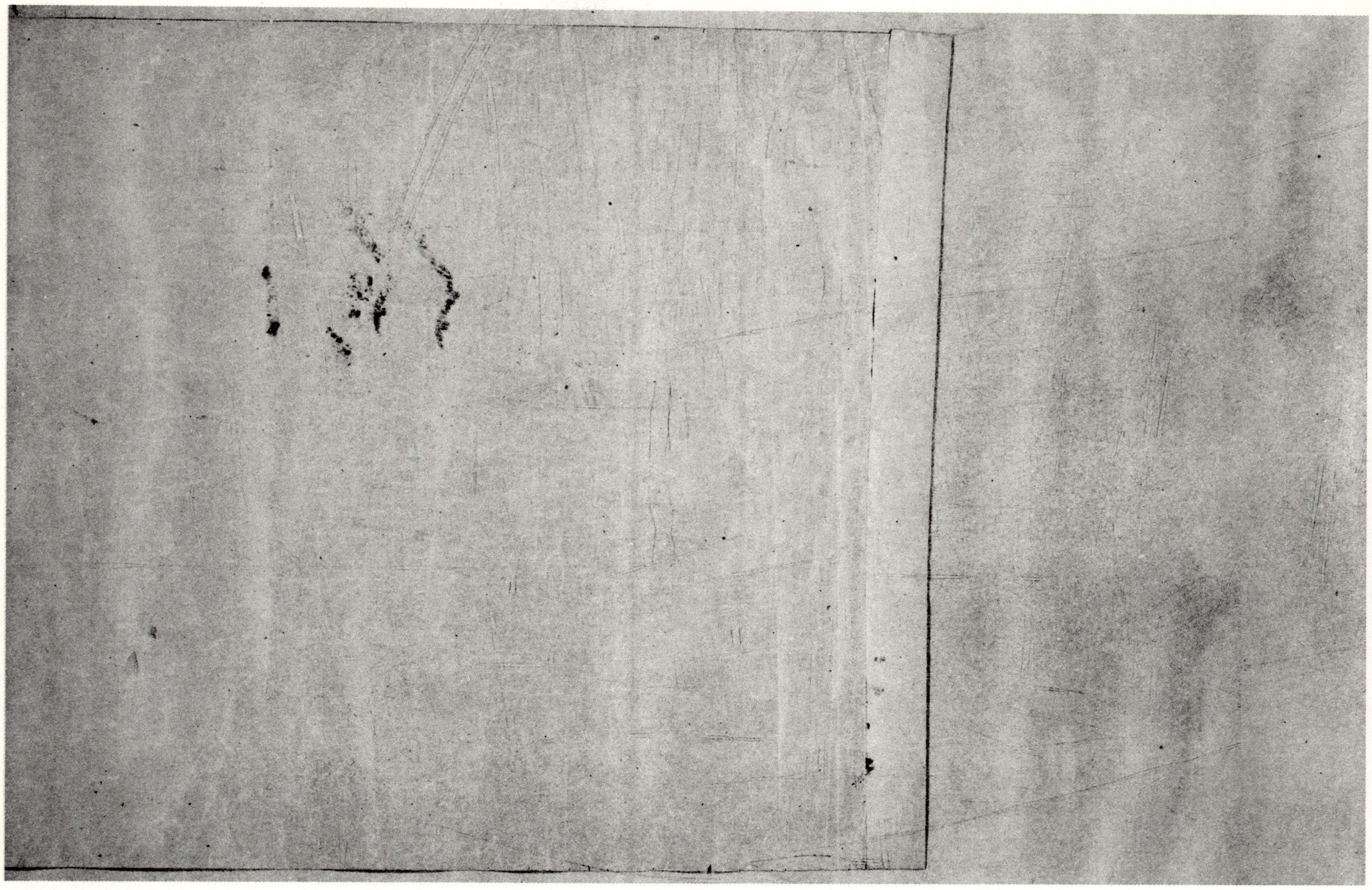

BD15349 號　塗抹　　（1–1）

BD15349 號背　勘記　　（2–1）

BD15349 號背　印章　（2–2）

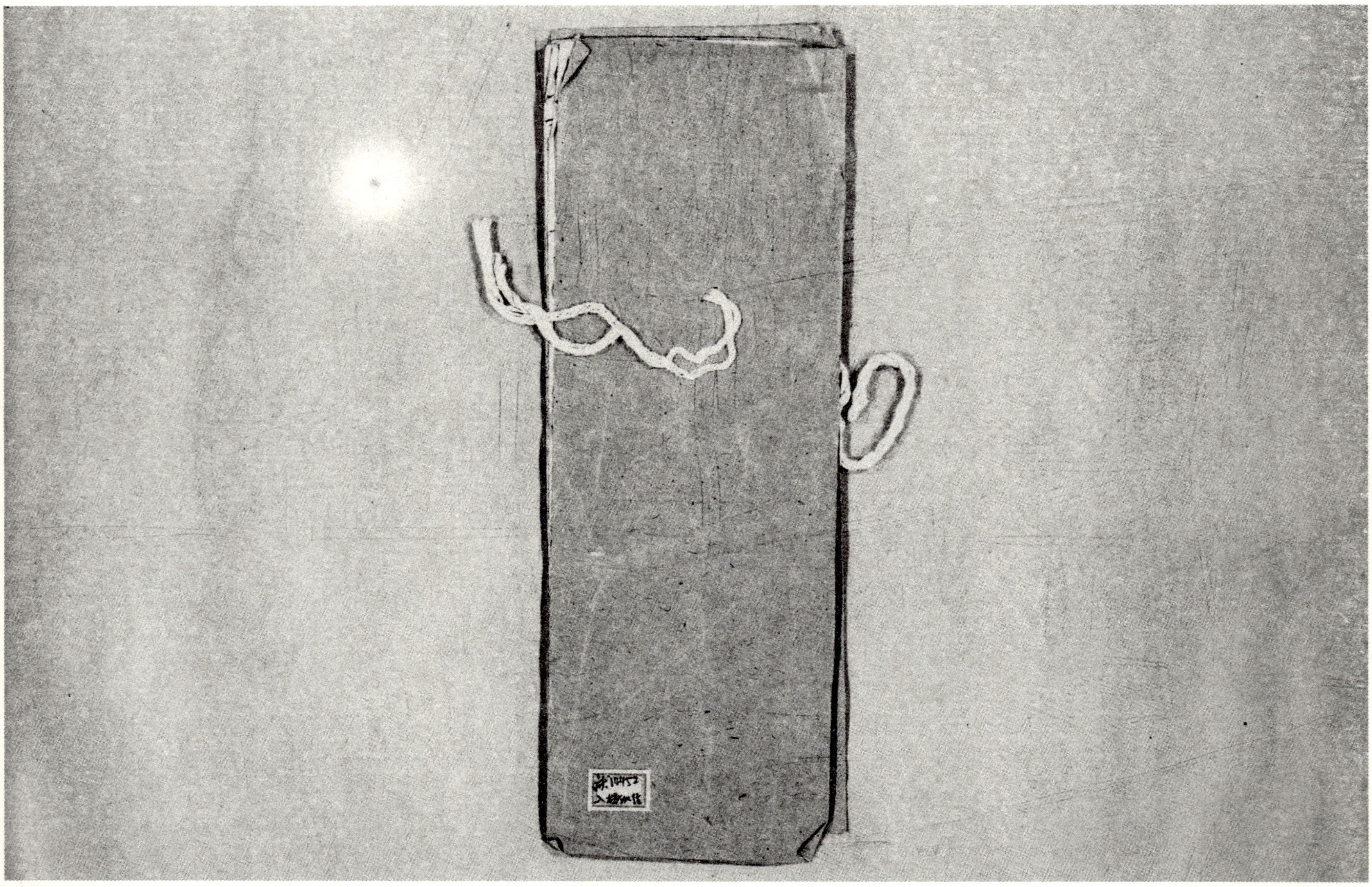

BD15350 號　梵夾裝外觀　（19–1）

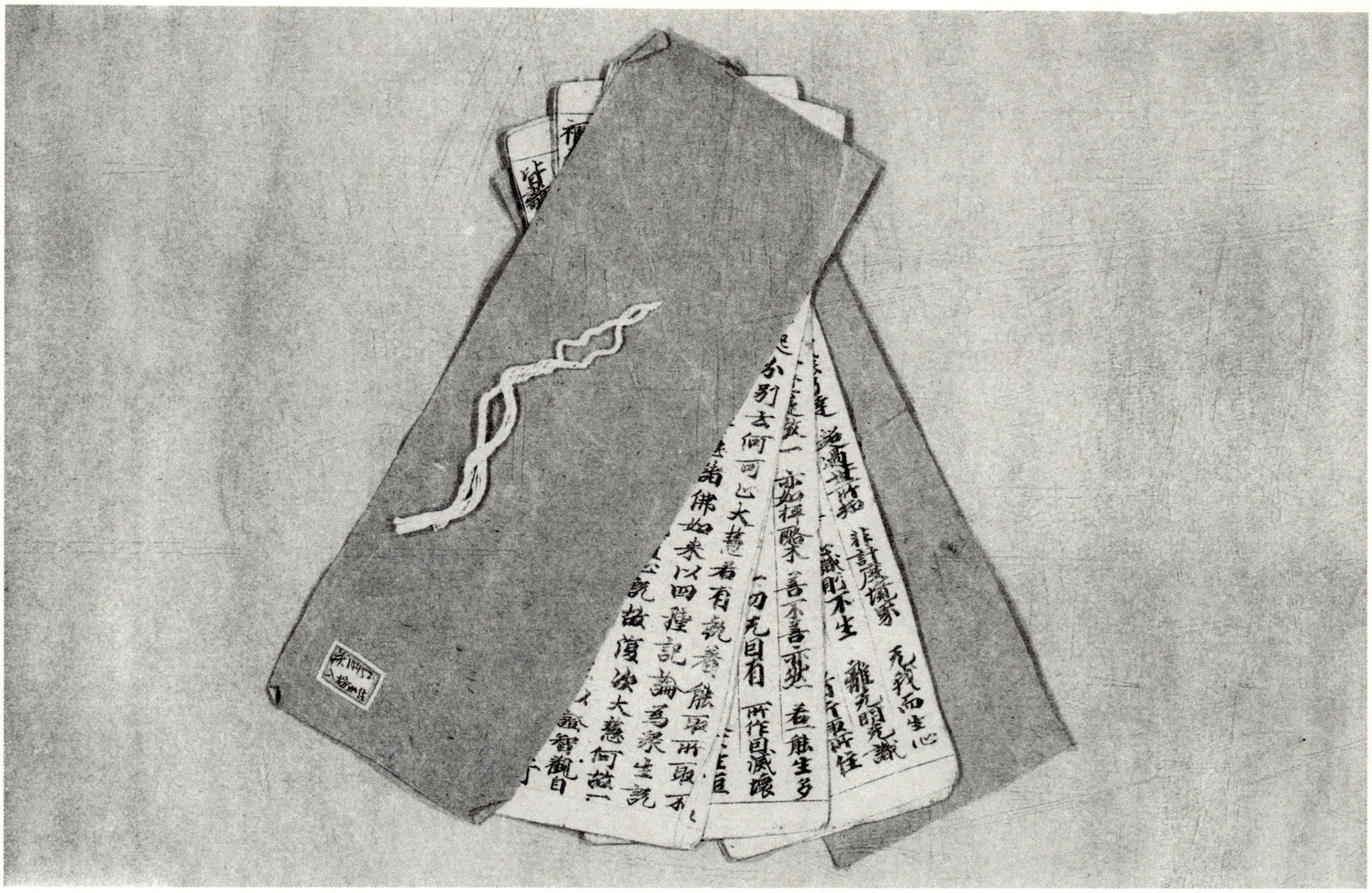

BD15350 號　梵夾裝外觀　　（19–2）

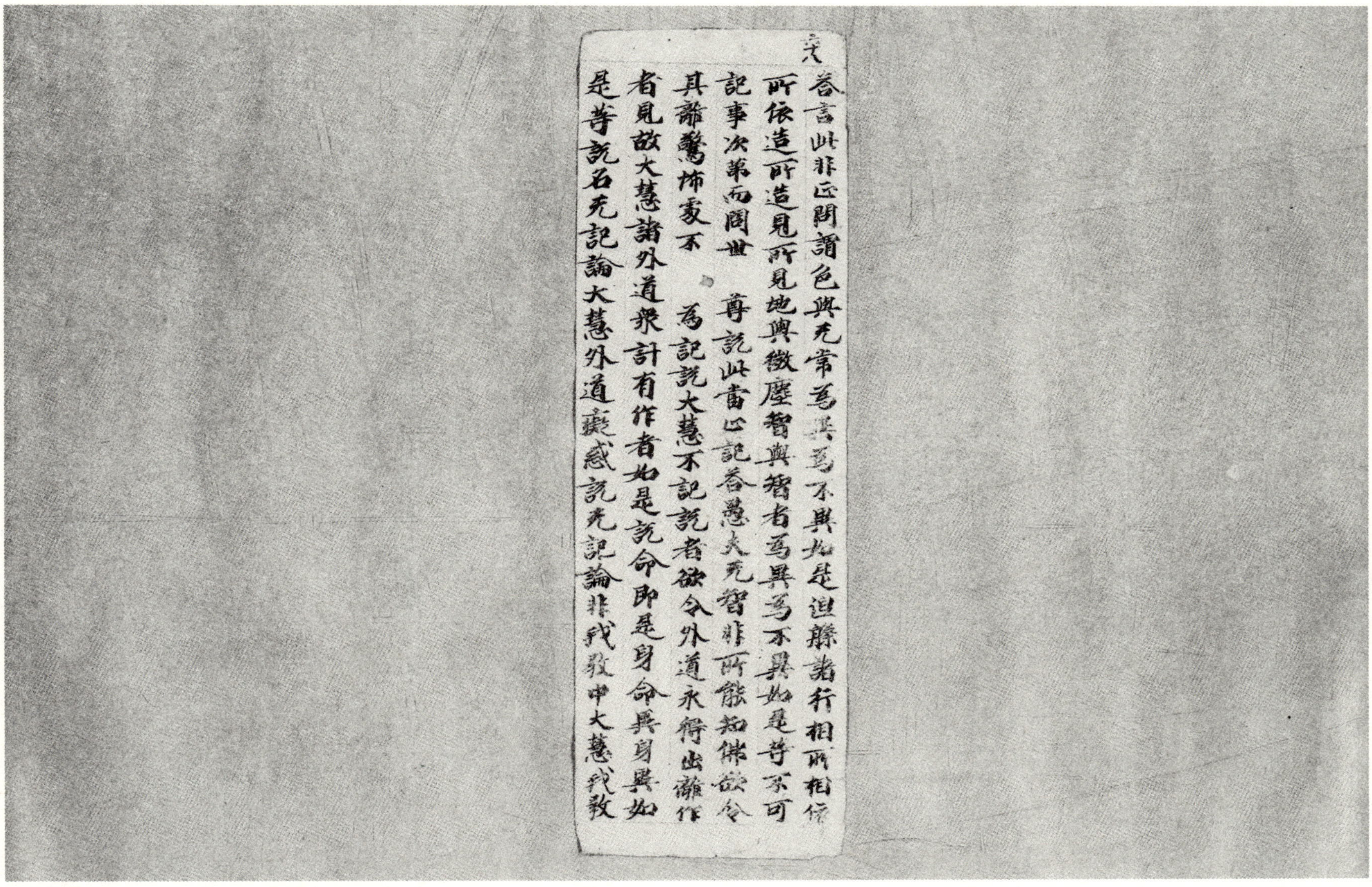

三九

答言此非正問謂色與无常為異為不異如是但緣諸行相所相依
所依造所造見所見地與微塵智與智者為異為不異如是等不可
記事次第而問世尊說此當止記答愚夫无智非所能知佛欲令
其離驚怖處不　為記說大慧不記說者欲令外道永得出離作
者見故大慧諸外道衆計有作者如是說命即是身命異身異如
是等說名无記論大慧外道癡惑說无記論非我教中大慧我教

BD15350 號 1　大乘入楞伽經卷三　　（19–3）

中說離能所取不起分別云何可記大慧者有執著能取所取不
了唯是自心所見彼應可記大慧諸佛如來以四種記論為衆生說
法大慧止記論者　我別時說以根未熟且止說故復次大慧何故一
切法不生以離能　作所作无作者故何故一切法无自性以證智觀自
相共相不可得故何故一切法无來去以自共相來无所從去无所至故何
故一切法不滅謂一切法无性相故不可得故何故一切法无常謂諸相起

BD15350 號 1　大乘入楞伽經卷三　（19–4）

非諦非解脫　亦非无相處　然乘摩訶衍　三摩提自在　種種意成身　自在花莊嚴
尒時大慧菩薩摩訶薩復白佛言世尊如世尊說五无間業何者為
五若人作已墮阿　鼻獄佛言諦聽當為汝說大慧言唯佛大言慧
五无間者所謂殺　母殺父殺阿羅漢破和合僧懷惡逆心出佛身血
大慧何者為衆生母謂引生愛與貪喜俱如母養育何者為父所謂
无明令生六處聚落中故斷二根本名殺父母云何殺阿羅漢謂隨眠

BD15350 號 2　大乘入楞伽經卷四　（19–5）

爲惑如鼠毒發究竟斷彼是故説名煞阿羅漢云何破和合僧謂蘊
異相和合積聚究竟斷彼名爲破僧云何惡心出佛身血謂八識身妄
生思覺見自心外　自相共相以三解脱无漏惡心究竟斷彼八識身
佛名爲惡心出佛　身血大慧是爲内五无間若有作者无間即得現
證實法復次大慧今爲汝説外五間无令汝及餘菩薩聞是義已扵
未来世不生疑惑云何外五无間謂餘教中所説无間若有作者扵三解

BD15350 號 2　大乘入楞伽經卷四　（19–6）

仐三
脱不能現證唯除如来諸大菩薩及大聲聞見其有造无間業者爲
欲勸發令其改過以神通力示同其事尋即悔除證扵解脱此皆化
現非是實造若有　實造无間業者終无現身而得解脱唯除覺
了自心所現身資　所住離我我所分别執見或扵来世餘處受生
遇善知識離分别過方證解脱尒時世尊重説頌言　貪愛名爲母
无明則是父　識了扵境界　此則名爲佛　隨眠阿羅漢　蘊聚名爲僧　斷彼无餘間

BD15350 號 2　大乘入楞伽經卷四　（19–7）

是名无間業　佘時大慧菩薩摩訶薩復白佛言世尊願為我說諸
佛體性佛言大慧覺二无我除二種障離二種死斷二煩惱是佛體性
大慧聲聞緣覺　得此法已亦名為佛我以是義但說一乘佘時世
尊重說頌言　善知二无我　除二障二惱　及不思議死　是故名如來
佘時大慧菩薩摩訶薩復白佛言世尊如來以何密意於大衆中唱如
是言我是過去一切諸佛及說百千本生之事我於佘時作頂生王大

BD15350 號 2　大乘入楞伽經卷四　　（19–8）

三十
父母為具財　我生瞻波國　我之先祖父　從於月種生　故号為月藏　出家脩苦行
演說千法門　與大慧授記　然後當滅度　大慧付達摩　次付彌佉梨　彌佉梨惡時
劫盡法當滅　迦葉拘留孫　拘那含牟尼　及我離塵垢　皆出純善時　純善漸滅時
有導師名慧　成就大勇猛　覺悟於五法　非二時三時　亦非極惡時　於彼純善時
現成等正覺　衣雖不割縷　雜碎而補納　如孔雀尾目　先有人復奪　或二指三指
間錯而補成　異此之所作　愚人生貪著　[illegible]為於二[illegible]　恒滅貪欲火　以智慧水

BD15350 號 3　大乘入楞伽經卷七　　（19–9）

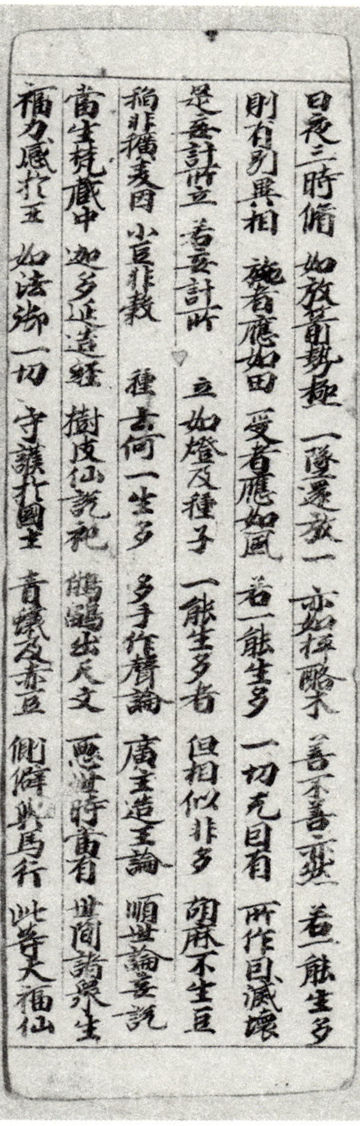

日夜三時脩 如放牛勢趣 一墜還放一 亦如拍酪木 善不善亦然 若一能生多
則有別異相 施者應如田 受者應如風 若一能生多 一切无因有 所作已滅壞
是無計所立 若無計所立 如燈及種子 一能生多者 但相似非多 胡麻不生豆
稻非穬麥因 小豆非穀種 云何一生多 多手作聲論 廣主造王論 順世論妄說
當生梵藏中 迦多延造經 樹皮仙說祀 鵂鶹出天文 惡世時當有 世間諸衆生
福力感於王 如法御一切 守護於國土 青蠑及赤豆 側僻與馬行 此等大福仙

BD15350 號 3　大乘入楞伽經卷七　(19–10)

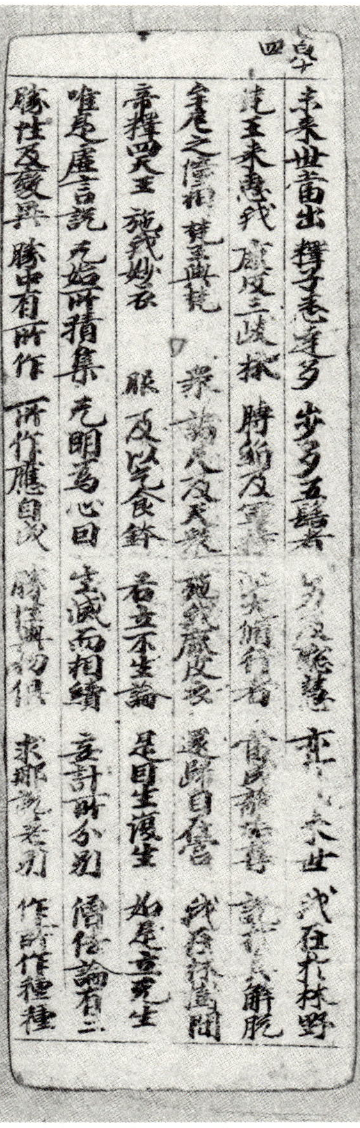

四

未來世當出 釋子悉達多 步多五髻者 分及聰慧 亦未出世 我在於林野
梵王來慰我 鹿皮三歧杖 膊絡及軍持 大脩行者 當成離垢尊 說真解脫
金尼之隱相 梵王與梵衆 諸天及天衆 施我鹿皮衣 還歸自在宮 我於林藪間
帝釋四天王 施我妙衣服 及以乞食鉢 若立不生論 是因生復生 如是立有生
唯是虛言說 无始所積集 光明為心因 生滅而相續 妄計所分別 僧佉論有二
勝性及變異 勝中有所作 所作應自成 勝性與物俱 求那說差別 作所作種種

BD15350 號 3　大乘入楞伽經卷七　(19–11)

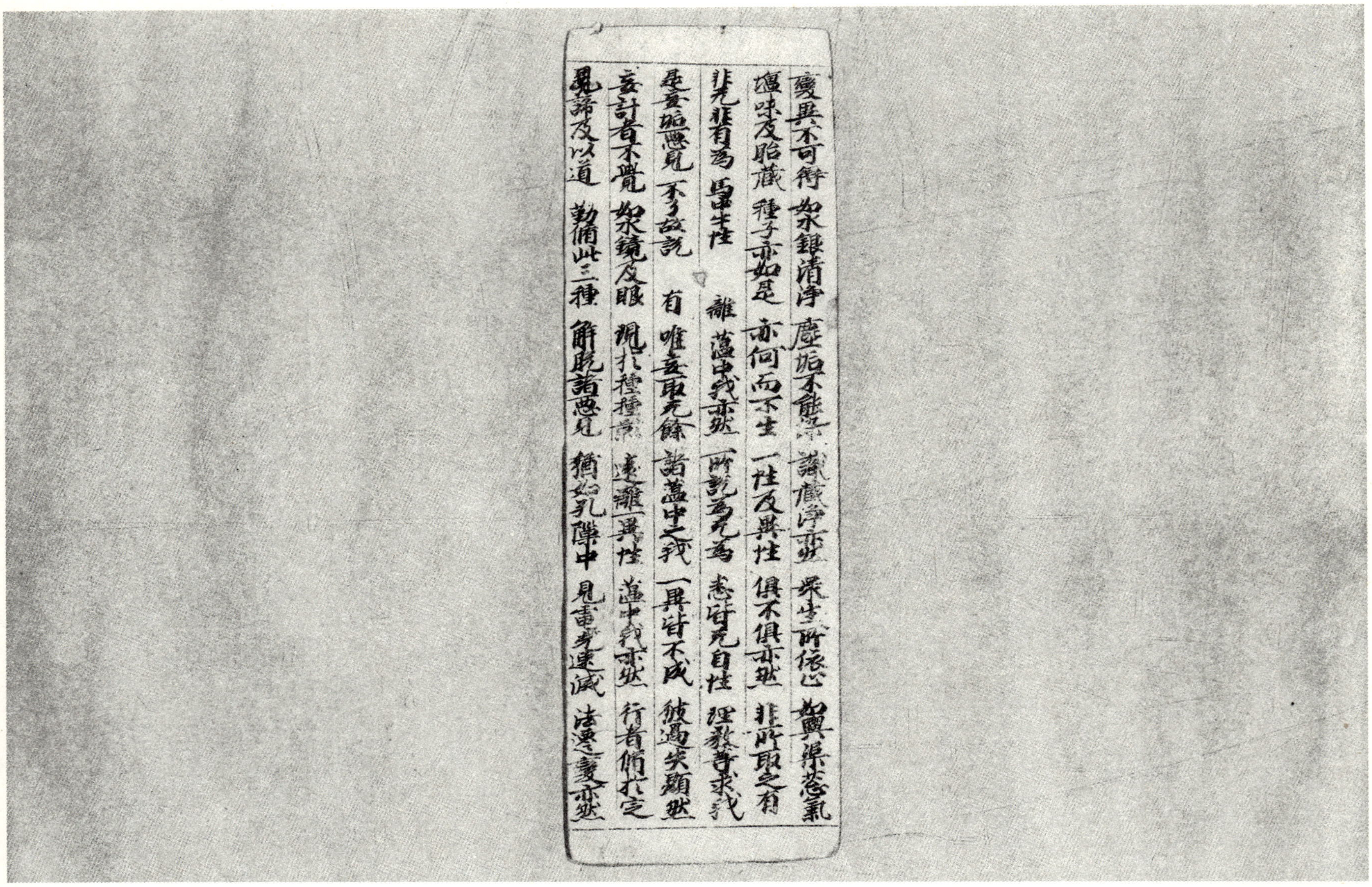

變異不可得 如水鏡清淨 塵垢不能染 識藏淨亦然 衆生所依止 如糞渠穢氣
鹽味及貽藏 種子亦如是 亦何而不生 一性及異性 俱不俱亦然 非所取之有
非无非有為 与中生住 離蘊中我亦然 一所說為无為 悉皆无自性 理教普求我
是妄垢惡見 不了故說 有唯妄取无餘 諸蘊中之我 一異皆不成 彼過失顯然
妄計者不覺 如水鏡及眼 現於種種像 遠離一異性 蘊中我亦然 行者修於定
見諦及以道 勤修此三種 解脫諸惡見 猶如乳膜中 見雷處速滅 法遷變亦然

BD15350 號 3　大乘入楞伽經卷七　（19–12）

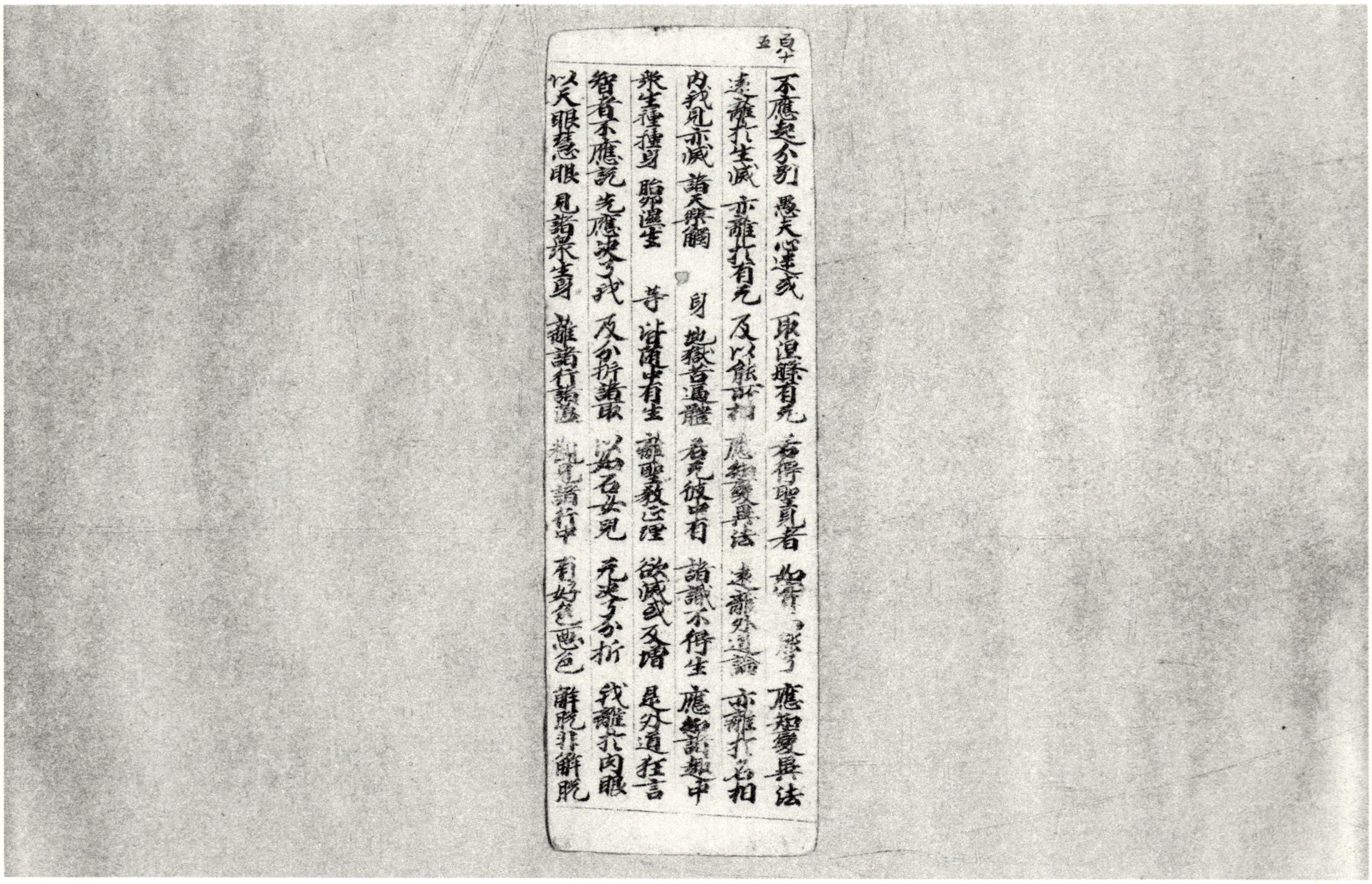

百十五

不應起分別 愚夫心迷惑 取涅槃有无 若得聖見者 如實而證了 應知變異法
遠離於生滅 亦離於有无 及以能所相 應知變異法 遠離外道論 亦離於名相
內我見亦滅 諸天樂觸身 地獄苦逼體 若无彼中有 諸識不得生 應知諸趣中
衆生種種身 胎卵濕生等 皆從中有生 離聖教正理 欲滅惑反增 是外道狂言
智者不應說 先應決了我 及分析諸取 以如石女兒 无決了分析 我離於肉眼
以天眼慧眼 見諸衆生身 離諸行諸蘊 觀見諸行中 有好色惡色 解脫非解脫

BD15350 號 3　大乘入楞伽經卷七　（19–13）

有住天中者　諸趣所受身　唯我能了達　超過世所知　非計度境界　无我而生心
此心云何生　豈不說心生　如何燈種子　若无无明等　心識則不生　離无明无識
云何生相續　妄計者所說　三世及非世　第五不可說　諸佛之所知　諸行取所住
彼亦爲智因　不應說智慧　而名爲諸行　有此因緣故　則有此法生　无別有作者
是我之所說　風不能生火　而令火熾然　亦由風故滅　云何喻於我　所說爲无爲
皆離於諸取　云何愚分別　以火成立我　諸緣展轉力　是故能生火　若分別如火

BD15350 號 3　大乘入楞伽經卷七　（19–14）

六

是我從誰生　意等爲因故　諸蘊處積集　[illegible]　[illegible]　此二常如日
遠離能所作　非火能成立　妄計者不知　[illegible]心自勝　本性常清淨　无始過習染
无異如虛空　爲明等外道　諸見所雜染　意識之所覆　計火等爲淨　若得如實見
便能斷煩惱　捨邪論稠林　到聖所行處　智所知差別　各異而分別　无智者不知
說所不應說　如處說異材　作相續流水　妄計異自體　當知亦復然　食前將鉢歸
洗濯令清淨　澡漱口餘味　應當如是修　[illegible]　如理正思惟　淨信離分別

BD15350 號 3　大乘入楞伽經卷七　（19–15）

成就衆勝定 離著住於義 成金光法燈 分別於有无 及諸惡見網
三十六等皆離 得佛十力清 外道執能作 迷方及无因 於緣起驚怖 斷滅无聖性
變起諸果報 謂諸識及意 意從賴耶生 識依末那起 賴耶起諸心 如海起波浪
習氣以為因 隨緣而生起 刹那相鉤鎖 取自心境界 種種諸形相 意眼等識生
由无始惡習 似外境而生 所見唯自心 非外道所了 因彼而緣彼 而生於餘識
是故起諸見 流轉於生死 識法如幻夢 水月鏡乹城 當知一切法 唯是自分別

BD15350 號 3　大乘入楞伽經卷七 （19–16）

百十七

正智依真如 而起諸三昧 如幻首楞嚴 如是等差別 得入於諸地 自在及神通
成就如幻智 諸佛灌其頂 見世間虛妄 是時心轉依 獲得歡喜地 諸地及佛地
既得轉依已 如衆色摩尼 利益諸衆生 應現如水月 捨離有无見 及以俱不俱
過於二乘行 亦超第七地 自內現證法 地地而修治 遠離諸外道 應說是大乘
說解脫法門 如衆色摩尼 捨離於分別 離死及遷滅 教由理故成 理由教故顯
當依此教理 勿更餘分別

BD15350 號 3　大乘入楞伽經卷七 （19–17）

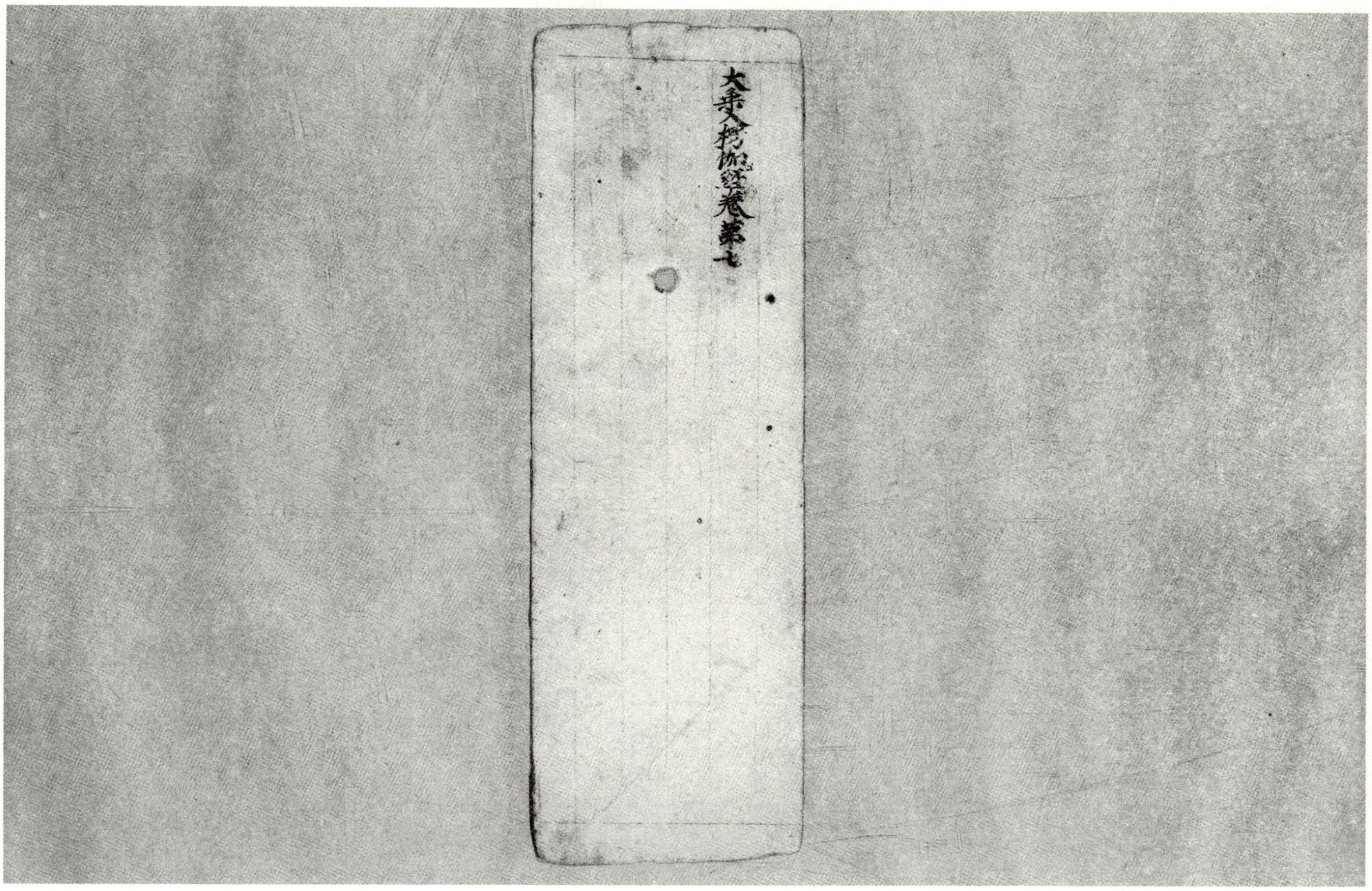

BD15350 號 3　大乘入楞伽經卷七　　（19–18）

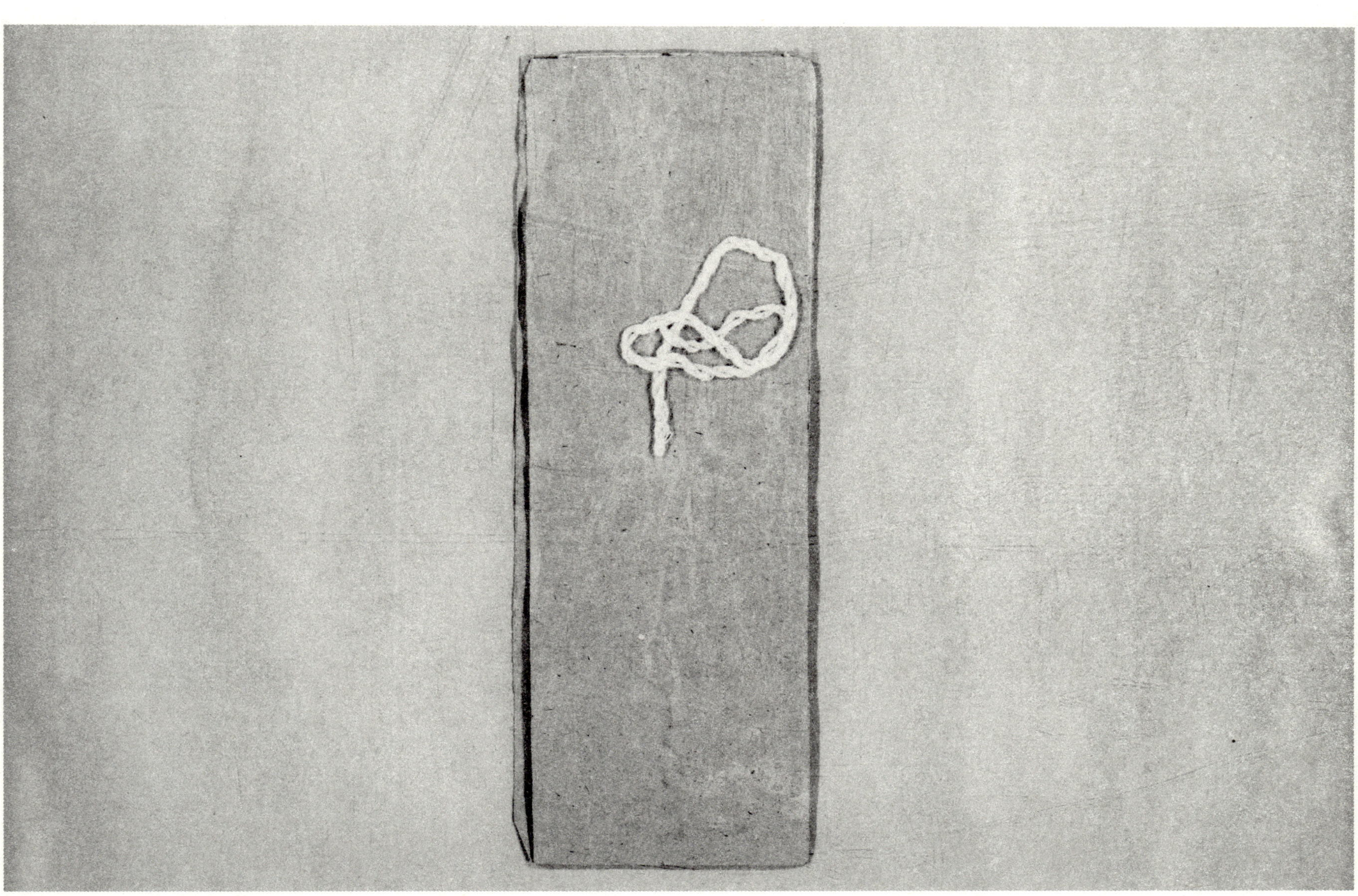

BD15350 號　梵夾裝外觀　　（19–19）

BD15351 號背　護首　　　　（1–1）

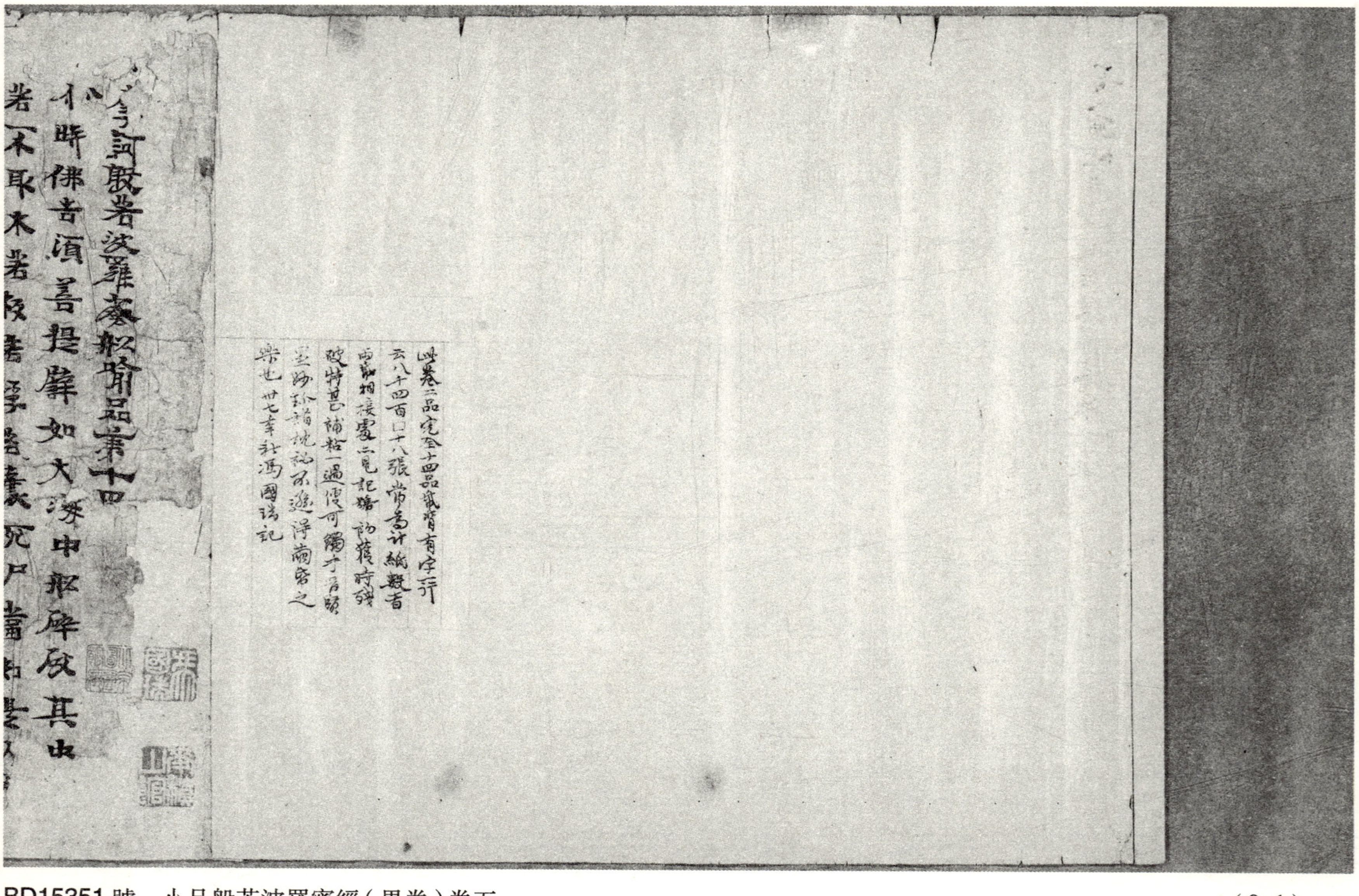

BD15351 號　小品般若波羅蜜經（異卷）卷五　　　　（8–1）

摩訶般若波羅蜜船喻品第十四

爾時佛告須菩提譬如大海中舩碎破其中
若不取木若板若浮若囊死尸當知是人不
到彼岸沒水而死須菩提其中人若取木板
浮囊死屍當知是人不沒水死安隱無礙得
至彼岸須菩提菩薩亦如是於阿耨多羅三
藐三菩提有信有忍有樂有
欲有解有捨有精進不取般若波羅蜜當
知是人中道退沒墮聲聞辟支佛地須菩提
若菩薩於阿耨多羅三藐三菩提有信
樂有淨心有深心有欲有解有捨有精進取般若
波羅蜜為是諸法般若波羅蜜所守護故
中道不退過聲聞辟支佛地當住般若波羅
蜜阿耨多羅三藐三菩提須菩提譬如人持
坏瓶於河井泉池取水當知是瓶不久爛壞
還歸於地何以故瓶未熟故須菩提菩薩亦
如是於阿耨多羅三藐三菩提有信有忍有
樂有淨心有深心有欲有解有捨有精進不
為般若波羅蜜方便所護故當知是人未得薩婆
若中道退轉須菩提云何為菩薩中道退轉
所謂若墮聲聞地辟支佛地也須 如有
人持熟瓶於河井池泉取水當知是瓶堅固
不壞持水而歸何以故是瓶熟故須菩提善

BD15351 號　小品般若波羅蜜經（異卷）卷五　（8-2）

為般若波羅蜜所護故當知是人未得薩婆
若中道退轉須菩提云何為菩薩中道退轉
所謂若墮聲聞地辟支佛地也須 如有
人持熟瓶於河井池泉取水當知是瓶堅固
不壞持水而歸何以故是瓶熟故須菩提善
薩亦如是於阿耨多羅三藐三菩提有信有
忍有樂有淨心有深心有欲有解有捨有精
進為般若波羅蜜方便所護故當知是菩薩
不中道退轉安隱得到薩婆若須菩提譬如
大海中船未莊治推著水邊載諸財物當
知是船中道壞沒散失財物用是賈客无方
便故亡失財物自致憂惱須菩提菩薩亦如是
於阿耨多羅三藐三菩提有信乃至精進不為
般若波羅蜜方便所護故未到薩婆若中道
而退失於大寶而自憂惱失大珍寶 退失者
墮聲聞辟支佛地失大寶者失薩婆若
寶須菩提譬如大海邊船莊治堅牢推著
水中載諸財物當知是船不中道沒隨所至
處大能得到須菩提菩薩亦如是於阿耨
多羅三藐三菩提有信乃至精進為般若波
羅蜜方便所護故當知是菩薩不中道退
轉於阿耨多羅三藐三菩提何以故須菩提
法應爾若菩薩於阿耨多羅三藐三菩提有
信乃至精進為般若波羅蜜方便所護故不墮
聲聞辟支佛地但以是諸功德向阿耨多羅
三藐三菩提須菩提譬如老人年百廿而有

BD15351 號　小品般若波羅蜜經（異卷）卷五　（8-3）

羅蜜方便所護故當知是善男子……退
轉於阿耨多羅三藐三菩提何以故須菩提
法應爾若菩薩於阿耨多羅三藐三菩提有
信乃至進為般若波羅蜜方便所護故不墮
聲聞辟支佛地但以是諸功德回向阿耨多羅
三藐三菩提須菩提譬如老人年百廿而有
疾病風寒冷熱須菩提於意云何 人能
從床起不不也世尊須菩提是人或時能起
世尊雖令能起不能遠行若十里廿里何以故
是人以衰老病所侵雖復能起不能遠行須
菩提菩薩亦如是雖發阿耨多羅三藐三菩
提心乃至精進於阿耨多羅三藐三菩提有信
乃至有進不為般若波羅蜜方便所護故未
得薩婆若中道退轉墮聲聞辟支佛地須
菩提是百廿歲老人若有風寒冷熱之病欲從
床起有二健人各扶一腋安慰之言隨意所
至我等好相扶持勿懼中道有所墮落須
菩提菩薩亦如是於阿耨多羅三藐三菩提
有信乃至進為般若波羅蜜方便所護故當
知是菩薩不中道退轉能至阿耨多羅三藐
三菩提

摩訶般若波羅蜜大如品第十五

爾時須菩提白佛言世尊新發意菩薩云何應
學般若波羅蜜佛告須菩提新發意菩薩若
欲學般若波羅蜜先當親近善知識能說般
若波羅蜜者是人如是教善男子來汝所有

BD15351號　小品般若波羅蜜經（異卷）卷五　（8–4）

摩訶般若波羅蜜大如品第十五

爾時須菩提白佛言世尊新發意菩薩云何應
學般若波羅蜜佛告須菩提新發意菩薩若
欲學般若波羅蜜先當親近善知識能說般
若波羅蜜者是人如是教善男子來汝所有
布施皆應迴向阿耨多羅三藐三菩提汝善男
子亦莫貪著阿耨多羅三藐三菩提者謂色
是若謂受想行識是何以故善男子是薩婆
若非可著者汝所有持戒忍辱精進禪定智
慧皆應迴向阿耨多羅三藐三菩提勿生貪著
若謂色是若謂受想行識著是何以故善男子薩
婆若非可貪著者汝善男子亦勿貪著聲聞
辟支佛道須菩提新發意菩薩應如是漸漸
教令入薩婆若波羅蜜中世尊諸菩薩發阿
耨多羅三藐三菩提心欲得阿耨多羅三藐三
菩提所為甚難如是如是須菩提諸菩薩發阿耨
多羅三藐三菩提心欲得阿耨多羅三藐三菩提
所為甚難是人為安隱世間故發心為安樂世
間故發心欲當得阿耨多羅三藐三菩提為世間
作救為世間作歸為世間作舍為世間作究竟
道為世間作洲為世間作導師為世間作趣須
菩提云何菩薩得阿耨多羅三藐三菩提時為
世間作救菩薩為斷生死中諸苦惱故說法
須菩提是名菩薩得阿耨多羅三藐三菩提時
為世間作救云何菩薩得阿耨多羅三藐三菩
提時為世間作歸衆生生老病死憂悲苦

BD15351號　小品般若波羅蜜經（異卷）卷五　（8–5）

道為世間作洲為世間作奠沛為世間作趣須
菩提云何菩薩得阿耨多羅三藐三菩提時為
世間作救菩薩為斷生死中諸苦惱故說法
須菩提是名菩薩得阿耨多羅三藐三菩提時
為世間作救云何菩薩得阿耨多羅三藐三菩
提時為世間作歸眾生、法老病死法憂悲苦
惱法是菩薩能度眾生於生死法衰病死法
憂悲苦惱法須菩提是名菩薩得阿耨多羅三
藐三菩提時為世間作歸云何菩薩得阿耨多
羅三藐三菩提時為世間作舍須菩提菩薩得
阿耨多羅三藐三菩提時為不著故說法世尊云
何名不著須菩提若色不縛不解不生不滅是
名色不著若受想行識不縛不解不生不滅
是名識不著如是須菩提一切法不縛不解故不
著菩薩得阿耨多羅三藐三菩提時能為眾生
說如是法是名菩薩為世間作舍云何菩薩得
阿耨多羅三藐三菩提時為世間作究竟道須
菩提色究竟不名色受想行識究竟不名識
如究竟相一切法亦如是世尊若究竟相一切法
亦亦者菩薩皆應得阿耨多羅三藐三菩提何以
故是中無分別故如是、須菩提是中無有
分別諸菩薩如是觀如是知其心不沒作是
念我得阿耨多羅三藐三菩提時應為眾生說
如是法須菩提是名菩薩得阿耨多羅三藐三
菩提時為世間作究竟道云何菩薩得阿耨多
羅三藐三菩提時為世間作洲譬如水中陸地

BD15351 號　小品般若波羅蜜經（異卷）卷五　（8–6）

分別諸菩薩如是觀如是知其心不沒作是
念我得阿耨多羅三藐三菩提時應為眾生說
如是法須菩提是名菩薩得阿耨多羅三藐三
菩提時為世間作究竟道云何菩薩得阿耨多
羅三藐三菩提時為世間作洲譬如水中陸地
斷流之處名之為洲如是須菩提色前際後際
斷受想行識前際後際斷以前際後際斷故
一切法都斷若一切法都斷是名寂滅微妙如
實不顛倒涅槃須菩提是名菩薩得阿耨多
羅三藐三菩提時為世間作洲云何菩薩得
阿耨多羅三藐三菩提時為世間作奠須菩提
菩薩得阿耨多羅三藐三菩提時不為色生滅
故說法但為實相故說法不為受想行識生滅
故說法但為實相故說法不為須陀洹果斯
陀含果阿那含果阿羅漢果辟支佛道薩婆
若生滅故說法但為實相故說法須菩提是
名菩薩得阿耨多羅三藐三菩提時為世間作奠
云何菩薩得阿耨多羅三藐三菩提時為世間
作趣須菩提菩薩得阿耨多羅三藐三菩提
時為眾生說色趣空說受想行識趣空一切法
皆趣空不來不去何以故色空不來不去受想
行識空不來不去乃至一切法空不來不去
一切法趣空不過是趣一切法趣無相趣無作
趣無起趣無生趣無所有趣夢趣無量趣無
邊趣無我趣寂滅趣涅槃趣不還趣不趣一切
法不過是趣須菩提言世尊如是法者誰能信

BD15351 號　小品般若波羅蜜經（異卷）卷五　（8–7）

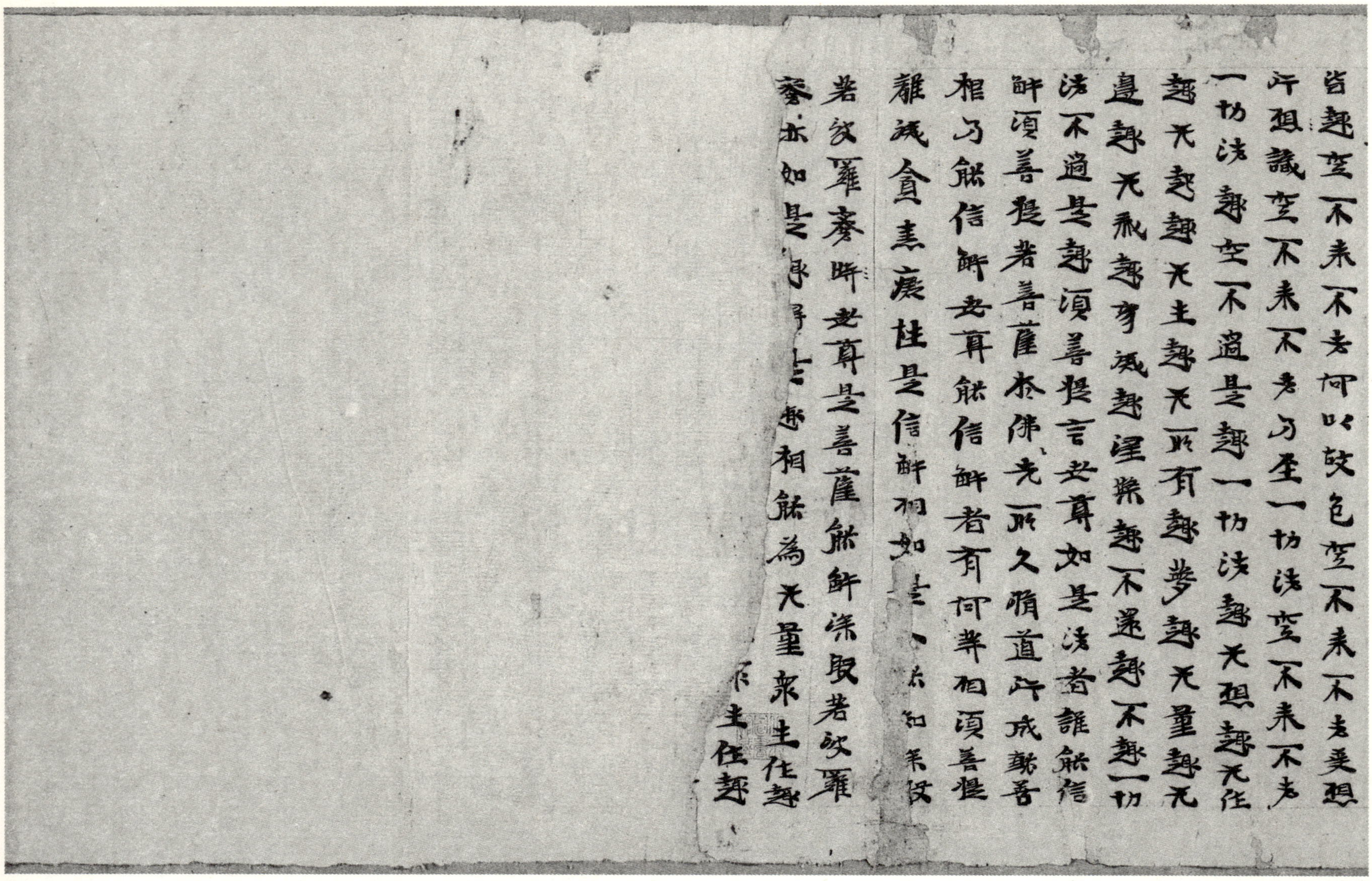

皆趣空不来不去何以故色空不来不去受想
行想識空不来不去乃至一切法空不来不去
一切法趣空不過是趣一切法趣无想趣无住
趣无起趣无生趣无所有趣夢趣无量趣无
邊趣无我趣寂滅趣涅槃趣不還趣不趣一切
法不過是趣須菩提言世尊如是法者誰能信
解須菩提善菩薩於佛先所久脩道所成就善
相乃能信解世尊能信解者有何等相須菩提
離滅貪恚癡性是信解相如是[illegible]亦知[illegible]
若波羅蜜時世尊是菩薩能解深般若波羅
蜜亦如是[illegible]趣相能為无量衆生作趣
[illegible]

BD15351 號　小品般若波羅蜜經（異卷）卷五　　（8–8）

摩訶衍經　十六不共法殘卷

BD15352 號背　護首　　（1–1）

亦如是現在心雖一念時不住相續生故能
知諸法內以現在意為因外以諸法為緣是
因緣中生意識用意識自在知過去未來現
在法但不自知現在心心數法餘者悉知問
曰般若波羅蜜如相品中三世一相所謂无

BD15352號　大智度論卷二六　（7–1）

知諸法內以現在意為因外以諸法為緣是
因緣中生意識用意識自在知過去未來現
在法但不自知現在心心數法餘者悉知問
曰般若波羅蜜如相品中三世一相所謂无
相云何言佛智慧知三世通達无㝵荅曰諸
佛有二種說法先分別諸法後說畢竟空若
說三世諸法通達无㝵是分別說若三世一
相无相是說畢竟空復次非一切智人於三
世中智慧有㝵乃至光世音文殊師利弥勒
舍利弗等諸賢聖於三世中智慧皆有㝵以
是因緣故說佛智慧於三世中通達无㝵
不為空事故說復次有人於三世中生耶見
謂過去法及眾生有初无初若有初則有新
眾生諸法亦无因无緣而生若无初若无初
亦无後无後中亦无初名有中有後更无前
後名有初有中无後中名有初有後若眾生
及諸法无初亦无中无後若无三世則都无
所有若无初云何有一切智人破如是等耶
見故說三世諸法一相所謂无相不為破三
世佛智慧問曰无相是為有邊荅曰若无相
即是无邊不可說不可難法云何言有邊若
无相中取相非是无相是无相名為不可得
空是中无相亦不可得空亦不可得是故名
不可得空復次佛有二種道一者福德道有
人聞十力四无所畏四无㝵智十八不共法

BD15352號　大智度論卷二六　（7–2）

无相中取相非是无相是无相名為不可得
空是中无相亦不可得空亦不可得是故名
不可得空復次佛有二種道一者福德道有
人聞十力四无所畏四无导智十八不共法
等生恭敬信樂心二者智慧道有人聞說諸
法因緣和合生故无有自性便捨離諸法於
空中心不著如月能潤物日能熟物二事因
緣故万物成就福德道智慧道亦如是福德
道能生諸功德智慧道能於福德道中離諸
耶見著以是故佛雖說諸法畢竟空亦說三
世通達无导而无吝如是等略說十八佛不
共法義問曰若尒者迦旃延尼子何以言十
力四无所畏大悲三不共意止名為十八不
共法若前說十八不共法是真義者迦旃延
尼子何以如是說答曰以是故名迦旃延尼
子若釋子則不作是說釋子說者是真不共
法佛法无量是世六法於佛法中如大海一
渧法亦不少何以重數為十八復次諸阿羅
漢辟支佛菩薩亦能知是處不退是處分別
三世業果報及諸禪定乃至漏盡智等云何
言不共法問曰聲聞辟支佛菩薩不能盡知
遍知但有通明无有力獨佛能盡遍知故言
不共如十力中說答曰佛說十力義不言盡
知遍知直言知是處不是處言盡知遍知者
是諸論議師說問曰汝先自言摩訶衍經中

BD15352 號　大智度論卷二六　（7-3）

遍知但有通明无有力獨佛能盡遍知故言
不共如十力中說答曰佛說十力義不言盡
知遍知直言知是處不是處言盡知遍知者
是諸論議師說問曰汝先自言摩訶衍經中
說佛為菩薩故自說盡知遍知答曰摩訶衍
經中說何益於汝汝不信摩訶衍不應以為
知遍知而聲聞辟支佛有少分十八不共法
中終如都无分以是故名真不共問曰十八不
共法二乘亦應有分但佛身口念常无失二
乘身口念亦有无失如是等皆應有分答曰
不然所以者何常无失故名為不共不以不
失為不共聲聞辟支佛於常无失中无分復
次諸阿羅漢說有力无有處說有不共法汝
不信摩訶衍故不受真十八不共法而更重
數十力等是事不可如汝所信八十種好而
三藏中无何以不更說問曰我等分別十八
不共法不重數也何等十八一者知諸法實
相故名一切智二者佛諸功德相難解故功
德无量三者深心愛念眾生故名大悲四者
得无比智故智慧中自在五者善解心相故
定中自在六者得度眾生方便故變化自在
七者善知諸法因緣故記莂无量八者說諸
法實相故記莂不虛九者分別籌量說故言
无失十者得十力成就智慧无減十一者一切
有為法中但觀法聚无我故常放捨行十二

BD15352 號　大智度論卷二六　（7-4）

七者善知諸法因緣故記莂无量八者說諸
法實相故記莂不虛九者分別籌量說故言
无失十者得十力成就智慧无礙十一者一切
有為法中但觀法聚无我故常放捨行十二
者善知時不時安立於三乘常觀衆生故十
三者常一心故不失念十四者无量阿僧祇
劫深善心故无煩惱習十五者得真淨智故
无有能如法出其失十六者世世敬重所尊
故无能見頂十七者脩大慈悲心故安詳下
足足下柔濡衆生遇者即時得樂十八者得
神通波羅蜜轉衆生心令歡憙得度故如入
城時現神變力答曰如是十八不共非三藏
中說亦諸餘經所不說以有人求索是法故
諸聲聞論師筆受撰集讚佛功德如言无
失慧无減念不失皆於摩訶衍十八不共法中
所以作論議雖有无見頂足下柔濡如是甚
多不應在十八法中不共法皆以智慧為義
佛身力如十万白香象力及神通力等皆
不說以是故當知十八不共法中阿毗曇分
別五陰攝身口无失身口隨慧行是色陰攝
无異想是想陰攝无不定心是識陰攝餘者
行陰攝皆在四禪中佛四禪中得道得涅槃
故有人言四色不共法色界欲界中攝餘九

摩訶衍經　十八不共法

餘三張
張廿行

BD15352號　大智度論卷二六　（7–5）

行陰攝皆在四禪中佛四禪中得道得涅槃
故有人言四色不共法色界欲界中攝餘九

摩訶衍經　十八不共法

餘三張
張廿行

此殘卷僅餘紙三張審為摩訶衍十八不共法 北魏造寫經卷以東陽王元
榮為最多友人周定宣所藏魏造摩訶衍經卷第廿六十八不共法第四
品用紙卌四張題尾十行 大代普泰二年歲次壬子三月廿五日乙丑朔己丑弟
子使持節散騎常侍都督嶺西諸軍事車騎將軍開府儀同三司
瓜州刺史東陽王元榮惟天地妖荒王路否塞君臣失礼於茲多載
天子中興是以遣息叔和詣闕脩受弟子年老疾患冀望叔和早
得迴還敬造无量壽經一百部卌部為毗沙門天王卌部為帝釋天
王卌部為梵釋天王造摩訶衍一部百卌卷為毗沙門天王卌卷為梵釋天
王卌卷為帝釋天王造內律一部五十卷一分為毗沙門天王一分為帝釋天
王一分為梵釋天王造賢愚一部為毗沙門天王造佛觀三昧為帝釋天
王願天王早成佛道又願元祚无窮帝嗣不絕四方付化惡賊退散國
豐民安善願從心含生有識之類早登正覺
按此題記東陽王寫摩訶衍一部百卌卷又按古寫經尾錄存大智論題
記云 大魏大統八年十一月十五日佛弟子瓜州刺史鄧彥妻昌樂公主元敬
寫摩訶衍經一百卷上願皇帝陛下國祚再隆八方順軌又願弟子現在夫
妻男女家眷四大康健殃咎永滅將來之世普及含生同成正覺
茲據此二條實證則此殘卷不為北魏孝武帝普泰二年東陽王元榮
所寫造摩訶衍經中之斷編即為西魏文帝大統八年昌樂公主元敬
所寫造摩訶衍經中之斷編斷无可疑外此元魏時期尚未見更有[illegible]

BD15352號　大智度論卷二六　（7–6）

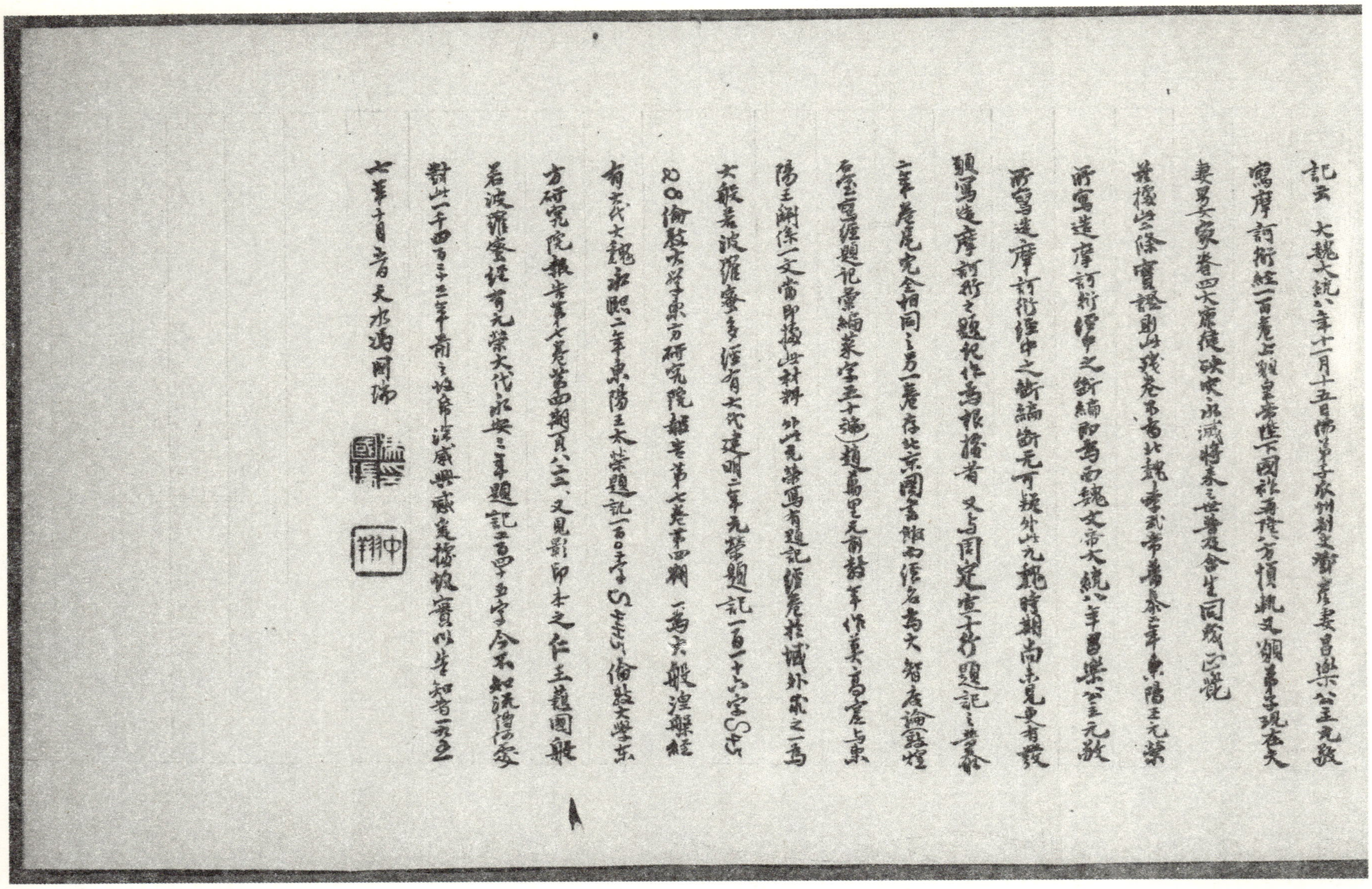

記云 大魏大統八年十一月十五日佛弟子瓜州刺史鄧彥妻昌樂公主元敬
寫摩訶衍經一百卷上願皇帝陛下國祚再隆八方順軌又願弟子現在夫
妻男女家眷四大康健殃咒永滅將來之世普逮含生同成正覺
并按此條實證明此殘卷爲北魏孝武帝普泰二年東陽王元榮
所寫造摩訶衍經中之斷編即爲西魏文帝大統八年昌樂公主元敬
所寫造摩訶衍經中之斷編斷无可疑外此元魏時期尚未見更有敦
煌寫造摩訶衍之題記作爲根據者 又與同定壹千行題記之普泰
二年卷尾完全相同之另一卷存北京圖書館而經名爲大智度論（敦煌
石室寫經題記彙編叢字五十號）趙萬里先前督筆作莫高窟與東
陽王關係一文當即據此材料 外此元榮寫有題記經卷於域外者之一爲
大般若波羅蜜多經有大代建明二年元榮題記一百一十六字（S.4415）
見倫敦大學東方研究院報告第七卷第四期 一爲大般涅槃經
有大代大魏永熙二年東陽王元榮題記一百〇七字（S.4415）倫敦大學東
方研究院報告第七卷第四期頁八三、又見影印本之仁王護國般
若波羅蜜經有元榮大代永安三年題記二百四十五字今不知流傳何處
對此一千四百三十三年前之好古法感興感覺按收實以告知者 一九五
七年十月首天水馮國瑞

馮國瑞 仲翔

BD15352 號　大智度論卷二六　　（7–7）

BD15353 號背　護首　　（1–1）

大智度論釋第卌五品 說第卌六品上　　卷第六十八
慧命須菩提白佛言世尊是善男子善女人
發阿耨多羅三藐三菩提心行六波羅蜜成
就衆生淨佛世界佛已讚嘆說其功德世尊
云何善男子善女人求於佛道生諸留難佛
告須菩提樂說辯不即生當知是菩薩魔事
須菩提言世尊何因緣故樂說辯不即生是
菩薩魔事佛言有菩薩摩訶薩行般若波羅
蜜時難具足六波羅蜜以是因緣故樂說辯

BD15353號　大智度論卷六八　（22-1）

菩薩魔事佛言有菩薩摩訶薩行般若波羅
蜜時難具足六波羅蜜以是因緣故樂說辯
不即生是菩薩魔事復次須菩提樂說辯卒
起當知亦是菩薩魔事世尊何因緣故樂說
辯卒起須是魔事佛言菩薩摩訶薩行檀波
羅蜜乃至般若波羅蜜著樂說法以是因緣
故樂說辯卒起當知是菩薩魔事復次須菩
提書是般若波羅蜜經時偃蹇傲慢當知是
菩薩魔事復次須菩提書是經時戲笑亂心
當知是菩薩魔事復次須菩提若書是經時
輕咲不敬當知是菩薩魔事復次須菩提若
書是經時心亂不定當知是菩薩魔事復次
須菩提書是經時各各不和合當知是菩薩
魔事復次須菩提善男子善女人作是念我
不得是經中滋味便棄捨去當知是菩薩魔事
復次須菩提受持般若波羅蜜讀誦說若正
憶念時偃蹇傲慢當知是菩薩魔事復次
須菩提若受持般若波羅蜜經親近正憶念
時轉相形咲當知是菩薩魔事復次須菩提若
受持般若波羅蜜經讀誦正憶念脩行時共相
輕蔑當知是菩薩魔事若受持般若波羅蜜讀
誦乃至正憶念時散亂心當知是菩薩魔事
若受持般若波羅蜜讀誦乃至正憶念時心
不和合當知是菩薩魔事須菩提白佛言世
尊世尊說善男子善女人作是念我不得經

BD15353號　大智度論卷六八　（22-2）

若受持般若波羅蜜讀誦乃至正憶念時心
不和合當知是菩薩魔事須菩提白佛言世
尊世尊說善男子善女人作是念我不得經
中滋味便棄捨去當知菩薩魔事世尊何
因緣故菩薩不得經中滋味便棄捨去佛言
是菩薩摩訶薩前世不久行般若波羅蜜禪
波羅蜜毗梨耶波羅蜜羼提波羅蜜尸羅波
羅蜜檀波羅蜜是聞說是般若波羅蜜便
從坐起作是念言我於般若波羅蜜中无記
心不清淨便從坐起去當知是菩薩魔事須
菩提白佛言世尊何因緣故不與受記聞說
是般若波羅蜜時便從坐起去佛告須菩提
若菩薩未入法位中諸佛不與受阿耨多羅
三藐三菩提記復次須菩提聞說般若波羅
蜜時菩薩作是念我是中无名字心不清淨
當知是菩薩魔事須菩提言何因緣故是深
般若波羅蜜中不說是菩薩名字佛言未受
記菩薩諸佛不說名字復次須菩提是菩薩
摩訶薩作是念是般若波羅蜜中无我生處
名字若聚落城邑是人不欲聽聞般若波羅
蜜便從會中起去是人如所起時念念却一
劫爾當更懃精進求阿耨多羅三藐三菩提
釋曰一切有為法各有增上增上者共相違
相違即是怨賊如水得增上力滅火火得增上
力則消水乃至草木各有相害何況衆生菩

相違即是怨賊如水得增上力滅火火得增上
力則消水乃至草木各有相害何況衆生菩
薩摩訶薩有大悲心雖不與衆生作怨而衆
生與菩薩作怨菩薩身有為法故能作留難
佛上說菩薩功德所謂諸佛菩薩諸天所護而
未說怨賊相以佛憐愍故先雖略說令須菩提
請佛廣說留難事佛雖於一切衆生一切法心平等
以是菩薩能大利益世間故說好醜相及利
害是道非道留難事佛不令行人毀害留難
者但令覺知不隨其事何者是怨賊略說若衆
生法非衆生法能阻壞菩薩无上道心非衆生
者若疾病飢渴寒熱推押墮落等衆生者魔
及魔民惡鬼邪疑不信者遮善根者定有所
得者實定分別諸法者深著世間樂者怨賊官
事師子虎狼惡獸毒蟲等衆生賊有二種若
內若外內者自從心生憂愁不得法味生邪見
疑悔不信等外者如上說如是諸難事佛總
名為魔〻有四種煩惱魔五衆魔死魔天
子魔煩惱魔者所謂百八煩惱等分別八
万四千諸煩惱五衆魔者是煩惱業和合因
緣得是身四大及四大造色眼根等色是名
色衆百八煩惱等諸受和合名為受衆小大
无量无所有相分別和合名為想衆因好醜
心發能起貪欲瞋恚等心相應不相應法名
為行衆六情六塵和合故生六識是六識分

心數能起貪欲瞋恚等心相應不相應法名
爲行衆六情六塵和合故生六識是六識分
別和合无量无邊心是名識衆死魔者无常
因緣故破相續五衆壽命盡離三法識熱壽
故名爲死魔天子魔者欲界主深著世間樂
用有所得故生邪見憎嫉一切賢聖涅槃道
法是名天子魔〻秦言能奪命者雖死魔實
能奪命餘者亦能作奪命因緣亦奪智慧命
是故名煞者問曰一五衆魔攝三種魔何以
故別說四答曰實是一魔分別其義故有四
煩惱魔者人因貪欲瞋恚故死亦能作奪命
因緣是近奪命因緣故別說天子魔雖福德
業因緣故力勢大邪見力故能奪慧命不能
作死因緣是故別說无常死力大一切无能免
者甚可畏故別說問曰是魔何以惱亂行
道者答曰先已廣說是品中皆有四種魔義
但隨處說復次三魔不相遠離若有五衆則
有煩惱則天魔得其便五衆煩惱和合故有
魔天是故須菩提聞佛上已讚嘆說菩薩功
德今云何是菩薩魔事起佛答樂說辯不即
生是爲魔事者若菩薩摩訶薩憐愍衆生
故高坐說法而樂說辯不生聽者亂我等
故來而法師不說或作是念法師怖畏故不
能說或言不知故不說或自恨過咎深重故

BD15353號　大智度論卷六八　(22–5)

故高坐說法而樂說辯不生聽者亂我等
故來而法師不說或作是念法師怖畏故不
能說或言不知故不說或自恨過咎深重故
不說或謂不得供養故不肯說或謂輕賤我
等故不說或著樂故不說如是等種種因緣
聽者心壞故以不樂說名爲魔事復次是菩
薩憐愍衆生故來欲說法聽者欲聞而法師
心生欲說而口不能言現見是魔事如魔入
阿難心佛三問而三不答久久乃說者此中須
菩提問世尊何因緣故辯不即生佛答菩薩
行六波羅蜜時難具足六波羅蜜所以者何
是人先世因緣故鈍根懈怠魔得其便不一
心行六波羅蜜故樂說辯不即生問曰如樂
說辯不即生是魔事今樂說辯卒起何以復
是魔事答曰是法師愛法著法求名聲故自
恣樂說无有義理如逸馬難制又如大水暴
長衆穢渾雜是故此中佛自說菩薩行六波
羅蜜著樂說法是爲魔事復次是般若波羅
蜜爲破憍慢故出而書是經者生我心憍慢
憍慢故身亦高所謂慢慢傲慢書是般若波
羅蜜時用亂心顛心戲咲不敬復次是般若波
羅蜜若一心攝心猶尚難得何況戲亂心書
書時促合受或寫經卷若一心和合則得若
授者不與如是等種種因緣是不和合復

BD15353號　大智度論卷六八　(22–6)

書時從合受或寫經卷若一心和合則得著
般者不與如是等種種因緣是不和合復
次觀者是般若經時品品皆空无可樂處作
是念我於是經不得滋味便棄捨去般若波
羅蜜是一切諸樂根今此人不得其味是
為魔事復次受持讀誦說正憶念時懈怠
形咲散亂心不和合如上說共相違者從
人受讀誦正憶念時師徒多相違厭書寫經時
但有捨去无相違厭以是故无聞日上事中
何以但聞不得經中滋味不聞餘者答曰般
若波羅蜜雖人所說與凡人說異是故凡夫
人不得滋味須菩提意謂般若波羅蜜是
清淨珍寶衆饒利益衆生无有過惡是人
云何不得滋味佛答是人先世不久行六波羅
蜜故菩薩信等五根薄薄故不能信空无相无
作无依心法故亂心起作是言佛一切智何
以不與我受記便捨去餘者易解故不聞須
菩提問若尒者何以故不與受記佛是大悲
應當慈念防護其心不令隨惡佛言未入法
位人諸佛不與受記所以者何諸佛雖悉知衆
生久遠事為五通仙人及諸天見人未有
善行業因緣可受記若為受記雖佛不信无
有因緣云何與受記是故入法位者與受記
是人名字及衆落處亦如是是人從坐起去

BD15353號　大智度論卷六八　（22–7）

善行業因緣可受記若為受記雖佛不信无
有因緣云何與受記是故入法位者與受記
是人名字及衆落處亦如是是人從坐起去
隨其起念多少念念却一劫償罪畢還得人
身補當復尒所劫行
復次須菩提菩薩學餘經棄捨般若波羅蜜
終不能至薩婆若善男子善女人為捨其根
而攀枝葉當知亦如是菩薩魔事須菩提佛
言世尊何等是餘經善男子善女人取學不
能至薩婆若佛言是聲聞所應行經所謂四
念處四正懃四如意足五根五力七覺分八聖
道分空无相无作解脫門善男子善女人住
是中得須陀洹果斯陀含果阿那含果阿羅
漢果是名聲聞所行不能至薩婆若如是
善男子善女人捨般若波羅蜜親近是餘經
何以故須菩提般若波羅蜜中出生諸佛菩
薩摩訶薩成就世間出世間法須菩提菩薩
摩訶薩學般若波羅蜜時亦學世間出世間
法須菩提譬如狗不從大家求食反從作務
者索如是須菩提當來世有善男子善女人
棄深般若波羅蜜而攀枝葉聲聞辟支佛所
應行經當知是為菩薩魔事須菩提譬如有
人欲得見象見已反觀其跡須菩提於汝意云
何是人為黠不須菩提言為不黠佛言諸求
佛道善男子善女人亦復如是得深般若波

BD15353號　大智度論卷六八　（22–8）

人欲得見象見已反觀其跡須菩提於汝意云
何是人為黠不須菩提言為不黠佛言諸求
佛道善男子善女人不復如是得深般若波
羅蜜棄捨去取聲聞辟支佛所應行經須菩
提知當是為菩薩魔事須菩提譬如人欲見
大海反求牛跡水作是念大海水能與此等不
須菩提於汝意云何是人為黠不須菩提言
為不黠佛言當來世有求佛道善男子善女
人不如是得深般若波羅蜜棄捨去取聲聞
辟支佛所應行經當知是不菩薩摩訶薩
魔事須菩提譬如工匠若工匠弟子欲擬作
釋提桓因勝殿而擬則日月宮殿須菩提於
汝意云何是人為黠不須菩提言為不黠如
是須菩提當來世有薄福德善男子善女人
求佛道者得是深般若波羅蜜棄捨去於聲
聞辟支佛所應行經中求薩婆若須菩提於
汝意云何是人為黠不須菩提言為不黠佛
言當知不是菩薩魔事須菩提譬如有人欲
見轉輪聖王見而不識後見諸小國王取其
相狠如是言轉輪聖王與此何異須菩提於
汝意云何是人為黠不須菩提言為不黠須
菩提當來世有薄福德善男子善女人求佛
道者得是深般若波羅蜜棄捨去取聲聞辟
支佛所應行經持求薩婆若須菩提於汝意
云何是人為黠不須菩提言為不黠當知是

BD15353 號　大智度論卷六八　（22–9）

菩提當來世有薄福德善男子善女人求佛
道者得是深般若波羅蜜棄捨去取聲聞辟
支佛所應行經持求薩婆若須菩提於汝意
云何是人為黠不須菩提言為不黠當知是
為菩薩魔事須菩提譬如飢人得百味食棄
捨去反食六十日穀飯須菩提於汝意云何
是人為黠不須菩提言為不黠佛言當來世
有求佛道善男子善女人得聞深般若波羅
蜜棄捨去取聲聞辟支佛所應行經持求薩
婆若於汝意云何是人為黠不須菩提言為
不黠當知是二菩薩魔事須菩提譬如人得无
價摩尼珠反持比水精珠須菩提於汝意云
何是人為黠不須菩提言為不黠佛言當來
世有求佛道善男子善女人得聞深般若波
羅蜜棄捨去取聲聞辟支佛所應行經持求
薩婆若是人為黠不須菩提言為不黠當知
是不菩薩魔事復次須菩提是求佛道善男
子善女人書是深般若波羅蜜時樂說不如
法事不得書成般若波羅蜜所謂樂說色聲
香味觸法樂說持戒禪定无色定樂說檀波
羅蜜乃至般若波羅蜜樂說四念處乃至阿
耨多羅三藐三菩提何以故須菩提是般若
波羅蜜中无樂說相須菩提般若波羅蜜不可
思議相般若波羅蜜不生不滅相般若波羅蜜
不垢不淨相般若波羅蜜不亂不散相般若

BD15353 號　大智度論卷六八　（22–10）

波羅蜜中无樂說相須菩提般若波羅蜜不可
思議相般若波羅蜜不生不滅相般若波羅蜜
不垢不淨相般若波羅蜜不亂不散相般若
波羅蜜无說相般若波羅蜜无言无義相
般若波羅蜜无所得相何以故須菩提般若
波羅蜜中无是諸法須菩提若有善男子善
女人求菩薩道者書是般若波羅蜜經時以
是諸法散亂心當知是亦菩薩魔事須菩提
白佛言世尊是般若波羅蜜可書耶佛言不
可書何以故般若波羅蜜自性无故禪波羅
蜜毗梨耶波羅蜜羼提波羅蜜尸羅波羅
蜜檀波羅蜜乃至一切種智自性无故若自
性无是不名為性无法不能書无法須菩提
若菩薩道善男子善女人作是念无法是深
般若波羅蜜當知即是菩薩魔事世尊是求
菩薩道善男子善女人用字書般若波羅蜜
自念我書是般若波羅蜜以字著般若波羅
蜜當知亦是菩薩魔事何以故世尊是般若
波羅蜜无文字禪波羅蜜毗梨耶波羅蜜羼
提波羅蜜尸羅波羅蜜檀波羅蜜无有文字
世尊色无文字受想行識无文字乃至一切
種智无文字世尊若求菩薩道善男子善女
人著无文字般若波羅蜜乃至著无文字一
切種知當知亦是菩薩魔事讀誦說正憶
念如說脩行亦如是復次須菩提求佛道善

BD15353 號　大智度論卷六八　（22–11）

切種知當知亦是菩薩魔事讀誦說正憶
念如說脩行亦如是復次須菩提求佛道善
男子善女人書般若波羅蜜時國土念起聚
落念起城邑念起方念起若聞謗毀其師念
起若念父母及兄弟姉妹諸餘親理若念賊
若念旃陁羅若念衆女若念婬女如是等種種
諸餘異念留難惡魔復益其念破壞書般若
波羅蜜破壞讀誦說正憶念如說脩行須菩
提當知是亦魔事復次須菩提求佛道善男
子善女人得名譽恭敬布施供養所謂衣服
飲食臥牀疾藥種種樂具善男子善女人書是
般若波羅蜜經受讀誦至正憶念時受著是
事不得書成般若波羅蜜乃至正憶念當知
是亦菩薩魔事復次須菩提求佛道善男子
善女人書般若波羅蜜乃至如說脩行時惡
魔方便持諸餘深經與是菩薩摩訶薩有方
便者不應貪著惡魔所與諸餘深經何以故
是經不能令人至薩婆若故是中无方便菩
薩摩訶薩聞是諸餘深經便捨深般若波羅
蜜須菩提我是般若波羅蜜中廣說諸菩薩
摩訶薩方便道諸菩薩摩訶薩應當從是
中求須菩提今善男子善女人求菩薩道捨
是深般若波羅蜜於魔所與聲聞辟支佛深

BD15353 號　大智度論卷六八　（22–12）

中求須菩提今善男子善女人求菩薩道捨
是深般若波羅蜜於魔所與聲聞辟支佛深
中經求方便道當知亦是菩薩魔事
釋曰學餘經捨般若波羅蜜等有人於聲聞
師僧中受戒學法初不聞般若波羅蜜或時
餘處聞深著先所學法捨般若波羅蜜於先
所學法中求薩婆若有聲聞弟子先得般若
波羅蜜不知義趣不得滋味以聲聞經行菩
薩道有人是聲聞弟子得般若波羅蜜經歡
信受餘聲聞人沮壞其心語言是經初後不
相應无有定相汝冝捨之聲聞法中何所不
有六足阿毗曇及其論義分別諸法相即是
般若波羅蜜八十部律即是尸羅波羅蜜阿
毗曇中分別諸禪解脫諸三昧等是禪波羅
蜜三藏本生中讚嘆解說布施忍辱精進即
是三波羅蜜如是等種種因緣捨般若波羅
蜜於聲聞經中求薩婆若如人欲得堅實好
木捨其根莖而取枝葉雖是木名而不中用
復次般若波羅蜜是三藏根本得般若波羅
蜜已為度衆生故說餘事是故名枝葉復次
聲聞經中雖說諸法實相而不了了般若波
羅蜜經中分明顯現易見易得如攀緣枝
葉則墮落若捉莖幹則堅固若執聲聞經則
墮小乘中若持般若波羅蜜易得无上道是

BD15353號　大智度論卷六八　（22–13）

羅蜜經中分明顯現易見易得如攀緣枝
葉則墮落若捉莖幹則堅固若執聲聞經則
墮小乘中若持般若波羅蜜易得无上道是
故說捨根莖取枝葉問曰廿七品三解脫門
般若經中亦有今何以故但名聲聞辟支佛
經荅曰摩訶衍中雖有是法與畢竟空合心
无所著以不捨薩婆若大悲心為一切衆生
故說聲聞經則不尒為小乘證故復次菩薩
行般若波羅蜜故能成就世間出世間法是
故菩薩若求佛應當學般若波羅蜜譬如狗
為主守備應從主索食而反於奴客求菩薩
亦如是狗喻行者般若波羅蜜喻主人般若
中有種種利益而捨求餘經佛欲令分明易
見故說譬喻寫大海帝釋殿轉輪聖王无實
實亦如是問曰五欲生五蓋以五蓋覆智慧
故不應樂說何以故樂說餘六波羅蜜乃至
无上道而言不如法荅曰不如法者不如般若
波羅蜜實相般若波羅蜜實相中无定相法
云何可樂說若有定相則心著樂說諸佛及
菩薩以大悲心故為衆生說法不著語言用
无所得法示衆生畢竟空相般若波羅蜜是
人書讀誦等以深著心取六塵相乃至无上
道故言不如法問曰若般若波羅蜜畢竟空

BD15353號　大智度論卷六八　（22–14）

人書讀誦等以深著心取六塵相乃至无上
道故言不如法問曰若般若波羅蜜畢竟空
无所有法不可書讀誦等如是則不應有魔
事答曰畢竟空无所有亦非般若波羅蜜相
何以故是魔事此中說若是人知无所有是
般若波羅蜜相即是魔事若用文字書般若
波羅蜜自知我書般若波羅蜜有此著心即
是魔事若人知般若波羅蜜相不以著心書
讀誦等若有來破者為破般若波羅蜜復次
內有煩惱魔外有天子魔是二事因緣故書
般若波羅蜜乃至脩行時壞般若波羅蜜念
起者所謂念此國土不安隱彼國土豐樂衆
落城邑方亦如是或聞謗毀其師捨般若波
羅蜜欲助師除滅惡名或聞父母疾病官事
或念賊恐怖欲發心詣餘處旃陀羅亦如是與
賊旃陀羅共住則發瞋恚與衆女婬女共住
故婬欲心發如是等種種因緣破壞般若波
羅蜜菩薩覺知當莫念莫說或書般若波羅
蜜時鈍根者於多恭敬供養事中更著自
念我能書能隨行故有是著是利養即是
魔事或有利根者魔或恐怖是菩薩不著世
間樂一心愛般若波羅蜜此人不可沮壞我今
當以聲聞深經轉其心使成阿羅漢佛言聲
聞經雖深不應貪著譬如燒金熱丸色雖妙

BD15353號　大智度論卷六八　（22–15）

間樂一心愛般若波羅蜜此人不可沮壞我今
當以聲聞深經轉其心使成阿羅漢佛言聲
聞經雖深不應貪著譬如燒金熱丸色雖妙
不可捉若菩薩无方便取大利根得是經歡
喜是空无相无作盡苦今何須過是便捨般
若波羅蜜亦是魔事何以故此中佛說因緣
於般若波羅蜜中廣說諸菩薩摩訶薩方便
道所謂觀聲聞辟支佛道而不證以大悲心
行三解脫門故譬如人以藥和毒毒熱則歇
不能害人般若亦如是菩薩於般若中求无
上道易得於餘經則難如但服毒是故不應
從聲聞經中求菩薩道

大智論釋第卌六品上

復次須菩提聽法人欲書持般若波羅蜜讀
誦問義正憶念說法人懈懶不欲為說當知
是菩薩摩訶薩魔事須菩提說法之人心不
懈懶欲令書持般若波羅蜜聽法者不欲受
之二心不和當知是為魔事復次須菩提聽
法人若欲書持般若波羅蜜讀誦乃至正憶
念說法者欲至他方當知是為魔事須菩提
說法人欲令書持般若波羅蜜聽法者欲至
他方二心不和當知是為魔事復次須菩提
說法人貴重布施衣服飲食臥具醫藥資生
之物聽法人少欲知足行遠離行攝念精進

BD15353號　大智度論卷六八　（22–16）

說法人貴重布施衣服飲食臥具醫藥資生
之物聽法人少欲知足行遠離行攝念精進
一心相慧兩不和合不得書般若波羅蜜受持
讀誦問義正憶念當知是為魔事須菩提說
法人少欲知足行遠離行攝念精進一心相
慧聽法者貴重布施衣服飲食臥具醫藥資
生之物兩不和合不得書持般若波羅蜜讀
誦問義正憶念當知是為魔事復次須菩提
說法者受十二頭陀一作阿蘭若二常乞食
三納衣四一坐食五節量食六中後不飲漿
七塚間住八樹下住九露地住十常坐不臥
十一次第乞食十二但三衣聽法人不受十
二頭陀不作阿蘭若乃至不受但三衣兩不
和合不得書持般若波羅蜜讀誦問義正憶
念當知是為魔事須菩提聽法者受十二頭
陀作阿蘭若乃至受但三衣說法人不受十
二頭陀不作阿蘭若乃至不受但三衣兩不
和合不得書持般若波羅蜜讀誦問義正憶
念當知是為魔事
釋曰一切有為法因緣和合故生眾緣離則
无譬如鑽燧求火有鑽有母二事因緣得火
書寫般若乃至正憶念亦如是內外因緣和
合故生所謂師弟子同心同事故乃得書成
是故佛告須菩提聽法人信等五善根利故

合故生所謂師弟子同心同事故乃得書成
是故佛告須菩提聽法人信等五善根利故
欲書持般若乃至正憶念說法者五蓋覆心
故不欲說問曰若五蓋覆心故不欲說何以
作師答曰是人著世間樂不觀空无常雖能
心知口說不能自行弟子雖欲行而不能知
不能知故更无餘處必諂曲人或時師悲心欲
故欲令書持般若弟子信等五善根鈍不欲故
著世間樂故不欲受書持乃至正憶念問曰
若不欲受持何以名聽法者答曰少多聽受
讀誦不能究竟成就故但名聽法答二人善
心共同能得般若波羅蜜若不同則不能得
是名魔事內煩惱數外天子魔作因緣離是
般若菩薩應覺是魔事防令不起若自失
當具足若弟子失當教令得復次師或慈悲心
薄捨弟子至他方或不宜水土四大不和或
善法无所增益或水旱不適或土地荒亂如
是等種種因緣故至他方弟子亦種種因緣
不能追隨貴重利養者如上五蓋覆心等復
次是二人皆有信戒命一人以十二頭陀
莊嚴戒一人不能問曰一人何以故不能答
曰佛所結戒弟子受持十二頭陀不名為戒
能行則戒莊嚴不能行不犯戒譬如布施能

日佛所結戒弟子受持十二頭陁不名為戒
能行則戒莊嚴不能行不犯戒譬如布施能
行則得福不能行者无罪頭陁亦如是是故
兩不和合則是魔事十二頭陁者行者以居
家多惱亂故捨父母妻子眷屬出家行道而
師徒同學還相結著心復娆亂是故受阿蘭
若法令身遠離憒閙住於空閑遠離者最近
三里能遠惡善得是身遠離已亦當令心遠
離五欲五蓋若受請食若衆僧食起諸漏因
緣所以者何受請食者若得作是念我是福
德好人故得若不得則嫌恨請者彼為无所
別識不應請者請應請者不請或自鄙薄
懊惱自憒而生憂苦是貪憂法則能遮道僧
食者入衆中當隨衆法斷事價人料理僧事
處分作使心則散亂妨廢行道有如是等惱
亂事故受常乞食法好衣因緣故四方追逐為
邪命中若受人好衣則生親著若不親著檀
越則恨若僧中得衣如上說衆中之過又好
衣是未得道者生貪著處好衣因緣招致賊
難或至奪命有如是等患故受弊納衣法行
者作是念求一食尚多有所妨何况小食中
食後食若不自損則失半日之功不能一心
行道佛法為行道故不為養身如養馬養豬
是故遮數數食受一食法有人雖一食而貪

食後食若不自損則失半日之功不能一心
行道佛法為行道故不為養身如養馬養豬
是故遮數數食受一食法有人雖一食而貪
心極噉腹脹氣塞妨廢行道故受節量食法
節量者略說隨所能食三分留一分則身輕
安隱易消无患於身无損則行道无廢如經
中舍利弗說我若食五口六口足之以水則
足支身於秦人食可十口許有人雖節量食
過中飲漿則心生樂著求種種漿果漿蜜漿
等求欲无厭不能一心脩習善法如馬不著
勒左右噉草不肯進路若著韁勒則噉草
意遮隨人意去是故受中後不飲漿无常空
觀是入佛法門能厭離三界塚間常有悲啼
哭聲死尸狼藉眼見无常或火燒鳥獸所
食不久滅盡因是尸觀一切法中易得无常
相空相又塚間住若見尸尸臭爛不淨易
得九相觀是離欲初門是故受塚間住法不
淨无常等觀已得道事辦捨至樹下或未得
道者心則大厭還相樹下思惟如佛生時
成道時轉法輪時般涅槃時皆在樹下行者
隨諸佛法常處樹下如是等因緣故受樹下
坐法行者或觀樹下如半舍无異蔭覆涼樂
又生愛著我所住者好彼樹不如如是等生
漏故至露地住作是思惟樹下有二種過一

隨諸佛法常處樹下如是等因緣故受樹下
坐法行者或觀樹下如半舍无異蔭覆涼樂
又生愛著我所住者好彼樹不如如是等生
漏故至露地住作是思惟樹下有二種過一
者雨漏濕冷二者鳥屎汙身毒虫所住有如
是等過空地則无此患露地住則著衣脫衣
隨意快樂月光遍照空中明淨心易入空三
昧身四儀中坐為第一食易消化氣息調
和求道者大事未辨諸煩惱賊常伺其便不
宜安臥若行若立則心動難攝亦不可久故
受常坐法若欲睡時脇不著席行者不著於
味不輕衆生等心憐愍故次第乞食不擇貧
富故受次第乞食法行者少欲知足衣趣蓋
形不多不少故受三衣白衣求樂故多畜種種
衣或有外道苦行故裸形无恥是故佛弟
子捨二邊處中道行住處食處常用故事多
衣不須日日求故略說是十二頭陀佛意欲
令弟子隨道行捨世樂故讚十二頭陀是佛
意常以頭陀為本有因緣不得已而聽餘事
如轉法輪時五比丘初得道白佛言我等著
何等衣佛言應著納衣又受戒法盡壽著納
衣乞食樹下住弊棄藥於古四聖種中頭陀
即是三事佛法唯以智慧為本不以苦為先
是法皆助道隨道故諸佛常讚歎

BD15353號　大智度論卷六八　（22–21）

和求道者大事未辨諸煩惱賊常伺其便不
宜安臥若行若立則心動難攝亦不可久故
受常坐法若欲睡時脇不著席行者不著於
味不輕衆生等心憐愍故次第乞食不擇貧
富故受次第乞食法行者少欲知足衣趣蓋
形不多不少故受三衣白衣求樂故多畜種種
衣或有外道苦行故裸形无恥是故佛弟
子捨二邊處中道行住處食處常用故事多
衣不須日日求故略說是十二頭陀佛意欲
令弟子隨道行捨世樂故讚十二頭陀是佛
意常以頭陀為本有因緣不得已而聽餘事
如轉法輪時五比丘初得道白佛言我等著
何等衣佛言應著納衣又受戒法盡壽著納
衣乞食樹下住弊棄藥於古四聖種中頭陀
即是三事佛法唯以智慧為本不以苦為先
是法皆助道隨道故諸佛常讚歎
大智論卷第六十八　釋第卌五品　訖第卌六品

BD15353號　大智度論卷六八　（22–22）

條 記 目 錄

BD15299—BD15353

1.1　BD15299 號
1.3　大般若波羅蜜多經卷二三一
1.4　新 1499
2.1　732.5×26 厘米；17 紙；共 439 行，行 17 字。
2.2　01：20.0，00；　02：42.0，26；　03：45.0，28；
04：45.0，28；　05：45.0，28；　06：45.0，28；
07：45.0，28；　08：45.0，28；　09：45.0，28；
10：45.0，28；　11：44.5，28；　12：44.5，28；
13：44.5，28；　14：44.5，28；　15：44.5，28；
16：44.5，28；　17：43.5，21。
2.3　卷軸裝。首全尾全。有護首，有竹質天竿，有紫色縹帶殘根。卷面有水漬。有燕尾。有烏絲欄。有現代裱補。
3.1　首全→大正 0220，06/0161A10。
3.2　尾全→大正 0220，06/0166B02。
4.1　大般若波羅蜜多經卷第二百卅一，初分難信解品第卅四之五十，三藏法師玄奘奉詔譯（首）
4.2　大般若波羅蜜多經卷第二百卅一（尾）
7.4　護首有經名“大般若波羅蜜多經卷第二百卅一，廿四（本文獻所屬袟號）”。上有經名號。
8　8～9 世紀。吐蕃統治時期寫本。
9.1　楷書。
9.2　有刮改。
10　護首下部有 2 個紙簽，重疊貼在一起。上面一張寫有“購12421”，下面一張為特藝公司宣武經營管理處紙簽，上有的字被遮蓋，可見“貨號，24”，“品名，唐”，“定價：50.00”等字。

1.1　BD15300 號
1.3　摩訶般若波羅蜜經（四十卷本）卷三九
1.4　新 1500
2.1　691×25.5 厘米；15 紙；共 406 行，行 17 字。
2.2　01：49.5，26；　02：46.5，28；　03：46.0，28；
04：46.0，28；　05：46.0，28；　06：46.0，28；
07：46.5，28；　08：46.0，28；　09：46.0，28；
10：46.0，28；　11：46.5，28；　12：46.5，28；
13：46.5，28；　14：46.0，28；　15：46.0，16。
2.3　卷軸裝。首全尾全。經黄打紙。下邊有等距離水漬。有燕尾。有烏絲欄。背有現代裱補。
3.1　首全→大正 0223，08/0413C10。
3.2　尾全→大正 0223，08/0418C19。
4.1　摩訶般若波羅蜜經平等品第八十五，卅九（首）。
4.2　摩訶般若波羅蜜經卷第卅九（尾）。
5　本卷與《大正藏》本對照，分卷及品名、品次不同。經文相當於《大正藏》本《摩訶般若波羅蜜經》卷第二十六平等品第八十六，如化品第八十七，卷第二十七常啼品第八十八。屬於四十卷本。
8　7～8 世紀。唐寫本。
9.1　楷書。
10　護首有題簽：“隋人寫《摩訶般若波羅蜜經》，笑秋藏，親◇題”。下方有陰文硃印，0.7×0.7 厘米，印文為“藥◇”。

題簽下有 2 個紙簽重疊貼在一起，上面一張上寫“購12423”，下面一張爲文物商店紙簽，有些字被遮蓋，可見“類號10100”，“品名，隋寫經”，“定價：50.00”，“備註 15 段”。

護首背還粘有一小紙片，上寫“18，10100，1－18－1，15 段全”

扉葉有題跋 11 行：“敦煌寫本經卷與安陽殷虛甲骨文字同為清/季我國文獻之重大發見，舉世震駭。惜經卷多/為斯坦因、伯希和兩氏捆載而西，其存於我/國者，皆其唾餘耳。大抵殘缺者多，完整者少。故/雖殘篇斷簡，人爭寶之。此卷首尾俱全，信屬難/得，其書法似唐人，而間架用筆時有北朝風味，且/楮薄而不避唐諱，殆為隋人所書也。一千三百餘/年之古籍，笑秋先生其善護之。/癸巳夏日昌黎錢萃恒識於津門。/昔笑秋先生獲此經時，同時得四軸，皆首尾俱全。何先生清福之多/耶，令人健羨健羨，同日再識。”

題跋“錢萃恒識識津門”下方有正方形陰文硃印，2.1×2.1 厘米，印文為“錢恒萃印”。在“同日再識”下方有正方形陽文硃印，0.9×0.9 厘米，印文為“立廷”

原卷首下方有正方形陽文硃印，2×2 厘米，印文為“張笑秋藏”。

1.1 BD15301 號
1.3 大般若波羅蜜多經卷六七
1.4 新 1501
2.1 875×25.5 厘米；16 紙；共 474 行，行 17 字。
2.2 01：56.0，30； 02：57.0，31； 03：57.0，31；
04：57.0，31； 05：57.0，31； 06：57.0，32；
07：57.0，31； 08：57.0，31； 09：55.0，30；
10：55.0，30； 11：55.0，30； 12：55.0，30；
13：55.0，30； 14：55.0，30； 15：55.0，30；
16：35.0，16。
2.3 卷軸裝。首全尾全。首紙上下邊殘缺，中間多有蟲蛀殘洞。有烏絲欄。通卷現代托裱。
3.1 首全→大正 0220，05/0376C06。
3.2 尾全→大正 0220，05/0382B05。
4.1 大般若波羅蜜多經卷六十七，初分無所得品第十八之七，三藏法師玄奘奉詔譯（首）。
4.2 大般若波羅蜜多經卷六十七（尾）。
8 12～14 世紀，日本寫本。
9.1 楷書。
9.2 有行間校加字。
10 現代接出護首有題簽：“唐人寫經卷，六七”。上邊有鉛筆寫“卅一號”。

卷尾下方有陰文硃印，1.3×1.3 厘米，印文為“雪堂長物”。

護首下方貼有雙層紙簽，上層紙簽：“購 12424。”下層被貼蓋一部分，可認出為特藝公司宣武經營管理處紙簽，可辨有“貨號：2□…□；品名：唐；定價：20.00”。紙簽上另寫有鋼筆字迹“17 段全”。

1.1 BD15302 號
1.3 妙法蓮華經卷五
1.4 新 1502
2.1 216×26 厘米；6 紙；共 131 行，行 17 字。
2.2 01：25.0，15； 02：44.6，27； 03：44.4，27；
04：44.5，27； 05：44.5，27； 06：13.0，08。
2.3 卷軸裝。首斷尾斷。經黄打紙。卷面上下多水漬。有烏絲欄。
3.1 首殘→大正 0262，09/0037C29。
3.2 尾殘→大正 0262，09/0039C17。
8 7～8 世紀。唐寫本。
9.1 楷書。
10 卷首背下方紙簽上有貼有兩層紙簽，上層紙簽為“購 12425”。下層被貼蓋一部分，可認出為特藝公司宣武經營管理處紙簽，可辨有“貨號：301□…□；品名：唐人寫經 1 卷；定價：12.00；”。

1.1 BD15303 號
1.3 妙法蓮華經卷四
1.4 新 1503
2.1 695×27 厘米；15 紙；正面 403 行，行 17 字。背面 8 行，行約 30 餘字母。
2.2 01：48.0，28； 02：48.0，28； 03：47.5，28；
04：47.5，28； 05：48.0，28； 06：47.5，28；
07：48.0，28； 08：48.0，28； 09：45.5，27；
10：47.5，28； 11：48.0，28； 12：47.5，28；
13：48.0，28； 14：48.0，28； 15：28.0，12。
2.3 卷軸裝。首脱尾全。打紙，研光上蠟。卷面有油污、水漬，卷尾上下邊多有破裂。尾有原軸。背有古代裱補。有烏絲欄。
2.4 本遺書包括 2 個文獻：（一）《妙法蓮華經》卷四，403 行，抄寫在正面，今編為 BD15303 號。（二）《藏文文獻》（擬），8 行，抄寫在背面，今編為 BD15303 號背。
3.1 首殘→大正 0262，09/0028C08。
3.2 尾全→大正 0262，09/0034B22。
4.2 妙法蓮華經卷第四（尾）。
5 與《大正藏》本對照，分卷不同。經文相當於《大正藏》本卷四八至一一品。
7.1 尾題後有題記 1 行：“佛弟子郭十二娘奉為七代先 亡、見存父母、家口，一心敬寫。”
8 7～8 世紀。唐寫本。
9.1 楷書。
10 尾題下有正方形陽文硃印，1.2×1.2 厘米，印文為：“振五”。

卷首背上方貼有兩層紙簽，上層紙簽：“購 12426”。下層紙簽“貨號：3331；品名：唐人寫經 1 卷；定價：40.00；備註：15 段”。

卷首背貼有白紙簽：“24 號～15 段，尾全。”

1.1 BD15303 號背
1.3 藏文文獻（擬）
1.4 新 1503
2.4 本遺書由 2 個文獻組成，本文獻為第 2 個，8 行，抄寫在背面。餘參見 BD15303 號之第 2 項。
3.4 說明：

前 2 紙背各有藏文 4 行。第一紙背 4 行作：

rga rgya – gar – skad – du – lo – ga – phrd – nyvaux. bod – skad – du – vjeg – rten – gyi – lo – rgyus – bshad – pav0. sku – gsum – la. chos – gyi – sku – ni – rnam – par – myi – rtogs – pavi – ye – shes – kyi – rang – bzhin – gzngs – can – ma – yin – ba. shes – bya – thams – can – khyb – ba. myi – long – lta – brvi – ye – shes – dang – chos – gi – dbyigs – rnam – par – dag – pavi. de – bzhin – nyid – lvo. rdzogs – longs – spyod – bavi – skn – ni……

第 2 紙作：

vjeg－rten－gsum－du－grngs－pavi. bston－pa－lhen－po－lha－myed－yongs－kyis－mched－nas. bston－pa－cang－rta－thnb－dang. . btson－pa－dang－zhon－nu－dang. btson－pa－dad－pa－sher－bzhu－ni－nga. phab－che－phyag－gyi－zha－snga. vung－phab－lig－gyis－mched－mos－pava. thub－rtag－du－bde－ba－dang－mang－tang－mched－ye－ge－la－snying－mol－bzhin－mched－nas. khu－cag……

8　8～9 世紀。吐蕃統治時期寫本。

9.1　草書。

1.1　BD15304 號

1.3　維摩詰所說經卷中

1.4　新 1504

2.1　1012.6×25.2 厘米；21 紙；共 586 行，行 17 字。

2.2　01：48.7，27；　02：48.6，28；　03：48.4，28；
04：48.3，28；　05：48.3，28；　06：48.4，28；
07：48.1，28；　08：48.2，28；　09：48.3，28；
10：48.1，29；　11：48.0，28；　12：48.3，28；
13：48.1，28；　14：48.0，28；　15：48.2，28；
16：48.0，28；　17：48.0，28；　18：48.3，28；
19：48.3，28；　20：48.0，28；　21：48.0，26。

2.3　卷軸裝。首全尾全。打紙，研光上蠟。卷首有殘洞，卷面有等距離水漬，第 10 紙豎裂。卷尾上部有蟲繭。尾有原軸，兩端鑲亞腰形軸頭，塗黑漆。有烏絲欄。

3.1　首全→大正 0475，14/0544A25。

3.2　尾全→大正 0475，14/0551C27。

4.1　文殊師利問疾品第五（首）。

4.2　維摩詰經卷第二（尾）。

7.1　卷尾有題記："五月十四日寫，十九紙。"

8　8～9 世紀。吐蕃統治時期寫本。

9.1　楷書。

9.2　有倒乙。

10　卷首背上方貼有雙層紙簽，上層紙簽："購 12428。"下層被貼蓋，可認出為特藝公司宣武經營管理處紙簽，可辨有："品名：□…□卷；備註：21 段"。

1.1　BD15305 號

1.3　無盡意菩薩經（八卷本）卷八

1.4　新 1505

2.1　719×27 厘米；17 紙；共 481 行，行 17 字。

2.2　01：20.0，00；　02：42.0，23；　03：45.0，25；
04：45.0，25；　05：45.0，25；　06：45.0，25；
07：45.0，25；　08：45.0，25；　09：45.0，25；
10：45.0，25；　11：45.0，25；　12：45.0，25；
13：45.0，25；　14：45.0，25；　15：45.0，25；
16：45.0，25；　17：27.0，08。

2.3　卷軸裝。首全尾全。打紙，研光上蠟。有護首和竹質天竿。首紙有破裂及殘洞，第 2、3 紙及第 13、14 紙接縫處下部開裂。尾有原軸，兩端鑲亞腰形軸頭。有烏絲欄。

3.1　首全→大正 0397，13/0208B20。

3.2　尾全→大正 0397，13/0212C26。

4.1　大方等大集經無盡意菩薩品之六，卷第八，八卷成部者（首）。

4.2　大方等大集經卷第八（尾）。

5　本卷與《大正藏》本對照，分卷不同。相當於大正藏卷第三十後半部分。據《大正藏》校記，本卷分卷與麗乙本相同，但麗乙本作"無盡意菩薩經卷第六"。宋、元、明、宮本則將《大正藏》本卷三十整體作"無盡意菩薩經卷第四"，這是由於"無盡意菩薩品"在《大正藏》之六十卷本中占四卷。

按：此經屬於大集部，但智昇將其別行，編定在三十卷本《大集經》之外。而僧就所編五十八卷（或六十卷）本《大集經》則納入該經。故該經有與《大集經》合部及單獨流通兩種形態。單獨流通時，經名上往往亦題"大集經"。可參見《開元釋教錄》卷十一。

本遺書為該經之單獨流通且經名註以"大集經"者。該經單獨流通，一般為六卷本，而本遺書則為八卷本。故首尾經題下特意註明。

7.1　首題下有題記"八卷成部者"。尾題下有題名、題記："張良，八卷成部者。"

7.2　卷首、卷尾及卷背接縫處，均有陽文硃印，3.3×.43 厘米，印文為"瓜沙州大王印"。

7.4　護首有經名："□□（大方）等大集經卷第八，稱。""稱"字似為千字文編號，但與目前掌握的諸經錄不合，詳情待考。

8　8 世紀。唐寫本。

9.1　楷書。

10　卷首背下方貼有白紙簽："62 瓜（?）經。"

扉葉上部貼有雙層紙簽，上層紙簽："購 12429，"下層被貼蓋，可認出為特藝公司宣武經營管理處紙簽，可辨有"經一卷；定價：40.00；備註：16 段"。

1.1　BD15306 號

1.3　大般若波羅蜜多經卷五二

1.4　新 1506

2.1　662.9×25.2 厘米；15 紙；共 409 行，行 17 字。

2.2　01：27.7，17；　02：45.5，28；　03：45.8，28；
04：46.0，28；　05：45.4，28；　06：45.3，28；
07：45.5，28；　08：45.3，28；　09：45.6，28；
10：44.8，28；　11：45.6，28；　12：45.4，28；
13：45.3，28；　14：45.5，28；　15：44.2，28。

2.3　卷軸裝。首斷尾斷。有烏絲欄。現代裱為手卷。

3.1　首殘→大正 0220，05/0292C10。

3.2　尾殘→大正 0220，05/0297B12。

8　8～9 世紀。吐蕃統治時期寫本。

9.1 楷書。
10 現代接出灰底黑色卍字不斷頭織錦護首，有暗綠色玉別子，有洒金箋玉池。
護首上方貼有雙層紙簽“購12430”。下層被貼蓋，可認出為特藝公司宣武經營管理處紙簽，可辨有“貨號：305□…□；品名：唐人寫□…□；定價：16.00；備註：14段，677（?）行”。

1.1 BD15307號
1.3 妙法蓮華經卷五
1.4 新1507
2.1 1088.4×25.8厘米，23紙；共605行，行17字。
2.2 01：16.0，09； 02：49.5，28； 03：49.5，28；
04：49.5，28； 05：49.5，28； 06：49.5，28；
07：49.5，28； 08：49.5，28； 09：49.5，28；
10：49.5，28； 11：49.5，28； 12：49.5，28；
13：49.5，28； 14：49.5，28； 15：49.5，28；
16：49.5，28； 17：49.5，28； 18：49.5，28；
19：49.5，28； 20：49.5，28； 21：49.5，28；
22：49.5，28； 23：32.0，08。
2.3 卷軸裝。首斷尾全。經黄打紙，研光上蠟。卷面有水漬。第3紙上下邊有破裂，第6～7紙接縫處下部開裂，卷尾污穢臟爛。有燕尾。背有古代裱補。有烏絲欄。
3.1 首殘→大正0262，09/0037A26。
3.2 尾全→大正0262，09/0046B14。
4.2 妙法蓮華經卷第五（尾）。
8 7～8世紀。唐寫本。
9.1 楷書。
10 卷首背上方貼有紙簽：“購12431，《法華經》第五。”
卷首背有2枚長方形硃印，0.9×0.7厘米，字迹模糊，難以辨認。應為同一印章。

1.1 BD15308號
1.3 淨度三昧經（異卷）卷上
1.4 新1508
2.1 586.8×26.1厘米；14紙；共374行，行17字。
2.2 01：51.0，28； 02：50.7，28； 03：50.7，28；
04：50.7，28； 05：50.8，28； 06：50.3，28；
07：50.3，28； 08：50.4，28； 09：50.3，28；
10：50.4，28； 11：50.4，28； 12：50.4，28；
13：37.8，21； 14：42.6，17。
2.3 卷軸裝。首脱尾全。尾紙有殘損。有燕尾。有烏絲欄。已修整。
3.1 首殘→《藏外佛教文獻》，07/237A14。
3.2 尾全→《藏外佛教文獻》，07/270A03。
4.2 佛說淨度三昧經卷上（尾）。
5 與《藏外佛教文獻》本對照，分卷不同，相當於卷第一及第二上部。
8 6～7世紀。隋寫本。
9.1 楷書。
10 卷尾背上方貼有雙層紙簽，上層寫有“購12469”。下層紙簽沒被遮住的字有“文□…□；類別：丙；貨號：39□…□；品名：六朝寫經卷；定價：100.00”。

1.1 BD15309號1
1.3 佛頂尊勝陀羅尼經（佛陀波利本）序
1.4 新1509
2.1 （1.9+421.1）×26.9厘米；12紙；共232行，行17字。
2.2 01：01.9，00； 02：35.2，20； 03：39.0，22；
04：39.1，22； 05：39.1，22； 06：39.5，22；
07：39.1，22； 08：39.1，22； 09：39.1，22；
10：39.1，22； 11：33.7，19； 12：39.1，17。
2.3 卷軸裝。首殘尾全。一面刷潢。有護首，已殘缺。卷面有油污。第2紙上下邊殘缺，第8紙有破裂。背有古代及現代裱補。有烏絲欄。
2.4 本遺書包括2個文獻：（一）《佛頂尊勝陀羅尼經序》，44行，今編為BD15309號1。（二）《佛頂尊勝陀羅尼經》，188行，今編為BD15309號2。
3.1 首全→大正0967，19/0349B02。
3.2 尾全→大正0967，19/0349C19。
4.1 佛頂尊勝陀羅尼經序（首）。
8 8世紀。唐寫本。
9.1 楷書。
10 第4紙右下空白處有橢圓形陽文硃印，3.8×2.6厘米，印文為“桐/城洪/氏珍/藏/”。
首紙背有2枚相同的長方形陽文硃印，0.7×1.4厘米，印文模糊，難以辨認。
首紙背裱補紙上貼有紙簽，上寫“購12471”。

1.1 BD15309號2
1.3 佛頂尊勝陀羅尼經（佛陀波利本）
1.4 新1509
2.4 本遺書由2個文獻組成，本文獻為第2個，188行。餘參見BD15309號1。
3.1 首全→大正0967，19/0349C23。
3.2 尾全→大正0967，19/0352A26。
4.1 佛頂尊勝陀羅尼經（首）。
4.2 佛頂尊勝陀羅尼經（尾）。
5 咒語與《大正藏》本不同，相當於所附的宋本，參見19/352A27～B23。
8 8世紀。唐寫本。
9.1 楷書。

1.1 BD15310號

1.3　大智度論卷六五
1.4　新 1510
2.1　18.2×26，1 紙；共 10 行，行 17 字。
2.3　卷軸裝。首脱尾斷。有烏絲欄。
3.1　首殘→大正 1509，25/0516C05。
3.2　尾殘→大正 1509，25/0516C16。
8　7～8 世紀。唐寫本。
9.1　楷書。
10　卷端背下方貼有一小紙簽，上寫“購 12471”。

1.1　BD15311 號
1.3　妙法蓮華經卷七
1.4　新 1511
2.1　16.1×25 厘米；1 紙；共 10 行，行 17 字。
2.3　卷軸裝。首斷尾斷。經黄打紙。有烏絲欄。
3.1　首殘→大正 0262，09/0059A18。
3.2　尾殘→大正 0262，09/0059A28。
8　7～8 世紀。唐寫本。
9.1　楷書。
10　卷首背下方貼有一小紙簽，上寫“購 12472”。

1.1　BD15312 號
1.3　大般若波羅蜜多經卷三〇〇
1.4　新 1512
2.1　17×26.1 厘米；1 紙；共 10 行，行 17 字。
2.3　卷軸裝。首斷尾斷。有烏絲欄。
3.1　首殘→大正 0220，06/0527A28。
3.2　尾殘→大正 0220，06/0527B08。
8　8～9 世紀。吐蕃統治時期寫本。
9.1　楷書。
10　卷首背下方貼有紙簽：“購 12473”。

1.1　BD15313 號
1.3　大般若波羅蜜多經卷三九九
1.4　新 1513
2.1　689×26 厘米；17 紙；共 420 行，行 17 字。
2.2　01：09.0，00；　02：41.0，26；　03：45.0，28；
04：45.0，28；　05：45.0，28；　06：45.0，28；
07：45.0，28；　08：45.0，28；　09：45.0，28；
10：45.0，28；　11：44.5，28；　12：44.5，28；
13：44.5，28；　14：44.5，28；　15：44.5，28；
16：44.5，28；　17：12.0，02。
2.3　卷軸裝。首全尾全。有護首。前 2 紙上下邊有破裂，尾紙下邊殘缺。有燕尾。背有古代裱補。有烏絲欄。
3.1　首全→大正 0220，06/1063C08。
3.2　尾全→大正 0220，06/1068B27。
4.1　大般若波羅蜜多經卷第三百九十九，初分常啼菩薩品第七十七之二，三藏法師玄奘奉詔譯（首）。
4.2　大般若波羅蜜多經卷第三百九十九（尾）。
7.2　第 2 紙背有陽文墨印，2.1×6.5 厘米，印文為“蓮藏經”。
7.4　護首有經名：“大般若波羅蜜多經卷一百卌四，十四（所述袟次），恩（收藏單位敦煌報恩寺簡稱）”。上有經名號。護首非本遺書原有，乃後配。
8　8～9 世紀。吐蕃統治時期寫本。
9.1　楷書。
9.2　有重文號及校改，下邊有校改字。有刮改。
10　卷首背下方貼有紙簽：“購 12464。”卷首背中有一橢圓形印，印文不清。
13　後配護首。

1.1　BD15314 號
1.3　大般若波羅蜜多經卷二二一
1.4　新 1514
2.1　727.5×27 厘米；16 紙；共 414 行，行 17 字。
2.2　01：12.5，00；　02：45.0，27；　03：48.0，28；
04：48.0，28；　05：47.5，28；　06：47.5，28；
07：47.5，28；　08：48.0，28；　09：48.0，28；
10：48.0，28；　11：48.0，28；　12：48.0，28；
13：48.0，28；　14：48.0，28；　15：48.0，28；
16：47.5，23。
2.3　卷軸裝。首全尾全。有護首和竹質天竿，有粉紅色縹帶殘根。首紙上下邊有破裂，第 2、3 紙中間有等距離殘洞。背有古代裱補。有烏絲欄。
3.1　首全→大正 0220，06/0107B02。
3.2　尾全→大正 0220，06/0112A16。
4.1　大般若波羅蜜多經卷第二百廿一，初分難信解品第卌四之卌，三藏法師玄奘奉詔譯（首）。
4.2　大般若波羅蜜多經卷第二百廿一（尾）。
7.1　卷尾有題記：“［比丘］戒普（?）”。
7.3　在背面裱補紙上有“大般若經卷第六十”和“三百卌六，卌四（文獻所屬袟次），袟六（袟内卷次）”等字，係 2 個廢護首。
7.4　護首有經名：“大般若波羅蜜多經卷第四百六十九，四十七（文獻所屬袟次），恩（文獻收藏單位敦煌報恩寺簡稱）”，有經名號。護首非本遺書原有，乃後配。
8　8～9 世紀。吐蕃統治時期寫本。
9.1　楷書。
10　背貼紙簽上寫有“購 12466”。
13　後配護首。用廢舊護首作裱補紙。

1.1　BD15315 號
1.3　大般若波羅蜜多經卷三六三
1.4　新 1515
2.1　781×27 厘米；17 紙；共 473 行，行 17 字。

2.2 01：47.0，26； 02：46.0，28； 03：46.0，28；
04：46.0，28； 05：46.0，28； 06：46.0，28；
07：46.0，28； 08：46.0，28； 09：46.0，28；
10：46.0，28； 11：46.0，28； 12：46.0，28；
13：46.0，28； 14：46.0，28； 15：45.5，28；
16：45.5，28； 17：45.0，27。
2.3 卷軸裝。首全尾全。首紙有殘洞，第1、2紙接縫處下部開裂，第8、9紙，第13、14紙接縫處脱開。有烏絲欄。
3.1 首全→大正0220，06/0869B12。
3.2 尾全→大正0220，06/0874C25。
4.1 大［般若波羅蜜］多經卷第三百六十三，初分多問不二品第六十一之十三，三藏法師玄奘奉詔譯（首）。
4.2 大般若波羅蜜多經卷第三百六十三（尾）。
7.1 卷首背上方有勘記“勘了”。下方有“卅七（本文獻所屬袟次）”。
8 8~9世紀。吐蕃統治時期寫本。
9.1 楷書。
9.2 有行間校加字。
10 卷首背上方有橢圓形陽文硃印，0.9×1.2厘米，印文為“素□”。
卷首背下方貼有紙簽：“購12465。”

1.1 BD15316號
1.3 大般若波羅蜜多經卷三〇二
1.4 新1516
2.1 824×25.7厘米；19紙；共459行，行17字。
2.2 01：09.5，00； 02：16.0，00； 03：40.5，26；
04：48.0，28； 05：48.0，28； 06：48.0，28；
07：48.0，28； 08：48.0，28； 09：48.0，28；
10：48.0，28； 11：48.0，28； 12：48.5，28；
13：48.5，28； 14：48.5，28； 15：48.5，28；
16：48.5，28； 17：48.5，28； 18：48.5，28；
19：30.5，13。
2.3 卷軸裝。首全尾全。打紙，研光上蠟。有護首和竹質天竿。前3紙上下邊有破損。有燕尾。背有古代裱補。有烏絲欄。
3.1 首全→大正0220，06/0535C21。
3.2 尾全→大正0220，06/0541A22。
4.1 大般若波羅蜜多經卷第三□（百）二，初分難聞功德品第卅九之六，三藏法師玄奘奉詔譯（首）。
4.2 大般若波羅蜜多經卷第三十（百）二（尾）。
7.1 尾題後有題記：“王和和寫”。
7.3 第2紙背有雜寫“四”字。。
7.4 護首有“大般若波羅蜜多經五百八十一，五十九（本文獻所屬袟次），恩（本文獻收藏單位敦煌報恩寺簡稱）”。有經名號。此護首係後配。
8 8~9世紀。吐蕃統治時期寫本。
9.1 楷書。
10 護首背中部有一橢圓形陽文印章，0.9×1.2厘米，印文為“素□”。護首下方貼有紙簽：“購12467。”
13 卷首背卷次與卷首卷次不同，因而護首是後移接的。卷首“三百二”的“百”字不清楚，卷尾“三百二”的“百”字，後改為“十”字。

1.1 BD15317號
1.3 大寶積經卷一〇四
1.4 新1517
2.1 （10.8+772.6）×25.9厘米；17紙；共435行，行17字。
2.2 01：10.8，00； 02：47.4，27； 03：48.4，28；
04：48.2，27； 05：49.0，28； 06：49.2，28；
07：49.1，28； 08：48.9，28； 09：48.2，28；
10：48.0，28； 11：48.1，28； 12：48.1，28；
13：48.1，28； 14：48.1，28； 15：48.0，28；
16：48.0，28； 17：47.8，17。
2.3 卷軸裝。首殘尾全。有護首，殘破不全。卷面有水漬。有燕尾。尾有原軸，兩端鑲亞腰形軸頭，頂端點黑花。有烏絲欄。
3.1 首全→大正0310，11/0582A09。
3.2 尾全→大正0310，11/0587A14。
4.1 大寶積經善住意天子會第三十六之三，隨（隋）三藏笈多譯，卷一百四（首）。
4.2 大寶經卷第一百四（尾）。
8 8世紀。唐寫本。
9.1 楷書。
9.2 有硃筆校改。有行間校加字及刮改。
10 護首背上方貼有雙層紙簽，上層紙簽“購12407”。下層上部被遮蓋，下部為“定價：200.00；備註：16段”。

1.1 BD15318號
1.3 大智度論卷六八
1.4 新1518
2.1 （20.1+730）×26.4厘米；16紙；共440行，行17字。
2.2 01：43.7，26； 02：47.1，28； 03：46.9，28；
04：46.8，28； 05：46.9，28； 06：47.1，28；
07：46.9，28； 08：47.0，28； 09：46.8，28；
10：46.8，28； 11：47.0，28； 12：46.9，28；
13：47.2，28； 14：47.0，28； 15：47.1，28；
16：48.9，22。
2.3 卷軸裝。首全尾全。打紙，研光上蠟。卷首右下殘缺，通卷下部有紅色染污。有燕尾。首紙背有古代裱補，裱補紙上有般若部經文，被夾在另1層裱補紙後。有烏絲欄。前2紙現代托裱，接出護首。
3.1 首12行下殘→大正1509，25/0533A02~17。
3.2 尾全→大正1509，25/0538B17。
4.1 大智論釋第卌六品，記（訖）第卌七品上，□…□（首）。
4.2 大智論卷第六十八，釋第卌五品，訖第卌六品二（尾）。

8　7～8世紀。唐寫本。
9.1　楷書。
10　卷尾背有長方形陽文硃印，1×1.9厘米，印文為"留香"。
護首背下方貼有小紙簽，上寫"購12408"。

1.1　BD15319號
1.3　大般若波羅蜜多經卷五六〇
1.4　新1519
2.1　569×26厘米；13紙；共320行，行17字。
2.2　01：23.0，13；　02：48.0，28；　03：48.0，28；
04：48.0，28；　05：48.0，28；　06：48.0，28；
07：48.0，28；　08：48.0，28；　09：48.0，28；
10：48.0，28；　11：48.0，28；　12：48.0，27；
13：18.0，00。
2.3　卷軸裝。首斷尾全。第2紙上邊有破裂，第12紙下邊有破裂。有燕尾。尾有原軸，兩端塗硃漆。有烏絲欄。
3.1　首殘→大正0220，07/0890C17。
3.2　尾全→大正0220，07/0894B18。
4.2　大般若波羅蜜多經卷第五百六十（尾）。
8　8世紀。唐寫本。
9.1　楷書。有武周新字"正"。
9.2　有行間校加字及刮改。
10　卷首背上方貼有雙層紙簽，上層紙簽寫有："購12409，"下層紙簽被上層遮蓋，能辨出的字："文□□店。……定價：100.00，尾全"等。
13　首有品題"第五分魔事品第十一"。

1.1　BD15320號
1.3　大般涅槃經（北本異卷）卷三七
1.4　新1520
2.1　952.5×25.2厘米；20紙；共512行，行17字。
2.2　01：23.6，00；　02：47.6，26；　03：48.6，28；
04：48.2，28；　05：48.5，28；　06：48.3，28；
07：48.3，28；　08：48.3，28；　09：48.3，28；
10：48.4，28；　11：48.3，28；　12：49.4，27；
13：49.4，28；　14：49.7，28；　15：49.9，28；
16：50.0，28；　17：49.5，28；　18：49.7，28；
19：49.9，28；　20：48.6，11。
2.3　卷軸裝。首全尾全。有護首，護首有殘損，有竹質天竿及土黃色縹帶。卷面多水漬，第13、14紙接縫處上開裂。有烏絲欄。
3.1　首全→大正0374，12/0580C19。
3.2　尾全→大正0374，12/0586C24。
4.1　大般涅槃經卷第卅七，迦葉菩薩品（首）。
4.2　大般涅槃經卷第卅七（尾）。
5　與《大正藏》本對照，分卷不同。此卷經文相當於《大正藏》本卷三七之全卷與卷三八之前部。
7.4　護首有經名："大般涅槃經卷第卅七，四（本文獻所屬袟次）"。上有有經名號。
8　8～9世紀。吐蕃統治時期寫本。
9.1　楷書。硬筆書寫。
9.2　有行間加行及刮改。
10　扉頁右上有"重"字，下為蘇州碼子"68◇"。護首經名旁有蘇州碼子"7"。下方貼有雙層紙簽，上層紙簽"購12410"。下層紙簽大部分被覆蓋，只有備註辨出"200.00，19段，全"。

1.1　BD15321號
1.3　妙法蓮華經卷七
1.4　新1521
2.1　648.8×23.5厘米；16紙；共349行，行17字。
2.2　01：10.5，00；　02：34.5，19；　03：50.5，28；
04：50.5，28；　05：51.0，28；　06：50.5，28；
07：50.5，28；　08：50.5，28；　09：50.5，28；
10：50.5，28；　11：50.5，28；　12：23.5，13；
13：50.5，28；　14：50.5，28；　15：16.3，09；
16：08.0，00。
2.3　卷軸裝。首斷尾斷。經黄打紙。有護首、拖尾，均為現代書商後配。卷面保存尚好，被書商剪斷後，前後倒置。有烏絲欄。通卷現代托裱。
3.1　首殘→大正0262，09/0057A16。
3.2　尾殘→大正0262，09/0062A14。
5　與《大正藏》本相比，本遺書有錯簡。正確次序應為：第12～15紙→第2～11紙。首尾對照項按照恢復原狀以後的正確次序著錄。
8　7～8世紀。唐寫本。
9.1　楷書。
10　現代接出淺棕色黑紋牡丹織錦護首，並有天竿、彩色縹帶和玉別子。
第2紙下方有長方形陽文硃印，2.2×4.2厘米，印文為"文藪願與得者寶之"。
護首背下方貼有雙層紙簽，上邊一層紙簽"購12411"。下邊為文物商店紙簽，可辨認文字為"70—1；□…□5卷，□…□00，□…□段尾9行"。
13　卷首有品題"妙法蓮華經陀羅尼品第二十六"。

1.1　BD15322號
1.3　大般若波羅蜜多經卷二八三
1.4　新1522
2.1　(6+934)×26厘米；21紙；共530行，行17字。
2.2　01：06.0，00；　02：45.5，26；　03：48.5，28；
04：48.5，28；　05：48.5，28；　06：48.5，28；
07：48.5，28；　08：48.5，28；　09：48.5，28；
10：48.5，28；　11：48.5，28；　12：48.5，28；
13：48.5，28；　14：48.5，28；　15：48.5，28；

16：48.5，28；　17：48.5，28；　18：48.5，28；
19：48.5，28；　20：48.5，27；　21：15.5，01。
2.3　卷軸裝。首殘尾全。有護首，已殘。首紙下部殘缺，卷前部上下邊有破損，卷面有油污及等距離水漬。有燕尾。背有古代及現代裱補。有烏絲欄。
3.1　首全→大正 0220，06/0436A20。
3.2　尾全→大正 0220，06/0442B03。
4.1　大般若波羅蜜多經卷第二百八十三，初分難信解品第卌四之一百二，三藏法師玄奘奉詔譯（首）。
4.2　大般若波羅蜜多經卷第二百八十三（尾）。
8　8～9 世紀。吐蕃統治時期寫本。
9.1　楷書。
9.2　有行間校加字。
10　護首裱補紙上貼有紙簽，上寫“購 12412”，補紙上還有紅藍鉛寫的“11153”。

1.1　BD15323 號
1.3　大般涅槃經（北本）卷三
1.4　新 1523
2.1　901×25.8 厘米；20 紙；共 510 行，行 17 字。
2.2　01：22.3，00；　02：44.4，26；　03：47.4，28；
04：47.6，28；　05：47.5，29；　06：47.5，27；
07：47.6，28；　08：47.4，28；　09：47.7，28；
10：47.4，28；　11：47.5，28；　12：47.2，28；
13：47.3，28；　14：47.4，28；　15：47.2，28；
16：47.2，28；　17：47.2，28；　18：47.3，28；
19：47.3，28；　20：28.6，08。
2.3　卷軸裝。首全尾全。有護首，上部有殘缺，有淺棕色殘縹帶，長 13 厘米。卷面有等距離殘洞，多水漬，各紙接縫處上下多有開裂。尾有原軸，兩端塗棕色漆。有烏絲欄。
3.1　首全→大正 0374，12/0379A09。
3.2　尾全→大正 0374，12/0385B06。
4.1　大般涅槃經卷第三（首）。
4.2　大般涅槃經卷第三（尾）。
7.4　護首有經名：“［大般涅槃］經卷第三。”
8　8～9 世紀。吐蕃統治時期寫本。
9.1　楷書。
10　護首中部貼有雙層紙簽，上層紙簽寫有：“購 12413。”下層紙簽大部分被覆蓋，能辨認出字有“19 段，全”等。護首下方有數字“59”或“65”。

1.1　BD15324 號
1.3　妙法蓮華經卷六
1.4　新 1524
2.1　（7＋804.5）×28 厘米；9 紙；共 523 行，行 18～20 字。
2.2　01：07.0，00；　02：45.5，27；　03：106.5，72；
04：106.5，72；　05：110.0，74；　06：110.0，74；
07：110.0，73；　08：109.0，59。　09：107.0，72；
2.3　卷軸裝。首全尾全。有護首，已殘。首紙有破裂，上下有殘缺。有燕尾。有烏絲欄。
3.1　首全→大正 0262，09/0046B17。
3.2　尾全→大正 0262，09/0055A09。
4.1　妙法華經隨喜功德品第十八，六（首）。
4.2　妙法蓮華經卷第六（尾）。
7.1　尾題後有題記：“大業三年五月二十九日青（清）信弟子王龍寫訖”。該題記乃現代僞造。
8　20 世紀。現代寫本。
9.1　楷書。
9.2　有倒乙。
10　第 2 紙背有紅藍鉛筆寫的“大業三年”、“8 段”及數字“11153。”

1.1　BD15325 號
1.3　大佛頂如來密因修證了義諸菩薩萬行首楞嚴經卷六
1.4　新 1525
2.1　288.5×25.2 厘米；6 紙；共 167 行，行 17 字。
2.2　01：47.8，27；　02：48.4，28；　03：48.0，28；
04：48.3，28；　05：48.0，28；　06：48.0，28。
2.3　卷軸裝。首全尾脫。卷面多水漬，首紙有破裂，天頭地腳殘破。背有古代及現代裱補。有烏絲欄。
3.1　首全→大正 0945，19/0128B10。
3.2　尾殘→大正 0945，19/0130B25。
4.1　大佛頂如來密因修證了義諸菩薩萬行首楞嚴經第六，/一名中印度那蘭陀大道/場經於灌頂部錄出別行/（首）。
8　8 世紀。唐寫本。
9.1　楷書。
10　卷首背貼有紙簽“購 12415”。又貼有 2 白紙簽，分別用紅鉛筆寫有“11153”、“6 段”。

1.1　BD15326 號
1.3　首楞嚴經（異本）（擬）
1.4　新 1526
2.1　24.8×25.8 厘米；1 紙；共 14 行，行 17 字。
2.3　卷軸裝。首斷尾斷。經黄打紙。右上角殘損。有烏絲欄。
3.3　錄文：
（首殘）
苦厄壽終之後，遊歷十方淨妙國土。蓮華化生，/
不處胞胎下劣之處。與諸菩薩而為勝友，親/
近諸佛，供養恭敬。乘斯善力，隨愿即到。從一/
天上，至一天上，徑歷三十三天，十方無量淨/
土，周而復始。永更不墮地獄，輪迴六趣，餓鬼傍/
生，亦不生邊地下賤，何況雜形。阿難！我滅後，/
若諸衆生，在在處處，國邑聚落，山林曠澤，/
或於王宮、僧房、寺舍，或自住處，或凡人宅/

舍，朝暮淨心，燒香散花，楊枝揩齒，淨水漱口，/
至誠頂禮，稱揚諸佛，讚頌此陀羅尼者，當知/
爾時，常有百千殑伽沙那庚多諸佛菩薩，龍神/
四衆，隨逐衛護。阿難！是大神咒所在之處，常/
有八萬四千那庚多殑伽沙俱胝金剛藏王菩/
薩，皆有八萬四千諸大金剛力士，並其眷屬/
（録文完）

3.4 說明：

考文獻形態，為佛與阿難問答，應屬大乘佛經。考文獻內容，與《大佛頂如來密因修證了義諸菩薩萬行首楞嚴經》卷七有相應之處，但文字差異較大。本文獻未為歷代大藏經所收，是否為歷代經錄說著錄，尚需研究。暫擬此名，詳待考。

8　7~8世紀。唐寫本。

9.1　楷書。

10　卷背貼紙簽上寫有“購12416”。

1.1　BD15327號

1.3　妙法蓮華經卷五

1.4　新1527

2.1　（23.3+2.5）×26厘米；2紙；共15行，行17字。

2.2　01：23.3，14；　02：02.5，01。

2.3　卷軸裝。首斷尾殘。經黄打紙。有烏絲欄。

3.1　首殘→大正0262，09/0040A02。

3.2　尾1行中上殘→大正0262，09/0040A16~17。

8　7~8世紀。唐寫本。

9.1　楷書。

10　卷首背上方貼白紙簽寫有“2號，6，1段”。紙簽上又貼紙簽寫“購12417”。

1.1　BD15328號

1.3　妙法蓮華經卷二

1.4　新1528

2.1　1029×25.5厘米；25紙；共580行，行17字。

2.2　01：14.5，08；　02：42.0，24；　03：42.0，24；
04：42.5，24；　05：42.5，24；　06：42.5，24；
07：42.5，24；　08：42.5，24；　09：42.5，24；
10：42.5，24；　11：42.5，24；　12：42.5，24；
13：42.5，24；　14：42.5，24；　15：42.5，24；
16：42.5，24；　17：42.5，24；　18：42.5，24；
19：42.5，24；　20：42.5，24；　21：42.5，24；
22：42.5，24；　23：42.5，24；　24：42.5，24；
25：38.0，19。

2.3　卷軸裝。首斷尾全。首紙有破裂，右下殘缺，卷面多水漬。有烏絲欄。背有現代裱補。有後配尾軸。

3.1　首殘→大正0262，09/0010C14。

3.2　尾全→大正0262，09/0019A12。

4.2　妙法蓮華經卷第二（尾）。

8　7~8世紀。唐寫本。

9.1　楷書。

10　卷尾背有正方形陽文硃印，2×2厘米，印文為“顧二郎”。

卷首背貼有特藝公司宣武經營管理處紙簽：“類別：內；貨號：2993~2；品名：寫經，3卷；定價：57；備註：24段另行。”其下另貼小紙簽寫“購12432”。

1.1　BD15329號

1.3　妙法蓮華經卷四

1.4　新1529

2.1　（3.5+319.5）×25.5厘米；7紙；共150行，行17字。

2.2　01：07.5，03；　02：50.5，28；　03：50.5，28；
04：50.5，28；　05：50.5，28；　06：50.5，28；
07：12.5，07。

2.3　卷軸裝。首殘尾斷。經黄打紙。卷面有水漬及油污。有烏絲欄。卷背上邊有迴鶻文。

3.1　首行上殘→大正0262，09/0034C25。

3.2　尾殘→大正0262，09/0037A01。

8　7~8世紀。唐寫本。

9.1　楷書。

10　卷首、尾背均有長方形陽文硃印：0.9×1.7厘米，印文為“省三”。卷尾背面有正方形陽文硃印，2×2厘米，印文為“顧二郎”。

卷尾背面下方貼有小白紙簽，上寫“唐經，廿八”。卷首背上方貼有雙層紙簽，上層紙簽寫“購12433”。下層紙簽可認出的有：“品名：寫經3卷；定價50。”卷首背貼紙簽有蘇州碼子“208號”。

1.1　BD15330號

1.3　維摩詰所說經卷下

1.4　新1530

2.1　（10+371）×26厘米；9紙；共218行，行17字。

2.2　01：10.0，05；　02：48.6，28；　03：48.8，28；
04：48.8，28；　05：48.7，28；　06：48.8，28；
07：48.8，28；　08：48.5，28；　09：30.0，17。

2.3　卷軸裝。首殘尾斷。卷首殘破，卷面有等距離水漬。上下邊有殘缺。有烏絲欄。

3.1　首5行上下殘→大正0475，14/0552A27~B02。

3.2　尾殘→大正0475，14/0554C25。

8　8世紀。唐寫本。

9.1　楷書。

10　卷首、尾背均有正方形陽文硃印，2×2厘米，印文為“顧二郎”。

卷首背下方貼有雙層紙簽，上層紙簽：“購12434。”下層紙簽被上層部分遮蓋，辨出為特藝公司宣武經營管理處紙簽：“貨號：2993—；品名：寫經；定價：50.；備註：17行。”還有“7段前5”等字樣。

卷尾背上方貼有2個白紙簽：一個上寫："廿一"、蘇州碼子"248號"、"尚友堂"。一個上寫蘇州碼子"20號"。

1.1 BD15331號
1.3 大乘五蘊論
1.4 新1531
2.1 349.2×26.9厘米；7紙；共197行，行17字。
2.2 01：49.9，26；　02：49.9，29；　03：49.9，29；
04：50.1，29；　05：50.0，28；　06：49.8，28；
07：49.6，28。
2.3 卷軸裝。首全尾全。首紙有裂損，通卷上部有等距離鼠嚙殘損及殘洞。有烏絲欄。已修整。
3.1 首全→大正1612，31/0848B02。
3.2 尾全→大正1612，31/0850C10。
4.1 大乘五蘊論，世親菩薩造，三藏法師玄奘奉詔譯（首）。
4.2 大乘五蘊論一卷（尾）。
7.2 卷首、尾及背面多處有長方形陽文硃印，3.2×4.35厘米，印文為"瓜沙州大王印"。
7.3 卷首背有數行雜寫："佛說無常經一卷，佛是佛是"、"佛說無常經一卷，亦名三啓經，三藏法師義淨奉詔亦（譯）"、"是故應諦猶如汲濟輪由如是"、"是故為憑（?）愿奪奪"、"大乘五蘊論，世新菩薩"等。有刪除號。
8 7~8世紀。唐寫本。
9.1 楷書。
9.2 有刪除號。
10 卷尾背面下有正方形陽文硃印，2.9×2.9厘米，印文為"德化李/氏凡將/閣珍藏/"。
卷首背貼有雙層紙簽，上層為"購12435"。下層為特藝公司宣武經營管理處紙簽："貨號：2370；品名：五蘊□…□；定價：24.00；備註：全，7段。"

1.1 BD15332號
1.3 放光般若經（三十卷本）卷一四
1.4 新1532
2.1 （4.5+534.7）×26厘米；12紙；共298行，行17字。
2.2 01：34.5，19；　02：52.5，30；　03：52.5，29；
04：51.5，29；　05：51.5，29；　06：53.0，30；
07：53.0，30；　08：35.5，20；　09：50.0，28；
10：53.0，30；　11：40.7，23；　12：11.5，01。
2.3 卷軸裝。首殘尾全。卷首右下殘缺。尾有原軸，兩端塗黑漆，頂端點硃漆。有燕尾。有烏絲欄。已修整。
3.1 首3行上下殘→大正0221，08/0065C03~06。
3.2 尾全→大正0221，08/0069A24。
4.2 摩訶般若波羅蜜放光經卷第十四（尾）。
5 與《大正藏》本對照，分卷不同。經文相當於《大正藏》本《放光般若經》卷九無作品第四十四，卷十等品第四十五。分卷與宋元明本同，屬於三十卷本。
8 6世紀。南北朝寫本。
9.1 楷書。
10 首背上方貼有紙簽"敦煌經"。卷首背上方貼有雙層紙簽，上層紙簽"購，隋，12436"。下層紙簽被上層紙簽遮蓋，能辨認出的字"19行；定價：80.00，備註"。

1.1 BD15333號
1.3 藏文（無量壽宗要經乙本）
1.4 新1533
2.1 137.8×30.4厘米；3紙；共110行，行約45字母。
2.2 01：46.2，38；　02：45.9，38；　03：45.7，34。
2.3 卷軸裝。首全尾全。每紙2欄，有界欄，卷首、末邊有粘接痕。
3.4 說明：
本文獻為藏文《無量壽宗要經》，屬於乙本。
4.1 Rgya－gar－skad－du ' Apar＝mita ' ayur nama mahayana sutra。Bod_ skad_ du tshe dpag_ du_ myed_ pa zhes_ bya_ ba theg_ pa chen_ povi mdo。（首）。
4.2 Tshe dpag_ du_ myed_ pa zhes_ bya_ ba theg_ pa_ chen_ povi mdo。（尾）。
7.1 尾有題記"抄寫者：J＝n－Lha－bzher（進拉夏）"。
8 8~9世紀。吐蕃統治時期寫本。
9.1 楷書。
10 卷末背下方貼紙簽寫"購12438"。又貼紙簽寫"品名：梵字經1段；定價：20.00"。

1.1 BD15334號
1.3 妙法蓮華經（八卷本）卷五
1.4 新1534
2.1 662×24厘米；13紙；共355行，行17字。
2.2 01：41.0，22；　02：52.0，28；　03：52.0，28；
04：52.0，28；　05：52.0，28；　06：52.0，28；
07：52.0，28；　08：52.0，28；　09：52.0，28；
10：52.0，28；　11：52.0，28；　12：52.0，28；
13：49.0，25。
2.3 卷軸裝。首斷尾全。經黃打紙，研光上蠟。卷面多等距離水漬。有烏絲欄。通卷現代鑲褾。
3.1 首全→大正0262，09/0037A05。
3.2 尾全→大正0262，09/0042A28。
4.2 妙法蓮華經卷第五（尾）。
5 與《大正藏》本對照，分卷不同。僅包括第十四、第十五兩品。屬於八卷本。
8 7~8世紀。唐寫本。
9.1 楷書。
10 現代接出淺灰底大小圓圈龍鳳織錦護首，有縹帶、玉別子。經名簽上寫："敦煌石室唐人寫經，《妙法蓮華經》卷第五。/丁巳（1917）冬日仁和邵章署檢。"下方有正方形陰文硃印，0.8×

0.8厘米，印文為“邵章”。縹帶上繫有紙簽，上寫“購12439寫經”。
13　卷首有品題“妙法蓮華經安樂行品第十四”。

1.1　BD15335號
1.3　金光明最勝王經卷五
1.4　新1535
2.1　105.1×26.2厘米；3紙；共45行，行17字。
2.2　01：08.6，05；　02：48.5，28；　03：48.0，12。
2.3　卷軸裝。首斷尾全。上下邊有殘破，有水漬。有燕尾。有烏絲欄。
3.1　首殘→大正0665，16/0426C25。
3.2　尾全→大正0665，16/0427B13。
4.2　金光明最勝王經卷第五（尾）。
5　尾附音義一行。
8　8世紀。唐寫本。
9.1　楷書。
10　卷首背上方貼有紙簽：“購12326，金光明經，1段。”
13　卷首有品題“金光明最勝王經四天王觀察人天品第十一”。

1.1　BD15336號
1.3　金剛般若波羅蜜經
1.4　新1536
2.1　（6+541.8+3）×24.5厘米；12紙；共307行，行17字。
2.2　01：43.0，25；　02：46.0，26；　03：46.5，26；
04：46.0，26；　05：46.5，26；　06：46.5，26；
07：46.5，26；　08：46.6，27；　09：46.7，28；
10：46.6，30；　11：46.6，28；　12：43.3，13。
2.3　卷軸裝。首全尾全。卷首中部殘缺，通卷殘破嚴重，有殘洞，多水漬。背有古代裱補。有燕尾。有烏絲欄。已修整。
3.1　首2行中殘→大正0235，08/0748C17～20。
3.2　尾全→大正0235，08/0752C03。
4.1　金剛般若□…□（首）。
4.2　金剛般若波羅蜜經（尾）。
5　與《大正藏》本對照，本號經文無冥司偈，參見《大正藏》，8/751C16～19。
7.3　卷背有雜寫2字“佘”。
8　8世紀。唐寫本。
9.1　楷書。
9.2　有行間校加字。
10　卷首背上方貼有北京市中國書店紙簽：“書名：《金剛經》殘破；冊數：1卷；定價：20.00；编號：購12320。”
12　從本遺書正面揭下殘片一塊，今编為BD16400號。

1.1　BD15337號
1.3　十王經
1.4　新1537
2.1　（23+97）×30厘米；3紙；共72行，行17字。
2.2　01：33.5，19；　02：43.5，32；　03：43.0，21。
2.3　卷軸裝。首殘尾全。卷首右上殘缺，前2紙有破裂，脱落1塊殘片，已綴接。有烏絲欄。已修整。
3.4　説明：
本文獻首11行中上殘，尾全。為中國人所撰寫佛經。未為我國歷代大藏經所收。
4.1　□…□生七往生淨土經（首）。
4.2　閻羅王經一卷（尾）。
7.1　尾題後有2行題記：“翟定友經一卷。”“行者張王仵發心敬寫此經一卷。”
8　9～10世紀。歸義軍時期寫本。
9.1　楷書。
9.2　下邊有校改字。
10　卷一紙中部貼有紙簽：“書名：金剛經，殘破，版別：，冊數：1卷，定價：5.00，備註：購12321，北京中國書店定價簽。”

1.1　BD15338號
1.3　摩訶般若波羅蜜經（四十卷異卷）卷一六
1.4　新1538
2.1　723.5×26.5厘米；15紙；共396行，行17字。
2.2　01：48.5，26；　02：51.0，28；　03：50.5，28；
04：51.0，28；　05：50.5，28；　06：50.5，28；
07：50.5，28；　08：51.0，28；　09：51.0，28；
10：51.0，28；　11：50.5，28；　12：51.0，28；
13：50.5，28；　14：50.5，28；　15：15.5，06。
2.3　卷軸裝。首全尾全。打紙，砑光上蠟。有烏絲欄。
3.1　首全→大正0223，08/0293C16。
3.2　尾全→大正0223，08/0298C04。
4.1　摩訶般若波羅蜜經十善品第卌七，十六（首）。
4.2　摩訶般若波羅蜜經卷第十六（尾）。
5　與《大正藏》本對照，分卷不同，品名品次亦不同。經文相當於《大正藏》本《摩訶般若波羅蜜經》卷十法施品第三十八，卷第十一隨喜品第三十九之前部分。卷首分卷與日本《聖語藏》本相同，卷尾分卷與諸藏經均不相同。疑或為四十卷本異卷。
8　7世紀。隋寫本。
9.1　楷書。
9.2　有硃筆校改。
10　卷首背下方貼有紙簽：“購12134，4。”
卷首背下方有長方形陽文殘硃印，0.8×1.8厘米，印文難以辨認。

1.1　BD15339號
1.3　摩訶般若波羅蜜經（四十卷異卷）卷三七
1.4　新1539

2.1　706×25.5 厘米；16 紙；共 406 行，行 17 字。
2.2　01：25.0，00；　02：46.5，28；　03：47.0，28；
04：47.0，28；　05：47.0。28；　06：47.0，28；
07：47.0，28；　08：46.0，28；　09：46.5，28；
10：46.0，28；　11：46.5，28；　12：46.5，28；
13：46.0，29；　14：46.5，28；　15：46.0，28；
16：29.5，15。
2.3　卷軸裝。首全尾全。打紙。有護首，有竹質天竿。護首略殘，卷面保存尚好。有燕尾。有烏絲欄。
3.1　首全→大正 0223，08/0402B18。
3.2　尾全→大正 0223，08/0407B03。
4.1　摩訶般若波羅蜜經卷第卌七，卌七（首）。
4.2　摩訶般若波羅蜜經卷第卌七（尾）。
5　與《大正藏》本對照，分卷不同，品名品次不同。經文相當於《大正藏》本《摩訶般若波羅蜜經》卷第二十五實際品第八十，具是品第八十一。與歷代大藏經分卷均不同，應為四十卷本之異卷。
7.4　護首有經名："摩訶般若波羅蜜經卷第卌七，摩（經名袟號）"。上有經名號。
8　7～8 世紀。唐寫本。
9.1　楷書。
9.2　有硃筆行間校加字及刮改。
10　護首背下方貼有紙簽"購 12154，24"。

1.1　BD15340 號
1.3　妙法蓮華經卷三
1.4　新 1540
2.1　125.9×26.5 厘米；3 紙；共 77 行，行 17 字。
2.2　01：45.8，28；　02：46.1，28；　03：34.0，21。
2.3　卷軸裝。首脫尾斷。打紙，研光上蠟。首紙中間有殘洞，上邊殘缺，卷面多水漬。背有現代裱補。有烏絲欄。已修整。
3.1　首殘→大正 0262，09/0019B16。
3.2　尾殘→大正 0262，09/0020B24。
8　7～8 世紀。唐寫本。
9.1　楷書。
10　卷首、尾背各有正方形陽文硃印，2×2 厘米，印文為"顧二郎"。
卷首上方貼有紙簽，上寫蘇州碼子"134 號"。下方亦貼有紙簽，上寫"購 12203，74"。

1.1　BD15341 號
1.3　妙法蓮華經卷四
1.4　新 1541
2.1　125.5×26.5 厘米；3 紙；共 76 行，行 17 字。
2.2　01：32.5，20；　02：46.5，28；　03：46.5，28。
2.3　卷軸裝。首斷尾脫。卷面有油污。有烏絲欄。
3.1　首殘→大正 0262，09/0030B28。
3.2　尾殘→大正 0262，09/0031C06。
8　7～8 世紀。唐寫本。
9.1　楷書。
10　卷首背下方有陽文硃印，2×2 厘米，印文為"顧二郎"。
卷首背上方貼有 2 個紙簽。一個為："購 12214，85"。一個為："蓮華經，187 號。2901。2 張紙又 20 行，第 15。"其中有蘇州碼子。
13　卷首有品名"妙法蓮華經法師品第十"。

1.1　BD15342 號
1.3　大般涅槃經（北本　宮本）卷二五
1.4　新 1542
2.1　85×25.7 厘米；2 紙；共 46 行，行 17 字。
2.2　01：37.5，22；　02：47.5，24。
2.3　卷軸裝。首脫尾全。卷面保存尚好。有燕尾。有烏絲欄。
3.1　首殘→大正 0374，12/0515B19。
3.2　尾全→大正 0374，12/0516A06。
4.2　大般涅槃經卷第廿五（尾）。
5　與《大正藏》本對照，分卷不同。此卷止於卷第二十五後部。與宋、元、明及日本《宮內寮》本分卷相同。
8　7～8 世紀。唐寫本。
9.1　楷書。
9.2　上邊有硃筆校改字。
10　外用綢布書衣包裹。
卷端背面下有正方形陽文硃印，2×2 厘米，印文為"顧二郎"。
卷首背中部貼有 2 個紙簽："購 12220，91"及蘇州碼子"115 號。"

1.1　BD15343 號
1.3　辯亡論
1.4　新 1543
2.1　138.6×28.5 厘米；5 紙；共 71 行，行 17 字。
2.2　01：04.5，02；　02：42.7，22；　03：42.7，22；
04：42.7，22；　05：06.0，03。
2.3　卷軸裝。首斷尾斷。卷面有水漬，上下邊殘損。有烏絲欄。已修整。
3.1　首全→《文選》，02/735A14。
3.2　尾殘→《文選》，02/739A12。
4.1　辯亡論二首，陸士衡（首）。
7.1　第 3 紙上邊有墨筆符號。
7.3　第 5 紙上邊有雜寫"有可"。
8　7～8 世紀。唐寫本。
9.1　楷書。
9.2　有雌黃塗改。
10　卷首背上端寫有："晉論，六十九行，一千一百餘字"。
卷首、尾下方均有正方形陽文硃印，1.6×1.6 厘米，印文

為“北京圖書館藏。”後配木匣及黄裹紅面綢緞書衣。

1.1　BD15344 號
1.3　金光明最勝王經卷九
1.4　新 1544
2.1　34.4×21.4 厘米；3 紙；共 22 行，行 20 字。
2.2　01：12.5，08；　02：12.5，08；　03：09.4，06。
2.3　卷軸裝。首斷尾斷。有烏絲欄。現代割裱為冊頁，2.2 項每紙數據按照目前割裱狀態測量。
3.1　首殘→大正 0665，16/0448A01。
3.2　尾殘→大正 0665，16/0448B15。
8　8～9 世紀。吐蕃統治時期寫本。
9.1　楷書。
10　經文前後裱紙下方均有正方形陽文硃印，1.6×1.6 厘米，印文為“北京圖書館藏”。

附有何遂寫給趙萬里的信箋 10 頁，内容為：

“萬里先生：/送上唐人寫‘醫偈’/兩頁，乞收入圖書館存。/此‘醫偈’雖祇殘/留二十二行，行四句，共八百/八十字，與今世所存/醫籍稍有不同之點：（一）四時分/六節，節各二個月。一、二花/時，三、四熱際，五、六雨際，七、/八秋時，九、十寒時，11、12/冰雪。各因其時，授藥有/别。謂能隨四時六節/調節飲食，令其消化，病/自不生，違則致病。（二）/分人身為七界：味、血、肉、/膏、骨、髓、腦。依病所人，/而為療治。（三）病分/風、熱、痰、癊（癊為/心病，見釋典），二種或多種並/發者，為總集病。（四）病/發動時，春，痰、癊。夏，風。秋，/熱。冬，四種俱起。（五）飲/食藥物，春宜澀、熱、辛。/夏宜膩、熱、鹹、醋。秋宜冷、/甜、膩。冬宜酸、膩、甜、澀。/（六）飲食失調所致病：食/後，癊。食消時，熱。食消/後，風。（七）因病投藥：風、/油膩。熱、利。癊、吐。總/集，兼上三藥。視病所起，/因其本性，順時投以所宜藥物、飲/食。（八）醫分八術：封、刺、傷、/破、身疾、鬼神、惡毒、/孩童。（九）診斷：觀病者/形色、語言、性行、夢。/分風、熱、癊各殊。乾瘦/少髮、心不定、多語，夢飛/行，是風。（以下缺）。/敦煌經卷論醫者甚少，此卷/不全，頗爲可惜。請/您檢查圖書館所存經卷，如能/覓到了殘餘部分，/以成全璧，幸甚。/前借書三冊，隨函送還。/弟今夜書發，下月中旬/回京再晤談。順致/敬禮。何遂七年五月十五日。/”

1.1　BD15345 號
1.3　春秋穀梁傳桓公二
1.4　新 1545
2.1　90.4×26.6 厘米；3 紙；共 34 行，行 14 字。
2.2　01：34.6，15；　02：41.7，17；　03：14.1，02。
2.3　卷軸裝。首斷尾全。打紙。有小字雙行注文。有烏絲欄。原通卷托裱為手卷，近年修整恢復原狀。
3.1　首殘→《十三經註疏》，01/2378B19。
3.2　尾全→《十三經註疏》，01/2378C27。
4.2　春秋穀梁傳桓公第二（尾）。
7.1　卷尾有 3 行題記：“凡大小字六千五百五十言，三千五百言本，三千五百言解。/龍朔三年（663）三月十八日，皇甫智岌寫。/用紙十九張。/”
8　663 年。唐寫本。
9.1　楷書。
10　卷首背有題簽：“春秋穀梁傳桓公第二，龍朔三年三月十八日皇甫智岌寫。”

護首背下方貼有紙簽：“獻 14442，唐寫本穀梁。”

1.1　BD15346 號 1
1.3　大唐後三藏聖教序
1.4　新 1546
2.1　（2＋214.9）×23.2 厘米；5 紙；共 134 行，行 18～19 字。
2.2　01：42.2，26；　02：43.2，27；　03：43.3，27；
　　04：43.2，27；　05：43.0，27。
2.3　卷軸裝。首殘尾斷。卷首有殘缺，卷面有油污。有烏絲欄。通卷現代托裱為手卷。
2.4　本遺書包括 2 個文獻：（一）《大唐後三藏聖教序》，26 行，今編為 BD15346 號 1。（二）《大乘密嚴經》卷上，108 行，今編為 BD15346 號 2。
3.1　首全→《昭和法寶總目錄》，03/1424B08。
3.2　尾全→《昭和法寶總目錄》，03/1424C05。
4.1　大唐後三藏聖教序，御製（首）。
5　與《昭和法寶總目錄》對照，首題不同。《昭和法寶總目錄》首題為“方廣大莊嚴經序，唐則天皇后”。
8　7～8 世紀。唐寫本。
9.1　楷書。
10　卷首有正方形陽文硃印，1.6×1.6 厘米，印文為“北京圖書館藏”。

護首背下方貼有紙簽：“獻 14443，大乘密嚴經，後聖教序。”

1.1　BD15346 號 2
1.3　大乘密嚴經（地婆訶羅本）卷上
1.4　新 1546
2.4　本遺書由 2 個文獻組成，本文獻為第 2 個，108 行。餘參見 BD15346 號 1。
3.1　首全→大正 0681，16/0723B18。
3.2　尾殘→大正 0681，16/0724C15。
4.1　大乘密嚴經密嚴會品第一，中天竺國三藏法師地婆訶羅，唐言日照奉詔譯（首）。
7.3　題目旁有雜寫“宅□”。
8　7～8 世紀。唐寫本。
9.1　楷書。
10　卷尾有正方形陽文硃印，1.6×1.6 厘米，印文為“北京圖書館藏”。

1.1 BD15347 號
1.3 金光明最勝王經卷二
1.4 新 1547
2.1 318.7×27.4 厘米；8 紙；共 179 行，行 16 字。
2.2 01：16.4，09； 02：45.0，27； 03：45.2，27；
04：45.5，27； 05：45.2，27； 06：45.5，27；
07：45.2，27； 08：30.7，08。
2.3 卷軸裝。首斷尾全。卷面多水漬。有燕尾。有烏絲欄。
3.1 首殘→大正 0665，16/0411A17。
3.2 尾全→大正 0665，16/0413C06。
4.2 金光明最勝王經卷第二（尾）。
8 9 世紀。歸義軍時期寫本。
9.1 楷書。
9.2 有行間校加字、刮改及校改。
10 卷尾邊緣有長方形陽文硃印，0.6×1.2 厘米，印文為“孔憲廷”。

首尾紙下部各有正方形陽文硃印，1.6×1.6 厘米，印文為“北京圖書館藏”。

首紙背下方貼有小紙簽，上寫“獻 14449，金光明經”。
13 卷首有品題“金光明最勝王經夢見懺悔第四”。

1.1 BD15348 號
1.3 無量壽宗要經
1.4 新 1548
2.1 218×31 厘米；5 紙；共 138 行，行 30 餘字。
2.2 01：44.0，25； 02：43.5，29； 03：43.5，31；
04：43.5，29； 05：43.5，24。
2.3 卷軸裝。首全尾全。上下邊略有破裂、殘缺，卷面保存尚好。有烏絲欄。
3.1 首全→大正 0936，19/0082A03。
3.2 尾全→大正 0936，19/0084C29。
4.1 大乘無量壽經（首）。
4.2 佛說無量壽宗要經（尾）。
7.1 尾題後有題名“解晟子”。
8 8～9 世紀。吐蕃統治時期寫本。
9.1 行楷。
10 在卷尾“解晟子”下有正方形硃印，1×1 厘米，印文模糊不辨，陰陽文難辨。

在卷首、尾下方有陽文硃印，1.6×1.6 厘米，印文為“北京圖書館藏”。

卷尾有題跋：

“許國霖《敦煌石室寫經題記彙編》，《佛說無量壽宗/要經》有“解晟子寫”或僅署“解晟子”，有雲字九十八/號、昆字九十二號、重字二十一號、果字九十五號等。今獲此/卷，亦足歡喜。梁任公先生自題所藏經卷有云：‘作者/款識雖茫昧，瘦硬頗有誠懸風。試從體勢考年/代，應書大歷（曆）洎咸通。’細玩此卷，瘦硬通神，深蘊柳骨。/解晟子其為大歷（曆）、咸通間人，或其是之。一九五六年/大雪，天水馮國瑞記。/”

卷首背貼有題簽：“《大乘無量壽經》，經尾有題名。”另有紙簽“獻 14450，《無量壽經》”。

卷尾背有墨書：“長壹丈八尺。”第 4，5 紙背接縫處有蘇州碼子：“重 48”，其上鈐有陽文正方形硃印，1.9×1.9 厘米，印文為“敦煌◇◇◇氏”。

1.1 BD15349 號
1.3 無量壽宗要經
1.4 新 1549
2.1 （3.5＋187）×31 厘米；5 紙；共 137 行，行 30 餘字。
2.2 01：42.5，28； 02：42.0，28； 03：42.0，28；
04：42.0，28； 05：42.0，25。
2.3 卷軸裝。首殘尾全。卷首右下殘缺，卷面多水漬。卷背有鳥糞。背有現代裱補。有烏絲欄。
3.1 首 2 行下殘→大正 0936，19/0082A03～07。
3.2 尾全→大正 0936，19/0084C29。
4.1 大乘無量壽經（首）。
4.2 佛說無量壽宗要經（尾）。
7.1 尾題後有題名“田廣談”。
8 8～9 世紀。吐蕃統治時期寫本。
9.1 行楷。
9.2 有行間加行。
10 現代接出護首及拖尾。卷首、尾題下方有陽文硃印，1.6×1.6 厘米，印文為“北京圖書館藏”。

卷尾背裱補紙上有半個陽文硃印，？×6.6 厘米，印文為“張掖縣印”。另有一現代裱補紙，上面亦有殘官印，僅為一角，難以辨認。

護首背下方貼有紙簽：“獻 14451，無量壽經。”

1.1 BD15350 號 1
1.3 大乘入楞伽經卷三
1.4 新 1550
2.1 70.4×26.8 厘米；8 紙 8 葉 16 個半葉；半葉 6 行，共 91 行，行 26 字。
2.2 01：8.8，6＋6； 02：8.8，6＋6； 03：8.8，6＋6；
04：8.8，6＋6； 05：8.8，6＋6； 06：8.8，6＋6；
07：8.8，6＋6； 08：8.8，6＋1。
2.3 梵夾裝。首脫尾全。現存為梵夾零葉，分為三卷，經文互不連接。每紙上部有一個穿線孔洞。每葉正面上邊有葉碼。部分葉面有傷損，文字模糊。有烏絲欄。現穿繩乃現代後配。
2.4 本遺書包括 3 個文獻：（一）《大乘入楞伽經》卷三，12 行，今編為 BD15350 號 1。（二）《大乘入楞伽經》卷四，24 行，今編為 BD15350 號 2。（三）《大乘入楞伽經》卷七，55 行，今編為 BD15350 號 3。
3.1 首殘→大正 0672，16/0604B11。
3.2 尾殘→大正 0672，16/0604C01。

5　與《大正藏》本相比，文字略有參差。經文與《思溪藏》本相同。
8　8～9世紀。吐蕃統治時期寫本。
9.1　楷書。
10　現代後配首、尾封面。首部封面下方貼有紙簽“獻14452，入楞伽經”。
13　本梵夾原抄寫《大乘入楞伽經》七卷一部，現僅殘剩8紙8葉。葉碼分別爲68、81、82、183、184、185、186、187。第68葉屬卷三，第81、82屬卷四，第183、184、185、186、187屬卷七。

1.1　BD15350號2
1.3　大乘入楞伽經卷四
1.4　新1550
2.4　本遺書由3個文獻組成，本文獻為第2個，24行。餘參見BD15350號1。
3.1　首殘→大正0672，16/0607C13。
3.2　尾殘→大正0672，16/0608A27。
8　8～9世紀。吐蕃統治時期寫本。
9.1　楷書。

1.1　BD15350號3
1.3　大乘入楞伽經卷七
1.4　新1550
2.4　本遺書由3個文獻組成，本文獻為第3個，55行。餘參見BD15350號1。
3.1　首殘→大正0672，16/0638C16。
3.2　尾全→大正0672，16/0640C02。
4.2　大乘入楞伽經卷第七（尾）。
8　8～9世紀。吐蕃統治時期寫本。
9.1　楷書。

1.1　BD15351號
1.3　小品般若波羅蜜經（異卷）卷五
1.4　新1551
2.1　（7.5+227+4）×24厘米；6紙；共132行，行17字。
2.2　01：46.5，25；　02：46.5，26；　03：46.5，26；
04：46.5，26；　05：46.5，26；　06：06.0，03。
2.3　卷軸裝。首殘尾殘。卷首下部有等距離殘洞，卷尾上下有殘缺。背有現代裱補。有烏絲欄。
3.1　首3行下殘→大正0227，08/0560A29～B03。
3.2　尾2行中上殘→大正0227，08/0561C23～25。
4.1　摩訶般若波羅蜜船喻品第十四（首）。
5　與《大正藏》本對照，分卷不同。相當於《大正藏》本《小品般若波羅蜜經》卷五“摩訶般若波羅蜜船喻品”第十四，卷六“大如品”第十五前半部分。就兩品合卷而言，與《思溪藏》等相同。但《思溪藏》等自“小如品”第十二起作卷五；而本卷從形態看，自“船喻品”第十四起卷首。故本遺書與歷代大藏經分卷均不同。因原卷無卷次，今暫定卷五，詳情待考。
7.1　卷首背有小字“八千四百紙，十八張”1行。
8　5世紀。東晉寫本。
9.1　楷書。
9.2　有行間校加字、重文號及倒乙。段落有點標。
10　現代接出護首及拖尾。護首有題簽：“摩訶般若波羅蜜，船喻品第十四，大如品第十四五，晉人寫極品。”下方貼有紙簽“獻14454，摩訶般若經”。

扉頁有題跋：“此卷二品完全。十四品紙背有字一行，/云‘八千四百□十八張’，當為計紙數者。/兩紙相接處，亦見記號。初獲時殘/破特甚，補粘一過，便可觸手。晉賢/墨妙，珍諸枕秘。不逐得繭紙之/樂也。三十七年（1948）秋，馮國瑞記。/”

卷首下方有3枚硃印：（一）正方形陰文硃印，1.8×1.8厘米，印文為“馮國瑞”。（二）正方形陰文硃印，2×2厘米，印文為“麥積山館”。（三）正方形陽文硃印，1.6×1.6厘米，印文為“北京圖書館藏”。

1.1　BD15352號
1.3　大智度論卷二六
1.4　新1552
2.1　151.3×26.5厘米；3紙；共87行，行17字。
2.2　01：50.8，29；　02：50.6，29；　03：49.8，29。
2.3　卷軸裝。首脫尾脫。卷首有殘洞。有烏絲欄。現代用高麗皮紙接出護首。
3.1　首殘→大正1509，25/0255A19。
3.2　尾殘→大正1509，25/0256A26。
8　6世紀。南北朝寫本。
9.1　楷書。
10　現代接出護首，護首有經名“摩訶衍經，十八不共法殘卷”。下方貼有紙簽，上寫“獻，14455，摩訶衍經”。

卷首、卷尾與拖尾騎縫處有正方形陽文硃印，1.6×1.6厘米，印文為“北京圖書館藏”。卷首下有長方形陽文硃印，3.3×2.9厘米，印文為“敦煌長史”。

卷尾現代接出拖尾，有題跋，前作：

“摩訶衍經，十八不共法/

餘三張，/張二十九行。/”

此下有正方形陰文硃印，2×2厘米，印文為“麥積山館”。題跋正文如下：

“此殘卷僅餘紙三張，審為《摩訶衍》十八不共法。北魏造寫經卷，以東陽王元/榮為最多。友人周定宣所藏魏造《摩訶衍經》卷第廿六‘十八不共法’第卅四/品，用紙卅四張，題尾十行：‘大代普泰二年（532）歲次壬子三月廿五日己丑朔己丑，弟/子使持節散騎常侍都督、領西諸軍事車騎將軍、開府儀同三司、/瓜州刺史、東陽王元榮惟天地妖荒，王路否塞，君臣失禮，於慈多載，/天子中興，是以遣息叔和詣闕修虔（?）。弟子年老疹患，冀◇（望）叔和早/得廻還。敬造《無量壽經》一百部，

卅部為沙北門天王，卅部為帝釋天/王，卅部為梵釋天王。造《摩訶衍》一部百函，卌卷為沙北門天王，卅卷為梵釋天/王，卅卷為帝釋天王。造內律一部五十卷，一分為北沙門天王，一分為帝釋天/王，一分為梵釋天王。造《賢愚》一部，為沙北門天王。造《佛觀三昧》，為帝釋天/王。願天王早成佛道。又願元祚無窮，帝嗣不絕，四方付（伏）化，惡◇（賊）退散，國/豐民安，善願從心，含生有識之類，早［成］正覺。'/

據此題記，東陽王寫《摩訶衍》一部百函四十卷。又據古寫經尾錄存《大智論》題/記云：'大魏大統八年（542）十一月十五日，佛弟子瓜州刺史鄧彥妻昌樂公主元敬/寫《摩訶衍經》一百卷。上願皇帝陛下國祚再隆，八方順軌。又願弟子現在夫/妻、男女家眷四大康健，殃災永滅。將來之世，普及含生，同成正覺。'/

茲據此二條實證，則此殘卷不為北魏孝武帝普泰二年東陽王元榮/所寫造《摩訶衍經》中之斷編，即為西魏文帝大統八年昌樂公主元敬/所寫造《摩訶衍經》中之斷編，斷無可疑。外此，元魏時期，尚未見更有發/願寫造《摩訶衍》之題記，作為根據者。又，與周定宣十行題記之普泰/二年卷尾完全相同之另一卷，存北京圖書館，而經名為《大智度論》（《敦煌/石室寫經題記彙編》，菜字五十號），趙萬里先前數年，作《莫高窟與東陽王關係》一文，當即據此材料。外此，元榮寫有題記經卷，於域外求之，一為/《大般若波羅蜜多經》，有大代建明二年元榮題記一百一十六字，S45/28，《倫敦大學東方研究院報告》第七卷第四期。一為《大般涅槃經》，/有大代大魏永熙二年，東陽王太榮題記一百〇二字，S4415，《倫敦大學東/方研究院報告》第七卷第四期頁八二二。又見影印本之《仁王護國般/若波羅蜜經》，有元榮大代永安三年題記二百四十五字。今不知流傳何處。/對此一千四百二十五年前之故紙，深感興感（趣）。爰據故實，以告知者。一九五/七年十月五日，天水馮國瑞。/"

題跋下，有 2 枚印章：（一）圓形陰文硃印，直徑 1.8 厘米，印文為"馮國瑞"。（二）正方形陽文硃印，1.8×1.8 厘米，印文為"中翔"。

1.1　BD15353 號
1.3　大智度論卷六八
1.4　新 1553
2.1　（18.7+781.4）×25.8 厘米；17 紙；共 442 行，行 17 字。
2.2　01：18.7，00；　02：50.1，29；　03：50.8，30；
04：51.0，29；　05：50.7，29；　06：50.7，30；
07：50.9，30；　08：51.2，30；　09：50.5，29；
10：50.8，28；　11：50.5，28；　12：50.6，28；
13：50.6，29；　14：50.8，28；　15：50.6，29；
16：50.7，29；　17：20.9，08。
2.3　卷軸裝。首全尾全。有護首，已殘。下邊有殘損，卷面保存尚好，卷尾略殘。有烏絲欄。
3.1　首全→大正 1509，25/0533A02。
3.2　尾全→大正 1509，25/0538B17。
4.1　大智度論，釋第卌五品，訖第卌六品上卷，第六十八（首）。
4.2　大智論卷第六十八，釋第卌五品，訖第卌六品（尾）。
7.4　護首有經名"［大智］度論卷第六十八。"
8　5～6 世紀。南北朝寫本。
9.1　楷書。
10　首題下有陽文硃印，1.6×1.6 厘米，印文為"北京圖書館藏"。

新舊編號對照表

新字頭號與北敦號對照表

新字頭號	北敦號	新字頭號	北敦號	新字頭號	北敦號
新 1499	BD15299 號	新 1517	BD15317 號	新 1537	BD15337 號
新 1500	BD15300 號	新 1518	BD15318 號	新 1538	BD15338 號
新 1501	BD15301 號	新 1519	BD15319 號	新 1539	BD15339 號
新 1502	BD15302 號	新 1520	BD15320 號	新 1540	BD15340 號
新 1503	BD15303 號	新 1521	BD15321 號	新 1541	BD15341 號
新 1503	BD15303 號背	新 1522	BD15322 號	新 1542	BD15342 號
新 1504	BD15304 號	新 1523	BD15323 號	新 1543	BD15343 號
新 1505	BD15305 號	新 1524	BD15324 號	新 1544	BD15344 號
新 1506	BD15306 號	新 1525	BD15325 號	新 1545	BD15345 號
新 1507	BD15307 號	新 1526	BD15326 號	新 1546	BD15346 號 1
新 1508	BD15308 號	新 1527	BD15327 號	新 1546	BD15346 號 2
新 1509	BD15309 號 1	新 1528	BD15328 號	新 1547	BD15347 號
新 1509	BD15309 號 2	新 1529	BD15329 號	新 1548	BD15348 號
新 1510	BD15310 號	新 1530	BD15330 號	新 1549	BD15349 號
新 1511	BD15311 號	新 1531	BD15331 號	新 1550	BD15350 號 1
新 1512	BD15312 號	新 1532	BD15332 號	新 1550	BD15350 號 2
新 1513	BD15313 號	新 1533	BD15333 號	新 1550	BD15350 號 3
新 1514	BD15314 號	新 1534	BD15334 號	新 1551	BD15351 號
新 1515	BD15315 號	新 1535	BD15335 號	新 1552	BD15352 號
新 1516	BD15316 號	新 1536	BD15336 號	新 1553	BD15353 號